流動化する民主主義

先進8カ国におけるソーシャル・キャピタル

ロバート・D・パットナム［編著］
猪口 孝［訳］

DEMOCRACIES IN FLUX

The Evolution of Social Capital in Contemporary Society

Robert D. Putnam

ミネルヴァ書房

Putnam, Robert D.(ed.): **Democracies in Flux**
First published under the German title "Gesellschaft und Gemeinsinn-Sozialkapital im internationalenVergleich", Verlag Bertelsmann Stiftung, Gütersloh 2001
First published in English by Oxford University Press, Inc. 2002

流動化する民主主義——先進8ヵ国におけるソーシャル・キャピタル　目次

序章　社会関係資本とは何か

ロバート・D・パットナム
クリスティン・A・ゴス

アリストテレスからトクヴィルに至るまで、政治と社会について論じる理論家たちは、政治文化と市民社会の重要性を強調してきた。近年、これらのテーマが再び関心を呼んでいるが、その理由の一端は、旧社会主義圏諸国が一様に市場指向型民主社会の形成の困難性に直面したことによって、民主的な社会制度にとっての文化的・社会学的な前提条件の重要性が浮き彫りになったことにある。皮肉なことであるが――リベラルな民主主義が空前絶後の勝利を達成したというまさにその時に――西欧、北米、東アジアの既存の民主主義諸国における、代議政体の様々な制度をはじめとする主要な社会制度も、機能障害の様相を露呈している[1]。少なくとも米国の場合について言えば、この数十年間に、市民の政治離れ現象が徐々にではあるが広範に進行した結果、実効性を持った民主主義を存続させるためのいくつかの基本的な社会的・文化的な前提が風化してきたと疑うに足る根拠がある[2]。

　本書の狙いは、オーストラリア、フランス、ドイツ、英国、日本、スペイン、スウェーデン、米国という先進民主主義八カ国における社会変化を理解するのに必要な、基本的な理論的、実証的な知識を提示することにある。過去五〇年間に市民社会の性格はどのように変貌したのか、また、その理由は何か。本書は、社会関係資本――すなわち、様々な社会的ネットワークと、それらに関わる相互依存の規範――に焦点を合わせ、現代の脱工業化社会において社会関係資本のプロフィールがどのように変容しつつあるかを論じることによって、これらの問題を解明する。社会関係資本という概念には、新奇で、おそらくは学術的であるといった響きがあると思われるので、まず、この概念自体について少々説明することから始めたい。

　ほぼ一世紀前、米国でも有数の大学のいくつかで学んで進歩主義教育思想を身につけた若い教育家で社会改革者のL・ジャドスン・ハニファンは、生まれ故郷であるアパラチア地方の貧しい州、ウェスト・ヴァージニアに戻って、州の農村学校制度で働き始めた。長老派教会に属し、ロータリークラブの会員で、共和党員だったハニファンは、決してラディカルではなかったが、次第に、自分の担当する地域社会が抱える深刻な社会・経済・政治問題を解決するには、地域住民の間の連帯のネットワークを強化する以外に方法はない、と判断するに至った。彼は、討論クラブ、バーン・レイジング（納屋の新築の手助けに集まった隣人たちをもてなすパーティ）、アップル・カッティングといった、古くからあった田舎の隣人同士の触れ合いや市民的交流の習慣が廃れてしまっていることに気づいた。「徐々にこうした習慣がほとんど完全に放棄され、人々の近所づきあいは薄れていった。地域ぐるみの社会生活は、家族の孤立と地域社会の停滞とに道を譲った(3)」。

一九一六年に書いた、民主主義と社会の発展を支えるためには、地域社会との関わり合いを再活性化することが重要だと力説した文章の中で、ハニファンはその理由を説明するために「社会関係資本」という新しい表現をつくり出した。

「社会関係資本」という言葉を用いる場合、私は、「資本」という用語の通常の意味を念頭に置いているわけではなく、比喩的に念頭に置いているにすぎない。不動産とか、動産とか、現金ではなく、世の中でこれらの有形の物質を人々の日常の生活で最も意義あらしめるようなもの、すなわち、社会的な単位を構成する個々人や家族間の善意、仲間意識、同情、社会的交わりを指す言葉として用いる。……個人は、もしも一人で放っておかれたならば、社会的に無力な存在である。……ある個人が隣人たちと接触を持ち、その隣人たちがさらに別の隣人たちと接触を持つならば、そこには、個々人の社会的ニーズを直ちに満たしうる、そしてまた地域社会全体の生活条件を大幅に改善するのに十分な社会的な可能性を生み出しうる、社会関係資本が蓄積されるだろう。

ハニファンはさらに続けて、社会関係資本がもたらす私的、公的な利点について次のように指摘した。

地域社会は、そのすべての構成員が協力することによって恩恵を受けるはずであり、一方個人は、様々な交流・関わりのなかに、隣人たちの助け、同情、仲間意識が持つ利点を見出すはずである。……ある特定の地域社会の住民たちが互いに懇意になり、娯楽、社会的な交流、個人的な楽しみのために時折寄り集まる習慣を形成するようになれば、この社会関係資本を、熟達した指導者の導きによって、地域社会の生活状態の全体的な向上を目指す方向に向かわせることが簡単に可能となるだろう(4)。

ハニファンによる社会関係資本の説明は、この概念についてその後に提示された様々な解釈に含まれる、決定的な要素のほとんどすべてを先取りするものであった。しかし、彼が編み出した新概念は、表面上は、他の社会評論家たちの関心を呼ぶこともなく、跡形もなく消え去ってしまった。〔しかしながら〕ハニファン以降の二〇世紀中に、彼の提示した概念は、少なくとも六度にわたって独自に再創造されている。すなわち一九五〇年代になって、カナダの社会学者ジョン・シーリーとその同僚たちが、より高い社会階層へ移動する郊外居住者にとって、「種々のクラブや協会の会員資格は…現金化したり、譲渡したり、抵当として利用したりできる、売買可能な証券のようなものである（心理的なものだからといって、有価証券よりも現実性が薄いわけではない）」と指摘するにあたって、社会関係資本という概念を用いた。都市計画の専門家ジェーン・ジェイコブズは、六〇年代に、近代的な大都会における近隣住民のインフォーマルな絆が持つ集団的な価値を強調するために、この概念を用いた。七〇年代、経済学者のグレン・C・ルアリーは、奴隷制と人種差別が遺した最も欺瞞に満ちた遺産の一つとして、アフリカ系米国人にとって広範な社会的絆に加わりにくいという事態を特徴づけ、強調するために、この概念を用いた。八〇年代に入って、フランスの社会理論家ピエール・ブルデューが、社会関係資本とは「多かれ少なかれ制度化された相互交流や面識の関係の持続的なネットワークの所有――言い換えれば、ある集団のメンバーであること――に結びついた、現実のあるいは潜在的な資源の総体」であると定義づけた。一九八四年、ドイツの経済学者エッケハルト・シューリヒトは、団体の経済的価値と道徳的秩序を強調するためにこの概念を用いた。八〇年代末、社会学者ジェームズ・S・コールマンが、（ハニファンが最初にやったように、）教育の社会的意味を強調するためにこの概念を用いることによって、知的な議論のための課題として、最終的かつ確定的に位置づけることとなった[5]。

近年では、多くの分野の研究者が、社会関係資本のストックを生む多くの源泉やそれらストックがもたらす多岐にわたる結果について検討を行うようになり、そうした作業は幾何級数的に増大している。社会科学の文献に関するある国際的な調査によると、社会関係資本に関する論文数は一九八一年以前には二〇本だったのに対し、一九九一～九五年には一〇九本、九六～九九年三月までの期間には一〇〇三本と急増している[6]。社会関係資本を扱った研究の発展に関する特徴の中で最も顕著なものの一つは、この概念が有用だと見なされるに至った学問領域の幅の広さである。社会関係資本という概念は、当初用いられた社会学や政治学の分野だけにとどまらず、今や、経済学、公衆衛生学、都市計画学、犯罪学、建築学、社会心理学など様々な分野でも用いられるに至っている。

社会関係資本に関する研究のこのような爆発的な拡大は、そのペースも急で範囲も広大すぎるため、社会学、経済学、医学、心理学、政治学等の様々な分野での社会関係資本と関わりのある成果について網羅的に要約することは到底不可能であるが、研究の広がりの広さは壮観である。タンザニアからスリランカ、さらにはイタリアに至る世界各地での研究によって、一定の状況の下では社会関係資本の適切なストックが経済発展を促進する効果を持ちうることが明らかにされている。米国と英国での研究は、公式なもの非公式なものの両方を含めて、社会的なネットワークが、ともに犯罪を減らす効果を持つことを明らかにした。フィンランドから日本に至る様々な地域での研究では、社会的な繋がりを持っていることが健康に大きなプラスの影響を持つ、という顕著に一貫した観察結果が得られている。イタリアの州政府と米国の州政府の比較から、州行政の質は、各州における社会関係資本の多寡に応じて変わりうるということが示されている。アンデス山脈の国エクアドル、中世の英国、サイバースペースにおける社会関係資本についても研究がなされている。とりわけ我々のプロジェクトに関係が深いのは、社会関係資本に関する最近の研究結果が、アレクシス・ド・トクヴィルからジョン・ステュアート・ミルに至る古典的な政治理論家たちが主張してきた、地域社会の問題への市民の積極的参画が民主主義自体にとって不可欠だ、とする論点と共鳴し合っていることである。(7)

マイケル・ウールコックとディーパ・ナラヤンは、このように膨張を続ける研究の多くを、次のように簡潔に特徴づけている。

> 社会関係資本という概念の基本的な点は、ある人間にとって、家族、友人たち、仕事仲間が、一つの重要な資産を形成する、つまり、困ったときに頼りにでき、それ自体として楽しむこともでき、利益を上げるために役立てることができる資産を形成する、ということである。さらに、個々人にとってあてはまることは、集団にもあてはまる。社会的ネットワークや市民の組織・団体の多様なストックを擁している地域社会は、貧困や脆弱性に対処したり、紛争を解決したり、新しいチャンスを生かしたりするにあたって、より有利な立場にある。(8)

要するに、市民社会の特徴が、我々の民主主義国家および我々の地域社会の健全さ、そして我々自身の健康を左右することを示す、膨大な証拠があがっているのである。また、そうした意味での市民社会の諸特徴、すなわち社会関係資本の輪郭が、時空を超えて系統立って変化する、と信じるに足る十分な理由もある。これら二つの広範な仮定が、本書の出発点となる。ただし、本書ではいずれについても体系的な検証は行われていない。我々は、社会関係資本が重要だという仮定から出発し、経済的に発展した民主主義諸国で過去五〇年前後の間に社会関係資本の特徴がどのように変わったかについて検討する。

社会関係資本理論の中心にある論点はきわめて単純明快であり、「社会的ネットワークは重要である」ということに尽きる。まず第一に、ネットワークは、その中にいる人々にとって価値がある。ミクロ経済学の表現を用いれば、ネットワークは私的あるいは「内的」利益をもたらす。この一般化の最も卑近な実例としては、労働市場に関する社会学的な観察結果が、すなわち、我々の多く――おそらくは、大半――にとって、我々が何を知っているかということもさることながら、我々が誰を知っているか、誰とコネがあるか、ということが就職に際しての決め手となるという、広く知られた観察結果が挙げられる。経済社会学者の中には、人の所得は、おそらくは学歴以上に、その人の社会的なつきあいの範囲によって決まるのだとの理由から、個人の名刺ホルダー《ローロデックス》や住所録の「金銭的な価値」を算定しようとした者たちもいた。この意味では、社会関係資本は、個人の生産性の決定要因として人的資本と張り合うものだと言えよう。同様に、社会的支援が心身の健康に及ぼす影響について論じた非常に多くの文献で言及されているのも、社会的なつきあいがもたらす私的あるいは内的な利益が中心である。

これと対照的に、社会関係資本を扱った文献のうち少なからぬ部分を占める（しかもますます増えている）のは、社会関係資本の「外部」あるいは「社会的」影響・効果について論じた文献である。そうした影響・効果の一つとして指摘されているのは、社会的な繋がりが密であると近隣社会の犯罪発生率が低くなる、つまり、個人的には近隣社会の活動に参加しない住民でも、非公式な社会関係資本が発揮する抑止効果の恩恵を受ける、という共通の研究結果である。その意味で、社会関係資本は一つの公共財とも見なしうる。ハニファンが執筆したのは、まだ経済学者が「公共財」という用語を考え出す以前のことであるが、彼が描いたのはまさに社会関係資本の公共財としての特徴だった。それというのも、ハニファンは、ウエスト・ヴァージニア州の議員たちに対して、コミュニティ・センターでの社会的な交流がもたらす利益は、夜の集会に参加する人々だけにとどまらない、との理由からコミュニティ・センターに補助金を支給すべきだと主張したからである[9]。

社会的交流の稠密なネットワークは、「自分は今、あなたのために一肌脱ぐけど、お返しはいらないよ、親切にしておけば、いずれそのうち、あなたの世話になったり、回りまわって他の人たちの世話になるはずだから」といった、広範な互恵的関係についてのゆるぎない規範の形成を助長するように見受けられる。別の言い方をすれば、社会的交流は、集合行為につきものの様々なジレンマを解消して、交流がなかったならば人々が互いに信頼し合って行動しそうにないような状況でも、人々に互いを信頼し合って行動するように促すのである[10]。経済的・政治的な取引が社会的交流の稠密なネットワークのなかに定着している場合には、人を便宜主義や背任行為へと駆り立てる動機は薄らぐ。広範な相互互恵という特色を備えている社会は、人を信用しない社会よりも効率的であるが、それは貨幣を媒介とする取引の方がバーター取引よりも効率的なのと同じ理由による。相互信頼は、社会生活の潤滑剤である。あらゆる交換をその都度決済する必要がなければ、我々は非常に多くのことを達成できるはずである。

このように、社会関係資本は、私的な財であると同時に公共財でもありうる。多くの場合、社会関係資本の恩恵の一部は実際の費用負担者の直接的な利益に繋がるが、恩恵の一部は傍観者を利することになる。例えば、地方の市民クラブは、遊び場や病院をつくるために地元のエネルギーを動員することによって、同時に、メンバーたちに対して個人的な利益に繋がるような交友関係や取引関係を広げるチャンスも提供するのである。

我々は、社会的ネットワークとそれに伴う互恵的関係に関わる規範を、社会関係「資本」ととらえるが、それはなぜかと言えば、物理的資本や人的資本（道具や訓練など）と同様に、社会的ネットワークは、個人にとっての価値と集団にとっての価値の両方を生み出すからであるし、また我々はネットワークの形成に投資することが可能だからである。しかしながら、社会的ネットワークは、しばしば直接的な消費価値を提供することもあるから、単なる投資財ではない。事実、幸福《ハピネス》（学術的には

'subjective well-being'〈主観的な満足感〉という用語が用いられる）と相関関係にあるものについて論じた、国際的な膨大な文献が示唆しているところによると、社会関係資本は、実際には、人間の幸福にとって物質的な財貨以上の重要性を持っている可能性が考えられうるのである。人間の幸福が、金融資本へのアクセスよりも、社会関係資本へのアクセスによってより正確に予測されるということは、既に何十もの研究によって明らかにされている。事実、地球上の様々な国々で、人生の満足度を表す指標について、五〇年間にわたって行われた様々な研究がたどりついた唯一最大の共通の結論は、幸福とは、人が有している社会的な繋がりの広がりと深さによって最もよく予測できる、というものである。[11]

一九五〇～六〇年代にかけて、経済学の分野で一大論争が起きた。英米両国の経済学者が対立したことから、しばしば「二つのケンブリッジ間の論争」と呼ばれることもあるこの論争は、物理的な資本は一つの帳簿上で集計可能なほど十分に均質的かどうか、をめぐるものだった。歯科治療用のドリル、大工道具のドリル、石油掘削装置のドリルは、いずれも物理的な資本の例ではあるが、相互互換性はほとんどない。同じことは社会関係資本についても言える。社会関係資本は、様々な文脈で有用性を発揮する実に多くの形態をとって表れるが、そうした形態は、特定の目的にだけ有効で他の目的には有効でないという意味で、互いに異質である。

あなたの近親者から成る血縁集団は社会関係資本の一形態であるが、同様にあなたの日曜学校のクラスもそうであるし、毎朝通勤電車に乗り合わせる人々も、あなたの大学のクラスメイトも、あなたが所属している市民団体も、あなたがメンバーになっている地域の団体も、あなたが参加するインターネットのチャット・グループも、あなたが住所録に記載している知り合いの専門家たちもそうである。社会関係資本の場合、我々がこれら様々な形態の社会関係資本を「集計」して、国全体とまでは言わずともある特定の地域社会の社会関係資本について分別のある要約を行えるかどうかとなると、物理的な資本をめぐる二つのケンブリッジ間の論争におけるよりもはるかに不明確である。したがって、本書の各章で様々な先進民主主義諸国において社会関係資本をめぐる状況がどのように変化しつつあるかを描写するにあたって、我々は、個々の国における社会関係資本が全体として多いか少ないかについて単純な要約を試みることはしない。

社会関係資本をめぐる初期のいくつかの論争から学ぶべき、まだ意義の薄れていない教訓が一つあるとすれば、それは、社会関係資本がどこにでも存在し、常によいものであるというふうに想定することはできない、という点である。たしかに、「社会関係資本」という表現には、適切であるとかその場の状況に即した、といった響きがあるが、我々としては、社会関係資本が有する潜在的な欠点について、あるいは立派な形態が、社会的には望ましくないような意図せざる結果をもたらす可能性だけについても、注意深く考慮に入れなければならない。社会関係資本がマイナスの外部効果をもたらす可能性があるからといって、そのことが社会関係資本と様々な形態の資本を分ける違いではない。原子力発電所は、放射能が漏れれば社会にとってのその差し引きの価値はマイナスとなるにもかかわらず、物理的な資本としては多額の投資を必要とする。生物化学者という人的資本は、人命を救うための薬品を生み出すために利用することも可能であるが、生物化学兵器の製造にも利用可能なのである。

要するに、我々は、社会関係資本の目的と影響について理解しなければならないのである。例えば、ネットワークや規範は、メンバーとしてふさわしい人たちのためにはなるかもしれないが、ふさわしくないと目された人々のためにはならないだろう。社会関係資本は、既に恵まれた人々の間で最も普及している可能性があり、したがってこれらの人々と社会関係資本の乏しい人々の間の政治的、経済的な格差を拡大する可能性があるかもしれない。したがって、社会関係資本の種々異なる現れ方や、時間の経過に伴う社会関係資本の変化について語る際には、次のような一連の基本的な問いかけを行ってみるだけの価値がある。誰が利益を得て、誰が得られないのか。この形態の社会関係資本は、どのような社会の実現を推進するのか。より多くあることは、必ずより良いことなのか。

さらに、社会関係資本の形態の中には民主主義と社会の健康を増進するものもあるが、逆に破壊的なもの（あるいは、破壊をもたらす危険性を秘めたもの）もある。本書が検討対象としたすべての国々の多くの都市には、様々な目的を達成するために定期的に会合を開く、地域に根ざした市民グループが組織されている。いくつかの米国の都市におけるそうした市民グループを丹念に調べたある研究によると、そうしたグループの存在は、組織化された地域社会への政府の対応を強めると同時に、政府に対する市民の尊敬の念も高める。[12] その一方、米国の多くの地方にはこれまでに、これらとは趣きを異にする集団、すなわち、ＫＫＫ（クー・クラックス・クラン）や、これほど暴力的ではないが類似の組織、例えば、差別撤廃による人種統合に反対する地域グループなどが存在していた。一世紀にわたって頑なな信念と人種差別的な動機に根ざす暴力を伝統としてきたＫＫＫは、リベラルな民主主義のルールと伝統の破壊を日指す社会関係資本だった。ＫＫＫが掲げる信頼と互恵の内部規範は、メンバーによる「自衛」という目的意識の共有化によって一層強化されていたわけであるが、このようなＫＫＫ——そして他の国々における類似の集団——は、我々に、社会関係資本が自動的に民主的統治に寄与するわけではない、ということを思い起こさせてくれる。

社会関係資本の形態は非常に多様であるから、社会関係資本の理論家たちはこれまでに、種類や特徴を異にする社会関係資本についての、理論的な一貫性をもち実証的にも信頼度の高い分類方法を開発することを優先課題としてこれに取り組んできた。我々はまだそのような権威ある説明を行えるまでにはほど遠い状態にあるが、少なくとも四つの重要な分類基準が研究者間の論争から明らかになっている。これらの分類基準は、相互に排他的なものではなく、むしろ、社会関係資本を理解し評価するための、四つの異なる、しかし相互に補完的なレンズなのである。

公式な社会関係資本 対 非公式な社会関係資本

社会関係資本の形態の中には、父母会や労働組合などのように、役員の選出、参加資格、会費、定例会議等々についての規定をもち、組織としての形がきちんと整ったものもある。その一方、たまたま居合わせた者が即席のチームをつくって行うバスケットボールのゲームや、同じパブの常連客などは、非常に非公式な形態の社会関係資本である。にもかかわらず、これらはいずれも、互恵的関係の発展へと繋がる可能性、および私的かつ、公的利益を生み出す可能性を秘めたネットワークなのである。社会関係資本を扱った初期の研究は、方法論的に便利だという理由から、公式の組織に焦点を合わせていた。したがって、ここで、そうした形の整った組織というものが、社会関係資本の一形態を構成するにすぎないということを強調しておく価値はある。

非公式な関係や結びつき（例えば、家族そろってのディナー）は、特定の大事な目的を達成するうえでは、公式の組織よりも有効である可能性がある。現在、多くの研究者が、非公式な社会関係資本を識別し促成するための新しい方法の開発に積極的に取り組んでいる。本書に収録したケーススタディも、しばしば非公式の社会的繋がりに触れている。しかしながら、社会関係資本の長期的趨勢に関する研究は、どのような証拠が過去から命脈を保つかということによって不可避的に左右されざるをえないため、本書に収録した国別のケーススタディは、公式な（記録保存型の）社会関係資本に重点を置かざるをえなかった。

太い社会関係資本 対 細い社会関係資本

社会関係資本のなかには、密接に、何重にも絡み合っているものがある。例えば、週日は工場で一緒に働き、土曜は一緒に飲みに出かけ、毎日曜には一緒にミサに参列するといった鉄鋼労働者のグループなどがそうである。また、スーパーマーケットのレジの前で列をつくって順番待ちをしているときに時おり見かけて会釈を交わす間柄とか、さらにはたまたまエレベーターに乗り合わせた間柄といったように、細くてほとんど見えないような糸によって織り成された社会関係資本もある。こうしたきわめて偶然な形態の社会的繋がりでさえも、ある種の形の互恵的関係を誘発するということが経験的に明らかにされている。すなわち、見も知らない人に単に会釈をするだけで、あなたが突然倒れた場合に、その人があなたを介助してくれる可能性は大きくなる[13]。逆に、こうしたごく細い一本の糸による結びつきは、太い社会ネットワークのもう一つの例である肉親たちとの結びつきとは非常に異なっている。

社会学者のマーク・グラノヴェッターは、これと密接な関わりのある「強い絆」と「弱い絆」の間の違いについて最初に明確に論じた。強い絆は、接触の頻度と閉鎖性に即して定義される。もしも私の友人の全員が、それぞれ互いに友人であり、私が長い時間を彼らとともに過ごす場合には、我々の絆は強いことになる。通りすがりの知り合いで、共通の友人もほとんどないような人との絆は、弱い。グラノヴェッターは、職探しでは強い絆よりも弱い絆の方が重要だ、と指摘した。すなわち、あなたがよく知っている人の紹介で職を見つけるよりも、あまり知らない人の紹介で見つける可能性の方が大きいのである。それというのも、あなたの親しい友人の知り合いはあなた自身の知り合いと重なり合っている可能性が大きいのに対して、偶然の知り合いは未知のチャンスへとあなたを導いてくれる可能性が大きいからである、と。弱い絆はまた、社会をまとめ上げたり、広範な互恵についての幅広い規範を築くうえでもより優れている。強い絆はおそらく、社会的な動員や社会保険といった他の目的にとってより優れていると思われる。ただし、公正を期すためには、様々な種類の社会関係資本が持つプラスとマイナスの両方を含めた影響について、社会科学が分析を開始してからまだ日が浅い、ということを指摘しておくべきであろう。

内向的社会関係資本　対　外向的社会関係資本

社会関係資本の形態の中には、自らの選択によるにせよ、必然によるにせよ、内向的で、メンバーの物質的、社会的、あるいは政治的利益の増進を図ろうとするものもあれば、逆に外向的で公共財に関心を持つものもある。第一のカテゴリーに属する集団は、通常、階級、ジェンダー、民族などの区分に沿って組織され、生まれや境遇による絆の維持や強化を目的とすることが多い。そうした集団の例としては、ロンドンのジェントルマンズ・クラブ（上流階級の男性専門の会員制クラブ）、商業会議所、現代の労働団体、新参の移民たちが設立した信用組合などが挙げられる。第二のカテゴリーの例としては、赤十字、米国の公民権運動、一九七〇～八〇年代にかけてすべての先進民主主義諸国に登場した環境運動などが挙げられる。外向的あるいは利他的な組織は、個人的利益と並んで明らかに公的な利益をもたらす、との理由から、社会的あるいは道徳的に見て内向的な組織よりも優れているのだと、つい考えがちである。我々としては、そのような発想が魅力的なのは確かだとしても、懐疑的な態度で臨むことが必要だと考える。社会関係資本の数量化が非常に難しいというまさにその理由から、我々は、都会の公園を清掃する外向的な青年奉仕活動隊の方が、例えば、新参の移民のコミュニティの繁栄を可能にしてきた内向的な信用組合よりも、我々の社会関係資本を増加させた、と結論づけることはできないのである。

橋渡し型の社会関係資本　対　接合型の社会関係資本

内向的　対　外向的という二分法と密接に関係しているが概念的には異なる、社会関係資本を区分するためのもう一つの基軸は、「橋渡し型　対　接合型」という基軸である。接合型の社会関係資本は、重要な属性（民族性、年齢、ジェンダー、社会階級等々）の面で互いに似通った人々を結びつけるのに対して、橋渡し型の社会関係資本は、互いに類似点のない人々を結びつける社会的ネットワークのことを指す。これは重要な区分である。それというのも、橋渡し型のネットワークの外部効果はプラスである可能性が大きいのに対して、（特定の社会的ニッチだけを対象として限定する）接合型のネットワークはマイナスの外部効果を生じる危険がより大きいからである。だからといって、接合型の集団が必ずしも悪いというわけではない。事実、我々のほとんどは、橋渡し型の社会的結びつきからよりも、接合型の結びつきから社会的支援を得ていることを示唆する証拠がある。[14]

しかし、メンバーたちの忠誠の対象がまちまちであるとか、考え方が多様である場合には自然に働くはずの抑制作用がないと、結びつきが密で同質な集団は、不吉な結末に向けて簡単に暴走しかねない。言い換えると、橋渡しを伴わない接合は、ボスニアとなる。アシュトシュ・ヴァーシュネイの最近の研究結果によると、インドにおけるヒンドゥー教徒とムスリム教徒の間の暴力的な対立は、一触即発の宗教的対立の橋渡しを行う市民組織が存在する地域社会では、顕著に減少しているという。[15]

実際問題としては、大半の集団は、橋渡しと接合を組み合わせているが、ただし組み合わせのやり方は様々に異なっている。すなわち、社会経済階級は異なるが民族ないし宗教が同じ集団もあれば（多くの友愛団体がこれに該当する）、人種は異なるが、主として、あるいは排他的に同じジェンダーの集団もある（例えば、キルティング・サークルやスポーツ・リーグなど）。

社会関係資本は多次元的なものであり、そうした次元の中には解釈が分かれるものもあるため、我々は、社会関係資本の多寡という視点からのみ社会関係資本に関する変化を考えることがないようにしなければならない。そうではなく、我々は変化を質的に考えなければならない。例えば、ある国において、社会関係資本のストックがよりフォーマルになると同時に橋渡し的ではなくなるとか、より橋渡し的であるがより徹底的ではなくなるとか、より徹底的であるがより公共志向的でなくなる、といった変化を想定することが可能なはずである。あるいは、これら三つの動向のすべてに真実が含まれていることもありうる。すなわち、ある一国で、民族的な基盤に立った社会クラブと、虹の連合と、反政府的な市民の民兵組織のすべてが同時に勢力を伸ばす、といった可能性がありうる。

市民社会の変化に関する理論は、一九世紀に社会学が独自の学問領域として発足して以来、社会学の核心部分を占めてきた。おそらく、最も支配的だったのは、社会の近代化、工業化、都市化に伴って地域社会の絆が衰退してきた、とする見方だったと思われる。工業化は、生産関係を変え、人々に田舎を離れて都市に移住したいというインセンティブを与える。そうした動きが、さらに、（理論が主張するところでは）代わりに新しい環境に見合った新しい形態の社会関係資本を登場させることなく、古い形態の連帯や社会組織の衰退をもたらす。

近代化が地域社会を弱体化させるとするテーゼは、多くの意味で、デュルケーム、テンニエス、ウェーバー、ジンメル等々の社会学の古典的創設者たちの著作の核心部分を成していた。

我々が既に見たとおり、L・J・ハニファンは、一九世紀の最後の何十年かの間にウェスト・ヴァージニア州で社会関係資本が風化した、という明確な印象を抱いた。このテーゼは、社会学者バリー・ウェルマンが次のように指摘するとおり、決して目新しいものではない。

専門家たちは、人類が洞窟の中から這い出して以来一貫して、社会変化が地域社会に及ぼす影響について心配してきたようである。…過去二世紀間に多くの代表的な社会評論家たちは、産業革命に伴う大規模な社会変化が、いかに多種多様な形で地域社会の構造と作用に影響を及ぼした可能性があるかを指摘することによって、収入を得てきた。…大規模な変化がもたらした結果についてのこのアンビバレンスは、二〇世紀にまで持ち越された。研究者たちは、はたして物事が実際にばらばらに分解してしまったのかどうか、問い続けてきた[16]。

また、社会学者のパメラ・パックストンも最近次のように指摘している。

事実、社会学の誕生は、工業化と近代化の進展に伴って地域社会に衰退が生じる可能性をめぐる懸念の只中で生じた、とも言いうる[17]。

二〇世紀の最後の二五年間に、このいわゆる近代化理論の誤りを暴くことが学者の間で流行した。我々としても、近代化テーゼでは、我々が取り上げた国々のそれぞれにおける社会関係資本のパターンにおける重要な変化のみならず重要な連続性を説明できない、という意味でこのテーゼに疑問を抱くに足る理由はある。しかし我々は、このテーゼが、一九世紀から二〇世紀にかけて世界の多くの部分を襲った異常に複雑な変化を総合的にとらえようとする、非常に倹約的な試みだということを否定すべきではない。近代化理論が答えとなった設問――すなわち、社会的関係は工業化と都市化によってどのような影響を受けたのか、という問い――は、知的なものであり、さらには不可避なものでさえあったのである。

社会的道徳観と社会的繋がりの変化が、民主主義の機能にとって意味を持つとの前提に立って、そうした変化を検討するという、我々が直面する特定の課題を最初に取り上げたのは、米国社会の偉大な観察者であるアレクシス・ド・トクヴィルだった。一八三〇年代の著作の中でトクヴィルは、自分の母国のフランスにおける一七八九年の革命に続いて、貴族的で、共同体志向的な社会が、民主的、産業主義的社会へとどのようにして道を譲ろうとしたのかを記した。個人主義的な民主主義は、二つの異なる形態をとりうる、とトクヴィルは示唆している。第一は、上位のパトロンたちおよび下位の下僕たちを結ぶ貴族社会の絆から新たに解放された、政治的に平等な市民が、自分たちの自己利益だけにかまけ、その結果、少数の支配者たち制約を受けることなく容易に権力を掌握し集中化する、原子論的な専制政治である。第二に民主的形態としてありうるのは、リベラルで、分権的、参加的な形態である。トクヴィルが米国で見たような、市民社会の公共心に富む道徳観と組織は、民主的な平等につきものの遠心力に対する歯止めとして機能する。[18]このような洞察を提示したにもかかわらず、トクヴィルは、市民社会の変容がいかにして貴族的な国家から民主的な国家への移行を引き起こしたか、あるいは可能にしたのかについて立ち入った理論的考察は一切行っていない。

一九世紀のもっと後になって、ヨーロッパの社会学者たちがトクヴィルの言う両極性の再定式化を行った。ヘンリー・メーン卿は、身分に基づく伝統社会と契約に基づく近代社会を峻別した。フェルディナンド・テンニエスは、基本的な社会・政治的な分類基準は、ゲマインシャフト（共同体）とゲゼルシャフト（社会）の相違だとした。エミール・デュルケームは、緊密で偏狭な共同体的集団として組織された社会的に似たような状況にある人々の社会を特徴づける機械的連帯と、多様な個人が様々な役割を演じ、しかもそれぞれの役割が全体にとって不可欠であるというような社会を特徴づける有機的連帯とを区別した。ゲオルグ・ジンメルは、伝統的な町における社会関係と近代的な大都市における社会関係を比較した。

これらの社会理論家たちは、それぞれ、近代化という同じ基本的な社会変化の異なる側面をとらえて見せたのである。彼らの理論が、いずれも現実を簡略化しすぎていたこともたしかである。例えば、これらの理論家たちが、伝統社会における様々な形態の違い、もしくは近代社会における様々な形態の違いを区別することはほとんど皆無だった。同様に、これらの理論家たちの作業は、変化の異なる次元を区別してとらえるという点、つまり、伝統的な形態の共同体の崩壊は、主として仕事の世界で感じられたのか、それとも家族関係においてなのか、市民社会においてなのか、政府機関においてなのか、これらのいくつかの組み合わせにおいてなのか、といった問題に立ち入って検討するという点でも、杜撰だった。しかし、様々な曖昧さを残しているとはいえ、これらの理論家たちが、近代化途上の社会では共同体的な絆の衰退が不可避であり、空隙を埋めるための機関・制度をつくり出すことが必要だ、という一般的な認識を共有していたことは確かである。

多くの人々——政治指導者、社会思想家、一般の市民——は、二〇世紀から二一世紀への移行に伴って、おそらくは産業革命以来最大の基本的な社会転換が起きている、と考えている。この転換には様々な側面があるが、それらのうちのいくつかは、他の諸側面よりも頻繁に言及され、より大きな関心を集めている。例えば、多くの先進民主主義諸国では、社会科学者やその他の人々が、民主的な諸制度の機能が変化していること、特に政党が弱体化し、メディア中心、世論中心の選挙運動が隆盛となり、政府に対する人々の信頼が大幅に減退していることなどを指摘している。また、経済の構造と機能も、とりわけ福祉国家と所得の階層化との関わりで、変化してきている。一九九〇年代の後半は大半の西欧の民主主義諸国にとって経済成長の時代であったが、その成長は、多くの国の所得保障や社会保障プログラムの衰退を伴っていたし、また少なからぬ国々では同時に、おそらくはかつてなかったほどの豊かな人々とそれ以外のあらゆる人々の間の所得格差の増大を伴っていた。

変化は社会の他の部分についても起きている。少なくとも一九七〇年代以来、西欧の民主主義諸国では、離婚の増加、結婚の高齢化、婚外出産の増加を背景とする家族構造の分解、すなわち、両親と子どもによって構成される「伝統的」な形の家族の減少、という事態が生じている⑲。もう一方の極では、グローバル化によって世界経済の統合化が急速に進展し、世界の多くの地域に新たな繁栄をもたらしている一方で、個々の国は自主性を失いつつある。ポピュラー・カルチャーでさえも、大きな変化を経験した。テレビと、冷戦の終結と、グローバルな市場の開設の影響を受けて、西欧の商業主義が、ロスアンゼルスとニューヨークから、ロンドン、プラハ、モスクワ、上海へと東に向けて広がった。これによって、ポピュラー・カルチャーの均質化が始まった。

とはいえ、大規模な人口移動も、同程度に大きい、逆向きの影響をもたらしてきた。アジアやラテンアメリカからアメリカ合衆国やカナダへの移民、北アフリカからフランスへの移民、トルコやボスニアからドイツへの移民、アルバニアとイラクからイタリアへの移民、韓国とフィリピンから日本への移民は、既に受け入れ側の民主主義諸国の人口構成と文化の多様化をもたらしてきたが、今後もさらに多様化を推し進めそうである。ある意味では、既存の民主主義諸国が民族的な多様性を強めていること（そして、しばしばこの変化に伴って生じる移民排斥主義的な反発）は、本書で取り上げた国々に見られる最も顕著な共通点だと言える。

政府、経済、社会、文化規範におけるこうした変化のすべては、既に市民社会に対して波紋を投げかけている。なかには、こうした変化が草の根の制度・機関の成長や草の根主義の高揚を促したケースもあるが、その一方で市民社会が打撃を受けたケースもある。また変化のなかには、社会的な信頼関係や調和の増進をもたらしそうなものもあれば、逆に信頼関係や調和を阻害しそうなものもある。文化的なシフトの中には（例えば、新たな移民の統合化のように）社会関係資本の保護、さらには新設に向けて知的な対処が行われそうなものもあれば、逆に（例えば家族の崩壊のように）社会関係資本づくりのチャンスへと転化することにより多くの困難を伴いそうなものもある。別の言い方をすると、二一世紀の社会変化のなかには、社会関係資本志向の政策介入に敏感に反応しやすいものもあるが、とりわけ敏感に反応しやすいわけではないものもある。同様に、これらの変化のなかには、（例えば、コンピュータ技術の発展のように）逆戻り不可能な軌跡を描きながら音を立てて突進しているものもある一方、（例えば、多くの西欧の民主主義諸国に見られる所得格差の拡大のように）循環的な性格のものと思われる変化もある。

以上のような留意事項を念頭において、このプロジェクトは、八つの民主主義国における社会関係資本とその展開について叙述することと、そうした展開がより大きな社会・政治的な文脈からどのように影響を受けたか、あるいは受けなかったかについて推測することを目的としている。

社会関係資本と市民参加の変化は何によってもたらされるのか。近代化理論が最も卑近な例である様々な通説は、産業革命とそれに伴う技術革新を始点とする軌跡について記述してきた。そこでは、人間関係の密な農村地方から、巨大で、匿名性が強く、細分化された都市への人口の大移動は、地域共同体と社会関係資本の全般的な衰退へと繋がる。

このようなとらえ方は明らかに、一七五〇〜一九五〇年に至る期間における西欧諸国における社会変化に共通する重要な特徴をとらえている。そして、このとらえ方は、現代の脱工業化社会における変化について理解しようとする我々の努力にとって、一定のインスピレーションを与えてくれるかもしれない。その一方で、綿密な研究によって明らかになったところによれば、この理論を単純に額面通りに受け入れることは、人間が持っている、長い間には既存の社会関係資本を適応させ、新しい状況に見合った新しい形態の社会関係資本をつくり出すという能力を、大幅に過小評価することに繋がったのである。

しかし、我々がここで自分たちに課した任務は、様々な条件をより注意深く描写できるような、社会関係資本の変化に関する、新しい直線的な理論ないし一次元的な理論を提示することではない。また、我々は、社会関係資本のストックの変化を引き起こしている、共通の背景要因を特定することを目指しているわけでもない。事実、我々の研究は、そうした目的を掲げてもはたして成果が得られるのかどうか、深刻な疑問を投げかけている。この研究で取り上げた諸国は、多くの共通の社会的・経済的な力によって直撃されてきたにもかかわらず、社会関係資本が被った変化はそれぞれに大きく異なっている。例えば、自発的な提携《アソシエーショナリズム》が強まった国がある一方で、そうした動きが弱まった国もある。このパラドクスは、我々に比較研究の利点を思い起こさせてくれる。多くの国にまたがるケーススタディは、因果関係についての特定の通説的、「普遍的」理論を排除したり、少なくともそうした理論に疑問を提起するうえで助けとなると同時に、同じような結果であっても、それらの背後では、場所が異なれば様々な要因の作用も違っているかもしれないという可能性に対して、我々の心を開いてくれる。本書では、我々は、社会関係資本が戦後期に辿った様々な変化のあり方の幅と、そうした変化を引き起こし、あるいは持続させた様々な要因を特定し、分析することに向けて、実証研究に基づいて第一歩を歩み出す。各筆者は、それぞれが担当する国の特殊性に注意を向けているため、各章が描く因果関係は互いにいくぶんか違っているとはいえ、解釈のための何本かの共通の糸が各章を貫いている。我々は、変化をもたらしている数々の推進力について検討し、それらが推進力だという根拠を明らかにする。

技術革新は、たしかに、社会関係資本の変化をもたらしている推進力の一つである。二〇世紀の後半には、世紀の初めにはほとんど想像もつかなかったような数々の発明や新機軸が急速に広まった。娯楽のための新技術（特にテレビ）もあれば、通信のための新技術（低コストでほぼ普遍的な長距離電話サービス、ファックス、電子メール）もあれば、情報のための新技術（インターネット）もある。これらの新技術は、社会関係資本に対して幾多の影響をもたらした。一方において、これらの技術が、たとえ広大な空間にまたがるものであっても、我々が自分たちの社会的ネットワークを維持できる能力を高めたことは疑いない。他方において、これらの新技術は、市民的・社会的な生活からの一部の人々の撤退を促す、という影響も持った。社会関係資本の構築に対する科学技術の影響にはプラス面とマイナス面の両方がある、ということは別に驚くに足らない。

　一国の社会関係資本のストックに影響を及ぼすもう一つの勢力は、社会的あるいは政治的な起業家である。社会関係資本の発生と成長を促す機関・制度を整備するうえでリーダーの役割が大きいという意味で、リーダーシップが重要な意味を持つ。組合の組織化は、進取の気性に満ちた一部の労働者——あるいは、進取の気性に満ちた労働組合の連盟組織——が組合を組織すべきだと判断して行動することによって始まる。市民団体が結成されるのは、誰かが、多くの場合は個人的な体験から、政治を変える必要があることを学ぶからである。読書グループが組織されるのは、何人かの友人たちが社会的なサークルの輪を広げれば面白いだろう、と判断するからである。たしかに、起業家たちは、自分たちが売ろうとしている製品、そして提携《アソシエーショナリズム》への需要があり、かつ供給不足でなければ、成功しない。設問としてより興味深いのは、リーダーが社会関係資本のストックに影響を及ぼすのかどうかではなく、リーダーのストックは何によって決まるのか、という設問である。

　個々のリーダーたちに上からつきまとい、社会関係資本に影響を及ぼしているのが、国家である。ここで国家というのは、政府の諸機関と、それら諸機関が推進する特定の政策の意味である。同じ国家といっても、自主的な団体の結成やメンバーの募集を容易にするために、それらの団体に税制上の優遇措置を講じてきた国家がある一方、自主的な団体の結成を積極的に阻止してきた国家もある。また国家の中には、市民グループが公の事柄に関与しやすいような、比較的オープンで、分散化し、分権化した政治構造をとっているものがある。教育は市民参加の将来を占う重要な指標だとの認識に立って、多くの国家は、大規模な公教育を実施することによって、人的資本の形成だけでなく社会関係資本の形成を奨励してきた。また国家の中には、労働組合や業界団体などの集団を、公共政策の立案や実施に直接に参加させることによって、それら集団の目的意識や連帯感を強めているものもある。

　国家が様々な方法をとって社会関係資本の形成を奨励したり、あるいは阻止したりしていることは、これまで十分に研究されてこなかった。信頼できる政府——つまり、役人たちが正直で市民のニーズへの対応が的確であるような国家——は、社会的信頼を増強させるのか。ある種の経済政策——例えば、所得の不平等の軽減を目指す政策——は、階級の違いを超える社会関係資本の構築を促進するか。国教の存在は、国内の社会関係資本の種類や量に影響を及ぼすか。これらの設問は、社会関係資本に関する研究でこれまであまり解明されてこなかった多くの問題の代表例である。これらの問題のそれぞれは、本書において解決はされていないにしろ、本書に収録したケーススタディが浮き彫りにしている。

もう一つ解明が遅れているのは、戦争はどの程度まで社会関係資本に貢献するのか、という問題である。一見したところ、暴力、破壊、死で特徴づけられた出来事が、公共目的のための平和な協力を促し育むなどという可能性は、到底理屈に合わないように見える。しかし、詳細に検討してみると、この可能性はそれほど奇異なものではなくなる。デュルケーム、ジンメル、その他の社会科学の創設者たちは、危機を共有することが、利害の共有とアイデンティティの共有に繋がることを理解していた。戦争は、政府には対処するためのインフラストラクチャーも余分な資源もないような、社会問題や個々人のニーズをつくり出す。例えば米国の南北戦争の際、自発的な集団や教会のネットワークが、孤児となった何千人もの子どもたちを西部フロンティアの里子受け入れ家庭に送り届ける作業を担った。南北戦争後には、従軍看護婦たちは米国赤十字を設立したが、そのボランティアは今日もなお、戦時と平時の救援活動を行い続けている。本書におけるドイツに関するケーススタディと(限定的にではあるが)日本に関するケーススタディが示唆しているように、戦争は、社会関係資本に対して無愛想な一つの形態の政府から、社会関係資本の興隆を許容する別の形態の政府への転換をもたらす可能性もある。

最後に、言うまでもないことであるが、社会人口動態的な変化も、一国の社会関係資本の種類やストック量に影響を及ぼす。社会関係資本を構築し維持するためには、時間と、エネルギーと、場合によっては市民的な熟練が必要である。個人が他の場で――例えば、雇用を要求するような場で――持てる手段や力量を自ら進んで発揮したり、やむをえずに発揮したりする場合には、社会関係資本が等閑視される可能性が大きい。人口が増大する中で人々が市民的行動への心構えについて学ぶチャンスがなかったり、頻繁な転居や遠距離通勤のために社会的繋がりが稀薄になったりという場合にも、同じことがあてはまる。

本書の執筆者たちは、それぞれに優れた社会理論家である。執筆者のうちの何人かは、自分の担当する国における社会関係資本の変化の型についての叙述と、社会関係資本をいかにとらえるべきかというより広範な叙述とを組み合わせて提示している。したがって、例えば、オッフェとフュックスは、社会関係資本の様々な特徴に関する広範な分類から説き起こしているのに対して、ペレス=ディアスは、「市民的」社会関係資本と「非市民的」社会関係資本の相違を強調する、といった具合である。社会関係資本に関する論争の現段階においては、いかに不調和であろうとも、こうした異なる見解をそのまま表明するように奨励する方が、むりやりに見せかけの理論的な統一性を取り繕うよりも生産的だと思われる。我々執筆者を結びつけているのは、何にもまして、社会変化の様々なパターンと、そうした変化が我々の民主主義体制にとって持つ意味について理解したい、という共通の関心なのである。

本書は、以上に述べたような様々な原因を解明する予定である。しかし、もっと重要なのは、本書が、先進の脱工業化諸国における社会関係資本の全景を提示する研究としては、最初のものとなるはずだという点である。本書で検討する国々は、グローバルな経済の一環として、同じ経済的力、社会的力の多くによって影響を受けている。と同時に、これらの国々は、歴史的な経験、経済のあり方、民主的な構造等々の面で互いに異なっている。さらに、商業テレビの隆盛、離婚革命、都市のスプロール現象、有償労働力人口への女性の進出、インターネットの普及等々に見られるように、ここで取り上げたすべての国々で同じような力が作用している場合においてさえも、そうした変化のタイミングは、国々で異なっており、場合によっては二〇年、三〇年のタイムラグがあることさえもある。したがって、これら諸国の社会関係資本の特徴が、ある面では収斂してきたのに対し、別の面では乖離してきたとしても、驚くに足りない。

本書において我々は、これらの問題を、八カ国における、ほぼ第二次世界大戦の終結から二〇世紀末までの期間にわたる、詳細な定量的、定性的な証拠に照らして検証することを目指す。対象として取り上げた国々は、西欧、北米、東アジアから選りすぐった、先進、脱工業化民主主義国の幅広い標本を構成している。ただし、今日社会関係資本と称されるに至った社会的実体についての理論形成にユニークで重要な役割を演じたことに鑑みて、トクヴィルの米国については二本の論文を収録している。そのうちの一つは、二〇世紀の最後の二、三〇年間に焦点を当てており、他の国々に関するケーススタディとより直接的に比較が可能な論文であり、もう一つは、もっと長い歴史的な視野に立った論文である。

ここで我々は読者に対し、我々には何らかの特定の意見を提示するつもりがないということを断っておくべきであろう。実際、我々執筆者の間でも、変化という問題を扱うにはどんな概念が最も適切かという点について、完全な合意が成立しているわけではない。異なる執筆者の研究を集めた論文集が、一人の筆者が単独で行う研究でしばしば提示されうるような単純明快さを欠くとしても、当然である。その一方、本格的な研究プロジェクトが端緒についたばかりの本書のような研究領域においては、創造的な研究者の集団だからこそ提供可能な、多様な視点や洞察力は、はるかに大きな価値のある資産である。我々としては、読者がこの複雑ではあるが重要なテーマを扱うために自分なりにどのようなアプローチをとるかを決めるにあたって、このような視点の多様性が役立つものと期待している。

第1章　イギリス――政府の役割と社会関係資本の分配

ピーター・A・ホール

米国は通常最も市民社会的な国とされるが、その米国社会の内部で個人が地域社会の問題に関与したり、互いを信用したり、定期的に交わりを持つという傾向が明らかに衰退しつつある[1]。これが最近の社会科学の分野から発せられる際立った結論の一つである。本書の序章が示すように、個人間の関係に見られるこの変化は、幅広い影響をもたらすものかもしれない。

本章の目的は、過去五〇年間の英国におけるそのような社会性（sociability）のパターンが歩んだ道、すなわち社会関係資本のパターンの軌道を調べることにある。筆者がロバート・パットナムの広めた社会関係資本の定義に従ってここで焦点を当てるのは、個人を定期的に互いに接触させる公式、非公式の社会性のネットワーク、そして個人が仲間としての市民を信用する一般的な意欲と理解される社会的信頼の規範である[2]。測定上の問題でボランティア結社の会員を重視せざるをえないが、慈善運動への参加や隣人あるいは友人との非公式な関係も含む他の形態の社会性の傾向についても顧慮することにする。

英国の実態は思いのほか興味深いものである。同国における社会関係資本の水準は過去五〇年間、比較的堅調であったように思われる。しかしこの間、社会関係資本の配分における社会的グループ間の格差は広がってきており、一般的に集合財と見なされることが多い現象の配分の側面に注意を喚起している。社会関係資本は、社会的なルーツを別にすれば、統治に影響を及ぼす市民社会の特徴として扱われることがしばしばであるが、英国における動向は、この因果関係には逆の流れもあること、すなわち政府が国内の社会性の水準に影響を与えうることを示唆するものである。

社会関係資本の衰退が主として米国における現象なのか、それとももっと広範な傾向として先進民主国家全体に影響を及ぼしているのかを測定するには、当然英国が一つの事例になる。英国は世界でも最も濃密な社会的繋がりのネットワークのいくつかを、長い間維持してきた。ある歴史家は次のように考察している。「過去における人道的な支援で英国に勝ると公言できる国はない[3]」。市民組織は一九世紀に開花した。それはトレヴェリアンが「労働組合、協同組合・互恵組合、同盟、理事会、委員会、考えられるあらゆる種類の人道的、文化的目的のための委員会の時代」と呼び、それに加えて英国では「どんな馬鹿な動物でも何らかの組織に属していないものはない」と言った時代である[4]。アーモンドとヴァーバは、一九五〇年代に調査した国々の中では、米国と並び英国には高水準の社会組織、信頼、政治参加などを特徴とする市民的文化がまだ最も多く残っていること、そして社会組織について批判的な人々すら英国〔の社会組織〕については逆のケースだと見なしていることを発見した。[5] それだけでなく、英国と米国の間にある多くの文化的、政治的相似性は、社会関係資本の水準の変化の説明として提起されているものを試す格好の場にしているのである。

筆者は分析を三段階に分けて進める。次節では、一九五〇年以降の時代をできるだけ含め、ここ数十年の英国における社会関係資本の全般的傾向を評価する。それに続いて、こうした傾向を説明し、社会関係資本の変化の背後にある因果要因について結論を導く努力をする。最後に、民主政治の諸側面が英国における社会関係資本の水準にどのように関連しているのかを調べ、社会関係資本を理解するうえでこの事例の持つ一般的意味合いを論じることにする。

1　社会関係資本の傾向

ここで概念化されている社会関係資本とは、人々が相対的に平等な状況のもとで定期的に互いに関係を持ち、その結果、信頼と互恵主義の関係を築いていく程度によって主として決まる。したがって、それは社会性の公式、非公式のパターンを通じてつくり出されるものであり、人々が他者に対して表す一般的信頼の水準と地域社会におけるボランティア活動への献身に反映されるはずである。

ボランティア組織の会員

社会関係資本のこの定義の核心にあるのは、ボランティア組織の会員になることである。レクリエーション、社交、宗教、政治に至る様々な目的に献身するボランティア組織であるが、これらには共通する二つの重要な特徴がある。会員を他の人々と少なくとも何らかの顔と顔をあわせる交流に携わらせること（重要な要因である。なぜなら一般的な互恵の能力が生じると言われるのはこうした交流からだからである）、そして会員を共通の努力に携わらせること（それによって、民主国家にとって長期的な重要性を持つ、共同行動の能力を育成する）である。[6] したがって、ボランティア組織の会員の変化は社会関係資本の傾向を示す最良の指標の一つを提供するはずである。図1-1は、筆者が長期間にわたるデータを得ることのできた当該組織の会員総計の水準を示すものである。いくつかのタイプに分けてある。そして図1-2の指数は、組織のタイプごとに集計した会員数の伸び率を示している。[7]

いくつかのパターンが明らかである。第一に、会員数はいくつかのタイプの組織では伸び、別のタイプの組織では減少している。主婦向けの傾向のある伝統的な女性組織は近年どこよりも顕著な減少を経験している。その一方、会員数が一九七一年以降四倍も増えた環境関係の組織は一番大きな増加を記録している。[8] 青少年向けグループ、スポーツクラブ、サービス団体、

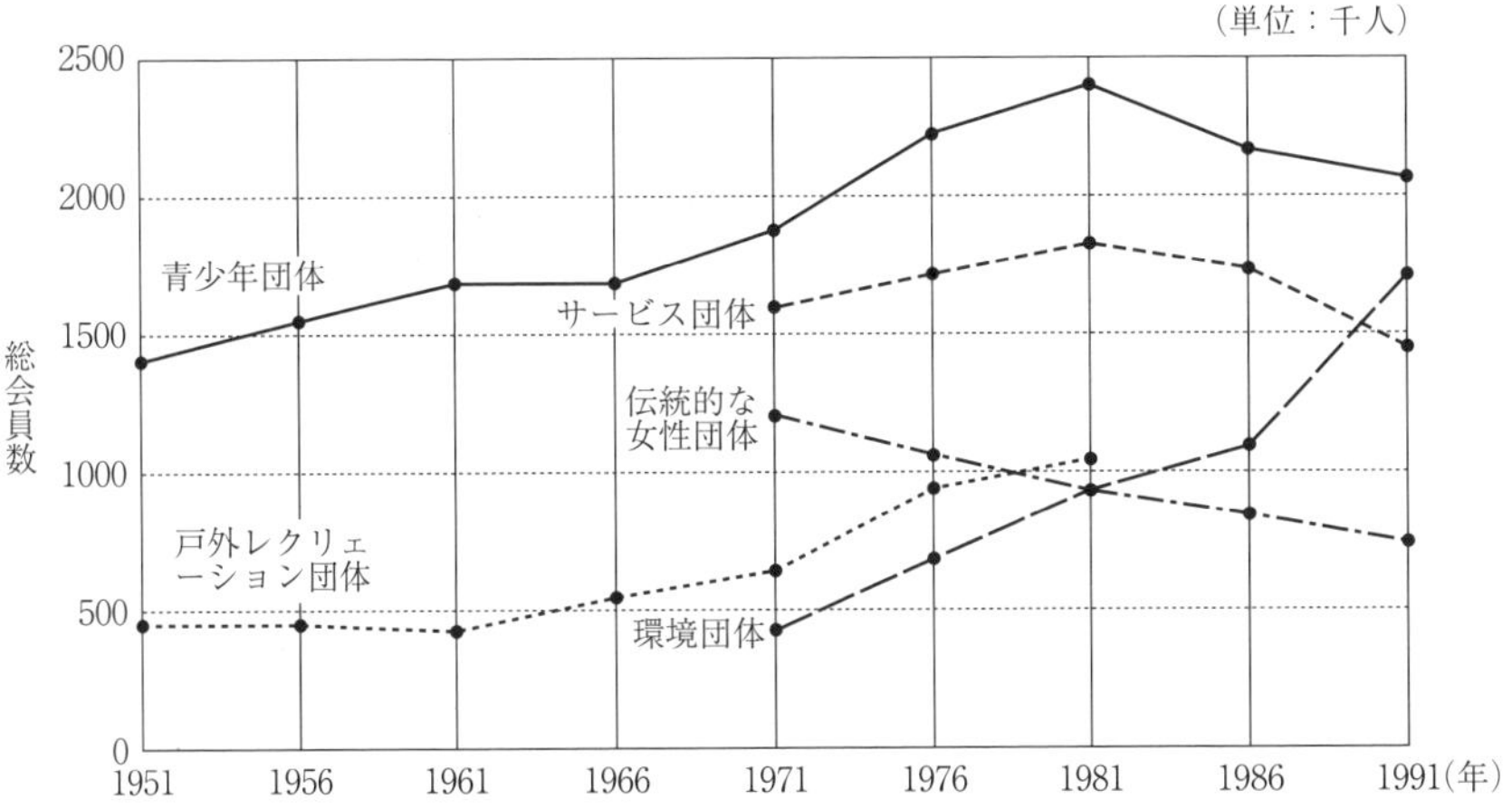

図1-1　各種団体の総会員数の推移（1951～91年）

出所：*Social Trends* (London: HMSO, various years).

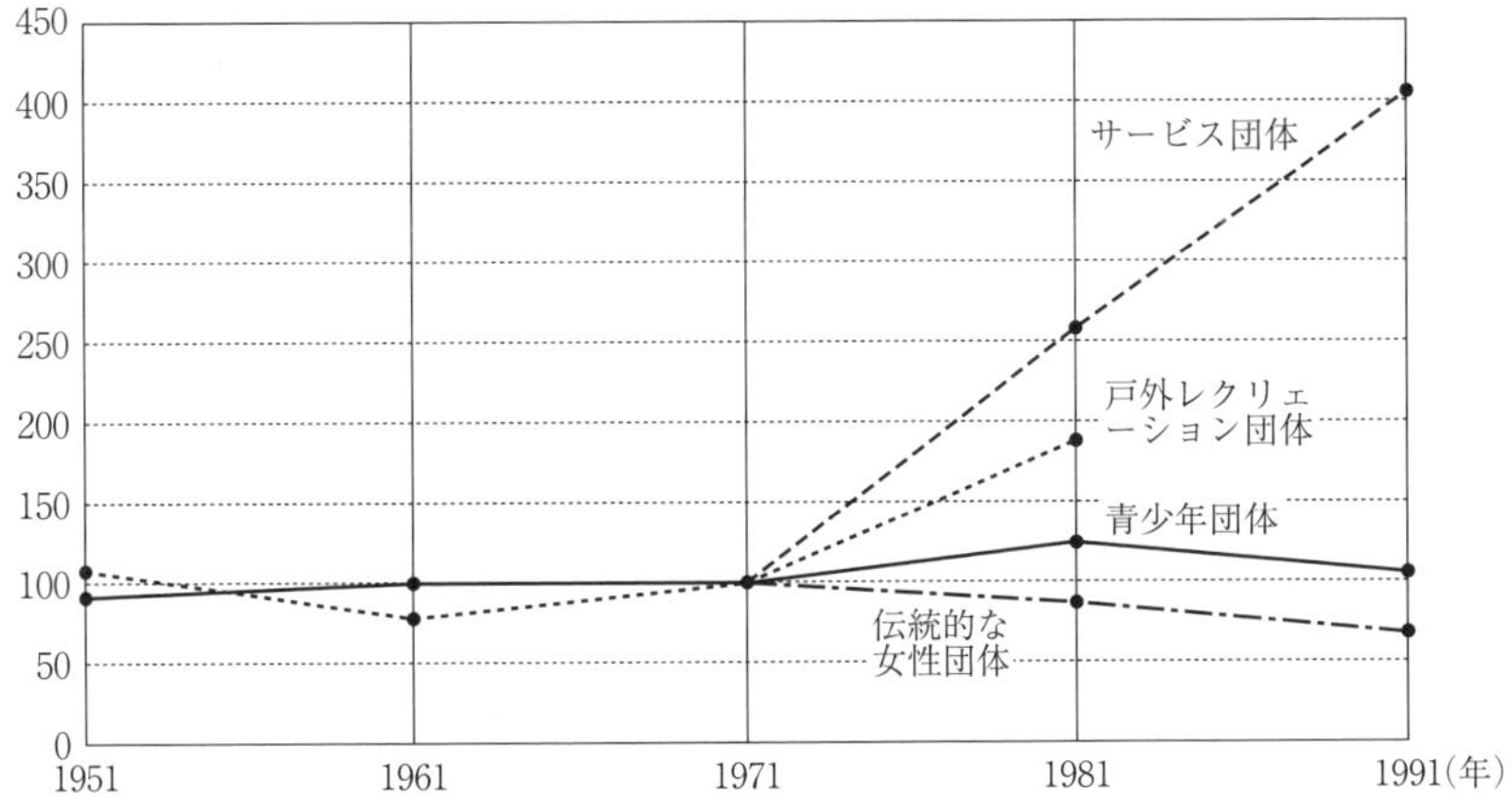

図1-2　会員数の伸びの指数（1971年を100とする）

出所：図1-2に同じ。

レクリエーション団体では、会員が減少したところもあれば増加したところもある。第二に、会員数が変動したり、減少した組織があるものの、二次組織（secondary associations）の会員数の水準は、全体では長期にわたってみればそれほどの減少を見ていない。図1-2は平均の会員数は伝統的な女性団体以外では、総じて人口増加率を上回る率で増えていることを示している。第三に、長期的なパターンは穏やかな増加を見せているが、一九八〇年代には特に青少年向け組織、そして赤十字、セントジョン救急隊などいくつかの奉仕団体で会員数がいくぶん減少した。労働組合の組合員数は戦後ほとんどの期間増加し、一九五一年の九五〇万人から一九八〇年にピークの一二九〇万人に増えたが、一九九一年には九六〇万人に落ちた。

まとめて言えば、ほとんどの種類の組織では平均会員数の水準は少なくとも人口増加率と同じペースで、また戦後の教育的成果の向上に見合って増加したように見える。さらにまた、長期にわたって存在している組織の会員数を追跡するデータは、英国社会における団体加入の全体的水準を実際より低く示しているかもしれない。全国ボランティア団体協議会が集めた団体名鑑調査によれば、過去三〇年の間に英国では多数の新しいボランティア団体が創設されているのである[9]。ボランティア分野の状況を調べるために一九七六年に設けられたウォルフェンデン委員会は、調査した五地域におけるボランティア団体の半数以上が一九六〇年以降に設立されたものであることを発見した。さらに、一九九二年に行われた一一七三の全国的ボランティア団体に関するもっと新しい調査によると、それらの四分の一は一九四四年以前の設立だったが、四分の一は七〇年代の設立、さらに四分の一は八〇年代の設立であることが分かった[10]。このことは、ナップとサクソン＝ハロルドの二人によっても確認されている。二人は年間三〇〇〇～四〇〇〇団体が新たに生まれていることを反映して、八〇年代にボランティア団体が二七％増加したことを認めているのである[11]。ある場合には、これらの団体は環境保護というような新しい人気のある目的に沿って創設されたものであり、またある場合は、社会的変化によって重要性を増した協調的努力のタイプの増加を反映している。例えば、就学前のプレイグループで、これらは現在英国全土で一四〇万人以上のボランティアを動員している[12]。

このほかに入手可能なデータも非常に似通った状況を示している。表1-1は、戦後の時期の四つの時点における英国の有権者の代表的なサンプルによって報告された団体会員数である[13]。この結果は集計データとの際立った一貫性を示している。これらの数字は、成人人口における団体の平均会員数は一九五九～九〇年の間に四四％増加したが、六〇年代の増加率が最も高く、その後の増加率はあまり高くない[14]。学歴三段階それぞれにおける団体会員数のデータが示すとおり、この増加幅は一般民衆全体における学歴の上昇が生み出したものである。しかし、団体会員数はどの学歴段階でも減少を示していないことは注目すべきである。

以上から引き出すことのできる広い結論の第一は、英国にお

表1－1　団体会員数の推移

	1959	1973	1981	1990
全体	0.73	1.15	0.87	1.12
性別				
男性	1.05	1.46	0.93	1.13
女性	0.43	0.90	0.81	1.11
教育				
初等教育	0.60	0.97	0.64	0.67
中等教育	0.88	1.48	0.76	1.04
高等教育	1.58	2.05	1.74	2.18
社会階級				
上流中産階級	1.13	2.24	1.57	2.15
非肉体労働者・事務職	0.82	1.36	0.89	1.34
熟練肉体労働者	0.70	1.02	0.63	0.79
低技能肉体労働者	0.53	1.02	0.57	0.65
年齢				
30歳以下	0.63	1.14	0.71	0.90
31歳以上	0.75	1.16	0.98	1.19

注：各列は，それぞれのグループにおける，１人あたりの加盟団体の数を示す。
出所：1959, the Civic Culture Survey ; 1973, the Political Action Survey ; 1981 and 1990, the World Values Surveys.

ける団体会員数の全体的水準は一九八〇年代も、九〇年代も、一九五九年と同じ高さ、あるいはそれよりもいくぶん高くさえあったように見えるということだ。回答者の学歴が変わらないとしたとしても、英国の住民の大多数が団体に加入したがるという基本的な性向は九〇年代にも五〇年代とほぼ変わらない(15)。

これらの結果は、英国でこの何十年間に行われた全国的、地方ごとの広範にわたる調査が示すものと合致している。今も英国における政治参加に関しての権威ある研究となっているものの中で、パリーと彼の仲間は、一九八四～八五年において、人口の三分の二が少なくとも一つの公式な団体に加盟しており、三六％は二つ以上に加盟していることを発見した。一方、別の者たちは三〇〇万人の英国人が団体の委員会で毎年仕事をしていると推定している(16)。ビショップとホゲットによる詳細なケーススタディは、ブリストル郊外の八万五〇〇〇人の人口につき平均九〇人のメンバーを有する三〇〇の団体があること、レスターの人口六万八〇〇〇人の地域で平均三〇〇〇人の者が毎土曜日の朝、チームを組織してサッカーをやっていることを発見した。一四地区における社会サービスのボランティア組織についてのナイトの調査によれば、九四万六〇〇〇人の人口に対して三六九一のそのような団体が奉仕活動をしている。対人口比はスコットランドのある町における一六五対一から、インナーシティ(大都市中心部)近郊における三六一対一までのばらつきがある(17)。

慈善活動

慈善活動に対する支援は、社会関係資本のもう一つの大事な側面である。ボランティア活動は個人を隣人と直接に接触させる傾向があり、市民的接触の重要な形態を代表する。したがって、英国の社会関係資本の状況に関していくつかの指標をここに見つけることができるかもしれない。

英国で正式に登録されている慈善活動の数は着実に増えており、一九九一年には一六万六五〇三団体に達した。こうした団体に対する現金の寄附も同様に増えている。寄附額は一九九三年には五〇億ポンド、一人あたりおよそ一〇ポンドだった(18)。もっと重要なことは、英国国民の中でボランティア活動をする者の割合は毎年大きくなっており、こうした活動は病気の者や高齢者の世話、青少年の教育やレクリエーションに向けたものが通常である。ある研究によれば、一九七六年には一七%の人々が何らかの形のボランティア作業に携わったことがあり、そのうち九%は毎週やっていた(19)。時間の経過による比較については用心が必要であるが、別の調査によれば、この数字は八〇年代、九〇年代にはさらに高くなっている。一九八一年には、一般所帯調査に対する回答者の二三%がこの年に何らかのボランティア活動をしたことがあるとしており、ゴダードは人口の四分の一が一九九二年に何らかのボランティア活動をしたこと、その一五%は通常週一、二度定期的に活動しており、英国全体で延べ週二〇〇〇万時間のボランティア活動が行われていることを発見した(20)。その他の調査によれば、全国民の三分の一にものぼる人が毎年何らかの形のボランティア活動に従事していると報告している(21)。こうした活動のかなりの部分は慈善のための募金集めの仕事であるが、ボランティア全体の三分の一の人々が委員会で活動した経験を持ち、ほとんどの活動は近隣地区において他者と顔を会わせる接触を含むものである(22)。

これらの数字は英国の中小都市になじみのある者にとっては驚くことではないだろう。そうした都市では、ボランティアが店番をしてオックスファム、バーナード、あるいはその他の慈善団体のために物を売っている慈善店が三つや四つ、目抜き通りに目立っているのが普通の光景である。ウォルフェンデン委員会のために実施された三つの町の詳細な調査によると、それぞれの町にかなりの数のボランティア団体が存在している(人口五万人の町で八二団体、二〇〇〇人の活動的メンバー、人口六万人の町で一一二団体、二五〇〇人の活動的メンバー、二六万五〇〇〇人の町で二三九団体、四〇〇〇人の活動的メンバー(23))。英国におけるボランティア分野に関する一番最近の調査は、一般的にこの分野が広範で活力に満ちているという結論を出している。

非公式の社交活動

正式な団体やボランティア活動への参加だけが社会関係資本の唯一の源泉を構成するわけではもちろんない。社会関係資本が依存する顔と顔の接触のネットワークは、それほど正式でない場面での他者との交流によっても成り立つ。友人とのつきあい、隣人との会話、他者との非公式な組織だが定期的な活動な

表1-2　時間の使い方の変化（1日あたり平均時間（分））

社会関係資本と関連する活動時間の一般的な使い方

	屋内でのレジャー	屋外でのレジャー	ラジオ	TV	スポーツ	市民義務	社交クラブ	パブ	友人訪問	全体
フルタイム雇用の男性										
1961	209	69	23	121	4(9)	6(15)	4(10)	4(16)	19(43)	37
1975	207	102	5	126	7(19)	4(12)	8(17)	14(39)	21(57)	54
1984	209	98	3	129	10(31)	3(13)	5(16)	13(41)	8(60)	39
フルタイム雇用の女性										
1961	173	61	16	93	2(6)	2(9)	1(4)	0(3)	24(55)	29
1975	183	82	3	103	1(6)	3(11)	6(13)	3(17)	27(69)	40
1984	188	90	2	102	2(17)	7(21)	2(6)	10(32)	21(75)	42
パートタイム雇用の女性										
1961	207	72	21	98	1(11)	8(13)	1(2)	1(4)	30(35)	41
1975	221	99	4	112	2(6)	5(18)	3(9)	3(14)	33(69)	46
1984	222	89	2	121	5(17)	5(21)	2(9)	4(20)	26(75)	42
報酬のある仕事に就いてない女性										
1961	257	70	25	125	1(4)	5(13)	1(5)	0(2)	34(64)	41
1975	268	116	6	132	1(5)	5(16)	4(10)	3(14)	42(81)	55
1984	286	95	3	147	3(16)	6(17)	3(11)	4(21)	29(79)	45

注：カッコ内の数字は，この活動に参加している者のグループ内での割合（%）。1975年のサンプルは1974-75から，1984年のサンプルは1983-84から採った。

出所：Jonathan Gershuny and Sally Jones, "The Changing Work/Leisure Balance in Britain, 1961-1984," in John Horne et al., eds., *Sport, Leisure and Social Relations* (London : Routledge and Kegan Paul, 1985), pp. 9-50.

どである。多くの調査研究はこうした種類の非公式な社交活動を無視している。測定することがずっと難しいからだが、英国におけるこれらの活動のトレンドを測定するなにがしかの基礎はある。

生活時間に関する調査が非公式の社交活動についてのデータの重要なソースとなる。表1-2は英国国民の代表的なサンプルから抽出された個人を、職業上の地位に従って分類し、各種の余暇活動に一日あたり平均何分使うかを示している。期間は一九六一年、七四～七五年、八三～八四年である。これらの時期全体を通じて、ほとんどの人の自由にできる余暇時間は大幅に増えた。労働時間の短縮と省力機械の普及のおかげである[24]。しかしながら、ほとんどのグループがこの余暇時間を自宅でよりも外で過ごすことを選択し、それによって社会活動の範囲を拡大していることは注目すべきことである。多くの人がテレビを観る時間が増えたが、これは以前ラジオを聞きながら過ごした時間をテレビに切り換えたものである。

表1-2中の右の五列は、屋外活動に注がれた時間を示すが、こうした外での活動は社会関係資本の形成に貢献するものとも言えるだろう。このような活動に使われた時間の総計は一九六〇～七〇年代の初頭を通じてかなり増加し、その後の一〇年間はやや減少した。しかし一九八四年には、六一年と少なくとも同じ水準を維持して

いた。総じて、これらの活動のそれぞれに参加した者の比率（カッコ内）も増加した。時によっては大きく増えた。こうしたデータは、戦後英国人が家の外で他者と接触することが少なくなり、ますます「個人化」しあるいは「家庭内志向」になったという連想とは合わない傾向がある。[25]事実は逆で、過去四〇年間にわたり、控えめな解釈ですら非公式な社交活動がいくらか増えていることを示唆しているのである。

英国では、長らく非公式な社交活動と結びついている最も重要な場所はパブだった。ほとんどの地域には何軒かのパブがあり、定期的にパブに通うことは何十年にもわたって、大部分の地域住民にとって日々の生活における楽しみであるだけでなく、友人や隣人との会話の機会をもたらすものだったのである。一九五三年の全国調査によれば、男性の三分の一は週に二度以上パブに行き、一六%は一度は行っている。しかし、これに対して女性では各々四%、一一%にすぎない。[26]一九五七年の全国調査では回答者全体の四七%が前の週にパブに行ったと答えている。[27]非公式の社交活動の場のその後の推移はどのようなものだろうか。

残念ながら、人々がパブを利用する傾向について入手できるデータは非常に限られている。英国におけるパブの数は一九七〇年代に若干の回復があったものの、一九〇〇年の一〇万二一八九軒（人口一万人あたり三一・六九軒）から、七八年の六万六〇五七軒（人口一万人あたり一三・四五軒）へとかなり減っている。しかしながら、表1-2が示すように、パブを訪れる人の数も彼らがそこで過ごす時間も五〇年代から八〇年代の間に増えているように思われる。おおざっぱに言うと、これらの数字は一九八〇年代には全男性のちょうど半分弱が週に平均一時間半をパブで過ごしたことを示している。それだけでなく、女性は今では五〇年代に比べるとパブを訪れることが多い。一九八六年には、男性の六五%に対し女性の四七%が前の月にパブに行ったことがあると回答している。[28]少なくとも、パブは英国国民のある部分の人々にとっては、依然として非公式な社交の重要な場なのである。[29]

世代効果

英国では戦後、社会関係資本の全般的水準が大きく低落したようには見えないが、若い世代の間では減っているのかもしれない。もしそうなら、古い世代が若い世代に取って代わられるにつれ、社会関係資本全体がやがて減少することを予想できる。この可能性は特に深刻に受けとめられなければならない。なぜならパットナムは、米国でまさにそのような世代効果を発見しているからである。彼は米国における一九一〇〜四〇年の間に生まれた「長期にわたる市民世代」の活動性を、四〇年以降に生まれた世代の間に見られる低水準の市民参加と対照させている。[30]

世代効果をライフサイクル効果と時代効果から切り離すことが難しいことは、よく知られている。[31]まず図1-3を調べることから始めよう。このグラフは異なる五時点（一九五九年、七

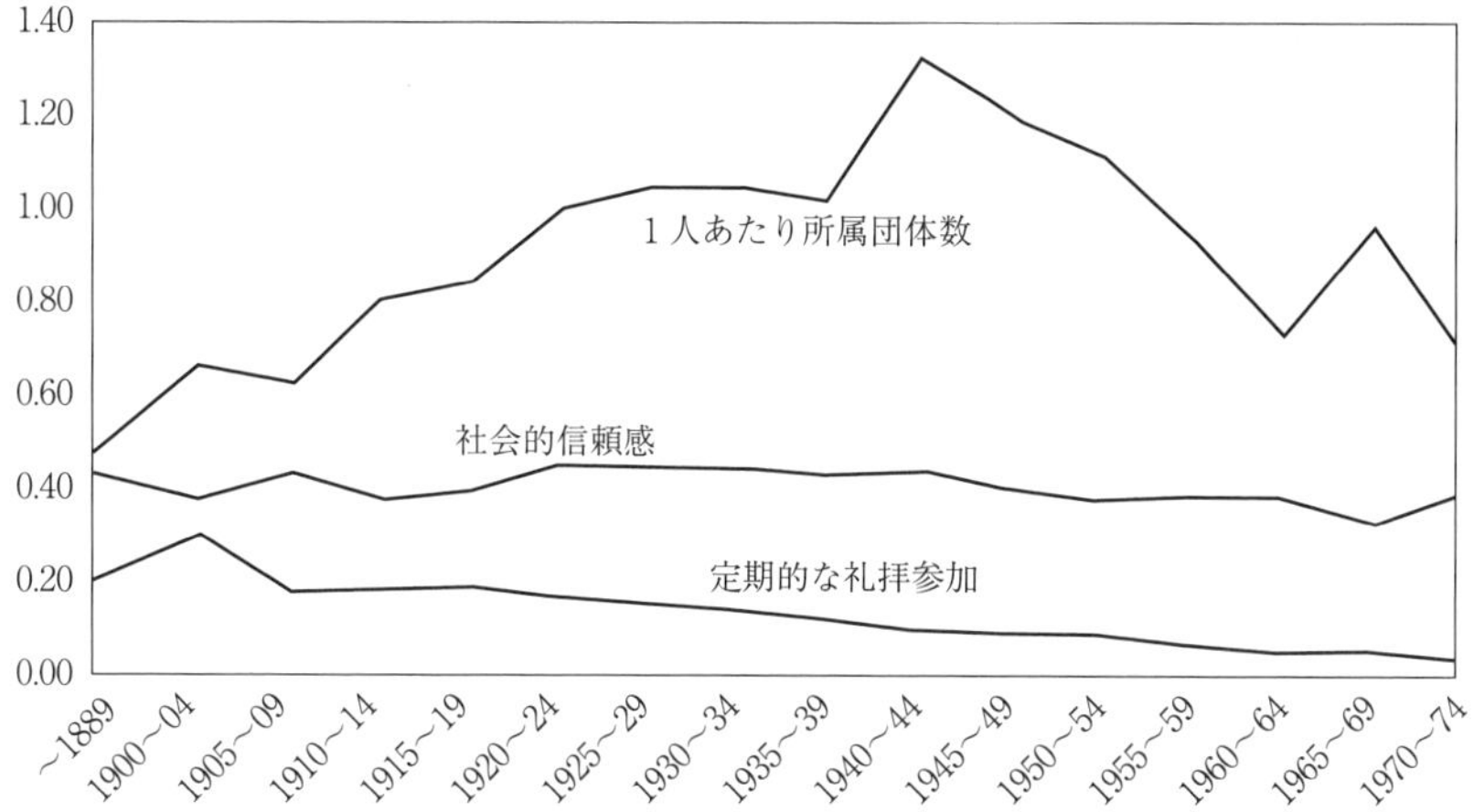

図1-3　生年別に見た団体所属，教会信者，社会的信頼感の水準

注：グラフは，回答者が所属する団体数の平均，教会に定期的に通うと答えた者の比率，註35で定義されている社会的信頼感を表明した者の比率を示す。図の左側の数字0.00から1.40は，％か実数か適当に区別して見てもらいたい。

出所：Civic Culture Survey 1959, Political Action Survey 1973, Eurobarometer study 1977, World Values Surveys 1981 and 1990.

三年、七七年、八一年、九〇年）の回答を総合した、英国の異なる年齢グループ内での団体所属、教会信者、社会的信頼感の平均水準を示す。図1-3を見ると、連続的な年齢別グループのボランティア団体への参加性向が一般的に上昇しており、一九四〇～四四年の間に生まれた年齢グループで頂点に達し、その後低下している。一瞥すると、このグラフは戦後世代は戦間世代よりも市民的活動に従事することが少なく、その後の世代になるにつれてもっと少なくなっていることを示しているようである。[32]

しかしもっと詳細に見てみると、図1-3から得られる印象は、単にデータ不足とライフサイクル効果が強いことの産物かもしれないことが分かる。多くの研究で確認されているように、市民的活動参加は年齢とともにかなり増え、十代、二十代のうちは比較的低水準だが、四十代、五十代になるとピークに達するのである。[33]図1-3から得られるデータの最後の時点は一九九〇年だから、一九五〇年以降に生まれた人たちの団体参加は、彼らが十～三十代の時のサンプルでしかない。団体参加のピークの年代に達する以前のものなのである。

したがって、ライフサイクル効果を世代効果から分離するために、筆者はサンプルから三つの年代グループ、すなわち戦間期（第一次世界大戦と第二次世界大戦の間の時期）、一九四〇年代、五〇年代にそれぞれ生まれた人たちのグループを抜き出し、それぞれ異なる年齢における団体参加状況を調べた。この結果は表1-3に示してあるが、どの年齢においても、四〇年代、五

表1-3　異なる世代の各年齢時点における所属団体平均数

年齢	戦間期世代	1940年代世代	1950年代世代
20-25	0.64	—	0.87
25-30	0.62	1.05	1.00
30-35	0.94	1.17	1.00
35-40	1.07	1.22	1.33
40-45	1.27	1.22	—
45-50	1.28	1.47	—

注：戦間期世代は1919～39年，1940年世代は1940～49年，1950年世代は1950～59年生まれ。
出所：1959 Civic Culture Survey, the 1973 Political Action Survey, the 1977 Eurobarometer study, 1981 and 1990, World Values Surveys.

〇年代生まれの世代は、同じ年齢の時点で戦間期生まれの世代と少なくとも同じくらいの数の団体に所属している。総じて、これは人々の教育水準が変わらないと想定した場合も同じである[34]。筆者はこれらの結果を踏まえ、パットナムが米国で見出したと同じような世代効果は英国では見当たらないという少なくとも暫定的な結論を出した。少なくとも一九四〇年代、五〇年代の世代は、戦間期の世代と同じ程度の市民活動参加を示しているのである。

社会的信頼感

社会的信頼感のことを考える場合は若干違った状況が出現する。社会的信頼感とは人々が仲間の市民を信頼する一般的な性向を指すものと了解されている[35]。ここでは二つの主要な傾向が見られる。第一に、社会的信頼感の全般的水準は、五六%の回答者が一般的に他人を信頼すると答えた一九五九年と、四四%しかそう答えなかった一九九〇年の間に低下している。ここにはたしかにかなりの規模の時代効果というものがある。第二に、社会的信頼感の侵蝕はあるグループ内の方が他のグループ内よりも大きい。表1-4は、社会的信頼感の低下は中産階級よりも労働者階級の中での方が大きいことを示している。しかし、もっとも際立っていることは、一九五九年と一九九〇年を比較した時の、年齢グループ間の相違である。五九年には、四〇歳以下の人々は四一歳以上の人々よりも人を信じる傾向がかなり強かった（前者の六一%が信頼感を表明したのに対し、後者は五二%）。九〇年になると、これがちょうど逆転していることが分かった。四一歳以上の者の四七%が他人への信頼感を表明したのに対し、四〇歳以下の者は四〇%しかそうしなかった。この比率は年代が下がるにつれて低下し、一九九〇年には一八～二九歳の人々ではわずか三二%にしかならなかった。

社会的信頼感を表明する人々の全人口中の割合がこのように低下しているのは、純粋に世代的なことだけではない。それはすべての年齢グループで見られるのである。戦間期に生まれた世代もそうで、一九五九年には彼らの六一%が信頼感を表明したのに対し、今日では四六％にすぎない。しかし、低水準の社会的信頼感が特徴である時期に育った経験は、さらに若い世代にその特徴を伝えるのである[36]。社会関係資本の他の指標が同じような低下を示していないことを考えると、社会的信頼感の侵蝕は一種の異常現象であり、このことについては後にまた論じることにして、さしあたっては、なぜ英国では他の指標が示す社会関係資本の水準がかなりの高さを維持しているのかという問題を説明することにする。

表1-4　社会的信頼感の推移

社会的信頼感を表明する人の比率　（%）

	1959	1981	1990
全体	56	43	44
性別			
男	56	45	46
女	56	42	42
教育			
初等教育	50	37	42
中等教育	64	42	41
高等教育	79	60	62
社会階級			
上流中産階級	71	58	57
非肉体労働者・事務職	54	48	45
熟練肉体労働者	55	40	39
低技能肉体労働者	51	33	38
年齢			
40歳以下	56	41	37
41歳以上	56	45	46

注：数字は，「一般的に，他人を信用することができる」と答えた人の比率。「分からない」，「事情によりけり」，「その他」は除いた。

出所：1959, *Civic Culture Survey*; 1981 and 1990, World Values Surveys.

2　社会関係資本の水準の説明

一般的な因果説

ここで調べたほとんどの測定に基づけば、社会関係資本はパットナムが米国で見出したほどには英国では低下していない。英国と米国の状況に隔たりがあることは、社会関係資本の水準に影響を与えるかもしれない因果要因を理解するうえで、重要な意味を持っている。第一に、これはパットナムが提示する主張の多くを支持するものである[37]。英国のケースに照らし合わせると、さもなければ先進工業国における社会関係資本を侵蝕すると考えられる共通の傾向は、それほど重要でなくなるように見える。それらの傾向とは、福祉国家の拡大、郊外化、労働力への女性の参加の増加、離婚率の上昇や一人暮らし所帯の増加を特徴とする家族構成の変化などである。戦後の英国はこれらの傾向をすべて経験したが、社会関係資本がそれに対応して弱まることはなかった[38]。

英国のケースはまた、テレビが社会関係資本に与える因果的影響の問題を提起する[39]。英国国民が毎日平均二時間半テレビを観るという事実にもかかわらず、彼らは社交や地域社会との関わりを一九五〇年代終わり頃に相応する水準に維持しており、テレビとともに育った世代の地域社会との関わりがその前の世代よりもかなり低水準だということはないのである。このことは、テレビを観ることが必ずしも社会関係資本を侵蝕するとは言えないことを物語る。テレビを観ることは、戦間期における同類の活動だったラジオを聞くことにある程度取って代わったにすぎないようである（前掲表1-2）。

それでも、テレビがなかったとしても、家の外での社会的交わりの水準がこれ以上高くならなかったのではないかと想像することは難しい。そしてこれを支持する少なくとも弱い根拠はある。それは、地域社会の団体での活動がずっと少ない労働者階級は中産階級よりもテレビを観る時間が三分の一多いという調査結果に見られる(40)。それに加え、テレビの主要効果は、ここで使われているほとんどのデータの基礎時点である一九五〇年代には既に現れていたのである。英国には一九五五年には四五〇万台のテレビがあり、その一〇年間の終わりには一〇〇〇万台（人口一〇〇〇人につき二一一台）に達していた。早くも一九五三年に、典型的な英国の都市であるダービーの住民の二九％はテレビを所有していた。また、五〇年代の労働者階級の生活についての詳細な調査は、テレビがなければ他の人とのつきあいに過ごしただろう時間にテレビを観る時間が既に食い込んでいたことを証明している(41)。このようなわけで、入手可能な英国のデータは、テレビの普及が地域社会における社会的交流のレベルを低下させる傾向があるという主張を反駁するものとは言えないのである。これらのデータは、テレビを観ることがこうした活動への参加を必ずしも減少させるものではないということを示しているにすぎない。

地域社会への参加の強さの説明

英国のケースの結果は難しい説明上の問題を突きつける。団体会員数、慈善活動、非公式な社交などで計った地域社会参加の水準は米国では低下しているように見えるが、英国では力を維持している。これはどう説明したらよいのだろうか。社会関係資本の背後にある因果要因についての英国の実情から一般論として何を学ぶことができるだろうか。

先に見たとおり、いくつかの可能な説明要因は比較的容易に斥けることができる。英国におけるテレビの登場は米国ほどゆっくりしていなかった。最初の送信は一九三九年に行われた。そして五〇年代の中頃にはテレビは一般の人々によって広く見られていたのである。女性の労働力参加率の変化、労働時間、そして家族構成は両国を通じて大体同じようなものであり、個人レベルでは地域社会への参加とは総じて相関関係はない(42)。戦後の英国で、地域社会参加のそのような安定性、あるいは増加さえ生じえたものとは何なのだろうか。

この実情を詳しく見てみると、三つの要因が特に重要であることが分かる。三つの要因とは、(1)中等教育と高等教育の大規模な拡大を特徴とする、教育制度の激しい変化、(2)人口全体における職業の配分と生活状況を変えた経済的・政治的な傾向を原動力とする英国社会の階級構造全体における変化、(3)ボランティアの地域社会への参加を促進し維持するのに大きな役割を果たした、いかにも英国的な政府の行動――である。比較研究をしなければこれらの相対的重要性を証明することはできないし、そのような研究は本研究の枠を超えたことなのでできないのだが、これら三つの要因が英国の社会関係資本の維持にきわめて重要な役割を果たしていると信じる十分な理由がある。

教育革命

教育年数が長ければ長いほど、団体に加盟するか、地域社会のためにボランティアの仕事をするか方法はいろいろではあるものの、個々の人が地域社会の問題に関わる性向が増すということが証明されている[43]。それだけでなく、教育水準が上にいくほど、教育年数の長さに応じて地域社会に参加する性向は大きくなるのである。一九五九年においても九〇年においても、高等教育を受けた場合の個人の地域社会への参加は中等教育しか受けていない場合の二倍になる可能性がある。人口全体の教育水準が向上するにつれ、地域社会の問題にもっと関与するようになる。

このような意味合いにおいて、一九五〇〜九〇年代にかけて起こった英国の教育制度の大変革は非常に重要である。この変革はかなりの程度、英国における団体活動への参加水準を、それに対抗する力に押し勝って維持してきた。これら教育面での変化はほかのところでも十分説明されている。要点は、八〇年代までに、これらの変化の結果、英国の教育制度は階級や性別によって大きく差別され、初等教育と中等教育に重点を置き、高等教育をほとんど提供しなかった五〇年代の制度から、ほとんどの個人に中等教育を与え、幅広い出身家庭の者に高等教育の機会を与えるものになったことである[44]。ほとんどの先進工業国は同じような段階を経たが、この時期における英国の変化の規模は他の多くの国よりもずっと大きかった。三〇年の間に、英国は階級的背景によって大きく階層化され、平均して米国よりもずっと少ない年数の学校教育しか与えなかった教育制度を離脱し、いまや実績において米国の水準に近づく教育に移行したのである[45]。

この教育改革のプロセスは社会関係資本の水準に重要な影響を与える三つの進展を引き起こした。第一に、中等教育、高等教育を受ける人の数を増やした。第二に、女性が到達する教育水準を大きく高めた。第三に、高等教育を受けた人の階級構成を大きく変えた。表1-5はこの三つの進展の影響を一九五九年と一九九〇年の選挙民から取り出した代表的なサンプルに反映された差違で示すものである[46]。この三〇年の間に、中等教育を受けた英国人の比率は二倍になり、何らかの高等教育を受けた者の比率は三%から一四%になった。九〇年までには、高等教育を受けた女性の数は男性と等しくなったが、五九年にはその比率は一対四だった。階級による差違はまだかなり残っているが、労働者階級の家庭に生まれて中等教育ないし高等教育を受けた者の数は目に見えて増加した[47]。

教育制度におけるこうした変化が英国の社会関係資本の水準に影響を与える道筋は二つある。第一の道筋は、より高い水準の教育を受けた人の増加に基づく集合的な効果である。これにより地域社会への参加も増大する。なぜなら高い教育を受けた

表1－5　各グループにおける教育水準の変化（1959～90年）

最終学歴	全体		男性		女性		中産階級		労働者階級	
	1959	1990	1959	1990	1959	1990	1959	1990	1959	1990
初等教育	63	24	58	25	68	22	39	13	74	32
中等教育	34	62	38	61	31	64	53	60	26	64
高等教育	3	14	4	14	1	14	8	27	0	4
N	934	1470	448	683	446	87	286	645	648	825

注：各値は各グループ内における教育程度の比率（％）を示す。
出所：1959, Civic Culture Survey ; 1990, World Values Survey.

人は、市民活動に参加する性向も大きいようだからである。一九五〇年代以降、この効果は地域社会参加を、教育改革がなかったとした場合に予想される水準より二五％引き上げた(48)。

しかしながらこれに加え、教育改革は、高等教育を受けた者のグループを多様化させることによって、一年間余計に教育を受けることが高等教育を受ける者に与える平均的影響も大きくした。高等教育が大体において上流中産階級の男の子どもに限られていた一九五〇年代には、それは地域社会への参加を七六％増加させる傾向があった。無視するには大きい数字である(49)。しかし、既に特権階級だったこのグループを地域社会に参加させる性向を高等教育が高める度合いは限られていた。彼らの社交活動の多くの他の要因が既に彼らをそうした方向に向けさせていたからである。もっと多様な家庭的背景の広範な人々を取り入れるように高等教育制度が拡大された時、高等教育を受けることが地域社会への参加の性向にもたらした一般的な効果は劇的に増加した。これらの者の多くはこうした他の社交的要因の恩恵に浴することがなかったのである。端的に言うと、ますます多くの英国国民が高等教育の恩恵を受けているだけでなく、それが地域社会への参加に及ぼす一般的影響は五〇年代よりもかなり大きくなったのだ。

この教育革命の重要性は女性の場合に特に顕著である。英国のデータでもっとも目立った特徴は、男性の地域社会参加は一九五九年と九〇年の間にやや増えた（約七％増）のに対し、女性のそれは二倍以上になったことであり（一二七％増）、男性のそれに近づいたことである。英国における社会関係資本は、地域社会に参加する女性が増えていることによって維持されてきたのである。この効果は次の三つの長期的傾向のいずれかによるものと言えるかもしれない。女性が高等教育を受ける機会が増えたこと、女性の労働力参加が増えたこと、あるいは、フェミニスト運動の影響も一部である、女性の態度や社会的状況のもっと一般的な変化――である。後の二つの重要性をまったく無視することはできない。しかしながら、データが示すところでは、高等教育の機会が増えたことがなによりも重要な要因である(50)。一九九〇年には、一四％の女性が高等教育を受けているが、五九年にはわずか一％にすぎなかった。さらに、初等教育ないし中等教育しか受けていない女性の地域社会参加は、九〇年代になっても五〇年代よりそれほど増えていないが、高等教育を受けた女性は五〇年代に比べ二・五倍も地域社会に参加しているのである。女性の高等教育の機会拡大が、英国における社会関係資本の水準に大きな影響を与えているように思われる。

階級構造の変化の影響

社会階層は戦後英国の社会変化のいかなる分析にとっても重要な側面であるに違いない。階級的分裂は、英国の社会意識と集団生活において、長らく、きわめて重要な役割を果たしてきた[51]。他方、過去五〇年の間に、英国の階級構造には劇的な変化が起こり、少なくともその変化のあるものは社会関係資本に広範な意味を持ちそうである[52]。社会階級の問題は本分析にとってはとりわけ意味がある。なぜなら、異なる階級状況にある人々がどのように地域社会と結びつくかには大きな違いがあるからだ。これらのいくつかは教育水準によって説明できるが、もっと広い社会的な原因がある[53]。公式、非公式の社交活動の諸形態にそうした相違を見出すことができる。

平均して、中産階級の人々は労働者階級の人々に比べて二倍の数の団体の会員になっている（前掲表1-1参照）。すなわち二倍の数の団体で活動しているということになる。ゴールドソープによれば、階級構造の一番上にいる人たちの五二％は団体の役職に就いているが、階級の一番下の二つのカテゴリーにいる人たちのそうした比率は一九％である[54]。専門職の人たちは肉体労働者に比べるとボランティア活動に参加する傾向が三倍である[55]。さらに、労働者階級の人々が所属する団体は社交クラブや労働組合が圧倒的に多いが、中産階級の人々はもっと多種にわたる団体と関係をつくっている。後者は頻繁に新しい組織に入り、生涯を通じていくつもの団体の会員になるが、労働者階級の人々は加入する団体の数が少ないが、より長期にわたってその会員にとどまる[56]。

労働者階級の非公式の社交のパターンは血縁関係者や互いに密接な結びつきのある少数の友人グループを軸に回転することが多い。全体として、永年の友、特に学校友達である傾向がある。これと対照的に、中産階級の社会ネットワークはもっと広がり、多様な傾向がある。彼らは、職場外で二倍の数の仕事の同僚と定期的に会い、もっと幅の広い源泉から友人をつくるが、これらの友人は互いに密接な関係がないことが多い。おそらく驚くべきことに、中産階級の人々は労働者階級に比べ二倍多くの隣近所の人たちをかなりよく知っており、社会的支援が全くなくて困る者の数は少ない。最後に、中産階級の人々は友人との交流を特定の活動分野の人に限ることが少なく、いくつかの活動分野での交流の方を好む[57]。

要するに、各階級の内部にも重要な変化があるのであり、最近の調査は、労働者階級は社交的な繋がりの深刻な欠如に苦しんでいるという昔ながらの独断とは相容れないように見えるが、二つの主要な社会階級が示す社交活動のパターンはかなり異なっている。[58] こうした差違の多くは、社会関係資本にとって大きな意味を持っている。

少なくとも英国では、社会関係資本の水準は、なによりも中産階級によって維持されている。友人の多様なネットワークを築き、それを新しい努力目標に向けて動員するのは中産階級の人々であり、もっとも広範にわたる正式の団体に積極的に加入し、最近認識されるようになった目的を促進する新しい団体に加盟するのも中産階級の人々である。このような属性は労働者階級の社交パターンよりも、社会関係資本はどのように機能するかについての古典的な概念によりぴったり一致する。さらに、これらの相違は時が経つにつれて拡大しているように見える。前掲表1-1では、労働者階級の間では加入団体の平均数は過去三〇年間にわたりほぼ一定で推移しているのに対し、中産階級のそれは約六〇％増加していることがわかる。

これらの観察は特に重要である。一九五〇年以降英国では中産階級自体が劇的に拡大したからだ。私たちは、内部で個人的な上下動はあるにしても階級構造は比較的固定したものだという考えに慣れているが、最近の研究は英国の階級構造は第二次世界大戦以降、深く大きな変化を経験したことを示している。この変化は昔ながらの製造業の基盤の衰退、成長する公的セクターでの雇用の拡大、サービス部門の興隆によって衝き動かされた。この結果、ブルーカラーあるいは肉体労働職の多くが姿を消し、専門職、ホワイトカラー職が急増した。そしてこうした役職が中産階級と結びつく金銭的な余得、職場環境をそれに就く者に与えるのである。ゴールドソープは、枢要な変化は「サービス階級」のますます大きな増加であると指摘している。階級間の区分にどのように正確に線引きをするかについては論争があるが、引き起こされた変化の規模の大きさについては一般的なコンセンサスがある。例えば、英国選挙調査から引き出されたサンプルは、労働者階級の全成人人口に占める割合は一九六四年の五一％から八七年の三六％に低下、一方、「給料生活者」（賃金労働者と区別される）に関連する専門職、管理職の比率は一九％から二九％に上昇し、その他の非肉体労働職は一四％から二〇％に増加した。[59] 要約すれば、戦後の数十年間にホワイトカラー職の数が増える一方、労働者階級の家庭に生まれたかなりの数の者が中産階級の職業に入り込んだのである。

このような上方移動がいまだに労働者階級の社交パターンを維持していたとすれば、階級構造におけるこのシフトは、少なくとも何世代か経つまでは英国の社会関係資本の水準にはほとんど影響を与えなかっただろう。仮に、階級構造の中を上昇していく者がそうした動きのゆえに社会的にいっそう孤立してしまうならば、社会関係資本の水準に及ぼす影響はまったく有害なものになっているだろう。しかし、上方移動は彼らが新たに参入する階級の社交パターンを採用させるという強い証拠がある。中産階級に新たに参入した人々は、もともと中産階級に生まれついた人たちとおよそ同じ数の団体の会員になっているのである。[60] 実際、彼らが社交活動のためにボランティア組織の会員であることよりも血縁関係に依存する度合いは、生まれつき中産階級の人々よりも若干低い可能性があるとも見られるのである。ゴールドソープが示唆するように、戦後英国の階級構造の変化の大きさがおそらくこうした結果に寄与したのだろう。仮に上昇移動が少数の個人だけだったら、彼らは社会関係では孤立してしまっていたかもしれない。しかし、ここ数十年の間に何十万人という人がこうした上方移動を経験したから、このうちのだれかが経験したかもしれない孤立は減じられたのである。

要約すれば、英国が戦後経験した社会経済構造における巨大なシフトは、階級構造における中産階級的なポストを増大させ、そうしたポストに就く人々を増加させ、そのような人々はより広範なコミュニティ関与に結びつく傾向があるから、社会関係資本の水準を維持することを助けてきたのである。

政府の政策の影響

その影響を数量化するのはもっと難しいが、第三の要因も英国における社会的資本の水準維持に重要な貢献をしたように思われる。ここで筆者が言うのは政府による特定の種類の施策である。英国の歴代政府は二〇世紀の初めから、ボランティア部門の育成にかなりの努力を傾注してきた。特に、国際比較で顕著なほど、社会サービスのために利用することにより、ボランティア部門を活用してきた[61]。歴代政府はこの目的のためにかなりの財源を投じてきた。

福祉国家の後盾による公的な社会扶助の発達は貧しい人や障害者のためのボランティア活動に取って代わる、と考えるのが一般的である。実際、英国の初期の改革者の多くは、まさに労働者階級を上流階級の温情に基づく慈善活動への依存から解放するために、政府に社会扶助を交付するよう要求したのだった[62]。しかしながら、改革者たちはこの戦いで敗北した。英国政府の社会プログラムの多くは初めから、ボランティア活動の実質的な役割を護ることを意図したものだったのだ。これら政府プログラムは社会サービスの実施に当って、専門職の人々と協力しながら地域ボランティアを驚くほどの程度に活用したのである。こうしたことの重視と相まって、多くの他の分野での政策もボランティア分野を育成することになった。

一九〇五～一四年の自由党政権の主要な社会改革は、当時多くの人から一九世紀の特徴だった相互扶助組織や熱心な慈善活動の終わりを告げるものだと考えられたが、ロイド・ジョージの一九一四年度予算は出産、育児、家事手伝い、盲人との作業で活動的だったボランティア組織に対する公費支出を計上したのである[63]。ある専門家の観察によると、「戦間期における国とボランティア部門の関係は既に相互依存の高まりを示していた」[64]。一九二九年には、公的当局がリバプールの慈善団体の収入の一三%を提供していたのであり、三二年にはロンドンカウンティ議会はボランティア組織との実務関係を強化するための政策を実施した。三四年までには、英国の登録慈善収入の三七%は国が供与したもので、これらの慈善活動が地域社会に提供したサービスの対価の支払いという形で行われたものだった。

そしてマックアダムはボランティア団体と公的当局の間の積極的な協力を特徴とする「新しい慈善」の出現を歓呼することができたのである。[65]

戦後労働党政権の社会改革は急進的ではあったが、このようなパターンを強化した。一九四四年身体障害者（雇用）法、一九四六年国民保健法、一九四八年国民扶助法、一九四八年児童法はいずれも、ボランティアが社会サービスを供与する条項を設けた。当時の保健省の通達は、「満足のいくサービスを提供しているボランティア団体を活用し、それらの活動を当局自身の活動との調整をはかることが、地方当局にとって利点をもたらすことは明らかである」と記している。[66]クレメント・アトリー首相はこう宣言した。「広範にわたる公的サービスと並んで、国民生活を人間的にし、それを一般的なものから具体的なものにこなしていくボランティア・サービスを常に持つようにしたい」。ウィリアム・ビバレッジは英国の社会政策の基準を定めた二つの有名な報告書を出した後、ボランティア活動の役割を賞賛し、その支持を強く勧告する三番目の報告書を作成した。[67]

この姿勢はその後の歴代保守党政権によっても支持された。一九五六年、ヤングハズバンド委員会は、全地方自治体の四分の三以上が盲人、老齢者、未婚の母に対するサービスを実施するのにボランティア団体を活用しており、ボランティア活動は「保健と福祉サービスの欠くべからざる部分」であると指摘した。[68]一六六〇年から一九六〇年までの英国の慈善事業史には、二〇世紀になってからの国の介入は「ボランティア活動の伝統を逆転させるよりも延長させた」という指摘が見られる。[69]さらに、一九六〇年代、七〇年代になると、ボランティア活動を活用する公的プログラムがさらに急増した。シェルター、児童貧困行動グループといった新しいボランティア団体と密接な連携を達成した分野である、貧困、都市再生、児童保護の分野で特に目立った。[70]一九七二年の地方政府法により、地方自治体は、地方税（固定資産税《レイト》）の上限二ペンスまでを、ボランティア団体への供与に充てることが認められた。また同年、内務省内にボランティア・センターとボランティア・サービス・ユニットが設立され、社会サービスの供与におけるボランティアの役割を調整し強化することになった。[71]

一九七九〜九七年の保守党政権も、多種の目的に沿って運用されたものではあったが、国の分野の規模を縮小させるために、地方政府が広範な種類のサービスを非営利法人に外注することを奨励することによってこの傾向を強化した。マーガレット・サッチャー首相は政権について間もなく、「ボランティア運動は、我々のすべての社会福祉支給の核心にあると信じる」と宣言し、一九七六〜八七年までの間に手数料や助成金からのボランティア部門の収入はほぼ倍増したのである。[72]

一九九四〜九五年には、英国のボランティア団体の収入の一二・五％（六億八七〇〇万ポンド）は地方政府からのもので、さらに四億五〇〇〇万ポンドが中央政府から供与され（住宅のための資金は含めず）、その多くは地域介護、家族福祉、教育、レクリエーションの分野でサービスを供与している団体に与えられた[73]。こうした資金を受けている団体の多くはボランティアのほかに専門職のスタッフを雇っていたが、政府資金がこれらの団体の自発的性格を損うことは明らかになかった。リートらは、地方のボランティア団体で大きな額の公的資金を受けているところは、それほどの額を受けていない団体よりも多くのボランティアを登用していたことを発見した。さらに、三つの町のボランティア団体の起源に関するハッチの調査は、それらの設立には政府関係者が他のどのような関係者よりも大きな刺激を与えていたことを明らかにした[74]。

要約すれば、英国の歴代政府は、社会サービスの供与において専門家とともにボランティアを活用することで、ボランティア活動が盛んになることを確実にするよう動いたのである。政府のこうしたコミットメントは地方レベルでボランティア活動を動員する団体に対する巨額の公的支出を伴ってきた。それにはサービスに対する助成金や手数料が含まれていた。こうした政策が英国における社会関係資本の水準を強化するような団体の持続に大きな貢献をしてきたことはすべての指標が示している。

社会的信頼の変化の説明

戦後、年が経つにつれて社会的資本が低下したことを示す一つの指標は、人々が他者に対して示す一般的な信頼感の測定である。人々の態度に基づく変数のほうが、行動を反映する諸変数よりも変動が大きいことは予想できるが、もう一つ、ウスナウが米国について論及したもの（第2章参照）と相似する、長期にわたる傾向がある。社会的信頼感は一九五九～八〇年の間にすべてのグループで低下し、若い人々の間で特に低い水準に落ち込んだように見える。これはどう説明すべきなのだろうか。

大きな原因と思われる二つの要因を考えることから始めることができる。(1)都市化。大きな都市部の住民はより多くの犯罪に直面し、隣人ともなじみが薄いかもしれないからである。(2)「サッチャー効果」。一九八〇年代の保守党政権は、それまでの英国社会で支配的だったと言われる「集団主義」精神に取って代わる新しい「個人主義」を意図的に推進したからである[75]。

しかし、よく調べてみると、これらの要因のどちらも適切な説明とはならないことが分かる。この調査で用いられるデータでは、大きな都市部地域での居住は、上流中産階級の人々を別にすれば、ほとんどの人にとって低水準の社会的信頼感と結びついていると思われるかもしれない。しかしながら、英国の人口の中で都市部に住む人の比率は一九五一年に頂点に達し[76]、実際のところそれ以降やや低下しているのである。英国は戦後の期間により都市化した社会になったわけではない。だとすれば、社会的信頼感の水準の低下の背後に都市化はありそうにない。

表1-4が示すように、データはそれほどサッチャー効果の仮説を支えるものではない。社会的信頼感の水準は一九八一～九〇年まで全般に安定していたからである。サッチャー効果の可能性を示す一グループは、三〇歳以下の個人で構成されており、これらの人々の社会的信頼感は八〇年代に相当低下したのである。保守党政権の支配が長期にわたって続いたことが、若

い人々をとりわけ疎外させ、社会的信頼感の低下を招いたのかもしれないという示唆は、一九九七年の選挙で他のグループに比べてこのグループではずっと大きな割合が労働党に票を投じたという事実から、少なくともある程度は支持することができる。[77] しかし、サッチャー効果は、結局のところ社会的信頼の低下の一部分だけを説明できるにすぎない。若い人々の間ですら、社会的信頼感の水準はサッチャーが政権にいた一九八一～九〇年よりも一九五九～八一年の間のほうが大きく低下しているのである。

他に重要視されるべきものは何だろうか。この問題を完全に解決するには、本章の域を超える研究が必要であろう。[78] しかしながら、この研究のために収集したデータには、三つの大まかな主張に合うものがあり、それらはさらなる調査を導くために使うことができるかもしれない。

第一に、ある人の「物質的な地位」の変化は、他人との関わりにおける不利の意識を強め、その人を、社会調整をもたらすネットワークから疎外することによって、その人の社会的信頼感の水準を低下させるかもしれない。この種の物質的な変化の主たる候補には、離婚、より大きな都市への移動、あるいは失業が含まれる。そしてこのような経験は、ここで調べたあるゆる調査で、個人レベルにおける社会的信頼感の水準の低下と結びついている。[79] ウスナウは、こうした要因が社会的信頼に影響を与えるという似たような証拠を発見している。[80]

したがって、経済実績における変化は、ある程度は戦後期の社会的信頼感の総体的水準の変化の原因だったかもしれない。全人口の五六％の人が他人に対する信頼を表明し、若年層が年上の人々よりもずっと信頼感が強かった一九五九年と、四四％しかそのような信頼感を表明せず、若い人々が誰よりも信頼感を持たなかった一九八〇年代との間には、際立った対照がある。経済状況およびその経済状況の認識に、この二つの時期では大きな違いがあった。一九五九年は配給が終わったばかりで、経済は活況に満ちており、失業の水準は無視できる程度のものだった。ハロルド・マクミランが「これほど良かったことはない」という選挙スローガンで再選を勝ち得たばかりだった。なににも増して大きかったのは、一九五九年には、自分の暮し向きが翌年悪くなりそうだと思っていた人が全体の五％しかいなかったということだ。しかも、若い人のほうが老齢者よりも楽観的だったのである。一八～二四歳の人々は物質的な繁栄に心を奪われており、不釣り合いに中産階級指向を持っていた。彼らの三分の二以上は二、三年経てば自分たちの年上の人々よりも豊かになるものと信じていた。[81]

対照的に一九八一年および九〇年には、失業率は一〇％に近く、二五歳以下の人々のそれはほとんどその倍だった。両年とも、民衆のかなりの部分が経済あるいは自分自身の経済状況が翌年には悪化しそうだと思っており、経済的信頼感は若い人の間で特に低下していた。[82] 人の経済状況の満足感は個人レベルでの社会的信頼感の水準に密接に関連している。失業率の上昇と経済に関する認識の変化が社会的信頼感の低下に寄与したかもれしれないという証拠が少なくともある程度はある。

「社会的調整」の性格に関連する二番目の諸要因も英国における社会的信頼感の水準に影響を与えたかもしれない。筆者が「社会的調整」という言葉を用いるのは、人々が他人と関係を持ち、そして特に、社会における自分の役割をどう理解するかの仕方を意味するためである[83]。この理解は、個人が他人に対して抱く期待に密接に関連しており、戦後期の英国ではこれが大きく変動したというかなりの証拠がある。したがって、社会的調整の性格における変化が社会的信頼感の水準を低下させたかもしれないのである[84]。

筆者が指摘する社会的調整における変化は、英国における集団主義的社会からのもっと個人主義的な社会への移行に一般的に結びつけられている変化である。この変化のルーツは、筆者が既に説明した社会構造の変化で、社会的価値の変化と結びついている。一九五〇年代には、英国社会はまだ階級の線に沿って非常に階層化されていた。社会的階級と階級に基づいた運動が社会関係における主要な基準点をなしていた。労働者階級に属する多くの人は、権威者や上の階級の身分の者に対して恭順だった。それ以外の者は自分たちの社会的地位の改善のために、集団主義的手段、特に労働組合運動や労働党といった、階級を基盤とする組織を指向する連帯的な労働者階級の共同体に所属した[85]。

しかし一九六〇年代と七〇年代には、社会的態度が劇的に変化した。脱物質主義価値観の興隆に結びついた、伝統的な権威の源泉に対する「ロマンチックな反逆」が一般大衆の恭順さを弱めた[86]。階級の線に沿った投票は以前より普通でなくなった[87]。そして、伝統的に階級を基盤とした組織を支持してきた人々すら、階級的連帯の気持ちよりも、機能的な目的のためにそうするようになったようだった[88]。広範囲にわたる場面で、社会的関係は以前よりも階級的分裂を志向しなくなり、個人的な達成を志向するようになった。

多くの側面で、この運動は解放をもたらすものだった。どの階級の出身であるかは社会的運命にそれほど大きな影響を持たなくなった。社会全体が以前より階層的でなくなった。しかしながら、伝統的な社会秩序の変化には、好ましくない影響も伴った。それは多くの人々の社会的地位を不安定なものにし、他人との関係を不確実なものにした。この場合の変化は、労働者階級の組織の衰退、労働者階級コミュニティの社会連帯主義の侵蝕と手を携えて進んだ。個人的達成がますます重視されるようになったことは、人々にご都合主義の蔓延が社会の特徴であり、社会的前進の重要な一部であるという気持ちを強めさせた。これらの傾向を総合すると、社会的信頼感の水準のある程度の低下に繋がりうると見ることができる。

もっと精度のある時系列データがないと、この主張を試すことは難しい。しかしながら、英国大衆の価値観は共同体的連帯を重視するものから個人的なご都合主義を重視するものに既に移行したといういくつかの証拠がある。「他者志向」対「自己志向」とラベルを貼ることのできる側面にしたがって価値システムの区別をしてみよう。筆者がこれらの用語を用いて意味するのは、自己利益か集団的な利益かの二律背反に直面したとき、ある個人が自己利益を優先することを道義的に正当化できると考えるかの程度である。このスペクトルの一端にいるのは、個人的には有利でも集団にとっては有害である行為は間違いだと信じる人たちである。もう一端には、そのような行為を支持する人たちがいる。後者の人々は、道義の絶対主義よりも相対主義を支持する傾向があるかもしれない。

筆者がこうした価値システムの側面に焦点を当てるのは、それが論理的にある人の社会的信頼感に関連するからである。他人に損害を与えるような一連の行為でも正当化されると考える人は、多分自分でもそのような行為をし、他人にもそれを期待する可能性がある。したがって、彼らはそれだけ他人を信頼することがないのである。そしてこれはまさに、個人レベルのデータを見れば分かることなのだ。自分本位の価値システムを持っている人は、社会的信頼感の水準もかなり低下させているのである。(89)

価値観におけるこのようなタイプの変化は、英国では大きな規模で起こっているのだろうか。そのような諸価値を戦後期全体を通じて追跡するデータはないが、変化が起こったのかどうかを測定するには年齢別グループを越える相違を利用することができる。一般的に、ある人の基本的な価値意識は若い時に形成され、年をとっても持続する傾向がある。したがって、一九八一年ないし九〇年に英国で三〇歳以下だった人々――すなわちより個人主義志向の社会で成長した人々――は、年上の人たちよりも他人を信頼しないだけでなく、もっと早い時代、もっと集団主義の時代に成熟期に達した人たちよりも自己本位的な価値を抱く傾向があるということは注目される。表1-6はいくつかの興味深い証拠を示している。

もちろん、表1-6に示された価値の何らかの変化はライフサイクル効果に帰せられるべきものかもしれない。若い人は社会規範に対する敬意が少ないということは予想できるのである。しかし、いくつかの点を考慮してみると、これらの数字は単に若者であることの影響を反映するだけでなく、持続しそうなもっと長期にわたる価値の変化を拾い上げていることが分かる。(90)第一に、若者は単に一連の反社会的行動を支持するだけでない。彼らは年長者よりも道徳的相対主義の支持を表明するのである。道徳的相対主義は通常若い人と結びつく主張ではない。歴史の多くの場面で彼らの理想主義は年上の者よりも絶対主義に結びついてきた。現在若い人の方が高い水準の相対主義を表明するということは、この方向に向かうもっと幅広い社会の動きを反映しているのかもしれない。第二に、「すべての年齢」の人々が一連の反社会的行動を正当化できると進んで評することが一九八一～九〇年の間に増えている。長期的な価値観の変化という観点からは一〇年というのは短い期間だから、この変化は小さいものではあっても、この数字はより大きな規模の長期的な変化を示しうる。第三に、拾ったお金を自分のものにすることは許されるかどうかという質問に関して、入手可能な何十年か

表1－6　同年代集団の道徳的相対主義と利己的態度の合致度

	30歳以下	31歳以上
以下に示す各行動については絶対に正当化されえない*		
受給資格がないにもかかわらず国からの給付を請求する	55	78
公共交通運賃を支払わない	40	68
税金をごまかす	40	60
盗品を購入する	49	80
拾ったお金を届けない	30	59
駐車中の車に損害を与えたのに申告しない	35	62
嘘をつく	26	49
路上にゴミを散らかす	41	69
道徳的相対主義**を支持する者の割合	78	58

注：＊数字は，以下の行動が正当化されるかを問われて，「絶対に否」と回答した人の割合を示す。
＊＊「道徳的相対主義」については，以下の言説に対する同意によって測定されたもの。
「善とは何か，悪とは何かについて，明確なガイドラインはありえない。
何が善で何が悪かは，まったくその時の状況によるものである」
これはすなわち「善とは何か，悪とは何かについて絶対的で明確なガイドラインが存在し，いつでも，どのような状況下においても，あらゆる人に適用する」という言説と対立するものである。

出所：1981，1990各年の the World Values Surveys への回答を合わせたもの。

にわたる比較データを見ると，より個人主義的な価値観に向かっての変化と合致するかなりの変化が民衆全体の中で起こっている。[91]

要約すれば，英国における社会的調整の性格を変化させる傾向が社会的信頼感に悪影響を与えるような社会的価値の変化をもたらしているといういくつかの兆候があるのである。政治学者ロナルド・イングルハートは，価値観における変化，特に若者のそれの重要性に注意を喚起した。[92]しかしながら彼は，ある種の社会的楽観主義を引き起こす脱物質主義的価値観の高まりを探している。一九七〇年代，八〇年代の英国で育った人たちは，社会的調整の観点からははるかに魅力に欠ける価値意識を示しているのかもしれないのである。[93]これはさらなる調査を行う価値のある主題である。

最後に，英国における社会的信頼感の低下は，人々が所属する「結社の性格」の変化に原因があるのかもしれない。この調査の結果の最も異常な側面はもちろん，二次的組織の会員数は高水準を保っているのに，社会的信頼感の水準は低下したように見えるという観察である。この結果は，パットナムや他の人々が二次的組織の存在と社会的信頼感の高水準との間に仮定する密接な繋がりに疑問を投げかける。しかしながら，二次組織の会員であることがもはや高い水準の社会的信頼感に繋がらないように，結社での活動の性格が変わってしまったのかもしれないのである。ここでは，二つのタイプの変化が意味を持つ。人々が所属する結社は，社会関係資本を築くような種類の直接顔を合わせる交流に人々を巻き込むことが少なくなったのかもしれない[94]。その代わりに、公共の利益を目指す結社が少なくなり、主としてメンバー自身の必要を満たす結社が増えたのかもしれず、後者は社会的信頼感に育っていくような共同体的連帯意識を育まないのかもしれない[95]。

以上のような主張の潜在的重要性を示す証拠がある。離婚、失業、大きな都市への移動は社会的信頼感の水準を押し下げる傾向があるが、信頼感の水準は二つか三つの結社に所属する人の間では、一つの結社にしか所属しない人の間でよりも低下の程度がずいぶん小さい。ここでの因果関係の方向ははっきりしない。人を信じるたちの人はたくさんの結社に属するだけの話かもしれないのである。しかし、一つ以上の結社に所属する人は、そのおかげで直接顔を合わせる交流を経験する機会が多い可能性があり、それが彼らの社会的信頼感を維持させているのかもしれない。もしそうなら、英国における社会的信頼感の低下は、結社加入の全般的水準は高く推移しているにもかかわらず、定期的に相互接触の機会を提供する団体からそうでない団体への移動の動きと結びついているのかもしれない。

少なくとも英国では、公共の利益を追求する目的の団体のいくつかは会員の目立った減少を経験している。例えば一九八〇年代の終わりには、有権者で政党に所属していたのはわずか五%にすぎなかった。六〇年代の初めには一〇%が所属していたのである[96]。一九八〇年には、国民のわずか二二%が教会の会員であることを明らかにしていたが、この比率は一九六〇年には二八%だった。そして教会に通う者の数はさらに大きく減少している[97]。労働組合の会員数は七〇年代を通じて高水準を維持したが、八〇年代には二五%の減少を見た。そして組合員の組合に対する愛着はますます実利的なものになっているという兆候がある[98]。英国における市民参加の性格は、どのような理念に基づくものにせよ公共の利益を目指す団体から離れ、主として個人の役に立つ目的を志向する団体に向かいつつあるのかもしれない。しかしながら、それと逆行する動きもある。一番明らかなのは環境運動の目覚ましい成長であり、その多くは公共の利益を目指している。

英国の団体の性格の変化が社会的信頼感の水準の低下の原因なのかどうかは、ここで解決できる問題ではない。しかし、筆者がそれを提起するのは、英国における結社の会員数が一見安定しているように見える裏で、最終的に市民活動の質に影響を及ぼす変化が進行しているかもしれないことを言いたいからである。

3　イギリスにおける社会関係資本と政治

英国はまた、社会関係資本の理論と結びつく政治に関するいくつかの命題を試す格好のケースである。英国では社会関係資本の水準がしっかりと推移してきたから、政治的参加の水準も高かったに違いないと予測する理論がほとんどである[99]。

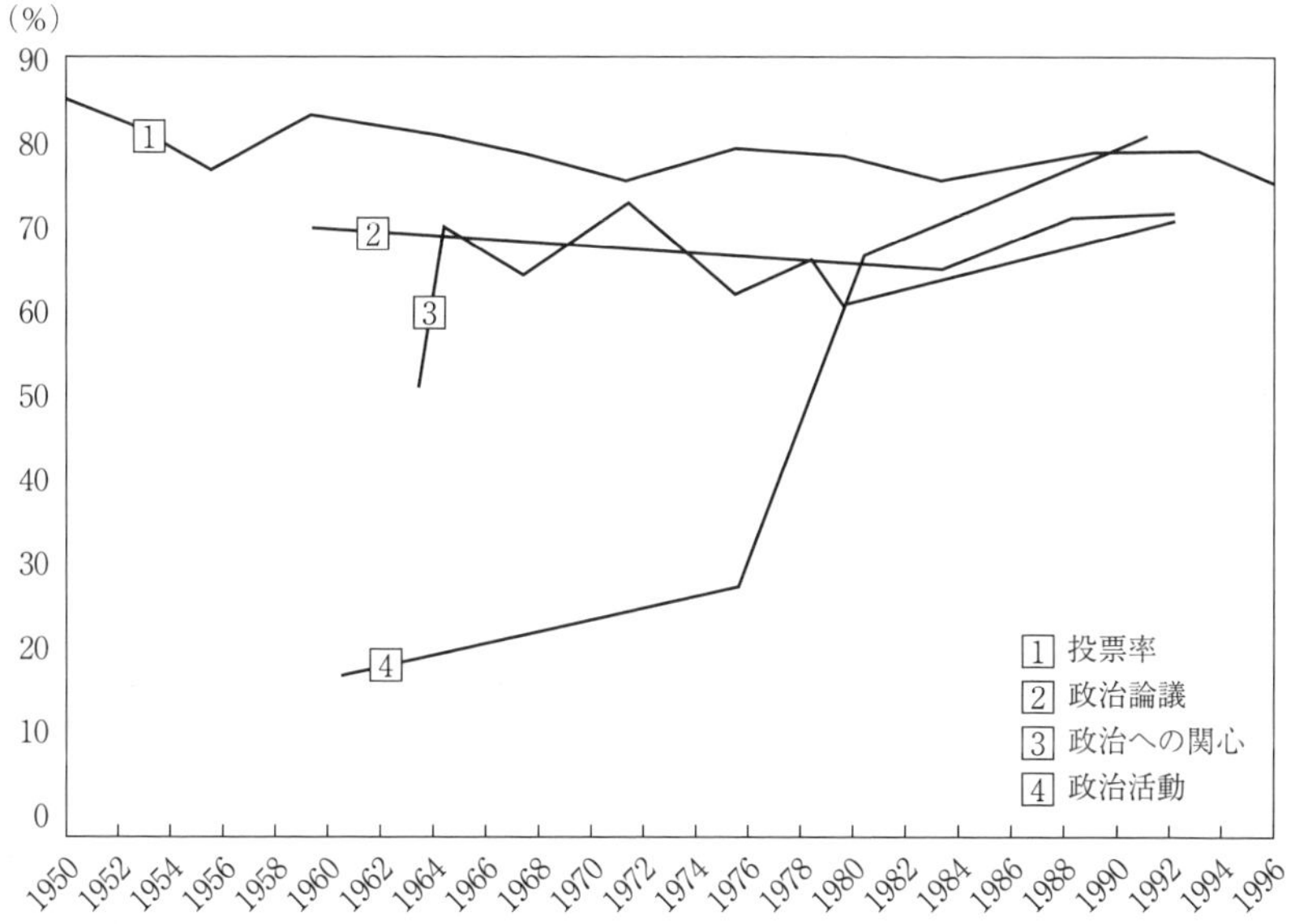

図1-4　イギリスにおける政治への関心と政治的行動主義（1950〜97年）

総体的な政治参加

データは総じてこうした予測が、選挙に関係するか否かはともかく「政治参加」と、人々が政治に関して示す興味とそれを話題にする度数で計った「政治的関心」のいずれについても正しいことを示している。図1-4は一九五〇年半ば以降、投票率は全般に安定していることを示している。英国の有権者のほとんど四分の三はまだ投票しており、投票にとどまらず、何らかの形の政治活動に参加する市民の数は劇的に増えている。この増加の大部分は請願に署名する人の数が増えていることを反映しているが、一九七四～九〇年の間に、合法的なデモ、ボイコット、あるいは非公式なストライキに参加した市民の比率はほとんど二倍になり、一五%になった。[100] 少し狭い測定を用いたパリーとモイサーは、一九八四～八五年に成人の二四%が投票にとどまらない政治活動をしたことを見出している。[101]

同様に、戦後の英国では政治的関心も大きく低下しなかった。政治を全く議論しない成人の比率は一九九〇年には一九五九年（三〇%）よりも高くなかった。また友人としばしば政治を議論する人の比率は一九七〇年と九〇年の間に一五～一九%で、総じて安定していた。[102] 政治に何らかの興味を示す者の比率は一九六三年の五三%から、六〇年代を通じて着実に上昇、七〇年代に多少低下し、そして八〇年代に再び上昇して一九九〇年には六九%に達した。[103] これらの数字は、健全な民主主義と一致する政治的関心と行動主義の水準を反映している。

こうした政治的関心と参加と関心の水準は、英国社会における高水

表1-7　英国の有権者の政治的信頼と有効性感覚に関する感情の変化

（%）

	1959	1974	1986
自分のような者には政府のやることに対して発言力がない	58	61	71
政治と政府は複雑なので，何が行われているか理解できない	58	74	69
議会が不当な法律を成立させても，自分には何もできない	34		46*

＊1990年の調査による。

出所：Richard Topf, "Political Change and Political Culture in Britain, 1959-87," in John R. Gibbons, ed., *Contemporary Political Culture* (London : Sage, 1989), p. 56, and World Values Surveys, 1990.

準の団体活動、ボランティア活動、非公式な社交活動から生じていることを示すかなりの証拠がある。個人レベルでは、一九八一年と九〇年双方の世界価値観調査で、政治問題に対する関心と政治参加は、個人が所属する団体の数と統計的に有意な関係があることを示している。[104]マビローらは、このことと、政治参加および非公式の社交活動との間の強い相関関係を確認し、一方ジェラードはボランティア活動と政治的活動主義の間に同じような関係を見出している。[105]

　しかし、民主主義の活力と通常結びつけられる政治行動の別の二つの側面に目を転じると、状況はもっと入り交じっている。これらの側面とは「政治的有効性感覚」――意味するところは、政治の結果に影響を与える力についての市民の認識――と、「政治的信頼感」――市民が政治指導者あるいは政治制度に対して持つ信頼感の水準と解される――である。一九九〇年代には、政治的有効性感覚と政治的信頼感は低水準に落ち込んだ。有権者の半数しか議会あるいは行政に信頼感を表明せず、法制度に信頼感を表明した者はやっと半分だった。[106]政治家に対する冷笑的な態度はこの数十年高水準に達している。一九七四年と八六年には、有権者の約三分の二が、政治家は有権者の意見よりもその票にしか関心がなく、当選してしまえばすぐに人々とは接触しなくなり、自分の党の利益よりも国の必要性を重視すると信じることはできない、ということに賛成している。[107]

　これらの数字の意味については論争がある。英国では一九五〇年代と七〇年代の間に政治的信頼と有効性についての感情が大きく低下したと主張する者がいる一方、それはいつも低かったのであり、安定しているのだと主張する者がいる。[108]残念なことに、時系列的に比較可能な指標がほとんどなく、入手可能な指標から類推することには慎重でなければならない。[109]表1-7は入手可能な測定値を集めたものである。不信あるいは非有効性の感情を表明する有権者の比率が、それぞれの指標において一九五九～八〇年代の間に一貫して一〇%上昇していることを示している。

　政治的信頼感のこの低下を説明するものがあるとしたら何だろうか。社交活動の水準は比較的安定しているわけだから、この低下は社会関係資本の観点からは不可解である。しかしながら、英国のデータは参考になる。第一に、これらのデータは団体への所属だけでは政治的信頼感は維持しえないことを示している。総計データでは、結社所属は安定して持続していても、政治的信頼感は低下している。しかし調査データでは、正式な団体の会員は、統計的に個人の間における政治的行動主義および政治的関心と強く結びついていることを示しているが、政治的信頼感とは強い相関関係がない(110)。

しかしながら、「政治的」信頼感は「社会的」信頼感と密接に関連している。総体的レベルでは、両者は一九五九年以降、並行して低下しており、個人的レベルでは両者の間に強い相関が存在する。他人を信用しようとしないことが役人を信用しないことと関連していることは驚くべきことではない。因果関係の筋道は依然としてとらえにくい。社会的信頼感の低下は政治的信頼感を低下させるか、その逆であるか、あるいはいくつかの共通の要因が両者を押し下げるのかもしれない(111)。

これらの所見は、社会関係資本の理論がしばしば仮定する二次組織への所属と社会的信頼感の強い結びつきにもかかわらず、結合はゆるやかなものにすぎないのかもしれないことを示している。少なくとも、これらの所見は積極的な会員としての生活があるからといって社会が政治的不信に陥ることを予防することはできないことを確認するものである。政治的信頼は、社交活動のパターンが安定していても、政府の政策実績を含む多くの要因に対応して変動するかもしれない(112)。

結合がゆるやかであることは、民主政治にとっては望ましいことでもある。社会的、政治的信頼感のゆるやかな高まりは、必ずしも政治参加からの集合的な後退を予兆するものではないことを意味するからだ(113)。政治家や政治制度に対する信頼感は低水準であるにもかかわらず、英国における政治参加の水準は依然として高い。そして個人レベルでは、政治的信頼感には政治参加とは強い関連性がない。事実、近年ポピュラーになった政治参加の新しい形態のいくつかは、不信感をベースに盛んになったのである。一九八一年と九〇年の世界価値観調査の分析は、環境主義、核エネルギー、あるいはフェミニズムを追求する新しい社会運動で活動的な人々は、そうした運動に活動的でない人たちよりも政治的信頼感が低かった。新しい社会運動は、既存の指導者や制度に対する不満を有効な政治参加に向けることができるのである。

要約すれば、英国の政治は一九五〇年代より九〇年代の方が不信感が強いが、そのことが英国政治の現実を駄目にしたわけではない。その反対に、おそらく豊富な団体ネットワークに依存することができるおかげで、多くの人が不満を慎重ではあるが建設的な政治的関与に転換したのである。九〇年代の環境主義者の反体制文化的ヒーローだったスワンピーの一般大衆イメージは、ハロルド・マクミランのそれとはずいぶん違っていたが、若い人にとっての政治参加のモデルとなったのであり、それはマクミランのそれと同じくらいに影響力があったのである。

分配の問題

しかし、以上の調査から浮かび上がる英国政治の姿は全面的にバラ色であるわけではない。英国の総体的レベルでの社会関係資本と政治への関与は高いが、それらは人口の中で非常に不均等に配分されているのである。政治的活動主義とそれを支える結社は大体において中産階級的現象であり、中年層の活動領域なのである。社会関係資本の総計からは、団体ネットワークと参加市民が縦横に均一に広がる政治組織のイメージが浮かぶが、より正確なイメージとしては、英国は、豊かな生活と高水準の市民活動を有する、非常に結合的な市民のグループと、ネットワーク、結社活動、政治参加などにおいて非常に限定的なグループとに分裂している。

この分裂は過去何十年かにわたり、ある程度存在していた。しかし、最も憂慮すべきことは、繋がりを持つ人々と持たない人々の間における社会関係資本や社会参加の水準のギャップが、社会的収斂論が予想するようには縮小してこなかったことである。むしろ逆に、その格差は一九五〇年代以降、大きくなっている。市民社会から追いやられそうになっている二つのグループは労働者階級と若者である。一九五九年には、労働者階級の平均的な人間の所属する団体の数は、中産階級のそれのほぼ三分の二だったが、一九九〇年には、その数は半分になってしまった。一九五九年には、三〇歳未満の英国人は、年長者の所属団体の八四％に相当する数の団体に入っていたが、一九九〇年には、その比率は七五％になった。前掲表1-4が示すように、社会的信頼感の水準の大きな相違はこうした分裂と並行するものである。

社会関係資本へのアクセスにおける相違は、労働者階級と若者の間では政治参加のレベルが低いことに反映されている。一九九〇年には、中産階級の人々は労働者階級の人々に比べ投票以上の政治活動に参加する可能性が二倍だった。そして彼らの政治的関心はずっと高かった。若者の数字はもっと驚くべきものだ。一九五九年には、三〇歳未満の者で政治の話を決してしないという者は二七％（すべての回答者の平均に近い）だけだった。一九九〇年になると、四二％が政治の話は決してしないと答えた（全国民平均より一〇ポイント高い）。一九七四〜九三年の間に、全国民では新聞定期購読者数の低下は五％だったのに対し、一五〜三四歳までの年齢層では二五％も低下した[114]。

おそらく若者についてはそれほどではないにしても、これら二つのグループについては懸念すべき理由がある。若者は歳をとるにつれてもっと政治に関与するようになるかもしれないし、研究では把握できないような非公式の社交活動のパターンに結びついている若者もいるかもしれない。主たる危険性は、現在の水準の不信と不関与が長年にわたって続く世代的な現象になるだろうということだ。

しかしながら、労働者階級が直面している傾向はかなり悪いように見える。社交活動のパターンに関して入手可能な証拠は、多くの労働者階級の人々が依存する非公式の交友ネットワークは、少なくとも社会関係資本の観点からは、結社会員の有効な代替になるようにはできあがっていないことを示している。労働者階級の人々は友人の数が少なく、それも多くの目的に活用できる広いネットワークの接触相手であるよりも、特定の分野に関連した者ばかりである。

それに加え、労働者階級特有の交友パターンと組織的な結びつきは、長期的なトレンドに特に弱い。彼らの友人や団体加盟は地域社会から引き出されたものが多い。したがって、経済構造の変革で他地域へ移動せざるをえなくなると、社会関係資本を劇的に弱めかねないのである。ここで用いた調査のすべては、大きな都市部への移動は中産階級の間では社会的信頼感を低下させることはないが、労働者階級の間では低下させることを示している。同様に、労働者階級の団体加入は労働組合や勤労者クラブに過度に依存しており、最近の労働組合の衰退は労働者階級の交友活動に特に大きな損傷をもたらしている。伝統的な産業に結びついた連帯的な地域社会が衰退するにつれて、勤労者クラブは、かつてはこうした地域社会にとって重要だったその他の社交ネットワークとともに姿を消しつつある。

手にすることのできる、労働者の生活についての少数の類型描写から過度の一般化をしやすいので、これらの観察から推定を行うことには注意が必要である。多くの個人は、この一般論が示唆するよりもずっと多くの資源を持っているかもしれない。しかし、中産階級の団体加入が劇的に増えた期間に、労働者階級のそれが横這いだったという事実が示していることは、英国の普通の勤労者が手に入れることのできる社会関係資本の水準は、今日の社会的傾向に直面すると異常に脆いものかもしれないということである。[115]

4　結　論

英国は社会関係資本の分析にとって興味深いケースである。英国は、この数十年、少なくともほとんどの指標で見る限り、経済的先進民主国において一例を提供している。このことが提起する問題に対して、筆者は、教育革命、社会構造の変革、特に英国特有の政府の行動を強調することによって解説してきた。しかし、社会関係資本の理解にとっての一般的な重要性の観察も、英国のケースから引き出しうる。

第一に、英国の例は社会関係資本に関する文献の中で既に提起されている多くの主張を確認するものである。積極的な団体活動の形で社会関係資本を維持することは、高水準の政治的関与と結びついている。それは、福祉国家の発展、女性の労働力参加率の高まり、離婚率の上昇といったこと、あるいは他の国と同様英国でも目立つ他の長期的傾向によって社会関係資本が低下するという説明に疑問を投げかけている。

同時に、このケースは今日の文献に顕著な主張に対して疑問を提起している。証拠は結論とは程遠いにしても、以下のことを示している、〔1〕テレビ視聴の普及は常に社会関係資本を損なうとはかぎらない。〔2〕社交活動のパターンと社会的信頼の態度――通常社会関係資本が絡み合った特徴と見なされる二つの現象――は、ゆるく繋がりあっているにすぎない。実際、英国では二つの目立った変数群があるように思われる。社会的信頼は政治的信頼と共変する傾向がある一方、社交活動のパターンは政治参加と共変する傾向がある。社会的信頼と政治的信頼は、組織的なコネの有無以外の一連の要因に反応するのかもしれず、組織的なネットワークあるいは政治的な関与を弱体化させることなく、若干程度まで低下するかもしれないのである。

最後に、英国のケースは、社会関係資本に関する新しい方向の研究に取り組むために利用できる提議を生むものである。現在までの文献は、社会関係資本の水準がどのように政府の活動実績に影響を与えるかを重視してきた(116)。しかし、英国の例は、原因と結果の流れが反対であることを示している。政府が社会関係資本の水準にかなりの影響を持ちうるようなのである。教育と社会サービスの供与の分野における歴代政府の政策は、英国における社会関係資本の水準を維持するのに中心的に重要だったと思われる。様々なタイプの政策が各種の社会的ネットワークを構築したり、侵蝕したりしてきた方法、またさらに一般的に社会関係資本の創造や退化に対する政府の影響についてもっと詳しく見る必要がある。

英国の例はまた、社会関係資本の分配面も際立たせる。「社会関係資本」という用語そのものが、社会的ネットワークが社会の全員に利益の集合的源泉をもたらす側面に我々の注意を喚起する。そのような利益は明らかに存在する。しかし社会関係資本は、公共財であるだけでない。それはまた「クラブ財」でもありうる。すなわち、それを構成するネットワークへの参加者にとっての利益が最大であるような財である。そのようなわけで、そうした財の一般大衆の間における配分が重要な問題になるのである。

英国が戦後、社会関係資本の水準を高く維持できた能力からはすべての人が利益を得たかもしれないが、ある者は他の者によりもずっと多くの利益を得たように見える。一九五〇年代ですら、労働者階級と中産階級に入手可能な社会関係資本には差があったのであり、その後、この格差は縮小するよりも拡大してきたように見える。社会関係資本は重要な資源であるから、これは英国の階級構造のなかで様々な異なった地位にいる人々に入手可能な資源の格差を拡大してきた、長期的傾向のもう一つの側面である。それだけでなく、社会関係資本の性格が階級を基にして異なっているため、これら格差は今後さらに拡大するかもしれない。英国のケースは、社会的資本の総体的な水準の変化だけでなく、その一般大衆への分配のされ方にも注意を払わなくてはならないことを思い起こさせる。ここにおいて、社会組織の他のプロセスにおけると同じように、同じ一連の傾向がある者を「内に」、ある者を「外に」組織化するかもしれないのである。

英国では二次組織の会員が高水準に推移する一方で、社会的信頼の水準が低下したという結論は、いくつかの興味深い問いを提起し、英国の団体の性格が変わったのかもしれないという可能性に注意を喚起する。会員になっても昔のような顔と顔を合わせる接触はもたらさないのかもしれず、公共の利益を目指す組織は、主としてそのメンバーにサービスを提供することを指向する組織に取って代わられたのかもしれない。こういった傾向は、英国における民主主義の質にとって大きな意味を持ちうる。しかしながら、そうしたことを測定するための適切な理論ないし経験的な基盤がまだ存在していない。

特に、異なった種類の社会的組織が政治システムの機能にどのように寄与するのかについての精密な認識を発展させる必要がある。社会関係資本についての現在の概念は、彼らの共和主義の祖型のように、密接な個人的繋がりが個人に集団的な行動の能力を与える濃密な参加型民主主義を想起するものである。しかし、新しいメディアの時代には、この伝統的な概念が主張するほどの市民の間での顔と顔を合わせる交流を必要とせずに、効率的な民主主義を運営する道があるかもしれない。環境保護や老齢者介護を振興する団体で、メンバーを直接相互に接触させることのない団体が、政府が市民に対応することを可能にする仲介者として効果的でありうるかもしれない。世論調査がしょっちゅう行われる民主国家には、多数の党員を基盤とする政党は必要ないかもしれない。しかし、個人的な交流のネットワークは、それなしでは全国メディアや公的当局が関わらないかもしれないような地方レベルでの集団的行動を含む様々な目的のためには、やはり重要でありうる。

つまるところ、本章では、英国における社会関係資本の推移についてのいくつかの疑問への解答を提示しえた一方で、注意を喚起する他の問題を提起している。表面上、英国は社会関係資本のかなりの蓄積を維持しているように見えるが、この五〇年間、集団生活の構造には、その全体的意味合いがやっと分かり始めたにすぎない、微妙な変化も生じていたのである。

第2章　アメリカ合衆国——特権を持つ者と周辺化される者の橋渡し？

ロバート・ウスナウ

一般的な報告によれば、米国の社会関係資本は一九五〇年代から減少の一途を辿っているそうである。第二次世界大戦に勝利し、次いでロシアの侵略を封じ込め、子育てに適した郊外に住居を建て、教会に通い、コミュニティに参加しながら、米国人は徐々に自国の歴史的な民主主義的自由を脅かすことになる自己満足に陥っていった。一九六〇年代末には、市民精神を持つということが自己中心主義に取って代わられていた。人種差別に反対したり、ベトナム戦争に異を唱えたりする社会活動家に姿を変えた一部を除いて、ある世代の人々はテレビ、自分たち自身、個人的な野心以外についてはほとんど何も考えてこなかった。この観点から言えば、社会関係資本の減少は主に中産階級の現象であったということになる。それは第二次大戦の試練を通して何よりも国を優先させることを学んだ堅固な集団である古い世代以外の、すべての世代を特徴づけている。それは郊外でののんびりした生活と、伝統的な家父長制度の終焉と、テレビを観すぎたことに起因している。しかし何よりもそれはモラルの問題であり、多くの中産階級の米国人がテレビのスイッチを切り、子どもの手を強く握り、ＹＭＣＡや合衆国青年会館（Jaycees）、女性投票者連盟、ＰＴＡ、地元サッカーリーグ、地元メソジスト教会などなど、とにかく何であれ居間から出て、友人や近所の人たちとの活発な交流をさせてくれるような組織に加入しなかったという失敗なのである(1)。

筆者の議論は、このような一般的な見方が部分的にしか正しくない、というものである。多くの重要な形の社会関係資本が減少した一方で、友人や近所の人たちとの新たな繋がり方が現れた。例えばボランティア活動や小さなグループへの参加などである。さらに、この減少は伝統的な市民参加の意思表示である自発的結社への加入、投票、選挙政治への参加などを苦しめたが、その度合いはより特権を与えられた中産階級よりも社会的、経済的に排斥された層の人々の間で最も深刻であった。このような異なる減少率は、（新旧の）ほとんどの形の社会関係資本がいまだに排斥されている人々よりも特権を与えられた人たちのほうに傾いているという事実と相俟って、筆者の視点に重要かつ規範的な疑問を浮かび上がらせる。合衆国の社会関係資本は現在よりもうまく特権を与えられた人たちと排斥されている人たちの間の橋渡しとして役立つような方向に発展しえないものだろうか。

1　社会関係資本に関する議論

一八三〇年代のトクヴィルの有名な米国の民主主義の分析以来、合衆国はその社会安寧の基盤において自発的結社、調停グループ、そして最近になって社会関係資本として認知されるようになったものに頼っているように考えられてきた。[2] それにもかかわらず近年では、社会関係資本が減少しており、この減少により米国の民主主義そのものまでが危険に晒されるのではないかと信じさせるような多くの理由が出てきている。

このような減少に気づかせる理由の一つは、社会生活自身や大学の様々な社会オブザーバーが、近年市民参加が減少している可能性があると指摘していることである。例えば、ある解説者は最近の議論を総括して、一九六〇年代には「街の文化、歩道やポーチといったものはテレビとエアコンの登場により屋内に追い込まれた。技術と市場経済が選択肢を倍増させ、近所の結束を緩めるのに一役買った。そしてすべての規定と権威に敵意を持つ文化革命は超個人主義と、「権利」と「選択」に対する狭い世代的な崇拝を生んだ」と述べている。[3]

同様の議論は最近でもロサンゼルスのロジャー・マホニー枢機卿によりなされている。著書の中で彼は「家族の崩壊、児童虐待、無作為の暴力、増える違法行為、貧しい人々の間で増加する嘆きと絶望、そして忘れてはならないのは年間一五〇万件の中絶と、厄介者と見なされた年配者などに対する殺人を、安楽死という名の下に合法化しようという動きである」と、それを合衆国の市民社会が崩壊に近づいている証拠として書いている。[4]

この主題に関する学術書を批評した記者は、「民主主義と我々市民への信頼の必要性がこれほど不可欠であったことはない。またそのような信頼の証拠がこれほど弱いものであったこともない」[5] と結論している。別の著者はこれとほぼ同じ語調で、「一九九〇年代の我々の政治と我々の社会の基礎となる問題は、過去四半世紀の米国の生活の倫理的、社会的、文化的な腐蝕である。安全な街、安定した家族、安定した雇用、身内、近所の人々、商人や同僚との揺るぎない関係など、秩序ある生活を可能にするもののゆるやかな減少である。それは多くの人が今では市民社会と呼んでいるコミュニティという縒り糸をほどくようなものである。この破綻は中年のベビー・ブーム世代のノスタルジックな絵空事ではない。現実なのである」と主張している。[6]

このような公の場の指導者たちの主張のみならず、世論調査でも多くの米国国民が、市民精神の衰退と、市民社会が自己中心主義と欲望によって危険に晒されていると感じている。例えば、ベビー・ブーム世代の全国調査（二八～四四歳）が一九八七年に行われたが、そこでは彼らの世代が「意識の高い市民であり、コミュニティの他者を助けようと行動している」という点で他の世代よりも優れていると感じている人は二一％にすぎなかった。一方で五三％の人が、その意味では彼らの親の世代の方が立派であると答えている。また対照的に、五三%の人が自分たちの世代は「政治に冷笑的《シニカル》である」と答え（親の世代のほうが冷笑的であると思う人は二九%）、驚くには当たらないが、七七%の人が国は「コミュニティの活動への参加が減った」ために悪くなった、と答えた[7]。同様に、一九九二年の合衆国の労働力に関する調査では、七六%の回答者によって「コミュニティの崩壊」は「深刻」、あるいは「極度に深刻」であると考えられていた。またそれ以上の人々（八一%）が米国の深刻な問題は「自己中心主義」であると答え、次にほとんど全員（九一%）が、米国の深刻な問題は「家庭の崩壊」であると答えた[8]。

しかし社会関係資本の減少の議論を真面目に受け取らなくてはならないもう一つの理由は、その減少を証明する証拠が既に並び立てられているということである。それら様々な理由を振り返りながら、ロバート・パットナムは、例えば校友会や民族グループなどの伝統的で二次的な結社への加入は、この二、三〇年で二五～五〇%減少し、友人や近所の人たちとの社交や、組織で過ごす時間なども少なくとも同じだけ減っており、また公共への信頼も、投票、政治活動への参加、教会への出席のなどの面で大きく失われている、と結論している[9]。

合衆国の社会関係資本が減少しているということを疑う理由はあるものの、そのような考えに対しては慎重にならなければならない理由もある。一つは、社会関係資本の減少とは単に経験的な問題ではなく、政治的、イデオロギー的な側面も併せ持っているのである。先の引用からも明らかなとおり、役人や宗教指導者、それに記者などは、社会を良くする方法を主張するにあたってその基礎として米国の現状への不安を訴えているにすぎない。大衆が減少を強くとらえてしまうのはこのような修辞法のためかもしれないのだ。家庭の衰退や宗教の衰退の問題と同じく、我々はかつて米国に今よりも幸福な黄金時代があったのだという想定を、慎重に行わなければならないのである[10]。

慎重にならなければならないもう一つの理由は、経験的証拠が提供する米国社会の像がまったく統一性を持たないということである。本章の後続の節で明らかになるように、特定の変化の時期を分析することは、異なる様式と異なる質問の言い回しからなるいくつかの調査を比較しなければならないため、時に困難である。調査を参考にしても、二〇年以上の期間については、特徴の分析をすることがたいてい難しいのである。長期にわたって社会関係資本が安定しているという調査も過去にあったのだから、我々はほんの数十年を扱ったデータから先走って結論を出すべきではない[11]。

これらを検討したうえで、理論的に考慮しなければならないのは、社会関係資本の疑問に対する取り組みには細心の注意を払い、客観的にならなければならないということである。合衆国がいくつかの社会関係資本の規模で先進の工業民主主義国家の中の頂点、あるいはその近くに位置している以上、どの程度の減少（それが建前上どんなに望ましくないものであるにしても）ならば深刻なマイナスの影響を受けずに耐えることができるのか、ということを判断することに注意を向ける必要がある。例えば一九八一年の余暇発展研究所のための多国間調査では、政治学者のヴァーバらは、合衆国は研究対象の一二の先進工業国の中で、自発的結社への参加、宗教組織の会員数、またそれらの組織で働く人々の人口の割合が最も高かったと報告している。英国と西ドイツに比べれば、合衆国の自発的結社の会員数（各五二％、五〇％に対して七六％）、また自発的結社の職員の数（各二二％、二一％に対して三四％）は明らかに高い。[12]会員と信頼に関する一九九〇～九一年の世界価値観調査も、合衆国がこの両方の面で頂点に近い位置にいることを示している。[13]これらの比較が興味深いのは、社会関係資本と民主主義に関する文献では、それがどのくらいならば十分であるとか、どのくらいならば民主主義が危険に晒されているかというような明確な境界線が論じられたことがないからである。単純に言えば、合衆国は社会関係資本に投資しすぎており、それが今になって他の工業民主主義国家と比較しうる水準にまで調整しているのかもしれないのである。[14]

経験的なデータを見るまえに、社会関係資本の概念とは何を指すのかを、ここで批判的に見つめる必要がある。最も広い意味で言えば、社会関係資本にはあらゆる社会的ネットワークの関連性や社会的基準が含まれるため、それを要約することは不可能である。[15]しかし広い意味を持つ概念がたいていそうであるように、社会関係資本は特定の知的伝統のなかから現れたものであり、その意味はその伝統に埋め込まれた問題によって抑制されるのである。合衆国では、社会関係資本はそのコミュニティ内の人々がそれらのコミュニティを増強するため、あるいは社会的問題の解決に必要な資源を動員するため、あるいはまたより大きな公共の場に自分たちの声を届けるために用いることのできるコミュニティ内の特定の関連性と見ることができる。公園や歩道の利用、都市での近隣の住民の集会などに関するジェーン・ジェイコブの議論や、アフリカ系米国人のコミュニティの拡大家族や教会に関するグレン・ラウリーによる議論は、その造形的な例と言えるだろう。[16]ジェイムス・コールマンの社会関係資本の理論的扱いは特に協力的関係や信頼の生まれる可能性のある社会的交流に関する合理的な選択に焦点を当てている。[17]

この文献からは社会関係資本の四つの一般的な形が現れる。結社、信頼、市民参加、ボランティア活動である。例えば核家族に限定された社会的関係や、会社の役員室や政府の役所に限定されているものとは異なり、これらの形式の社会関係資本はピーター・バーガーとリチャード・ニューハウスの言葉を借りれば「媒介構造」として機能し、個人を血縁にも経済的動機にもよらず自発的に結束させ、彼らのコミュニティを良くし、社会的問題を自分たちで解決し、民主主義の過程の中で自らを集団的アクターとして動員することを可能にするのである。[18]これらの四つは、それぞれに、考慮する価値のある多くの特質を持っている。それらはいずれも社会における社会関係資本の総体に関連する要素である。[19]

結社

PTA、友愛会、退役軍人協会、銃の愛好会などの結社は、その存在の象徴的価値とは部分的にしか関係しない。例えば、国の首都における政治的集会の報告では、しばしば参加組織の総数が強調され、それらの組織に会員がほとんどいないか、数千人いるかということは無視される。それは単純に、特定の理由が幅広く支持されているという印象を与えるためには、組織の数の多さを伝えたほうがよいからである。同様に、コミュニティの民主主義における過程は時に興味を持ったすべての参加者（組織）が「テーブルに席を」持つことを望むことによって形成されるが、これは一部の組織が他の組織よりも強力な場合でも起こるのである。[20] これらの理由により、いくつかの組織は書類の上で存在しているにすぎないような場合でも、ある程度の集合的なエネルギーがそれを創造したという事実と、象徴的な目的により重要なのである。さらに重要なことに、結社の会員数はそれが多ければ象徴的な力を持ち、問題に当たる人数も、充てられる時間も多いと考えられるし、財政も豊かで、きちんとした職員もいる、といった印象を与えるだろう。活発な会員もまた重要であるが、それは実際の参加が人々をまとめ、信頼をつくり、特定の目標を追求するということに繋がるからである。その他の重要な要素としては結社が自分たちの興味のみを追求するよりも一般的な利益を考えている度合い、結社の中で社交的な技術と民主主義的な手続きが規範とされ学ばれている度合い、結社外との結束を可能にし政治的支配権とも関連することのできるような領域の単位（自宅の近隣など）に結社が根づいている度合い、そして会員が他の結社と結束し、様々な人々の間での相互的活動の橋渡しとなっている度合いがある。

信頼

信頼は健全な民主主義の重要な要素と思われているが、それは民主主義が「民衆」の手に自らの運命を委ねようと望む人々を頼っているからである。[21]制度への信頼と個人への信頼の区別はこの問題に役立つであろう。前者は時により適切には制度への信用と表現されるが、これは現代の生活が非公式の個人間の交流よりも、特定の交流が行われる基準や社会構造に頼っているということを示すものである。連邦の食品医薬品規定があるために食物を購入することは容易《たやす》いが、もし連邦政府や裁判所への信用が失われればそれは難しくなるかもしれない。それに対して個人への信頼は、その個人の特性や一般性により区別されうる。家族や近隣の人々、また知り合いの小さなコミュニティのなかで、人は彼らのことを以前からよく知っているために彼らを信頼しているということができる（またどの人がどのような状況において信頼できるかも知っているのである）。[22]より一般的な場合、つまり詳細な知識を得られない場合には、信頼は人間性のより原始的、哲学的な機能ということができる。[23]このような信頼は、人々が日曜学校で学ぶ罪の概念や、学校で学ぶ人間の進歩に関する知識によって個人間で高まったり低まったりする。またその人が子ども時代に家族と愛のある関係を築いていたかにも大きく左右されるだろう。そしてさらに穏やかで条件的な信頼のレベルがあるが、これは全体主義的である指導者への信義を奨励したり、効率的な均衡と抑制の機能を無視させたりするような、大げさに楽観主義的で盲目的な信頼に関する普遍的な理想とは違い、民主主義の理論に一致するものである。

市民参加

市民参加は政治的過程に直接に貢献するような活動に向けられた際に最も実り多いものである（よって非政治的手段でコミュニティを向上させるような結社への参加とは区別される）。合衆国の市民参加は、選挙やさらに活発でよく知られたもの、例えば政治組織やキャンペーンへの寄附から、官吏との面会、政党やキャンペーンでの仕事、政治集会や行進や抗議への参加に至るまで、様々な活動を含んでいる[24]。これらの活動が行われる政治組織のレベル（例えば連邦、州、地域）でも変動があり、それによりどの程度選挙やその他の政治機能の側面（政府の当局での仕事や法システムの利用など）に焦点が当てられるか、またそれがどの程度直接的（教会に候補者の評価表を置くなど）なものであるか、間接的（教会での祈りに政治問題への意見を盛り込むなど）なものであるかの違いが出てくるのである。

ボランティア活動

最後にボランティアは、結社と市民参加とにそれぞれ重複している部分がある（前者はその行為のほとんどが結社のために行われている可能性があるため、後者は政治集会でのボランティア活動を行うことがあるため）が、ボランティア活動は合衆国においては無給の、一般的に政治的目的のためではなく（それは一部で非営利団体の政治参加が禁じられているからでもあるが）、多くの困っている人々を助けるために行われるものとして、概念的、経験的に区別されてきた[25]。ボランティア活動は結社への単純な参加の場合と同じ理由（例えば問題についての話を聞いたり、リーダーシップ技術の学習を行ったり）などにより、民主主義を促進するものと考えられてきた。しかしボランティア活動はまた非政治的手段を通して社会問題を解決する活動とも見なされ、これによりコミュニティの自給自足や政府への依存を抑止しようという動きが起こり、そこから大衆の要求に責任を持たない全体主義体制や官僚主義の台頭が起こるのではないか、という疑いも受けている。ボランティア活動はそれが実際に深刻な社会問題に向き合っているのか、あるいは単純に自分たちの家族や友人たちの利益のために行われているのかということによって区別される。また社会のどれだけの人々が参加しているのか、それにどれだけの時間が費やされているのか、そしてそのボランティア活動が結社を通しているのか、個人で行われているのかという諸点においても区別される。さらに、その資金が組織によって社会問題のために利用され、専門家が雇われ、人員募集のために職員に給与が支払われる場合もあることから、慈善活動もボランティア活動の一種であると考えられている。

四つの主な社会関係資本の紹介は以上である。次にそれが実際に減少しているのかを見ていこう。

2 社会関係資本は減少しているか

結 社

合衆国の結社の数は近年着実に増加しており、多分この傾向はより長期にわたる増加を反映している。*Encyclopedia of Associations* に記載されているとおり、あらゆる種類の非営利団体の数は、最新のデータでは、一九八〇年の一万四七二六から九四年の二万二五一〇に増加している。これらのうちで最も多いものは貿易、ビジネスおよび商業上の非営利団体（この期間に三一一八から三七六八に増加）である。公共の業務に関するもの（一〇六八から二一六九）は、健康、医療に関するもの（一四一三から二二三二）と同様、特に急速に増加している。これとは対照的に、労働組合とギリシャ文字クラブの数はわずかな増加に留まっている。[26]

結社の実質的な数が増えているにもかかわらず、この数十年で、以前は大きな力を持っていた結社の会員数は減少しているようである。農業以外の労働力では、労働組合の組合員数は一九五三年の三三％から七五年の二九％に、九二年には一六％にまで落ち込み、その後はそこで安定している。[27] ＰＴＡの会員数は一九六〇年には生徒一〇〇人につき三三人であったが、七六年には一五人に、八二年には一三人にまで減り、九二年までに一六人に増えたのみである。[28] 国の人口の増加にもかかわらず、他の多くの結社の会員数は減っている。例えばパットナムの報告によれば、エルクス、ボーイスカウト、シュライナーズ、連邦女性クラブ、ライオンズ・クラブ、合衆国青年会館、女性投票者同盟[29]などの会員数は減少している。さらに、データのあるこれらの組織のうちで一九六〇年代には会員数が概して上昇に転じていたものがある一方、八〇年代には事実上ほとんどすべての組織で減少が記録されている。[30]

もちろん、特定の組織の会員数は協会の合衆国への関わりの一部を表しているにすぎない。だからこそ、広汎な分野の組織の会員数が尋ねられた国家調査のデータは役立つのである。これらの調査が提供する比較データは過去二〇年間についてのみであるが、この期間の傾向を評価するために役立つ体系的な手段ではある。[31]

組織の会員数に関する最も詳細なデータを提供してくれるのはシカゴ大学の国立世論調査研究所による一般社会調査で実施された質問である。この質問は回答者に一五の組織の種類（教会関連のグループ、スポーツに関するグループなど）が書かれたカードを手渡し、回答者が自分が会員であると述べた種類の結社には点数が記録される。この質問は一九七四～九四年までのうち一五の年度に実施された。[32] 一九七四年と九四年の回答は表2-1で比較されている。

教会関連のグループは最も高い割合を占めた。一九七四年には、大衆の四二％がこの種のグループのメンバーであると答え

表2-1　結社会員数

（質問：人々が属している組織について知りたいと思います。ここに様々な組織の一覧表があります。あなたがそれぞれの組織のメンバーであるかどうかを教えていただけますか？）

	1974	1994	変化
教会関連のグループ	42	33	−9
スポーツ関連のグループ	18	22	4
職業および学識協会	13	19	6
労働組合	16	12	−4
奉仕クラブ	9	10	1
学校の奉仕グループ	18	16	−2
友愛会のグループ	14	10	−4
青年グループ	10	10	0
趣味や庭仕事の愛好会	10	8	−2
文学，芸術，討論グループ	9	10	1
退役軍人グループ	9	8	−1
大学の男女友愛会	5	6	1
政治団体	5	5	0
企業の組織	4	4	0
民族のグループ	4	4	0
その他	11	10	1
何らかの結社に所属	75	71	−4
総　数	(1484)	(502)	

出典：General Social Surveys.

ている。この数字は九四年には三三％に下がっている。スポーツ関連のグループの次には職業協会、学識協会が続き、その下には労働組合、学校の奉仕クラブの順で多くの会員を抱えている。中間の年度の数字をすべて考慮するのは煩わしいが、いくつかの結論を引き出すことができる。

まず、一九七四年と九四年の数字を比較すると、一五種類の組織のうち五つ（教会グループ、労働組合、学校の奉仕クラブ、友愛会、趣味および庭仕事の愛好会）で会員が減ったことが分かる。さらにそのうちの一つ（教会グループ）では減少は五％以上であった。

第二に、同じ期間に、五つの種類の組織（スポーツ関連グループ、職業および学識協会、奉仕クラブ、文学および芸術グループ、そして大学の男女の友愛会）では会員数が伸びている。しかし五％以上の増加が見られたのは一種類（職業および学識協会）のみであった。

第三に、全体的な数字が底を迎えたのは一九九一年頃であるということがデータから示唆されている。組織の会員数にリバウンドが起きたのはそれよりも最近である。例えば、一五種類の組織のうち一二で、九一年よりも九四年のほうが数字はわずかに上昇している。

第四に、もしもこれらの数字を株式市場の取引に見立ててみれば、ある年から次の年へかけて値を上げた組と下げた組の全体像は以下のようなものである。二一〇のうち七四の組織は減少を見せ、六七が増加、六八が変化しなかった。大きな減少と増加が示すとおり、データには大きな変動があり、一定した減少が起きているわけではない。例えば教会グループの会員数（最も減少したもの）はまず二ポイント、次いで一ポイント、三ポイント、六ポイント減少しているが、そのあと八ポイント増加後四ポイント減少、それから六ポイント増加、そしてふたたび一〇ポイント減、さらに五ポイント減、また八ポイント増え、そこからはほぼ横這いである。

第五に、何らかの結社に参加している人々の割合は減少、しかも大幅に減少している。一九七四年には、サンプルの七五％が少なくとも一つの結社に属していたが、この数字は一九九一年には六八％に落ち込んでいる（それから九四年の七一％まで少しずつ上昇している）。

このデータのさらなる分析は、教育水準を考慮に入れると、一五種類の組織のうち一四までが、教育を加味しなければ、一〇の組織が、一九七四年から九一年の間に減少を見せていることを示している[33]。しかしサンプルの公差も考えなければならない。二つの全国調査が組み合わされ、全部で二五〇〇ほどのケースがあるにもかかわらず、統計的に有意なのは一五種類のうち五つのみであり、減少ではなく上昇を示しているのは一つのみである[34]。特に教会関連グループ、労働組合、学校の奉仕グループ、そして校友会の減少が目立ったが、他の種類の結社でははっきりした減少は見られなかった。

この減少の原因や他の種類の結社については後述するが、この記述的データから導き出される一つの結論は、一九七〇年代初頭から九〇年代にかけて結社の会員数がある程度減少していることは間違いないが、それはあらゆる種類の結社で幅広く起こったのではなく、米国の人口のより大きな割合がどの結社にも属さなくなったことから起こっているということである。

信頼

一九四八年以降に実施された四〇以上の全国調査に、信頼に関する質問が盛り込まれている。最も多い質問の形式は、「一般的に、ほとんどの人は信頼できると思いますか、それとも人と接するときには注意するに越したことはないと思いますか」というものである。二つの主な調査、全国選挙調査（ＮＥＳ）と一般社会調査（ＧＳＳ）は、明らかな信頼の減少を示している（表2-2）。全国選挙調査は信頼は、一九六〇年代よりも七〇年代、七〇年代よりも一九九二年においてより低くなっていることを示している。このパターンは、より広く、政治状況の動向に対する大衆の印象と合致している。一九六八年から七二年にかけての急激な減少は、米国のベトナム戦争参加に対して不安の広がった時期と一致する。一九七四年から七六年にかけてのゆるやかな上昇は、ジミー・カーターが大統領としてよくやっており、ベトナム戦争やウォーターゲート事件は過去のものになったのだという一般的な印象に呼応している[35]。一九九二年のＮＥＳの数字（四五％）は七〇年代に行われた三つの調査の平均（四九％）よりもわずかに低いが、これは信頼のさらなる腐蝕を示している。ＧＳＳの数字はより短い期間に関するものであるが、同様のパターンを示している。おそらくはウォーターゲート事件のために、一九七三年から七五年の間には減少が起きているが、これは七六年には増加に転じる。八〇年代の変動を経て、最も新しい二つの数字はこれまでで最低のものである。(36)

一言しておくと、一九五〇年代の調査の結果は、質問の形式が異なるために六〇年代以降のものとは比較することができない。とはいうものの、これら初期の調査の結果は最近のものよりも肯定的な結果を得ているようである。単純な「ほとんどの人は信用できると思いますか」という質問では、一九四八年の調査で六五％の人が「はい」と答えている（「いいえ」と答えたのは三〇％、「分からない」と答えたのは五％）。この数字は一九五二年には六八％に上昇し、五四年には六五％、五七年に七五％にまで上がり、六四年には七七％に達している。それに対して八三年の同じ質問に「はい」と答えたのは、わずかに五六％である。(37)

しかし一般的な信頼に関するデータの深刻な限界は、これらの調査において信頼に関する質問に答えた人たちの真意を解釈するのに役立つような、質的調査が行われていないということである。最も頻繁に使われる調査の質問は、回答者にほとんどの人々が信頼できるか、あるいは人と接するときは注意するに越したことはない、という二つのどちらかを選んでもらうものである。一九九七年の全国調査では回答者にこの二つの点それぞれについて回答する機会が与えられた。その場合、「ほとんどの人は信頼できる」に同意した人は六二％、「人と接するときは注意するに越したことはない」に同意した人は七一％であった。言い換えれば、ほとんどの回答者はこの両者を矛盾したものとも、相互に排他的な概念ともとらえていないのである。(38)もちろんこのような結果は、以前よりも他人を信頼している人が減ったということの重要性を減らしはしない。しかしこれらの調査が人々の信頼に関する考え方の複雑さを十分に表していない、ということはありうるの

表２－２　人々への信頼

ほとんどの人は信頼できると答えた人の割合（％）

	NES	GSS
1964	54	—
1966	54	—
1968	56	—
1972	47	46
1973	—	46
1974	48	—
1975	—	39
1976	53	44
1978	—	39
1983	—	37
1984	—	48
1986	—	37
1987	—	44
1988	—	39
1989	—	41
1990	—	38
1991	—	38
1992	45	—
1993	—	36
1994	—	34

注：質問はいずれも「一般的に，ほとんどの人は信頼できると思いますか。それとも人と接するときには注意するに越したことはないと思いますか」である。

出典：National Election Surveys, General Social Surveys.

である。

制度やその指導者への信用を測ろうとする質問は、合衆国では過去の四〇年間にわたって、様々な世論調査で五〇〇〇回以上も実施されている。しかしこれらの質問のほとんどは特定の問題に焦点を合わせているので、社会的傾向の証拠にはならない。結社に関するものや他者への信頼について見た二〇年の期間においてはしかし、いくつかの機関を運営する人々に対する信頼に関して比較できる質問が行われている。「連邦政府の行政部」を運営している人々への信用に関する質問は、公への信頼の度合いの証拠となる。「大企業」を運営する人々への信用に関する質問は、個人の営利部門への信頼を測る役に立つ。そして「組織的な宗教」で指導的な立場をとる人々への信用に関する質問は、その期間の個人的な非営利団体やボランティア部門(その多くは組織的な宗教団体が担っている)への信用を測る最適な材料となる[39]。

ほとんどのデータが米国の主な機関に対する信頼の腐蝕を直線的なものとして結論すべきではないと示唆している一方で、政治に関しては例外が見られるようである。そこでの連邦政府に対する信頼はまだウォーターゲート以前の水準にまで戻っていないのである。実際、いくつかの調査では長期的な影響に関して直接的な質問が見られる。一九七三年五月、ウォーターゲート事件の物語が幕を開けたちょうどその頃、大衆の五八%はこのことが連邦政府への信頼を、少なくともある程度、打ち壊したと述べている。この数字は七三年八月には六七%に達し、そのほぼ一〇年後(一九八二年)になっても、六六%もの人がウォーターゲート事件は連邦政府への信頼をこんなにも奪ったと答えている[40]。

この長期にわたって蝕まれてきた政治的分野への信頼は、全国選挙調査での結果を見ても明らかである。これらの調査に含まれる標準政府信頼値はそれまで高いものであったが、一九六〇年代から急激に下降している[41]。この下降の大部分はベトナム戦争の間に起きた。一九六四年には大衆の六五%が信頼を見せていたが、七二年には四一%にまで下がってしまったのである。さらにウォーターゲートにより下降は加速され(一九七四年の二六%にまで)、最も低い数値は一九八〇年に出た(一九%)。八〇年代には、政府への信頼は一時的にウォーターゲート以前の水準にまで戻った(一九八四年には三七%、八八年には三〇%)が、一九九二年には二一%に落ち込んでいる[42]。政府への不信は、したがって全体的な下降の傾向というよりも、特定の事件の大きな影響だと思われるのである。

市民参加

過去三〇年における政府への信頼の劇的な減少がある以上、我々は市民参加に関しても、特に政治的キャンペーンや政党のための仕事、また政府代表者への訴えなど、政治に直接関連する市民参加において減少が見られることを予想するだろう。たしかにほとんどの証拠はこの種の社会関係資本の減少を示唆している。しかし、そこにはいくつかの例外があるのである。

表2-3　選挙と政治参加

	話をした，影響を与えようとした	政治集会に参加した	政党や候補者のために働いた	バッジ，車のステッカーの使用
主要な選挙の年度				
1952	28	7	3	—
1956	28	7	3	16
1960	34	8	6	21
1964	31	9	5	16
1968	33	9	6	15
1972	32	9	5	14
1976	37	6	5	8
1980	36	8	7	7
1984	32	8	9	9
1988	29	7	9	9
1992	38	8	11	11
劣位の選挙の年度				
1958	17	—	—	—
1962	18	8	4	10
1966	22	—	—	—
1970	27	9	7	9
1974	16	6	5	6
1978	22	10	6	9
1982	22	9	6	8
1986	21	7	3	7
1990	17	6	3	7

出典：National Election Surveys.

全国選挙調査において、この四〇年間の選挙キャンペーンに直接関係する市民参加についての動向が記録されてきた。標準的な質問として、回答者がキャンペーン中に、「様々な人と話をし、彼らがなぜ特定の政党や候補者に投票すべきか、またはすべきでないかを説明しようとした」か、また「様々な政治的な集まり、集会、食事会などに参加することで特定の候補者を支持した」か、さらに「キャンペーンのバッジを身につけたり車にステッカーを貼ったりした」かということが尋ねられた[43]。参加の度合いは主要な（大統領選）選挙とそうでない劣位の選挙とでは大きく異なったので、この両者の傾向は別個に扱われるべきであろう。

表2-3にあるとおり、主要な選挙における市民参加は一九五二〜九二年にかけて減少していないのである。それどころか、他者と話をし、そのことによって影響を与えようとした人の割合は一九五二年よりも九二年においてのほうが一〇％高くなっている。政党や候補者のために働いた人も常に増え続けている。一方で会合や集会への参加は横這いであった。減少したのはバッジやステッカーの使用のみで、これは一九六〇年のニクソン・ケネディ選の時がピークであるが、それ以来、長期的に減

表2－4　政治参加の変化

（%）

前年度に以下の活動をした人の割合	1974	1994
嘆願書に署名	36	26
地元の町や学校の集会に参加した	21	12
地元の上院・下院議員に意見書を送った	16	12
政治集会や講演会に参加した	11	6
地元組織の委員会に参加した	10	6
組織やクラブで役職についた	10	6
該当なし	50	56

出所：Roper Surveys.

少している。これとは対照的に、劣位の選挙や中間選挙に関しては市民参加の減少のより明らかな証拠が見られる。四つの点のうち三点では一九五八〜七〇年にかけて上昇が見られるが、七〇〜九〇年にかけてはいずれも減少している。

表2‐4に見られるもう一つの政治参加における変化は、嘆願書への署名、タウン・ミーティングへの参加、政治集会への参加、委員会や地元組織などでの運営に携わるなどの活動をする人がいずれも一九七四年から減少しているということである。公職に立候補、新聞への投稿、政治的スピーチの発表、政府の改革に関わるグループへの参加など、あまり一般的ではない活動への参加も減少しているように見えるが、これらの活動に参加している人の割合はそもそも少ないものである。質問に盛り込まれた一二の活動すべてで考えれば、それらの活動に一切参加しない人は一九七三年の四八%から九四年の六二%まで上昇している。これらの活動の詳細な分析はこのような減少がウォーターゲート以降に起こったことを示唆しており、そのパターンは一九七八〜九〇年頃まで続き、九〇年代初頭になるといずれの活動もさらに落ち込んでいる[44]。

市民参加における変化のもう一つの証拠はヴァーバらによって提供されている。そこでは一九八七年と一九六七年の数字が比較されている。選挙以外にも、投票について他者を説得する、というものから、政治的な会合や集会への参加、地元や国家の代表者との連絡、地元コミュニティの問題への取り組みなど、一二の形の市民参加が調査された。この一二のうち、一九六七年よりも一九八七年の方が高い数字が出たのは一〇の活動である。一つは横這いで、減少したのは一つだけであった[45]。

予想どおり、投票率により投票そのものの数字は大きく減少している。例えば、一九五二年、六〇年、六四年の大統領選挙では有権者中の投票率は五八%であったが、八八年には四五%に落ち込み、九二年には五一%にまで回復したものの、九六年にはまた四九%に落ちている。議会選挙でも同様の減少が見られ、六二年（および六六年）には四五%であったものが、八六年と九〇年には三三%になっている。双方の選挙ともに最も深刻な減少が起きたのは六八年（あるいは七〇年）と七二年（あるいは七四年）である。これはベトナム戦争への不満が高まっていた時期であり、また偶然かもしれないが、一八～二一歳の国民の投票が可能になった時期でもある。七〇年代初頭のこれらの減少の後、過去二〇年間における投票率はほぼ横這いである。要するに市民参加はほとんどの数字が示すように減少しており、社会オブザーバーたちによる、米国人は地元のコミュニティへの参加は続けるかもしれないが政治には幻滅している、という指摘は正しいのである。

ボランティア活動

無料食堂、教会、またその他の特別な場合、例えばハンディキャップのある人を助けたり低所得者住宅を建てたりといったボランティア活動は、米国人が地元のコミュニティに参加するうえで最も重要な形となっている。このような社会関係資本は過去の二〇年において実際に増加している。

ボランティアに関する傾向の最良のデータはギャラップ調査のものである。「あなたは、あなた自身、チャリティーや、貧しい人、病人、高齢者を助けるなどの社会奉仕活動に参加していますか」という質問では、参加していると答えた人は一九七〇年代の二六％から九〇年代前半の四六％まで大きく上昇している[46]。

簡単にまとめれば、過去の二、三〇年間に米国の社会関係資本はある程度減少している。しかし数々の証拠は社会関係資本が大きく減少しているとも、そのレベルが低いものであるとも、何らかの種類の社会関係資本が減少しているとも指摘していない。特定の結社の会員数は、特に一九七四年から九一年にかけて、たしかに明らかに減少している。一部の種類の結社では減少は見られないものの、米国の大衆のうちで少なくとも一つの組織（少なくとも一般社会調査の質問に含まれているような組織）に加入している人が二〇年前よりも減少したことは明らかである。しかしこの減少が興味深いのは、結社の会員という形がしばしば投票や政治参加などの程度を予想するうえで最も役に立つ社会関係資本だからである。信頼もまた減少したが、データを見る限りそれが深刻で普遍的なものであると断言することはできない。政府への信頼は減少したが、企業や宗教組織への信頼は減少しておらず、また上昇する政府への不信は、少なくとも表面上では、特定の出来事に結びついているようである。市民参加もまた減少しているが、これには一般的な文献に描かれているものよりもさらに複雑な事情があるように思われる。投票に関するほとんどの数字は減少しているものの、していないものもある。この曖昧さは、他者と政治の話をする、嘆願書に署名する、集会に参加するなどといった活動においてさらに顕著である。最後に、どのような期間においてもボランティア活動が減少したという証拠はほとんどない。むしろ証拠が指し示すのは、ボランティア活動がおそらく増加しているということなのである。

社会関係資本の減少についての説明を確固たるものにするには、結社の会員数の減少、特にあらゆる組織に参加する米国人が以前より減っているという点に注目しなければならない。この減少に関する説明のうちどれが最も重要なものであるかを見極めて初めて、我々はそれらの要素が他の社会関係資本を測る要素にどれだけ影響を与えるのかを考察することができる。

3　傾向の説明

ある観点から見れば、それがただ存在しているだけではないという意味で、社会関係資本は経済資本に似ている。ものぐさであるか、自己の利益の追求に忙しいために、その創造に貢献しない人によって、社会関係資本は濫費されることがあるのである。(47) 社会関係資本が「腐蝕する」とか減少するとか、あるいは液状化するとか散逸するとかいうのはこのような理由による。そしてそれが起こるのは、だらしのない生活を送る人や、あえて（あるいは必要から）社会の結束を破り社会の基準を乱そうとする人による怠慢や不注意からである。

この社会関係資本に対する見方は、それが個人主義、自己の利益の盲目的な追求、世論によって作り出される集団行動などへの防御壁になるということから合衆国のボランティア結社を好んだ、トクヴィルの著作に見られる。この見方は同時期のプロテスタントの道徳家たちによる、増え続ける大衆に正しいモラルを指導するためには結社やその他の市民協会が必要であると説く見方とも似ている。(48) 社会理論では、台頭する個人崇拝に対抗しうるものとして社会団結を促す二次的な結社に興味を示したデュルケームの意見もこの系統に属しており、また人々がマスメディアや国家指導者の意見にのみ耳を傾け、自分たちの意見を主張するための同盟をつくろうとしない大衆社会の危険性を説いたロバート・ニスベット、ウィリアム・コーンハウザーなどの一九五〇、六〇年代の著作も同様である。(49) 最近では、ロバート・ベラとその賛同者たちが、人々が自分のコミュニティの道徳的な記憶に関与しないために、公共の対話に用いられる言語が自己の利益にのみ基づいているような社会に暮らす危険性を説明している。(50)

これら様々な見解の中で、全体主義的な指導者やマスメディアを操る人たちは民主主義への脅威として扱われているが、社会関係資本を保つ責任は国民自身の手の中にあるのである。もし経済生産の比喩が用いられるのならば（労働、管理、資本）、社会関係資本の減少の責任は労働人口にあるということになる。女性の労働力への参入や労働時間の増加などの傾向はしたがって興味深いものであるが、それはこれらの労働力がボランティア結社や市民活動への参加の時間を奪っているからである。同様に、結婚の解消や、家族や近隣の人々との結束を壊す人の存在も重要である。このような行動は結社への関わり合いを制限する「孤独志向」を意味するからである。その証拠に、コミュニティの利益のために働くことよりも家にこもってテレビドラマに夢中になっている人も、労働力の散逸（怠慢、不道徳）の兆しを見せているのである。したがってこれらの説明に我々は注意を向けなければならないのである。

結社

先に述べたとおり、結社の会員数の減少の最も明確な証拠は、あらゆる種類の結社のうち少なくとも一つに加入している米国の大衆の割合であり、これが最も大きく変化したのは一九七四～九一年の間、その割合が七五％から六八％に下降したときである。さらに、一つの結社にのみ参加している人の割合はあまり変わらなかったことも指摘しておく価値がある。したがって会員数は複数の結社の会員である人がすべての結社から脱退するという形で起こったのである。[51]

不安感（あるいは怠慢）が社会関係資本に与える標準的な影響は、結社の会員数の減少は労働時間の延長や女性の労働力への参入、結婚解消、住居の流動性、郊外化などでは測れないことを発見したロバート・パットナムによって考察されている。加齢や集団による影響などは要素ではあるかもしれないが、これにはさらなる解釈が必要である。さらにパットナムは、経済状況もそれには無関係であるとし、また教育も、むしろグループの会員数にプラスに作用することを発見した。[52]

これらの要素のそれぞれの評価として、表2-5はそれぞれの社会的特徴を持つ人々のうちどのくらいが少なくとも一つの協会に加入しているのかという点を、一九七四年と一九九一年の時点でまとめたものであるが、その割合はこの両年の間に減少している。結果は全体としてパットナムの結論を支持している。結社の会員数の減少は様々な分野でほぼ同じであったが、人口のある下位集団の中において興味深いパターンが見られる。そのパターンの一つが起こるのは別居あるいは離婚をしている人々の場合である。彼らは一九七四年の時点で既に既婚者、未婚者、配偶者と死別した人よりもこれらのグループに属していることが少なかった。そして一九九一年でもそのレベルは同様であった。この部類に属する人の割合が増えた（調査上では八％から一四％に増加）ということも、会員数の全体的な減少の一端が結婚の解消と関連していることを示している。注目に値する別のパターンは、未婚者の減少の幅が平均よりも少し高いということである。彼らの人口に占める割合もやはり増えている（一九七四年の一二％から一九九一年の二一％まで）。

労働力の中に女性が増えた（フルタイム勤務していた女性は一九七四年は二七％、一九九一年では三七％）こととの影響を特定するにあたって興味深いのは、主婦よりも働く女性の場合のほうが、結社の会員数の減少の幅は小さかったということである。主婦の女性は一九七四年には全女性の半分より少し多かったが一九九一年には三分の一以下であり、これらの女性の特徴が変わった（例えば以前は主婦になることは当たり前のことであった）と考えることは理に適っている。女性間の比較が明らかにするのは、結社の会員数が二つの要素の関数なのではないかということである。その二つとは家の外で他者と関係を持つこと（この場合ならば職場で）、そしてその関係を資本化するだけの時間を持つということ（したがってパートで働く女性のほうが結社に加入することが多い）である。

その他に関しては、表2-5に見られるデータからは社会の

表2－5　社会的特徴による結社への参加

以下において少なくとも1つの結社に加入している人の割合　(%)

	1974	1991	変化
既　婚	77	69	－8
死　別	74	76	2
離婚，別居	63	65	2
未　婚	70	60	－10
フルタイム勤務（女性のみ）	73	69	－4
パート勤務（女性のみ）	77	75	－2
主　婦	68	57	－11
週50時間以上の労働	80	71	－9
週40-49時間の労働	79	67	－12
週40時間未満の労働	76	73	－3
25-34歳	76	63	－13
35-44歳	79	67	－12
45-54歳	75	74	－1
55-64歳	78	71	－7
65歳以上	76	70	－6
別地域への引越し	75	68	－7
同地域内での居住	75	68	－7
都市住まい	74	66	－8
郊外住まい	75	68	－7
その他	76	70	－6
小都市，田園地域住まい	71	67	－4

注：表2－1のすべての結社について含む。
出典：General Social Surveys.

散逸に関する議論を支持する材料を得ることは難しい。週に五〇時間以上働いている人と四〇～四九時間働いている人との比較では、前者での減少のほうが後者のそれよりも小さかったということを示している（しかしどちらのグループも週四〇時間未満の労働をしている人よりも減少の幅は大きかった）[53]。年齢層も減少の解釈にはあまり役立たなかった。それらのデータでは、人口に対する三五歳から四四歳までの人の割合は増えている（一九七四年の全体の一八％から九一年の二四％まで）。しかしこの分野での減少はより若い人たちの場合と同様であり、むしろ五十代後半から六十代までの人々のほうが、四十代後半から五十代前半の人々よりも大きく減少していた。またコーホート効果と思われるものも起きていなかった（一九七四年のそれぞれのグループを九一年の次の年齢層のグループと比較）[54]。最後に、一つの地域から別の地域への引越し、また郊外に住んでいるかどうかということもグループの会員数の減少とは大きく関係していないようである[55]。したがってこれらすべての変数を含む多変量解析で、一九七四年から九一年までの傾向を説明（あるいは単純化）することができなかったことは、驚くには当たらない。

これを説明するためのもう一つの見方は、社会関係資本は「資本」であるということをより真剣にとらえることである。それは他の資本同様、不公平に配分されうるのである。そして中間のデータを参照しない限り、時を経るにつれ、より不公平に配分される傾向があると言える。そしてその役割は包含よりも排斥なのである。この見方は当然ながら、トクヴィルやデュルケームよりもマルクスのそれに近いが、同時に芸術、文学、学校教育において、社会的に容認されうる技能を有する者とそうではない者とを分ける、象徴的な境界線をいかにして設けるかを重視する、最近の文化関係資本の議論とも互換性を持っている[56]。比喩的に言えば、社会関係資本はそれが重要な情報を一部には伝達するが他者にはそうしないという限られたネットワークを持っている場合（例えばOB会のネットワークなど）や、結社が会員の条件として全員がクリアすることのできないものを設定するときなどに、社会関係資本は排他的に機能するということになるだろう[57]。

この見方では、社会関係資本の減少の理由は社会の配列が体系的により排他的なものになったことにある。それにより人々の一部は自分が歓迎されていないという感情を抱き、参加をやめたり、市民活動に必要な資源の提供に失敗したりするのである。腐蝕という見方とは違い、排他的という見方は労働力のモラルへの協力にはあまり焦点を当てず、代わりにその人々が組織に参加するのに必要な資源を持っているかどうかということが重要になる。この場合組織はその実際の機能においてさほど民主的ではないということになる。例えば人々が以前ほどキワニスに加入しないとすれば、それは人々にではなくキワニスに問題があるかもしれないことを示唆しているのである。

表面上、この理論を推奨する理由はあまりないかもしれない。特にほとんどの自発的結社が真に自発的なものであり、ほとんどが民主主義に則ったものであること、また過去半世紀に文化的傾向が異なる性別、人種、民族、ライフスタイルを許容するものへと変わってきたことを考えればなおさらである。しかし結社は公式に掲げている目的のみならず間接的な基準にも則って活動しており、そのことが一部の人を優遇し、一部の人を周辺化するようなことに繋がらないとも限らない。例えば、ほとんどの組織には多くの文化的資本の参加が必要だが、この資本は加入さえすれば誰もがつくり出せるというものではなく、初めから人によりもたらすものが大きく異なるのである。指導の技術、中規模のグループで自信を持って話す能力、組織の規定に関する知識、正しい主題について世間話をすること、などはいずれも資本の一例である。この半世紀にわたる教育レベルの向上は、高い教育を必要とするような資本を組織の暗黙の基準に結びつけ、結果としてそれを持たない人を周辺化するような事態に発展したのかもしれない[58]。

表2-6にあるデータはこの見方を支持するものである。社会経済的特権をあまり持たない人と多くを持つ人との比較が五つの変数の考察により提供されている。すなわち、その人の育った家庭の収入、父親の受けた教育、回答者の受けた教育の程度、回答者の人種、育てる必要のあった子どもの数、である。これら五つの変数のパターンは明らかであり、一貫していて衝撃的でもある。それぞれの場合で、社会経済的特権を持たない

表2－6　周辺化と社会関係資本

以下において少なくとも１つの結社に加入している人の割合　（%）

	1974	1991	変化
16歳時点での家庭の収入			
平均より下	72	65	－7
平均	74	66	－8
平均より上	80	77	－3
父親の学歴			
高卒未満	74	65	－9
高卒	78	69	－9
大卒	76	83	7
回答者の学歴			
高校未満	65	53	－12
高卒	77	66	－11
大卒	91	88	－3
人種			
黒人他	73	56	－17
白人	75	70	－5
子どもの数			
３人以上	77	67	－10
１～２人	74	69	－5
なし	71	67	－4
周辺化指標			
高	67	49	－18
中高	75	67	－8
中低	75	68	－7
低	78	77	－1

注：表２－１のすべての協会について含む。
出典：General Social Surveys.

人と持つ人との距離は一九七四年よりも一九九一年において広がっている。結社の会員数の減少は社会経済的特権を持つ人々よりも、常にまず特権を持たない人々の間から起こるのである。

例えば、低所得の家庭で育った人々のうち結社の会員であったのは、一九七四年には七二％であった（平均以上の所得のある家庭で育った人との差はわずか八％である）。しかし一九九一年には、低所得の環境にあった人は会員の中で七％も減っており、一方の高所得の環境で育った人は三％しか減少していないのである。したがって一九七四年には八ポイントであった両者の格差は一九九一年には一二ポイントになったのである。父親の受けた教育においてもほとんど同じパターンが見られる。一九七四年には、父親が大学を出ている人と、父親が高校までしか出ていない人の割合は結社の会員の中でほぼ同数であった。一九九一年には、高学歴の環境出身の人とそうではない人では、結社に加入する可能性に大きな開きがある（一八ポイント差）。同様に、一九七四年にはアフリカ系米国人とヨーロッパ系米国人の協会に占める割合はほぼ同等であったが、一九九一年には大きな開きがある。自身が低学歴である人や、多くの子どもを育てなければならなかった人に関しても、似通ったパターンが見られた。

表2-6の周辺化指標は先の五つの変数の合算により導き出された。[59] 元になっている変数同様、結社内での周辺化されている人とされていない人の不均衡は一九七四年よりも九一年において大きくなっている。最も周辺化されている人々の結社会員数の減少は一八ポイントであり、中程度では八ポイントおよび七ポイント、最も周辺化を受けていない人々ではわずか一ポイントであった。

これらのパターンを考える一つの方法は、一九七四年から九一年にかけての会員数の減少は、ほとんどすべて、特権を持っていた人々の間よりも周辺化されていた人々の間で起こった、ということである。言い換えれば、もし豊かな環境で育った人々と同じくらいに他の人々が幸福であれば、つまり全員の父親が大卒で、全員が自身も学士号を持っていればこの種の社会関係資本における会員の減少はまったく起こらなかったと考えられるのである。実際データのさらなる分析は、九一年における周辺化の役割の上昇が、年度と会員数の関係を無意味にしていることを示している。[60]

なぜ周辺化された人々はこのような減少を見せるのか。一つの解釈としては、元来のその社会関係資本の欠如が一部の米国人が周辺化された理由である、ということが挙げられる。しかしこの解釈は直観的にもほとんど理解しがたく、データを考慮すると全く無意味である。直観的に考えても、スポーツクラブやPTAの会員ではないということが多くの米国人を一七年間の間に社会経済的な下降に至らしめたと想像することは難しい。しかもデータに現れているのもそのような現象ではない。回答者自身が何らかの形で関与しえたのは自身の教育と子どもの数のみであり、彼らが結社の会員数のうちで減少することになった原因は、人種、父親の受けた教育および出身家庭の収入である。

このデータの最も正しい解釈は、一九七四〜九一年にかけて周辺化されている人々の生活は厳しいものになり、その結果彼らにはコミュニティの組織に参加する余裕がなかった、というものである。この種の証拠は表2-7に見出すことができる。九一年に周辺化されている人々は、七四年に周辺化されていた人々よりも、より多く、配偶者と死別し、離婚し、高齢で、合衆国で分配される全収入のうちでその底辺の三割に属しており、また友人や家族、近隣の人々から隔絶しているということが分かった。彼らはまた人生について悲観的になった。このような状況下にあって、結社の会員数に占める彼らの割合が減ったことは驚くには当たらない。ある人は結社に属するための会費をまかなうことができない。ある人は高齢であり集会に赴くことができないか、そうすることに不安を抱いている。ある人はその人を結社に導いたり、子育てに協力したりその他の用を弁じて結社に入ることを可能にしてくれたより個人的な社会関係資

表2-7　社会的に周辺化されている人々の経歴
各年度において排斥されている人のうち，以下の状況にあった人の割合

（%）

	1974	1991	変化
配偶者との死別	13	19	6
離婚や別居	11	18	7
65歳以上	24	33	9
最低レベルの収入	48	69	21
友人と全く交流しない*	22	28	6
近隣の人々と全く交流しない	29	45	16
親戚とあまり連絡を取らない**	19	36	17
人生に悲観的である***	54	68	14

注：＊地域外の友人との外出を一切しない
　　＊＊親戚との外出が月に一度未満
　　＊＊＊平均的な人の多くが悪くなっていると思う
出典：General Social Surveys.

本（友人や家族）を失った。またある人は結社で、自分よりも高い教育を受け、収入のある人々に囲まれることが、不愉快になったのである。[61]

労働組合と宗教

これらの一般的なパターンに加えて、労働組合と教会関連のグループを別個に扱うことは有意義であろう。一九七四年から九一年にかけての労働組合の組合員の減少は男性についてのみ起こった。この減少についてはより広い経済の状況にも責任がある。例えば、製造業に従事する男性の数は以前よりも少なく、多くの仕事がサービス業に移行したのである。対照的に女性の組合員数は、組合化の割合が伸びている公共部門での雇用もあって安定している。[62]男性では、今見た周辺化の影響が組合への加入に関しても如実に現れている。

周辺化指標で高い数字を出した男性のうち組合に加入していたのは一九七四年には三四％であった。周辺化指標で低い数字を出した人々ではわずかに一五％である。一九九一年には、この数字はそれぞれ二一％と一一％であった。明らかに組合は特権を持たないものにとって有利な種類の社会関係資本であり、今でもそうなのである。しかし他の種類の結社同様、やはり減少は特権を持つ人々の間よりも持たない人々の間におけるほうが大きい。[63]

宗教参加での傾向はより説明の難しいものである。少なくとも合衆国における宗教組織への参加がきわめて複雑多岐にわた

るものである点においてはそうである。GSSのデータでは、教会関連のグループの会員数は一九七四～九一年の間に八％減った（四二％から三四％）。先に考察した〔労働力の〕散逸という変数はこの減少の理由となりえない。周辺化についての変数も同様である。[64] さらに、異なる伝統に生きる人々や、教会に通う頻度によって個別に分析しても明らかなパターンは何一つ見られなかった。[65] ヒントになった唯一の変数は、回答者が原理主義的な宗派の影響下で育ったかどうかという点であった。[66] これらの回答者のうちでは、教会関連のグループの会員の減少は六ポイントであったが、よりリベラルな宗派の下で育った人々の場合にはこの減少は一三ポイントであった。このデータのロジスティック回帰分析においても、原理主義的背景と年度に関わる相関において、年度の影響を有意でないものと見なしえた。[67] 事実、この結果は、リベラルな宗派で育ったベビー・ブーム世代のほうが神学的に保守的な背景で育ったベビー・ブーム世代よりも成人したとき信仰から離れやすい、という別の研究の主張とも一致している。[68] この結論はまたリベラルな宗派が過去三〇年で保守的な宗派よりも多くの信者を失っているという事実とも一致するように思われる。

しかしこの結果をあまりに重大視することは危険である。その理由は、GSSの教会関連グループについての質問が曖昧だからである。一部の回答者には、それは集会や宗派のメンバーであるということ以上の意味を持たないかもしれないが、他方では教会に関連するあらゆるもの、例えば合唱団や、教会で落ち合うことの多いボーイスカウトをも含むかもしれない。実際、一九八〇年代半ばに行われたGSSのテストでは、それらの組織が何を意味しているかという曖昧さそのものに関する質問が盛り込まれ、回答者は教会の信者という一般的な見方と、特定のグループへの参加を意味していると考える人とでほぼ均等に分かれた。[69] この曖昧さが重要なのは、教会の信者が減った理由の一端が独立教会や福音派教会が信者であることよりも出席することが重要であるとしていることにあり、別の一端が主流のカトリックやプロテスタントの教会が各宗派の当局に納める分担金を最小限度に抑えるために信者の数を少なく報告していることにあるからである。

したがって、宗教への参加が減少しているという一般的な見方にもかかわらず、この問題の研究者のほとんどは減少に関する包括的な一般化を行わずにきた。事実、合衆国の教会への出席率は半世紀にわたり安定しており、戦後の出生率上昇と教会建設の一次的なブームに起因するとされる一九五〇年代のわずかな上昇の期間のほかは、七〇年代、八〇年代に他の社会関係資本が減少したときも、教会出席率は横這いであった。[70] さらに、教会の信者数は、一九六〇年代にわずかな減少が見られて以来、一九世紀や二〇世紀前半のいつの時期と比べても多いのである。コーホート分析と宗派の内訳の移動の研究も、社会関係資本の一形式としての宗教の全体的な減少を示唆している。[71]

米国の宗教で減少しているのは特定の宗派、教区あるいは信仰の伝統への忠誠心である。例えば米国人は一九五〇年代や六〇年代よりも信仰を切り替える傾向が高くなっているし、圧倒的多数の人が、人は自分の意思で宗教を選ぶべきであり、集会に属さずともよきクリスチャン、よきユダヤ教徒になれると主張している[72]。教会への忠誠心を持つように子どもを育てる人の数は長期的に減っているし、日々の暮らしの中に習慣的に宗教的な儀式を取り入れている家庭で育った人も同様である。六〇年代に比べれば、宗教が問題に答えを与えてくれる、また、聖書は字義どおりにとらえるべきである、と考える人も減っている。このオーラル・ヒストリーという質的な根拠で明らかとなっているのは、多くの米国人が以前ほど聖域という感覚を持たなくなり、一つの集会やコミュニティにそのような神聖なものを結びつけるよりも、むしろいろいろなものを物色して折衷的なものを導き出すことを好むようになっていることである。宗教的資本が減少しているというのはしたがって、宗教的信条や愛着の性質上、質的な変化であり、統計的なデータでそれを表すのは難しいのである[73]。

信頼

信頼については、既に述べたとおり、標準的な「人への信頼」の質問と、一九七三年のウォーターゲート事件との関連で見た連邦政府への信頼に関する質問において下降を示していたが、大企業や宗教的な組織への信頼は衰えていなかった。人々への信頼の減少は、それが政府への見方を反映しているとは限らないし、また社会関係資本に関する著述の中ではそれ自体が資本であり、結社への参加を通して高められてゆくものである、とされているところから、特に注目すべき問題である。手に入るデータを詳細に分析すると、二つの当面の結論が導き出される。

第一に、他者への信頼は結社への参加というよりは社会経済的な特権の関数である。実際、前者との関係は後者との関係の擬似関数であるように思われる。特に一九九一年のGSSのデータでは、性別と年齢とを別に扱っても、人々への信頼はその回答者が属している結社の数と肯定的な関係にあるが、この方程式に周辺化指標を導入すると、この関係は統計的に有意でなくなってしまう[74]。

第二に、より特権のある人々と周辺化された人々との間の大きな差異は、ここ数十年ではほぼ安定している、ということが挙げられる。全国選挙調査（GSSよりも長い期間にわたる信頼の質問が盛り込まれている）では、最高点（一九六八年）と最低点（一九九二年）の間には一一%の差がある。このデータから参照することのできる二つの社会関係資本の尺度（人種と教育）ではしかし、同年度における二つのグループ間の差は二つの年度の間の差よりも大きかった。特に一九六八年には、白人の回答者の六〇%が人々への信頼を表明したが、黒人ではこの数字は二五%である（九二年には、この数字はそれぞれ四九%と一八%である）。同様に、六八年には高卒未満の回答者のわずか三五%しか人々への信頼を表明しなかったが、高卒者では五五%、大卒者では七六%であった（九二年には、この数字はそれぞれ二

五、三六、五七であった）。これらの発見は、信頼への減少ということにのみ焦点を当てた議論が、信頼が異なる立場のグループにおいて、今までも、そしてこれからも、異なって分布するだろうという重要な事実を見落としていることを示している[75]。

これらの結論は、社会関係資本は周辺化されている人々でも、他に資源を持たないままに利用することのできるものである、という標準的な見方と矛盾するために、強調する価値がある。しかしもしも他の社会経済的な資本が欠如していても、信用が構築されるに足るだけの会員数を誇っていればどうだろうか。このような希望を持っている人がいるとしても、その希望が適っているとは思えない。現在よりも数十年前の方が信頼は等しく分布していた、というわけではない。信頼は黒人であることや教育レベルの低さなどによって特権を奪われている人々の間で、以前から低いままなのである。また人々への信頼以上に大きく減少している政府への信頼についても指摘しておかなければならない。このことは人々への信頼が直接の社会関係や社会的地位の関数であるのみならず、国家の主導権の関数でもあることを示している。

経済資本に関する議論から何か比喩を引き出せるとすれば、信頼は労働というよりも管理（そして資本）の関数ということができるだろう。つまり、国家レベルの管理は政府自身への信頼のみならず、人々への信頼も構築（あるいは破壊）することができるのである。その理由は国家の指導者が象徴的な役割を担っているからであり、彼らが信頼のできる人間であれば大衆の人間性への信頼は回復し、逆に彼らが尊敬のできない態度をとれば信用は傷つくのである。指導者との関わり合いは明らかである。もしも大衆が人間性を疑っているとすれば、それは彼ら自身がボランティア活動に十分な時間を割いていないからではなく、指導者たちが大衆の期待に応えていないからなのである。

市民参加

市民参加は、既に見たとおり、一部の研究では減少が見られたものの、他の研究ではそうではなかった。しかしどちらの場合にも研究は市民参加のレベルを知るうえで特権と周辺化が重要であることを示唆した。全国選挙調査では、一九六八〜九二年の白人の政治参加はわずかに上昇している（三七％から四一％へ）のに対し、アフリカ系米国人のそれは大きく減少している（四〇％からわずか二九％へ）。回答者の教育レベルを考慮した場合にも同様のパターンは明らかだった。大卒者の間では変化は見られなかった（どちらの年度も五一％）のに対し、高卒者の間では六ポイントの下落（三六％から三〇％へ）、高卒未満の教育を受けた人々の間でも六ポイントの下落であった（二三％から一七％へ）。投票率ではこの差はさらに激しい。一九六四年から九二年にかけては高校を卒業していない人々の投票率は三三ポイントも落ちており、高卒者では二六ポイント下がっているが、大卒者の投票率は八ポイントしか下降していないのである[76]。このパターンは周辺化される側に属している米国人の結社参加の減少を扱った際のそれと似通っている。他の証拠も、この投票率の低下が高い失業率や犯罪率、その他の社会問題を抱えている特定のコミュニティのいわゆる近隣効果によってもたらされる市民参加の停滞と関係している可能性を指摘している。(77)

ボランティア活動

最後に、ボランティアの減少は、一九九〇年代初頭に行われた二つの調査しか減少の度合いの参考になるものがないことと、より長期にわたって行われた調査が既に見たとおりボランティア活動の増加を示しているため、説明の難しいものである。しかしボランティア活動と結社の会員数および社会的地位の関係を考察し、そこからボランティア活動の根底にある要素が他のどのような社会関係資本の要素と共通しているのかを予測することは可能である。一九八七年から九三年にかけて独立部門により実施された四つの全国調査は、ボランティア活動が周辺化されている人々よりも特権ある人々の間で明らかに活発であることを示している。教育レベルの低い人々、収入の低い家庭の出身者、黒人やヒスパニックは、学歴と収入のある白人よりもボランティア活動をする可能性が低い。この差異はボランティア活動において、去年のみならず先月のデータからも明らかである。さらに、これらの差異を考慮に入れると、一九八九年から九三年にかけての全体の数字の減少の一部を説明することができた。(78)これは驚くに当たらないが、結社に加入している人はボランティア活動をする可能性が結社に入っていない人よりも高く、宗教関連の結社もその他の場合も同様であった。より興味深いのは、非宗教的な結社について尋ねた二つの調査（一九九一年と九三年）では、結社の会員である人が安定したボランティア活動率を保っているのに対し、会員でない人の活動率は減少していたのである。(79)このデータのさらなる分析は、周辺化されたグループの人々は特権あるグループの人々よりも結社に関わり合いを持つ可能性が低いということ、そして周辺化は結社の会員であることがボランティア活動に明らかに影響を与える、ということを示した。(80)

4　新たな形の社会関係資本？

合衆国の社会関係資本は主としてその減少により理解することができるという議論をする批評家たちは、そこに研究の設定以後に誕生したために傾向の評価から漏れている新しい種類の協会や市民参加があるのではないかと主張している。したがって、例えば初期の調査では、サポート・グループについてや、電子通信技術についての質問などは盛り込まれていない。これらの社会関係資本は当時は存在しなかったか、あるいは現在ほどに顕著ではなかったのである。この新たな形の社会関係資本という主張には、いくつかそれを真剣に受けとめるべき理由がある。それは特に傾向を引き出すために用いられる質問の多くが一九五〇年代および六〇年代の調査から取られているからである。さらに重要なのは、合衆国の自発的結社は常に新しい種類の組織が現れることを特徴としており、そのいくつかは比較的短い期間に（それも大きな影響力を持って）、他の組織が衰退するのと入れ違いに発展しているのである。[81] 例えば一八三〇年代には慈善協会（benevolent associations）が現れ、都市部で発展したが、それはやがてチャリティー組織（charity organizations）と呼ばれるものに取って代わられ、それらもまた半世紀後に隣保館とファーム・コロニーに取って代わられたのである。[82] 同様に、米国の宗教史は「勝者」と「敗者」との争いに特徴づけられるものである。それは一八四〇年代の人気を集めた宗派（メソジスト派とバプテスト派）が東海岸の減少傾向にあった宗派（監督派と長老派）と対決したり、一九世紀末には「教会」と「新興宗教」が対決をしたり、二〇世紀においても宗派の分離や合併に伴う争いが起こっている。[83] 互助会やボランティアの消防団は多くのコミュニティで生命保険会社とプロの消防士に取って代わられ、民族的協会（ランズマンシャフテンなど）は第二、第三世代の米国人にとっては、第一世代の米国人や移民にとってほど重要ではなくなった（その代わりに韓国教会やヒスパニックの五旬節などの集会が盛んになりつつある）。[84] また、今や減退しつつある労働組合の活動は、一九三〇年代には新たに台頭しつつある社会関係資本であったので、おそらく一八八〇年代に調査が企画されたとしたら、労働組合に関する質問は実施されなかったであろう。

　一般社会調査の自発的結社の一覧表は包括的なものを心がけてつくられている。特に「その他」の項目がある点においてはそうである。しかしこれは調査の分析で明らかになっていることだが、「その他」は具体的な名前のようには回答者の思考力を刺激せず、有意義な回答が得られることが少ないのである。GSSに足りなかったものは、登録済み有権者の間で一九九〇年に行われた調査との比較で浮き彫りになる。そこでは回答者の二七%が「ビジネスや市民グループ」、一五%が「コミュニティ・センター」、一八%が「近隣地域向上のための結社」、そして一五%が「争点志向・行動志向のグループ」に属していることが分かる。[85] これらの種類の会員はGSSに用意された分類ではとらえきれなかったであろう。

　一部のグループが黙殺されたことが分析に与えた影響は、一九八一年および九〇年の世界価値観調査で明らかになっている。[86] この二つの年度の調査に含まれている分類は厳密には比較しうるものではないが、どちらもGSSの場合よりも多くの種類の組織を盛り込んでいる。例えば、労働組合に加えて人権組織や環境団体、専門職協会、教会関連のグループ、などである。このGSSよりも幅広いグループを含めた結果、より多くの米国大衆が一つ以上のグループに加入しているように見えるのである（一九九〇年は六八%ではなく八二%）。さらにこの期間に参加している人の割合は実際増加するのである（七三%から八二%まで[87]）。

　新しいグループが漏れている可能性を間接的に示唆するもう一つの点は、調査が四半世紀も前に設定された質問により実施されているということである。この点が見られるのは一九九二年の調査で、女性にどのような組織に入りたいと思うかを尋ねるものである。大半の女性が伝統的なもの（宗教グループが二二%、コミュニティグループが二〇%、保護者会が一六%）を選んだが、三分の一の女性は自助グループ（一四%）、社会変革のグループ（一〇%）、女性グループ（九%）などその他の種類のものを選んでいる。[88]

これと関連する問題は全国組織が発表する会員数の値と信憑性である。例えば、ＰＴＡの会員数が大きく減少した（一九六〇年の生徒一〇〇人につき三〇人から九二年の一五人へ）という根拠は、ＰＴＡの全国本部が挙げている数字である。[89]しかしこのような大幅な減少は、これらの数字に反映されていない別種の保護者会があることから来る影響かもしれない。一九九三年、ＰＴＡに行われた全国調査では、例えば、学齢期の子どもの保護者のうち三五%がＰＴＡの会員であると答えているが、二二%がＰＴＯ（ＰＴＡに属していない保護者と教職員の団体を指す）の会員であると述べている。また一二%は後援会、そして一五%はその他の保護者グループに加入しているのである。[90]同様に、ライオンズ・クラブや合衆国青年会館など特定の市民あるいは奉仕組織の会員数は社会関係資本の減少を示唆している。[91]しかし、この調査の中にこのような特定の名称の組織とともに、それらと同種類の組織の会員数も含めると、減少の程度は明らかでなくなってくる。例えば、一九六〇年の全国調査で「ライオンズクラブ、エクスチェンジ、ロータリー・クラブ、キワニスのような奉仕クラブ」に加入しているかを尋ねたところ、米国国民の四%がこれを肯定したが、一九八六年に「キワニスやロータリーのような市民クラブ」に加入しているかを尋ねると、一一%の人が加入していると答えたのである。[92]このデータは他の組織の会員数が決定的に伸びたことを示すものではないが、少なくともその可能性を考慮する必要はあるのである。

もちろん、結社（あるいはコミュニティ、近隣）の名がつくものすべてを、特にその目新しさが組織の内実以上に目立つような場合に、生存できる形の社会関係資本として扱うべきではない。例えば、近隣監視の協会は少なくとも一九八四年の調査で回答者の四二%が地元に監視プログラムができたと答えていることを考えれば、明らかにこの四半世紀で劇的に成長したと言える。[93]しかし、ロバート・パットナムが観察したように、これは「社会学的な人工芝であり、本物を育てることができない場所にしか役に立たない」ようなものであるかもしれないのだ。[94]

この数十年で増加しているもう一種の自発的結社は特別な目的を持つもので、特に黒人会議、ゲイ活動家、女性権利団体、政治活動委員会など、特定のグループの政治面での権利を擁護しようという目的を持つものである。[95]一九六〇年から八五年にかけて、約一五〇〇のそのような結社が創立された。実際、一九八五年には、一九六〇年以降に出現したそれらの組織のうち五つに四つが存在していたのである。[96]さらに、これらの組織の増加は、以前は別軸で組織されていた同種類のグループが社会の別の部門に出現する刺激となった。例えば宗教では、宗派全体の数に匹敵するほどの数の、全国的に組織されたおよそ八〇〇の特別目的を持つ組織が一九八五年までに登場し、人口の三割の人々と少なくとも何らかの形で関係したのである。[97]

これらの特別目的を持つグループの中でも大きなものは、多数の会員を集めた。例えば、米国退職者協会は成人の約二〇％を会員にしている。もっともこのような組織の多くが、会員が一年に一度会費を払い滅多に読まない会報を受け取るだけのものであることを考えると、これらが社会関係資本の促進に積極的でないということを指摘しておく必要があるだろう。[98]

また、過去一五年にわたってマスメディアの注目を集めているある特別のグループ、いわゆる宗教右派について注意深く観察する必要があるだろう。クリスチャン連合（代表者はテレビ伝道師のパット・ロバートソン）など特定の組織は成長を見せている（一九九二～九四年の間に会員数は五〇万人から一五〇万人近くに伸びた）。[99]しかし、七〇年代半ばから行われている調査では、自らを「再生派」キリスト教徒や宗教的「保守派」、また聖書の字義どおりの解釈を信じる人（福音派）と定義づける人の、米国の人口に占める割合はほとんど、あるいは全く増えていない。むしろ長期的には、聖書の字義的解釈は大幅に廃れている。[100]それにもかかわらず研究は、一九七三年までは投票率や政治参加で平均以下であった保守派や福音派のクリスチャンが、七三年以降活発な市民参加を行っている、という強い証拠を提供している。この増加は特にジミー・カーターとロナルド・レーガンの選挙運動期間中に顕著であった。[101]

この数十年の様々な発展の中では、小規模なサポートグループが多分、より重要な資本構築のメカニズムであると言えるだろう。これは家庭での聖書勉強会や祈禱会、家庭教会など多くの宗教グループや、治療団体、様々な自助グループや更生グループ（アルコール依存症者更生会など）、また読書会やサポート的な機能を発揮する同好会など、様々なグループである。これらのグループのいくつかは一般社会調査における自発的結社への加入に関する質問で把握できたかもしれないが、多くのグループが様々な名で通っており、自分たちを「組織」と認識していないこともあり、また具体的な名を出さなかったために回答を逃したということもあるだろう。このようなグループに教材を提供する国の指導者たちの話や、実際にそのような教材を扱う書店が増えていることを考えれば、そのようなグループが大きく成長しているという印象は拭いきれない。また歴史的な調査もこれらの多くの起源が一九六〇年代後半から七〇年代前半にあったことを示している。[102]

何種類かのサポートグループの会員数が飛躍的に伸びていることを示す統計的な証拠もある。アルコール依存症者更生会の有名な一二段階の更生に学んだ多くの更生グループ（例えば、アル・アノン、ACOA（アルコール依存のアダルトチルドレン）、アラティーン、ギャンブラーズ・アノニマスなど）はアルコール依存症者更生会の一般奉仕委員会に登録し、集会への出席などを定期的に報告する義務がある。アルコール依存症者更生会（一九三五年に創立されたが、全国的な現象になったのは一九五〇年代）自体の会員数は一九七九年の四四万五〇〇〇人から八九年の九八万人に伸び、九二年には一一二万七四七一人に達している。[103] 一二段階の更生を採用するグループの多くは毎週集会に参加する会員を平均二〇～二五人抱えており、このようなグループの種類は近年になってより特化している。アル・アノン(一九五一年創立)は一九八一年の一五〇〇グループから九〇年には一九〇〇グループ(会員は約五〇万人)に増えている。ちなみに一九九〇年に、ACOAは一三〇〇グループ存在したが、これが登場したのは一九八二年である。[104]

遺族や、身体障害者、健康上の問題を抱える人、あるいは保護者、また犯罪やドメスティック・バイオレンスの被害者らを支援する大きな自助グループに関する数字は、毎年各地域の自立グループの一覧表とそれらの会員数、目的、活動などをまとめている五〇州のレベルの自助グループの情報交換所から得たものである。一九七六年には、これらのグループの会員数は全国的には約五〇〇万～八〇〇万であった。八八年には、この数字は一二〇〇万～一五〇〇万である。[105] 自立グループの成長を測るもう一つの方法は一九八四年のハリス調査の結果を最近のものと比較することである。八四年の調査では、「あなたは互助の自助グループに日々の特定の問題と向き合う目的で参加していますか?」という質問に、はいと答えた人はわずか三%であった。これに対して、一九九二年のギャラップ調査では、回答者の一〇%が「会員にケアと支援を提供する定期的な集会を行う小さなグループ」に属していると答え、彼らはそのグループを「自立グループ」と特定した。[106] これらの質問は厳密に言えば比較に適さないが、ここから予想されることは他の資料から予想されることと一致している。

さらに、断面的なデータは小さなサポートグループに属している人の大部分が正確には聖書の勉強会、および祈禱のグループと形容されるものの一員であることを指摘している。このようなグループは自宅や教会で、しばしば非公式に集まり、それは公式の教会の活動とは見なされない場合がある。これと直接に比較できる調査には、異なる年度にわたっては行われていないものの聖書の勉強会について尋ねているものがあるが、そのうちの一つの比較はかなり正確である。それによれば一九八二年には大衆のわずか一九%だけが聖書の勉強会に参加していたが、一九九四年にはその数字は三三%に上がっている。[107]

ボランティア活動はまた、社会関係資本の形が変わりつつあることが明らかな分野でもある。例えば赤十字のボランティア数は、市民参加が減少していることを示している。[108] しかしこの減少の一部は、おそらくボランティアをする人の関心が他に向いたことに起因しているのであろう(過去数年間を除いては、特に全体的なボランティア活動への参加者が増えているということを考えればなおさらである)。例えば、救世軍のボランティアは一九八七年の一一〇万人から九一年の一二五万人に、さらに九五年の一七〇万人に増加している。[109] より急激なのはハビタット・フォー・ヒュマニティである。一九七六年の創立以来、初めの一〇年間にボランティアは毎年約一〇〇〇の家を建築した。それが九一年には一万の家を建て、九四年には三万に増えたのである[110]。既存の機関からボランティアを募るという新たな方法も登場した。例えば高校生の参加者では、一九八五年には二七％がコミュニティへの奉仕を奨励する学校に通っていたが、九二年にはこの数字は五五％になっている[111]。

考慮しなければならないもう一つの変化は個人間の関係における特徴である。もしも「コミュニティ」が領域的に近隣のものであると定義されるのであれば、そのようなコミュニティ間の連絡はこの数十年間で明らかに減少している。例えば一般社会調査では、一九七四年には米国人の七二％が年に一度は近隣の住民を訪ねているが、この数字は九一年には六二％に下がっている。頻繁な連絡[112]（月に一度以上の訪問を指す）も減少している（六一％から五〇％へ）。しかしGSSの次の質問は、地域外に住む友人との交流について尋ねるものであるが、ここでは各年度でそれぞれ八一％、八二％の回答者が年に一度は行っており、月に一度以上という人もわずかに増加している（六三％から六七％へ）[113]。この二種類の活動の比較はまた地域内と地域外の交流が七四年にはほぼ均等であり、このバランスが九一年には地域外へと傾いたことを示している[114]。

この変化が継続していることは全国調査でも明らかである。例えば一九九一年のバルナ調査では、「新しい友達をつくりたいとき、その人を見つけるのはどこである可能性が高いと思いますか」という質問が実施されたが、自宅の近隣と答えた米国人は一二％のみで、職場と答えたのが四五％、四九％は教会、一八％が学校、二〇％が社交や運動の場、そして一八％がコミュニティ組織と答えている[115]。

我々はまた個人間の連絡以外にも社会的な関係を保っている手段を考慮しなければならない。電話の連絡により相談に応じたり相談を受けたり、政治を論じたり、社会関係資本が地元のコミュニティに必然的に集中されていた頃と比べて長い距離を越えて情報を共有することができるようになった[116]。電話の衝撃はここで扱っている時代よりもかなり前に訪れたものではあるが、過去数十年の証拠を見ても電話で人々の交流する社会関係資本は増えているのである。例えば、一九七七～八七年の間では、過去一カ月の間に一度でも長距離（一六〇キロメートル以上離れた相手に）電話をかけた人の割合は、五七から六八％に上がっている[117]。電話が社会関係資本としていかに重要なものであるかという証拠は他にもある。全国調査では五六％の回答者が友人や親戚と昨日電話で話した、と答えている[118]。この研究では、米国人の二四％が自動車電話や携帯電話を持っているとも答えている。

同じ調査はマスメディアが社会問題や他の国内の出来事と接触するためにいかに重要なものであるかを示している。米国人の三人に二人は日刊紙を定期的に読んでいる。前日にも読んだと答えた人は五二％である。前日にテレビでニュースを観たのは六四％、そしてそのうちで八二％が三〇分以上、四〇％がニュースのみを観たと答えた[119]。他の証拠はまた、テレビを観る時間の増加が市民参加の機会を奪っていること、新聞を頻繁に読むことでそうはならないが、新聞を読む人は減っていること、などが証明された[120]。にもかかわらず、この研究ではテレビが米国人をニュースに遅れないようにする重要なものであるということが明らかになっている。そしてテレビを観るということが受動的に無関心に映像を受け取るという点で問題である、ということに関しては、一日の大半をテレビの前で過ごしている米国人の割合がどんどん大きくなっているという明らかな証拠はない、と指摘しておく必要があるだろう。例えば、一九六四年に行われた全国調査では、一九%の人が一日四時間以上テレビを観ていると答えている。一九八二年と九三年の全国調査の結果に見える数字は、それぞれ二〇%、二三%である[121]。また指摘しておくべきは、より多くの人が実際に見るよりも長い時間テレビをつけっぱなしにしているという頻繁に挙げられる点だが、これは例えば一九九三年の調査では、二三%の回答者が四時間以上実際にテレビを観ており、一方で四時間以上テレビをつけていたという人は五九%にのぼる、という結果が出ている。

同じ研究はまた、コンピュータの技術が一部の米国人に社会関係を保つ新たな術を与えていることを証明している。すべての成人の労働力のうち、六二%が少なくとも職場で時おりパソコンを使用している。学校に通っている人ではこの数字は七五%である。全国的には三六%の米国人が自分のパソコンを持っており、全体では成人の三〇%がパソコンを所有、少なくとも数週間に一度は使用している[122]。パソコンを所有していることと、それを他者との連絡に使っていることとは、もちろん別である。にもかかわらず、この研究はまた少なくとも米国人の一〇%にとってパソコンが生活の一部になっていることを指摘している。例えば、約一五%の米国人がモデムのついたパソコンを所有している。約一〇%が職場や学校のパソコンから掲示板や情報サービス、インターネットにアクセスしている。そして米国人の九%は何らかのオンラインサービスを利用しているのである[123]。

5　変化の結果

これら様々な社会関係資本の傾向の複雑な変化は、一般的な結論を導き出すことを難しくしているが、証拠はたしかに米国社会の未来への不安を煽るいくつかの傾向を示している。結社会員数の一九七四年から九一年にかけての減少の傾向はその他の望ましい社会的特徴のいくつかにもマイナスの影響を与えるだろう。特に減少が最も深刻なのが、既に社会的に周辺化されている人々の間であることは不安である。結社によって会員のボランティア活動が奨励されるならば、会員数の減少はなおさら痛手である。ほとんどのボランティア活動は深刻な社会問題に向けられており、その多く（特権のある者も周辺化されている者も同様に）は低所得地域やその他の不利な要素を持つ人々に向けられている[124]。

結社の会員数の減少の結果について考える際は、その種類の社会関係資本が持つ状況上の影響についても考慮しなければならない。頻繁に引用される例を用いれば、周辺の人々、何よりも家族が教会に通っている地域のティーンエイジャーは、そうでない地域のティーンエイジャーよりも学校の成績がよいことが分かっている。[125] また異なる種類の状況の影響を示している研究には、二〇の高校における生徒たちの個人的な危険行動（過度の飲酒、喫煙、麻薬の使用、性行動）が高度な課外活動への参加という社会関係資本を通して、最上級生の間で減少したということを発見した長期にわたる研究がある。[126] さらにもう一つの例は、教会の信者を友人に持つ高校生は、彼ら自身および彼らの両親が教会の信者であるかということも考慮に入れて、地元コミュニティの奉仕活動に参加する可能性が高い、というものである。[127]

これらの状況上の影響は、もちろん、教会や課外の活動に参加しているその人の近隣の住民やクラスメート、友人などの数が減少すれば、同様に小さくなってしまう。さらに、状況上の影響は社会関係資本がもたらす利益が他者にも利益を与えることを証明している。否定的な見方をすれば、「フリーライダー」の人々がいることも事実である。彼らは実際に組織に参加しないままに利益だけを受け取ってしまう。しかし見方を変えれば、この影響はまた、比較的健全な社会が存在するうえでは、必ずしも全員が参加する必要はないということを示している。一部の人が教会に行く時間を割く気にならないにしても、その種の社会関係資本の利益を他者に広めるのに足る人数がそれをしているのである。

ここで問われなければならないことは、それが十分足りているというのはどのくらいなのか、社会関係資本への投資が過剰になるということはあるのか、というものである。この可能性は成人のほとんどが（加入することが事実上当たり前であり、他の国よりも参加率の高い米国でさえも）多くの組織には加入していないということから浮かび上がってくる。実際、三つ以上の組織に加入している男性は五人に一人未満であり女性では七人に一人未満である（GSSのデータによる）。さらに、多くの組織に加入していることは、他の市民的道徳への影響の上では、利益を増加させることにはならないことを意味している。例えば、男女ともに投票率はどの組織にも属していない人々よりも加入している人々の間で高い。しかし二つ以上の組織に属しているからといっても投票率は女性でごくわずか、男性でもわずかに上がるだけである。[128]

〔会員数の〕減少という結果のほかにも、我々は近年に成長した社会関係資本の影響についても考慮しなければならない。新しいものでは、サイバー交流（コンピュータのネットワーク、電子メール、オンラインサービスを通すもの）がより論争の種になっているものの一つである。それを擁護する人はこの方法がコストもかからず、直接に人と会ったり電話のために体を空けたりしておく必要がないために交流が深まるとしている。批判する側は、いくつかの不安要素を挙げている。コミュニティが土地の領域に基づくものでなくなれば、サイバー交流はそのような形をとる政府にも疑問を投げかけることになるのではないか。選択の自由が広がるので、違った見方をする人の意見を聞いたりそれと対峙したりする必要がなく、それぞれが同じ考え方をする人とのみ交流を持つことになる。人々は仮想現実とばかり関わり、現実のコミュニティとの関係は稀薄になってしまう。そこに利益があるにしても、それは大きなものではない。もしインターネットと電子メールが国民と選ばれた代表者を結びつけるとすれば、その代表者は返事をするには多忙すぎるので、結局国民が得られるのは情報にすぎず、交流を持つには至らない。さらにコンピュータの掲示板は過激派論者のフォーラムの場を提供することになるかもしれない[129]。明らかにサイバー交流はその発展の初期の段階にある。この問題の考察は将来さらに注意を要するだろう。

小さなサポートグループから得られる証拠はより率直である。観察者たちはその均一性、気楽さ、自己中心性に不安を示しているが、調査によれば彼らは活発に活動し、少なくとも数年以上は在籍し、他のメンバーとの深い絆を培いながら広い分野の問題を論じ（市民的、政治的な問題を含む）、そしてそのグループの会員は平均的にその他のボランティアやコミュニティへの奉仕活動に参加する可能性が高く、それは教会への出席、年齢、教育、性別などで見ても同様である[130]。しかし、あらゆる種類の小さなグループがこのようにコミュニティに貢献するわけではないこともまた考慮しなければならない。

表2-8は一九九一年の小グループ調査のデータから成る。ここからそのようなグループの構成を変えることが他の市民参加に肯定的な影響を与えるか、あるいは否定的な影響を与えるかを評価することができる。グループはいくつかの重複する分類にまたがっているため、回答者にはその人の属しているグループがそれぞれの分類に当てはまるかを答えてもらった（複数のグループに属している場合は、現時点で最も重要と思われるグループに絞ってもらった）。分類には「日曜学校のクラス」「聖書勉強会」「自助グループ」「匿名グループ」「特別目的のあるグループ」がある。それぞれの分類が当てはまるか否かを（表の縦の比較を参照）比較することで、異なる種類のグループが市民参加に異なる影響をもたらすのか否かを知ることができる。調査に含まれたうちで市民参加に最も直接に関係している三つは、コミュニティ内のボランティア活動、社会的・政治的問題により関心を抱く、そして政治集会やキャンペーンに参加する、というものである[131]。表の下部にあるのはグループの（相互排他的に）会員を、日曜学校のクラス、聖書の勉強会、自立グループ、あるいは特別目的のグループに、質問への答えに基づいて分類したものである[132]。

表の上部は、日曜学校のクラスが、その分類に当てはまらないとした人々よりもごくわずかにではあるが他の三種類の市民参加を高めるということ、それとは対照的に、聖書勉強会の会員が、他の種類のグループよりもわずかに市民活動に参加する可能性が低いということを、自助グループの会員が比較的他のグループのメンバーよりもボランティア活動を行ったり社会問題に興味を持ったりすることが多いことを（政治参加では変わらない）、匿名グループの会員が他の会員よりもボランティア活動をする可能性が低いことを（その他の点では変わらない）、

表2－8　小グループの種類ごとにみる市民参加

（％）

	ボランティア活動	社会問題への興味	政治参加	回答数
そのグループは				
日曜学校のクラスである				
はい	46	45	13	(274)
いいえ	44	42	12	(709)
聖書勉強会である				
はい	42	42	11	(445)
いいえ	46	44	14	(542)
自助グループである				
はい	49	51	12	(268)
いいえ	42	40	12	(704)
匿名グループである				
はい	35	44	11	(83)
いいえ	45	43	12	(888)
特別目的グループである				
はい	52	48	15	(458)
いいえ	37	38	10	(522)
分類				
日曜学校	46	45	13	(261)
聖書勉強会	35	37	7	(200)
自助グループ	40	48	15	(152)
特別目的グループ	50	42	14	(352)

注：グループに所属している者のみを対象に3種類の市民活動について以下の質問を行ったもの。

「グループに参加した結果として，あなたはコミュニティのボランティア活動に参加しましたか」

「社会的，経済的問題により関心を持つようになりましたか」

「政治集会に参加したり政治キャンペーンで仕事をしたりしましたか」

出所：Wuthnow, Small Groups Survey, 1992.

そして特別目的を持つグループの会員がいずれの分野でもより市民参加をすることが多いことを，それぞれ示唆している。

表の下の部分で，グループの会員が強制的に一つのタイプに編入されている箇所を見ると，聖書の勉強会の会員は日曜学校のクラスの参加者よりも三種類の市民活動に参加する可能性が低い。自助グループの会員は聖書の勉強会の会員よりも参加に積極的だが，日曜学校のクラスの参加者よりもボランティア活動をする可能性は低い（しかしその他の二つの活動では同等である）。そして特別目的を持つグループの会員はボランティア活動をする可能性は最も高いが，社会問題に関心を持つ可能性は他の会員よりも低い。グループの種類による二種類の比較の方法は相互に一致しているようである。宗教グループでは，日曜学校のクラスが聖書の勉強会よりも市民活動に参加する可能性が高く，非宗教グループでは，自立グループと特別目的を持つグループはどちらも市民活動への参加が高まるが，どちらがより積極的かということは不明瞭である。匿名グループの会員はこのデータにはあまり多くないが、おそらく少なくともコミュニティでのボランティア活動に関しては、市民参加に消極的である(133)。

これらのデータから我々は、もし今の小グループの構成の傾向がこのまま続けば、市民参加には不都合な影響が出るだろうと予測することができる。特に一部の観察者が主張しているように、日曜学校のクラスから聖書勉強会に移る人が増えているとすれば、そのような影響は起こりうるのである。もちろん、聖書勉強会のグループの会員は市民参加が高まっていることを知っているので、どこのグループにも属さないでいるよりは、おそらく聖書勉強会に入ることですこしは肯定的な影響が出るであろう。にもかかわらず、日曜学校のクラスは聖書勉強会よりも市民参加に積極的である。そしてこの結論はこれら二つのグループに関する民俗学的な観察、および聖職者とのインタビューの結果と一致している。聖書勉強会は一般的に小規模で均一性に富み、非公式なものが多く、会員の個人的な問題などとも向き合うものである。一方で日曜学校のクラスはより大規模な場合が多く、混成のものであり、よりかしこまった雰囲気の中で聖職者が指揮をとる教訓的なものである。自立グループや特別目的を持ったグループに関してはしかし、その成長が市民参加を妨げるとは思われない。事実、どちらのグループもそのグループに参加したことで市民参加が増えたと考える会員を多く抱えている。匿名グループはコミュニティへの参加から離れていることがあるが、その会員数は拡大しつつある小グループの現象のなかでは小規模である。最後に、このデータは、小グループは一人ひとりによるボランティア活動や困窮する人を助ける活動を促進するにあたって、人々を直接に政治に関連する活動に動員するよりも効果的であるということを示唆している。もちろん、データが乏しいものである以上、これらの結論は暫定的なものとしてとらえられなければならない。

これを社会関係資本の周辺化という以前に扱った問題と結びつけるならば、サポートグループや電子的なコミュニケーションという新しい形の社会交流が、社会関係資本の不均等な分配に貢献しているのか否かということが真剣に問われなければならない。電子メールとコンピュータネットワークに関しては、これらのメディアが職業や学歴、収入によって細かく階層化されていることは明らかである。そして技術の革新には多くの時間と資金を必要とする以上、この傾向が変わることはないように思われる。

この意味ではサポートグループの方が興味深い現象であると言える。一方で、金銭的なコストはほとんど不要である。彼らの理想は特別な助けを必要としている人にそれを与えることである。そして現実に、サポートグループの会員は均等に拡散しており、人口の一部分に対して十分な会員がいないという場合はないのである。他方、人々が小グループに入るのは、彼らが、彼らを誘い、グループに入ってもアットホームな気分でいられるような人々のネットワークに既に属しているからである。これらのグループは物質的・経済的な必要よりも心理的・感情的な目的が強い。そしてこのようなグループで快適に過ごすためにはある程度の文化資本、例えば二、三〇人の前で話をするというような能力が必要なのである。

実際のところ、サポートグループは周辺化されている分野の人々からの社会関係資本の大きな乖離の傾向を中和しているというよりも、その一部を成しているという証拠がある。この証拠は小グループに一度も参加したことがない人の出身を低、中、高の社会階層に分け、そのドロップアウト率を比較したところから来ている。正確に言えば、高卒未満の人々では、一度でも小グループに加入したことのある人の五〇％がもうそこに属してはおらず、それが高卒者になると四六％、大卒者では二八％、そして大学院修了者では二五％になるのである。[134]

このパターンはサポートグループに限ったものではない。同様のパターンは回答者に「青年グループやそれに類するもの」に所属していたことがあるか否かを問うた別の全国調査でも見られる。この調査には現在成人として自発的結社に加入しているかという質問も含まれている（結社の大まかな種類は九種類）。青年グループに属していた人のうち、高卒未満の教育しか受けていない人で現在任意の協会に参加しているのはわずかに二〇％だった。この数字は高卒者では三三％、大学に籍をおいた人では五八％、大卒者では七三％である。全白人の五一％がこのパターンに当てはまるが、それに対して黒人では三二％のみであった。[135]

なぜ教育レベルの低い人が自発的結社から脱落するのかというヒントの一つは、小グループ調査において明らかになっている。小グループのほとんどの現役メンバーはグループに満足しているが、教育レベルの低い人はそれが高い人よりも不快感を抱いている場合が多い。正確に言えば、高校を卒業していない人の二一％が「入り込めない」と感じている。これに対して大卒者でそう感じているのは九％のみである。もう一つのヒントを提供するのは非政治団体への参加の全国的な研究である。それによれば、低所得の会員は高所得の会員に比べてこれらの組織に関係することで市民的な技術を身に付ける可能性が低いのである。[136]

6　結　論

この二〇年間に合衆国の社会関係資本が減少したということに関しては、その減少の大部分がこの期間により苦しい生活を強いられることになった周辺化された人々の間で起こっていることが分かった。この減少の一部は、人々が政治過程に参加するためには資格を有していなければならず、自分の参加が何か変化をもたらさなければいけないのだ、と感じていることに起因しているのであろう。またこの減少の一部は、人々が社会関係資本を創造するためにはその他の資源が必要であることに起因している。その資源とは十分な収入というよりも、家を空けるにあたって必要な安全性、託児所や交通機関などの設備である。

合衆国が国民の教育レベルにおいて大幅な拡大を経験するに

つれてあるコミュニティから別のそれへと移った人や、忙しい職業を持っている人でも簡単に参加することのできるような新しい形の社会関係資本が現れた。社交の技術は人々がこのようなグループや組織の中で快適に過ごす役に立ち、そこから形成されるネットワークは専門的な見返りを手にし、コミュニティのなかでの自身の威信を上昇させる役にも立つことがある。しかしこれらの結社は社会経済的レベルの橋渡しや、周辺化された人々の取り込みに完全に成功しているわけではない[137]。

これらの点が示すように、社会にどれだけの社会関係資本があるのかという質問は、取り組む必要のある重要な質問の一つにすぎない。結社のレベルや異文化交流による基準での高度なボランティア活動に関しては、米国は効率の良い民主主義として機能するには十分なほどの社会関係資本を持っているかもしれない。しかしより重要な質問はおそらく、社会はどのような社会関係資本を創造することができるのか、というものである。今、米国は特権のある者と周辺化された者との橋渡しを正しく行うことのできる社会関係資本の創造に、深く注意を向けなければならないのである。

第3章　アメリカ合衆国——会員組織から提唱集団へ

シーダ・スコッチポル

米国人はその民主的達成に大きい誇りを持っている。そして同時に世界のどの国民にもましてそれに不安を感じている。一九六〇年代以降に起こった様々な変化が、現在のところこの不安の中身を成していて、議論の多くは、米国人は自発的結社からドロップアウトしつつあるのか、それともきわめて異なった種類の集団を創造しつつあるのかという点に集中している。このようなことが焦点になるのは驚くべきことではない。なぜなら、米国は、長年にわたって、アーサー・シュレジンジャーが一九四四年の名高い論文で述べたように、「社交家の国」として知られてきたからである[1]。自発的集団への参加がもはやそれほど一般的ではないとすれば、二〇世紀末の米国は憂慮すべき大変貌を遂げつつあると言えるのかもしれない。

シュレジンジャーはさらっと書いていた。一八三〇年代、生まれたばかりの米国を訪問したフランス貴族、アレクシス・ド・トクヴィルは、その後何度も引用された文章で、次のように宣言していたのである。「あらゆる年齢、あらゆる地位、あらゆる気質の米国人たちは、永遠に結社をつくり続ける。……もし彼らが優れた実例から勇気をもらうことにより、真実を主張するか、なんらかの感情を表に出そうとするとき、彼らは結社を創設する。……どんな新しい企ての先頭にも、フランスなら政府が、英国なら何かの領主がいるだろうところに、米国では結社がいるのである」[2]。実際トクヴィルは、社交家の国と同様、組織者の国を描写していたのである。彼の『アメリカの民主政治』は、自発的集団を、能動的市民のための学校であるとともに、政府への関係における影響力の基盤でもあると描き出していた。

トクヴィルは、米国の民主主義的活力にとって持続的に中心的な何かに触れていたのである。たしかに、一九世紀の米国は、世界最初の大衆的選挙民主主義の国であった。一八三〇年代までに、白人の大部分は、階級に関係なく、選挙権を得ていた。そして一九世紀の米国有権者は大変高い投票率を示したのである。一八〇〇年代を通じて、有権者の七五〜九〇％が、絶えず行われる地方、州、全国の選挙に参加していた[3]。したがって、一見、自発的結社などではなく、早期に確立された大衆的選挙権こそが、民主主義の年代記に米国の場所をしっかりと書き込むことになったと見えるかもしれない。しかしながら二〇世紀になると、米国人は、他の多くの国の人々に比べて、目立って選挙に行かなくなった。そして米国の政党は、市民を動員して政治プロセスに参加させる努力をますますしないようになった[4]。それにもかかわらず、最近まで、自発的結社への加入という方式は、何百万の米国人に、コミュニティと公共の事柄への通路を提供し続けたのである。

『現代市民の政治文化』において、ガブリエル・アーモンドとシドニー・ヴァーバは、一九六〇年代の米国はまだ異常に参加民主主義的であった、すなわち、ふつうの市民が地域、全国のレベルで公的な事柄に高度に関与する国であったと論じた[5]。ドイツ、英国、イタリア、メキシコ、米国の市民たちの態度と自己評定についての調査データを使ったアーモンドとヴァーバの分析は、米国人が自発的集団に強く関与していることを明らかにしたのである。一九六〇年前後における米国人男性は、ヨーロッパの男性に比べて、複数の団体に参加し、集団の役員、委員などについている頻度が高く、米国人女性は、他のどの国の女性市民より積極的に、一般成員もしくは活動家として集団に参加していたのである。自発的結社への米国人の参加は、特別の市民的影響力を備えている、とアーモンドとヴァーバは結論づけている。

なぜそうだったか。アーモンドとヴァーバは、米国の自発的集団は、独特の仕方で組織されたのではないかと推測した[6]。だが彼らはこの推論を市民の態度に関する調査データでさらに追求しようとはしなかった。本章は、歴史的、組織的、制度的証拠に拠りつつ、『現代市民の政治文化』が未解決のまま残した事柄を詳しく追求しようとするものである。すなわち、米国の自発的結社の特殊性とは何か、こうした結社はいかにして、特殊な程度と種類の大衆の民主主義的関与を育てることができたのかなどを精査する。こうした問題を調べることは単なる古物蒐集ではない。米国の市民生活における最近の変化は、それに先立つパターンと並べることで初めてはっきりと浮き彫りにすることができるのである。

1　アメリカの結社はなぜ特殊だったのか

筆者が展開しようとする議論はかなり新しいものなので、論点を最初に大胆に述べておいたほうがいいだろう。トクヴィルの『アメリカの民主政治』の時代から『現代市民の政治文化』の時代まで、米国における影響力のある自発的集団は特徴的な形をとっていた。集団が厳密な意味で地域的であることは滅多になかった。とはいえ、地域を越えた集団は全国本部に統括されているわけでもなかった。そうではなくて、超地域的だが地域に根ざした会員組織こそが、古典的な市民的米国の中核に存在したのである。モーラル・リフォーム運動、農民組織、労働者組織、儀式、相互扶助、相互サービスのための共済組織、友愛組織、独立した女性組織、退役軍人組織、そして多くのエスニックな集団、アフリカ系米国人組織——これらのものはすべてこの方式で組織されていた。歴史的には、米国の結社主義を際立たせているものは、何千という顔の見える関係の地域の集団が、地域を越えて組織されたネットワークで繋がっていることにある。そうしたネットワークの多くは、代議制の側面を含めた米国連邦政府の地域・州・全国の憲法的構造にぴったり並行しているのだ。

最も古典的な米国の自発集団は、階級を越えて成員を募った。むろん賃労働者の間だけから成員を募集する労働組合もあったし、専門職、事業家、その他のエリートの組織もあった。だが米国の市民生活においてはごく最近まで、何十年にわたり、主要な自発的結社には、かなりの民衆が参加し、こうした結社は異なった職業や階級の人々を動員して同一の、もしくは並行的な集団に組織していたのである。地域のクラブやロッジは、平会員にリーダーになる無数の機会を与えていて、非エリート出身の人物も組織の階段を登って、州や全国の指導的地位に就くことができたのである。米国の結社はこのような構造と階級を超えた募集パターンのために、民主的市民の学校として機能し、異常に多くの市民たちに積極的参加と民主的影響力行使の機会を与えたのである。

2　全体像についてのデータ

本章の執筆を準備するにあたって筆者が目指したのは、集団の変化を、経済、文化、政府、政治における大規模な変革との関係で検討しつつ、米国史の様々な時代を貫通する自発的集団世界の変化を理解し、経験的に特徴づけることであった。言うは易く、行うは難し。米国の自発的集団の変化する陣形を調べようとする者には恐るべき研究上の障害が立ちふさがるのである。どこか一カ所で事実を調べることができるわけでもないし、そのまま分析できる形になっているデータがあるわけでもない。先行研究は気が滅入るほどバラバラである。ある学者たちは特定のコミュニティの集団生活を研究しているのに、他の研究者は個別の組織の歴史を追いかけているといった具合である。こうした部分的な研究から、全体的傾向や因果関係の連鎖について何か意味のあることを引き出すのはきわめて困難だ。その結果、本章は、長期にわたる結社の総体的なダイナミクスを描き出そうとする研究に依拠するものになった。個々の研究はそれ自身の限界があるが、それらの研究を相互に付き合わせることで相互の価値を計り、他の情報によって補うことができるのである。

社会史家リチャード・ブラウンは、一七六〇年から一八三〇年に至る植民地時代末期および初期米国で、地元教会、その他の自発的結社の広がりを総計している。[7] 彼のデータはマサチューセッツのものである（一八二〇年までマサチューセッツの一部であったメインを含む）。地理的制約はあるが、ブラウンの仕事は、大小様々な地域に存在した多くのタイプの結社の概観を与えてくれる。初期米国の結社についての他の学者たちの業績は主として、ボストン、ニューヨーク、フィラデルフィア、チャールストンなど沿岸都市に限られていて、考察はエリート支配の集団に偏っている。

歴史を下ると、「アメリカにおける結社の形成、一八四〇～

一九四〇年」("Association Building in America, 1840-1940")において、ジェラルド・ガムとロバート・D・パットナムは異なった規模の二六都市に存在した教会と自発的結社の数を数えている。[8] ガムとパットナムのプロジェクトが対象にした場所は全米にまたがっていて、一八九〇年度における人口によって三つの規模別カテゴリーに分けられている。すなわち五大都市(セントルイス、ボストン、サンフランシスコ、ミルウォーキー、デンバー)、中規模一〇都市、小規模一一都市である。データの出所は、これらの都市の公式の地域要覧(directories)であって、それらは人々が地域内また地域間でうまく暮らせるよう毎年発行されていたのである。こうした要覧のいくつかを他の情報源と比較してみて、労働組合、また女性、人種的もしくはエスニックな少数者だけが参加する組織は要覧に記載されていない(もしくは記載が遅らされている)ことが分かった。当然かもしれないが、職に就いている主流の男性たちにとって最も関心のあるグループが、真っ先にそして漏れなく記載されているのである。そうだとしても、我々はこの研究から都市における傾向について学ぶことができるのだ。[9]

本章はまた、筆者が学生のチームとともに推進している市民参加プロジェクト(civic engagement project)に大きく依拠している。この研究の核心は、一七九〇年から今日までの米国史における最大の自発的会員諸組織を調べ上げようというところにある。多様な地域要覧、歴史家の書物、一次文書資料などを用いながら、筆者らは、政党や教会とは別にきわめて多くの大きい自発的結社があることを発見し、その名称を明らかにした。そのうえで我々は、その各々の組織が、(たとえ短期間でも、)米国の成人の一%以上を、会員にしていたかにかかわらず、会員をどう定義していたかを調べた。組織が男性もしくは女性のみに会員を限定していた場合は、男性もしくは女性の成人人口の一%以上を基準にした。特定の職業、人種、エスニック集団に会員を限定した組織については、それが米国の成人人口全体の一%以上を会員にしている場合にのみ、我々の基本リストに記載することにした。

こうして作成したリストが表3-1である。そこでは集団は設立時を基準に(成員が一%を超えた時点ではなく)年代順に並べられている。[10] 基本リストにある集団一つひとつについて我々は、起源と発展、会員、活動と資産、政府、政党、宗教組織との関わりなどについて情報を集め、十分な質的・量的プロファイルをつくり上げようとしている。本章で筆者はこの研究で得られた予備的知見を提出する。

多様なデータから得られた洞察をどのようにして総合するのか。私は、ガムとパットナムのデータのリストと、筆者自身の研究で記録したきわめて大きい結社のリストを突き合わせる手続きを行った。ある意味では、ガムとパットナムの研究は筆者の研究とは不整合である。ガムとパットナムが一八四〇～一九四〇年の期間に彼らの選んだ二六都市に見出した全集団のうち三分の一は教会の信徒集団(会衆)であって、これは筆者のプロジェクトには直接に含まれない集団だ。しかしガムとパット

表3－1　米国史上の巨大会員制結社

通　　称	設立年	解散年	全国／州／地方の単位の有無
エインシエント・アンド・アクセプティッド・フリー・メーソンズ	1733		
インデペンダント・オーダー・オブ・オッド・フェローズ	1819		×
米国禁酒協会	1826	1865	×
キリスト教安息日の行事促進総連合	1828	1832	
米国反奴隷協会	1833	1870	×
インプルーヴド・オーダー・オブ・レッド・マン	1834		×
ワシントン禁酒協会	1840	c.1848	
オーダー・オブ・ザ・サンズ・オブ・テンペランス	1842	c.1970	×
インデペンダント・オーダー・オブ・グッド・テンプラーズ	1851		×
キリスト教青年会（YMCA）	1851		×
ジュニア・オーダー・オブ・ユナイテッド・アメリカン・メカニックス	1853		×
全米教師協会／全米教育協会（NEA）	1857		×
ナイツ・オブ・ピシアス	1864		×
グランド・アーミー・オブ・ザ・レパブリック	1866	1956	×
エルクス慈善保護会	1867		
パトロンズ・オブ・ハズバンドリー（ナショナル・グランジ）	1867		×
エインシェント・オーダー・オブ・ユナイテッド・ワークメン	1868		×
オーダー・オブ・イースタン・スター	1868		×
ナイツ・オブ・レイバー	1869	1917	
全米ライフル協会（NRA）	1871		×
エインシェント・アラビック・オーダー・オブ・ザ・ノーブルズ・オブ・ミスティック・シュライン	1872		
女性キリスト教禁酒組合	1874		×
ロイヤル・アーケイナム	1877		×
農民同盟	1877	1900	×
マカビーズ	1878		×
キリスト教共励会	1881		×
全米赤十字社	1881		
ナイツ・オブ・コロンバス	1882		×
モダン・ウッドメン・オブ・アメリカ	1883		×
黒人農民全国同盟・協同組合	1886	1892	×
米国労働総同盟／（1995年から）米国労働総同盟・産業別組合会議	1886		
全米保護協会	1887	c.1911	×
ロイヤル・オーダー・オブ・ムース	1888		
女性宣教師同盟	1888		×
ウッドメン・オブ・ザ・ワールド	1890		×
全米女性選挙権獲得協会	1890	1920	×
女性クラブ総連合	1890		×
米国ボウリング会議	1895		×
全国母親会議／PTA 全国会議	1897		×
フラターナル・オーダー・オブ・イーグルス	1898		×
ドイツ系米国人連合	1901	1918	×
ルター派信者の共済組合	1902		
米国自動車協会（AAA）	1902		×
米国ボーイ・スカウト	1910		
米国退役軍人クラブ（VFW）	1913		×
クー・クラックス・クラン（KKK）（第2次）	1915	1944	×
女性国際ボウリング会議	1916		×
米国在郷軍人会	1919		×
米国ファーム・ビューロー連盟	1919		×
オールド・エイジ・リヴォルヴィング・ペンションズ（タウンゼント運動）	1934	1953	
産業別労働組合会議（CIO）	1938	1955	
国立小児まひ財団／マーチ・オブ・ダイムス	1938		
ウィミンズ・ディヴィジョン・オブ・クリスチャン・サーヴィス／統一女性メソジスト	1939		
全米退職者協会（AARP）	1958		
米国グリーンピース	1971		
全米反堕胎権委員会（NRLC）	1973		×
飲酒運動防止母の会（MADD）	1980		×
キリスト者連合	1989		×

出所：Civic Engagement Project, Harvard University.

ナムの集団のうち残りのほぼ三分の一は共済組織と在郷軍人組織（およびその婦人会組織）である。こうした集団は、表3-1に記載した巨大会員組織のほぼ五分の二を占めるのである。ブラザーフッドの儀式、相互扶助、地域活動などを目的とする超地域的組織は歴史的には米国市民社会の中核に位置していた。だからこの二つの研究でそれらが大きい存在であるのは不思議ではないのだ。

ガムとパットナムのデータを地域に存在する組織に関連づけるもう一つの仕方は、彼らが使用した都市の地域要覧にどのような種類の集団が記載されているかを見ることである。別論文で、筆者らは、ガムとパットナムが調べた二六都市の一九一〇年前後の要覧に記載されていた数千の地域に存在する自発的集団を分析し、その結果を発表している[11]。その年を選んだのは、地域に存在する自発集団はその頃人口に比して最も多かったと ガムとパットナムが報告しているからである。私たちは、平均して、地域に存在した結社の三分の二以上が、教会の会衆、組合支部、きわめて大きい自発的連合体の支部、それよりいくらか小さい全国もしくは地方規模の自発的連合体の支部などであったことを発見した。二〇世紀初期の米国の都市における自発的集団については、所在の都市もしくは郡に限定される純粋な地域組織はごくわずかな比率しか占めていなかったのである。事実ほぼ半数が、教会の会衆か、表3-1に記載されているきわめて大きい会員組織の一部であるかであった。こうした教会の会衆や巨大連合組織の支部などは、最も安定性の高い集団であり、これらの自発的結社は長期にわたって存続する可能性が高いものだったのである。

ガムとパットナムが集計した地域に存在する集団の大部分が地域を超える組織の一部だったという事実は、本章の次のような中心的結論に照らしてみれば、合点のいくものである。すなわち、米国市民社会の歴史は、主要に、連合した結社づくりの歴史であって、地域集団は、より広範な運動と超地域的組織の枠組みのなかで形成されたという結論である。

3　初期アメリカにおける自発的結社

米国を市民のあり方の面で独特のものにした要素の多くは、既にアレクシス・ド・トクヴィルが一八三〇年代に米国を訪問したときまでに出現し始めていたのである。米国市民の活力の源は、新しい共和国における論争的な代議制民主主義、公式の体制派宗教の存在しない国での競争的な宗教的福音主義、それに、圧倒的多数者がまだ農場や小さい町で暮らしていたなかでさえ著しい発達を遂げていた商業とコミュニケーションという三要素が交差したなかに存在したのである。

マサチューセッツとメインの結社史

リチャード・ブラウンは、アメリカ革命の前後における自発的活動のパターンの変化を記録に残している。ここで革命とは、一七六〇～九〇年代に至る時期の政治的争いと制度建設の過程と理解されている。[12] 米国の一三の植民地が英国に反乱を起こし、集団的に英国への従属から抜けて、独立した連邦共和国に自己を形成したとき、彼らは、地域に根ざしつつ同時に地域を越えて相互結合する活気ある市民社会のための幸先よい制度的環境をつくり上げたのである。

初期米国においては（むろん多くの他の発展途上国でも同様であろうが）、人々が選んで参加できる集団が、家族や最初は独占的だった教会やタウン・ミーティングと共存しうるようになるためには、小都市の発展が最小の閾値を超えることが必要であった。真に自発的な集団が増えていけるようになるためには、一〇〇〇～二〇〇〇人の人口があって、そのうち男の二〇％が農業以外の職業に就いている状況のなかで二〇〇～四〇〇家族が集積していることが必要であるとリチャード・ブラウンは論じている。[13] しかしこの社会経済的閾値は機械的なものではなく、事実革命前のマサチューセッツやメインの何十というコミュニティはこの閾値を超えていたのに、植民地時代には比較的少数の自発的集団しかつくられなかったのである。ブラウンの統計の示すところでは、一七六〇年以前には、マサチューセッツ・メイン全体で教会を基盤とする集団は数十にすぎず、その三分の一以上は、植民地の首都であり唯一の都市らしい都市であったボストンに集中していたのである。

結社史は、米国植民地が目覚め、英国からの分離を決意するや、劇的な変化を遂げる。「一七六〇年と一八二〇年」の間にマサチューセッツ・メインでは「…一九〇〇の自発的結社が結成され」、「一八二〇年代には年間少なくとも七〇組織が設立された」。[14] この増加率は人口増加率をはるかに上回った。そしてそれは主として多様な種類の結社がマサチューセッツとメイン全体を通じて結成される一七九〇年代に起こったのである。組織設立の波の一部を成したのは、慈善団体、宣教団体であり、それと並んで政治組織、文化団体、モーラル・リフォーム運動、専門職団体、労働組合、メーソン・ロッジ、新しい種類の教会（主としてメソジスト教会とバプティスト教会）などであった。

最初はこうした集団のうち地域を越える組織に正式に結びついていたのは、メーソン組織や教会などわずかしかなかった。だがやがて、ある地域の人々が、自分の活動を他の地域で行われている類似の活動にならってモデル化していくという運動を通じて、もっと多くの組織が地域を超えていったのである。この初期においては、女性たちが女性だけの超地域的組織をつくるということは稀だったが、多くの町に類似した女性慈善団体が目に見えるかたちで生まれていったのである。そしてニューヨーク市に米国女性モーラル・リフォーム運動が誕生したときには、大ニューイングランド全体で四四五の組織を網羅するに至ったのである。[15] 他方、男性の組織者は、コミュニティ組織を設立し運営するための明示的なモデルと手引きを普及した。代表的な人物はジョシア・ホルブルックで、彼は、リセアム、すなわち成人教育のための自発的コミュニティ制度を普及するために、各地を訪れ、講演し、出版活動を行うとともに、各地の講演会を後援し、出現しつつあった「公立」学校とその教師たちを支援した。一八二六年、ホルブルックは、リセアム設立のための手引きを出版するとともに、地域、郡、州、全国レベルでのリセアムのための詳細な計画書を発表した。地域レベル以上のリセアムは、下から選出された代表によって運営されなければならないとするものであった[16]。

マサチューセッツ・メインにおける自発集団の高い増加率も注目されるが、集団設立の地理的パターンはそれよりいっそう衝撃的であった[17]。一七六〇〜一八三〇年の、ボストンにおけるあらゆる種類の自発集団の増加率は六五〇%だったが、それに対してマサチューセッツ・メインのボストン以外の部分での増加率は九二〇%だったのである。ここから教会(およびブラウンが「利益追求」団体と呼ぶ集団)を除外すると、状況はいっそうはっきりする。ボストンにおける非教会団体設立件数は、一七六〇年以前の一四から一八三〇年までに一二一へ増加した(ほぼ七六〇%増)。だが、マサチューセッツ・メインの他の地域では、一七六〇年以前の二四件から一八三〇年までに一二八一件に急上昇した。五〇〇〇%の爆発的増加だったのである!

アメリカ革命の間、そして(特に)その直後において、ブラウンが「都市」社会型と呼ぶところの特徴——結社をつくり、地域を越えた繋がりをつくり、地域を越えた意識を獲得する——がマサチューセッツとメイン全体を通じてごくちっぽけな集落まで含めてすべての人々の間に広まった。ブラウンは「植民地アメリカにおいては、都市社会はきわめて限定された現象であり、行政センターを兼ねた港湾都市に局限されていた」と言う。ボストン、ニューヨーク、フィラデルフィア、そして(ある程度までは)チャールストンなどである。都市生活は「職業上の必要から(植民地)首都と接触を持っていた」エリートを通じて、部分的に後背地にも浸透していた[18]。しかし一八三〇年代までに、驚くほど広範なコミュニティが多様な自発的結社と公共制度を生み出すなかで、「都市社会は、田舎にも広範な社会的・地理的基礎を築くに至っていた」のである[19]。

地域主義と閉鎖性は、実際に破壊されはしなかったとしても、挑戦を受けていた。人々は、家族、教会、町などの古い組織にいまだに縛られていたけれど、いまやそれに加えて新しい絆を持つようになっていた。…人々は集会や会議に出かけて行ったり、外部の人間が、政治キャンペーンや成人教育や禁酒運動や伝道のために彼らの許を訪れるなど、接触が直接的であることもあった。もっと多くの場合、接触は心理的なものであった。郡全体あるいは州全体の組織に参加しているという自覚、あるいはこうした組織が発行する出版物を通じての接触などであった[20]。

全国化

この変革は合衆国の東北部で最も早く最も強く起こったのではあるが、同様の変化は、間もなく、拡大しつつある新しい国家全体に広がり、様々な出身の人々を巻き込むようになった[21]。一八六一年に南北戦争が勃発するときまでに、合衆国は、恐ろしく論争好きで、宗教的・人種的に多様であったにもかかわらず、既にはっきり認知しうる全国的な市民社会を発展させていたのである。

一八三〇〜五〇年代を通じて、リセアムはニューイングランドから上南部（upper South）に、さらに（特に）ミシシッピー川東岸の中西部に広がった[22]。巨大な道徳十字軍（moral crusade）と禁酒運動（temperance movement）に刺激を受けて、相互に繋がる数千の組織が地域と州レベルでつくられた[23]。南北戦争前に名高くなったこうした矯風運動について見ると、一八三四年までに米国矯風協会（American Temperance Society）は東部と中西部で五〇〇〇の加盟組織と一〇〇万の会員を称していた。労働者階級に働きかけ、「酔っ払い」を矯正しようとするワシントニアン十字軍（Washingtonian crusade）は、一八四〇年代初期、個人会員六〇〇〇人、加盟協会一万を称していた。ワシントニアン運動はまもなく一層制度化された運動である「オーダー・オブ・ザ・サンズ・テンペランス」（Order of the Sons of Temperance）に引き継がれたが、これは一八六〇年までに、二三九八の地域支部と、北部、南部、そしてミシシッピー川を越えてアイオワとカリフォルニアに至る地域にまたがる三〇以上の州支部組織に九万四二一三人の会員を抱える真に大陸横断的な大連合組織になった[24]。一八五〇年代までに、「インデペンデント・オーダー・オブ・グッド・テンプラーズ」（Independent Order of Good Templars : IOGT）が、全国的に目立つ地位にのし上がってきた。ＩＯＧＴは、男女双方に一般会員資格と指導部資格を開放し、一八六〇年までに、（深南部のアラバマとミシシッピーを含む）二〇州にまたがる約一二〇〇の支部に組織された五万人の会員を称していた[25]。

一八三〇年代に頂点に達したフリーメーソンその他の「秘密結社」への、一時的ではあったが激しい非難にもかかわらず、友愛組織も南北戦争前に全国化した[26]。植民地時代から、フリーメーソンの支部は米国の至るところに根を下ろしていた。新しい領土に駐留軍が到着すると、ただちに地方支部がつくられ、すべての州が連邦に編入されると、新しい総本部が公認された[27]。フリーメーソンはどちらかというとエリート的な友愛組織であったのに対して、間もなく様々なエスニック、また人種的背景の多数の労働者階級およびホワイトカラーの米国人から成る友愛組織が生まれた。異なった背景の人々は、時には同一の組織に加入したり、あるいは同じような構造や目的を持つ別々の組織に入ったりしていた[28]。

インデペンデント・オーダー・オブ・オッド・フェロウズ（ＩＯＯＦ）は、合衆国において以後の友愛組織のモデルとなる運命を担った組織だったが、それが発足したのは一八一九年、メリーランド州ボルティモアであった。もともとは英国の友愛組織であったオッド・フェロウズは、（本来の）フリーメーソンなら決してとらなかったような組織的措置をとった。英国のマンチェスター・ユニティ・オッド・フェロウズから分岐した米国のオッド・フェロウズは、米国ＩＯＯＦを、全国レベルの総本部を頭に戴く完全な三層の連邦規模の構造をつくり上げたのである。この総本部は、州レベルの本部の代表から成り、州レベルの本部は地方支部の管轄権を持っていたのである。[29] この連邦的な構造は、米国の条件に完全に適合したものだったので、組織の急速な成長を可能にした。一八二〇年代、米国のオッド・フェロウズは、メリーランド、マサチューセッツ、ニューヨーク、ペンシルヴェニア、コロンビア特別区などに広がる五八の支部に組織されていた。それから三〇年の間、最初東海岸に限られていたこの相互扶助組織は、大陸全体に広がっていったのである。一八六〇年までには、全国すべての地域にまたがる三五州で、三〇〇〇以上の地方支部に一七万のオッド・フェロウズが組織されていた。[30] 一八五二年版「オッド・フェロウ・テキストブック」著者は誇り高く宣言している「町から町へ、市から市へ、州から州へ、この教団は広がり、わが国の何千、何万という人々が次々にその柵の中に集まってきた」。[31] たしかにオッド・フェロウズは、フリーメーソンと同じく、白人しか受け入れなかった。だが彼らは、宗派や初期のヨーロッパ系米国人の様々なエスニック集団の違いに橋を架けたのである。フリーメーソンは、米国生まれのプロテスタントが中心であったが、若干のユダヤ人も受け入れたし、メーソンとオッド・フェロウズはともに、圧倒的に英語を話す組織の内部に、ドイツ語を使う支部、その他の移民の支部などを組織することを許容したのである。[32]

メーソンやオッド・フェロウズほど華々しくはなかったとはいえ、米国では他の友愛組織も南北戦争に先立つ期間、急速な発展を遂げた。一八三四年、人種・エスニシティについて排他的なインプルーヴド・オーダー・オブ・レッド・メン（Improved Order of Red Men：IORM）が、アメリカ革命の際の愛国者協会を起源と称しつつ、ボルティモアで結成された。レッド・メンは白人のクリスチャンで、インディアンのような服装をしていた。この組織の設立は一四九二年、コロンブスがアメリカに到着したときに遡るとした。一八六〇年までに、IORMは、メリーランド、ペンシルヴェニア、ヴァージニア、オハイオ、ニュージャージー、ミズーリ、ケンタッキー、デラウェア、コロンビア特別区の「保留地」を基地とする九四の「部族」に属する一万人が結集するようになっていた。[33]

それに負けじと、一八三六年には、アイルランド系米国人が、古代ヒベルニア協会（Ancient Hibernian Order）を結成、一八六一年までに東部、南部、中西部の八州で組織が生まれた。[34] 一八四〇年代、ニューヨーク市のドイツ系米国人は、「ヘルマンの息子たち協会」（Order of the Sons of Hermann）と「ハルガリ協会」（Order of Harugari）を発足させた。この二つの協会（最終的には多州にまたがる組織になった）は、広範に広がっていたドイツ系米国人を、移民排斥運動の攻撃から守ることを目的とする相互扶助のための文化団体であった。[35] さらにドイツ系米国人は、「ノウ・ナッシング」党の煽動の時期に、ドイツ文化とドイツ系米国人を、一八五〇年、独自の「オーダー・オブ・レッド・メン」を結成した。これは「部族」ではなく「シュタム」（ドイツ語で支部〈幹〉の意味）で会合を開く友愛組織だった。[36]

ドイツ人に加えて、アフリカ系米国人も規模の大きなマイノリティであった。いくつかの矯風団体を除けば白人の支配する米国の自発的結社は黒人を会員として受け入れることを拒んでいた。だがアフリカ系米国人たちは、彼らを排除している団体に並行する自身の巨大結社をつくり上げた。「プリンス・ホール・メーソンリイ」は、英国のフリーメーソン組織が、マサチューセッツ州ケンブリッジで黒人メーソンの支部を公認した一七七五年に始まった[37]。南北戦争の前でさえ、自由人の黒人たちはこの友愛帝国を一八州にわたって拡大していた。そこには「南はヴァージニアに至る大西洋岸諸州と多くの中西部の州……（また）自由黒人人口が集中していたメリーランド、ヴァージニア、ルイジアナなど南部の諸州」が含まれていた[38]。一八四三年、ニューヨーク市のアフリカ系米国人は、船員のピーター・オグデンの指導の下、グランド・ユナイテッド・オーダー・オブ・オッド・フェロウズを（これも英国の支部許可書に助けられて）発足させた。一八六〇年代初めまでに、一五〇〇人のアフリカ系米国人が、東部六州に散らばる五〇の支部で集会に参加していた[39]。

初期米国で結社形成がいかに活発だったかを示す指標をもう一つ挙げておこう。一九七五年版の『米国全国自発結社事典』を使って、社会学者のチャールズ・グリーンは、機能別に一四種類の米国の自発的結社を確認し、その各々がいつ出現したかを調べた。グリーンは、一四種類のうち一二までが一八五〇年以前に出現したことを突きとめた（そして残りの二種類は一八七〇年までに出現した）[40]。早期に結社の種類がこれほど豊富だった理由として、グリーンは全国的結社の「種類の増加率」は、二五〇〇人以上の人口を持つ居住地に住む人口の増加に並行していたこと、それはまたそうした場所に住むすべての米国人の人口比での増加に並行していたことを挙げている。グリーンも、リチャード・ブラウンと同様、別種のデータに基づいてであるが、初期米国の結社の分化は基礎的な都市化にリンクしていたことを示したのである。結社をめぐる複雑な展開は、巨大なメトロポリスと「大規模な商業と産業の発展」に数十年先行して起こっていたのである[41]。

ダイナミックな市民社会の起源

初期米国に何が起こったのか。あらゆる規模のコミュニティが注目すべき同時性において自発的集団を形成するなかで、そして多くの集団が地域を越えた組織に繋がっていくなかで、なぜ市民社会はあれほどはっきりと、また早熟に変容したのであろうか。

リチャード・ブラウンが論じるように、大英帝国の支配からの米国の離脱が含む多くの側面は、民主主義的市民社会の成長を促進した。革命戦争とそれに続く合衆国憲法をめぐる戦いは、当然の前提とされてきた忠誠心を揺るがし、地理的に離れ離れになっていた米国人の集団を相互に接触させ、それ以前の都市による独占を終わらせた（例えば植民地時代には、マサチューセッツにあるすべての印刷所はボストンにあったが、革命期には印刷所が急増し、各地に広がっていった[42]）。革命に勝利し国家ができあがると、代議制の下で定着した慣習が、米国人をより広範で競争的な関係に巻き込んでいった。州と全国の官職を選ぶために選挙が行われ、出来たての政党は支持を求めて競争し、フェデラリスト、あるいはジェファーソン派の仲間として、それぞれの地元の市民を繋げていくようになった。アメリカ革命の後、活発な市民という考えが広まり、民衆動員を活発化し、情報へのニーズを掻き立て、市民が地域内でまた地域を越えて組織をつくるよう促したのである。

初期米国はまた第二次大覚醒運動の宗教的情熱の大波に洗われた。宗教の布教活動は植民地時代後期に始まり、建国初期にかけて加速された。ここで強調しておく必要があるのは、米国においては、当時の他の大部分の国々とは違って、政府によって制度化された教会の独占が存在しなかったという点である。憲法と人権宣言の下、競争する諸宗派が自由に説教し、布教することができた。宗教にとっての開放的で競争的なこの状況は、地域から全国規模に至る宣教運動を活気づけた(43)。移動宣教の組織者たち、特にメソジスト派とバプティスト派の組織者は、全国に活動を広げた。

何よりもまず、初期メソジスト派の巡回牧師たちが結社を組織する新しい方法を創始した(44)。場所から場所に移動しながら、彼らのリーダーは地元を励まして新しい会衆を発見し、維持するよう力を与え、次いでこうした地元の集団を、世界観と道徳的目的を共有する連合に組織していった。メソジスト派が布教活動を広げ、ほんとうにちっぽけな集落まで含めて数万の会衆を組織したので、他の宗派も、それに押されて消滅しないよう、新規信者を開拓し、組織しなければならなかった(45)。この張り合いを通じて、初期米国全体に結社形成の新しいモデルが広がった。そしてこのモデルは間もなく宗教以外の結社も採用するところとなったのである。

手近なものになった社会的コミュニケーションのおかげで初期米国人は、持続可能で相互に連携する多くの集団を創造することができた。リチャード・ブラウンは、高い識字率と新聞を読む習慣はコミュニケーションを容易にしたと主張しているが、これはトクヴィルの次の観察を繰り返したものである。「新聞が結社をつくり、結社が新聞をつくる。……アメリカは、世界のどの国より、結社と新聞が多い国だ(46)」。だがトクヴィルはコミュニケーションを容易にする条件のすべてを、したがって結社設立の条件のすべてを評価したわけではなかった。初期米国国家の能動的で集権的な武器の一つ、すなわち郵便も、この展開に決定的な役割を果たしたのである。

アメリカ革命以前、諸植民地は、多くのヨーロッパ諸国に比べると原始的と言える郵便システムしか持っておらず、それは大きい都市、特に大西洋岸の都市をゆるく結んでいるにすぎなかった。建国直後、この状況は変化した。議会は一七九二年郵便法を通過させたが、それは「異常な好条件で新聞の郵送を認め…公務員が監視手段としてコミュニケーションへの統制を用いることを禁止」するとともに、「郵便のネットワークが大西洋岸からアパラチア以西に驚くべき速度で拡大できるよう一連の手続きを導入」したのである。[47] 歴史家リチャード・ジョンはさらに、次のようなことも指摘する。一八二八年までに「米国の郵便サービスは英国の二倍、フランスの五倍の郵便局を持つようになった。これは住民一〇万人あたり、英国では一七局、フランスでは四局に対し、米国では七四局が存在したということになる」。[48] 一八三〇年代、四〇年代には、郵便局職員数は連邦政府職員の四分の三以上を占めた。そして一八三一年の郵便局職員八七六四人、一八四一年の一万四二九〇人の大部分は「田舎の至るところに配置された村や町の郵便局のパートタイムの郵便局長であった」。[49]

郵便ネットワークは米国の統治制度のおかげで形成された。州や地域を選挙区とする代議制のために、上下両院の議員たちは、この成長しつつある国家のもっとも僻遠の地にも達するコミュニケーションと交通手段に補助金を与える——とはいえ慎重に手を加えた仕方で——ことに強い利害関心を持たざるをえなかった。議員たちは郵便とニュースが、最も小さいコミュニティにも届くことを望んでいた。さらに首都から地元に往復できることも望んでいた。そこで彼らは、郵便馬車の運行に補助金を与え、郵便料金を低く設定したのである。また郵便規則によれば、新聞編集者たちは無料で新聞を交換し合うことができたので、小規模な新聞は大きい新聞から記事を転載できたのである。だが同時に、料金体系には微妙に手を加えてあって、東海岸の新聞が、地方紙を市場から駆逐することができないようになっていた。

郵便への国庫補助を利用して、自発集団は、新聞形式（後には雑誌形式）で自分のメッセージを広めるようになり、これは彼らの組織を大幅に助けることになった。米国における最初の大規模なモーラル・リフォーム運動——これは一八二八〜三二年の短期間であったが、キリスト教安息日の遵守を推進する全国同盟（General Union for Promoting the Observance of the Christian Sabbath）に体現された運動だった——は、もっぱら、日曜日に郵便局を開かせず、郵便を運ばせないことに力を注いだ。皮肉なことにこれは、その挑戦の対象だった連邦郵便サービスに依存する運動だった。何万部というパンフレットや請願書を潜在的支持者に送りつけるため郵便を使っていたからである。南北戦争前の他の偉大な自発的十字軍運動についても同じことが言える。矯風運動がそうであったし、南北戦争の導火線となった奴隷制反対の民衆運動も同様だった。[50]

市民モデルとしての連邦国家

もう一つ、米国の統治制度が結社の形成に与えた最後の、同じほど決定的な分野があった。米国は建国の父たちによって、連邦国家として組織された。そしてこの国は、明確に、主権の三つ（ある場合には四つ）のレベルにおいて、管轄権を行政、代議体、司法部に付与する憲法を書いていた。すなわち全国、州、地方（ある場合は郡）の政府が成立する。建国初期から、米国の市民結社はこの地域、州、全国という構造を模倣し始めたのである。前掲表3-1は、三分の二以上の米国の巨大会員組織が、米国の統治機構の構造に並行する全国、州、地域という連邦構造を備えていることを示している。地域を越えた結社は大きいものも小さいものも、詳細な構成規約をつくり、定期的に議論に付して改定している。米国の自発的結社は、地方単位ごとに明文化された内規を持ち、州組織や本部ごとに正式の構成規約を備え、全国もしくは最高レベルの組織は手の込んだ詳しい構成規約を持っていたのである。本章でこうした構成規約を詳しく分析することはできないが、数十件のそうした文書を読んだので、それに基づいていくつかの点を指摘して置くことは無駄ではあるまい。結社の構成規約は、しばしば、米国政府の代議制の特徴と機能的分業の規定を模倣したと誇っている。こうして結社の地域単位は、選挙で州組織に役員と代表を送り込む権能を持つ一方、地域および/もしくは州の単位組織は、全国組織に代表を送るのである。ちょうど米国上院議員が本来は州政府に任命されていたようにである。結社は、リーダーを選び、代表を決めるための入念な規則を持っていた。

結社の構成規約はまた州・地域単位での組織の設立について、またそれらの単位への成員の移籍について明確な規則を備えていた。例えば、他の国の友愛組織と違って、米国の友愛組織では、加盟希望者は居住地に最も近い支部に加入申請をするか、他の支部に申請する場合は彼の近隣の支部から書面の許可をもらわなければならないとしていた。旅行中の「兄弟」は、その属する地域もしくは州組織からの正式な書類を携行し、それによって別の土地で「訪問者」として受け入れてもらうことができた。米国人は投票権を自分の地域コミュニティと州に確立しなければならなかったが、それと同じように、地域を越える結社の成員権も自分の本籍地のコミュニティを通じて確認していたのである。米国の結社は外部と繋がりを奨励したが、根無しのコスモポリタズムは許さなかったのである。

友愛組織の全国と州の管轄区域は、入念な地区割規則を維持していた。新しい支部を開こうとすれば、その近隣で既に認可された支部の承認を得ると同時に、その州の本部の認可も受けなければならなかった。こうした規則の眼目は、メンバーを地元グループに定着させること、そしてさらに重要なのは、不必要な細分化や重複を避ける仕方で地域グループの創設を管理することにあった。州レベルの組織当局は、地域単位で組織者を志願する人々が、競争し合うのではなく、知り合い、ともに働くことを奨励した。州組織が、新支部の予定地には十分な数の潜在的会員がいないと判断した場合は、新ロッジ建設の申請は却下された。

結社ネットワーク形成の当初においては、新規単位は町の境界を越えて会員を募ることで組織を広げていったらしいことを、こうしたルールは示唆している。初期のグループ会合に参加するために、米国人たちは貧弱な交通条件の中、驚くべき遠距離を移動していたのである。結社が成熟し、人気が高くなれば、そのとき初めて地域単位が増殖できるようになり、ついには町や村や近隣地区が、それぞれ便利な場所でミーティングを開くことができるようになったのである。だが新しい地域単位は、上部組織の許可と近隣の諸単位の過半数の承認があって初めてつくることができたのである。結社が衰退していった場合の組織縮小の過程も同様に管理され、閉鎖されるクラブや支部の会員は近隣地区の支部に合流するか、州レベルの組織の直属会員となった。古典的な米国の結社はこうして、そのライフサイクルの初期と末期では、会員資格について超地域的であり、その最盛期においては地域密着度を最高に高めたと言えよう。

当初から、米国における自発的結社の結成は、一連の地域の営みであったとともに、それと同程度に、地方の社会運動と地域を越えた組織化の努力を表すものであった。地域の人々は、地方また全国に広められた手本に勇気づけられたし、より高いレベルの代議運営機構と公式の関係をつけることに価値を見出したのである。地域グループの創立者たちは、州または全国本部から送られた「巡回組織者」にオルグされ、鼓舞された場合もあったろう。多分それより頻繁だったケースは、新規入居者、つまりある町や地域に、前居住地で参加していた組織に似通った新しいクラブや支部を創ろうと、地域に移り住んできた人々が創始者となる場合であったろう。どちらの場合でも、しかし、地域の組織創始者は、明確に制度化された「憲法的な」ゲームのルールの枠内で事を進めなければならなかった。それは、統一された全体の中で州と地域の主権を守りつつ細分化を妨げるための規則であった。

4　工業化時代の市民的アメリカ

自発集団の形成の実質的な波は一八六一年以前に起こったとしても、それより大規模な組織の噴出は南北戦争後に弾みをつけたという点で学者たちの意見は一致している。南北戦争は古い結社のいくつかを拡大させるとともに、二〇世紀のかなりの部分いやその全体を通じて生き残ることになる多くの新しい集団を生み出したのである。米国が近代化するにつれてどのような種類の結社が増殖したのか。またどのような行為者とプロセスが、集団の出現と拡大を形成したのか。米国が農場と小さい町の社会から大都市中心の工業化された大国に変わるなかで、根本的に新しい成長プロセスが起こったに違いないという期待を、社会科学における既成の知識は我々に抱かせるかもしれない。ところが、実際のところ、南北戦争以前に確立された結社のパターンは、この内戦に続く世紀において、復活したのである。

経済的近代化の限定的な影響

結社の近代化についての標準的説明は、企業による工業化と大都市の成長がもたらす新しい緊張と機会に応えて新しい行為者が出現するという点に焦点をしぼる。マルクス派の学者たちは、工業化と大規模な都市化を階級分化と階級紛争の原動力と考える。労働者は組合をつくるだろうし、資本家は経営者団体に結集するというわけである。こうした組織は大都市に出現し、次いで商業ルートと製造業の活動を通じて外部へと広がっていく。結社の革新と拡大はこの経済成長の線に沿って起こるに違いないとする。

他の近代化理論は、異なった因果メカニズムを想定する。デュルケーム主義者は自発結社を社会的統合のメカニズムと考え、工業化社会においては、それが前工業化社会における家族や近隣の絆に代位するとする。このような議論の一つのバージョンは歴史家ロバート・ウィーブの影響力のある総合の試み、『秩序の探索、一八七七〜一九二〇年』に展開されている[51]。ウィーブのドラマにおける主役は、勃興しつつある「新しい中産階級」の専門的職業人と拡大しつつある大都市センターに位置する事業人である。拡大する移民による不安定化を伴う社会変形、急激な人口増加、都市の集積などへの「応答」として、これら近代化しつつあるエリートたちは、新しい専門別、仕事別の結社と社会サービス集団を形成する。ウィーブの描くところでは、米国は一九〇〇年頃、「島嶼状コミュニティ」から成る農業社会から、企業、官僚機構、相対的に中央集権化され、経営者と専門的職業人に率いられる結社などによって編み上げられた工業国家に変革されたという。

若干のデータは、米国結社の近代化についてのマルクス派やデュルケーム派の期待を支持している。地域を越えた結社は主として北東部、中西部の比較的工業化された州で立ち上げられ、こうした集団はしばしば大都市か商業化率の高い地域を通じて、それぞれの州に拡大していったのである。専門的職業人、業界人、鉄道労働者のような移動する労働者などがしばしば新しい結社の考えを担っていたのである。

職業別結社もまた増殖した。ガムとパットナムから借用した図3-1（一〇二〜一〇三頁）は、一八四〇〜一九四〇年の期間、二六の米国の都市における人口一〇〇〇人あたりの各種結社の出現率を示している。労働組合は明らかに一八八〇年以後鋭角的に増加し、事業家団体も労組よりゆるやかだが増えている。ガムとパットナムの計数の正確さは、「メイン・レジスター」(Main Register) 各号の州全体の団体一覧表によっても確認される[52]。これらの年要覧は、二〇世紀を通じて、特に一九二〇年以降、事業家団体と専門的職業人の団体が急角度で増えたことを記録している。こうした結社の数は、職業、市場分野がますます細分化され、それに沿って組織化が進むにつれて、きわめて急激な増加を見せた。

エリートの「サービス集団」——主にロータリー・クラブ、エクスチェンジ・クラブ、ライオンズ・クラブ——もまた二〇世紀初めから半ばにかけて多くの都市に広がった[53]。こうしたクラブは、コミュニティの事業や職業ごとにほんの少数のリーダーしか受け入れなかった（メンバーを増やすため「職業」はきわめて狭く定義されたのであるが）。エリートのサービス・クラブが階級横断的友愛組織に取って代わったのだと主張する人々もいる。それは、事業家や専門職の人々は、一晩中かかる儀式にうんざりし始め、短い昼食会のほうがいいと考え、またブルーカラーの賃労働者やホワイトカラーの雇い人と一緒に「兄弟愛」を再確認することより、自分たちの間でネットワークを広げたいと思い始めたからだという[54]。しかしこれがすべてを説明するわけではなかろう。なぜなら、米国が工業化するにつれて、若干の友愛組織（例えばフリーメーソン）は再活性化し、他の組織（例えば、コロンブスの騎士、ムース、エルクス、イーグルズなど）は、儀式を簡素化しコミュニティへの進出を強調することで、新しい高揚期を迎えるからである[55]。

専門職ベースの結社とエリートのサービス・グループだけが、南北戦争と二〇世紀半ばに挟まれた期間に繁栄したわけではない。図3-1に見られるように、都市要覧に記載された宗教の会衆、宗教関連の結社、男女それぞれの友愛組織、自立した女性の組織などが、一八〇〇年代半ば～一九〇〇年、ないし一九一〇年の間に、著しく増加していることを、ガムとパットナムは記録している。ガムとパットナムの記録は世紀の変わり目以降の組織記載を欠いているとはいえ、データ収集を終える一九四〇年まで、人口一〇〇〇人あたりの宗教集団と友愛集団の数は、常に専門職ベース集団の出現頻度を上回っていたのである。

明らかに、マルクス派やデュルケーム派の議論は、工業化時代における米国の結社成長パターンを完全には説明しきれないのである。企業による産業成長と明示的に結びついた労働組合、事業家集団、専門職集団などは成長したけれど、支配的にはならなかった。以前から存在する種類の会員組織もまた生き残り、再活性化したからである。米国の巨大組織の世界は、二〇世紀半ばには一〇〇年前とは様変わりしていたが、それでも以前の世界の血筋を引いていた。経済の近代化は、この結社の混合物に、いくつかの新種を加えたが、それでも階級横断的会員から成る団体連合は、基層として持続した。

この議論には既成の応答が用意されている。すなわち、近代化過程の米国は、特殊な結社の特徴――宗教的、道徳的結社、友愛組織、在郷軍人会とその関連団体などの大きい比重という特徴――を維持し続けたのだろうというものである。だがおそらくこうした集団は近代化を推進する勢力への応答として生まれたのである。しかしながら、ジェラルド・ガムとロバート・パットナムによる統計的仮説検証は、こうした応答に疑問を投げかける。ガムとパットナムは、都市要覧の集団一覧データの場所と一〇年期による偏差を最大限に使いながら、外国からの移民、国内移民の流入、工業化、および／または都市の膨張などが、いくつかの都市では結社数の増加が他の都市より著しかった理由を説明できるとする意見を検証するのである。彼らは、規模がより大きく、工業化がより進んだ東北部の都市のほうが集団の増加率が高いであろう、そして移民の急速な流入を経験している都市は、不釣合いなほど急速な集団の増加を経験しているであろうという期待を持ってこの研究に臨んだ。だがガムとパットナムはほぼそれと反対のことを発見したのである。

一九一〇年を通じて、ガムとパットナムが調べた二六都市全部で人口増加を上回る結社の増加があった。しかしこの全体と

友愛団体

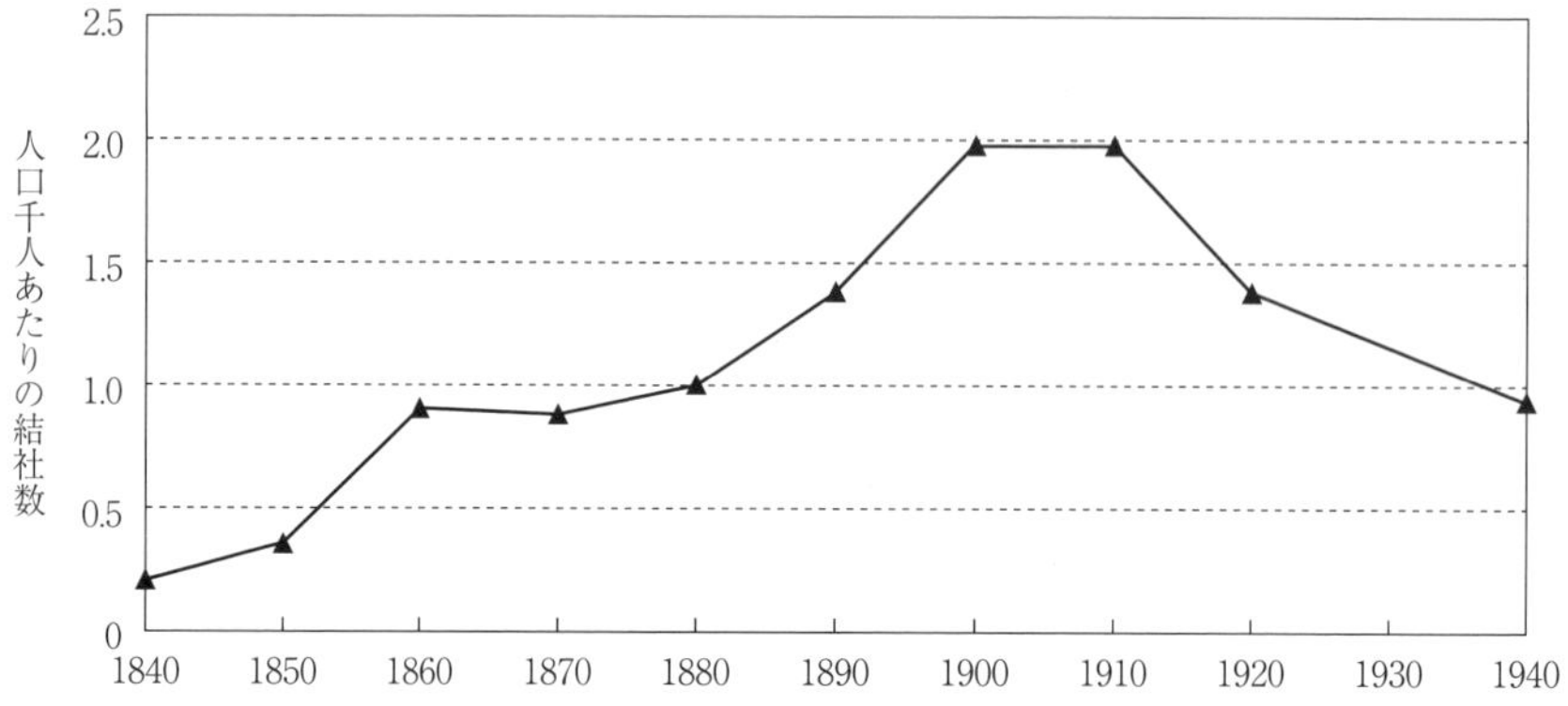

女性・青年団体

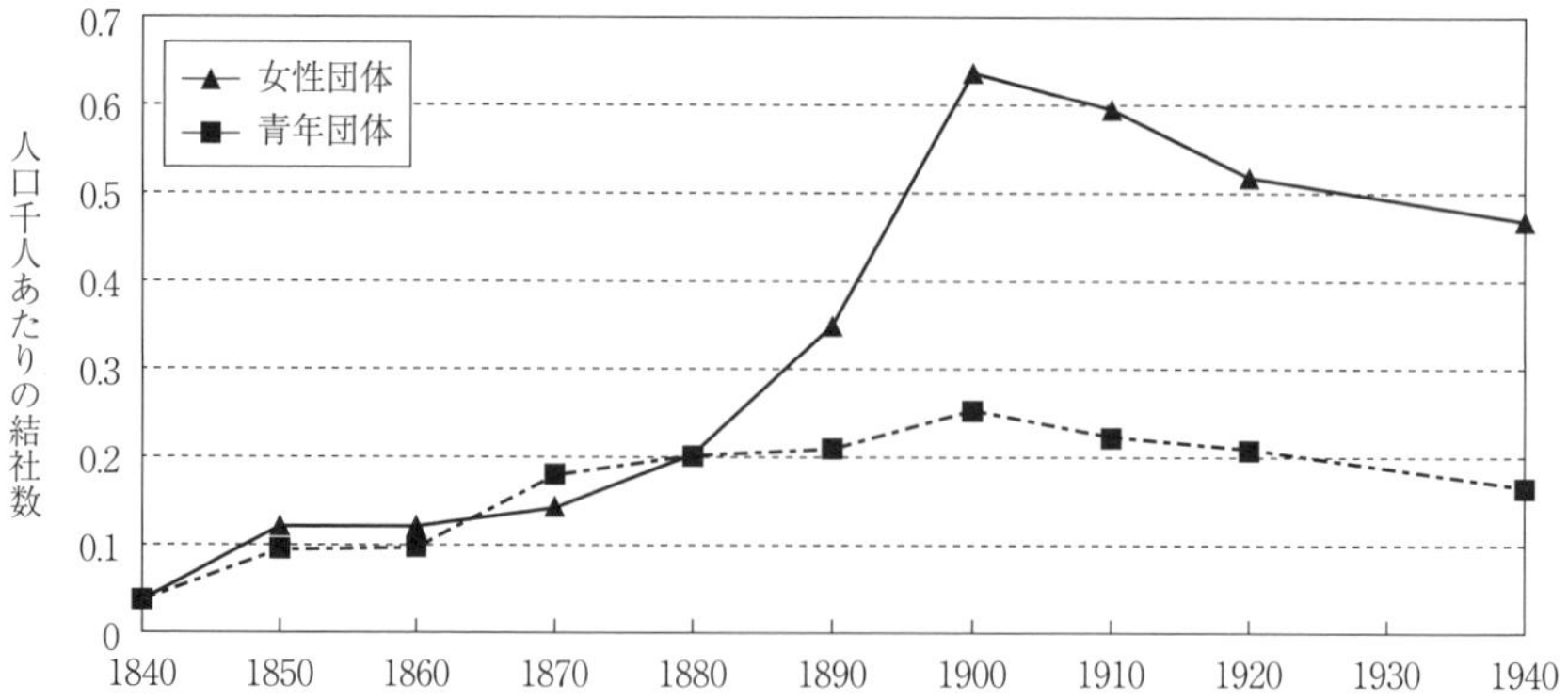

る自発結社（1840～1940年）

Journal of Interdisciplinary History 29 (4) (Spring 1999) pp. 511-557.

宗教団体

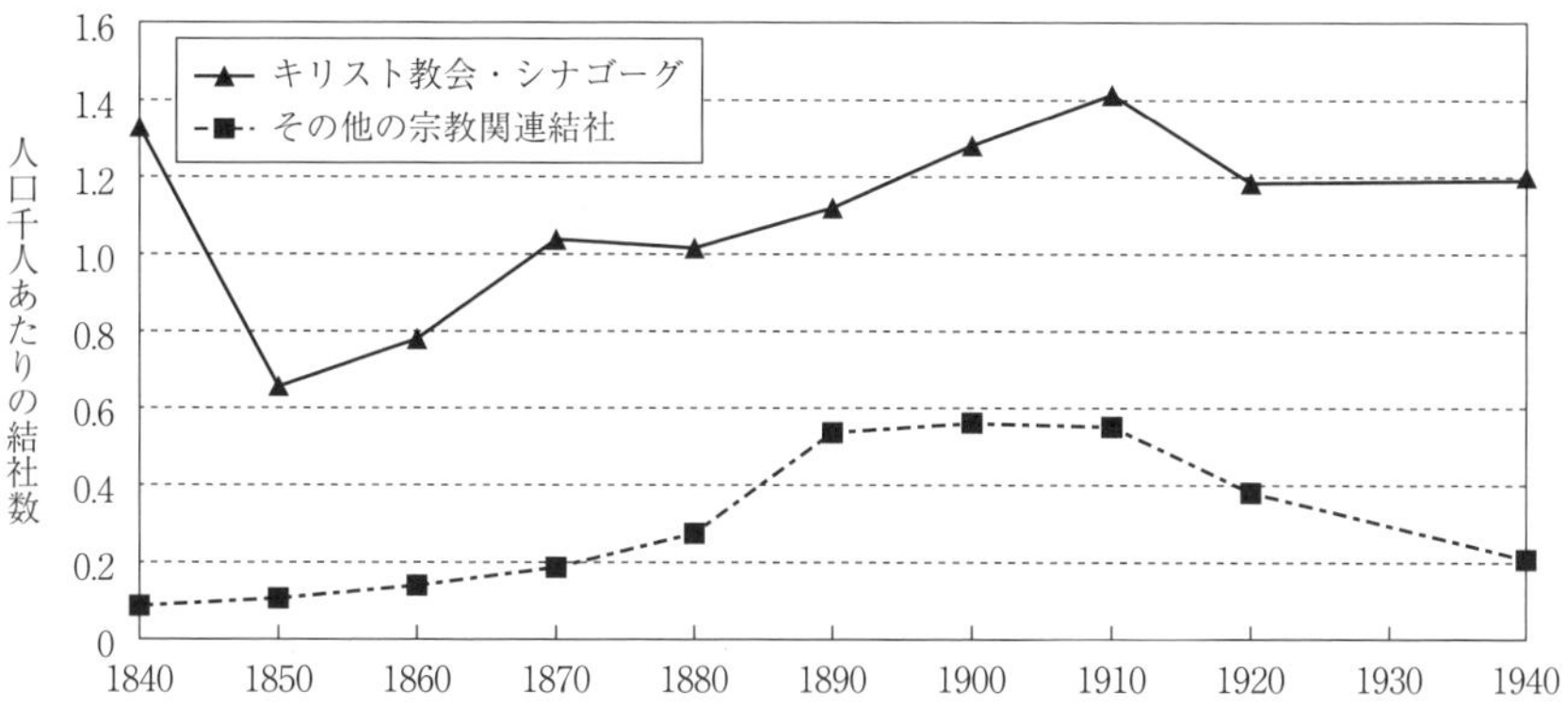

経済団体

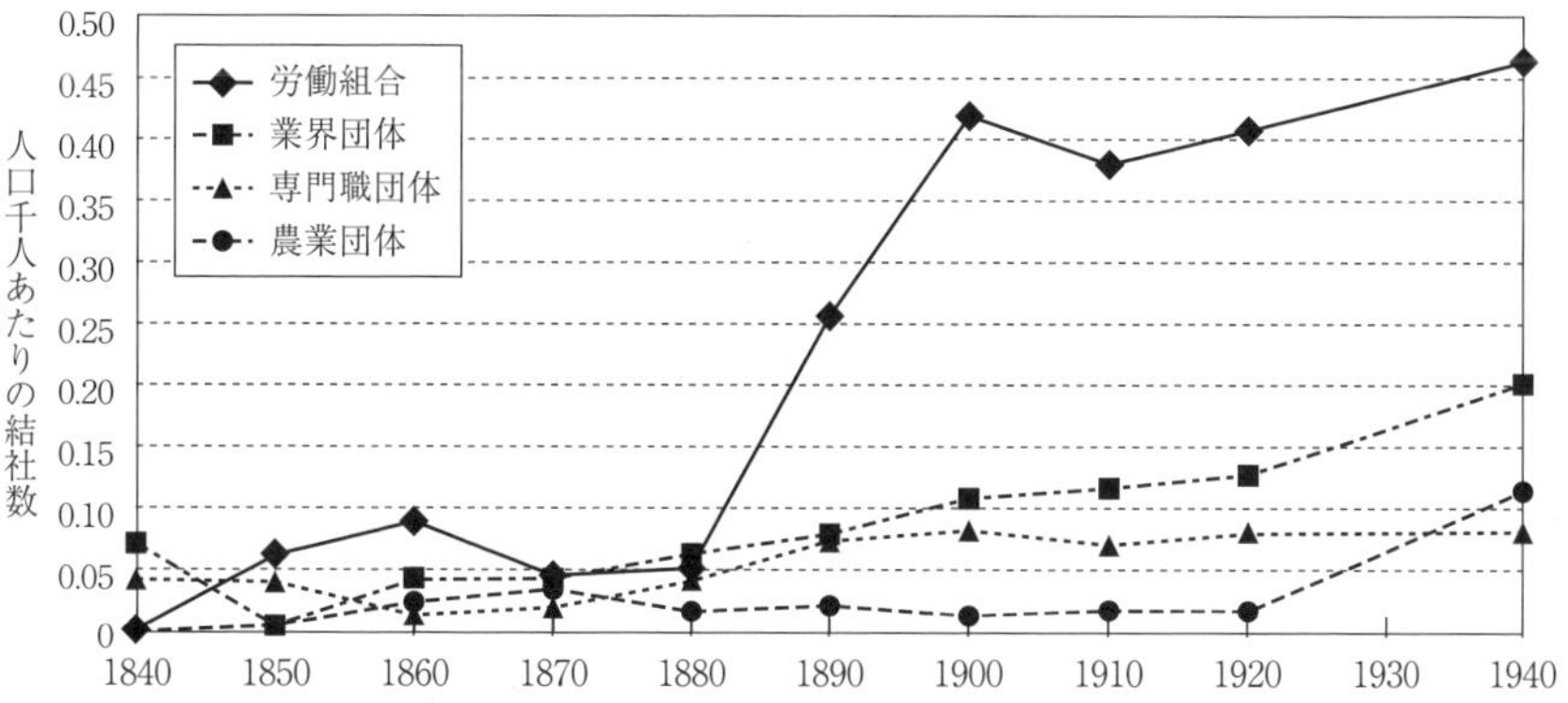

図3-1　都市要覧記載の米国におけ

出所：Gerald Gamm and Robert D. Putnam, "The Growth of Voluntary Associations in America, 1840-1940,"

しての拡大パターンのなかで、南部と西部の都市は人口一人あたりの結社増加数で東部の都市を上回り、成長の遅い都市は早い都市より一人あたりより多くの結社を生み出し、小都市は中都市より多くの結社を生み出したが、その中都市では最大都市より多くの結社が生み出されていたのである。「市民的中核は周辺部に存在する」とガムとパットナムは結論づけている。一九〇〇年頃、中小都市の住民が大都市住民に比べてより多くの結社を生み出し、維持していたのは、小都市の住民が映画や遊園地のような「工業化」された娯楽にアクセスを持たなかったからではないかとガムとパットナムは推測している[56]。

ガムとパットナムは、よりよいデータと分析技術を使って、マレイ・ハウスクネクトの一九六二年の著作『賛同加入者』（"The Joiners"）の知見を要約している。米国の小さいコミュニティでなぜ結社がそれほど行き渡っているかについてのハウスクネクトの仮説は、娯楽を勘定に入れるというレベルを超えて、民主主義における市民の影響力という決定的な問題を提起している。「自発的結社は、小さい町の個人の生活」に「自分の票も物を言うという『力』の感覚が強まることと関係があるかもしれない」とハウスクネクトとは推論する。「いくつかの結社は、コミュニティ全体にとって重要であり、小さい町ではその重要性の感覚をつかみやすいのだ[57]」。ハウスクネクトの指摘は、一九〇〇年頃の米国の自発的結社の圧倒的多数は地域内のものではなかったという点を想起すれば、いっそう意味のあるものだ。これらの結社は、地元の人々を州、地方、全国の活動に連関させるとともに、人々が自宅の近くで会合を持つことをも可能にしていたのである。地域を越えた結社の会員は、地域単位だけで扱える範囲をはるかに越える市民的活動について学び、参加することができたのである。

町や小都市での集団の娯楽面での価値もまた地域を越えるものであった。結社の役員や会員は、地区、州、全国規模の大会に出席するため旅に出る機会を大切にした。同様に多数の地域にまたがって広がることができた組織には、大事な社会的経済的利点がもたらされた。保険協会は、多くの地区からの人々を加入させることで経済的リスクを分散させることができた。おそらく最も大事なことは、米国人、特に若い男性が、しばしば住居を移し、絶えず旅行し、それによって新しい場所で親しいグループを発見していったことにあるだろう。人々は会員資格をある場所から他の場所に移したり、もし自分の組織が新しい場所に存在しなければ、新しい組織をつくったりした。そして商用や遊びで訪れた先でも、クラブやロッジに顔を出した。市当局や結社の要覧には、結社が集会を開く曜日や週が記載されていたので、外部からの訪問者は集会場に直行できたのである。

地域に存在する結社が典型的には地域を越えたネットワークの一部であったということを念頭に置けば、結社が変わるタイミングや原因をより正確に理解することができる。図3-2に示したスコッチポル・グループのデータは、巨大な（後に巨大になる）地域を越える会員組織が異常なほど多数設立された複数の時期を明らかにしている。この図はまた、このデータによ

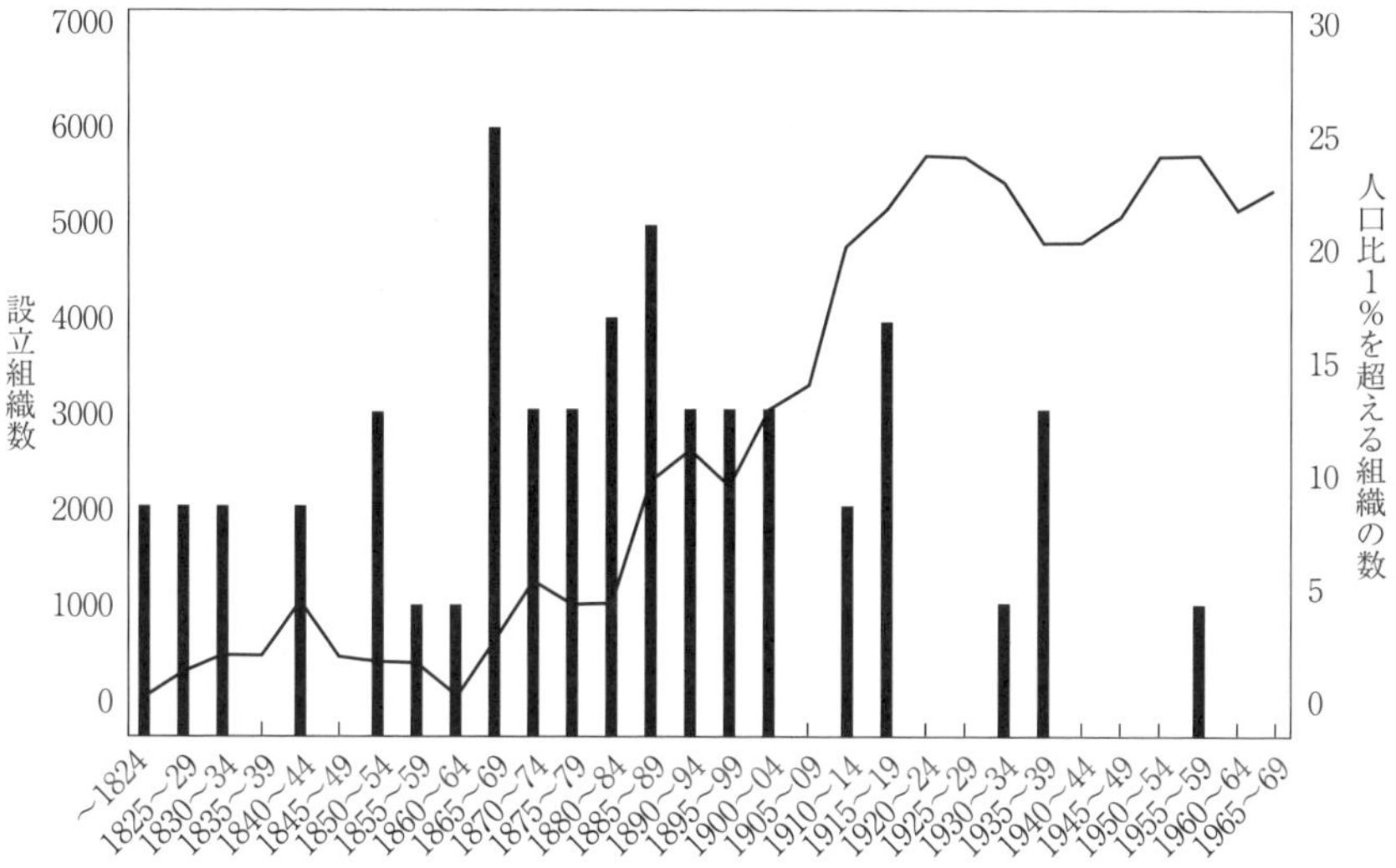

図3-2　米国における会員組織の設立件数（左軸，棒グラフ）と累積組織数（右軸，折線グラフ）

出所：Civic Engagement Project data as of February 11, 2000.

る成人人口一％以上を成員として擁する巨大組織の累計を図示している。図3-2が示すように、最終的にきわめて多数の会員を持つことになる組織については、その不釣り合いなほど多数が、南北戦争直後の一〇年に設立されている。ガムとパットナムの研究は、一八六〇〜九〇年に生まれた新しい全国的結社に繋がる組織が地域で増殖したことを記録している。一九二〇年代までには、二〇以上の巨大会員組織が共存するようになっていた。その圧倒的多数は、あらゆる大きさの村、町、都市の何千という地域グループに根を張っていた。

動力としての戦争と政争

社会科学者は、長期的社会変動の「現実の」あるいは「基礎的な」原因は経済的なものだと推測するのが常である。だが戦争と政治的争いもまた社会と文化を形づくる。近代米国の市民社会にとって、戦争と激しい集団間争闘は、より多くの集団の設立、その成員の増加、そして重要な新しい企てなどをもたらしたのである。

米国で最も野心的で、結局は最も成功した結社の結成が盛んに行われたのは南北戦争の終結時とそれに続く四半世紀であった。そしてこの同じ時期に、既に一八六一年以前に存在していた会員連合組織が驚くべき拡大を遂げたのである。これは直感に反する現象に見える。米国の戦争としては比較にならぬほど破壊的な戦争であった南北戦争は、既存の結社連合、オッド・フェロウズ、サンズ・オブ・テンペランス、インデペンデント・オーダー・オブ・グッド・テンプラーズなどを、ずたずたに引き裂いた。戦争は成人のエネルギーを吸い込み、数百万人の命を奪い、南部の経済の大半を壊滅させた。

しかし南北戦争はまた、地域を越えた結社主義を刺激した。紛争の期間中、メーソンやオッド・フェロウズのような友愛組織は、これから軍隊に加わるか、既に軍隊にいる若者たちの間で、会員を大幅に増やした。おそらくそれはこうした友愛組織が、家を離れたメンバーを助けるための十分に確立した方法を持っていたからであろう。[58] そのうえ、戦争直後、別れ別れになっていた会員組織は急速に再統一した。結局、自発的連合組織は、地理的に分極化した政党に比べて、南北の絆を編み直すうえでよりよい立場にいたのである。戦争中、オッド・フェロウズは、全国大会で南部出身の総本部代表の椅子を象徴的に空席にし、欠席州の代表団の名前を読み上げ、報告書を代表団宛に郵送していたのである。南部の総本部代表は、戦争が終わって数カ月たたぬうちに、待っていた椅子に戻ったのである。[59] 米国の全国政府と政党システムを元に戻すにはそれから何年もかかることになる。

一九世紀後期を通じて、大部分の新しい自発的結社は東北部と中西部から立ち上げられた（一九世紀末になると西部から立ち上げられる団体もいくつか出てきた）。[60] 敗北し経済的に困窮した南部は、戦後の結社つくりではリーダーではなかったし、地域支部組織の会員数でも支部数でも立ち遅れていた。だが、南北戦争の後、米国の結社創始者たちは、東部と西部と同じく、北部と南部を結びつけようと決意していたという事実は変わらない。彼らは国民的統一と再生を念願し、このヴィジョンを現実化するために一所懸命働いた。南北戦争後の時期に発足した大部分の大きい自発的会員組織は、地域・州・全国連合という形をとり、その大部分は、設立から二、三〇年のうちに、その制度的ネットワークを事実上米国のすべての州に広げたのである。

南北戦争は、多くの結社創始者にエネルギーとヴィジョンを与える源となった。彼らを相互に結び合わせるとともに、より大きい意味での目的や可能性に結びつけたのである。戦争の期間、男たちは本格的な軍隊に参加し、女たちは戦争の後方支援や救援活動に志願した。州の内部でも州と州の間でも結びつきがつくられ、物事をはかどらせる組織的方法の最善のモデルとして入れ子構造の連邦主義モデルが定着した。戦争の終わりとともに、国民的目的と繋がりについての強められた感覚は、特に勝利した北部人によって、国つくりと階層間再連携への大胆な努力に、振り向けられるようになった。

急速に膨張し、やがて米国で三番目に大きい友愛組織になる「ナイツ・オブ・ピュティアス」（Nights of Pythias）は、戦時中の一八六四年に創設された。創設者である連邦の事務職員は、デモンとピュティアスの古典的友情物語に感動して、犠牲を厭わない友愛を確認する儀式を考案した。[61] 同様に「パトロンズ・オブ・ハズバンドリー」（Patrons of Hunsbandry）（グランジとも言う）は、ある連邦農業省の役人の霊感の産物で、彼は戦後荒れ果てた南部の視察旅行の途中、農家のための全国的友愛組織をつくればすばらしいと思いついた。（面白いことに、グランジの創立者オリヴァー・ケリーは、彼のメーソンの仲間との繋がりを使って南部への戸口を開くことができたのだ）[62]。米国赤十字の創立者たちは、米国衛生委員会（Sanitary Commission）による北軍への戦時救援活動を手がけていた女たちと男たちで、戦争が終わってもこのような活動を新しい形で続けたいと思った人たちだった[63]。衛生委員会の元参加者たちはまた南北戦争後の指導的全国女性組織、キリスト教婦人矯風会（WCTU）の設立を助けたのである。

WCTUの組織者たちは、世論とあらゆるレベルでの政府の行動に影響を与えられる強力な全国的結社をつくろうと決意していた[64]。南北戦争後の他の矯風グループと同様、WCTUの組織者たちも、復員兵士の飲酒習慣に愕然とし、戦費につかわれた連邦の酒税が定着してしまうことに懸念を感じた。こうした弊害と闘える力を獲得する唯一の方法は、政府自身に匹敵する、そしてすべての選挙区に働きかけうる連合した自発的組織を創造する（もしくは強める）ことにあると、矯風運動家たちは考えた[65]。そこで、一八八〇年代、WCTUの中心的組織者であったフランセス・ウィラードは米国の全州を遊説し、数百の都市や町を訪れた。彼女は極西部を訪れ、また繰り返し南部に赴き、そのなかで新しい地域また州レベルのWCTU支部を生み出していった[66]。

結社創立の波は、さらに一八八〇年代後半および九〇年代に巻き起こった。世紀末にかけて起こった活発な動きの一つは、会員に保険を提供する友愛組織の急増であった。その多くは極端に大きくなることはなかった。いくつかは、比較的健康であると考えられた人々に会員を限定していた。他のものは、以前につくられた保険組織から分かれた組織であった（西部の人々はしばしば高齢化が進む東部の組織から分岐したのである）。さらに別の組織（例えばオーダー・オブ・ザ・アイアン・ホール（Order of the Iron Hall）など）は、詐欺師ポンジの仕組みに薄くお化粧したにすぎない仕組み（＝ねずみ講）を提案していた。こうした「保険友愛組織」は保険統計的に不健全であり、したがって短命であった[67]。

もう一つの、もっと市民活動として意味のある動きは、激しいエスニックな競争の中から生まれた。一八八〇年代後半～九〇年代は、移民排斥の煽動が行われた時期で、米国生まれの米国白人は、直近の移民とカトリック教徒に反対して組織をつくっていった[68]。それに応えて、多くのエスニック・アメリカンの連合組織が設立された。これらの組織は、地域のグループを、自衛のため、また米国人としての信任を主張するため、団結させるとともに、地域と州レベルでエスニック組織の一層の拡大を促した。一般的に、結社創設の傾向を調べてみると、米国史における移民排斥煽動の時期——一八四〇年代、五〇年代、九〇年代、一九二〇年代——は、またきわめて多数のエスニック・アメリカン組織が創設され拡大していった時期であったことが分かるのである[69]。

だが面白いことに、エスニック・アメリカンの集団は、その論敵であるプロテスタントや米国生まれの白人が支配する組織に似せて自己を構成し活動する傾向があった。どの集団も自分たちは良い米国人を代表し、神を信じる人々だと主張したのである。集団のバッジや旗はほぼ例外なく米国旗をかたどったものだった（時には米国旗が、移民が好むもう一つの旗と組み合わされていた）。集団のモットーは、愛国的価値とエスニックな価値を称えるものであった。ほぼすべてのそうした結社は、地方と全国の連合組織の中で地域と州の支部を拡大しようとしていた。結局、米国の会員組織は、人種的、エスニック、宗教的などの多様な集団的アイデンティティを主張していたかもしれないが、そのアイデンティティを、似通った経験を育て、ともに米国の市民であることを表現するような仕方で主張していたと言えるのだ。

第一次世界大戦は、結社創立が集中的に行われたもう一つの時期であった。米国在郷軍人会（American Legion）や米国ファーム・ビューロー（AFBF）など二〇世紀の巨大組織は、まさにこの世界戦争の終結時に誕生したし、それより小さい組織の多くもこの時期に結成された。おそらくより重要なのは、第一次大戦が、それ以前に結成されていた多くの集団にとって幸先よい未来への分岐点となったことだろう。だが必ずしもすべての組織にとってそうではなかった。一時は活力のある成長する組織だったドイツ系米国人協会（German-American Association）は、敵国と同一視されたため、第一次大戦中にほぼ崩壊した[70]。一九一七年に米国が参戦した後、米国人口のほぼ十分の一を占めるドイツ系米国人は、エスニシティと関係のないグループに移るか、既存の所属集団を表面上「米国風」に改名したのである。

多くの集団が傷つく一方、他の多くの自発的結社は、連邦政府の戦時動員と緊密なパートナーシップを築くことで、急速に成長した。こうして、赤十字やＹＭＣＡは会員を爆発的に伸ばし、ボランティアも増え、地域支部の建設も進んだ。ザ・ナイツ・オブ・コロンバスは、軍隊に社会サービスを提供することで、米国組織としての信任を確立した[71]。このカトリックの友愛組織は、大戦中および大戦終結直後、新しく打ち立てた政府とのパートナーシップおよび公衆による正統性の認知を利用して、数百万の会員を増やし、ライバルであるプロテスタントに対抗する基盤をつくったのである。それ以来、ナイツ・オブ・コロンバスは、米国の主要組織の一つであり続けている。

二〇世紀

一九二〇年代までに、米国は工業国となったが、前掲図3-2のデータは、その時以来、巨大会員組織二十数団体が共存を続けていることを示している。もちろん巨大組織の内訳は過去数十年で変化してきている。いくつかの古顔の組織（サンズ・オブ・テンペランス、ＩＯＧＴ、グランド・アーミー・オブ・ザ・リパブリックなど）は没落するか、姿を消した。他のものはレーダーのスクリーンに一時映った機影のような一時的存在であった。それらはおそらく改革十字軍をやった後に死に絶えたからである（ナイツ・オブ・レーバーのように失敗したもの、全米女性選挙権獲得協会（National American Women Suffrage Association）のように成功したものがあったが）。さらに他のものは、エスニックな緊張また人種的緊張が高まった時期には短期間のうちに巨大組織になった[72]。しかし、その間、他のグループも出現し、福祉国家建設や戦時動員などのおかげを蒙りつつ、巨大化していった。

今日の保守主義者は、近代的社会的給付の膨張が自発的努力を押しのけてしまったと主張している[73]。しかしまず第一に、米国の会員組織の多くは、公的な社会プログラムを要求したのであり、次いで、政府が何百万の人々に福祉を供与するのを助けることで繁栄してきたのである。グランド・アーミー・オブ・ザ・リパブリックは、北軍の退役軍人と戦傷者に州と中央政府が気前よく支給金を与えるなかで成長したのだ[74]。グランジと米国ファーム・ビューロー連盟も同じほど深く、農民を支持する公的プログラムに関与していた[75]。自立した女性組織――WCTU、女性クラブ総連合（General Federation of Women's Clubs）、全国母親会議（National Congress of Mothers）（後のPTA）――などは母親、子ども、家族を助ける地域、州、中央政府の努力に密接に関わっていたのである[76]。フラターナル・オーダー・オブ・イーグルズとタウンゼンド（Townsend）運動は連邦が老人への補助を行うことを要求していたし、もっと最近つくられたいくつもの退職者協会は、活動の成果である公的補助プログラムとともに成長してきた[77]。労働組合が完全に定着するには米国政府の援助が必要だった。そして組合のほうはニュー・ディールの経済・社会プログラムの支持者になったのである。米国在郷軍人会は、若い家族のための米国で最も気前のいいプログラムである一九四四年GI法制定のために運動した[78]。南北戦争から第二次大戦期まで、自発的会員組織は、米国版の近代福祉国家の補完物となったのである。

労働組合（産業別組織と職能組合を含む）は一九三〇～四〇年代に最終的に米国市民社会に足場を確保した。しかしこの同じ時期は他の集団にとって緊張に満ちた時期であった。保険に特化した友愛団体は、加盟員の加齢に伴って収入不足に陥り、合併するか、解散するか、営利会社に吸収されるかの道をたどった。社会的志向を持つ友愛団体もまた衰退した。大恐慌の期間、米国人は会費を払えなくなり、次の時期には、海外での戦争のための戦時動員に全力をあげなければならなかった。いくつかの結社はこの期間に回復しがたい衰退を経験した。例えば、米国最古の友愛組織の一つオッド・フェロウズは、一九四五年以降に微弱な回復を見せたが、その後は衰退を続けた。

とはいえ、友愛団体を含む多くの既成会員組織は第二次大戦後、復活した。一九六〇年代以後縮小したとはいえ、メーソンは今日まで、米国成人の一％以上を組織する集団でありつづけているし、圧倒的に女性を会員とするイースタン・スター（Eastern Star）はきわめて大きい組織であり続けている。もっと目覚ましいことに、ガムとパットナムの一九四〇年代の著作以後のデータを調べると、一八五〇年代から一九二〇年までに設立された多くの米国の結社が、二〇世紀の最初の三分の二を通じて繁栄していたということが分かるのだ。その中には、エルクス、ムース、イーグルズ、ナイツ・オブ・コロンバス（それてメーソンとイースト・スター）などの友愛団体が含まれる。退役軍人組織では、ヴェテランズ・オブ・フォーリン・ウォーズ（Veterans of Foreign Wars）や米国在郷軍人会がある。また各種の教会関連団体、男女のボウリング協会、米国労働総同盟〔AFL〕（一九五五年に産業別組合会議（CIO）と合併してAFL-CIOになる）、さらにコミュニティ志向の団体として、赤十字、ボーイスカウト、YMCA、PTAなどがある。一九六〇〜七〇年代になっても、これらの団体は依然として成長を続けていたし、それより小さい何百という会員組織とその連合も以前と変わらない活動のやりかたで会員を増やしていた。第二次大戦は、それ以前の大戦争と同じく、米国の会員組織を再活性化したのである。

全体として、一連の近代化された会員組織連合は、普通の米国人にとって第二次大戦後の市民社会の外皮を形づくっていた。たいていの会員組織連合は、毎週、隔週、あるいは毎月集会を開く地域組織を持ち、会運営のすべてのレベルで新しい役員が選挙で選ばれていた。労働組合や農民グループを除くと、こうした会員組織は、かなり幅の広い職業的あるいは社会的背景の男や女を含んでいた。すべての民衆に根ざした集団は、指導する者とされるものの間、地域と地域を越えたレベルの間、双方向の関係を構成していた。何百万の男たち女たちが、おどろくべき広範囲の会員組織に生き生きと関与し続けていたという事情は、たしかにアーモンドとヴァーバの調査への米国市民の回答に影響を与えたであろう。そのため、米国人は『現代市民の政治文化』で論じられている集団のなかで、最も参加度の強い集団として立ち現れるのである。

5 市民のアメリカの変容

なぜ一九六〇年頃の米国人が強い市民社会参加者であると、アーモンドとヴァーバが考えたのか、その理由を歴史は説明してくれるかもしれない。だが別の意味ではこの二人の著者が賛美した市民的世界はいまや「歴史」になってしまったかもしれないのだ。トクヴィルからアーモンドとヴァーバに至る観察者をあれほど魅了した米国の結社の世界は、二〇世紀の最後の三分の一の時期に革命的変化を蒙った。ロバート・ウィーブが誤って今世紀初めに勝利したとしたあの専門職業人主導の「近代化」、その一バージョンが、世紀の終わりになってついに米国をとらえたのだ。

前掲表3-1に記載されている大きい会員組織のほぼ三分の二は今でも存在する。だが生き残った古くからの組織の大部分は、ネットワークの縮小と会員の減少、高齢化を経験している。PTAや女性クラブ総連合（General Federation of Women' Clubs）、フリーメーソン、エルクス、巨大な在郷軍人会、およびその婦人会などは、もはや米国社会や政治において「そここそ行動がある」と言われた場ではなくなってしまった。一時は強力だった労働組合は没落し、労働者組織率は五〇年代の三分の一から六分の一に低下した。[79] 他方、全国組織の新規設立の新しい波は、件数だけとっても南北戦争後を上回るものになった。『団体百科事典』(Encyclopedia of Associations)によれば、一九五九年には米国には六〇〇〇の結社が存在したが、その数は一九七〇年には一万を超え、一九八〇年には一万五〇〇〇に近づき、一九九〇年にはほぼ二万三〇〇〇に達し、その後その水準で推移している。[80] これら最近の団体設立では、別のタイプのグループが圧倒的に多い。専門家の率いる提唱集団である。

たしかに最近でも地域もしくは州基盤の顔の見える会員連合組織もいくつか新設されてはいる。特に、右翼組織、例えば全国生命への権利委員会(National Right to Life Committee)やキリスト者連合(Christian Coalition)などである。また、いくつかのきわめて古い会員連合組織、なかでも、党派スペクトルの保守の側では全米ライフル協会(National Rifle Association)、リベラルの端では全国教育協会(National Education Association)が目覚しい拡大を見せている。しかし一九五〇年代以降、大きい会員組織が新たに設立されたり、復活されたりした例はほとんどない。少なくとも、階級や政党の壁を越え、地域で、また地域を越えて活動する多目的集団は一つもつくられていない。最近結成されるグループはもっと狭い目的のもので、会員は持たないか、さもなければ電子メールで繋がり、会費を払い込む浅い関係の個人会員制をとるものである。これらのうち最大のものは米国退職者協会(American Association of Retired Persons)で、これは一九五八年に設立され、一九七〇～八〇年代に急速に拡大した。[81] 新しい専門家主導の提唱団体の大部分はこれらよりずっと小さく、しばしばその実態はワシントンDCやニューヨーク市にある本部機構以上のものではない。

政治学者のジェフリー・ベリーがうまく名づけた最近の米国における「提唱活動の爆発的発展」はいくつかの構成部分が含まれている。[82] 一九五〇年代半ばと一九六〇年代における市民権闘争は、南部の黒人に選挙権を与え、アフリカ系米国人に上昇の機会を与えるための多くの新しい組織を生み出した。この民主的分水嶺に続いて、さらに多くの「権利革命」が起こり、フェミニスト、同性愛者、おびただしいエスニックまた人種的少数者グループなどに、新しい、組織としての発言権を与えた。権利運動は下からの草の根の努力として始まった。だがその多くはやがて専門家の主導する提唱組織もしくはサービス組織に変わっていった。社会学者デブラ・ミンコフは、一九五五～八五年の間に、女性や人種的、エスニック少数者のために働くグループの数は、ほぼ六倍、一〇〇未満から七〇〇近くに増加したことを記録している。また一九七〇～八〇年代に、集団の種類別構成も、文化的組織、抗議組織、サービス供与グループから、提唱集団と提唱活動も行うサービス組織へと急速に変わっていった。[83] それ以前のエスニック結社や女性の仲間集団とは違って、現在の権利提唱集団は、それぞれの基盤集団が他の米いる。

国人とは違っていて、特殊であることに注意を集めようとしている。

もう一つの分水嶺は、公共の利益のための提唱集団の続生である。それらのグループは、環境保護（例えばシエラクラブや環境保護基金）から貧困な子どもの福祉（子ども擁護基金（Children's Defense Fund））、政治腐敗の排除（コモン・コーズ）、便益受給権の削減（コンコード・コアリション）まで様々な大義をめぐって世論を盛り上げ、立法府に影響を与えようと活動している。こうした公共利益グループは七〇年代に目立って増加した。[84] 最初はその拡大ははっきりとリベラルな性格を帯びていた。[85] だが最近になると保守的な提唱集団が幅を利かすようになった。環境運動のようないくつかの公共利益の大義を掲げる運動は、全体としての環境運動がそうであるように、地域活動と顔の見える会員組織を含みながら、他方ではワシントンDCにロビー活動部門を持っている。しかしその大部分は地域活動を含んでいない（環境運動ですらやがて専門家に率いられるようになる）。[86] 同様に重要なのは、こうした大義志向のグループは、米国の所得分配リストの最上位に位置する人々からの寄附に不釣り合いに依存している。[87]

米国における結社の爆発の最後の波は、ある意味で、先立つ二波への応答であった。様々な権利を求める運動の支持者たちが組織をつくり、公益のための活動を行っているとき、職業や専門分野の利益をないがしろにしておくわけにはいかなくなったのである。一九七〇〜八〇年代、何千という業界と専門別の提唱団体が新たにつくられ、ワシントンに事務所を開いたのである。こうした組織の会員は、個人としての市民ではなく、組織であることが多い。一九七〇年代の法律改正の後、業界や専門別の提唱集団は、それぞれ政治行動委員会をつくり、選挙の際に候補者へ献金することで、ロビー活動を強化した。[88]

どうしてこうなったのか？

二〇世紀末の米国市民生活で、なぜこれほど多くのスタッフ主導組織が栄えるようになったのか。いくつかの仮説を立てることができよう。何人かの学者は、コミュニケーション媒体の変化に注目し、テレビと電子メール発信の発達のおかげで、中央のオフィスにいる専門家たちが、メーリングリストの参加者を募ったり、会員も選挙された役員もなしに組織を運営したりできるようになったと論じるのである。たしかにこうした変化――それは選挙政治と団体生活に浸透した――は、プロフェッショナルに運営され、会員はあまりいない提唱集団の活動を可能にした。しかし、新しい連合組織、例えばキリスト者連合や、最近息を吹き返したＡＦＬ-ＣＩＯの組合運動などは、新しいテクノロジーが組織の活動を厳格には決定しないことを示している。指導部の意志が働いていれば、新しいテクノロジーは、多層的な会員グループを活性化するのに役立つのだ。

むろんもう一つ要因がある。それは、裕福なパトロンや免税されている米国の財団が提唱集団に喜んで資金を与え、それによってこれらのグループを、主要な収入源としての会費への依存から解放することである。一九六〇年代までは多くの有力な米国の自発的結社は会費収入に依存していたのである。[89] 結社の建設者たちが、自主的に会員を増やしていく意欲ある会員を大衆的に募集することなしにはリーダーたりえなかった時代には、彼らは全国を行脚して、顔と顔を突き合わせる会合を開き、会員の募集と繋ぎとめの仕事を続けられる中間指導者を励ますことにやりがいを感じていた。この頃では、ニューヨーク市やワシントンDCにいるリーダーにとっては、大量のメールを送ったり、財団に資金を申請したりすることが意味のあることになっているのだ。

ジェンダーのアイデンティティや階級関係における変容もまた大事である。一八〇〇年代から一九五〇年代までに結成されるかその頃成長を遂げた米国の巨大自発結社の多くは、階級横断的で、男か女かどちらかの組織であった。こうした結社の多くでは、事業家や専門職業の人々は、ホワイトカラー、そして場合によっては上層の農民や手工業者と一緒に活動していた。だがこうした階級横断的かつ地域横断的な組織を形成し、率いていたのは、特に南北戦争と一九五〇年代の間の時期においては、男性もしくは女性のいずれかであって、男女混成ということはまずなかったのである。男女に分割された役割は、何十万という米国人が地域と階級の壁を越えて団結するための広く横断的なアイデンティティを提供した。退役軍人の男たちと賃労働の外にいた教育程度の高い女性たちは、自発的組織連合の要となる指導者を構成した。この二種類の人々は見識があり、社会的に尊敬されていたうえ、地理的に広く分布していたのである。

しかしこうした条件は二〇世紀の最後の三分の一の期間に消滅した。世紀の最後の三分の一に成人した男性の一群は、軍隊経験をあまり持たなかった。[90] そのうえ、ベトナム戦争で米国が味わった苦い経験は、若い男性が軍人として兄弟的一体感を感じるという伝統を破壊していたのである。第二次大戦の退役軍人とその息子たちの間には鋭い断絶が生じていた。それ以前には米国の息子たちは、南北戦争から第一次大戦までの父親の経験を理想化していたと見えるのである。「男らしさの伝統」におけるこの断絶は、フェミニスト革命と妻と母親の賃金労働力化の加速が、ジェンダー・アイデンティティの再交渉と夫と妻の間の分業の再編成を強制するなかで、起こったのである。

その間、状況は米国の教育ある女性たちに取って代わっていった。米国の大卒男性はいつも大都市中心部に集中する傾向があったが、過去数十年の間に、高い教育を受けた女性たちは全国至るところに散らばって教師になり、やがて結婚して、先生を辞めていった。こうして教育のある結婚した主婦たちがすべての州のどのコミュニティにも見出されるようになった。そして彼女たちが、ボランティア活動の主力となったのである。ところが今では、高い教育を受けた女性は、全国的に通用するキャリアを追求するようになり、職業と関係のない結社に費やす時間がなくなり、教育あるキャリア志向の男性と同じく、大都市センターに密集するようになったのである。

一九七〇年代までに、米国は、専門職・管理職から成るきわめて大きな上流中産階級を発展させていた。この階層には、自分を「コミュニティの受託者」などではなく、特定の専門職と見なす男たち女たちが多数属している[91]。このようなエリートは、伝統的な会員制組織で地域・州・全国レベルの階段をよじ登り、指導者になろうなどと考えるより、スタッフが率いる全国的な提唱団体にお金を払うほうがぴったりくるのである。大都市中心の「近代化」はついに到来したのである。この新しい市民的世界は、専門職と管理職、それに業界エリートによって支配されているのだ。

米国政府と米国政治もまた変化した。米国連邦政府は、課税者また社会的資金支出者として、着実に大きくなることはなかった。しかし一九六〇年代以来、規制の面での連邦の活動は大幅に拡充され、ワシントンでの活動はいよいよ専門化した。議会スタッフは大きくなり、委員会の数は増え、それにつれて立法や行政の政策執行に影響力を発揮できる場も増えていった。こうした機会をとらえて、スタッフのレベルでの提唱とロビー活動のための集団が、民衆に基盤を持つ世話の焼ける自発的集団から、活動の場をどしどし奪っていった。この傾向を一層促進したのは、議員たちが次回選挙での成功をますます世論調査やメディアコンサルタントやテレビ広告に頼るようになるにつれて、それまで選挙区の有権者への生命線であった自発的組織への依存を避けるようになったことである。一般有権者が政党や市民グループへの参加を促されることはますます稀になり、その代わり、お金持ちの有権者は頻繁に小切手を切ることを頼まれるようになったのである[92]。

結局、米国政治と市民生活において効果的組織として通用する組織モデルが、鋭角的に変化したのである。大部分のリーダーや市民は、顔の見えるグループを州や全国規模で結ぶ連合組織をつくったり、そうした組織を通じて活動しようなどとは考えなくなったのだ。新しい大義が生まれる場合は、企業精神のある人物が現れ、ダイレクトメールで資金を集め、世論調査員とメディアコンサルタントを雇うことで、全国オフィスを開設することを考えるだろう。提唱集団は焦眉の問題についてプレスリリースを出し、政府に働き掛けるためロビイストを雇い、こうした活動全体の費用を支払うため絶え間なく資金集めを行う。世論には結集力がないので、それを測定するためには世論調査が用いられる。組織のリーダーには会員グループと議論する時間などほとんどない。会員とは気が散るばかりで、一円にもならない存在なのだ。

だからどうなのか?

以上に述べたような変容はすばらしいと主張する人たちもいる。巨大な会員組織連合の没落をなぜ嘆く必要があるのか。それはしばしば人種的に排他的で、ジェンダーでは隔離主義だったではないか。窓口の広い会員グループは、コミュニティ・サービスからリクリエーション、全国的な政策提唱まで、ひどくたくさんのことを一度にやろうとして、どれ一つとして最適な成果を上げることができなかった。またこれらの組織の政策面での活動は「公的利益」にならなかったと論じることもできる。時間が経つにつれて、米国在郷軍人会、労働組合、米国ファーム・ビューロー連盟などは、部分的で自己中心的目的に傾いて行ったように見えるではないか。

新しい形のグループ活動には新しい利点があると、この種の議論は主張する。今日の米国人、特に若者たちは、儀式に参加する時間などないのだ。彼らはもっと高学歴であり、柔軟で個人的オプションを望んでいるのだ。おそらくは、小さい親密な支援グループ、それにたくさんの全国オフィスを組み合わせ、特定の目的を支援するため小切手を送るといった結社世界が、今日の米国人が好むものなのであろう。

こうした論点のいくつかは正当であろうけれど、そこには古い市民的米国の貴重な側面が見逃されていて、それは再生産も刷新もされないでいるのである。専門家が主導する提唱集団という米国の新しい市民的世界は、きわめて寡占的なのである。最も富み、最高の教育を受けている米国人は、伝統的な階級横断的会員組織にいた彼らの（それほど多くもない）お仲間に比べて、この新しい市民的世界においてはるかに特権的であると言ってもいいだろう。むろん、学歴も高くお金もある男性と、彼らと結婚した女性はいつの時代でもトップの座を占めていた。しかし昔は、彼らは並みの財産と地位の人々と交わらなければならなかった。平均的米国人も、組織に参加し、階級間、地域と地域、地域の問題と地域を越えた問題などに架橋する結社のなかで、苦労しながら地位を上昇させていく機会を持っていたのである。いまやこの橋は崩れつつある。普通の市民が、現実の発言権を持って結社に会員として参加する道はほとんどなくなっている。他方、最も強力な米国人たちはほとんど彼らだけの間で相互に働きかけ、議論している。

おそらく米国は、一九世紀から二〇世紀半ばまで、ユニークな国家と社会の型を有していた。米国は、世界最初の男性中心民主主義、最初に大衆的公教育を確立した国であったばかりでなく、他に例を見ないバランスのとれた市民生活を持っていたのである。そこでは市場は拡大したが、市民社会を包摂することはできず、各級政府機関は意図的にまた間接的に、自発的結社連合を奨励していたのである。古典的な市民的米国においては、何百万という普通の男たち、女たちが互いに働きかけ合い、特権のある人々と横並びでグループに参加し、コミュニティの事柄にも全国の事柄にも影響を及ぼすことができたのである。極貧の人々は排除されていたとはいえ、多数者がそこに参加していた。国家レベルのエリートたちは、何百万の普通の米国人の価値観と利害に注意を払わなければならなかった。

いま、この古い米国が終わりつつある。そして、一九六〇年代以後の米国が以前より人種的な包含性とジェンダー統合性を高めているとしても、専門家の支配する会員のいない結社という出現途上の市民世界が、米国民主主義の活力を維持ないしは再生しうるかどうか、それはまだ分からない。

第4章　フランス――新旧の市民的・社会的結束

ジャン＝ピエール・ウォルム

他のほとんどの先進国同様、フランスでもその社会的結束の危機や、民主的な理想への挑戦についての質問が再三にわたって投げかけられている。フランス人は一般的に、それが市民的および社会的結束を腐蝕させるものとして、グローバル化の圧力と個人主義を非難してきた。フランス人の多くが国を特に脆いと感じるのは、そのような腐蝕がまず共和国のモデルと内外の安全を支えている二つの構造的な要素を蝕むからである。その要素とは国家と給与雇用である。

フランス国民国家は千年以上の歴史を持つヨーロッパ最古のものである。一〇世紀にわたり、歴史の動乱の中で、国家の統一のためにすべての国民を国家機構の同一の管理下に置くというやり方が頼りにされてきた。どこに暮らしていようと全国民に、同じ税金、同じ司法、同じ公共サービスと公益事業、同じ権利と責任を適用する。中央集権と均一の管理がこれほどまでに国家の統一に貢献している例は他になく、トクヴィルの、君主制を共和制に置き換えたことはただこのフランスの特徴を強調したにすぎない、との指摘は適切である。したがって今日、フランスがその国家のアイデンティティ、市民社会の構造、そして国家の威厳と権力の主権の基礎環境を整えたことは、フランス共和国モデルの批評家および支持者の間での共通認識なのである。

フランスがその高度に発達した福祉国家と団結のシステムをいかにつくり上げたかに関してはあまり言及されていない。公共の社会保障（健康保険、失業手当、家族手当、退職者年金、そしてその他の社会的リスクからの防衛）のために資金を集める方法は二通りある。それは国家予算への参加、つまり徴税と、特定の当事者による専用の投資信託への強制的、標準的な加入である。逆説的に言えば、公共の責任に関して伝統的に傑出しているフランスは、国家予算と公共サービスによる運営にではなく、様々な雇用領域における特化した基金への標準的・強制的な貢献に、そして利害関係者の代表による管理に、ほとんど完全に依存している。給与雇用では、基金は雇用者と被雇用者のそれぞれが選出した代表者により共同管理されている。フランスの福祉国家財政のこのような雇用への依存は、失業率の上昇が社会の結束の危機として恐れられる原因であると説明している。これはフランスの国家予算の規模を考えればなおのことである。フランスの公共社会支出はＧＤＰの二九％を占めるが、これに対しドイツとイタリアでは二三％、英国では二〇％、米国と日

本では一二％である。(1)

討論の形も典型的なフランス式のものであり、急進的な理論の概念化をめぐる過熱した知的対決に彩られている。討論にイデオロギー的な問題を持ち込まないようにするには、社会関係資本的なアプローチがよいのではないだろうか。

1　フランスにおける社会関係資本

概念的枠組みの展望

一般的に言って、社会関係資本とは個人および集団が共通の目的を協調しつつ達成するために公式および非公式な関係のなかで動員するネットワーク、規範、価値観を指す。

狭い意味では、社会関係資本とは個人が自発的に参加し、定期的に対面の集会を開く集団のなかでつくられ、埋め込まれた社会資源のみを指すのであって、例えば公式の自発的非営利団体や、非公式な友達の集まり、近所づきあい、教会の仲間などである。しかしより広い意味では、社会関係資本は個人が参加するグループ内で、個人の自由意志というよりも偶然、抑制、社会向上の過程などの結果として形成されたり創造されたりするものをも指す。例えば家族、会社、民族的なグループ、地域、都市、国家などである。概念的枠組みをさらに広げれば社会関係資本はまるで異なるグループとしても存在しており、例えばそこでは対面は稀で、不定期で、それどころか偶発的でさえあって、それぞれの緊密さも大きく異なるのである。これに当たるのはチャリティーの参加者、交通機関の通勤者、デモの参加者などである。

筆者はすべからく広い、広範な意味のほうを採用したいと思うが、同時にそれぞれの関係の特定の特徴をぼやけさせないように細心の注意を払わなければならない。なぜならこれらの集団はいずれも境目の曖昧なものであり、重複している部分も多いからである。それがどのように困難で理論的にリスクの高いものであっても関連性の網目をほどく作業は当然ながら必要だが、それらの相関性を分析することは同様に重要である。私がこのような広範な概念の枠組みを選んだより重要な理由は、その一部で発展した基準や価値観がその他の部分でも頻繁に用いられているからである。したがって、例えば、フランスの人口統計学者エマニュエル・トッドは長期的な政治的志向の地域的差異を家族構成や規範における歴史的に根深い差異と説得力をもって結びつけたし、社会学者ルノー・サンソリューは権威の規範や協力の観点からの社会職業的分類の間の差異の原因を、個人的経験を通して、日々の労働での行動を左右する規範の関連性を持つそれぞれ異なるグループの労働環境であるとした。筆者はしかし、分析の範囲を広げることが正確さの焦点および実証の確実性を奪うものであるという、古典的だが不可避でもある社会科学のジレンマをよく認識している。

グループと社会的結束

社会の社会的結束は様々なレベルで測ることができる。一方ではそれぞれのグループや共同体のなかで、他方ではこれらの異なるグループや共同体の間で。それぞれの特定グループの内的な結束は世界的な社会での強い結束を自動的には意味しない。したがってそれぞれの場合で、その社会関係資本が形成され使用されている共同体を正確に特定する必要がある。それが主に内的な関係に用いられているのか、外的なものになのか、両方になのか。またそれは自己中心的な社会関係資本なのか、それとも他者のまわりに存在しているものなのか。実際のところ、筆者が答えようと試みる質問の一つは、フランスの社会関係資本が衰えつつあるという一般的な推測がフランス社会における主なグループの社会関係資本の衰退を言っているのか、それともグループ同士およびグループと公共機関との繋がりの欠如のことを言っているのか、ということなのである。

受け取られ創造される社会関係資本

あらゆるグループの社会関係資本は両面的なものである。グループから個人に提供される社会関係資本（先在するコミュニケーションネットワーク、確実に構築された協力的規範や価値観）や、個人により創造されグループの役に立つ社会関係資本（参加を通して創造、あるいは起動するネットワーク、参加、参照、利用により存続させたり変更したりする規範や価値観）がある。社会関係資本とは需要と供給の関係における動的な交流の流動的な産物なのである。もし個人に提供される先在の社会関係資本が彼らの目的とは無関係であると判断されれば、またそれによりもたらされる利点が彼らの求めているものと違っていれば、そのような社会関係資本は使われぬままに衰退するだろう。フランス社会の異なる部分で衰えつつある社会関係資本を分析する際、私は先在の社会関係資本がもたらそうとする利点の適合性を問うことを心がけ、特に捨て去られた社会関係資本の代わりに新たに創造されようとしている社会関係資本の形態に特に注意を払わなければならない。市民社会の衰退が頻繁に嘆かれているのは、実は新たな形の社会関係資本によってそれが相殺されているということなのかもしれないからだ。

社会関係資本と政治システム

特にロバート・パットナムによって説得力をもって論じられてきたことであるが、社会の莫大な社会関係資本は、個人が共通の目的のために協力する機会を増やし、彼らの間の取引にかかるコスト（時間、努力、手続きの厳格性、資金など）を削減し、そして彼らに公益のために協力関係をとるよう促すことにより、政治的民主主義と経済活動を強化する。

社会関係資本と、政治システム、そして一般的な制度的パフォーマンスとの関係は重要であるが、また複雑でもある。国家は社会の産物であると同時に、逆もまた然りである。一方で、社会は進歩して国家を創る、すなわちグループの平和共存に必要な、そして生産、防衛、共有財産の分配に必要な制度や規則を設ける。また他方、国家の公共の規定や制度は社会の要素を「接合する」共通の規範を発表し、同じ一般市民の総体に属しているという感情や、そこに参加したいという願望を育てようとする。しかし同時に、国家は特定の権利や責任、守り促進するべき特定のグループの目的、また特定の社会的アイデンティティなどによって国民を分類する。これらのグループはともに活動し、協力のネットワークを構築し、彼らの問題を国家が取り扱う最適な規範や価値観をつくり出す。この意味では、社会グループ力学は、全体として国民そのものがそうであるように、国家の産物なのである。社会における政治システムの働きはその社会関係資本の性質に影響を与えるが、それは社会関係資本が政治システムのパフォーマンスに与える影響と等しいのである。

この弁証法的な関係の分析は、国家が市民社会の形成に大きな役割を担っているフランスでは特に重要なことである。筆者はなかでも次の問題を追究することとする。フランスの社会関係資本の衰えは市民的および社会的結束の実際の衰退の兆候なのだろうか、それとも国家と社会の関連性の弱まり、したがってより自治的（あるいはより熟達した）な市民社会と一般市民との関連性の弱まりの兆候なのだろうか。

これらはフランス国家の市民的および社会的結束の過去と現在を分析する社会関係資本的アプローチが提案する多数の問題のいくつかにすぎない。発表を明快にするため、筆者はより狭い意味の概念からより広い意味の概念へと向かって進もう。まずは結社から始め、近接を伴うより非公式な結束へと進んで行こう。その後社会的結束と社会的基準が形成され発達する二つの基本的な制度である家庭と仕事を扱おう。そして最後に公共の場における社会的および市民的結束、つまり倫理と市民的価値観、公共機関、政治参加をもって締めくくりとする。

2　結社の形をとる社会関係資本

成長する結社部門

フランスの結社のネットワークが他のヨーロッパ諸国や米国と比較して弱いということはよく指摘され、それはカトリック文化と中央集権という二つの影響に結びつけられている。たしかに数字を見る限り、フランスは米国とスカンジナビアの国々に大きく遅れをとっており、またドイツ、ベルギー、英国、アイルランドにも、会員数、ボランティアの数、寄附（人数、金額ともに）の諸点で差をつけられている。フランス人の平均的な貢献度は米国人のそれの九分の一である。

教会と国家の影響は否定できない。両者は市民社会の覇権を握るために何世紀にわたり争い、市民が主導権を握る隙をつくらなかった。国家として成立して以来、国家は、社会を破壊し中央の権威と市民の間に立ちはだかろうとするあらゆる中間層の組織に対して、絶えず闘いをしかけていた。独立系《インディペンダント》の自発的結社も常に第一の標的であったが、このような組織は年代を追うごとに増えていった。中世には、封建領主と自由都市とが標的になった。君主制（旧体制）の頃にはプロテスタントの地域的な議会とユダヤ人の少数派がそうであった。革命の時には教会、カトリック集会、貿易会社である。一九世紀になると、政治クラブや、学識者協会、フリーメーソン、労働者の互助会が登場する。一九〇一年の組合法は人々に結社をつくる際に内務省の許可を得ることを課すものであったこの法律を廃止し、同時に協会に各県に登録し、法的地位、すなわち物件の賃貸や、雇用、契約書に署名する権利等を手に入れることを強制した。

これらの障害にもかかわらず、多くの予想を裏切る形で、機動的だが限定的な結社部門は常にフランスに存在していた。これらの結社は慈善、健康、教育などの目的において、国家と教会の力を同時に弱めまた強めたのである。学識者協会や無害で娯楽的な結社は地方都市のブルジョワジーによって、一九世紀を通して創設され続けた。これらの主な機能は地方にブルジョワジーエリートをつくり、それに市民的透明性と合法性を与えることであった。同時に、フランスの空想的社会学者の影響を受けて、多くの互助会が労働者階級によって創設された。これらは現代フランスの結社の動向の重要な歴史的源流を二つ含んでいるのである。

一九〇一年に結社の自由が法的に認知されて以来、結社部門は大幅に成長した。一九〇一年から六〇年にかけての成長は比較的ゆるやかであったが、初めて国家的な統計がとられた一九六〇年には新たに一万二六三三の結社が登録された。この初めての時期、各県における新規結社の年間登録数は年率一・八％の割合で上昇したと考えられている。この成長には主に二つの源がある。

第一の源は、特に健康と社会慈善とサービスに影響を与えた「社会キリスト教」である。カトリック教会は、何世紀にもわたって貧者および社会的、肉体的、精神的、あらゆるタイプのハンディキャップに苦しむ人の世話をする機関をほぼ独占してきた。これらの団結の機能が福祉国家の公的責任として認知されてくると、新しい社会的権利、公益、サービスなどが創られて、結社はその運営を委ねられるようになった。その多くは過去のカトリック機関の専門知識を受け継いだ。第二の源とは非宗教的な左翼であり、ここでは人民戦線の主催の下、特に若者の活動や、キャンプなど（education populaire：大衆教育）の多くの結社が誕生し、また旅行者協会（tourisme social）は一九三七年に年次有給休暇を許可する法律が通るや否や、急速な発展を遂げ人気を博した。

新しい結社の数は一九六〇年以降急激に増え、六〇年から七〇年にかけては年率四％の増加、七〇年から八〇年にかけては五％の増加、そして八〇年から九〇年にかけては五・五％の増加である。それ以降は五％周辺で安定しており、表4-1でも明らかなように年間六万ほどの新しい結社が誕生し続けている。

過去二〇年間で一〇〇万以上の新しい結社が正式に登録されている。この間にいくつの結社が消滅したかは、そのような怠慢によって自分たちが困るわけではないので、多くの人が報告せず、したがって明らかではない。公式には現在活動している結社は七〇万と推計されているが証明されているわけではない。われわれはこの数字に、政府に届けを出さず、したがって口座開設や雇用を行っていないなど、無数の事実上存在する結社を足して考えねばならない。

結社部門の活発さを示す数字には他にも雇用者の数（八〇万の常勤の職業に相当、これは全雇用の四・二％である）や、GDPに占める消費の割合（三・三％）などがある。しかしより重要なのはやはり仕事の創出である。一九八〇年代にフランスで新たにつくられた仕事の七つに一つは結社部門におけるものなのである。[2]

表4－1　新規結社の年間登録数

年度	登録数	年度	登録数	年度	登録数
1908	約5000*	1978	35025	1990	60190
1938	約10000*	1979	31222	1991	58840
1960	12633	1980	30543	1992	70403
1965	17540	1981	33977	1993	62736
1970	18722	1982	40228	1994	65056
1971	23361	1983	46857	1995	65588
1972	26257	1984	48040	1996	67528
1973	22403	1985	47803	1997	62646
1974	22153	1986	50607	1998	62708
1975	23753	1987	54130	1999	58293
1976	25622	1988	50650		
1977	33188	1989	60630		

注：*統計が始まったのは1960年のため推定値。
出所：Ministère de l'Intérieur.

結社と福祉国家

筆者の見方では、一九六〇年代から結社部門の急激な成長を最も端的に説明しているのは、福祉国家の成長である。これは結社というものが福祉国家によって残された空白を埋めるために発展し、逆に福祉国家の発展によりはみだしてしまったという頻繁な指摘とは対照的なものである。その指摘はたしかに多くの場面で現実に当てはまる。多くの結社が社会的必要性に応じて形成され、その必要性に形と一貫性を目に見える姿で与えると、やがてその必要性は政治システムに吸収され政治的要求となり、新たな社会サービスの創造へと繋がるのである。これは様々な社会的・肉体的・精神的ハンディキャップに対応するサービスについて明らかである。しかし新規結社登録件数の統計で見たとおり、逆もまた然りである。どの曲線の頂点も、政府の新たな社会的、あるいは市民的な社会サービスの創造により福祉を充実させようという決断の下された時期に対応している。この国家と結社の発展における相関性は、より詳細に検討される必要があるだろう。

結社部門の発展の原因の一つは結社の法的立場の形をとって鋭く拡張する行政部の存在である。公共サービスが結社の形をとることで行政的規定の制限と法的責任を免れるのはフランスに限ったことではない。このような擬似非政府組織を指すクワンゴ（quango）という言葉をつくったのは英国人である。とも

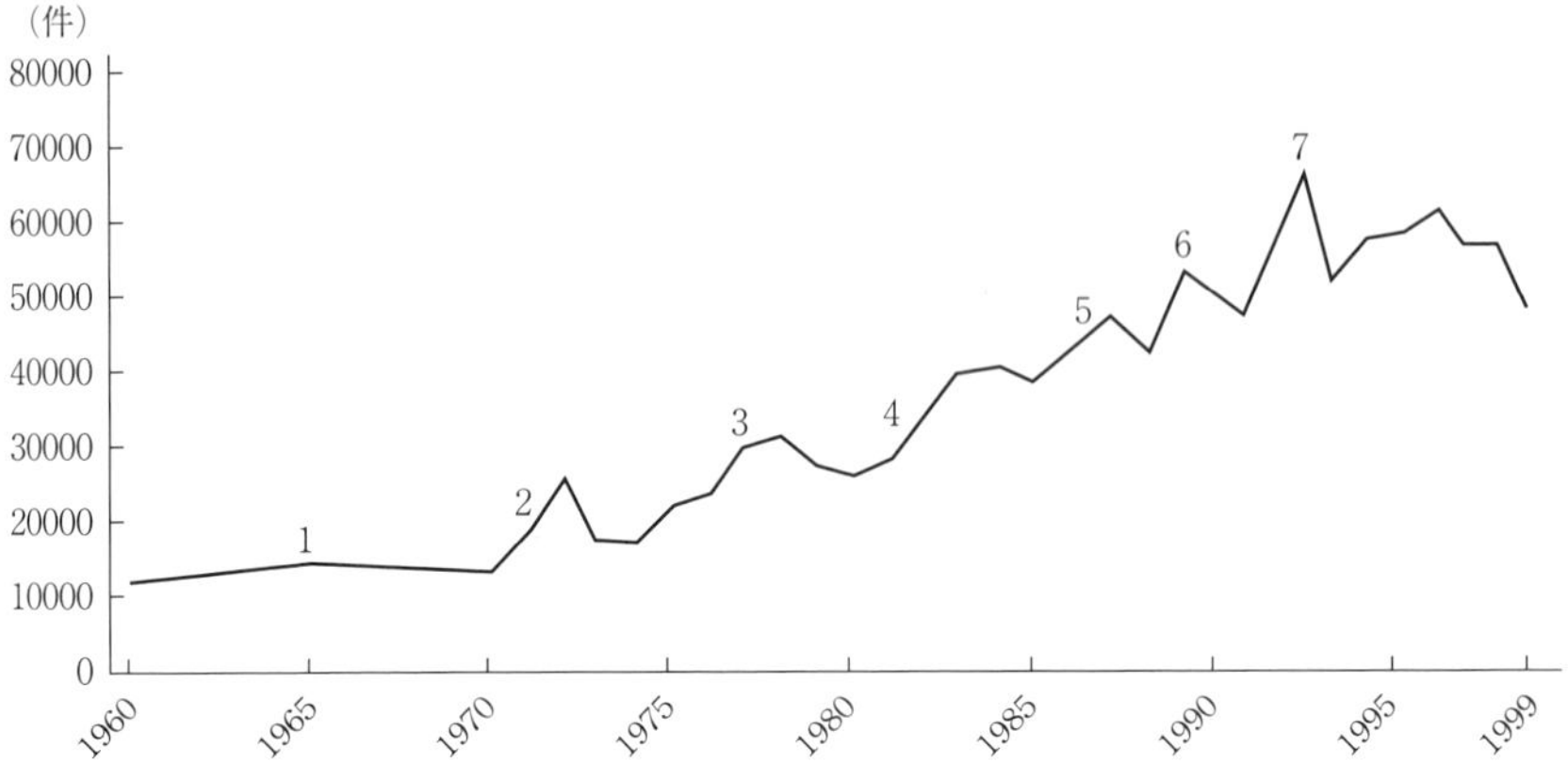

1. 各漁猟協会に許可証発行の特権を与える法律
2. 成人職業教育が結社に新たな機会を与えることに関する法律
3. 結社による年配者向けサービスへの助成金
4. 結社による非営利の独立地域ラジオ局の新たな法的可能性
5. 選択科目のスポーツ活動を結社に移す決定
6. 失業者のための中間的結社への法的認知と資金援助
7. 地元結社が主導権を持つ都市内のプログラム

図4-1 新規結社の年間登録件数と福祉を充実させる法律

出所：Edith Archambault, *Le secteur sans but lucratif* (Paris : Economica, 1996)

かくこのような組織が本当の結社の成長の図を不透明にしていることは否めない。会員数の推移は「クワンゴ因子」の影響を受けないので現実をより色濃く反映していると言えるだろう。それらのデータはいずれも近年の結社の会員数が少なくとも安定、より的確には微増の傾向にあることを示しており、したがってクラウディング・アウト（政府による民業圧迫）理論を否定している。大まかな推測として、フランスの主な世論調査機関であるSOFRESは、一九七八年から九四年にかけて、会員数が成人の人口の三九％から四六％に大きく上昇したと主張している。また二つの最も信頼の置ける公的な調査機関であるINSEE（国立統計経済研究所）とCREDOC（経済企画総局から特化した調査部門）は、結社への参加に関するより緻密な分析をそれぞれに行っている。INSEEの研究結果では、全体の会員数は一九八三年から九六年までの間で比較的安定している（一四歳以上人口の四三％）というものであった。CREDOCの結果では、わずかな上昇があるとされた（一八歳以上人口について、一九七八〜八〇年の四四・四％から、九〇〜九二年の四五・六％まで）[3]。

図4-1の詳細な分析は、公共部門の成長が結社の成長と結びついている三つの場合を示す。第一に、国家が新しい集団的利益や社会的権利を認識して調えるとき、国家は当該集団の構成員にそれらの利益追求と権利の保護を促すような結社をつくるよう奨励するのである。これは典型的な働きかけの機能で、フランスよりも他のヨーロッパの国々や米国で発展しているも

のであるが、図4-1に示されている法的な動きをきっかけとして新たに設立された結社には、間違いなくこのような働きかけがなされていたのである。

第二に、新たな法が国民の率先して行う市民的参加の新しい分野に限界を定めたりこれを管理したりする際（例えば、図4-1の1、4）には、国家は市民に新たな集合行為の機会を利用するように勧める。これは一九八二年に法によりFM放送の枠が独立した民間ラジオ局（radios libres）に開放された場合に当てはまる。国家レベルではすべての枠が商業ラジオ局によって占拠されていた。結社によって運営される非商業的な独立ラジオ局は地域レベルで急成長し、情報と繋がり、対話し、あらゆるグループの公共の関心事に積極的に参加したのである。これは一九六五年の漁猟に関する法律でも同様である。この法律はそれらの活動に携わる組織に、国家の規定の枠内での地域的な結社の活動を認めたのである。これらの結社は今日でも、ロバート・パットナムの言う社会関係資本の典型的肉づけ（ボーリング・リーグ・モデル）であるような結社として、フランスの地方に数多く存在し、強い力を持っている。しかしこれらの結社は都会では弱く、したがって国の都市化が進むにつれて、全体的な重みを失いつつあるのである。

第三に、国家は新たな公共サービスの共同運営の責任の一部を国家機構とともに結社に移譲する際、利害に関わる市民による結社への参加を必要とするのである。これは経済的・社会的・市民的疎外の問題に関するほとんどの法律に当てはまるが、図4-1で2、3、5、6、7とされているものに関しては特にそうである。これらはいずれも多くの新しい結社の創造に繋がった。またこれは若者、年配者、あるいは肉体的・社会的・精神的なハンディキャップを負った人に対する長年にわたり存在してきた社会サービスについても言えるのである(4)。

近年の就職促進最低所得保障（RMI）に関する立法は、国家と結社の弁証法的な関係を浮き彫りにしている。これは保証された最低所得（その人の収入と保証されている最低所得までの隔たりを国家予算で埋めるシステム）と、地方政府の代表者、市民社会、そして対象となっている人との間で取り交わされる、個人的、社会的および経済的再挿入（つまり、住む場所、教育、医療などを含めた自立を達成できるだけの収入の確保）への努力に関する契約的な取り決めとを合わせたものである。関係する社会的労働への責任は地元の結社に存在する。その労働にかかるコストを負担する経済的責任は地方政府にある。この概念を初めて提唱したのは有力な慈善協会であった。その理事は経済社会評議会に推薦された。彼はその評議会の集会において貧困についての報告書をまとめ、それがこの新しい法律の誕生を促した。そしてその法律はその目的のために協会に依存したのである。

このような福祉国家と結社の共同発展は、現代における危機的状況によって加速してきた。その状況では、この章の後段で詳述するように、発展のあらゆる側面において、急速で不快でさえある変革を経験した社会では、多様で複雑なニーズの変化に対して公共政策を調整することが困難なため、国家による協会への要求が強化されつつある。

公共政策に対するこのような共同責任は結社と国家官僚機構との間で明確な契約の形をとり分権化によって結社と地方政府の間でも行われる。契約化と分権化というこの両傾向は、どちらも明らかに結社による社会関係資本の創造という肯定的な結果をもたらす。しかしそこには欠点もある。同等に二つのタイプの公的正統性を結びつけるのではなく、頻繁に結社の行動の自由を制約し、公的サービス機関のように扱おうとする厳格な契約的条件がつきまとうのである。これにより内的な民主主義の質が著しく損なわれ、社会関係資本の重要な貢献である自由市民による自発的な市民エネルギーの動員を阻んでいる。公共融資の額（全体の五〇％以上）は既にフランスの集団活動の特徴であった。契約化により依存心が増加し、市民代表意識が減少し、またフランスが伝統的に市民社会と確立してきた関係様式を地方政府が真似る（また戯画化する）時には、分権化によってもそれは起こるのである。

しかし、結社の数や種類の変化は結社と福祉国家との関係の性質だけでは説明できない。そこには他の要素も関係しており、それは市民側の集合行為を刺激する社会問題の性質上の変化と、市民のこれらの問題への参加の性質の変化を考察することで明らかにできるだろう。

集合行為の新旧の問題

集合行為の性質上の変化を分析するためには、それぞれの結社のタイプを区別し、それぞれは時を越えてどのように発展したのかを知る必要がある。様々な著者によって様々な分類法が採られてきたが、いずれも完全に満足のいく結果をもたらしはしなかった。私は議論の目的に沿って、頻繁に三つの結社の大分類に言及するだろう。これらの分類に完璧に当てはまる現実の協会は存在しないが、これらは後の疑問に役立つ区別を提供してくれるのである。

(1)多数の市民に向けて公共サービスの性質を持つサービスを提供、またそのような集団活動を企画する結社

これらはある意味で、福祉国家における結社の武器である。フランスの集合行為の二つの有力な部門である社会サービスと健康協会、そして社会文化協会は、この部類に属する。これらは合わせてフランスの集合行為の七〇～九〇％を占める。社会サービスと健康協会は、フランスの社会的および社会医療的サービスのほとんどを運営しているが、主な例外は病院や医院である。ここにこそフランスのカトリック的な遺産が最も色濃く残っていると言えるだろう。社会文化協会は多数のサービスを特定の大衆、あるいは一般大衆に提供している。その内容は青年団や文化センターなどの大衆教育《エデュカシオン・ポピュレール》、そして娯楽活動など、また特に旅行者協会である。世俗的な遺産はここにおいて最も色濃く見られる。

(2)会員の部門利益を代表、促進、または保護する結社

この広範な分野は利害関係のある様々なグループを含む。両親、家主、店子、地主、技術者、雇用主、貿易協会、労働組合、退役軍人、そして漁猟協会の会員などがそのグループである。これらは合わせて集合行為の二〇%を占める。

(3)政策方針や動機を守るために形成される結社

この分野は同様に広範なグループで成り立っている。環境、女性の権利、その他の市民的社会的権利、仕事の保護と創出、地元経済と社会の発展などに関する協会、また国家的および国際的な人道的活動、宗教的結社、政治的議論を交わすクラブ、学識者協会などが含まれる。これら「声」の結社は大きな存在感はあるものの、全体に占める割合は小さい。

これから取り扱う変化は次のような変動を反映している。

・全体の中での三種類の結社活動のそれぞれの比重
・それぞれの内部の構成
・会員、利用者、支持者などの市民参加の性質

タイプ別結社の年間登録件数推移の分析は、何が起きたかを知るうえでの第一の証拠となる。二つの研究がこの問題に大きく関連している。一つ目の、ミシェル・フォルセによるものは、結社を二〇種類に分け、それぞれの種類の「新設率」（年間登録件数）を一九六〇年、七七年、八二年の時点で比較している。[5]このデータから、特にある年における高い新設率やある期間の新設率の伸びによって目立っている数種類の協会を選んだ（表4-2参照）。

一九六〇年に新しく設立された結社が属した四つの主要な分野は前記の分類では明らかに最初のグループ、つまり福祉国家と共同で運営される公共サービス型の結社にあたる（戦後に創立された私立学校の多さは公立教育の発展と並行しており、この分野での公共部門の優位が変わらなかったことを念頭に置いておこう）。六〇年という年は第二次世界大戦終結から七三年のオイルショックに至るまでの二八年間の経済拡大の中心に位置している。フランスのGDPの成長率は三〜六%の間を揺れ動き、平均では四・五%であった。失業というものは実質上存在しなかった。このことはなぜこの時期が頻繁に「栄光の三〇年間」と呼ばれるのかを説明している。

一九六〇年、結社的社会関係資本は社会における国家によって組織され管理されるというフランスの共和国モデルに則った集団的社会統合の過程の一部を成していた。結社部門のほとんどがその発展を国家の財政と規定に頼っていた。

一九七七年になっても、スポーツ、娯楽、社会サービスの擬似公共サービスの結社が全体の結社の多数を占めていた。例外的な成長が見られる年はいずれも福祉国家の発展の年であった。しかし、他の二つの分類に当てはまる新たなタイプの結社が第一線に登場し始めた。それは部門の利益を保護するものと動機を保護するものである。実際、一九六〇〜七七年に最も高い新設率の上昇を見せた五つの種類の結社はいずれもこれら二つの

表4-2　1960，1977，1982年に多く新設された結社と高増加率の結社

1960年に多く新設された分野			1977年に多く新設された分野			1960～77年に高い増加率を示した分野		
	分野	新協会数		分野	新協会数		分野	増加
1	娯楽	2300	1	スポーツ	6637	1	年配者	14.5倍（169→2451）
2	スポーツ	2008	2	娯楽	5535	2	両親	4.3倍（309→1330）
3	社会	1203	3	社会	2578	3	政治クラブ	4.3倍（230→982）
4	学校	1024	4	年配者	2451	4	宗教	4.2倍（142→595）
			5	芸術	2439	5	芸術	4.1倍（600→2439）
			6	社交クラブ	2025			

1982年に多く新設された分野			1977～82年に高い増加率を示した分野		
	分野	新教会教		分野	増加
1	スポーツ	7237	1	独立ラジオ局	67.6倍（19→1285）
2	娯楽	4863	2	雇用と経済成長	3.0倍（568→1692）
3	芸術	4116	3	結社経営の学校	2.1倍（103→213）
4	社会	3558	4	職業訓練と調査	1.8倍（1464→2599）
5	職業訓練と調査	2599	5	芸術	1.7倍（2439→4116）

タイプに属している。例えば年配者や保護者のための結社（部門の利益を保護する結社）や、政治、社会、芸術に関する結社（動機を保護する結社）である。「栄光の三〇年間」は自己利益に対する物質主義的な価値観と、普遍的態度と結社での履行における脱物質主義的な価値観双方の成長を見たのである。

フランスでは、他国と同様、相対的な豊かさを保証する年来の成長が、個人主義的価値観の急速な発展を促した。どうやらこの動きは二方向へ向かうものであった。一方は一番味の良いケーキの一切れを手に入れるための市民エネルギーの利己的な動員、もう一方は自立的な個人の発展と普遍的な利益を求める利他的なものである（おそらくは一九六八年五月の「文化革命」の影響であろう）。この時代にはそれまで容認されてきた国家の手になる社会関係資本から人工的な社会の手になる社会関係資本への動きがあり、後者には利己的な社会関係資本と利他的なそれの両者が存在したのである。

一九八二年、フランスは、一九七三年のオイルショックに始まる二五年間にわたる社会経済的難局の渦中にあった。ＧＤＰ成長率は平均で一％を下回り、失業率は一三％に達した。九八年からこの傾向はふたたび逆転することとなるが、このことが社会関係資本の形成にどのような影響をもたらすかを考察するのは先走りである。一九八二年、フランスは左翼政府の下で厳格な財政政策をとろうとしていた。集団的創造性の最前線には相変わらず伝統的なスポーツ、娯楽、社会サービスの結社が居並んでいた。脱物質主義的な価値観もいまだに存在し、むしろ社会的困難とは裏腹に成長を見せているようであった。芸術活動はこれまで以上に新しい結社の源となり、五位から三位に浮上した。しかし新たな関心事が現れ、雇用の問題に対する協会（職業訓練と調査）や社会からの排除と戦う協会（社会的絆の構築）が生まれた。前掲表4-2がこのことを証明しているが、そこには二つの明らかな例外もある（独立ラジオ局はそれを許可する法の整備を機に爆発的に増え、一九六〇年に一二〇四校を新設した私立学校は、七七年には一〇三校にまで落ち込んでいたが、公私立の教育機関を併合しようという議論が過熱するなかで再び上昇に転じている）。最も高い成長率を見せている二つの新しいタイプの結社はどちらも市場経済の中に新たな仕事を創造しようという市民の努力に直接結びついたものである。これは動的な市民社会活動が政府に依存せずに共通の利益のために問題に取り組んだという確かな兆しである。危機的状況は、フランスにおいてさえも社会の活発さを盛り立てるのである。

集団の自己利益を促進するいくつかの種類の結社の新設率が下がっていることも、同じことを物語っている。困難な時代には利己的な集団利益がより強力に動員されることもあるが、この傾向はそれとは反対の方向を指している。一九六〇年から七七年にかけて最も高い新設率を見せている二つのタイプの結社は、どちらも次の時代には後退してゆく自己中心的な社会関係資本である。七七年から八二年にかけては、高齢者向けの新たな結社は二四五一から一一二六に、保護者向けの結社は一三三〇から一一〇四にそれぞれ減少している。八二年には、高齢者の人口が増加した一方、以前より健康かつ活動的になっていたにもかかわらずである。また教育はこれまで以上に就職のためのパスポートとなっていた。これら二つの分野における結社の放棄は潜在的な「市場」の衰退や該当する人々の市民的興味（あるいは利己主義）の欠如を意味するのではなく、自己の利益と国家の防衛を結びつける伝統的な形の集合行為への市民的な投資からの撤退、また自己中心的な社会関係資本から他者中心のそれへの移行を示しているのである。

結社の新設率に関する第二の研究は公式の代表的諮問機関である国立集団生活評議会（ＣＮＶＡ）のために行われたジャン＝フランソワ・カントのものである。[6] カントは異なる分類（八つの大分類を形成する五七のタイプ）を用い、実数ではなく毎年の結社の新規登録率に基づいて研究を行ったが、その結果はフォルセのそれと驚くほど近いものであった。カントは一九七五〜八六年、八七〜九〇年、九四〜九五年の三つの期間に分けて測定した。より動的な結社を分析しようという共通の目的のために、筆者は表4-3のように、（カントの五七タイプの中から、）第一期から第二期にかけての新設率の伸びの大きな一二タイプを抜き出して、それらの第二期から第三期にかけての動向を分析した。

これらの一二のタイプはどれも独占的な地位にある擬似公共サービスの結社のうちで社会医療的と分類されるものではない。社会文化的と分類されるもののうちからは二つのみが入っている。また利益グループの部類からも一つも入っていない。最近

表4－3　過去20年間の３期間における12タイプ（57タイプ中）の結社の新規設立の割合

結社の種類	新規登録全体に占めるパーセンテージ		
	1975～1986	1987～1900	1994～1995
1　学校および大学のスポーツ協会	1.35	4.27	0.99
2　雇用関係の協会	0.54	1.24	2.45
3　調査および訓練の協会	1.00	1.87	2.15
4　演劇とダンスの協会	2.39	4.36	2.58
5　出版，図書，哲学，文学協会	2.22	3.90	5.20
6　卒業者協会	1.35	2.35	3.41
7　第三世界と国際団結協会	1.69	2.71	4.60
8　旅行者協会	0.84	1.33	1.52
9　政治クラブ	1.68	2.64	3.21
10　宗教的協会	1.09	1.60	1.79
11　経済発展協会	4.39	6.03	5.00
12　ヴィジュアル・グラフィックな芸術協会（絵画，映画，テレビ，写真）	2.16	2.62	3.34

の危機的な期間において最速の成長を見せる結社のほとんどは第三のタイプ（公共の場における主義主張の擁護および〔独自の〕見解や文化的アイデンティティの表明）のもので、社会関係資本の新たな形を反映している

一九七五～九〇年に見られた傾向のほとんどは九五年まで続いた。新設率が最も早く上昇した一二のタイプのうち九つは第二と第三の期間の間にも上昇を続けた（タイプ2、3、5、6、7、8、9、10、12）。それら九つのうち、七つは思想やアイデンティティの表現（タイプ6、9、10）ないし、娯楽、文化、教育的活動（タイプ3、5、8、12）を通して個人の成長の増進に関与している。残る二つは団結行動への参加の増加に関するものだが、一つはフランスの失業（タイプ2）、一つは発展途上国（タイプ7）を扱うものである。

成長の続かなかった三つのタイプの結社は特定の状況を反映している。学校および大学における最適なスポーツ活動は一九九四年にはもはやそれら〔疑似公共サービス結社〕の機関では運営されていなかった。経済発展に関する結社は既に高いレベルに達していたので、新たにこの分野に参入した結社は失業問題に転じた（タイプ2）。文化活動の発展はいまだに続いているが、その興味は演劇やダンスから、特に若い人の間での音楽に移っていった（音楽関係の新規結社は一九八七～九〇年には三・五七％、九四～九五年には四・三〇％である）。

最も大きな「敗者」を特定することも同じく重要である。学校や大学のスポーツ以外にも、主に五つの主なタイプの結社が

（新規設立結社に占めるパーセンテージで見る限りは）大きな減退を見せた。それは高齢者の結社（二・〇五％から一・一六％）、漁猟の結社（二・〇三％から〇・九六％）、また技術職や小売業者の結社のように狭い共通の利益を保護するもの（二・〇五％から〇・九六％）、家主の結社（一・五一％から一・三九％）、それに地主の結社（〇・二五％から〇・一三％）である。

一九六〇～八二年についてフォルセが観察した傾向はカントによる七五～九五年についての分析でも確認され、焦点を当てられている。集団設立の活発さは伝統的な擬似公共サービスと部門別の共通する利益の保護から今日の市民の必要性や要望に焦点を合わせた新たな活動へと移っていった。文化的および娯楽的活動における個人的発展、市民的および社会的権利の促進、不利な状況にある人たちの活発な団結、などがそれである。これらはいずれも断片的な活動であり、その目的はフランスの文化的・制度的伝統とはかなり隔たりのある個人の自立に関するものであるが、それらが公的機関と政府に結びつきフランスの政治的民主主義を潤すということは、自然に起こることではなく将来における大きな政治的挑戦となるかもしれない。

誰が、なぜ、どのようにして結社に加入するのか？

結社自体についてはひとまず措いて、結社に加入する個人に焦点を当てることはフランスの社会関係資本の本質をさらに明らかにするだろう。ＩＮＳＥＥとＣＲＥＤＯＣの調査は過去二〇年で増加あるいは減少した結社の傾向を確認し、結社会員の性質について興味深い指摘をしている。

この結果は娯楽、スポーツ、文化的活動およびエイズ被害者、移民、第三世界などの国々を助けるもの、さらに自己発展の手段や新しい形の団結をつくり出そうとする人道的な活動の魅力が増してきたことを示している。それは逆に利益団体、特に保護者会、組合、高齢者のための結社、また伝統的（政党）および一九六八年の社会運動から生まれたもの（女性の権利を問うグループ、消費者団体）を含む「声」の結社が、魅力を失いつつあることをも示している。表4-4のＩＮＳＥＥの数字とＣＲＥＤＯＣの数字は同様の項目に関しては似通っている。

ＩＮＳＥＥの調査はまた興味深い性質上の要素に関する情報を提供している。第一は結社の運営への参加の度合いに関するものである。一般的解釈とは反対に、能動的会員 対 受動的会員の比率で表される（協会運営への）参加レベルは一九八三年から九六年にかけて、二つを除く一一のタイプすべての結社で上昇している。例外は高齢者の結社とスポーツクラブである。

健康で活発な六〇歳以上の人が次々に離れていっている高齢者のための結社の場合、会員数が減っているのみならず、会員平均年齢は上がり、健康状態も悪化し、受動的になっている。スポーツクラブの場合、結社数および会員数の上昇の持続はスポーツ活動への需要が増加していることを反映しているのであって、結社への興味が増しているということを意味しているわけではない。実際、多くのクラブがその提供するスポーツにおける独占的な権利を持っており（設備やその使用に関する独

表4-4　1978年以降会員数が著しく増加／減少した結社

（%）

	結社の種類	INSEE 1983	1996	CREDOC 1978～80	1984～86	1990～92
増加	スポーツ（回答者全体に対する割合）	15	18	15.3	18.9	19.4
	文化*（回答者全体に対する割合）	5	7	12.2	11.6	16.6
	人道（回答者全体に対する割合）	2	4			
減少	高齢者（60歳以上の回答者全体に対する割合）	21	16			
	保護者（１人でも学齢期の子どもがいる回答者全体に対する割合）	12	8	10.0	8.2	8.1
	組合（就労中もしくは就労経験のある回答者全体に対する割合）	14	8	9.7	6.8	6.8
	退役軍人（回答者全体に占める割合）	5	3			

注：＊CREDOC の調査は文化的結社と娯楽的結社を同じ分類としている。
出所：INSEE Première no. 542 ; CREDOC, *Consommation et modes de vie*, no. 78.

占）、会員をただの公共設備の利用者と同じものに変えてしまったのである。そのような社会関係資本は性質的に交通機関に乗り合わせた通勤客の間に生まれるものに近く、共通の目的のために情熱を分け合っているようなものとは言い難い。

しかし全体では、結社への能動的な参加は増加している（一九九六年には、少なくとも一つの結社の会員である人の四六%が自分を「熱心な参加者」であるとしているが、八三年にそう答えたのは四一%であった）。これら熱心な参加者とはどのような人たちであろうか。

伝統的には、会員資格とは教養あるブルジョワジーを優遇するものであった。一九九六年のＩＮＳＥＥの調査でも、いまだに収入が大きな意味を持っていることが明らかになっている。そこではフランスの最も裕福な人々の五八%がいずれも少なくとも一つ以上の結社に属しており、対照的に最も貧しい人々の間ではこの数字は三三%に下がっている。これは経済的制約のみならず、社会文化的な、特に教育における制約を意味している。しかし、結社会員への教育の影響が今日において弱まりつつあることは興味深い。集団活動が盛んになったのは一般的に教育のレベルが上がったからではないかと思われる向きもあるかもしれないが、教育レベルによる結社の会員数の差異は以前よりも小さいため、これは当たらない。ＩＮＳＥＥは人口を教育レベルで最低から最高までの七つに分け、表４-５にある結果を得た。

結社加入とその社会関係資本への参加は以前ほど教育を受け

表4－5　教育による結社加入の変動（1983，1996年）

（％）

教育レベル（無資格から大学まで）		1	2	3	4	5	6	7
少なくとも１つの結社に加入している人の割合	1983年	30	38	44	50	53	60	67
	1996年	32	39	43	57	52	52	60

出所：INSEE Première no. 542.

たものの特権ではなくなった。しかし、いまだにそれは既に特権を持っている部類の人たちの社会的地位を強化する社会的威信の一要素である。結社は啓蒙されたエリートの優位にある市民的美徳にさらに公共の利益という口実を反映させるのである。

表４-５に見られるように最も低い教育を受けた人たちと最も高い教育を受けた人たちの会員に占める割合の差異が縮まったのは、高い教育を受けた人が結社に入ることが減った（最高の二つのレベルでマイナス八％とマイナス七％）ということが、低い教育を受けた人でも結社に入ることが増えた（最低の二つのレベルでプラス二％とプラス一％）ということよりも主な理由である。言い換えれば、教育を受けていない人が結社に入ることよりも教育を受けた人が結社を去ることの方が多くなっているのである。しかし、一般的な教育の向上とともに結社における最高の教育を受けた人の数は全体で増えており、彼らは平均的な国民よりも結社に加入する可能性が高いので、ＩＮＳＥＥの同様の研究は結社会員数の平均が安定していることを示しており（四三％前後）、その他の研究は結社会員数のわずかな上昇を指摘している。

教育の影響は結社により異なる。それは今日では保護者会で最も強く、平均的な場合の二倍である。これはＣＲＥＤＯＣ研究の最も衝撃的な結果の一つである。この研究の目的のために、回答者は最低から最高までの四つの教育レベルに分けられた。表４-６はこの点から見た保護者会における会員数の大きな差異を示したものである。

全国的な無料の公的義務教育の存在は常にフランス社会の偉大な象徴であり、フランス国民の平等性への黄金の門であった。フランスの共和国モデルは国家の学校を市民社会の上にそびえ立つ制度と位置づけ、理論的には、その文化的および社会的特異性にとらわれないものとした。教師は、制度とその教育が外部からの影響（保護者の要求を含む）を受け容れないことを誇りとした。しかし、いくつもの研究は、このような形式的な平等性がいかに現実には不平等を生むかということを指摘してきた。レイモン・ブードンはこれを両親が教育機関のなかから自分の子どものために異なる進路に沿ったものを選び、また機関による差別があることが、この現状の原因であるということを初めて述べた。したがって両親と学校との関係の質はきわめて重要である。

表４-６は教育を受けていない保護者が学校に関わろうとしないことを示している。これらの両親の子どもは特に教育がも

表4－6　教育による保護者会への参加

（%）

教育レベル	1	2	3	4
16歳未満の子どもが１人以上いる回答者全体に対する保護者会会員の割合	9	17	24	32

出所：CREDOC, *Consommation et modes de vie*, no. 78.

たらす利益を必要としており、最も学校に期待を寄せているのである（学校に対する期待は一九八一～九〇年にかけて教育を受けていない人の間で最も増加しており、この幅はヨーロッパ価値観調査によれば他のどのグループのものよりも大きかった）。教育を受けていない両親はどうやら教育機関というものの前で萎縮してしまい、保護者会を通して教育機関と対話をしようという気にはならないのである。それはこのような両親の方が長時間働いているからというわけではない。実際、失業中の両親はさらに保護者会に参加しないのである。このような参加の欠如は、自らも教師である保護者が保護者会の主導権を握ってしまうことが多いために悪化している。自らも教師である保護者は自分の立場とそこに結びついている知識が会の目的を達成するにあたって有利だと考えているのである。市民社会との関係を通して社会関係資本が国家によって創造され形成されるこれ以上の例はないであろう。もしフランスの学校のシステムが社会統合の役割を新たに確立するのであれば、まずはその機関的な態度を改め、あらゆる背景を持つ両親に参加を求めるべきであろう。

しかし全体としては、社会関係資本としての協会における教育の影響は減少し、他の社会人口統計学的変数も同様の傾向を見せ、結社会員の均質性は高まりつつある。以前は結社への加入は中規模の地方都市や田園地域での方が盛んであったが、今日では地方の大小の都市とパリでの加入率はほとんど同じである。しかしタイプ別結社間での差はその居住場所により大きく異なっている。

やはり減少の傾向にある会員の性別と年齢の差異を見ると、表4-7が示すように、詳細な分析が必要である。

男性の参加が減っていることは明らかに女性よりも男性が主に加入していたタイプの結社（例えば政党、組合、退役軍人協会など）が減少したことと関連している。この損失は急騰中のスポーツ協会への男性の加入が増えたことである程度埋め合わされている。女性会員の増加はどのタイプの結社でも目立つが、特に増加傾向にある人道、社会団結、文化に関する結社でのそれが顕著である。

それよりも重要なのは、結社活動に参加する様々な年齢層のパターンの変化である。一九八三年には、二五～五〇歳が最も頻繁に加入しており、特に中年で教育のあるブルジョワ男性が中心であった。六五歳以上の人は高齢者の協会や退役軍人協会に入る傾向が強かったのである。一三年後、状況は大きく変わった。六五歳以上の人々は今までよりも活発で健康である。彼らは高齢者向けの結社を去り、より広い社会への積極的な参加を宣言するように様々な結社に参加した。早期退職（法と必

表4－7　1983，1996年の年齢と性別による加入率

（％）

		年齢					性別	
		15～24歳	25～39歳	40～49歳	50～64歳	65歳以上	男	女
少なくとも1つの協会に加入している人の割合	1983年	32	47	50	41	45	52	34
	1996年	45	43	46	46	45	50	39

出所：INSEE Première no. 542.

要性による）で、五〇～六四歳のグループも同じ傾向を示し、やはり積極的な参加で社会的に有意義な引退生活を送ろうとしている。今日では橋渡し的な社会関係資本や他者中心の社会関係資本の多くが五〇歳以上の人々の双肩にかかっている。

二五～五〇歳のグループに興味の減退が見られる一方で、主にスポーツや文化活動において、二五歳未満のグループの予想外の爆発が見られた（一三％の成長）。ボクシング、格闘技、そして特に音楽に関する結社がフランスの多くの都市で若者の参加を受けており、彼らによる社会関係資本創造（多くは断片的で、自己中心的な社会関係資本であるが）の動きも強く見られる。若者の結社加入の爆発的な伸びのもう一つの理由としては、失業している若者に社会的地位とアイデンティティを与える手段としてボランティアが盛んになっていることが挙げられる。多くの成人の結社はこのような無料の労働力を利用している。よって若者も他者中心の社会関係資本に参加せざるをえない状況にあるわけである。ここでは労働社会関係資本が集団社会関係資本の代理となっている。

多くの歴史的な結社は若者が結社から離れていると感じている。それらの指導者たちはすぐさま若者の個人主義、快楽主義的価値観、公益への無関心などを責め立てたが、現実はより複雑である。基本的な事実としてあるのは、集団での社交活動の形態は急速に変わりつつあるということである。若者は年長者と同じ協会には、その参加の方向性や、参加の目的が同じであっても参加しない。年長者はこのことを無視し誤解している。いくつかの調査と観察を組み合わせた研究はこの点を明確に表している(7)。若者は倫理的疑問と動機について以前の世代よりも消極的であるようには見えない。しかしいくつかの理由、すなわち拡大する世代間格差、社会的・職業的統合の困難、聞いてもらえず、理解されないという一般的な感情などが、彼らに大人の世界やそこに存在する結社から離れたところにある別の形の社会化や社会参加を求めさせるのである。

二五歳未満の世代は先天的に集団活動に向いていないというわけではない。彼らは至近のグループ内では高い社会性を持っている。若者は内的な社会関係資本を通して、ほとんどあらゆることを集団で行う。また彼らは外の世界との連絡や彼らに反対する社会やその他の公共サービスとの交渉の役割を担う。これは世界的な社会関係資本への重要な参加の形である。

若者は特に必要があると感じれば、利他的な集合行為にも多

く参加するし（例えばエイズ、麻薬、暴力、差別の問題に関して）、より広範な人道的目的（例えば人権、環境、市民的社会的権利、第三世界に関して）のためにもそれを行う。

地元の当局がそれを求めない限り、これらのグループは登録された機関としての形をめったにとらない。形式的な制約が日常的な社会性のルールに取って代わられるのである。これらのグループは確立された結社が存在しないような分野に存在し、多くの伝統的な結社にとっては未知の集団的参加を実践している。つまりある程度まで、彼らは将来の社会関係資本の新たな領域を探っているのである。

今日、集合行為に参加すると、若い国民は同時に社会性への強い欲求を満たそうと望み、社会活動に有意義で効果的な貢献をし、個人的な発展に努めようとする。この複雑な動機はその形式と公共参加の性質に沿って常に自身をコントロールすることによって初めて満たされる。彼らはあらゆる参加への強制に抵抗する。このような極端な集団参加の個人化は、労働組合をはじめとしてその他すべての制度化された社会関係資本の形をとる結社の伝統的な概念を阻害する。そして若者のこのような態度は他の年齢層にも広がっているのである。社会関係資本が減少したことについてよく誤解されているのは、それが個人主義へと向かう性質の変化の傾向、社会関係資本の私化を意味しているということである。

この点をよく表しているのはスポーツ活動である。今日ではより多くの人が結社の外でもスポーツをしている。これらの非公式のスポーツ活動は時にはスポーツ協会よりも早い発展を見せるが、こちらも集団的なものであるには変わりない。サイクリング、ツーリング、ウォーキング、スキーなどを一人で行う人はあまりいない。クラブの形式を採らないサッカーやバスケットボールのチームは無数にあり、これらは地方自治体やスポーツ協会と頻繁に衝突している。したがってこのことは社会活動の集団性への抵抗を意味するのではない。ただここに表れているのは若者や多くの大人がともに活動したいと望む欲求（またそうすることのできる能力）と、そのために提供されている制度的構造との差異なのである。彼らには提供されている社会関係資本は無関係であるように思われる。

このすれ違いが表れているもう一つの点は、一部の人が結社から結社へと常に移動しているという事実である。結社の管理者はこれを「ザッピング」（リモコンでテレビのチャンネルを次々と変える様子を表現するのと同じ言葉である）と呼んでいる。伝統的には、結社は広い視野の計画を無期限で実現しようという目的のために設立され調えられているのであって、実際の行動はその概念には無関係である。しかし市民、特に若者は、すぐに実現する行動に興味を持っているがためにその結社に入るのであり、それが済めば、次の段階が興味を惹かれるものではない限りそこに残ろうとはしないのである。結社の主導者はこのような行動を支離滅裂と見るが、実際、個人的にはその社会参加の逐次的なコントロールという意味で一貫しているのである。

個人的な統合と個人的発展の機会の保護とが個人の集団への

参加の主な動機となった。このことはお互いに容易には関係しようとしない断片的で自己中心的な社会関係資本の要素の比較を提供しうる。この集団的忠誠心の流動性と集団間の移動により問題は困難になる。しかしこれが市民社会を形成する若者文化の誕生により提供された基本的な材料である。材料はある。足りないのはどうやら技術的なノウハウのようである。

3　その他の形の社会関係資本の変化のパターン

社会関係資本の形は特定の歴史的状況や異なる世代のそれぞれの立場と密接に関係している。戦争への努力が政府と市民社会を引き合わせ莫大な社会関係資本が発生した英国とは違い、フランスは社会関係資本が完全に枯渇した状態で戦争を終えた。ナチスによる占領とヴィシーの協力政権はフランスの市民社会の大部分を破壊させた。フランス国民の大多数は活発な抵抗にも参加せず、協力もせずに、個人的な生き残り戦略をとりつつ、慎重に市民との関わり合いを避けていた。

戦後、真贋とりあわせたレジスタンス運動の後継者たちが政府と市民社会の責任ある立場を支配し、都市、経済、社会関係資本を、植民地の独立の問題にあえぐ不安定な政治制度の中で再建し始めた。一五～二〇年間にわたりこの任務はその筋の内意を受けた官僚や高級行政官の一部の世代に支えられつつ行われた。彼らは国家と市民社会において権力を持つほとんどの地位を独占し、それは広汎なベビーブーム世代がその社会的認知と地位への抜擢を主張するような年齢になるまで続いた。再建と植民地の処理という困難な任務は完了し、成長が待っていた。なぜ一九六八年五月のスローガンのように「すべてが可能に」はならなかったのだろうか。ジョルジュ・ポンピドゥーがうまく要約したように、少数の勤勉な近代化世代と、多数の特権を持った新世代の二つの世代が衝突したことからそれは起こった。後の世代は彼らの先代の努力による恩恵をほしいままにしたが、その全部を享受できずにいるという気持ちを持っていた。これが一九六八年の文化革命と脱物質主義的価値観、また社会運動（女性解放、環境問題、倫理と性の自立などに関する）のきっかけの一つであろう。これらは急速に文化を独占するようになった。七五年以降、特に八〇年代に思春期および成人であった世代は、明らかに楽観主義的な理想から遠ざかり、六八年世代の大胆さからも距離を置いた。社会的厳しさの経験、ミッテランの「新たな生活」という約束への幻滅、蔓延する政治の腐敗への嫌悪が今日の若者の代名詞であり、国の一般的ムードとなっている懐疑主義を生んだのである。

社会的・倫理的・市民的規範と価値観の変化は公式の結社のみならず、様々な新しい形の社会関係資本が創出されている分野にも現れた。このことはＣＲＥＤＯＣの研究[8]や一九八一年および九〇年に実施されたヨーロッパ価値観調査[9]など多くの調査の結果からも明らかである。フランスの社会関係資本の新たな文化的側面が我々の政治的民主主義にどのような影響を与えたかを論じる前に、社会関係資本が特に減退しつつあると思われる三つの決定的な分野をその順に挙げておこう。それは貧しい郊外のコミュニティ（特に大きな移民コミュニティを含むもの）、職場、そして家族である。

貧しい郊外の社会関係資本

戦後の急速な成長と産業化は都市化と移民労働者の巨大な需要を加速させた。一九四六年、フランスは人口的にも文化的にもまだ大部分は田園地域であった。同年の都市人口は全人口の五〇％を少し超えているだけで、今日の七五％以上とは大きな違いがある。またフランスは過去の五〇年で人口も四〇〇〇万人から六〇〇〇万人に増えたが、増加したうちの四分の一は移民である。これらの人口増加の組み合わせは過剰な移民人口を抱える郊外をつくり上げた。民族的・社会的・差別空間的分離が合わさり、排他的な人々や差別への恐怖、妄想など、重大な排斥、隔離の問題が起きた。地域社会関係の徹底的な評価は明らかにこの章の対象外であるが、このような郊外を詳細に分析することは我々の目的にとって特に重要である。一般の意見としては社会的な崩壊は避けられない運命であるとされているが、詳細なケーススタディは全く異なる診断をしている。社会的な隔離はすぐさまこのような崩壊に繋がるわけではないが、断片的で未熟な社会統合には繋がるだろう。

借家の詳しい観察では、慎重だが活発な社交のネットワークの迷宮の存在を明らかにしている。既存の結社はこのような環境情況の中に定着することはできないようであるが、小規模な公式または非公式な結社の多くは定着している。言わば社会的追放の中に閉じ込められた住民はすぐ近隣に退き、個人的および社会的アイデンティティに不可欠である主要な社交のネットワークを構築する。ほとんどの高層ビルの中には、小規模な社会統合が出現する。近隣どうしの間の社交ネットワークは日常の現実問題の解決に、また外部からの脅威の防御に役に立つ。家賃不払いによる退去に対する店子の動員、子どもたちを通学途中のゆすりや麻薬の売人から守る母親たちの協力、家庭での雑用を助け合う男性たち、ツーリングや音楽やスポーツのグループをつくる若者たち、等である。実際、我々の想像するよりも多くの活動があるのである。同時に彼らはより広い社会と繋がりがないところでもネットワークを構築し断片的な社会関係資本を生み出している。

社会的、機能的な境界を越え、他の環境や他の活動をしている人々と出会うことは、個人の活動範囲でまたより公共の活動範囲で、選ばれたネットワークどうしの間でコミュニケーションをとるために重要である。これは多数の貧困の人々が集中する都市郊外の公的居住地では特に難しい。これらの地域では公的、私的な近隣サービスは稀で、スポーツやその他の施設もなく地元での仕事もほとんどない。このため、仕事や学校、公共サービス、商店、映画館や競技場へ行くにも隣人どうし顔を合わせることはない。これら施設が外部の異なる場所に存在しているため、地元コミュニティが地元社会になることはなく、政治的コミュニティになることもない。そこに属している人たちは政府への意見を持たない。彼らは別の場所の別の誰かに統治されている。この状況はより広い社会への統合にとって望ましい条件とはとても言えない。貧しい人たちとその地域の社会復帰の実験において、その成功の鍵はその政策の提唱者が地元の社交ネットワークを特定しそれと手を組むことができるかどうかの力量にかかっていることを示している。残念なことに、大企業や大規模の社会的、行政的組織は社会から疎外されている人々と本流社会との間の広がりつつある格差を埋めるような橋渡し的な関係をつくる能力がないようである。それはコミュニティ中心の断片的な社会関係資本と制度的な他者中心の社会関係資本との間の格差である。

これら郊外の居住地の移民人口の社会的統合の問題はフランス現地人の地元にある問題と全く変わらないどころか、より極端なのである。移民人口の失業率は現地人の二倍である。社会統合を疎外するのは文化的統合の欠如ではなく、その逆である。イスラム系アルジェリア人がこの点をよく表している。彼らは偏見の犠牲者であり、移民社会のいずれよりも深く差別され、乱暴に拒絶されている。したがって問題の現実と文化的および社会的統合の問題への姿勢は非常に重要である。若い第二世代のアルジェリア人に関する最近の国立人口統計学研究所（ＩＮＥＤ）の詳細な研究は、文化的統合の最も重要な三つの指標に関する正確な情報を提供している。それは宗教、学業成績、そして配偶者あるいはパートナーの選択である。[10]

⑴宗　教

全体として、第二世代のアルジェリア人は平均的なフランス人ほどの宗教性を持たないが、これは世俗の国へ同化するためには個人的な宗教観は放棄されるべきであることを示している。しかしそこには少数派のイスラム教徒がおり、彼らの熱心な宗教への参加はフランス社会や保護者たちとの関係に困難を投げかけている。

一見して、強いイスラム的なアイデンティティの主張は社会経済的な統合への反抗となり、原理主義の殻に閉じこもるきっかけとなっているようだ。少数だが顕著ないくつかのグループは積極的に表立ってフランスの価値観に異を唱えている。しかしほとんどの部分では、このような強いアイデンティティの主張は、統合の拒否というよりも、それが実現されることへの怒り、言わば脅迫なのである。これがよく現れているのは頭にスカーフを巻いて登校する女子生徒である。国民すべてが公共のシステムに権利を持つ共和国の概念は、すべての生徒に外形的に個別のアイデンティティ、特に宗教的アイデンティティを表明することを禁止している。それでもこのように明らかにイスラム信仰を示すものを身に着けるということは、学校システムの根本への怒りの表明であると受け取られた。しかしコーラン学校の設立を求める声はない。彼女たちはフランス人の子どもと同じく通常の学校への入学を望んでおきながら、そのアイデンティティは譲らなかったのである。

イスラムのアイデンティティを主張することは両親に従うこ

とを意味するのではなく、しばしばその逆である。それは失業と社会からの隔離で傷つけられた家族の威厳を取り戻そうという試みなのである。

若い第二世代のアルジェリア人の間で宗教への関連を明らかに拒否しようという動機もまた曖昧である。若い女性の六〇%、若い男性の七〇%が全く信仰を行っていないか、あるいは無宗教であると述べているが、ほとんど同じだけの人々が断食などの食物の制約に敬意を払っているとも述べている。これは自分の文化や故郷、それに自分の両親が送ってきた生活への尊敬の念を表しているのみで、宗教的な意味合いは含まれない場合が多い。

これらの態度は世俗の市民による共和国モデルのために統合を行いたいという強い願望を示しているが、故郷の文化も同時に保持されており、アイデンティティの一部を形成しているのである。この明確な混合アイデンティティの願望はあまりに公然と発信されており、将来のフランスの国民性においても本質的な特徴となるかもしれない。もうしそうであれば、フランスの理想的な共和国モデルはより複雑で柔軟性のある、多層な文化の上に立つ国民アイデンティティ実現のために調整を必要とするだろう。最近のインタビューで一人がこう答えている。「私たちはフライドポテトとクスクスを混ぜる方法をずっと前から知っている」。

(2)学校、学校の友達、カップル

学校成績と交際に関するデータは第二世代アルジェリア人の急速な統合の成功を物語っている。彼らの学校成績は同様の社会経済的背景を持つフランス人の生徒の平均と同じであり、学業成績と個人的友情の面での統合が成ったことを主張している。特に大きな特徴は恋愛に関するデータに現れており、それに続く配偶者やパートナーの選択の場合でも然りである。両親がともにアルジェリア出身という人たちの場合（彼らが最も母国への愛着が強い）、既婚男性の五〇%と既婚女性の二四%がフランスの現地人を配偶者に選んでいる。同じグループの未婚者のうち特定の相手と交際をしている人たちの場合では、男性の割合は同じだが、女性の割合は三二%である。ということはより若い未婚の女性の方が年上の既婚女性よりも自らのコミュニティの外からパートナーを選ぶことに抵抗がないか、あるいは両親の影響などから結婚に関しては伝統的な立場に帰ろうとするのか、ということである。より不安定な交際に関してはさらに文化間の交流が起こっている。別の調査では若いアルジェリア人の四分の三がコミュニティ外での恋愛を経験したことがあるという結果が出ている。

このように統合の過程を動的に完全な成功へ導こうとする際に現れる困難の責任は彼らにあるのではなく受入国にあるのであり、国は二つの分野に注意を払う必要がある。それは失業と人種差別である。若い移民の三分の一が失業しており、過半数が貧しい郊外に暮らし、時に無意識的な、時にあからさまな差別によって社会的な上昇を見ることが難しい状況にあって、どうして統合が阻害されないと言えるだろうか。

(3)人種差別

実際、移民たちは人種差別と外国人嫌悪の主要な標的である。彼らは頻繁に、その見た目のために、警察の職務質問の対象になっている。不法移民の捜査では全員が容疑者となる。市民社会に蔓延する人種差別も明らかであり、統合を達成するための主な障害となっている。国立人権委員会の去年の調査でも明らかなように、これはいまでも頻繁に起こっていることなのである(11)。移民を負荷と感じるフランス人は移民を財産と考える人の二倍である。六〇％の人が「もう自分の国にいる気がしない」と答え、それと同じだけの人が「フランスにはアラブ人とイスラム教徒が多すぎる」と答えている。また同じだけの人が、時に人種差別的な言動をとることがあると認めている。八〇％の人が人種差別の起きる原因は移民にあるとし、五〇％の人がその理由のために右翼政治家であるジャン＝マリー・ル・ペンへの投票を理解できると答えている。四〇％の人が、個人的に北アフリカの人々を嫌っていると認めている。

アルジェリア人の急速な統合を目のあたりにしながら、一方で彼らがこれほどの人種差別、時には暴力の対象にもなっているということは矛盾に思われる。しかし、それは彼らがあまりに急速に統合を行っているということが、多くの人にとってフランス社会の安全を脅かす要素のように考えられているということなのかもしれない。

この不愉快な問題には他の側面もある。

・一九八〇年代に興った乱暴な、特に北アフリカ人を対象にした人種差別運動は、九〇年代初頭に入って下降を見せ、その最後の二年間において急速に萎縮した。
・九〇年代に入ると、フランスには移民（特にアラブ人、イスラム教徒）が多すぎるという意見も下降線をたどり始めた。
・フランスの現地人の子どもたちが移民と結婚するという考えはより多くの人に認められつつある。
・他のどのデータよりも重要なことに、都市に外国人が多ければ多いほど、差別や迫害は少ないということが分かっている。表4-8からも明らかなとおり、移民との親しい関係は人種差別の最良の解毒剤である。

この発見は多くの先入観と矛盾する。たしかに国民戦線は多くの移民と困難な生活にあえぐ労働者の暮らす貧しい選挙区で多くの票を集めた。しかし詳細な分析によると最も多くの票が舞い込んだのはほとんどの住人がフランス人という単一民族の暮らす郊外の区域やアパートで、移民も共存している区域ではそれほどでもなかったことが分かっている。

また都市の外国人人口と移民に対する敵意の関係における同様の結論は、移民の統合の問題を移民と現地人それぞれの人口の観点から分析した場合にも得られる。このことはフランスの共和国モデルの新しい概念が少しずつ発展している可能性があることを示している。国民を構成する様々な文化コミュニティ

表4-8　都市人口に占める外国人の比率と人種差別

人種差別問題に関する意見	都市人口に占める外国人比率			
	1%未満	1～4%	5～10%	11%以上
今日のフランスには，				
アラブ人が多すぎる	74	84	64	47
イスラム教徒が多すぎる	70	62	59	46
もはやフランスが自分の国とは思えない	60	60	53	44
自分が差別主義者であると認める	50	40	39	36
移民は，				
経済面で財産である	13	27	34	40
知的・文化的生活面で財産である	36	44	44	58
同情を感じるのは，				
北アフリカ系の若いフランス国民に対して	54	51	53	58
北アフリカ人に対して	47	46	48	59
自分は次のことをする気がある，				
差別主義者の店は利用しない	31	35	40	43
差別撤廃のデモに参加する	19	24	31	30
差別撤廃の組織を金銭面で援助する	17	22	20	24
差別撤廃の組織に加入する	19	22	23	24
移民を統合する能力で民主主義の質を測る	61	61	59	73

出所：Commission Nationale Consultative des Droits de l'Homme, 1997.

への均等な威厳の配分は、新たな普遍的な価値観を創造し、社会の包括と民主主義を実現する唯一の方法である。そのためにはコミュニティ中心の社会関係資本と全国規模の社会関係資本の新しい形の統合を行わなければならない。社会関係資本の橋渡しには、個々の橋柱を横切る強靭な橋梁と同様に、それら橋柱を支える頑健な土台が必要である。

(4)職業に関する社会関係資本

当然のことながら現代社会の社会関係資本の多くは職業の関係から生まれた[12]。職場での個人的、またグループのアイデンティティ、規範や社交性、友人のネットワーク、そして集団的な団結は社会関係資本の重要な要素であり、それは産業的関係が民主主義の制度的枠組みにとって重要な部分であることと同様である。フランスの社会関係資本をまとめるにあたって職業に関する社会関係資本を無視することはできない。

(5)技術のない労働者の失墜と失業の破壊的な影響

戦後の再建は産業化を加速させ、継続する成長は職を大幅に増加させた。急速に広がる労働市場は郊外への脱出とベビーブーム世代の子どもたちにより許容されたが、さらなる労働力が必要とされた。その需要に応えた地方出身者たちおよび移民たちには技術がなく、テーラー型の大量生産の組織にとって理想的な素材であった。そこで彼らは繰り返しいくつかの自動的な動作を続けることを求められ、経営の専門家によって分析され、冷静に計算された製造ラインの部品となったのである。フランスはこのような科学的労働組織の形態で溢れていった。それは新たな労働力の技術のなさと膨らみ続ける標準的大量生産の市場の需要を満たしたのみならず、技術者に評価される類の能力を必要とされ、合理性を専売特許とするフランスのエリートが抱く特異な考えから引き離された。これにより労働力の大部分はブルーカラーとなり（約三五％）、そのうちの大部分（三分の二ほど）は技術を持たない人々であった。

このタイプの職の発展は危機により崩れた。技術を必要としない職の数は激減し、より知性と創造力のある働き手が求められた。何よりも、工業関係の職業は大幅に減り、反比例してサービス業が増えたのである。一九七四年、工業は労働力の四〇％前後を、サービス業は五〇％前後を雇用した。いまではそれぞれ二五％と七〇％である。この突然の大量解雇と不安定な雇用の衝撃を想像することはやさしく、その中には社会的追放という最も不名誉なものが含まれているのである。

技術的変化によって労働力から技術を持たない人たちが周辺化されていく過程は、労働市場に二つの新たなものが加わったことで加速された。それはより多くの技術を持った若い人たちと、急速に増加した女性の労働力である。学位を持った若い人たちは技術のない働き手を追いつめ、最終的には追い出してしまった。また大量に現れた若く教育のある女性たちは、既に飽和状態にあった労働市場に大規模な競争をもたらした（それは性別に特化したいくつもの職業を考えると、公平なものではなかったが）。これにより技術を持たない人はなおさら失業へと追い込まれたのである。この現象は文化的にさらに意味深い。その規模は驚くべきものだ。この二〇年に新たに参入した四〇〇万人の労働力では、一〇人のうち九人までが女性である。一九七三年には二〇～五〇歳の女性の二人に一人は働いていた。現在では、五人中四人の女性が労働市場に身を置いている。独身女性では一〇人中九人であり、その活動の割合は男性のそれにほぼ並んでいるのである。これは二〇世紀の主流であった主婦というブルジョワ式のモデルからは程遠い。このような現象は職の提供に関する質の向上（職の過程の変化による）と職の要求における量的な進歩（困難な時期に家計のために副次的な収入を望む女性）の結果である。それにもかかわらず、社会的、文化的な女性の存在に関しては、あまり大きな考慮はない。これは職と収入という要素が家族、またより広い社会の中の役割として分担されている社会における職の市場では当然のことである。

収入の構造も大きく変わった。テーラー型の大量生産組織が減少し、サービス業が重要になり、働き手には知性と創造性が求められるようになり、現に教育のある人々が労働力として登場してきたのである。

自由業の収入が増え（この一〇年で四〇％）、管理スタッフの収入も増えた（前者に比べれば小さな変化であるが）ものの、全体の平均収入は技術者や会社勤めの人々の間では安定している。しかし技術のない働き手の収入は減っているのである。この収入に関する絶望は明らかに社会アイデンティティにはね返っている。技術を持たない働き手の悪化する状況はフランスの社会的結束の質にどうしても影響を与える。労働力の五〇％は基本的な職業訓練以上のものは受けていないのである。彼らの間での失業率は最も高いのみならず、もし職を得たにしても、彼らの収入は以前の水準に届かないのである。これにより彼らの間には自分たちがハンディキャップを負っているという感情が生れ、社会的追放が起こるのである。隔離された彼らの感情はその子どもたちに伝わるが、子どもたちもまた、社会的地位の向上を図ることができないのである。

労働市場の両端では、年齢による差別も大きな問題である。基本的な教育が向上しているにもかかわらず、若者は職探しに困難を覚える。それは彼らの受けた訓練がしばしば市場で求められているものとは異なるからである。多くのフランスの会社に専用の訓練所がないことも大きな問題であろう。一九九八年、労働市場にいる若者の四分の一が職を探している状態にあり、職を持っているうちの四分の三は不安定な職に就いていた。彼らに与えられている職は不安定なもの四二％に対し、安定しているものはわずかに四％である。これは他のヨーロッパ諸国のどこよりもひどい数字である。よって若者は「柔軟な」職場という重荷のほとんどを負っているのである。

対極では、変化を受け容れることをせずに比較的高い給与を得ていた年長の労働者が解雇され、次の職を得るのに非常な困難を覚えるという状況がある。安定した職業は大部分が三〇～四五歳の年齢層の特権なのである。

結果として失業（実際の、また将来的な）は社会に拡散し、社会全体の下降への恐怖を培うこととなった。回答者にその属する社会的グループと、将来的に属す可能性のあるグループを問う調査では、現在上位にいる回答者のうちの二三％が下降を予想し、中間に位置している人の五七％、既に下位に位置している人の七二％もがさらに悪い状況に陥ることを予想していた。

失業への恐怖と労働市場への悲観は、彼らをシステムをより厳格にするような行動へと導き（例えば、職を失う恐怖から転職を拒絶するなど）、経済の停滞と新たな雇用創出への障害をもたらす。個人の将来への楽観の欠如はまた個人を殻に閉じ込め、労働関連の社会関係資本への参加を阻害する。一部の少数派はこのような状況から現在の社会を攻撃的なまでに拒絶し、両極の急進的な政治グループに参加することもあるだろう。このようなグループはいずれも自己中心的で隔絶された社会関係資本である。

⑹職場での個人的発展という新たな需要

労働への姿勢とそれらから得られる利益や満足は社会関係資本を形成する労働に関する規範や価値観にとって重要なことである。明らかな疑問は、これらの態度や期待が労働力の様々な要素の状況の変化と一致したものかということである。これはほとんどの働き手にとってそうではなく、よって労働関連の社会関係資本の形成と利用を阻害しているのである。

職が不足しそれを失くすことを怖れる人が増えれば、それだけその価値は高くなる。フランス人は労働を人生の最重要の要素であると指摘する点でほぼ一致している。これは一九八一年と九〇年のヨーロッパ価値観調査をはじめとする多くの調査で明らかになっている。頻繁な指摘とは裏腹に、労働は少なくとも人々の心の中で、その社会的な重要性を失う様子はない。

しかし労働に対する人々の姿勢とそこに期待されているものは大きく変わった。労働が集団的な社会的立場の主な象徴であった頃は、労働関連の社会関係資本も発展していたが、現在では労働の価値は自立的な個人の発展の機会に、主に結びつけられている。これはヨーロッパ価値観調査のみならず多くの調査において明らかになっている。労働を個人的発展の機会として肯定する回答者は過去の一〇～一五年間に、特に若い人の間で、七～一五ポイントも増えているのである。

個人の自立に与えられた価値は一九六〇年代の文化革命にまで遡ることができるが、また八〇年代の自由主義の勝利によるところも大きいだろう。こちらのほうが現存する社会の秩序に疑問を投げかけるよりも個人の居場所をつくるほうが重要であるとする向きに一致している。システムの受容はより活発な参加への要求と組み合わさっている。より自分の能力を認めてほしいという人々の主張は経営者に会社の運営を一任していると いうことと同様である。自由経済的価値観の一般化は労働の価値、個人の成功という栄光、ビジネス、金銭の復権というものを統合している。

職場での個人的な責任と労働を通してのアイデンティティの形成の強調は当然ながら失業者の屈辱を強めるが、特に労働が有意義なものであるというイメージの拡散が失業者にも及んでいることがなおさらこの感を強めている。もし失業者が（また技術を持たない働き手など弱い立場のグループが）これら個人的な発展の要素に重要性を与えるのをやめて物質的な利点に目を向けても、彼らは文化的に労働を眺める方向性は変わらず、労働グループのそれと同じ方向に発展していくだろう。個人の期待と職の市場がそれを満たす能力との間の矛盾から生まれる苦痛を想像することは難しくない。

労働組合および産業界における闘争

緊張が創造され利用されるという二つの部分に特に注目して、その緊張が職業関連の社会関係資本にもたらす影響を考察してみよう。その二つとは労働組合および産業界における闘争である。〔フランスにおける〕労働組合への加入〔率〕は既にヨーロッパで最低である。まずはこのことから指摘しておこう。労働組合員の数は二〇年前の三分の一以下で、個人企業で五%、公共企業で一二%である。労働力として参入した若者と女性は労働組合を避けようとする。これでまず一%が変動する。そして失業者はほとんど労働組合には入っていない。彼らは労働組合や他の代表的団体に見捨てられたと感じている。世論調査はこのことを明らかに示している。社会職業グループでは労働組合への信用は崩れ去っており、この傾向は立場の弱い技術のない労働者の間ではさらに顕著である。

組合組織化の危機の重大性は一つには労働組合の構造により説明される。多くの国の専門職業に関する法規は産業部門およびその下位部門での垂直的な分断に従って立ち並んでおり、水平的移動に対処できず、ある雇用者から次へと移るとき、労働者の利益を保護することもできない組合の構造をつくり出してしまった。また彼らは働き手の個人的発展への期待や、個人の業績を見てもらいたいという希望にも注意を向ける能力がない。さらに実用的な需要である労働組織、訓練、その他組合員に提供されうるサービスが無視され、近隣諸国で見られるような活発な労働組合が存在しないのである。したがって労働組合はもはや労働者階級の変化する希望を反映してはいない。彼らは悪循環にとらわれている。代表者が減れば、経営者や政府への影響力は減少する。そして組合員の目的実現を促進することも難しくなり、信用はなおさら崩れるのである。

この加入のスランプには二つの例外がある。CFDT（キリスト教労働運動の世俗的な支部）はその組織と政策を時代に順応させ、個人的な需要に対応し、利害の一致する限りにおいて改革や調整を（たとえ保守的な政府による提案であっても）行っている。よって当然のことながら、CFDTは加入者の増えている唯一の組合であり、中央への移動に関しての批判は多いものの、労働運動の歴史上初めて他のグループから抜きん出ることができた。これはフランス社会における真の革命と言えるだろう。

対照的に、主に全国教育組合連合（FEN）とCFDTから成っている新左翼的な異論派の労働組合は、現存する社会あるいは労働法のあらゆる変化に激しく反対しており、確執の体系的な過激化（使い古された少数派の戦略ではあるが）を支持している。以前は左翼の労働組合への支持は若者、教育のある人々、比較的特権を持った人々からのものであった。それが今日では年長者、技術のない人々、失業者からのものに変わり、教育のある若者はどちらかと言えば改革派の組合を支持する傾向にある。下層階級の不満が左翼の労働組合や政党の極端な急進主義の温床となり、それが右翼側では国民戦線において起こっているのである。

最近の産業界における闘争は労働組合の力がなくなったことを反映している。闘争はいまや組織化された産業の活動というよりは山猫ストや不満の爆発である。そしていまは職場よりも街が闘争の場である。これは労働闘争に割かれた時間が労働時間の減少に繋がっていることに現れている。経済の成長は無数の産業の闘争を生んだが、過去二〇年間にはこのような衝突は減っている。一九九五年一二月の社会的激動においてさえもストは限られたものであった（交通機関といくらかの郵便局員）。ストを広げようというあらゆる試みは失敗した。パリの街頭の混雑は皆が車、バイク、自転車、ローラースケート、徒歩、ヒッチハイクなどを利用して職場に向かったことで圧倒的なものになった。そこには宴会のような雰囲気があった。世間の同情は一部のストを行った人の動機への賛成というよりも、すべての調停機関や政府のうぬぼれにも似た無能への怒りから生まれたものだった。今日、ストライキは産業界におけるというよりも市民の不満の表現である。労働関連の社会関係資本の欠如は公共の場のあちらこちらでの市民エネルギーの爆発を生み、組織化された労働側の交渉能力とそれを受け入れる企業、公共機関の間の構造的な連携の必要（これはまだ明らかな需要ではないが）を示している。

家族の結束と社会関係資本

配偶者同士の間、および世代間の家庭内における役割は、より広い社会での役割や関係の影響を受けてその権威と協力のパターンを反映しているが、このパターンはそもそも社会が家庭内のそれの影響を受けたものでもあろう[13]。家庭内での社会関係資本の形成と家庭外でのそれとの多重的な因果関係を繙《ひもと》くまでもなく、家族関係に見られる関係が他の部分で見られるそれと比較しうるものかどうかを分析することは重要である。

(1)カップル

家庭は結社、地元のコミュニティや労働力における変化と似通ったものを経験しつつある。若者の既婚、未婚のカップルはほぼ同数である。離婚や別居は増加しつつある。カップルはあまり多くの子どもをつくらず、多くは結婚をしないままに設ける。シングルマザー、シングルファーザーも増えつつある。またより多くの公認された同性愛のカップルもいる。性の自由化は進んでおり、容認も広がりつつある。家族を定義する古い先入観は公然と軽蔑され、嘲笑されている。これら逸脱への容認は実際の逸脱よりも多いのである。

様々な結婚モデルは多様性を規範に変えた。家族モデルの選択の自由は認められているが、これは許可証という意味ではなく、むしろその逆である。個人の責任が機関の定めるガイドラインに沿わないものである場合は倫理的な圧力も増す。これは一九八一年から九〇年にかけての若者の態度の変化で確認される。結婚の枠の外で生きることを選択する人は多いが、同時に倫理もより尊重されているのである。

この傾向がより顕著なヨーロッパ全体では、相反する二つのモデルが見られる。地中海カトリックモデル（特にスペイン）では、その管理と意見に大きな自由のある結婚の規定が広く受け容れられている。スカンジナビアのプロテスタントモデルでは、制度的な自由と非常に厳格な個人的倫理が組み合わさっている。スカンジナビアモデルの寛容な形へのゆるやかな移動は、より強い一貫性をつくり、各国内および各国間で認識することができる。フランスは特にそうである。

想像されるであろうこととは反対に、フランスの価値観では家庭とは最も輝く星であり、それは他のヨーロッパや米国の場合と同様である。ヨーロッパ価値観調査がこのことを示している。しかし過去の数十年間には大きな役割の変化があった。女性は男性のそれに匹敵するほどの職業的地位を持ち、したがって自立を手に入れたが、これは必ずしも男女同権を意味するのではない。そこには雑多な家事と子どもの教育という責任がある。今日、ほとんどの女性は以前のように第一子や第二子を産んだ後ではなく、第三子の出産後に仕事を辞める。家事と仕事の調整はいまでも女性の排他的な「特権」である。それだけではない。シングルマザーやシングルファーザーの家庭の九〇％で女性が家長である（離婚の場合、これは裁判所の決定でもカップルの間の決定でもそうなることが多い）。また深刻なハンディキャップを負っている年配者の世話はほとんど常に（八五％の場合で）女性の役目である。

態度は行為よりも先に発達し、さらなる変化を期待しているように思われる。一九七八年および九四年に行われた世論調査では、態度の重大な変化が示されている。七八年には、三一％が男女平等の就業へ賛同し、三七％は女性の就業度を減らす選択をし、三〇％が家事と育児は終日女性を必要とする、と考えていた。職業上の完全な同権を求める声は九四年には五四％に上昇した。「専業主婦」を支持する人はわずか一九％であった。

このような過渡期にあるカップルの状態がどれほど不安定なものであっても、その関係の親密さや社会的結束の強さはそれらの変化によっても揺らいでいないようである。しかし、重大な性質上の変化が一つある。結束が習慣に基づくものから、個人的な選択の周期的な再確認から生じるものになっているのである。結束は永続的なものではなくなり、制度上のものでもなくなったからといって、弱まったわけではないのである。

(2) 子どもたちと思春期の若者たち

親と子どもの関係の観察は、伝統的で権威的な教育モデルが、他国と同様フランスでも拒絶されているということを示唆している。核家族の一員はより大きな自立とより広い個人の世界の利益を得る。これは食事の時間にさえ明らかになる。家族はいつも一緒に食事をするわけではないし、同じものを食べるわけでもない。しかしここでは、態度が行動に遅れをとっているようである。ヨーロッパ価値観調査によれば、この問題の判断基準は伝統的なものである。フランス人は子どもたちが「従順さ」「作業への集中」などの美徳を教えられるべきであると考えており、「独立心」を持たせようとは思っていない。フランスは子どもの教育に関する自由主義的な価値観に順応することにかけてはヨーロッパでも最も遅い国の一つである。

思春期の若者たちの家族との関係は社会的地位によって大きく変わる。それはおそらく家庭内に形成される社会関係資本において最も大きな階級の格差が見られる関連性であろう。

少数の特権的な「伝統的」若者は親のモデルを再現する。彼らは親から子へと職業的、あるいは社会的地位を通して譲渡することのできるような立場を保持しているような家庭の出身なのである。受け継がれたネットワークはピエール・ブルデューの言う社会関係資本を構成しており、これは経済的、社会的、政治的な権力への特権的な入り口なのである。

中産階級および下級中産階級の若い男女の大きなグループは、明らかに彼らに不利な傾きを見せる労働市場に参入するために大きな困難に直面している。したがって彼らは大学での勉強を延長し親元で暮らし続けるのである。戦後改革派の学生の世代、また豊かな時代の自由信奉世代の後に来たこの世代の学生は、他では手に入らない立場のために家族と大学を頼るのである。

まだ少数派ではあるものの成長しつつある第三のグループは、社会追放の渦中にあって不自由になり傷ついている怠慢で貧しい若者たちである。彼らの経験とは破綻した家族のそれであり、環境は粗野で、住宅の質は悪く、学校のシステムにもうまく同化できないでいる。自信のなさは粗悪な環境に反映される自身のイメージの無抵抗な容認による。他方、彼らが周囲に撒き散らす暴力はしばしばそこへの同化を拒絶する気持ちの表れであり、差別化による自己主張の試みである。多くのエネルギーは仲間グループの形成と存続に注がれ、メンバー間の結束は固い。彼らは大量の社会関係資本をそのグループ内にのみ注ぎ込み、外的な社会構造、自分の家族をも疎外するのである。

(3)祖父母

家庭の社会関係資本の保持には祖父母が重要な役割を果たしているが、特に尊ばれている家庭の価値観や結束が、安定的に制度化された役割や経済および社会的侵害の暴力性による崩壊の対象となるような状況ではそうである。三世代が同居するという伝統的な農家モデルを見ることはほとんどなくなったものの、若いカップルの間では両親との関係は大事なものであり、特に子どもが生まれるとその重要性は増すのである。祖父母は経済的な援助を行い子どもの面倒を見るが、家族の歴史を伝えるという、将来への不安が新たなルーツの探求を生むという状況においては重要な機能をも果たしているのである。統計はこのことを明らかに示している。二組のカップルのうち一組は少なくとも週に一回、子どもとともに親元を訪ねている（カップルが二五歳以下の場合は三組に二組）。子や孫と物理的に離れている場合でも、このような繋がりは年配者を孤独から逃れさせるのである。配偶者を亡くした場合においてさえそうだ。過去二〇年間に、一人暮らしをする六〇歳以上の人は倍増した。しかし大多数の人が孤独ではないと主張している。友達や近隣住人との社交は増加し、年配者の社交が今日の社会の特徴となっているほどである。家庭の社会関係資本は六〇歳以上の人が他の社会関係資本に参加することを促し、また逆も然りである。

物理的に他人に頼らざるをえないほどの高齢になると、状況は変わる。家族にとってはあまりに重荷であり、ほとんどの人は施設に移ったり、必要であればプロの手を借りながら自宅で暮らしたりする。家族と友人の結束は続くが、しばしば稀薄なものとなる。統計的には、この変化は八〇歳を過ぎてから起こる場合がほとんどである。全人口の七五％が孤独を感じないと答えている中で、八五歳以上では孤独を感じている人は四五％にのぼる。高齢者の自殺率は非常に高い。彼らは家族の社会関係資本と社会そのものからも同時に退くのである。

いま大まかに説明したような今日のフランスの家族の関連性

の一般像は二〇年前、三〇年前とは大きく異なっている。それぞれの家族がより大きな自立を獲得した。ある家族は永くともに暮らすが、ある家族はそうしない。家族は散り散りになったように思われるが、これまでに家族がこれほど密接な結束を愉しんでいたことは滅多にないのである。家族は何物にも替えがたい感情の結束と個人的なアイデンティティの安住する場所であり、困難な時代にあって再び一つになったのである。

しかしそれは同じ家族ではない。それは選択された関連性であり、受け継がれた関連性である。社会関係資本を構成する結束は選択性のものであり、血や伝統を通して押しつけられるものよりも重要である。これは受け容れられ蓄積された社会関係資本というよりも再創造され再投資された社会関係資本である。家族内での社会関係資本の形成は地元コミュニティや職場、結社の社会関係資本と驚くほど似通っている。どこでもそうであるように家族の結束もまた、特権を持たない人の間では特異性を見せている。彼らにとって家族は何よりも自分を守ってくれる避難所であり、自己中心的で断片的な社会関係資本なのである。そして特権のある人にとっても特に家族は最重要の社会関係資本であるが、この場合それはより広い社会での自己啓発のための踏み石、つまり橋渡し的な、他者中心の社会関係資本なのである。

4 公共の領域における社会関係資本

このような個人的な社会関係資本がなぜ公共の社会関係資本のネットワークを潤すことができるのか。これは公共の領域の形式と活動力に大きく左右されるものである。まず公共の秩序を考察しなければならない。これなしでは公共の領域は存在できないのである。そして次に個人を公共の領域への参加に動機づける価値観（宗教的、倫理的、市民的）を扱おう。最後に政治的態度と行為、すなわち制度の認識、選挙での行動やその他形式の直接行動の分析を以て締めくくりとする。

問題となる公共の秩序

社会的結束への最大の脅威は、市民の平和に影響を与えないレベルに固定化し抑制された組織的な犯罪（人口一〇〇〇人につき年間六五件）から来るものではない。脅威は、不安の感情を引き起こし社会関係資本の重要な成分である他人への信頼感を減じるような、ちょっとした過失や無礼な行為から来るのである。

暴力が恐怖を極化させるなら、不安の気持ちは軽犯罪のほとんどにあたる個人の財産への侵害から起こるのである。身体的な脅迫や暴力行為が犯罪の小さな部分を占める現状は変わらないが、これらの軽犯罪は過去の一五年間で極端に増えているのである。

信頼は社会関係資本の核にある価値観である。したがって不安の感情が社会関係資本の形成に破壊的な影響を与えることは明らかである。不安の感情は必ずしも実際の危険を意味するのではない。統計によれば不安の感情は軽犯罪の被害者となった経験やそうなるリスクよりも、被害者になるかもしれないと思うことによって起こる社会的な疎外の度合いによっているのである。持ち物が多ければそれを狙われる可能性は高くなる。しかし富とともに不安の感情は減少する。また外出が多ければ多いほど持ち物は危険にさらされるが、家にいる人は強盗の恐怖に怯えるのである。

不安の感情はまた軽犯罪者への社会的接近と市民的な無秩序に大きくよっている。このような無秩序は貧しい郊外に住む失業中の若者の危機の時代に爆発し、郵便受けの破壊、落書き、ゴミの投棄、騒音、積極的で意図的な無礼、そして、社会秩序と社会的結束の象徴に向けられたあらゆる行為が含まれる。貧しい社会グループにおいては、若者は市民的軽犯罪に高い割合で関与し、成人は強い不安の気持ちを抱くのである。彼らのつくり出す市民的無秩序は彼ら自信の世界を呑みこみ、既に深く傷ついている社会関係資本の残余物を破壊するのである。

社会経済的状況が個人的な、狭い、自己中心的な社交のネットワークをより広い他者中心の社会関係資本へと変えることを許さず、また社会関係資本の中間的な支持構造（結社、整備された地元コミュニティ、労働市場、家族）が公共の場への橋渡しとなれない場合、社会的・市民的参加を拒まれていると感じる人々はしばしばそのエネルギーをそれら機能しなかった統合の中間的構造に向けるのである。

人々の関係公共機関へ寄せる期待にも裏づけられているように、大衆はこの社会関係資本破壊の悪循環については気づいているようである。問題解決に最もふさわしい公共政策の選択以上に、〔社会関係資本の〕不安定という問題に伴う重要性を明らかに指摘するものはない。すなわち、

・法と秩序（またさらなる透明性と近接性への要求にどこまで応えてよいか）
・教育と経済成長（また、学校システムは雇用問題解決の期待を受けているが、それに失敗しているために批判を受けてもいる）
・社会的団結（公衆の失業者は職を探すべきであるという広く保持されている考えと、社会的追放の被害者とより団結し、より再配分の可能な税制を支持することと結びついた、価値姿勢の間に矛盾があることに気づいていないようである）

一般大衆は不安の問題が社会結束の問題であることを理解しており、社会関係資本の統合を強化する能力のある制度を求めている。またそのような制度を大衆は深く信頼してもいる。ヨーロッパ価値観調査は広い信頼を得ている機関は警察、社会保障制度、学校、大企業、それに法の支配であると主張している。

世俗的な宗教に向かって？

あらゆる社会において、宗教は伝統的に中心的な接着剤で

あった。今日でもそうなのだろうか。宗教は教会も、またより一般的には宗教的信仰をも指す。フランスの教会は、他のヨーロッパ諸国同様、信仰の変化によって根底から揺さぶられてきた。

フランスはイタリア、スペイン、ポルトガル、アイルランド、ベルギーとともに、カトリックがほぼ独占している地中海とヨーロッパの西方の地域に位置している。プロテスタントは全信者の二％である。イスラム教徒は最近になって二％を超え、ユダヤ教徒は一％、仏教やその他宗教が合わせて〇・五％である。

ヨーロッパのカトリック国の中で、フランスは最も宗教的でなく、それはプロテスタント国を含む全ヨーロッパにおいても同様である。最も大きな少数派は無宗教を自認しているし、多数派の人々が全く、あるいはほぼ全く宗教的行事に参加しないと答えている。またフランス人は教会が宗教の領域を越えるべきではないと考えている。フランスは大陸の中で最も世俗的な国であり、また宗教自体が世俗化の傾向を辿っているのである。これは宗教的価値観が市民社会のあらゆる側面に広まっているものの、宗教の組織的実践はほとんど行われないというスカンジナビアのモデルに近いものがある。

教会離れは進んでいる。他のヨーロッパ諸国同様、教会への信頼、神への信仰、宗教の実践などの面で脱キリスト教化へと加速する動きがある。若者はその親の世代よりも宗教的ではないが、この両者はその前の世代に比べるとさらに宗教的ではないのである。

フランスとその他ヨーロッパ諸国が宗教的でなくなるに従って、人々が精神的・倫理的な価値観を放棄しているという意味ではない。死後の世界や、占星術、テレパシー、予言、精神主義、千里眼、魔術などの現象への集団的な信仰が強まりつつあるのは、明らかに教会の代わりとなる精神的価値観を求める動きなのである。しかし、三つの少数派の宗教であるイスラム教、ユダヤ教、仏教は、現地出身のフランス国民の間でも広まりつつある。これはそれらの宗教がキリスト教、特にカトリックほどに階層制度の色濃いものではないということにおそらく起因しているだろう。もしそうであれば、宗教からの乖離は制度上の理由によるのであって、精神的価値観によるのではないということになる。

フランスの宗教信仰と実践は、彼らの十分な眼識を証明している。神を「人物」であると信じている人は少数派で、大部分の人は神を「魂、あるいは大いなる力の一種」と捉えることを好む。また大きな少数派は「どう考えればいいか分からない」としており、「蓋然論」と呼ばれるものが台頭しつつあることを示している。

五七％の人が神を信じると宣言する一方で、神が生や死、苦難に意味を与えると信じる人は四人に一人にすぎない。人多数のクリスチャンにとって、それらのものの意味を探らなければならないのは、今日この場所、地上においてなのである。

宗教的実践の変化は明らかに相対主義的懐疑主義と世俗性が

キリスト教の現状を覆っていることを示している。教会への出席は結婚、葬儀、また稀な洗礼を除いて減少している。公共の講習やコミュニティを結ぶ社会的・象徴的結束の方が、神との関係よりも明らかに重要なのである。これは宗教の世俗化のさらなる証明である。そして特に洗礼がそうであるが、これらの「社会的」な宗教行事さえも減少の傾向にある。一九五八年には生まれた子どもの九二％が洗礼を受けたが、八七年では六四％である。

最後に、カトリックやその他の信仰は驚異的な断片化の過程にある。カトリックがあり、仏教があり、ユダヤ教やイスラム教がある。この断片化はそれぞれの宗教の平等的価値の名の下に広く受け容れられており、個人はその巨大な信仰のスーパーマーケットから好みの要素を選び、個人の自由と責任の宣言として、独自の個人的な宗教アイデンティティを構成することができるのである。

他の分野で見てきた社会の基本的特徴は宗教の信仰および実践の問題においてもう一度現れる。その実践において、我々は社交とコミュニティのアイデンティティへの強い関連と、上から意味を押しつけるような制度と教理の拒絶を見るのである。信者の大多数はその結束を自由に選んだという前提があって初めて神との関係を受け容れる。宗教的機関の急速な衰退にあって、宗教に残されている役割は主に社会関係資本の形成である。それは制度化され決定されている社会関係資本ではなく、個人的に形成された社会関係資本である。宗教的社会関係資本の個人化は宗教の世俗化と歩みを揃えている。

大衆倫理と市民的価値観

これらの分野にも大きな変化が起きているとはいえ、フランスの倫理および市民的価値観は衰えていはいない。フランスは宗教的ではなくなりつつあるものの、精神性を失ってはいないのである。宗教生活において観察された主な傾向は市民生活においても同様である。上から押しつけられる倫理規定は、それがどこから来るものであろうと拒絶される。ヨーロッパ価値観調査によれば、大多数の人は既に決定されているものよりも実質的で個人的な倫理観を好む。「善悪の区別を知ることのできる明らかなガイドライン」が存在しうるという概念を、三人のうち二人までが否定している。また「人生の意味とはそこからできる限り多くを得ることである」という考えにはほとんどの人が賛成している。

個人化された実質的な倫理的価値観は個人の習慣に最もよく反映されている。個人的なライフスタイルの選択は一般的に受け容れられているが、これは一九六〇年代の世代が提起した倫理的価値観の勝利を反映している。ライフスタイルの様々な形への一般的受容は六八年五月の文化革命において最も明らかに刻印されている。しかし当初の自由信奉や、政府を転覆させるような衝撃は、一般化により鈍くなっている。今日の危機の世代は行動の判断における慎重さと節度を学んだのである。これらの要素すべての組み合わせは、一八歳から四五歳の人々の大部分が驚くほど均一の倫理的価値観を持つという状況を生んだ。彼らは穏やかで静かな倫理的自由主義と、消極的な現代主義を主張する。このグループの大きさと均一性は現代フランスの倫理文化を形成するに足るものである。

異なる世代間の均一性への動きにおけるもう一つの驚くべき特徴は、市民がゆるやかな改革よりも急進的なものを好むという傾向に現れている。急進的な改革を好む動きは一九七三年のオイルショック以来の危機の中で増加したが、年を経るにつれそれは減少したり、労働市場での無資格者のハンディキャップの問題が起こるとまた増加に転じたりした。七八年には急進主義はしばしば若者、特に高学歴の若者に擁護されていたが、九一年になると、高学歴の若者や年長者がゆるやかな変化の擁護に転じる一方で、急進主義は資格を持たない人たちから擁護された。今日の急進主義者は特権ある若者ではなく下層階級の若者や年長者である。このことは労働関連の社会関係資本を分析した際に既に述べた[14]。

個人責任に関する倫理的価値観は経済的自由主義、自由な事業、個人の達成などのそれと一致している。にもかかわらず、これらの現代主義的な価値観の間にはある緊張が生まれたのである。経済的達成に大きな価値を与える物質主義的傾向は、文化的達成、市民的自由、政治参加、社会団結、人権、自然への尊敬に大きな価値を与える脱物質主義の傾向と対立した。この敵対関係にある二つの倫理的傾向は危機の時代に同時に発展し、同じく若く高学歴の上流中産階級の若者の支持を受けた。徐々に版図を広げたのは脱物質主義の価値観である。

これら規範的傾向は市民的価値観の複雑な像を提供している。個人の領域が主要なものであることは明らかにこの全体像の主な特徴である。家族と友人への信頼がピークに達し、いまだに伸び続けている一方で、名のない他者への信頼は弱く、さらに減少しつつある[15]。

現在、市民の大部分は公共の領域で永続的に参照することのできる明確で厳格な倫理と市民的価値観の再設定を求めている。人々は市民の本来の美徳と、社会の倫理ガイドラインを設定することのできるあらゆる制度の美徳を、どちらも信用しておらず、後者がそのようなことをすることの能力と正当性を疑ってさえいるのである。

ヨーロッパ価値観調査やその他の調査では大衆倫理の三つのレベルが目立っている。

・第一のレベルは、我々の身のまわりにいる人々のものであり、濃密な個人間の関係と大きな信頼、交流、相互関係、協力などに特徴づけられている。要するに、豊かな社会関係資本ではあるものの自己中心的な部類であり、時間や場所に制限があり、極端に断片的なものである。

・第二のレベルは日常的な社会活動が行われるよりも広い範囲の地域のものである。「私が最初」と主張する個人のためのばらばらで自由な無料イベントなど、自分の利益を守りつつ瞬間的な満足を求める個人の需要に集団の負担で答えるようなものである。このレベルでは大衆倫理は低く、例えば不当に優位に立つための実力行使や、行列を守らない、機会があれば不正をし、駐車禁止の場所に駐車し、不法に副業を持つ、などの行為に代表される市民的倫理的規範の混乱と腐敗が見られる。すべての口実は生活が困難であるということになる。あらゆるタイプの社会関係資本の侵蝕は常にこのレベルで起こっているのである。

・第三のレベルは集団生活における価値観と普遍的な規範が創造されるもので、人権と団結は危機の時代においてこの中で常に他の追随を許さない肯定を受けてきた。基本的な倫理価値観に影響し社会組織の基本規範を破る非市民的な行動を非難する大多数の人々はその数を増し続けている。選挙での不正、社会保障に対する詐欺、税金逃れなどに対する倫理の批判は段階的に増している。したがって公共の領域における我々は高い水準の市民的倫理観への社会的向上の明らかな兆しを見るのである。これらの向上は豊かだが休止状態にある社会関係資本であり、適切な公共の制度の欠如のために未開発の状況にある。

第三の市民的価値観における「ミッシング・リンク」の中心的問題はここにある。それはまだ試されていないために光に満ちている。第一のレベルの相互信頼と高い社交性のネットワークはおたがいに、また制度のネットワークと結びつくことができないのである。フランス社会には低いレベルと高いレベルを結ぶ有効な中間的存在がないのである。これは社会関係資本構造と政治制度に共通する橋渡しの失敗なのである。

政治制度

政治制度への信頼は歴史的に低い。議会、行政、政党は市民のなかで最も信頼されていない制度であり、さらに大衆の信頼と誇りを失いつつある。

フランスの政党は様々な理由から党員を失いつつあり、その理由のいくつかは市民と国家を結びつけ地元の社会関係資本を国家的な市民資本に変えるという政治制度の役割に直結したものである。政党のイデオロギー、組織の形態、党員への要求は今日の市民が政治や社会に関係する形と完全に矛盾している。理論上、フランスの大衆政党（多数の組織的活動家を持つ政党）のモデルはすべての明確な政治的要求と日常の行動が包括的な目的と社会の理想を定義するイデオロギーの枠組みに結びついていることを必要とする。見出された「正しい」概念、階層型の組織、党員の行動を定める具体的なルールなどがそれを構成している。このモデルは、それぞれがばらばらで、自立的で、特定の問題を中心に活動するという今日の市民が好む方法とこれ以上ないほどに相反している。組織の根本的な改革と社会との関連性が変わらない限り、活動的で思慮深い市民はわざわざ政党を通して行動しようという気にはならないだろう。

国立行政学院（ＥＮＡ）の卒業生たちとその他の公務エリート組織のメンバーたちは政権をとる可能性のあるあらゆる党で権力を握ってきた。議会でも、政府でも、公共の行政機関でも、大企業でも同様である。自分の優れた知識に傲慢なほど自信を持つ彼らは、市民の願いや問題に耳を傾けず、またそれを解決する能力もないという批判に晒されている。

国家議員につきまとうイメージは、政党のそれよりもさらに悪い。彼らは政治制度に対するものと同じ批判（冷ややか、無関心、無能、傲慢）を浴びせられ、さらに二つの批判を受けている。それは地域政府のレベルでの不在と腐敗である。

司法が政治の腐敗と金の醜聞に向き合ったときには、ちょうど国が社会的な困難に直面し混乱していたこともあり、大きな期待が寄せられた。そして期待に見合った失望が続いたのである。効率の悪さ、追従的な態度、不公平を疑われ、司法は最も信頼のない政治制度の一つとなった。また司法は改革が最も急がれている部分でもある。

事実上、すべての政治制度は極端な批判と不信の対象なのである。市民は正しく代表されていない、また悪い統治を受けていると感じている。政治への無関心と思われるものは実は機能していない制度と、自称公僕である人々の行動への拒絶なのである。

非常に批判的な有権者

フランスの有権者の行動は彼らの政治への幻滅を確証している。棄権は第五共和制の開始（一九五八年）以来長らく大幅に増えてはいなかったが、最近の選挙では様子が変わりつつある。選挙制度の危機を示しているのは圧倒的に多い反対票である。近年では多元的民主主義の基本的価値観に反対する過激派政党が多数の票を得た（国民戦線は一五％まで）。また当選の余地のない候補、例えば小さな政党の候補や無所属候補への票も伸びている。過激派政党への票、当選の余地のない候補への票、無効票、慎重な棄権票を合わせると、議会の過半数に必要な数字に届くのである。伝統的に高い投票率を保ってきたフランスはその結果として、現在では少数派の有権者を代表する議会の過半数を選ぶ立場にあるのである。

これらの否定的な投票パターンは政治への無関心の表れではない。実際、すべての世論調査が反対の方向を示している。人々は事情に詳しく、興味も強いのである。選ばれた代表者への相次ぐ失望には過激派政党を生むという危険の素地がある。よってこれは活発で批判的な、失望した有権者の送る信号であって、受動性の証ではないのである。

流動性もまたこの矛盾の明らかな証である。一九九七年の議会選挙の一週間前、投票に行くつもりであるといっていた有権者の三分の一が、まだ誰に票を入れるかを決めかねていた。このような「放浪」の選挙後ごとの増加は解説者たちを驚かせたが、これも支離滅裂な行動の印しではない。むしろ、これは二つの現象の結果なのである。その現象とは、現存する政党が市民の直面している重要な問題からどんどん遠ざかっているということと、市民が徐々に政党から離れつつあり、自らの政治アイデンティティを発展させたがっているということである。

マーストリヒト条約に関する国民投票はこの第一の点を如実に説明している。是非の票を分析した調査は、それぞれ一貫した二つの政治的価値観と、二つの典型的な有権者の例を示している。これらの区別はいずれも政党間のそれを反映してはいなかった。

市民の自立度合いの増加と彼らの多面的な投票パターンは三つの要素の組み合わせである。政党の提供する選択肢が有権者の考慮している問題とかけ離れつつあるという状況、投票者が情報に詳しくなっているということ、そして他のすべての分野で機能しているものと同じ基本文化的価値観による刺激からくる、さらなる自立への欲求である。構造的に、機能的に、今日の政治代表者はいつの時代よりも市民の直面している問題やその解決に必要な選択肢、市民の向上性、有権者の潜在力などというものと食い違っている。社会に広がる大量の社会関係資本は我が国の民主主義における政治制度によって、まだ利用されていないのである。

台頭する活発な市民権

政治制度への不満と批判的で協調性のない有権者の態度は政治への無関心を示すのではない。むしろ、それは異なる形の政治の渇望を暴露している。そのことは増加する直接的な政治参加に如実に現れている。

ヨーロッパ価値観調査は様々な形の直截な政治参加、例えば嘆願、ボイコット、デモなどの増加を示している。制度的な政治へのフランスの不満は、前記の行動をとることが最も多いのがフランス人であるということに現れている。

最近の社会闘争やデモはこの観察を裏書している。労働組合は産業界、あるいは社会的闘争について、その勃発にも、戦略にも、延長にも、終結にも手を出すことができないようである。主導権はすぐに労働組合の手を逃れてしまう。「調停」、つまりその場限りの調停機関がその代わりに機能する。労働組合と雇用主は不平を持つ側から同一視されることさえある。これらの「調停」機関はその闘争の前線での活動の活発さから指導者と目される人たちによって立ち上げられるが、闘争が終結すると彼らは大衆の中に溶け込んでしまう。狭い企業利益の擁護は、対立の最初の起爆剤である。しかし行動が成功を見るのは、不平を乗り越えて、倫理的価値観で色づけされたより広い社会的問題の枠組みの中で大衆の支持を動員しえた場合のみである（例えば、医療的保護や公共サービスにおける同等の権利など）。

その他の最近の抗議はさらに問題の解明に役立つ。一九九七年、人々は前内務大臣によって施行された移民の入国および滞在の条件を厳しくする法律に抗議したが、この法律は警察の管理を厳格にし、移民の安全を脅かし、市民の自由を危うくするものであった。これに先立つ九六年にはストラスブールの国民戦線会議への抗議が行われた。これらの抗議に集まった大衆の規模はこれまでの政治的デモでは見られないものであった。左翼政党はほぼ見られなかったものの、新たな社会問題について活動する多くの小規模な地方結社や、どの結社にも属さない多くの市民がそこにはいた。パリ市民の参加を測る調査では一八～四五歳の教養ある上流中産階級の多くが、脱物質主義の理念の下に参加していたことが分かった。

これらの活発な市民的社会的権利を守る協会と、例えば人権連盟などのいくつかの伝統的な人権団体の協定がパリで結ばれたが、労働組合や政党との間の連絡は少なく、市政府との間にはそのようなものは一つも存在しない。確立された制度と政治的社会的代表者のネットワーク、さらに厳格な倫理的価値観を動機とする市民により発展しつつある市民勢力との間には、これから橋渡し的な存在がつくられる必要がある。ストラスブールでは対照的に、不可避の緊張にもかかわらず、市の制度的ネットワークとの間に連絡網がつくられた。おそらく市長の見せた意外な経歴が助けにもなったのだろう。ストラスブールは唯一女性市長のいる大都市であり、彼女はプロテスタントの神学校の卒業者であった。むろんこれはフランスの典型的な「名士」の経歴ではない。将来の政治的資本の中心的な形を探るには、しばしば政治システムの周辺に位置する人物に注目しなければならないのである。

5　結　論

フランスが全体的な社会関係資本の崩壊や、一般的な政治の隔絶によって苦しんでいるわけではないことは明らかである。むしろ、フランスは二重の危機の渦中にある。

この危機の一つの側面は収入と雇用の社会的再配分にある。増加しつつある下層階級は現代化の過程に参加している大部分の、不安で動揺した人々からは遠ざかっている。社会は文化的にこれまでで最も均一化しており、個人の自立と責任に関する現代主義の自由な価値観は完全に許容されている。そして、多数派による倫理的、市民的な意識の共有により、社会的、市民的周辺化はいっそうこの拡大する少数派にとって痛みを伴うものとなるのである。

もう一つの側面は政治的な代表、仲裁、規定である。啓蒙されたエリートが未熟な市民に「公益」を盛り込んだ国家による行政的規則と手続きを与える良い政府は、歴史的には非常な成功を見たフランス共和国モデルの特色であった。いまではこれが最悪の特徴となっている。市民はこのような形で保護されることを望んでおらず、それなしでもやって行けるのである。またそれ以上に仲裁の立場をとる制度、つまり労働組合、政党、地方政府、また大企業など、それらの制度は国家に対する権利という特権に溺れ、市民の需要には目を向けなくなり、現在の、あるいはこれから登場する社会関係資本の導き手としては落第である。これが「ミッシング・リンク」症候群である。

これら二つの危機は相関的なものである。しかしフランスにはいくらかの財産がある。物質的・文化的・政治的な財産である。これらは問題の解決に役立つかもしれない。

物質的な財産とはフランスの経済的財産である。成功を収めた戦後の都市化と工業化への甚大な努力の結果、フランスは第三次の産業革命に突入する能力があり、またその苦痛を伴う準備のほとんどを既に完了している。また物質的な財産にはフランスの人口統計上の活発さもある。戦争以来、最近まで、フランスはヨーロッパで最も高い出生率を誇る国の一つであった。またその軌道に乗るのは容易《たやす》いことである。自分たちの集団的な未来の構築に参加したいと市民に思わせるような将来の展望を、偉大な文化的および人口統計学的な活発性をもたらす若い移民の参加による利益によって刺激すればよいのである。

文化的な財産とは現代主義の文化革命が実質的に達成されたという事実である。大きな均一性を持つ新たな価値観が、ほとんどのフランス人に加えて大多数のＥＵ国民に受け入れられている。この共通の価値観には三本の支柱がある。個人の自立と責任、経済的主導権、そして社会正義、団結、結束である。

その他の二重の危機に役立つ文化的財産には、文化的現代性の核にある二種類の個人主義の間で高まりつつある建設的でダイナミックな緊張がある。特殊個人主義は個人のアイデンティティの自己中心的で怯えた保護、すべての侵蝕から逃避への移動であり、そこからは「私だけ」という社会の文化のみならず国民戦線の「国民優先」政策、そしてさらにより上品な「ナショナリズム」の政治勢力への繋がりが生まれてくるのである。これにひけをとらないのが個人的なライフスタイルの選択と社会的・政治的傾向が、他者の権利と活発で個人的な国民性への共同参加を謳う普遍的な個人主義である。また普遍的な個人主義では民主主義的な制度上の行為、社会的結束、経済発展のための共通の普遍的価値観も示唆されている。これらの人道的な脱物質主義的な価値観はこのような民主主義の復活のよい土壌となるだろうが、それは一九六〇年代の、制度による規制を必要としない楽園的、終末的、歴史観的な世界コミュニティであるユートピアの発想から離れたときの話である。

フランスの政治的な財産は強力な市民的潜在力を持つ人々を含む。比較的多くの市民が政治革新に意欲を示しているが、それは結社や市民的イベントにおける創造性と活発性を見れば明らかである。彼らは新たなヨーロッパの建設によって提供される歴史的機会により活性化するだろう。この計画は市民の想像力と目的意識を高揚させ、また新たな社会的、民主主義的投入の刺激的な展望を与えるに足るだけの側面を持っている。フランスの市民もまた以前思われていたよりもはるかに変化に心を開いている。必要な変化を受け入れない、フランス人の見識の狭さは幾度も指摘され、分析されてきた。そして変化への道を拓くことができるのは社会的動乱だけであるとされてきた。しかし、このことは文化的閉塞というよりも制度が機能していなかったことに原因があるようである。それは一般市民よりもエリートの責任なのである。

最も優先されるべきは制度の改革であるようだ。フランス社会の基盤である市民のエネルギーと社会関係資本と、ほとんどの市民に共有されている普遍的・文化的な価値観の豊かな蓄積とを繋ぐものをつくることは火急の課題である。そのためには以下のような部分で橋渡しを行わなければならない。

・排除と包含の行われる部分とその過程の間（学校と職業訓練、雇用、住居、地方政府）

・少数派の文化およびコミュニティ（特に移民人口の）と、

受入国の制度の間
・個人発展の新たな願望と、あらゆるタイプの組織、あらゆる集団行動の間（企業、労働組合、政党、結社）
・大小の結社の間、新旧の結社の間、そしてそれらと公共機関の間
・何よりも、市民と国家の間、未開発の市民エネルギーと能力、公共機関の減少している効率と正当性の間、代議制民主主義と参加民主主義の間

新たな社会的結束をこれらすべての分野で結ぶことは、新旧の間に橋を架けることであり、また市民社会と政治制度の間、発展途上の社会関係資本と歴史ある社会関係資本のネットワークの間、そして脱物質主義の新たな文化、普遍的個人主義、政治的な民主主義的個人主義の間に橋を架けることである。社会工学的計画はフランスとヨーロッパにとっての新しい共通の前線なのである。

まとめになるが、フランスの場合はこの章の早い段階で投げかけられた三つの質問への当面の回答を与えている。

第一の質問は主なグループの社会関係資本と世界社会のそれとの関係についてのものであった。この両者が足並みを揃えて上昇、下降をするという大方の仮説とは裏腹に、フランスの場合は内向的、自己中心的な主要グループの社会関係資本の成長と、他者中心の、橋渡し的な、制度上関連した社会関係資本の現象が同時に起こることを示している。言い換えれば、橋渡し的な社会関係資本と制度上関連する社会関係資本のレベルが低いということは、自動的に主要グループの社会関係資本の現象を意味するのではなく、その逆の場合すら起こりうるのである。

第二の質問は、受け継がれた社会関係資本と創造された社会関係資本の対置に関するものだが、こちらへの回答も先ほどと似たものである。多くの既存のネットワークに肉づけされ、フランス社会の規範にも適っている受け継がれた社会関係資本は、現れつつある市民の需要、態度、道徳観、また能力などとはほとんど関連がないように思われる。ましてや新たに現れてくる社会問題についてはなおさらである。このような社会関係資本が利用されないままに衰退していくなかで、多くの兆しがそれを補って余りある、新たな場所で新たな形をとる新たな社会関係資本を創造する活力の存在を指し示している。一つの現象は明らかに次の現象を呼ぶのである。しかし新たな疑問が浮かび上がる。どのようにすれば新たに創造された社会関係資本を確立され提供された社会関係資本に変えられるのだろうか。後者はその存在感と永続性のために、一つの世代から次の世代への伝達にとって、そして社会における継続性にとって必要なのである。

第三の質問は国家と市民社会の社会関係資本の生産におけるそれぞれの役割である。市民社会は明らかにフランス国家の庇護のもとから解放される過程の渦中にある。これは公共の領域での危機の源である。なぜなら、公共の規定と政府をも含む社会的・政治的代表制という道具は、伝統的な共和国モデルにおいてつくられ、その道具ではより発達した市民社会の高まる勢

力を新たな共和国の総合体に伝えるには不適切なようだからである。これはフランスへの新たな質問に繋がる。どうして国が公共機関の活発な市民社会への怠慢を見逃し、代わりに後者で前者を活気づけようなどとすることができるのだろうか。どうして市民社会のより大きな自立が代議制民主主義の政治制度の民主的性質と経済活動を潤し、強化することができるのだろうか。これらはいずれも昔ながらの問題であり、またどこにでも現れる現代的な挑戦でもある。そして満足のいく解答は、実のところ、どこにもないのである。

第5章　ドイツ——社会関係資本の衰退？

クラウス・オッフェ
ズザンネ・フュックス

ドイツでは目に見えて社会関係資本が衰退しているわけではない。少なくとも我々はそのように主張するつもりである。しかし、この種の命題はどれもそうだが、真偽の程が必ずしも定かではなく、検証の過程でどのような概念化が行われ、どのような計測手法が用いられ、どのようなデータが利用されるかによって評価が一変する。

1　社会関係資本という概念の探求

本章では、社会関係資本は、地元社会、地域社会、国家社会もしくはその一部の共有資源として概念化される。こうした資源の利用可能な量は変化する可能性がある。つまり、増えたり減ったりすることがあるし、成長したり衰退したりすることがあるということだ。この共同の能力もしくは資源が大量に利用でき、社会全体に広く行きわたっている場合には、経済パフォーマンスと「よき政府」が及ぼす好ましい影響のなかに見返りがあると仮定される。この好ましい影響は、社会関係資本が、定義上、取引費用を低減する（すなわち、信頼関係が交易を促進する）のと（個人が）無賃乗客《フリー・ライダー》になる（自らは貢献することなく、他者が結集した努力から利益を得る）傾向があることの結果として生ずる公共財の供給不足を克服するのに役立つ、ありとあらゆる行動習性を包含するという事実に起因している。また、団体活動の濃密なネットワークは、国家政府と地方自治体の負担を軽減する可能性が高い。したがって、時空を越えた政治的・経済的成果のレベルの変動は、少なくとも部分的には社会関係資本のレベルとばらつき具合の点から説明することができる。社会関係資本の存在は、民主主義を機能させるのに役立つ(1)。

しかし、共有資本の所有権の単位が何なのかはまだ決定していない——〔例えば、〕国家社会、地域、都市、世代、コーホート、社会経済的範疇など〔が考えられる〕。いずれにしても、国家社会に蓄積されている社会関係資本のレベルに関して、外面的には差異が認められるけれども、内的には不変であると思い込むのは社会学的に見て認識が甘いように思われる。地域やその他の準国家的な領土単位についても同じことが言える。したがって、我々は、どのような単位もしくは社会的範疇が社会関係資本の担い手であるのかを確定する必要がある。

我々が折り合いをつけなければならない第一の問題は、社会関係資本のレベルをどうやって計測するかである。我々は、我々が入手したデータに適用することのできる、全体的な社会関係資本のレベルを計測するための操作可能な指標か、少なくとも社会関係資本のより細かな概念上の構成要素を必要としている。我々は、こうした要素として、協同性、信頼、関心の三つを用いることを提案する。総合的に見て、これらを利用すれば、理論変数としての社会関係資本が表すものを構成する一連の複雑な態度、行動習性、構造パターンを評価することができる。

関心は、社会・政治生活についての一連の考えや意見と関係している。我々は、現在進行中の事態や他人の行動の様子を観察したり、全体的な状況に気を配ったりするときに、この種の関心を示す。可能な限り最も広い意味での公共の事柄に属するものなら何でも関心の対象となる。我々がここで関心という概念を用いるとき、その主たる対象は、ある程度の共同性を有する生活状態――必ずしも「他の全員」の生活状態ではないにしても、同じ市民仲間と見なされ、共通の政治的コミュニティに所属していると考えられる相当数の人々の生活状態――の物質的幸福、道徳的行為、個人の発展、美的特質などの特徴である。

こうした意味での関心は、それだけで解釈するなら、政治的コミュニティの内部で積極的に他人の世話をしたり、組織活動に関与したりする傾向を必ずしも伴わない個人の特性である。それは、自身に影響しないものはすべて無視するのではなく、国民の生活に影響を及ぼす象徴的な慣行も含めて、国民一般の生活の質に敏感であることを意味するにすぎない。したがって、関心は、活字・電子メディアを活用することを除けば、協同活動への積極的な関与を自動的にもたらすわけではなく、どちらかというと弱い心的傾向である。しかし、周囲に気を遣うことが、ある程度の拘束力を伴う道徳的・社会的規範（例えば、全員の料理がテーブルに並べられるまでは食べ始めないという規範）となっている可能性もある。いずれにせよ、関心は、より行動主義的な形態をとる市民の義務の認知的必須条件であるようだ。関心の反対物は、無知、無関心、日和見主義的な信念形成といった認知状態である。

二番目は信頼である。ここで、我々は「薄い」ものと「厚い」ものの二種類を区別したい。薄い信頼とは、（関係のある）他者がしそうな行為について不安や疑念を感じていないというだけのことである。絶対的な不信と普遍化された怒りは、薄い信頼をも阻害する。ある人が、見知らぬ人物と相互交流することにより、敵対的な出会い、プライバシーの侵害、詐欺、信頼できない行為や不誠実な行為、あるいは同種のリスク（他人が協力を拒むせいで、結局、自分が「カモ」的な立場に陥るリスクも含む）を経験する可能性が高いと見込むとしたら、薄い信頼の基準すら満たされない。こうした相互交流に対する障害が自分自身への信頼の欠如から、すなわち、他人にうまく対処し、彼らとの双方向的な交流を維持できるという自信がもてないことから生じる可能性もある。また他人を信頼すると、一般に、貴重な機会を逃すことがあるというひどく個人主義的な認識から薄い信頼の欠如が生じる場合もある。

それに対して、ある人が、たいていの人は性格がよく、大体の場合情け深いので、ある活動に参加することは直接経費の点でも機会費用の点でも害にならないという楽観的な信念を抱いている場合や、他の人々との協力から有用な利益だけでなく、本質的な相互利益をも期待しうる根拠がある場合にも、厚い信頼が成立する。薄い信頼は、ある人が非公式ネットワークや公式団体に進んで参加するための必要条件、厚い信頼は十分条件と考えることができる[2]。後者は、他の人たちと一緒になって活動することが本質的に魅力的であるか（つまり、プロセス利益を生むことにより）、もしくは望ましい結果をもたらすという信念によって表される。

最後に、協同性は、ある人がスポーツクラブ、環境ネットワーク、宗教団体、非政府組織（NGO）、社会運動といった非公式ネットワークや公式団体に実際に関与することをそれとなく示す。念のため、我々は、社会関係資本の存在を示唆する団体を少々狭く定義したいと考え、慣例的に集団アクターという一般的概念のもとに組み込まれているいくつかの現象（一方では大規模な公式組織、他方では家族や親戚といった根本的集団など）を除外する。こうした集団的エージェントの下位区分については、このあとすぐに述べる。

我々は、社会関係資本の三要素の間に正の相互関係が（そして、おそらくは負の相互関係も）広く認められるものと予想している。ある結社が組織される際に掲げられる大義がその大義と関連する出来事や状況についてのメンバーの意識を鋭敏にするため、結社のメンバーとして積極的に活動することは、関心に対してプラスの影響を及ぼす可能性がある。逆に、妥当性についての強い主観的意識とそれに対応する国民生活の諸相についての関心のレベルは、同じような考えを持つ他者と一緒に活動しようという決断を促すだろう――少なくとも、関心が疑念や不信を生まない限り。さらに、（薄い信頼であれ、厚い信頼であれ）強い信頼感を抱いている人々は、「所属し」、他者と交わる「喜び」という根本的な動機を持つからであれ、特定の結社の目標や慣行が適切なものだと思うからであれ――後者は、結社に所属すること自体がメンバーに及ぼす、個人の好みを形成し、個人の注意を団体に向けさせる影響の副産物である可能性が高い――結社への関与を阻む壁を乗り越えるのはたやすいと考えるだろう[3]。最後にもう一つ付け加えると、我々は、団体のメンバーとして積極的に活動することは、薄い信頼にも厚い信頼にもプラスの影響を及ぼすが、薄い信頼すらないことは結社への自発的な加入を阻む強力な要因になると想定している（ここで留意すべきは、学校の授業など、ある種の集合行為の場合、一般的に、人々は慎重な意思決定に基づいて参加するわけではないということだ）。〔社会関係資本の三要素の間にあると〕想定されるこれらの相互関係は、ある社会の協同性――ある時点において、その社会に存在する（あるいはその社会の一部に存在する）

結社の数と、自発的な加入を通じてそれらの結社に所属している人たちの数——が、市民の間に協力的傾向があることを示すとともに、このような傾向を生み出してもいる——結社にはその存在基盤となる協力的傾向を育み、強化する能力があるので——という事実を浮き彫りにするのに役立つ。

しかし、どのような結社にどのような形で所属していようと、ありとあらゆる種類の（名目上は自主的な）結社加入が社会関係資本のまずまず妥当な指標になるということではない。人々の結社加入状況によって示唆される社会関係資本を意図的に過大評価することがないように、我々は、「社会関係資本」という言葉でほぼ一括りにできる集合的特質を示す（とともに生み出す）と考えて差し支えのない類の団体加入と結社に的を絞りたい。そうするために、そして妥当な識別指標に到達するために、我々は、人々がメンバーとなることのできる協同的形態をとる社会生活の母集団から、様々なタイプの結社を除外する。便宜上、我々は、この協同的形態の母集団を第一領域、第二領域、第三領域に区分するが、そのうち第二領域の協同パターンのみが我々の目的に適う。次に我々は、第一領域と第三領域に分類される結社の形態やパターンがなぜ社会関係資本の指標（あるいは蓄積装置）としてふさわしくないのかという問題を取り上げ、その理由を示す。集合行為の種類とパターンの社会学的類型は、二つの要因の組み合わせに基づいている——一つは、目標が（比較的）定まっているか、それとも変わりやすいかであり、もう一つは、メンバーとしての身分が厳格に固定されているか、それとも簡単に取得したり、放棄したりできるかである（図5-1を参照）。

第一領域の結社には、家族、血族関係、民族性、宗教と関係するものが含まれる（図5-2のセル2を参照）[4]。この範疇に含まれるほとんどの団体は、その構造に関する限り、非自発的もしくは根本的である。それらは、血筋、疑う余地のない伝統、あるいは家系によって構成されていると見なされており、身内を自動的に取り込むだけでなく、本質的に排他的であるため、部外者を締め出す——したがって、礼儀正しさ、市民性、自由意志による団体加入といった平等主義的で開かれた原則とはまったく相容れない。この包含性（出ていくという選択を排除）と、ことによると敵対的でさえある排他性（部外者の加入を排除）は結婚にも適用される。広く行きわたっている社会的ならびに法的な基準に従えば、結婚とは、自由意志に基づく契約を結ぶことにより、二人の人間の間に永続する排他的関係を構築することである。ときには、マフィアの「ファミリー」の場合のように、こうした取り消し不能で排他的な所属をほのめかす関係が比喩的に用いられることもある（実のところ、マフィアのファミリーは、戦略的な目標をもち、メンバーとしての身分が固定されている組織の分かりやすい例である。図5-1、セル1を参照）[5]。メンバー、あるいは様々な範疇のメンバー同士が相互に負う義務は、一般的に、部外者との相互交流の中で果たされる義務とは異なる。彼らを駆り立てているのは、普遍的原則へのこだわりではなく、むしろ愛、共感、そしてアイデンティティや伝統

身分＼目的	〈固定〉 階層的に 統制	〈可変〉 参加者に より左右
〈固定〉 包摂／排除 を通じて	（ほぼ非合法の） ギャング， 陰謀団	自認された 民族集団
〈可変〉 自発的	企業， 結社， 政党	**市民結社， 市民クラブ**

図５－１　集合行為の分類

	第１領域	第２領域	第３領域
公式	家族，親族	「対面的」結社	メーリングリスト結社， 結社の結社，企業
非公式	氏　族	新しい社会運動， 近隣の人々， 非公式ネットワーク	「入れ子式」結社

図５－２　様々なタイプの結社

によって定められた掟への忠誠心といった排他主義的な感情である。こうした根本的な組織パターンをとる集団の内部では、（住民の民族性に基づいて定められた国境も含めて）メンバーシップの境界を越えることは、どのような手段を用いるにしても、そして、どちらの方向から踏み越えるにしても、不可能で、危険で、常軌を逸した行動とされる。このことは、第一領域の結社の典型的な特徴の一つである。

第一領域の結社のもう一つの特徴は、根本的な組織パターンをとる集団の目標が拡散しているという事実である。それらが自ら設定した目的で、もしかすると競合するかもしれない他の目的を犠牲にして追求できるものは（組織パターンそのものを維持することを除けば）一つもない。家族をはじめとする根本的集団は、特定の目的を果たすために設置されるわけではない。企業や官僚組織とは大違いで、それらは機能的に拡散しており、不特定の幅広い種類の目的を果たすことができる。もっとも、そうだからといって、例えば、家業や、特定の民族しか手がけることのできない貿易部門や産業部門、特定の宗教コミュニティのメンバーしか加入できない結社など、根本的な繋がりに寄生する特別な目的を持った結社が誕生する可能性が排除されるわけではない。根本的な共同体から派生した結社のなかには、例えば民族舞踊クラブや慈善団体など、我々が言う第二領域の結社の範疇に属する例もあるかもしれない。

第三領域の結社には、会社、利益団体、政党などが含まれる（図5-1、セル3を参照）。多くの点で、これらの協力形態に共通する特徴は、第一領域の結社の特徴とは正反対である。それらは「不変の目標と変わりやすいメンバー」をもち、戦略的目標を達成するために必要な場合には、メンバーの入れ替えができなければならない。(6) それらは、目標を達成するために、生産性の低い労働者を生産性の高い労働者に置き換えるとか、新しいメンバーを獲得するという手段に頼る。適任であること、能力、もしくはその結社が前提としている価値——たとえそれが収益であれ、明確な利益の促進であれ、政治権力であれ——に貢献しようとする意志が採用の条件とされているため、この場合もやはり、市民権はこうした組織パターンとは相容れない。メンバーと結社を繋ぐコミュニケーション手段は、一般的に、話し言葉による情報ではなく、むしろ書き言葉による情報であり、何よりも重要なのは金銭である——利益団体のメンバーが会費を支払うという形であれ、会社が従業員によって提供される生産的なサービスの見返りとして賃金を支払うという形であれ。組織の目的が構成員を支配するわけだが、こうした支配は、一般的に経営者や幹部からなる階層構造を通じて行われる。彼らに課されている任務は、正規の権限や指揮権の行使を通じて、メンバーの活動のうちできるだけ多くの部分が実際に目標の達成に寄与するよう仕向けるとともに、その過程で生じる軋轢（もしかすると最終的にストライキや組織的な異議申し立てといった現象に繋がるかもしれない軋轢）ができるだけ少なくなるように取り計らうことである。そのため、メンバーの活動は、職務分担と階層制御によりかなり狭い範囲に限定される。

しかし、こうした戦略的形態をとる結社が、我々が言うところの第二領域の結社に分類される組織パターンを生むことがある。(7) 例えば、会社の従業員がレクリエーション活動を行うためにクラブを結成することがある。会社の経営陣でさえ、政党が動員戦略の一環として地域のお祭りに資金援助を行う気になるときに従うのとほぼ同じ論理に従って、（企業の支援を受けたサッカーチームのように）労使関係を改善するための戦略や広報戦略の一環としてこうした団体活動を開始することがある。特に、左翼政党の歴史には、毛細血管を思わせるようなネットワーク型の協同構造（職業集団のメンバー、すなわち、音楽、庭いじり、演劇、スポーツ、ディベート、地域問題、女性や若者の問題などに関心を持つ人たちにとって魅力ある協同構造）が戦略的な第三領域の結社によってどのようにして結成され、活動を奨励され、資金の助成を受けたかを示す例が豊富にある。

概念上の区別の問題が教会組織の現象により提起される。一方では、それらは、神学上の使命に加えて、様々な政治的ならびに経済的な目的を追求する大組織で、階層構造を持つ。他方では、それらはメンバーが（そして、おそらくはメンバー以外の人たちも）参加できるきわめて多様な団体活動を奨励するととももに、開催する。後者のケースでは、それらは、教会という組織の内部に、様々な団体活動をするサークル的な下部組織が組み込まれているという点でいわゆる「入れ子式の」協同性の枠組みあるいは舞台となっているのだが、これは組織構造の点で企業のサッカークラブや政党の地方支部と似ている。

第二領域の結社、すなわち市民団体は、目標と目的に関する限り、ここまでのところで論じてきた二つのタイプの中間的な位置によって規定される（図5-1、セル4を参照）。すなわち、それらの目的指向は、家族および同種のコミュニティの目的指向ほど拡散していないが、第三領域の公式組織の目的指向ほど特定的ではない（図5-2と比較されたい）。市民団体が、自らのサービスを市場で取引して利益を得ようと努力することは絶対にないし、政治的権力が伴う公式的な地位を獲得しようと努力することも絶対にない。この点で、市民団体は第三領域の公式組織とは異なる。市民団体は、戦略的な行動を通じて達成できる目標を持つというよりも、むしろ、スポーツ、音楽、慈善事業、教育、政治的動員といった領域を持つにすぎない。それらは、町内会の週末小旅行のように単一目的の短期的な協同事業だけでなく、末永く共通の関心事となる事業を手がけることもメンバーから期待されている。団体の活動において推進されるべき特定の目標、計画、およびプロジェクトは、メンバー間の相互のやりとりを通じて決定され、組織的な階層構造はないか、あっても比較的フラットで、完全な専従職がリーダーや管理者を務めるのはめったにない例外的なことである。熱心に活動するメンバーなら誰でも目標設定のプロセスに比較的容易に関与できる。そして、こうしたプロセスの結果しだいで活動方針が大きく変わる可能性があり、（クラブ内の活動のように）もっぱらメンバーによる内部消費を目的とする活動が行われることもあれば、それとは正反対に、もっと幅広い人たちの役に立つことや、幅広い人たちに影響を及ぼすことを目的とする活動（例えば、公開コンサートを催す合唱団、社会運動や政治運動、ＰＴＡ）が行われることもある。(8)

我々の概念化によれば、市民団体のメンバーの構成と募集には平等な市民権の原則が適用される。この原則は、公式組織の機能的匿名性からかけ離れているのと同様に家族の親密さからもかけ離れている条件である。市民団体は、家族や、アイデンティティに基盤を置くその他のコミュニティよりもずっと開かれており、入会を希望する外部の人間にとっては敷居が低い。ただし、アイデンティティ関連の入会基準と機能面に関する入会基準が入り混じっていることを予測すべきではある。例えば、室内楽の演奏にもっぱら取り組む団体は、メンバーが楽器の操作にある程度習熟していることを求めるものだし、青年団体、女性団体、宗教団体は、それぞれ実際にそうした社会的範疇に属する人たちに会員資格を限定するのが通例である。スポーツクラブの場合のように、ときには会員資格が正会員と賛助会員に分けられることもある。これらの制限があるにもかかわらず、資格を満たしているメンバー全員の入会を受け入れるというところに団体の市民的性質が表れているし、入会が認められない場合でも、個人を拒否するのではなく、抽象的な基準が理由にされる。

最後に、団体と個々の会員の間で行われる「相互作用の様式」について述べると、それは、（愛、心遣い、共感といった強い熱情、信仰への傾倒、強い伝統への忠誠といった絆を持つ）家族や、（打算的な動機から団結を維持しており、たいていの場合、書き言葉――登録用紙や労働契約書をはじめとする――と金銭上の利害関係に依存している）第三領域の結社の場合ほど形式化されていないし、厳しくもない。その一方で、クラブ、運動、ネットワーク、教会グループ、政党の地方支部、および同種の団体へのメンバーの関与の水準と種類は変わりやすく、統制されているわけではない。このような結社は、自由意志による関与に依存しており、メンバーが一時的に参加しなかったり、貢献しなかったりしたとしても大目に見なければならないし、金銭的な貢献や計画立案の話し合いへの参加から、組織的な支援や、団体が得意とする業務の積極的な遂行に至るまで、様々な形の関与を活用する。第三領域の結社とは対照的に、市民団体は、書面によるコミュニケーションや、上意下達式の口頭コミュニケーションではなく、水平的な口頭コミュニケーションを多用する。

したがって、市民団体は、団体の実質的領域内で絶えず定義する必要のある比較的幅の広い不確かな活動プログラムと、（社会的範疇による入会制限があってもなくても）部外者が共通の価値観と関心のために様々な形で協力することを可能にする同様に不確かな会員資格というユニークな組み合わせを表している。市民団体に欠けているのは、第三領域の公式組織の特徴である権威をもって定義される目的であり、家族の特徴である特定のメンバーの確実性である。市民団体が折り合いをつけなければならないのは、こうした確実性の二重の欠如である。実際、市民団体が、これらの曖昧さにうまく対処するための、そして、そうした曖昧さを協力的なやり方で解決するための適切なスキルを教えることとは、社会関係資本の形成への明確な貢献となる。

社会関係資本の概念図を作成するうえで、ボランティア活動は特別な問題を提起する。ボランティア活動は、サービスを必要としている人たちに当該のサービスを提供することと定義され、その動機となるのは、こうした必要とその実行がもたらす副次的な効果だけであって、物質的な利益や、職業上の出世などの有益な見返りが主たる動機となるわけではない。ボランティア活動は、市民団体や公式組織という枠組みの内部で行われることもあるし、それとは対照的に、人々が団体の枠組みの外で他の人々を助ける場合に見られる完全に個別化されたパターンに従って行われることもある。前者のケースでは、団体そのものが提供されるサービスの受け手となる場合がある（例えば、ある人がクラブの会計係としてボランティアをするような場合）。後者のケースでは、こうしたサービスを受けるのは、団体には所属していないクライアントである（例えば、市民団体によって慈善的サービスが提供されるような場合）。これらのケースがどれもみな市民的関与の形態として重要な役割を果たすことから、そして、それらが関心と信頼の双方に対する活動家の潜在能力を明示していることから、我々はそれらを社会関係資本という広い範疇の中に含める。ただし、既に指摘したように、それらは必ずしも協同性を伴うわけではない。

市民団体という範疇のなかで他と区別するに値するもう一つの集団は、いわゆる自助グループである。人々が自助グループに参加するのは、多くの場合、健康問題や社会福祉の問題に関して、自分が持つ能力と経験と（ほとんどの場合）非専門的な知識をもとに援助を得たり、逆に支援を提供したり、お互いに励まし合ったりするためである。（例えば、アルコール依存症者更生会のような）自助グループは、一般的に、支援対象とされている状況の影響を個人的に受けている人たちの中からメンバーを募集する。会員間で支援の授受が同時に行われるため、この種の協同活動では高度の信頼が前提とされる。したがって、我々は、自助グループを社会関係資本の形成者という広い範疇に含めようと思う。

市民団体の種類

現時点では、あらゆる種類の市民団体から同じように、社会関係資本の（再）形成への――そして、間接的な結果として、経済パフォーマンスとガバナンスの質への――貢献を期待できるのかどうかは分からない。また、研究者たちがこれらの結社を分類する際に用いてきた様々な類型をここで詳細に取り上げることもできない。もしかすると役に立つかもしれない、少なくとも五つの類型が頭に浮かぶ。

・実質的領域。こうした領域の例は、宗教的、芸術的、慈善的なものをはじめとする多くの関心事である。我々は、社会関係資本に対する「収益」という点では、これらの領域の間に重大な違いを見出すことを予想していない（後述の「社会関係資本とガバナンスの質」の項を参照）。

・メンバーシップが果たす役割の形式化の度合い。この基準を用いる類型は、氏族、ネットワーク、運動から、複雑な入会手続きを伴う高度に形式化された組織まで多岐にわたる[9]。この場合もやはり、よきガバナンスと経済パフォーマンスに関する限り、これらのタイプの組織間に大きな違いはないはずだ。

・内部指向の団体と外部指向の団体の違い。前者は、メンバーだけに役立つ「クラブ財」のような集合財を生み出す。それに対して、後者は、奉仕されたり、教育されたり、影響を受けたりするのが一般大衆であれ、特定のクライアント集団やエリート層であれ、厳密な意味でのメンバー以外のエージェントに対する支援にも本気で取り組む。仮説は分かりやすい。それは、外部指向的で大衆への関心が強い団体ほど、社会関係資本の予想（再）生産高への貢献度が高いというものである。

・人類一家族主義的な結社とそうでない団体の違い。真の意味で人類一家族主義的な結社は、誰もが歓迎される団体である。それとは対照的なのが、後天的な特性（例：職能）

や根本的な特性（例：性別、年齢）を入会の条件とする団体である。後者は前者ほど生産的ではないと予想される。
・政治結社と非政治結社の違い。政治結社は、究極的には立法と行政に影響を及ぼすために、エリートか非エリートのどちらかに訴えかける。非政治団体にはそのような野心はない。この場合もやはり、前者のほうがおそらく共同体に対して強い関心を持つ一方で、後者ほど自己中心的ではないため、社会関係資本に対する全般的な影響という点でより高い実績を上げるものと予想される。

メカニズム

社会関係資本蓄積のメカニズムは三つの方向に作用する。第一に、人々が協同性の構成要素となる特徴を豊富に持つ社会環境では、市民団体が容易に結成され、国民生活の主導的要因となる可能性が高い。二番目に、結社と会員数がともに多い社会環境では、市民団体が社会的ならびに道徳的な資源を広め、我々が信頼および関心と称した心的傾向を促進するのに役立つだろう。三番目に、これらの資源の存在そのものと、協同活動を通じたそれらの普及と強化の双方が、民主主義を機能させるうえでの重要な要因と見なされるべき多くの建設的成果を生むだろう。そして、ここでの前提は、市民団体の活動の中で獲得され、強化されるイニシアチブ、関心、信頼、組織化能力、平等主義的態度、部外者への寛大さといった能力や性質が、それぞれの社会的、実質的、一時的な当初の位置を越えて広がり、民主的な政治文化の重要な構成要素になるということだ。こうしたことが想定されるのは、一つには、メンバーたちが市民団体の実行可能性を身をもって知るため、世の中に広く蔓延している無力感とは無縁でいられるとともに、父権主義的で権威主義的な国家に向けられる縁故主義的な期待を抱くこともないからである。

効果と機能

社会関係資本の性質を概念の面で評価したあとは、仮定上の結果について考えることにする。我々は、ある特定の場所に多くの社会関係資本が蓄えられているとしたら、そこでは景気がよくなり、良好な政治が行われるものと仮定する。このことが強い意味での真実となる（すなわち、社会関係資本が、望ましい結果が予測されるための必要十分条件になる）ためには、共存しえない事例が二つある。第一に、高水準の社会関係資本が存在しないところで、よい政治が行われたり、よい経済パフォーマンスが達成されたりすること、二番目に、高水準の社会関係資本さえあれば、必ず好ましい経済パフォーマンスとよい政治に結びつくということ。さしあたり、社会関係資本の総量と経済的・政治的成果の間に、予想どおり、正の相関関係があるものと仮定するならば、こうした実証可能な相関関係は双方向的な解釈にも耐えると強調することに価値がありそうだ。つまり、経済的繁栄とよきガバナンスが社会関係資本の形成に寄与するのと同程度に、後者も前者の生成に寄与するということだ。よ

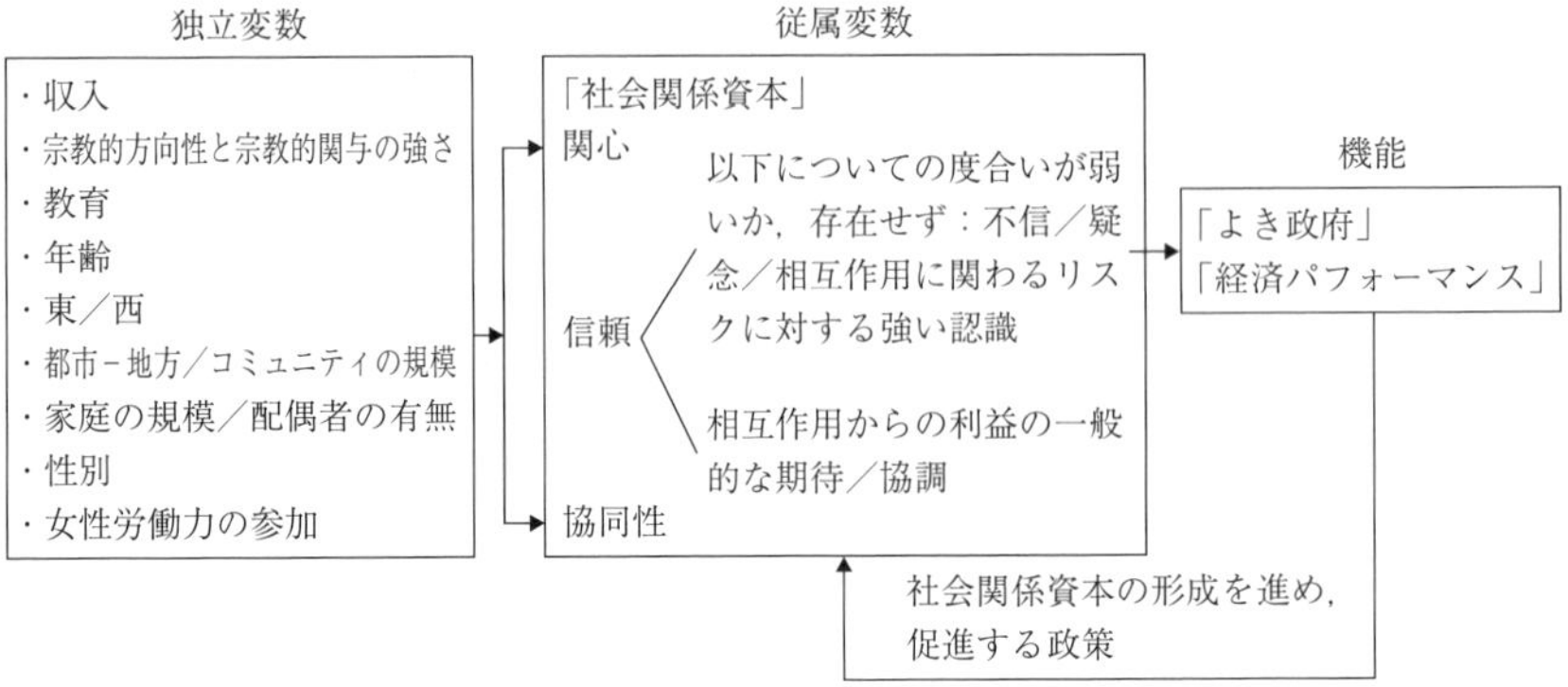

図5－3　社会関係資本の概念的枠組み

き公共政策（ついでに、よき経営戦略も含めて）は、社会関係資本の蓄積を生む協同的慣行を奨励し、促進し、育成することができる。

最後に、我々は社会関係資本の因果的前件を理解する必要がある。おそらく社会関係資本は一部の層で――ある場所、地域、時点、社会的・文化的環境、宗教団体などで――形成される一方で、その他の層には存在しない。したがって、我々は、各種の標準的な社会学的変数が相互に関連する社会関係資本の構成要素、すなわち関心、信頼、協同性に及ぼす影響について調べるとともに、社会関係資本のレベルとその変化に対するそれらの複合的な影響についても調べたいと思う。三組の変数とそれらの仮定上の相関関係は、図5-3に示してある。

ここまでのところで我々が描いた概念図によって示唆される問題と視点のすべてを本章で取り上げることはできない。そこで我々は、データの入手可能性という現実的な理由から、社会関係資本が主に関心、協同性、ボランティアをしようとする意志（そうした意志が及ぼす実際の行動的影響だけでなく）に置き換えて計測される場合にその供給量を決定する独立変数、すなわち因果的前件に的を絞ることを提案する。

2　社会関係資本の決定因――ドイツの場合

協同性の低下？

最初に、ドイツにおける過去四〇年間の協同性――すなわち、公式団体の会員数とボランティア活動の参加者数――の水準について大まかに説明する。また、一九九〇年以降の統一ドイツの状況に光を当てるとともに、旧東ドイツ（ドイツ民主共和国：ＧＤＲ）に残る国家社会主義の遺物の影響にも光明を投じる。ここでは、協同性という現象の二つの要因が重要である。第一に、ある時点においてどのくらい多くの人々が実際に関与しているのだろうか。二番目に、そうした関与はどのくらい熱心なものなのだろうか。この後者の要因は、もう一つ別の特徴によって複雑化される。一方では、特定のタイプの団体（例えば、スポーツクラブ）に他の人たちより積極的に参加する人たちがいる。しかし他方では、団体は、それらが積極的な関与、メンバーが提供する時間などの資源、忠誠を一般的にどの程度まで前提とするかに応じて、細かく分類される可能性がある（宗教の宗派は、所属する信徒に多大な要求をする団体の極端な例だろう）。

ここで我々の関心を引くのは、後者の熱心さの度合いである。我々は、比率的に見て少数のボランティア活動家を別にすれば、関与の熱心さが最も低いのは、政党、労働組合、教会、さらには自動車クラブといった会費の支払いが求められる組織だと考えている。[10] スポーツクラブや合唱団のような団体のメンバーが一般的により熱心に関与するのは、これらの団体がその機能の遂行を、会費を支払ってサービスの提供を受けるだけでなく、積極的に団体の活動に参加し、自分の時間と技能と経験を提供してくれるメンバーに依存しているからである。最後に、（非公式ネットワークも含めて）結社がメンバーの関与に関して最も強く厳しい要求をするのは、メンバーの活動の受益者が基本的に（相互協力から恩恵を受ける）他のメンバーではなく、結社が助け、奉仕し、支援を供与し、教育を施し、影響を与えることを目的としている外部のクライアントである場合だ（慈善団体の場合、受益者は例外なく外部のクライアントである）。

次に我々は、前述の概念上の違いを念頭に置きつつ、ドイツにおける協同性の傾向に目を向けることにする。一九八〇年代に、教会の信者、政党の党員、労組の組合員の数は、劇的にではないにしても減少した。一九八四年には、（西）ドイツ市民の五〇％がプロテスタント教会の登録会員で、四〇％がローマカトリック教会に所属していた。九三年には、プロテスタントの占有率が四五％に低下したのに対して、カトリックの占有率は変わらなかった。その一方で、ドイツ市民の一三％がどの宗派にも所属していなかった。[11] だが、このデータは、会費（教会税）を支払っているドイツ市民の割合を測定しているだけで、名ばかりの会員の信仰活動への実際の関与の度合いを測定しているわけではないため、記述的妥当性の点で、はなはだ心もとない。プロテスタント教会のほうがローマカトリック教会より減少幅が大きいとはいえ、どちらの教会も、礼拝への出席などの活発な信仰活動への参加者が急減し続けていると報告している。そのうえ、東ドイツでは人口のごく一部（一九九三年の時点で三〇％）しか教会に所属していなかったため、東西ドイツの統合に伴って、教会税を支払う名目上の信者の割合すら低下した。[12]政府が〔国民から教会税を徴収することにより〕教会に対して国家統制主義的な支援と助成と保護を行っているにもかかわらず、キリスト教会の組織全体としての動員能力が低下していることは明らかである。だが、こうした傾向があるからといって、これら二つのキリスト教会が、（大部分が名ばかりの）会員の間で、ある特定の集団固有の活動やある問題に特化した活動として行われる多種多様な組織活動を促進できなくなるわけではない。[13]

全体的な結社加入者数について言えば、減少していないことは確かで、（西）ドイツでは過去五〇年間にわたり結社加入者の割合が少なくとも一定に保たれてきたと結論して差し支えない。一九五三年には、調査対象とされた人たちの五三％が一つあるいは複数の自発的結社に参加していると回答した。[14]一九九一年の数値は五八％で、[15]九六年の数値は五五％であった（旧西ドイツのみ）。[16]

全体的な結社加入者数に関するこのデータは、ドイツの法律が定めるところのフェアアイン（*Verein*：社団）に加入しているかどうかを回答者に問うことによって得られる（*Verein* は、英語のアソシエーション（*association*）よりもいくらか具体的な各種の現象を表す）。法的には、この言葉の使用は、法令により定められた内部構造を持つとともに、税制上の特権を付与されており、団体名に *e. V.*（*eingetragene Verein* の略称で、「登録社団」の意）という頭文字を挿入することを認められている登録団体に限られる。しかし、人々の会話のなかでフェアアインという言葉が使用される際には、これらの正式な結社基準に適合しない組織活動のことも指す。例えば、定期的に観鳥会に出かけるバード・ウォッチングの愛好家グループが、法的には登録社団ではないのにフェアアインを自称することがあるし、他者からそう呼ばれることもあるかもしれない。したがって、自分が関わっている組織活動について報告する際に、回答者がどのような意味でフェアアインという言葉を用いているかによって、調査結果の解釈が大きく変わりそうだ（この点についてはほとんど調査が行われていない）。それゆえ、調査でフェアアインへの加入が問われる場合（前述のような調査では決まって質問事項に加えられてきた）、どちらかと言うと、準公式的な性質を帯びた組織活動への参加が実際よりやや過少に報告されている可能性が高い。[17]

協同性のレベルが低下したとか団体加入者数が減少したことを示す兆候はないけれども、組織活動の種類とテーマ的焦点だけでなく、全体的な社会構造の内部でのこうした活動の分布にも変化が生じた。過去約八〇年間を振り返るとき、ドイツにおける協同性の歴史的プロフィールは、次のようなパターンに沿っているように思われる。ワイマール共和国期と、ナチスが権力を掌握するまでの時代には、ドイツには明らかに階級特有の性質を備えた結社が多数存在し、中産階級の間でも、労働者階級の間でも、職業上の利害、文化の探求、信仰している宗教が結社の焦点であった。（同業組合や社会人教育・研修組織のような）利益関連の結社だけでなく、（図書館、劇団、楽団、合唱団といった）文化的結社も、政党、労組、協同組合、教会の助成を受けることが多かった。

こうした多彩な結社による慣行は、ナチス体制により、一方では抑圧・禁止政策を通じて、他方では国家の支配下にあった「全国文化院」への加入を義務づけられた社会団体の国家統制主義に基づく設立と組織活動に対する監視を通じて、急速に破壊された。とはいえ、これらの団体の社会的、政治的、宗教的な基盤は、一九三三年にナチスが政権を掌握するかなり前から崩れ始めていた——そうしたなかで基盤の腐蝕の度合いが最も少なかったのがローマカトリック教会の宗教的環境であった。ローマカトリック教会傘下の政治結社、文化結社、社会結社は、政治的抑圧や社会的侵蝕を免れる能力を具有していることを示した[18]。ナチス政権それ自体は、強要された協同性を頼りとしていた。そして、不参加なら制裁が加えられ、参加すれば褒賞が与えられたため、数多くの人々が（個人主義に対する）集団主義的な関心事を大いに強調する政治団体、文化団体、福祉団体、スポーツ団体、準軍事組織などの大衆組織に加入した（そして、この点では東ドイツの国家社会主義政権もナチス政権と同様だった。双方とも権威主義的動員戦略を実行したからである）。こうした集団主義の重視は、「全体の幸福が個人の幸福の追求に優先されなければならない」というこれら二つの政権によって採択されたスローガンに凝縮されていた。（助成金付きの休暇旅行などの）貴重な資源の利用は、こうした国家の支配下にある組織によって事実上独占されていたので、利己的かつ日和見主義的な理由が強制的な加入を受け入れる強い動機となっていたのである。

西ドイツでは、一九五〇年代までに、政治結社、宗教結社、社会経済結社の大半を含めて、両大戦間の時代の協同慣行が回復された。ナチス体制が軍事的・政治的・道義的に崩壊するとともに、戦後は国民の大規模な再編と移転が行われ、経済的な生き残りと成功への個人主義的な関心が社会全体に広がったため、戦後の一時期、人々はどのような種類のものであれ、団体に加わることをひどく嫌うようになった。「私を除いて」というたいへんよく知られている挑戦的な言葉のなかに、当時の精神が端的に表れていた。さらに、アデナウアーの時代（一九四九〜六三年）に戦後復興、西側の統合、社会的市場経済の「経済的奇跡」——ドイツ版福祉資本主義の成功物語——が進展していくと、おおむね中央集権志向だった政治勢力がはなはだしい階級分裂という侵蝕作用を引き起こすとともに、階級の違いや、政治的・宗教的な違いから生じる分裂のパターンに取って代わった、いわゆる「イデオロギーの終焉」のせいで、社会経済集団が広く行き渡っていた協同性のパターンに対する支配力を失った[19]。これらの動きは、例えば、一九五〇年代に生活協同組合が急速に衰退し、チェーンストアに取って代わられたことに表れた。こうしたチェーンストアに対して、人々は組合員ではなく顧客として関わった。

結社の特定の目的にも同様の変化が生じた。一九五〇年代には、最も広い意味での政治から、旅行、スポーツ、娯楽、大衆芸術などの余暇活動へと、人々の関心が移った。イデオロギーにとらわれないレジャー関連の組織活動の隆盛は、製造業部門への土曜休業の導入を機に、普通の労働者や市民の可処分時間が大幅に増えたことに対応する動きと見なされるかもしれない。家族関連の活動に費やされる時間は、核家族化の傾向、子どもや若者が家庭外で過ごす時間の増加、労力を省く家庭用品の普及に伴って減少した。たしかに、過去三〇年間に生じた可処分時間の増加分の多くは、メディア消費に使われている。しかし、いずれにせよ、こうした可処分時間の一部が組織活動に回されてもおかしくないように思われる。また、仕事に費やされる時間が減っているのだから、少なくとも所得と雇用保障の幅広い水準の枠内では、仕事での経験が（協同活動も含めた）仕事以外の活動に及ぼす影響も減るかもしれないと考えるのは、ある程度理に適っているように思われる。こうした仮定に基づいて、我々は、結社が政党、労組、大きな利益団体から政治的、イデオロギー的に分離することを予測し、実際にそうした状況を見出す。他方では、メディア消費は、組織活動と競合する時間消費の唯一の代替パターンではない。例えば、運動を例にとってみよう。もしも人々がスポーツクラブに入会する主な動機がフィットネスや健康といった価値の追求だとしたら、これらのクラブは、同じく健康の増進に役立つ活動を商業的に提供する施設（例えば、フィットネスセンター）との競争に直面するものと予想される。商業的な団体旅行にも同様なことが言える。さらに、メディア消費、クラブへの入会、商業サービスの購入に代わるものとしては、市町村の社会人教育プログラムによって提供される多くの余暇活動もあり、人々は団体に加入しなくてもこうした活動に参加できる。

調査ごとにデータにばらつきが出るのはよくあることだが、ボランティア活動、すなわち外部のターゲット・グループのために奉仕することを目的とする組織活動に関するデータにも同じことが言える。一九九一〜九二年の調査では、ボランティアの数は一二歳以上の全人口の一七％に相当する一二〇〇万人という結果が出たのに対して、[20]九四年に実施された別の調査では、西ドイツでボランティア活動に携わっている人たちは、一六歳以上の全人口の二七％に相当する一六四〇万人とされた。[21]これは、一九八五年に比べて五％増えたことを意味する。こうしたデータベースは、データの質、調査方法、用語の定義しだいで変わるけれども、これらをもとにボランティア活動従事者の全体的な規模を把握することはできる。成人人口の五分の一ないし六分の一が（関与の度合いには差があるとはいえ）何らかのボランティア活動に参加していると結論して間違いなさそうだ。成人人口の五％が自助グループで活動しており、そのほとんどは健康関連の自助グループである。[22]ボランティア活動に積極的に取り組む人たちの割合は、どう見ても低下しておらず、ことによると一九八〇年代以降わずかに増加した可能性もある。

少なくとも市民団体においては組織活動のレベルが維持されていることと、ボランティア活動の従事者が増えていることを考慮して、次に我々は、（最も頻繁に引き合いに出される）個人主義の台頭など、不利な条件があるにもかかわらず、市民が組織活動にしっかりと関与している理由は何か、という問題について考えなければならない。一般的に言われているように、強烈な個人主義者は、（おそらく個人主義者が選択する典型的な領域である）市場のほうを向き、組織活動への義務的な関与には耐えられなくなる。しかし、こうした主張には、一瞥したときに感じるほどの論理性はない。実のところ、購入する日用品を選ぶときと同様に、参加する結社ネットワークを選ぶときにも、個人的な選択が行われるのかもしれない。したがって、個人の選択に大いに重点をおくことは、結社への加入ならびに関与の仕方と動機に影響を及ぼすかもしれないが、関与の度合いには必ずしも影響を及ぼさない。集団主義型の協同性が伝統的な義務感や責任感に基づいているのに対して、個人主義者は、個人的な好み、新たに生まれた機会、必要性があることを示す不確かな証拠に従って、集合行為に関与するだろう。

そのため、特に若い世代のメンバーが支援活動や福祉活動に参加する場合、特定の困窮事態を踏まえた特別な意思決定が動機となっていることはあまりないと言われている。支援活動を行うことから生じる本質的な満足を感じる機会だけでなく、こうした明確な切迫感も生み出されるのであれば、人々のこうした活動への参加意欲は、義務という倫理的価値観に基づいている伝統的な組織活動への参加意欲ほど形式化されていないし、永続的でもなく、目に付きにくいとはいえ、実際にはそうした意欲よりも高いうえに、広く浸透しているのかもしれない(23)。たしかに、さほど形式的ではなく、より特殊なパターンに従うような協同性や支援活動が目に見えて増えることには計測上の問題が伴う。ある種の組織活動の形式化の度合いが低下すればするほど、その存在と活動によって自動的に発生するデータが少なくなるのだ。しかし、それらがどれほど些細で、一過性のものにすぎなくても、そしてそれらがどれほどゆるやかに組織されたものであろうとも、明らかにそれらは社会関係資本が現出する現象の枠内にある。

ドイツにおける結社およびボランティア活動の優勢なパターンと実質的な焦点には変化が認められるけれども、団体活動全般においてであれ、支援やその他のサービスを提供する活動という（小さな）下位集合においてであれ、これらを全体的な衰退として理解することは到底できない。したがって、このあとで行う分析において、我々は協同性のレベルとその決定因に関する量的変化ではなく、組織活動の領域ならびにそうした活動の構造的文脈と動機的基盤の変化により多くの関心を寄せる。我々が、（コーホート〔観察対象集団〕および世代を越えた前後面において生じる違いだけでなく、国家の様々な部分や社会構造の様々な部門を比較することによって見えてくる）横断面において生じる違いをも、利用できるデータが許す限り詳細に見るとすれば、これらの変化が明らかになるはずだ。

独立変数と仮説

この項では、次のような手順で作業を進めていく。初めに、我々は、九つの独立した社会学的変数を特定する。これらを選んだのは、組織活動のレベルを決定するもっともらしい要因と思われるからである。二番目に、各変数の範囲内で、社会関係資本とその構成要素に対する仮定的なプラス効果ならびにマイナス効果を定式化する。三番目に、各独立変数を社会関係資本の成果と結びつけるそれぞれの仮説を検証するために利用できるデータを提示する。

(1)世帯所得と労働市場の状況

我々は、協同性を所得の正の関数と考えるかもしれない。組織活動を通じて守られる可能性のある中所得層と高所得層の関心が目立って高いことを挙げれば、こうした相関関係に説明をつけることができるだろう。つまり、彼らは低所得層よりも浪費できる資金を余計に持っているのだが、組織活動に参加すればそうした浪費を防ぐことができる。そのうえ、彼らは、高所得が高年齢（および長い人生経験）と相関しているためであるにせよ、高収入そのものが組織の中で物事をうまくまとめていく手腕の成果だからであるにせよ、組織慣行に比較的よく精通している確率が高い。それに対して、高額所得者は組織活動に自分の時間を費やすことにより、比較的多くの機会費用を負担することになるし、とりわけ高所得であるがゆえに彼らは他の人たちが入手するために連携する必要のあるものを市場で購入できるため、所得と協同性の間に仮定上の〔正の〕相関関係があるとは信じがたいと見なされる可能性もある。このような推測がなされるとすれば、それは両者間に負の相関関係があることを示唆するだろう。

高所得と協同性の間に正の相関関係があることは、いくつかの研究によって裏づけられる。ショイヒは、一九九一年のデータを分析し、それを一九五三年と七九年に得られたデータを比較する。(24)この時系列を通じて協同性と所得の間には相関関係が認められるが、観察期間中に相関係数は低下している。比較的高額の所得（すなわち、一九九一年のデータで一カ月あたりの可処分世帯所得が三五〇〇～四九九九マルクで、米ドルに換算した場合、数値はこのほぼ半分となる）は、複数の結社への所属の有効な予測変数となっている。ブラウンとレーリッヒも、支援および社会福祉事業でのボランティア活動についての基本的に同様な調査結果を提示する。(25)この相関関係は、女性の間で特に強い。(26)

物質的幸福は、所得水準の関数であるばかりでなく、所得の保障や可処分時間の利用可能性の関数でもあるので、労働市場の状況は所得と密接に関連している変数である。後者の面で最も恵まれているのは、事実上終身雇用が保障されている公務員である。一方、公務員（*Beamte*）とはまったく対照的な立場にあるのが、可処分時間はふんだんにあるものの、所得水準と所得の保障がともに低い失業者である。協同性の複合的な決定因としての所得の保障、所得水準、可処分時間という複合指標に関するデータは、興味深い推論を導き出す。全就労者の一八・二%が何らかのボランティア活動に携わっている。それに対して、失業者でボランティア活動をしている人の割合は一二・七%にすぎない。このことは、可処分時間があるということが組織活動に有利に作用するいくつかの要因の一つでしかないことを示唆しているように思われる。就労者の間では、職業上の身分による違いが現れる。最も積極的に活動しているグループは公務員（三二％）で、以下自営業（二六％）、事務系労働者（一八％）、技術職（一五％）と続く[27]。

研究者たちは、旧西ドイツでも旧東ドイツでも、政治への関心と所得水準の間に強い相関関係を見出した[28]。旧西ドイツでは、高額所得者の六三％が政治に強い関心があると回答しているのに対して、世帯所得が低い人たちで同様な回答をしているのは三八％にすぎない（旧東ドイツでの数値は、それぞれ六五％と四九％である）[29]。所得と協同性の統計上の結びつきにおける転換点を示唆するデータは見つからなかった。よって、前述の否定的仮説を根拠のないものとして斥けることができる。

(2)宗　教

信仰上の態度ならびに宗教的コミットメントと社会関係資本の間には正の相関関係があると仮定される。教会やその他の宗教組織は、組織活動の触媒の働きをする。例えば、教会などが環境保護活動を行うグループに会議室を貸せば、他者と協力して事に当たるために必要なスキルの育成を促進し、社会問題に対する意識を高めることになる。我々は、宗教の二つの側面について調査していく。最初に、我々は、ローマカトリックの方がプロテスタントよりも社会関係資本と強く相関しているという主張を展開する。カトリックの教義のほうが共同体主義的な側面が強い一方で、自由・個人主義的な側面が弱いことがその理由である。カトリック教会への所属と結社への参加度の間にある正の相関関係は、カトリックの信仰教義が（おそらく、ほとんどのプロテスタントの宗派よりも）慈善という倫理的価値を熱心に説き、コミュニティの仲間の幸福に積極的な関心を持つことを唱道するという事実によって説明をつけることができるだろう。だが、二大宗派間に差異が認められるのは、信者の結社参加度ではなく、信者がどのような結社を好むかという点のみであると判明する可能性もある。二番目に、二大宗派のどちらにおいても、宗教への強い帰属意識が自己申告された場合、それは高水準の協同性と、同じく高水準の信頼（厚い信頼、薄い信頼の二種類とも）の予測変数となる。

一般的に宗教的コミットメントは、社会福祉団体への加入の強い予測変数となる。このことは、同胞のためによき行いをする義務を強調するキリスト教の神学上の教えと合致している。結社セクターでは、ボランティア活動従事者全体の三一％が教会と積極的に関わっていると述べているのに対して、関わりが弱いと回答する人は一五％、まったく関わっていない人は一一％にすぎない。ところが、ボランティア活動への関心について詳しく調べてみると、関係が逆転する。つまり、（実際にはボランティア活動に参加してはいないものの）ボランティア活動に興味があると回答する人たちの三七％が教会とはまったく関わっておらず、教会と積極的に関わっていると回答するのは二二％にすぎないのだ[30]。これらのデータは、宗教的コミットメントが強い触媒機能を果たすことを示唆している可能性がある。それというのも、こうしたコミットメントが組織活動への参加意欲を活性化するように思われる一方で、宗教に傾倒していない人たちの側では参加したいという気持ちがおおむね純精神的《プラトニック》なままであるからだ。教会には所属信徒の社会関係資本を利用する他に類を見ない能力があるが、その一方で、教会に所属していない人たちは自らの社会関係資本を投資する際により大きな困難に直面する。しかし、こうした傾倒は社会構造全体の中に著しく偏在している。我々は、データ不足のため、一方では年齢、性別、所得といった変数と、他方では宗教的コミットメントならびに団体への参加意欲の間に存在することが知られている相関性をここで調べることはできない。

ローマカトリック教が協同性に及ぼすプラスの影響は、一九五〇年代から広く浸透していた[31]。九一年には、西ドイツの全人口の四〇・八%がローマカトリック教徒であったのに対して、複数の結社に所属している人たち全体の四六・四%がカトリック信者であった。

(3) 教　育

ドイツでは一五〇年以上にわたり公立学校を通じて学校教育が行われてきた。高度な学校教育を受ける人たち（米国の高校卒業資格とほぼ同等なアビトゥア〔*Abitur*〕の取得者）の割合は、一九六〇年以降上昇し続けてきた。一九四九～五一年までに生まれた人たちの七・九%が大学に進学したのに対して、一九六九～七一年に生まれた人たちの大学進学率は一八・二%に上昇した[32]。ドイツの政治的エリートが高等教育の非常事態という状況に気づいた六〇年代半ばに学校教育の拡大が加速し、人的資本の不足を引き起こした。特に女子、農村出身者、労働者階級の大学進学率が伸びた[33]。七〇年には一一・四%だったコーホートごとの高卒者の割合は、九二年には三〇・九%まで上昇した[34]。

我々は、正式な学校教育の年限として測定される教育が社会関係資本にプラスの影響を及ぼすという仮説も立てる。我々がそのように予測するのは、家庭を別にすれば、学校は個人がその人生において初めて出会う学びの場であり、そこでは明示的な教育課程と隠れた教育課程の双方を通じて、協力を肯定する道徳的・認知的能力が養成されるからである。教育期間も、教育を受けた人たちの社会経済的地位と相関しており、こうした地位の独立した効果が協同性に及んでいる。さらに、学校と大学を、その相対的安定性により（教会、労働組織や、ことによると軍事組織とも同程度に）仲間内で様々な形態のインフォーマルな協同性を促進する施設環境として理解する必要もある。しかし、就学年限を延ばせば、その影響が個人主義的で競争的な気質を強化し、地位格差を際立たせるため、協同性を損なう可能性もあると主張して、就学年限の延長に反対する向きもあるかもしれない。そのうえ、スポーツ、音楽、宗教関連の利用しやすい施設がいろいろとあり、これらが正規の教育機関によって提供される社会関係資本形成の場（より優れているとは言わないまでも、それ）と同等な場を提供できることを考慮して、そしてまた、前記の施設の一部は、大方の学校とは異なり、言語的なコミュニケーションのコードを通じて表現される競争的個人主義の役割を重視しない傾向があるという理由で、教育は社会関係資本の形成において決してユニークな役割を果たすわけではないという主張が展開される可能性もあるだろう。

しかし、こうした学校教育以外の学びの場が与える影響が制御される場合でさえ、学歴と協同性の間には正の相関関係があることが利用可能なデータにより裏づけられる。一般的に言って、低レベルな学校教育しか受けない人たちは、もっと長期にわたって学校教育を受けた人たちよりも結社に加入する確率が低い。また、複数の結社に所属している人たちの大多数は、教育水準の高い人たちである。利用可能なデータによれば、この相関関係は一九五〇年代からずっと続いてきた[35]。

ボランティア活動も、教育水準と正の相関関係を示す。この調査結果は、旧東西両ドイツ地域に当てはまる。一九九四年に、旧東ドイツでは教育水準の高い人たち全体の一八％が、旧西ドイツでは同二一％が、月に最低一度はボランティア活動をすると回答したのに対して、教育水準の低い人たちのうち、そのような形でボランティア活動に参加していると回答した人の割合は、旧東ドイツで五％、旧西ドイツでは八％にすぎなかった[36]。プリラーは、旧東ドイツにおける地域の催し、市民団体、政党への参加について同じ関係が見られることを報告する[37]。教育水準の高い人たちと低い人たちの参加レベルを百分率で表すと、その差は二〇ポイントもある。

この規則の例外は、カトリックを信仰する女性の協同性に見出すことができる。教育水準の低い女性カトリック信者の団体加入率は、全体の平均値をわずかに上回っている（一九九一年のデータによれば、全人口の六六・五％が団体に加入しているのに対して、女性カトリック信者の加入率は六七・七％）のに対して、教育水準の高い人たちの加入率は平均値を下回っている[38]。このデータは、協同性を促進するうえで宗教的コミットメントが学校教育と機能的に同等な働きをする場合があること、とりわけローマカトリックについてはそうした傾向が強いことを示唆している、というのが我々の解釈である。だが、これは規則の例外のようだ。学校教育は、従来にない形式の政治的ならびに社会的な参加も含めて、あらゆる種類の自発的参加の非常に強い予測変数となっている。自己申告ベースのアンケート調査によれば、高度な学校教育は（合法的なもの、非合法なものを含めて）制度の枠を超えた政治的抗議活動への参加意欲を高める[39]。

意外なことではないが、関心（すなわち、より広義の公共の事柄やコミュニティの福祉に対する関心の下位集合としての政治への関心）と学歴の間に正の相関関係があることを立証できる。一九九三年の調査で、政治にたいへん強い関心があると回答した人の割合は、旧東ドイツでは全人口の二七％、旧西ドイツでは三五％であった。政治に強い関心を持つ人たちのうち、五七％（旧西ドイツでは五五％）が教育水準の高い人たちであったのに対して、教育水準の低い人たちの割合は、一九％（旧西ドイツでは二五％）にすぎなかった[40]。表5-1に示したとおり、高度な

表5－1　性別，年齢，教育水準と政治への関心（1970〜90年）

	政治への関心														
	強い					中					弱い				
調査年	1970	1974	1980	1985	1990	1970	1974	1980	1985	1990	1970	1974	1980	1985	1990
全　体	32.0	37.0	44.0	42.0	50.0	40.0	41.0	40.0	36.0	35.0	28.0	22.0	16.0	22.0	15.0
男　性	46.0	50.0	56.0	55.0	62.0	37.0	37.0	37.0	30.0	27.0	16.0	13.0	9.0	14.0	10.0
女　性	20.0	25.0	35.0	30.0	39.0	42.0	44.0	42.0	42.0	42.0	39.0	31.0	23.0	28.0	19.0
14〜19歳	32.0	21.0	34.0	18.0	34.0	35.0	45.0	42.0	36.0	36.0	33.0	34.0	24.0	45.0	30.0
20〜29歳	30.0	38.0	53.0	38.0	48.0	47.0	47.0	36.0	45.0	37.0	24.0	15.0	11.0	16.0	14.0
30〜39歳	34.0	40.0	46.0	44.0	52.0	43.0	44.0	43.0	39.0	37.0	22.0	15.0	11.0	17.0	10.0
40〜49歳	34.0	42.0	41.0	51.0	58.0	42.0	42.0	48.0	34.0	31.0	23.0	16.0	11.0	14.0	10.0
50〜59歳	31.0	41.0	44.0	48.0	52.0	41.0	33.0	41.0	32.0	38.0	29.0	25.0	15.0	20.0	10.0
60〜69歳	34.0	38.0	45.0	48.0	51.0	36.0	38.0	36.0	37.0	34.0	31.0	24.0	19.0	15.0	16.0
70歳以上	29.0	30.0	40.0	39.0	47.0	25.0	31.0	31.0	28.0	32.0	45.0	39.0	29.0	33.0	20.0
教育水準・低	16.0	21.0	29.0	18.0	26.0	36.0	38.0	39.0	39.0	40.0	47.0	42.0	32.0	43.0	34.0
教育水準・中	31.0	36.0	38.0	40.0	44.0	46.0	46.0	47.0	39.0	42.0	24.0	19.0	15.0	21.0	14.0
教育水準・高	59.0	55.0	60.0	55.0	66.0	34.0	38.0	33.0	32.0	27.0	10.0	7.0	7.0	11.0	6.0

出所：Klaus Berg and Marie-Luise Kiefer, Massenkommunikation IV（Baden-Baden, 1992）, p. 340.

学校教育と関心の間に認められる相関関係は、一九七〇～九〇年までの二〇年間を通じておおむね安定している。全人口に占める高学歴者の割合が上昇するのに伴って、政治に対して強い関心を示す人たちの割合も上昇する。この表では年齢と政治への関心の間に負の相関関係が認められるが、若い世代のコーホートのほうが平均的な教育水準が高いという点から、年齢の影響をある程度理解することができる。

(4) 年　齢

このような文脈での年齢は、慣例に従って幼児期、青年期、成人期、子育て期、余生などと区分される段階からなるライフサイクルの中で個人が占めている位置の概算的測定値となる。社会関係資本がライフサイクル全体に均等に分布している可能性は低いので、年齢（および可処分所得や可処分時間などの関連要因）は、組織活動のレベルと種類の重要な決定因になると判明するはずだ。しかし、年齢は（年齢が測定される時点とともに）、歴史的な時間の中で個人の人生が占めている位置や、個人が集団的な経験と記憶のプロフィールを持つ特定の年齢コーホートや世代に所属していることも示す[41]。年齢によって測定される根本的事項のこうした二重性を考えると、観察される影響を世代の影響と判断するか、それともライフサイクルの影響と判断するかという解釈上の問題が浮上する。言い換えると、例えば我々が六〇歳の人たちの間に特徴的な行動パターンがあることに気づいた場合に、これを六〇歳という年齢それ自体の点から説明できるのか、それとも六〇歳というのが彼らの現在の年齢である（すなわち、彼らが一九五七年における六〇歳ではなく、九七年現在六〇歳である）という事実に照らして説明できるのかはまだ確定していない。また、年代順の年齢 対 測時的な年齢という点からこの特徴に言及することもできる。

どのような意味で年齢は協同性を決定するのだろうか。そして、そのような決定はどう解釈されなければならないのだろうか。ショイヒによる一九九一年のデータの分析結果は、ライフサイクルとの直接的な結びつきを示唆している。年齢の進行に伴う協同性の推移をグラフ化すると、逆U字型の曲線となる。単一の結社への所属は一八～二九歳までの年齢層で優勢なパターンである。複数の結社への所属は三〇～五九歳までの年齢層での典型的なパターンである。それに対して、六〇歳以上の人たちの結社加入率は、居住人口に占める彼らの割合に比べて低い[42]。言うまでもなく、我々が年齢を所得、教育水準、雇用状況、配偶者や家族の有無、コミュニティの規模といった他の変数とクロス集計することができれば、こうした年齢関連の全体的パターンは、たぶん多くの点で修正されるだろう。しかし、このような多変量解析に必要な一次データが十分にないため、本章でこの点を調べることはできない。

人々は学校や大学に在学している間にスポーツクラブに所属する可能性が最も高いわけだが、これは入れ子式の協同性の一例と解釈されるかもしれない。つまり、会社、学校、大学といった大規模な公式組織によって立ち上げられ、奨励され、資金助成を受ける組織活動ということだ。一九九五年には、七～二一歳までの年齢層の男子でスポーツクラブに入っている者の割合は五〇％を超えていた。女子の場合、七～一四歳までの年齢層の実に四五％がスポーツクラブに入っていたが、女子の加入率は青年期後期に急落する。[43]

ボランティア活動のパターンもライフサイクルの影響を示している。男性の場合、最も積極的にボランティア活動に参加するのは四〇～六〇歳までの年齢層（二六％）であるのに対して、女性の場合、ピークが来るのは明らかにもっと後で、六〇～七〇歳の年齢層（一九・五％）が最も熱心に活動する。[44] 若者と高齢者は、他のどの年齢層よりも多くの時間をボランティア活動に費やす。[45] これは、この年齢層の人たちの可処分時間が比較的多いことと関係しているに違いない。また、年齢はメンバーがどのようなボランティア活動をしたいと思うかにも影響を与える。希望するボランティア活動の内容が年齢に応じて分かれる傾向がある。カトリック系の結社に所属する若い女性は管理責任への関心がより強いのに対して、高齢の女性は慈善的・支援的な類の活動を選ぶ。[46]

一九八〇年代末と九〇年代の初めに実施されたいくつかの調査からは、ドイツの若者の結社の慣行に関する情報が得られる。九二年に、ドイツ青年研究所（ＤＪＩ）は旧東西ドイツ地域で一六～二九歳までの青年および後期青年四〇〇五名について調査を行った。調査対象とされた若者のうち、旧西ドイツでは五四・七％が、旧東ドイツでは五七・六％がいかなる結社にも所属していなかった。質問表の中で、ＤＪＩは、十分に公式的な仲介システム（例えば、労組、政党、同業組合、教会関連ならびに宗教組織、スポーツクラブ）と、平和団体、女性解放運動団体、環境団体、それ以外の新しい社会運動団体、女性団体、左翼過激派グループ（アウトノーメ：*Autonome*）、右翼の「スキンヘッズ」、自助活動に従事するグループなど、どちらかと言うと非公式のネットワークを区別した。東西とも、約二一％が公式組織に所属し、約一二％が非公式ネットワークに所属していた。二種類の団体の双方に所属する者は、東西とも約一〇％である。[47] 活動に参加しないメンバーとシンパは非会員としてカウントされている。[48] 調査対象とされた人たちのうち、男性の三〇・五％、女性の二五・三％が一つの公式組織に所属しており、スポーツクラブを除いて、二つ以上の公式組織に所属している人の割合は、男性が一四・六％、女性が一〇・一％であった。[49] ＤＪＩは、公式組織の加入者が実際には活動していない傾向がある――つまり、会費を支払っているだけ――という反論をあらかじめ想定して、若手の労組員がどのくらい積極的に組合活動に参加しているかを尋ねた。その結果、東西とも約三五％が自分は不活動組合員だと回答する一方で、定期的に、あるいは少なくともときどき活動に参加していると回答した人が六五％にのぼった。[50]

新しい社会運動での活躍が目立つのは一六～二九歳の年齢層の女性である（旧東ドイツでは、男性が四一・七％であるのに対して五八・三％、旧西ドイツでは男性が四七・七％であるのに対して五二・三％）。複数の新しい社会運動で活動している人たちについても、対人口比で見た場合、女性の割合が高い。高い教育水準は、男女とも、（単一または複数の）新しい社会運動での活動の強力な予測変数となっている。[51] 否定的な社会関係資本を代表する——すなわち、メンバーを攻撃的かつ排他主義的な方法で活動させ、より幅広いコミュニティ（や、そうしたコミュニティの標的とされた部分）の権利を侵害する——グループやネットワークについては、社会人口統計的な特徴が逆転する。右翼グループ（例えば、スキンヘッズ）での活動は、東西ともに、教育水準の低い男性の若者の領域である。[52] 左翼過激派グループ（例えば、アウトノーメ）も右翼グループと同様な性別パターンを示す（彼らのジェンダー・ギャップのほうが小さいが）けれども、教育水準は比較的高い。[53] しかし、過激な政治集団で積極的に活動している者の割合は、旧東ドイツでも旧西ドイツでも低い（東では右翼二・八％、左翼一・九％、西では右翼〇・九％、左翼一・五％）。[54] 組織化されている若者の社会人口統計的な特徴と、人口全体の特徴の間に違いはない。公式組織では男性のほうがやや積極的に活動するのに対して、非公式ネットワークでは女性と教育水準の高い人たちのほうが積極的に活動する。[55]

　ＩＢＭ青年調査は、若者（一四～二四歳まで）の組織活動に関して一九九二年に実施されたＤＪＩの調査よりもさらに高い数値を発表しており、たぶん全体的な増加を示唆している（表5-2を参照）。[56] 家族、友人、隣人といった個人的ネットワークでの活動を除外すると、団体のメンバーとして意欲的に活動しているのはサンプル全体の二六・四％である。ボランティアとして行う社会福祉事業と、環境保護活動、女性解放運動、動物愛護運動では、女性の方が積極的である。それに対して、労組や政党では男性の若者のほうが積極的に活動している。このデータは、組織活動の領域の性別を反映したばらつきに関する我々の仮説に合致する（後述のジェンダーに関する項を参照）。加えて、教育水準も結社参加傾向に対して強い影響を示す。総体的に、組織活動の点では旧東ドイツの青年と旧西ドイツの青年の間に違いはない。若者の協同性の全般的水準について言えば、団体加入者はこの期間にかなり大幅に減少したようだ。旧西ドイツでは、一九八四年に一五～二四歳の若者の五五％が少なくとも一つの団体の会員だったのに、九六年にはこの数値が四三％に低下した。[57]

　若者の協同性の、さらに長期にわたる傾向を正確に示すために、我々は一五～二四歳の人たちから成る三つのコーホート、すなわち一九三〇～三九年生まれで五四年に調査されたコーホート、六〇～六九年生まれで八四年に調査されたコーホート、七三～八二年生まれで九六年に調査されたコーホートの比較を行う。[58]

　これらのコーホートのうち、最初の二つに関して言えば、五四年の調査結果（三六％）と八四年の調査結果（五五％）からは、組織活動に参加する若者の割合が増加したことが分かる。[59] 男女ともに結社加入率が上昇し、加入率の男女差にも変化は見られなかった（男性のほうが一五％高かった）。[60] また、五四年に

表 5－2　選定集団ごとに見た青年の活動（1995年）

（重複解答あり）　（%）

	全体	性別		年齢				教育水準		地域		国籍	
		男性	女性	14～15	16～18	19～21	22～24	低・中	高	西	東	ドイツ	その他
私的（家族，友人，近隣）	53.0	49.5	56.4	47.7	51.5	55.2	54.8	48.1	57.2	53.1	52.9	53.2	51.5
自発的社会サービス	22.3	17.6	26.9	15.3	19.9	25.5	24.5	19.6	25.0	22.7	21.2	24.0	13.8
環境保護	20.9	19.6	22.1	25.5	19.5	21.8	19.0	19.0	22.8	21.2	20.1	21.0	20.3
反ファシスト	10.3	11.0	9.6	8.2	13.4	8.9	10.6	9.6	11.1	10.1	11.1	8.5	19.3
動物愛護	10.0	7.2	12.9	18.6	9.7	7.3	8.7	10.9	9.2	9.3	12.2	10.5	7.5
教　会	9.7	7.7	11.6	12.9	10.8	9.3	7.6	9.0	10.1	10.6	7.1	9.2	12.0
労働組合	3.4	4.6	2.2	0.5	2.9	3.6	4.9	5.2	1.6	3.1	3.8	3.5	2.5
平和運動	3.2	3.3	3.2	2.7	5.1	2.1	3.2	4.0	2.7	3.5	2.5	2.7	6.0
市民グループ	3.2	3.5	3.0	1.9	3.1	3.7	3.6	3.4	3.1	3.5	2.5	3.2	3.3
政　党	2.8	3.4	2.2	0.8	2.0	2.9	4.2	2.1	3.4	3.2	1.6	2.2	5.5
周辺の社会集団（ホームレスなど）を支援するグループ	2.8	3.0	2.6	1.6	2.8	1.9	4.2	2.0	3.6	2.7	3.0	2.5	4.0
女性運動	2.7	1.0	4.5	2.5	3.1	2.0	3.3	2.8	2.5	3.1	1.9	2.0	6.3
文化セクター	12.2	12.0	12.3	6.0	10.3	14.0	14.6	8.3	15.5	12.0	12.6	10.6	20.0
その他	3.5	4.3	2.7	2.2	4.4	2.6	4.2	2.8	3.9	3.5	3.5	3.9	1.5
無回答	20.6	23.8	17.4	28.8	19.7	17.5	20.1	25.0	16.5	20.3	21.4	20.4	21.5
実　数	2,402	1,196	1,206	365	544	698	781	1,124	1,223	1,759	637	2,002	400

出所：Courtesy of Karin Kürten, from ifep GmbH, *Tabellenband der IBM-jugendstudie* (Köln, 1995), Tab. 21b.

一・二だった一人あたりの平均加入結社数も八四年には一・六に上昇した[61]。人々が成人初期に到達し、労働市場および／または家庭生活への参加が近づいてくる段階では、どちらのコーホートでも二〇歳以降、結社加入率が低下したけれども、後者のコーホートのほうが低下のペースがゆるやかだった。たぶんこれは、晩婚化と晩産化だけでなく、これら二つのコーホートの間で生じた大学進学率の大幅な上昇も反映しているものと思われる。

ところが、この見たところ力強い傾向は、最も若いコーホートに関する一九九六年のデータによって裏づけられていない。七三～八二年に生まれたこのコーホートのメンバーは、その協同性のパターンが著しく低下したことを示している。既に述べたように、何らかの結社に加入していると答えた人たちの割合は、西ドイツでは一九八四年に五五％だったが、一九九六年には四六％に下がった。会員となる可能性があった人たちを惹きつける魅力を失ったのは、政党や労組の青年組織など、政治的な目的や幅広い社会的な目的のためにもっぱら活動する団体だったようだが、七〇年代と八〇年代の新しい社会運動（公民権運動、環境保護活動、女性解放運動、都市社会運動、第三世界連帯運動など）もその魅力を失った。

若者の結社加入率が放物線を描くように上昇から下降へと転じたことについては、この間の全般的な政治動向の点からある程度説明できると思う。一九五〇年代には、とにもかくにも政治的動員が行われ、経済的成功とプライベートライフの再構築に対する個人の関心が政治への関心を凌駕することがない限り、政治的動員はおおむね政党の専権事項であり、動員に際しては政党が資金援助を行った。最も顕著な例を挙げると、左翼政党と労組によって組織され、プロテスタント教会も一枚嚙んでいた再軍備と国際平和の問題をめぐる抗議運動もこうした政治的動員の一つである。これらの組織の訴えは、支持者全体に向けられたのであり、決して若い世代だけを狙ったものではなかった。それに対して、二番目のコーホートは、一九六八年に展開された様々な運動の余波が残るなかで成長期を過ごした。これらの運動は、支持者の年齢構成という点で、既成政党の支配と指導から解放されるとともに、既成政党の指導者たち（および道徳的・歴史的な失敗を犯したと見なされていた親の世代全体）に激しく反発する独特の青年運動を形成していた。六〇年代の青年運動は、運動に関わった若者たちがこのまま永遠に繁栄が続くと思えるような状況の下で成年初期を迎えたこともあって、経済的な不安や心配といった精神的重荷とは比較的無縁だった。これらの運動を展開した人たちの道徳的・政治的・美的な関心は、七〇年代を通じて、彼らの仲間ともっと幅広い大衆の双方が主導権を握る可能性が少なからずあることを明らかにすることができた。おそらくこの主導権は、一九八二年に保守政党主導の連立政権が成立した折に終焉の時を迎えたわけではなく、八〇年に緑の党という形で結晶化して独特の政治勢力となり、さらには同党が新たに誕生した保守的なコール政権とはまったく対照的な立場をとることによって獲得した政治的・文化的影響力ともなったのだろう。我々のデータによれば、若者の協同性は八四年に歴史的ピークを迎えたわけだが、それは公共的な空間全体で、とりわけ教育制度において、一九六七～六八年の動員の影響が長期にわたって残った結果と見なすことができる。

しかし、一九八〇年代半ばに、新しい社会運動ならびに緑の党の新しい政治の反主流派としての影響力が急速に薄らいでいった。おおむね八〇年代の半ばから、運動の形態をとる青年政治の衰退を招いたと考えられる多くの政治的・社会的要因が浮上し始めた。こうした要因には、例えば次のようなものがある。

・一九八一～八三年の西欧への核ミサイル配備をめぐる論争後、平和問題への関心が徐々に薄れていったこと。
・一九八〇年代半ばに核エネルギー問題が解決されたこと。
・失業率が劇的に上昇し、福祉事業が縮小されたこと。
・キリスト教民主・社会同盟と自由民主党による与党連合が基盤を固めたこと。
・女性解放問題と環境問題がともに二大政党のレトリックと綱領に取り込まれたこと。
・反文化的なライフスタイルが脱政治化された消費者優先主義に組み入れられたこと。
・新自由主義的でポストモダニズム的な大衆哲学が広まったこと。

これらの要因はいずれも、一九六〇年代末と七〇年代の社会的・政治的遺産が消失する一因となった。

社会運動が衰退した結果、問題、価値観、集団的アクターの全体的な景観が変わり、一九八九年に起きたベルリンの壁の崩壊と、旧東ドイツ社会のゆっくりとした統合により変化がさらに加速した。旧東ドイツの社会では、反体制派市民による権利獲得運動は例外として、国家が動員した大組織の外で市民が自発的に組織活動に参加するという強い伝統は存在しなかった。

こうした歴史的文脈に即して、我々は、一九八四年のピークが実際には長期的な傾向ではなく、非常に長続きした異常事態を表していたにすぎず、八〇年代末には青年の協同性は低下する運命にあったという解釈に辿り着く。今や青年は、（五〇年代のように）大政党によって導かれることも動員されることもないし、（六〇年代末～八〇年代半ばまでのように）独自の動員のパターンに頼ることもできない。それどころか、（物質的な関心と価値観が高まった時代である）九〇年代に台頭すると思われる組織活動は、政治階級に向けられる深い不信感と、それに付随する組織的な形態および慣行への関与に対する嫌悪感を特徴とする可能性がある。我々がこの集団の中に見てとることができるのは、反文化的な、そして文化以外の点では反体制的な思想、動機、運動が不在であるということと、彼らが「ソフト」で非公式な結社での慣行に引きこもっているということだ。彼らが所属しがちな結社には、もっと公式な結社が持つ権威づけのための装飾的付属物が欠けている。つまり、こうした結社は、規則、幹部、会費、入会手続き、書面によるコミュニケーションをなしで済ませる。彼らが形成する結社には、例えば、個人主義的ネットワーク、友愛会、擬似家族、ユーザー団体、愛好家グループ、親睦会などがある。要するに、メンバーに深い関与を要求しない集団である。

旧東ドイツと旧西ドイツでは、この種の団体に関与している人たちの割合が異なる。一九九一年のドイツ統合後に実施された青年調査で面談を受けた一五～二四歳の調査対象者のうち、旧西ドイツでは六二％が何らかのネットワークに所属していたのに対し、旧東ドイツの若者の所属率は四二％にすぎなかった[62]。

我々が関心と呼んだもの——政治および公共の事柄への関心——については、過去二〇年分のデータがきちんと揃っている。前掲表5-1は、様々なコーホートにおける政治的関心の動向を示したものである（西ドイツのみ）。回答者が自己申告したところによれば、最も若いコーホートを除くすべてのコーホートで政治への関心が高まっている。一九七〇年、八〇年、九〇年に三つの最も若いコーホートで政治への関心が著しく高まっているのは、おそらくその頃に重大な政治的出来事や紛争が起きたためだろう（例えば、一九九〇年の東西ドイツ統合）。それに対して、一九七四年と八五年に調査されたコーホートでは、政治的関心が低いことが判明した。それぞれの調査時にメンバーが四〇歳に到達していたコーホートはすべて、調査が行われるたびに政治的関心が少しずつ高まり続けていたことを示している。

旧西ドイツでは中高年世代の政治への関心がどちらかというと着実に高まっていたのに対して、旧東ドイツの若いコーホートにはそれとは正反対のことが当てはまる。旧東ドイツの青年の政治への関心の動向について、ビスチョフとラングは、一九八一～九二年にかけて政治への全般的な関心がかなり低下したと結論づける[63]。とはいえ、こうした政治への関心の相対的喪失は、旧西ドイツの青年の間にも見出すことができるし、（若いコーホートも含めて）すべてのコーホートで政治への関心が一時的に急上昇したのは、一九九〇年に調査されたコーホートだけである[64]。

本章で吟味する利用可能なデータからは、青年の組織活動の否定的な予測変数が二つあることがうかがえる。低レベルの学校教育しか受けていないことと、女性であるということだ。これら二つの決定因は累積的な効果を及ぼす。同年代の男性に比べて、教育水準の低い青年女性は、一貫して団体への関与を避ける傾向が強い。もう一つの重要な調査結果は、曲線の軌道が示しているとおり、今日の青年は、一九八〇年代の青年に比べて組織活動に関与しなくなったとはいえ、それでも五〇年代の同年齢集団のメンバーよりは組織活動に関与する可能性が高いということである。組織活動への参加率の長期的な上昇は、一つには中等後教育機関への進学率の大幅な上昇と、高等教育が協同性に及ぼすことが知られているプラスの影響によって説明できる。もう一つの理由は、組織活動の供給サイドと関係しているかもしれない。つまり、結社の数が大幅に増えた（一九七三年に約二〇万だった結社数が九七年には六五万九四〇〇に増えた）うえに、様々な種類の、様々な特徴を備えた結社が登場し、各団体が会員になる可能性のある潜在的メンバーの価値観、アイデンティティ、経歴にあれこれと条件をつけることなく、比較的狭い範囲の興味関心に焦点を合わせているということだ[65]。同様に、空間の密度が高くなったこともたぶん〔団体への〕アクセスを容易にするものと思われる（後述の「都会 対 地方」を参照）。この推論を導く直観は、狭い領域に特化した結社が増えれば増えるほど、そして人口が均等に分布していればいるほど、潜在的メンバーが自分にふさわしいクラブを見つけ、参加へのためらいを克服することが容易になるというものだ。

(5)東 対 西

我々は、社会関係資本の形成に影響を与える際の旧東ドイツと旧西ドイツの違いを調査の重要な焦点とした。ドイツが相互敵対的でまったく異質な政治体制を持つ二つの国家に分裂していた時期が四〇年間続いたのち、最近になって突然、予期せぬ政治的統合が行われたのだから、社会関係資本のレベルに差異が生じるのは当然だった――あるいは、少なくとも当然だったように思われる。しかし、我々は、将来こうした異なる精神的・文化的遺産がどの程度しっかりと継承されていくのかという重要な問題の答えを見出すことはできないし、こうした違いがどのように消失していく可能性があるのかという問題の答えを見出すこともできない。

我々は次のような手順に従って作業を進めていく。第一に、我々は一九八九年以前に旧東ドイツで広く行きわたっていた人々の協同性のパターンを調べる。旧東ドイツ体制下で存在していた社会関係資本をどう説明できるかはまったく分からない。一方では、国家の助成を受けて運営されており、市民に加入を強制する大規模な会員組織が存在する父権主義的で、権威主義的で、全面的に国家の支配下にあった社会では、市民社会の自立的領域が不在だったのだから、そもそも社会関係資本が発生する真の可能性はゼロだった（し、それが望ましいものだと幅広く認識されているわけでもなかった）と主張する向きがあるかもしれない。これに反して、不足、機能不全、抑圧の兆候が広い範囲で見られたことが、相互扶助、事前の準備なしで行われる共同作業、信頼、連帯を生み出すのに役立ったのかもしれない――とりわけ、労働人口の大半を占めていた中間層の間で社会経済的地位の大きな較差が知られていなかった社会では――と期待する向きもあるだろう。

第二に、我々は、旧東ドイツの体制崩壊とそれに続く経済的・政治的統合をめぐる危機ののちに、旧東ドイツで生じた協同性の広がりとそのパターンを調査する。これらの出来事が協同性のレベルに及ぼした影響に関する仮説で、一般的な洞察に適合するものが一つあるが、それは否定的な仮説である。つまり、受け継がれてきた信頼と連帯の関係は旧体制それ自体とともに消滅してしまったという内容の仮説だ。これとは正反対の期待も、もっともなものに思える。というのも、統一後の新たな状況の下では、様々な課題が浮上するとともに、先行きが不透明であることから、緒についたばかりの市民社会の内部で自発的に行われる協力・組織活動が非常に高く評価されるようだからである。

第三に、旧西ドイツの制度が大々的に移植されたことが、新たなラント（州）、すなわち旧東ドイツの連邦諸州における協同性に及ぼした影響を評価しなければならない。ここで問題となるのは、これらの制度が古いラント〔すなわち旧西ドイツの諸州〕に存在しているのと同レベルの協同性と信頼を育むのか、それとも不信、無力感、疎外感、犠牲者意識が広まるため、組織活動が行われる見込みがなくなるとともに、敵意が生まれ、政治的・経済的変化がもたらす、きわめて複雑な結果がそうした敵意を助長するのかである。

プリラーは、一九八七年のデータを用いて、旧東ドイツの政治、社会、文化の各部門における市民の組織活動を分析した[66]。彼は、たいていの組織への加入は任意的・自発的なものではなく、メンバーはやむにやまれぬ政治的・経済的動機から加入せざるをえなかったものと判断した。そのため、旧東ドイツでは、あらゆる組織の中で国家や党が後援する社会政治的・文化的な会員制結社の占める割合が非常に高かった。一般的に、結社への加入は、市民の好みや経歴などの個人的変数にせいぜい少しばかり左右されるだけだったのだが、その一方で、国家の後押しを受ける大組織の内部でどのような活動を行うかということになると、実のところ、個人的ならびに集団的な選択の余地があった。しかし、加入には圧倒的に強力なインセンティブが、そして非加入には制裁が伴うことが多かったため、個人の選択と、そうした選択を導く好みには、どれほど贔屓目に見てもわずかな重要性しかなかった。こうした公式組織に加入していなかった旧東ドイツの市民は五％（男性は三％で、女性は七％）にすぎなかった[67]。旧東ドイツの成人の三分の一は政党の党員で、五分の一は支配政党であるドイツ社会主義統一党（SED）の党員だった。スポーツクラブなどの非政治的な結社（これらも政治団体と同様に国家の後押しを受けていた）のメンバーになっていると、余暇活動を行ったり、供給量が不足している物資やサービスを手に入れたりするまたとない機会が提供された。さらに、政党や組織のメンバーとして活発に活動することは、旧東ドイツの市民が地方レベルや会社レベルで政治的・社会的変化に影響を及ぼせる唯一の方法と考えられていた[68]。

だが、国家が後押しする団体のメンバーとして活動に関与することがもっぱら強制されていたとか、日和見主義的に行われていたと考えるとしたら、それは誤った思い込みということになろう。実のところ、旧東ドイツでは組織化されたボランティア活動がごく普通に行われていた。一九八七年には、旧東ドイツの市民の二人に一人が自発的に引き受けた何らかの種類の責任もしくは活動——委員会の委員を務めるなど、仕事に関係する活動であることが多かった——に関与してきたと回答した[69]。それに対して、西ドイツのボランティア活動のパターンは、おおむね仕事以外の組織と活動に限られていた。しかし旧東ドイツでは、仕事関連のボランティア活動と、それほどではないにせよ近隣や地域社会でのボランティア活動が直接強要されることはまずなかったものの、そうした活動への参加が期待され、強く奨励された。会社の役員や当局者によって課された義務としてやらざるをえないと感じたという理由でボランティア活動をした人は、調査対象者の一二％にすぎなかった。圧倒的多数は、「人との出会い」（二七％）、「近隣地区の質の向上」（二〇％）など、それ以外の理由を挙げた。[70] こうしたせっかくの道徳的資源が当局の父権主義、非効率、横柄さによって無駄遣いされることが多かったようではあるが、旧東ドイツにボランティア活動への少なからぬ動機が存在したことは疑問の余地がない。[71]

旧東ドイツの中産階級の自由主義的な伝統と価値観は、四〇年間にわたって国家社会主義を経験したのちも細々と存続しており、将来かつての活力を取り戻す可能性もあるという点で観察者たちの見解は一致している。[72] そうした伝統や価値観は、信頼、支援関係、家族の絆、程度の差はあるが体制や当局への反発に基づく小規模で非公開の個人的ネットワークという形で存続した。[73] プロテスタント教会と関係のあるグループやサークルの内部で実際に起きたように、こうした反発が非公式の協同性の明示的テーマとなったときでさえ、反体制活動家の政治的批判は、国家公安局（シュタージ）と遍在するそのエージェントによって封じ込められ、厳しく管理された。反体制派グループの中心人物が西ドイツに出国するのを認めるか、出国を強制し、ときには再入国を永遠に禁ずるという体制の慣行により、反体制派グループはさらに弱体化された。その結果、これらのグループやサークルは、幅広い反体制運動を組織し、動員する機会を持つどころか（あるいは、そうした機会を利用することを望むことさえできないまま）、事実上社会の周縁に追いやられた。[74]

一九八九年に旧東ドイツの崩壊という予想外の出来事が突発的に生じたため、必然的にその公式組織も、半ば反体制的だった非公式の地下ネットワークも、その他ほとんどすべての制度的パターンとともに撤廃されてしまった。九〇年代半ばには、新たなラント（いわゆる新州。旧東ドイツ）の市民の団体参加レベルは、元々あったラント（いわゆる旧州。旧西ドイツ）の市民のそれよりもかなり低かった。九三年には、旧西ドイツの住民の四七％（男性の五五％、女性の三九％）が少なくとも一つの結社のメンバーだったのに対して、旧東ドイツでは結社に所属している人の割合が二六％（男性の三三％、女性の二一％）にすぎなかった。[75] 地方では、旧西ドイツの場合、伝統的に結社加入率が高い（一九九三年のデータで五三％）のだが、九三年に組織化されていた旧東ドイツの住民は二一％にすぎなかった。[76] 旧西ドイツではスポーツは組織活動の主要部門で、九三年には旧西ドイツの住民の二八％がスポーツクラブの会員だったが、旧東ドイツのスポーツクラブ加入率はわずか一〇％だった。[77]

一九九〇年には、旧東ドイツの住民の二七％が何らかのボランティア活動に参加していると回答した（旧西ドイツの住民の参加率は一九％）。その後、参加率は下がり続け、九四年には一七％となったが、旧西ドイツの数値は安定的に推移した。[78] 旧東ドイツのボランティアたちの社会人口統計学的な特徴は、旧西ドイツのそれと変わらない。女性は男性ほどボランティア活動をする可能性が高くはなく、四一～五〇歳の年齢層が最も積極的で、学校教育はボランティア活動の強力な予測変数となっている[79]。一九九一～九二年に実施された生活時間調査では、旧東ドイツの人たちの九％が積極的にボランティア活動に取り組んでいると回答したのに対して、同様な回答をした旧西ドイツ住民の割合は全体の二〇％だった[80]。

旧来の結社と地下の反体制ネットワークのほとんどが崩壊したことはさておき、旧西ドイツと比較した場合の旧東ドイツの参加格差を、失業率が急上昇した時期という文脈の中でとらえる必要もある[81]。一般的に、失業は人々を孤立させ、他者への信頼と自信の双方を蝕む。二番目に、旧東ドイツでは、たいていの組織活動とボランティア活動が企業および職場と関係していたので、産業システムの大部分が崩壊し、新たな経営スタイルや経営上の制約が導入されたことが、旧体制下の企業制度のこうした多機能な特質を破壊する働きをした。

他方では、（顕在失業率、潜在失業率ともに高いことも含めて）旧体制の崩壊と東西統一後に生じた不確かで不安定な状況は、自助活動やその他の組織活動を支持する強いインセンティブを提供しているように思われよう。実際、旧東ドイツにおける自助グループの数は一九九二年の五〇〇〇団体から、九五年には七五〇〇団体に増えた。このように数が増えたにもかかわらず、こうしたグループの対人口比で見た割合は、（中産階級を基盤とするものがほとんどである）旧西ドイツの自助グループ（九五年のデータで六万団体）の割合よりも依然として低い[82]。

旧東ドイツにおける関心、すなわち公共の事柄への関心について言えば、強い政治的関心を示す人たちの割合は、一九九〇年の時点で、旧西ドイツの同様な数値よりも高かった（旧西ドイツの五〇％に対して五七％）[83]。例外は旧東ドイツの青年層で、政治に関心を示す若者の割合は旧西ドイツと同じだった。政治事情への興味として測定される関心は、九〇年には旧東ドイツでも旧西ドイツでも非常に高かったが、これは意外なことではない。政治に強い関心があるか、非常に強い関心があると答えた人の割合は、旧西ドイツで三八％、旧東ドイツで四一％だった[84]。しかし、早くも九一年にはこの数値は大幅に下がり、旧東ドイツで二六％、旧西ドイツでは三三％となった[85]。こうした政治的関心の低下を招いた要因の一つは、旧西ドイツによる「乗っ取り」を経験したことによる失望感、無力感、疎外感であると広く信じられていた。

旧東ドイツにおける協同性のパターンが将来どのように発展していくのかを予測するのは時期尚早である。一方では、主に自助グループの形をとる組織活動が増えたけれども、これは連邦政府や州の機関ならびに大規模な半官半民の福祉団体（*Wohlfahrtsverbände*）によって提供されるインセンティブや支援によるところが大きいようだ。他方では、極端に高い顕在失業率と潜在失業率、雇用の不安定、中産階級で自営業者として起業する人がごくわずかしかいないこと、たいていの大型会員組織（政党から労組、同業組合、産業組合まで、様々な団体がある）が植民地統治機関に準ずる組織か、旧西ドイツから移植された、少なくとも大部分がなじみの薄い組織として幅広く認識されていたという事実、そして最後にもう一つ、人々の信仰生活への献身の度合いがひどく弱いことなど、いくつもの要因が旧東ドイツにおける組織活動の迅速な正常化を阻害する可能性が高い。

(6)都会 対 地方

コミュニティの規模が協同性に及ぼす影響は、二つのまったく対照的な期待を生む。第一に、小さな町の人たちは、互いに知り合いとなり、都会人より直接的に、そして一律に地元の問題の影響を受ける傾向がある。そのため小さな町では、他者への信頼と関心が高く、結果として組織活動が盛んに行われる。第二に、一番目とは正反対のことだが、大都市には、(例えば、一六世紀の声楽曲の演奏とか、スワヒリ文学の研究といった)非常に専門化した関心事にも熱狂的な観客や同好の士として活動するようになるかもしれない人たちが集まるという利点がある。よく知られている都会の匿名性にもかかわらず、選択と規模の経済を頼りとして、そして大都市だけが提供できる比較的安価な輸送費と通信費を頼りとして、このような非常に専門化した団体が盛んに活動している。これら二つの影響が相殺し合い、最終的に小さな町と大都会では協同性のレベルではなく、むしろ結社の数と種類に違いが生じることも考えられる。この場合もやはり、これらの仮定的な関係のどちらが実際に証拠によって裏づけられるかを、データの分析を通じて明らかにしなければならない。

旧西ドイツでは、地域社会の規模とそこでの協同性の間にたいへん明瞭な関係が認められる。コミュニティが大きくなればなるほど、団体加入率が低下するのだ。例えば、一九九三年の団体加入率は、村落で五三%、小都市で五三%、中規模の都市で四二%、大都市で三九%だった。[86]ところが、旧東ドイツでは、コミュニティと協同性の間にこのような相関関係が認められない。同じく九三年の団体加入率を示すと、村落が二一%、小都市が二五%、中規模の都市が三六%、大都市が二八%だった。[87]ボランティア活動は住民数が二〇〇〇～一万人までのコミュニティ(居住人口の二〇%がこうしたコミュニティで暮らしている)で最も広く根づいているのに対して、人口が五〇万人を超える大都市では、ボランティア活動をする人の割合は一四%にすぎない。[88]

しかし、旧西ドイツにおいても、メンバー同士が顔を合わせて行う相互交流に強く依存するクラブや地元の団体に加えて、大規模な公式組織(例えば、自動車クラブや労組)も考慮に入れると、コミュニティの規模と協同性の相関関係が見られなくなる。[89]実際、第三領域の組織への加入率は、規模が比較的大きな都市のほうが高いのに対して、クラブや地元団体への加入率は、規模が比較的小さなコミュニティのほうが高い。また、組織活動や自助活動の推進を目的とする政府支援のプログラムも、小さな村落で成果を上げる可能性のほうが高い(金融引き締め政策の名の下に、政策立案者の間にますます人気が高まっている)。こうしたプログラムの一つを対象としたある政策評価研究によ

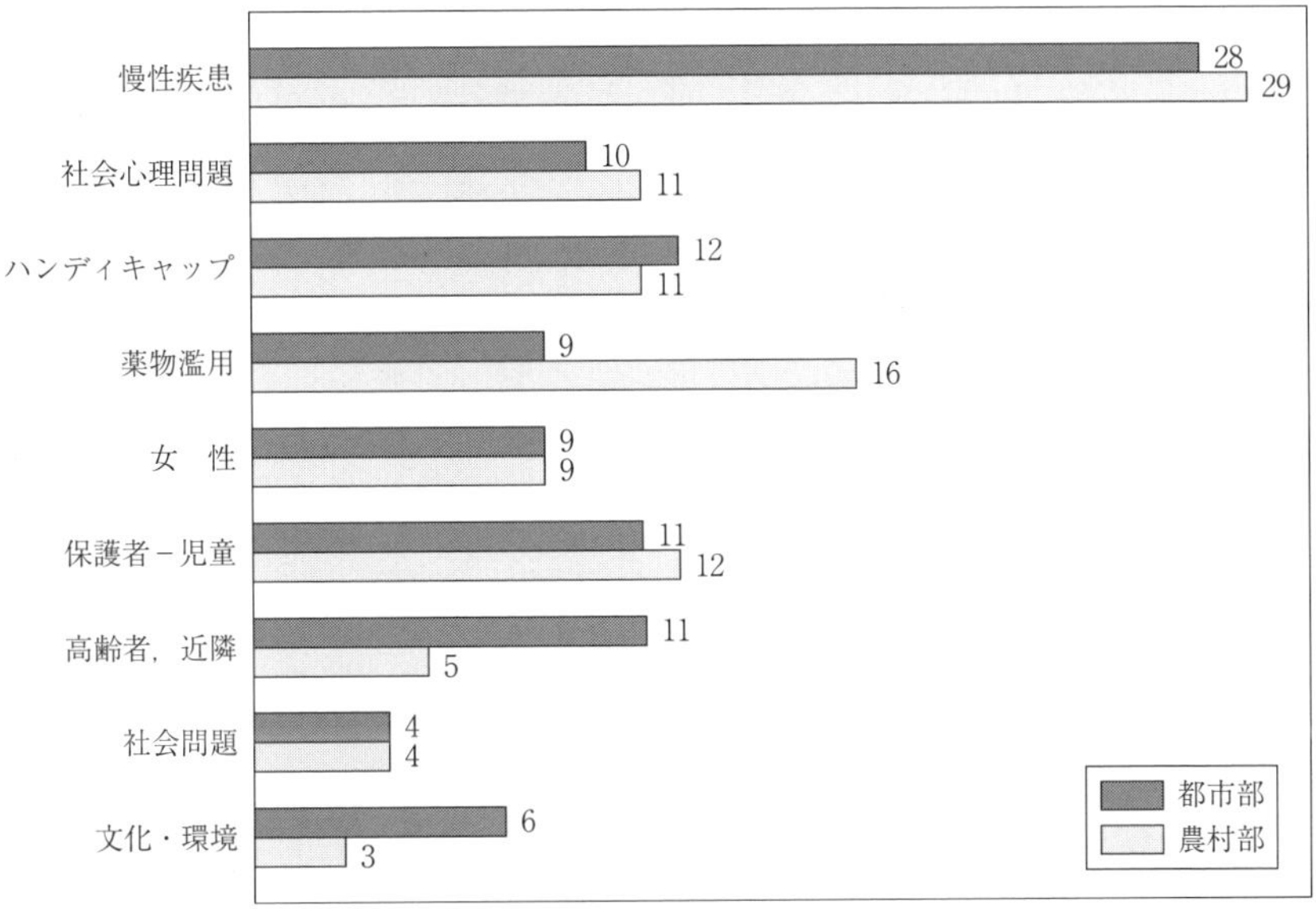

図5－4　都市と地方の自助グループ（1991年）

ると、このプログラムの導入により、農村部では加入率が五二%向上したのに対して、規模が比較的大きな都市の伸び率は三五%にとどまった[90]。社会福祉事業を手がける自助グループならびにボランティアグループが重点的に取り組む問題のプロフィールは、あらゆる規模のコミュニティを通じて驚くほど似通っている傾向がある（図5-4を参照）。

それぞれのコミュニティの規模に応じて、結社の結合パターンやテーマ別の領域には依然として違いがあるけれども、地方を中心として市民の協同性を強化するための様々な政策イニシアチブが行われているので、そうした違いはさほど重要とは思えないし、近い将来に解消される可能性もある[91]。

(7)世帯の規模

我々が単身世帯、子どものいない夫婦世帯、子どものいる夫婦世帯という三段階の尺度を設けるとすれば、世帯の規模が大きくなるにつれて協同性が高まると予想するだろう。考えられる一つの理由は、子どものいる世帯は組織活動の機会と必要性の双方を生むというものだ。もう一つの理由は、規模がより大きく、より複雑な世帯は、我々が関心と呼んできた社会関係資本の構成要素を拡大する傾向があることだ。さらに、ノーマルな夫婦・親子関係を維持している家庭は社会的慣習の学びの場となるという第三の理由もある。言うまでもないことだが、これらの世帯区分は、ライフサイクルにおける年齢および立場とある程度相関している。

規模が比較的大きな世帯では、教育、健康、労働市場、文化的活動、信仰生活、住宅供給、近隣の問題など、社会的ならびに政治的な現実の非常に様々な側面が検討課題となる。そのうえ、家族世帯が大きくなればなるほど、保護者同士の協力を前提として運営されている子守協同組合をはじめとして、家族間の支援・協力ネットワークから受ける恩恵がより大きくなるものと予想される(92)。しかし、この場合も、まったく正反対のことが言えるかもしれない。つまり、心身を消耗する家庭生活が周囲からの隔絶と家族中心のライフスタイルをもたらし、結果的に組織活動を通じてより広いコミュニティに関与するための時間もなければ、そうする必要もないという状況を生む可能性がある。単身世帯で生活する人たちの場合、結社での活動に費やせる可処分時間が比較的多い傾向にあるし、社会的孤立感から団体に関与する必要性が生じる可能性もある。

利用可能なデータからうかがえるのは、世帯規模と協同性の間には弱い正の相関関係があるということのようだ。子持ち夫婦（調査対象全体の二〇・七％）は、子のない夫婦（同一八・二％）や独身者（同一九・九％）よりもボランティア活動に強く関与している。末子が六歳未満の家庭では、親の一七・四％がボランティア活動をしていると回答した。夫婦共稼ぎの世帯では、ボランティア活動をする親の割合は一六％である。末子が六〜一八歳の家庭では、親の三三％がボランティア活動をしている。これらの調査結果からうかがえるのは、子どもたちと、学校やスポーツクラブなどの組織での子どもたちの活動が、親の間で、それも厳しい時間的制約を受けている親の間でさえ、組織活動への参加を促進するということだ(93)。隣人同士や友人同士の間で成立している非公式の支援ネットワークにも同様な相関関係が認められる。一九八四年に、幼い子ども（五歳未満）のいる家庭の四八％、幼い子のいる片親家庭の四五％が友人や隣人の保育の手伝いをすると回答したのに対して、一三〜一七歳の子どもを持つ夫婦で同じ回答をした人は二〇％にすぎなかった(94)。

反対の仮説を裏づける証拠もある。ボナーは、一方では(1)規範的な問題をめぐる世代間の対立と論争のせいで、そして(2)関心事——若い世代が自分たちの親に影響する経済問題や健康問題に直面するのに対して、親の側の関心事には（労働市場への新規参入者にとっての市況の見通しなど）次世代にしか影響しない問題が含まれているのが一般的——の範囲が広がるため、親密で複雑な家族関係が、我々が言うところの関心の高まりをもたらすことを示唆する。しかし、他方では、こうした比較的幅の広い、そして遠くを見通す関心と意識が高まったとしても、子どもと同居する親の協同活動が増えるとは限らない。それは、家庭生活の時間的制約のせいかもしれないし、家庭外での社会的接触の必要性に対する認識不足のせいかもしれない(95)。

(8) ジェンダー

性別《ジェンダー》と協同性の関係の仕方として一番もっともらしく、なおかつ最も多くのデータで裏づけられているものは、男女が選択する組織活動の分野と関係している。[96] 我々は、ジェンダー認識に関する伝統的な考え方に従って、女性が職業選択時と同様に、教育、宗教的慈善、健康、室内スポーツといった家族機能の拡張に繋がる家庭外での集団的ボランティア活動の分野に関与するのに対して、男性は政治や野外スポーツなど、象徴的に男の領域とされているその他の活動分野を好むと予想するだろう。

組織活動のレベルについて言えば、我々は、女性が家庭により大きな比重を置いた暮らしを送っているため、組織活動への参加という点では女性の力を活用しにくいと思うかもしれない。そのうえ、家庭（あるいは中産階級の人たちが暮らす郊外）に閉じこもっていれば、女性が組織活動に参加するための空間的機会も縮小する。さらに、ドイツの女性の労働市場への参加度が比較的低いことを考慮すると（後述の「女性の労働市場への参加」を参照）、女性のほうがボランティア団体に参加するための可処分時間がたくさんあると予想する向きもあるかもしれない。他方では、職場で提供される社会的機会と職場を通じて提供される社会的機会を、同じ会社に勤務している人たちや同じ職業に就いている人たちの組織活動を育む肥沃な土壌と見なす必要もある。

結社の形態にも性による違いが反映されているかもしれない。結社の形態は、男性が好むとされているメンバーの役割が明確に区分されたものから、メンバーがゆるやかで、インフォーマルで、特定のテーマとは無縁な、そしてやや私的もしくは「隣人的」な交友関係を築く女性特有のパターンまで多岐にわたっている。

様々な実質的分野での協同性に関して言えば、とにかく女性が団体に加入する場合には、教会関連の団体、保護者の団体、文化団体のメンバーとなる可能性が男性の場合よりも高い。[97] 男性は、自分が参加する組織活動の種類および領域として政党や労組を好む。だが、団体の種別で見た場合に最も参加率の高いのは、男女ともスポーツクラブである。[98]

男女がそれぞれどういった種類の活動に関与するかも独特のパターンを示す。近隣や近隣関連のネットワークで他人の世話をする活動（例えば、教会の活動や保護者の活動）を行うのは圧倒的に女性が多く、一方、管理的な責任やリーダーとしての責任は、どちらかというと男性の領域だ。[99]

団体加入率に関して言えば、女性はいまだに団体に所属している可能性が男性ほど高くない。[100] ボランティア活動についても同じことが言える。[101] しかし、団体加入率の男女差は過去半世紀間に大幅に縮小した。一九五三年には男性の加入率が女性のそれを三七％も上回っていたが、七九年にはその差が二七％、さらに九三年にはわずか一六％に縮まった。[102] これは、特にスポーツクラブについて言えることだが、男性の加入率が低下したせいではなく、女性の加入率が上昇したためである。[103]

ジェンダーは、あるセクター特有の団体という点での団体の種別（例えば、社会団体か、政治団体か）、関与する活動の内容（例えば、他人の世話をするのか、管理的な責任を担うのか）、男女の団体加入率に影響を及ぼすだけでなく、男性と女性がそれぞれ参加したがる団体の形式化の度合いにも影響を及ぼす。女性は、インフォーマルで幅広い機能を持つ支援ネットワークに関与する可能性が男性よりも高い。これは、女性が家庭内だけでなく、近隣の環境でも行う〔社会関係資本の〕再生に関する仕事（例えば、隣人を助けることや、近親者の世話をすること）の延長として説明されるかもしれない(104)。

政治参加に関して言えば、いわゆる伝統的な形式での参加（例えば、友人と政治談議をすること、政党や候補者を支援すること）がいまだに男性の領域であるのに対して、新しい社会運動への参加のように、非伝統的な形での参加となると、（若い）女性の占める割合が高い(105)。伝統的な領域では、男性の参加率が女性の参加率の二倍だが、非伝統的な領域では、男女差は七〜一〇％に縮小する(106)。

一九八〇年代に女性の就労率が八〇〜九〇％に達していた旧東ドイツでは、協同性のジェンダー特有のパターンに対する調整が行われていたはずだ(107)。一九八七年当時の東ドイツでは、必ずしも自由意志による加入ではなかったにせよ、女性の九三％（そして男性の九七％）が団体や組織のメンバーだった。被雇用者の労働組合加入率は一〇〇％近かった（このあとの「女性の労働市場への参加」の項を参照(108)）。どうやら、就労はジェンダーが協同性に及ぼすマイナスの影響を補う強力なプラスの影響を及ぼすようだ。

女性は団体加入率の点ではいまだに男性に及ばないけれども、過去四〇年間でジェンダー・ギャップは縮小した。こうした発展は世代効果によるものと思われる。高等教育と割り当て政策が女性（特に若い女性）の加入率にプラスの影響を及ぼした。一九七〇年代と八〇年代に新しい社会運動によって開拓された非伝統的な形式の参加は、女性が組織活動の場として好む付加的な空間を生み出した。

(9)女性の労働市場への参加

女性の就労率の向上は、女性の協同性ならびに全体的な協同性にマイナスの影響を及ぼすと言われてきた。主として時間的制約のせいで協同性にマイナスの影響が及ぶはずだというのである。フルタイムで働けば、女性は生活時間を制約されるため（男女間の家事の分担状況を考慮すれば、男性の場合よりいっそう生活時間が制約されやすい）、女性には組織活動をするために自由に使える時間がほとんどないか、まったくない。しかし、全体的な労働時間が短縮されるとともに女性のパート雇用が普及したことにより、この相関関係は弱まるはずだ。他方では、職場が、協同性に時間的制約を課す一方で、強力な〔協同活動〕活性化効果を持つ意思疎通の場、組織活動の拠点としての機能も果たすことを期待する向きもあるかもしれない。

女性の労働参加は、あらゆる社会階層出身の女性の公式ならびに非公式の協同性に強力なプラスの影響を及ぼす(109)。この相関関係は、職場では様々なことに興味を持つ多様な人たちと出会えること、同僚が様々な形態ならびに実質的分野の組織活動に参加する手段を提供してくれること、労働組織が永続的な社会的相互交流を必要とすることによって説明されよう。このような組織に比べて、隣近所では一般的にそれほど多様な参加手段が提供されるわけではないし、たぶん相互交流が熱心に行われることも、期待どおり長期にわたって行われることもないだろう。というのも、隣近所での相互交流は、職場での相互交流とは大違いで、少なくとも都会ではいつ一方的に中断されてもおかしくないからだ。

東ドイツでは、(より自発的な活動であれ、さほど自発的ではない活動であれ) 組織活動は、レジャー関連のクラブや文化団体ではなく、むしろ企業と密接に結びついていた。女性の就労率が非常に高かったことが物語っているように、男が一家の大黒柱で女が家庭を切り盛りするという取り決めが事実上存在していなかったうえに、組織活動が企業と結びつくというパターンが見られたことから、組織活動へのアクセス権の点では性別による区別はおおむねなかった。東ドイツの国家とその労働・ジェンダー関係の制度が一九九〇年に崩壊すると、結果として生じた職の喪失の影響は男性と女性に著しく不平等な形でおよび、東西統一後の最初の二年間に女性の失業率は男性の失業率に比べて二倍のペースで上昇した。雇用が協同性に影響を及ぼすことは十分なデータにより裏づけられている。こうした因果関係を踏まえて、性差に基づく偏向がはっきり認められる大量失業の発生という事態が続いた結果として女性の結社加入率が急激に低下したと考える必要がある。旧東ドイツ住民はもともと企業中心の協同性に慣れていたのだから、この説はいよいよ真実味を帯びるはずだ。

3　社会関係資本とガバナンスの質

ここまでのところでは、我々がリサーチを進めていくうえでの中心的興味に影響を及ぼす標準的な社会学的変数について——すなわち、協同性の発生、関心、およびそれと相関していると考えられる市民の信頼について——論じてきた。ここからは、分析の焦点を変え、社会関係資本の (おそらく好ましい) 影響について論じることで本章の結びとしたい。現時点で入手可能なこのテーマに関する文献の多くによれば、社会関係資本の影響がガバナンスの質または経済パフォーマンスのレベルのどちらかに及んでいると分析的に考えることが可能である。これら二つの従属変数について順番に考察していくことにする。

社会関係資本とよき政府の関係は二つの方向に進んでいく。一方では、我々は、社会関係資本を生み出すような結社の活動を奨励し、促進するとともに、そうした結社に活動スペースを提供する公共政策の質に焦点を合わせることができる。他方では、我々は、どうすれば強力な協同性が民主主義と民主的ガバナンスの質 (すなわち、効率、実効性、感応性、公正さ) の向上に繋がるのかに焦点を合わせることができる。

これら二つの因果関係の繋がりのうち、一番目のものについて言えば、我々は (郡・市町村、州、連邦の) 政府、議会、政党が組織活動の強化に寄与する可能性のある二つの方法をはっきりと認めることができる。一方では、それらは好ましい法的枠組み、税制上の優遇措置、（集会所やコンサルタントのサービスといった）現物供与される資源を提供することができる。他方では、政策立案者は、市民団体でも同じように実行することのできる（そして市民団体のほうがより上手に実行できることも多い）サービスや活動を、市民団体の機先を制して国家の立場から提供し、官僚組織を通じて管理するのを差し控えることにより、組織活動の健全な育成に貢献することができる。国家が自主規制を行い、（家庭、地域社会、自治組織である福祉団体、職能団体といった）もっと小さな単位を優先することを求められる際に従う原則は、上位の機関は、より下位の機関では処理できない案件のみを処理するという補完性の原則である。これは、ローマカトリックの社会的な教えに深く根づいていて強い影響力を持っており、リバタリアン社会主義や緑の党の運動や既成政治に対するオルタナティブを目指す勢力の伝統の変種とも見られる。

至るところで財政危機がもたらした影響が政府のあらゆるレベルに波及している状況の下で、リベラルと保守双方の政治家ならびに政策立案者が政府による介入の中止を強く主張してきたし、民営化や新たな官民の連携を求める声も上がった。しかし、こうした介入の取りやめは、一般的に（結果的にそうなったのであれ、意図的にそうしたのであれ）公的機能が市民団体ではなく、市場に移転されるという結果を招いた。このような形で行われる公的機能の移転の社会的不公正と、移転が分配に及ぼす悪影響を強調して、社会民主主義の立場をとる政治的左派は、リベラルと保守が開始した国家社会主義的な動きに何度も激しく抗議した。その代わり、社会民主主義者たちは、国家の責任と、福祉団体など、国家が後押しをし、国家が資金を提供する機関の責任を維持するよう求めるのが通例であった。

こうしたどちらかというと不毛で儀式じみた政治的対立という枠組みの中で、両陣営とも国家による管理と市民社会内部の団体セクターを通じた市民による自主管理を融合させるための新しい、有望な手段を見落としてしまった。自発的な市民団体に活動の場を提供し、そうした団体の道徳的資源だけでなく、物質的資源も利用することには、理由はそれぞれ異なるとはいえ、保守派、市場自由主義者、社会民主主義者が揃って疑問を投げかけた。市場を基盤としておらず、国家機構の一部でもなく、完全に私的なクラブでもない団体の活動をこれら三つのグループのすべてが進んで受け入れ、支持するという意味で、社会福祉サービスの供給機関としてドイツの統治システムの内部にしっかりと定着しているのが福祉団体（*Wohlfahrtsverbände*）である。これらの結社は、ドイツの福祉協調組合主義（コーポラティズム）の重要な構成要素である[110]。こうした協調組合主義的な団体のうち最も重要なものは、ローマカトリック、プロテスタント、社会民主主義的な労働階級の伝統を引く環境に根ざしている。それらは、幅広い種類の社会福祉ならびに保健サービスを提供するという職務と責任を割り当てられ、この両部門での事実上の独占を享有している。これらの機能の遂行に必要な財源の三分の一は、連邦ならびに州の予算から、同じく三分の一は社会保障機構の予算から、そして残りの三分の一は寄附金とメンバーが納める会費でまかなわれている。一部の観察者によれば、寄附金と会費は、福祉団体の予算の一〇％を占めているにすぎない[111]。サービスの提供に従事している人的資源のかなりの部分は、ボランティアで構成されている――十分な金銭的補償を受けることなく労力を提供する人が約一五〇万人いた。福祉団体の見積もりによれば、こうした団体の数は一九七〇年代末以来、基本的に現状維持を続けてきた[112]。

福祉団体における自発的作業（エーレンアムト＝名誉職：*Ehrenamt*）の遂行は、誰一人としてその実行を強制されないという意味で自発的である。しかし、実行されるべき作業の内容と、実行時の分業体制が参加者ではなく、福祉団体のスタッフを構成している正式雇用された専従の管理者（*Hauptamtliche*）によって決定されるという意味で、それは自発的ではない。一九七〇年にはこうした管理者が三八万二〇〇〇人いたのだが、九三年にはその数は旧東ドイツも含めて九三万七〇〇〇人に膨れ上がった[113]。したがって、福祉団体を（自発的結社ではなくむしろ）半官半民の機関と評することができる。複合構造を持つこの組織は、ボランティアたちを（メンバーではなく）ヘルパーという隷属的かつ従属的な地位に就けるのだが、名誉職の危機が起こり、福祉団体が動員できる人的資源が激減した原因はボランティアに対するこうした処遇の仕方にあるという見方が一般的である。広く受け入れられている社会的・道徳的規範のレベルでの世俗主義的でポストイデオロギー的な傾向と変化は、政治的環境と宗教的環境が分解する一因となった。そのため、人々は過去の習性から次第に抜け出し、何よりも重要なことに、かつては階層的でしばしば父権主義的、権威主義的でもある構造の内部で行われるボランティア活動の基盤となっていた慈善と連帯という義務を無条件で受け入れようとはしなくなった。

ボランティア活動は複雑な構造的変化を経験している[114]。第一に、（健康グループや保育協同組合などの）自助活動と、（教会が後援する慈善事業やドイツの福祉団体によって組織される社会福祉事業といった）より伝統的なボランティア事業分野の活動との間には（もはや）明確な境界線が引かれていない。二番目に、関与する動機を個人に与えていた力が著しい変化を経験した。そのため、非常に存在感のある大組織が、広く共有されているコミュニティへの義務感と責任感を動機とする人々の関与を活性化し、吸収するという単純なモデルは、活動の場としての団体の形態にも、ボランティア活動を支える動機づけ要因にも適合しなくなっている[115]。

こうした文化的変化の結果としてしばしば指摘されるのは、ボランティアで行われる社会福祉事業や支援活動に関与しようとする意欲と、そうした意欲を促進するとともにその受け皿にもなる構造的な機会との明らかなミスマッチである[116]。そのため、ボランティア活動の道徳的資源が著しく浪費されているか、十分に活用されていないように思われる。

一九八〇年代から九〇年代にかけて実施された数々の調査で、こうしたミスマッチと、より適切な構造を提供する可能性が取り上げられた[117]。これらの調査および研究プロジェクトはどれもみな、潜在的なボランティアたちに現行の組織および政策を疑問視させ、彼らの活動への参加意欲を削いでいるのは自己本位な個人主義ではなく、ボランティア活動に対する意識の変化であり、もっと適切な組織的機会が利用できると分かれば、彼らは活動への参加をまったく厭わないと結論づけている。

利用可能な調査データを踏まえて、現代のボランティアの姿を次のように描くことができる。第一に、（会費を支払い、時間を提供する義務を伴う）正規会員の資格は、サービスと支援を外部の人たちに提供する結社においてよりも、（例えば、スポーツクラブのように）サービスおよび余暇活動を会員のみに提供する結社でのほうが受け入れられやすい。第二に、部外者にサービスを提供する結社でこうした関与が行われるとしたら、その動機となるのは、一般化された永続的な（社会的、政治的、あるいは宗教的な）義務感ではなく、むしろボランティアをすれば代償が得られるという論理的な思考である。ただし、その代償とは物質的な報酬ではなく、社会の一員として生きていくのに必要な資質を身につけるのに大いに役立ち、自分の思いを表現する手段にもなる、有意義で、独創的で、自主的な活動を行うための満足のいく機会である。第三に、こうした関与を提供しようとする意欲は非常に不確かなもので、意欲ある人が社会構造全体に均等に存在しているわけではないし、個人がそうした意欲を生涯にわたって持ち続けることもない。とりわけ、こうした意欲の長期的な変動パターンは、青年期、成人期、子育て期、余生というライフステージを通じた個人の生活時間の一般的変動に対応しているように思われる。また、ボランティア活動への関与は、一方では具体的必要性を示す証拠によって、他方では、雇用、配偶者の有無、家庭の有無、地理的な移動のしやすさといった偶発事象によって左右される機会が提供されたあとで行われるものでもある。こうした変動を経験し、予期するがゆえに、潜在的ボランティアたちの間には、長期的にわたってボランティア活動に深く関与したり、長期的関与を前提とする結社に加入したりするのは愚かなことであるか、実行不可能なことという考えが広まっているのである。

これらの観察結果からうかがえるのは、動機と組織的な機会のミスマッチに対処するためには、福祉団体の伝統的慣行に従って提供したのでは到底実現できないくらい弾力的に組織的な機会を提供する必要があるということのようだ。もっと具体的に言うと、ボランティア活動に関与する可能性がある人たちの参加意欲は今も活用されているわけだが、そうした意欲の活用を最適化するためには、国家当局は次に挙げる二つの誤りのいずれをも避けなければならない。一方では、ボランティアたちの役割を従順で隷属的なヘルパーの役割へと矮小化しているのは、権威主義的かつ官僚主義的で、上位者ぶった組織の誤りである。他方では、国家は、社会福祉から全面的に手を引くという新自由主義的な誤りを回避しなければならない。ボランティア活動に関与する可能性のある人たちの参加意欲が非常に不確かで変わりやすいことを考えれば、有意義な関与に焦点を絞る必要があるし、ボランティアたちの自主性への干渉を最小限に抑えるよう配慮しながら、組織活動の取引費用を助成する必要もあるだろう。国家機関が陥りやすいジレンマは、「やりすぎ」（すなわち、ボランティアたちが言われるままに実行しなければならないプログラムを押しつけること）はまずいが、さりとて「やらなさすぎ」（すなわち、現代の自助活動ならびにボランティア事業部門が依存していると思われる枠組み、情報、補完的サービスを提供しないこと）もまずいというものだ[118]。ところで、こうした活性化機能と実現機能の多くについては、そのモデルを、ローマカトリックの宗教組織と政治組織以外に、（イタリア共産党〔PCI〕のような）共産主義政党ならびに（ワイマール共和制下のドイツ社会民主党〔SPD〕のような）社会民主主義政党という、一部の左翼政党の歴史にも見出すことができる。こうした政党が後押しする入れ子式の協同性モデルが現在の状況下で復活される可能性は低いため、現代における機能的同等物を考案し、試験的に用いるという課題の重要性がいっそう高まっている。

補完的サービスの提供に関する成功例としては、連邦家庭・高齢者省が自助グループ向けに始めた「出会いの場《ミーティング・ポイント》」プロジェクトがある。これは、（西ドイツでは一九八八～九一年に、旧東ドイツでは九二～九六年に）旧東ドイツおよび旧西ドイツの三七のコミュニティで、ボランティア活動家と医療ならびに社会福祉事業の専門家を対象とするコンサルティングサービス、専門的サポート、仲介サービスを提供するとともに、広報活動サービスの支援、部屋の提供、金融支援関連の情報の提供、継続教育の支援、新たな自助グループの設立支援を行うために策定されたものである。このプロジェクトは、郡、市、連邦政府、およびドイツでボランティア活動を組織する最も重要な非政府アクターであるドイツ同権福祉会（DPWV）との共同事業として行われた。プロジェクトが実施された結果、自助グループが激増した。最も大幅に増加したのは小さな町と農村部で、平均増加率は旧西ドイツで五二％、旧東ドイツでは実に一一八％に達した[119]。バーデンヴュルテンベルク州社会省が開始したプログラムも同様な成功を収めた[120]。

既に述べたように、ガバナンスの質が一定の水準以上に保たれていることは、市民社会内部の団体的組織にとっての必須条件であると同時に、それが向上するかどうかはこうした組織しだいでもある。ここでこの後者の、すなわちボトムアップの視点に目を向けて、民主的ガバナンスの質が組織的な活動の密度と社会関係資本の存在に左右される三つのパターンを区別してみたい。

第一に、（利用可能な調査データの中で確証を得るのは難しいけれども）政党、公式組織、クラブ、ボランティア団体への所属がメンバーに人間形成的な影響を及ぼすと考えてまず間違いなさそうだ。相互交流、討論、それぞれのグループによって広められる情報を通じて、メンバー／市民の二つの機能を実行する能力が高められる。すなわち、内部対立を巧みに処理して組織的な活動を維持する能力と、合理的に情報を収集したうえで判断を下し、特定の結社の実質的な活動領域に関わるなかで自身の興味や価値観を知り、それらを外の世界に広める能力である。要するに、公共の事柄にある程度の関心を持ってメンバーになることに加え、どのような種類のものであれ結社に所属していれば、人々は理性的な紛争解決ならびに公共の事柄についての妥当な判断という〔組織活動の〕定石を学ぶことにより、少しだけよりよい市民になるというトクヴィル的な仮定が成り立つ。この仮定が楽観的すぎるとして無効にされない限り、結社に所属することから生じる人間形成的な影響が、それが他の領域にもたらすと考えられる派生的な効果とともに、民主的ガバナンスの質の向上に役立つと見なされることは間違いないだろう。

キューサックによれば、パットナムが示唆するところには反するけれども、結社に関与している市民のほうが自分たちの（地方）政府に対する満足度が高いというのは真実ではない。[121]だが、そうだからといって、彼らほど積極的に結社に関与していない仲間の市民に比べて、彼らには不満を抱くだけの、よりもっともな理由があるかもしれないという推測が排除されるわけではない。やはりこのことは、結社がガバナンスに好ましい影響を及ぼすという仮定が正しいことを裏づける（そして、ついでに言うと、政府への満足度が政府の質の信頼できる指標になるという主張の反証となる）だろう。

第二に、結社は、集合財とサービスをメンバーと外部の支持者に提供することによって、これらの財とサービスから恩恵を受けるすべての人たちの独立性と自給自足度を高める。これらの財とサービスがより濃密に生産されればされるほど、そしてそれらがより公平に分配されればされるほど、その「軽減」効果により、政府がやるべき仕事が少なくなるとともに、国家と市民の関係が歪められなくなり、依存、父権主義、縁故主義からなる本質的に権威主義的な関係へと変容する可能性が低下する。したがって、強く濃密な団体は、ポピュリスト的な訴えをはじめとする「大衆社会の政治」の危険から市民を免れさせるのに一役買う可能性がある。[122]また、政府がやるべき仕事が少なくなればなるほど、政府は市民の生命と財産と自由を守るという中核的機能をより効果的に果たせるようになる。この場合もやはり、濃密な組織活動（とその結果生じる社会関係資本）が民主的ガバナンスに好ましい影響を与えることは明らかである。

第三に、それでもやはり、こうした好ましい影響を一般化が可能な二つの観察結果と比較考察する必要がある。一つには、そして「社会関係資本の決定因——ドイツの場合」の節で取り上げたデータが示しているように、結社によって形成される集合財を入手し、利用する権利は人々の間に平等に分配されているわけではない。（例えば、低所得層、教育水準の低い人たち、女性、失業者など）あまり恵まれていない人たちが市民団体に関与して、その活動から恩恵を受ける可能性は低い。もう一つには、多くの結社が、その運営規約集に排他的な内容を明記しているわけではないにせよ、実際の運営方法の点では（場合によってはあからさまな差別やカルテル化が行われていると言ってもよいほど）排他的であるように思われる。結社セクター全体を俯瞰すると、結社のメンバーの社会構成も実質的な活動領域や課題の範囲もひどく不揃いな、まだら模様が浮かび上がってくる。結社のこうした特徴を念頭に置くと、結社が民主的ガバナンスの質に及ぼす好ましい影響は、少なくとも我々がそうしたガバナンスの特質の一つが平等な市民権の確保であると見なすのであれば、こうした偏向と不公平によって制限されていると考えざるをえない。結論としては、市民社会の思想の熱烈な信奉者が時おりほのめかす内容とは裏腹に、民主的ガバナンスの質は市民の協同性や社会関係資本のレベルだけでは決まらないと言って間違いなさそうだ。政府の法的・制度的組織も、それらが結社による集合財の形成の不均衡と不公平を補完するのであれば、独立した、そして少なくとも（共同性や社会関係資本と）同じくらい重要な役割を果たす(123)。

4　社会関係資本と経済パフォーマンス

　社会関係資本と（低い失業率や低インフレ率といった）経済パフォーマンスの正の相関関係は、四通りに概念化できる。領土単位全体を含む総体的なレベルでは、高水準の社会関係資本（すなわち、特定の単位における濃密な協同ネットワーク）は、経済パフォーマンスの前提条件か、もしくは経済パフォーマンスの結果と考えることができる。同様に、個人レベルでは、（団体やネットワーク間の接合点《インターフェース》を提供する人たちへの接近《アクセス》を含めて）個人による団体への熱心な関与は、雇用を通じた経済活動への安定的な参加、出世、そうした参加の結果として生じる可処分所得の水準の前提条件か、もしくは結果のどちらかと考えることができる。後者の組み合わせが個人レベルで経済パフォーマンスの指標として用いられる。

　良好な経済パフォーマンスを生む要因としての社会関係資本の総体的レベルとその解釈に関して、パットナムは、イタリアの場合、「市民的状況が徐々に、だが厳然と社会経済的状況に協力関係を結ばせたようであり、それゆえ一九七〇年代を迎えた今、社会経済的近代性は市民社会とたいへん緊密に相関している」と主張する(124)。信頼、互恵主義の規範への強い忠誠、協同能力の開発は、進んで情報を共有しようとする人々の姿勢、規則の非公式な実施、協力という「潤滑剤」を通じて、市場における相互作用の取引費用を低減すると考えられている(125)。

　社会関係資本と経済パフォーマンスの逆の相関関係――すなわち、社会関係資本は総体的なレベルでの良好な経済パフォーマンスの結果だとする解釈――について言えば、コミュニティの市民度と経済パフォーマンスの関係は二通りに考えることができる。第一に、雇用が安定していて十分な所得があれば、社会活動に時間を費やす余裕ができるので、良好な経済パフォーマンスは、人々がその人生において経済的利益を目的とする活動以外の活動に関与することを可能にする。第二に、一般的に良好な経済パフォーマンスと関連するポジティブ・サム・ゲームや好景気を経験すると、人々の間で、富の分配をめぐる対立が和らぎ、社会経済的な周縁性が弱まり、経済的機会の獲得をめぐる競争が緩和する。良好な経済パフォーマンスが調和促進効果を発揮する結果として、協同性（とりわけ脱物質主義的な価値観に焦点を合わせた協同性）の向上が期待されるかもしれない。

個人レベルでは、社会関係資本は経済的成功の必須条件となる可能性がある。結社に所属していて、結社間あるいはネットワーク間の繋がりを利用できれば、仕事や経済的機会の獲得が容易になるかもしれない。逆に、濃密な社会的接触が安定した雇用と安定した市況の結果として生じる可能性もある。多くの結社やネットワークが同じ会社に雇われている従業員仲間や同僚によって結成されたり、ときには会社の主導により結成されたりするため、職場は、協同性を育む肥沃な土壌のようなものだ。既に見たように、この解釈は、長期失業者、短時間雇用者、不規則雇用者、労働意欲を喪失した労働者、永遠に労働力の枠外にいる人たち（例：専業主婦）の場合、一般的に、精力的に働いている人たちに比べて結社に関与する頻度が低いという否定的な調査結果によって強く裏づけられている（前述の「女性の労働市場への参加」の項を参照）。

しかし、（長期的に高止まりする失業率によって示される）不況が、不安定が広く蔓延する状況をもたらし、労働市場の危機の煽りを受けた人たちが、例えば物々交換ネットワークや、闇経済の内部での、一部に違法なものも含まれる非常に様々な活動を通じて、財、機会、サービスの非市場的供給源としての様々な結社による協力に救いを求めることにより、そうした不安定な状況に補いをつけることも考えられる。同様に、失業者は不平を訴えるために、そして雇用者や政策立案者への要求を強化するために団結するので、あらゆる地域あるいは部門の人々が経済的に不安定な状況に置かれることが協同性に寄与する可能性もある。旧東ドイツでは、多くの自助グループ（Arbeits beschaffungs massnahmen：ABM）が誕生したが、そのほとんどはドイツの労働市場機構を通じて提供される支援を受けていた。この支援は、メンバーおよびクライアントのスキルを向上させ、実務経験を積ませ、雇用適性を高め、最終的に彼らの再雇用に繋げるという（しばしば明らかに衰えつつある）意図を持って、行われたものだ。物々交換ネットワークの立ち上げも、雇用適性の向上を目的とする自助グループの結成も、失業の憂き目を見る人たちの多くが（不本意ながら）自由に使える時間をたっぷり持っていることによって促進されるのかもしれない[126]。とはいえ、一部の観察者たちは、ＡＢＭのスキームが「出会いの場」という名称が示すとおり新たな仕事への架け橋となるどころか、（とりわけ、連邦の特別プログラムが導入されているために、こうしたスキームが非常に幅広く利用されている旧東ドイツでは）「失敗」、すなわち、内部で周縁性と自己憐憫と絶望の文化が育まれているような協同性との出会いの場を生み出しがちなのではないかという疑念を表明した。万が一このような疑念が正当なものであることが判明するとしたら、社会関係資本の望ましい政治的・経済的影響に寄与するのは協同性それ自体ではなく、結社内部の構造的多様性だという推測を招くだろう。

逆に、経済が完全雇用の回復へと向かい、所得が不安定でなくなり、市場を通じて財とサービスを調達できるようになれば、人々が前述のような財やサービスの非市場的供給源としての様々な組織的協力に関与する理由はたぶんなくなるだろう。さらに、高度の協同性が非経済的活動に対する強い志向の結果である――そして、そうして生まれた協同性が今度はそのような志向を形成する――がゆえに、個々の人々が労働倫理の厳格な基準に従って生活することによって自分の所得を最大化するよりもよいことがあると感じるようになるにつれて、経済的利益に対する彼らの貢献度が低下するケースを想定することもできる。

仮定された正の相関関係と、ドイツの場合の総体的レベルに関する二つの適用可能な解釈を裏づける証拠はほとんど見つからない。しかし、そうしたなかで二つの調査が経済的な（とりわけ労働市場の）成果と組織活動の濃密さの関係に間接的な光を投じた。

第一の調査は、ドイツの二六の地区で失業率に影響を与えている経済以外の要因を探る[127]。調査が行われた地区には、失業率が高い一三の地区と失業率が低い一三の地区が含まれていた。雇用水準と回答者が地域の組織活動全般に置く重要性の間に有意な相関関係はまったく認められなかった。近隣での良好な人間関係に置かれる重要性に関して言えば、おそらく少し直観に反する側面があるにしても、「雇用水準の高い」地区と「低い」地区の間には、はっきりそれと分かる差異が存在する。アパートの修繕、建築工事、子どもや病人の世話といった問題を抱えている隣人を助けようとする回答者の意欲に表れたように、雇用水準が高い地区では、低い地区におけるほど近隣の人間関係が重視されない[128]。このことは、近隣での協力という形態をとる組織活動は、ふんだんにある自由時間を別にすれば、代替効果によって推進される――不安定な状況下では、人々は、もっと裕福な境遇にあればおそらく金を出して購入するであろうサービスの供給を他人からの支援に頼るので――という解釈を裏づける。

もう一つの調査は、この推論を裏づけるとともに、それを金で買える財やサービスの代替供給には関与しない団体へと広げる[129]。この調査では、ドイツの四カ所の政府地区における失業率と（ボウリング・クラブのような）余暇活動にもっぱら取り組むクラブに所属しているという回答の割合が比較考察された。その結果、このようなクラブへの加入率が一番高いのは失業率が最も高い地区（一九九三年のデータでは、失業率が一一・五％に達していたブレーメン）の住民であり、（同年の失業率が七・三％にすぎなかった）ニーダーバイエルン地区ではこうしたクラブへの加入率が無視しうるレベルであることが分かった[130]。ひょっとしてこれは、高度の協同性は低調な経済パフォーマンスに対応するということなのだろうか――さらに、組織活動に対する地域の強い好みが最大の効率ならびに経済的利益に対する好みとぶつかり合うか、ことによるとそうした好みを弱める可能性も考えられる。

個人レベルで問題となるのは、組織活動への関与とネットワークへの参加の度合いで上位を占める個人が雇用保障と経済的成功の点でも上位を占めるのかどうかである。もしも占めるとしたら、因果の矢はどちらの方向を指しているのだろうか。我々が探し当てることのできたわずかなデータは、より強い正の相関関係があることを示唆している。

第一に、家庭、学校、近隣に基づく関係であれ、結社に基づく関係であれ、非公式な関係を利用することによって、(初めての)職探しが容易になることは明らかである。一九八〇年に調査された代表サンプルでは、回答者のほぼ三分の二が、解雇されたあとであれ、自らの決断で前職を辞したあとであれ、労働市場行政の正式組織である職業安定所ではなく、こうした様々な非公式の関係を通じて新しい仕事を見つけていた[131]。もう一つの調査は、労働市場への新規参入者の求職行動と、彼らが非公式な関係に頼ることによって収めた成功に焦点を合わせている。この場合も、調査結果からは、この資源が就職の成功にたいへん重要な役割を果たすことがうかがえる。というのも、回答者の四四%が、学校の教師、自分の親、友人の親、近所の人などのコネを通じて最初の仕事を見つけていたからである。こうしたコネは、機会についての情報か、(全体の三分の二の事例では)特定の職に就く際の十分な援助のどちらかを提供する[132]。新規参入者についてのこの調査は、ネットワークの利用が労働市場での成功によってもたらされる結果ではなく、むしろ成功するための重要な必須条件の一つであることを物語っている。

しかし、社会関係資本あるいは、もっと一般的な言い方をすれば、社会的紐帯——は労働市場での成功をはじめとする経済的成功の所産であるという仮説も、間接的にではあるが裏づけられる。失業者として登録されている期間に注目して無職の人間を考察している調査が一つある[133]。この調査からは、長期的な失業が、ある人が実際に利用できるネットワークの規模の点で測定される社会的紐帯に強いマイナスの影響を及ぼすことが分かる。多くの調査研究によって裏づけられてきたことだが、失業は社会的孤立を助長する[134]。六年以上失業している人たちが利用できるネットワークの規模は、通常、約一八カ月間失業している人たちが利用できるネットワークの半分でしかない[135]。したがって、失業者は、失業が長期に及ぶとスキルを徐々に失うだけでなく、再就職するのにきわめて重要なその他の資源(例えば、インフォーマルな関係)も失うことになるため、ますます職探しが困難になるという悪循環に陥る。

5 結論

ドイツにおける社会関係資本の調査を通じて、我々は、社会関係資本の強度は(教育水準のような)市民の個人財産によって決まるのか、(共通の文化的伝統や、役割モデルや機会の存在といった)地域の共有財産によって決まるのか、それとも政治体制や経済体制の全体的な制度的財産（とそれが生む効力感、ならびにそれが有望で満足のいく関与を可能にする機会）によって決まるのかを判断するという困難に直面した。

我々の調査結果からは、教育水準や仕事上の地位といった個人財産が社会関係資本の水準に重要な影響を及ぼすことがうかがえる一方で、共有財産が及ぼす影響は個人財産の影響よりも評価しにくい。比較的小さなコミュニティでの団体加入率がことのほか高いという事実は、参加促進効果が働いている証拠と解釈されるかもしれない。つまり、加入者が増えれば増えるほど、入会の敷居が低くなると考えられる一方で、加入しない場合の潜在的な機会費用（例：情報や有用な社会的接触へのアクセスの喪失）が上昇すると考えられるため、他の人たちはその分だけ気楽に入会できるようになるのだ。

政治体制ならびに経済体制の制度的財産について言えば、それらが社会関係資本のレベルに及ぼす影響は複雑で少々曖昧であるように思われる。官僚主義的・父権主義的なサービスの提供が市民活動を抑えつけ、阻害する極端な社会的干渉主義が行われている場合に、社会関係資本が衰退することは明らかである。それとは正反対に、自由放任主義的な体制は、自助への強いインセンティブを生む可能性が高いけれども、コミュニティ全体の役に立つか、少なくとも重要な派生的効果を及ぼす集合財ではなく、メンバーだけのために提供されるきわめて排他的な「クラブ財」が形成される結果となる可能性も高い。社会関係資本の形成という観点から見た最良の政治体制は、第3節「社会関係資本とガバナンスの質」の項で述べたように、おそらくこれら両極端の中間に位置する体制だろう。この最適条件は、過度に厳格な監督や規制により活動を阻害することなく、団体あるいはボランティア活動を奨励するような（ボランタリズムの政治的唱道などの）（助成金でつくられる施設）などの機会、（租税免除などの）インセンティブ、オープンで多元的な道徳的訴えを、それぞれ提供する国家や企業の内部の制度的取り決めによって定められるだろう。この最適条件は、「新たな補完性の原則」と「福祉国家から福祉社会への」望ましい道に関する最近の議論が目指しているものだ。[136]

実際の参加者の実質的な範囲ならびに社会的範疇における協同性とボランティア活動の分布パターンについて言えば、会社、政党、教会それぞれの後押しを受けた（入れ子式の）団体から、スポーツクラブのような、より自立したレジャー関連の団体へのシフトがはっきりと認められる。とはいえ、後者は営利目的のサービス供給者との激しい競争に直面している。加えて、余暇活動にもっぱら取り組むクラブの内部でも、団体に対する参加者の関わり方は、宗教、政治、あるいは会社を基盤とするグループのよりしっかりとした忠誠心を持つメンバーのそれではなく、（さほど熱心に活動に取り組むわけではなく、その気になればすぐにでも退会できる立場にある）顧客《クライアント》のそれになりがちである。

今日では、教育水準の低い層や低所得層など、対人口比で見た場合に団体に関与している人の数が少ないグループが存在するけれども、かつてはこうした集団も、労働組合やその関連団体といった労働階級の組織によって「取り込まれ」、積極的な参加に動員された。今日ではこうした比較的均質な環境の境界がもはや明確に画定されておらず、必然的にこれらの環境の大規模な後援者が事実上舞台から姿を消したため、結果として剝奪効果に言及せざるをえない。したがって、団体および会員の質的変化が団体参加の構造的分布に影響を及ぼす可能性が高い。すなわち、伝統的環境を基盤とし、政党や教会の後押しを受けていた結社によってかつては比較的容易に取り込まれ、動員されていた範疇の人々が、今では、クラブが提供するサービスの賢明な利用顧客・消費者として行動するという中産階級のスキルを身につけている場合を除けば、組織活動の恩恵を容易に手にするための伝統的な手段を奪われているように思われる。どうやら、かつてはこのような環境に身を置くことが、こうした中産階級が備えている高度なスキル——その一部は教育を通じて習得される——の機能的同等物としての役割を果たしていたようだ。興味深いことに、加入する結社を選ぶときに階級特有の、そして文化的な選択が最も意味をもたないのは、結社がスポーツ、音楽、宗教上の礼拝といった非言語的な活動を中心に行っている場合である。もちろん、どの階層がどういったスポーツ、音楽、宗教のスタイルや慣行を好むかについては、かなり明確な本質的違いがある。しかし、こうした慣行の多くは、例えばジョギング、礼拝、あるいは「一人でするボウリング」のように、組織的な意味合いをもたないまったく個人的な活動として行うこともできる。

結社における慣行の違いは、ジェンダーの点からも説明されなければならない。たしかに、一九五〇年代以降、女性の大学進学率と就労率が向上するとともに、世帯および家庭の規模が縮小した結果として、結社の全構成員に占める女性の割合が増えた。そのうえ、(女性解放運動を含む) 新しい社会運動が勃興したため、女性の協同性のための機会構造が改善した。しかし、協同性のレベルと典型的な実質的領域については、依然としてジェンダー・ギャップがある (ジェンダーに関する項を参照)。なぜこの点でジェンダー・ギャップが残っているかは、前述の運動が衰退したことによって、そしてことによると私的クラブ的な要素がより強く、自分なりの思いを表現できる活動が行われる小規模で非公式のネットワークを女性が飽くことなく好むことによって説明されるかもしれない(137)。

だが、協同性の好ましいパターンは全面的な構造上の変化を経験するようだ。とりわけ若者の間で、結社における慣行の「非公式化」が起きていることを示す証拠がある。第一に、より公式性の強い結社においてさえ、継続的に関与しようとするメンバーの意欲が低下するにつれて、そして参加者が、結社が照準を絞っている問題やテーマに一時的かつ限定的な関心しか持っていないことの多いクライアントとして結社に関わるようになるにつれて、参加方式が拘束力を持たなくなるようだ。さらに、結社への帰属が、当該の結社が支持する大義よりも、むしろ他のメンバーとの個人的な繋がりに強く影響される傾向も

ある。(138)

第二に、公式組織への帰属様式がその拘束性を失うように思われるだけでなく、明確な境界線で区切られており、会員、入会手続き、正式に制度化された階層構造《ヒエラルキー》を持つ組織のパターンからは大きく逸脱する類の接触とコミュニケーションと協力も一般的になりつつある。相互作用が多少は長続きするこうしたフラットなネットワークやウェブ構造は、実体的な意味での構成員ではなく、ある時点においてそれらに帰属意識を感じている人たちに対して行うことのできる要求、ならびに彼らに期待することのできる結社が掲げる大義への忠誠に関して、明らかに制約を受けている。とはいえ、こうした非公式性は、帰属意識を持つ人たちの側の、支援を提供し、他の（認定）会員と資源を分かち合おうとする強い意欲を排除するわけではない。このようなネットワークの結束性は、明確に定義されたテーマ的な焦点ではなく、個と個の結びつきとメンバーが共有する相互作用のプロセスによってもたらされる可能性のほうが高い。こうした相互作用と相互の忠誠のウェブ構造は、年齢、性別、従事している職業、教育水準の点で均質的である（し、それゆえ、やや排他的である）ことが多い。最後に、これらのネットワークが公共の事柄に関わることがあるとすれば、そうした事柄は半ば私的なもので、範囲が限定されている傾向があり、一般的に、社会的、政治的で、イデオロギーに満ちた性質を持つ問題は含まれていない。少々漠然とした協同性のこうした一連の特徴が、最近実施された青年調査（一九九七年）の結果により明らかにされている。調査報告では、若い世代は伝統的な形態の政治活動に関してはどちらかというと禁欲的であるのに対して、非公式の社会的ネットワークやウェブ構造にはかなり積極的に関与するとされている。

終わりにあたって、さらなるリサーチへの提言をいくつか述べたい。それらは、ドイツの事例にも、本書の他章のような国際比較調査にも当てはまるものである。第一に、前述のあまり公式性の強くない組織活動に関するデータが著しく不足している。こうした類の活動は、その漠然とした性質と運営方式のせいで系統的に解明するのが難しい。第二に、結社やネットワークへの人々の関与がどの程度まで個人の気質の問題なのか、あるいは逆に、こうした気質がどの程度まで、組織活動を自ら経験するとともに（社会関係資本理論を支持する直観が示唆するように）他人が行う活動を観察する結果として養われ、活発化されるのかは不明である。この点についてはもっと多くの調査研究を行う必要がある。さらに、組織活動の広がりと強度は、下から、すなわち個人の気質を通じて決定されるのと同程度に上からも、すなわち市民生活のより幅広い制度的文脈によっても決定されるのかもしれない。第三に、社会関係資本とその運用がもたらす有益な成果を利用する権利が社会構造の内部でひどく偏在していることは明らかなので、誰が利益を得るのかという問題を社会関係資本の調査研究の中心的焦点の一つにする必要がある。

第6章　スペイン——内戦《シビル・ウォー》から市民社会《シビル・ソサエティ》へ

ヴィクトル・ペレス＝ディアス

ジェイムス・コールマンに従えば、ロバート・パットナムは近年、「社会関係資本」を流行語にすることに成功し、それが合衆国、そしておそらくは他の諸国でも縮小していると断言している。(1)しかしながら、「社会関係資本」という用語には、いささかの明確化が必要であり、社会関係資本が自由な社会に対して良い効果を与えるという前提はかなり限定されるべきである。この用語は規範と協調のネットワークの組み合わせ、そしてかなり多様な特徴を持ち、巨大な社会において様々に機能する信頼の感情を意味している。本章では「市民的」および「非市民的」社会関係資本という、二つのかなり異なった社会関係資本の間の区別を提案する。そしてスペインにおける過去六〇年の展開を参照しつつ、それらの持つ効果を検討していきたい。しかし、まずはこれらの問題を構成する文脈に歴史的および理論的次元から言及しよう。

西側の自由社会はポスト全体主義の時代にあり、グローバル化と（部分的な）規制緩和、民営化に特徴づけられた市場経済、そして今までのところ繁栄の巨大な波のなかで生きることを学習している。福祉改革や管理され、国家とコーポラティズム的諸制度に強く影響されたある種の資本主義の崩壊はこの学習過程の一部であると言える。多くの国の国民が福祉国家と「管理された資本主義」(managed capitalism) における共同協定 (corporate arrangements) を第二次大戦後の繁栄および安定と結びつけて考えてきた。これらなしで生きることを学ぶとしても、それらの欠落による不安の感情から逃れることはできない。理解できることだが、この不安に動揺した人々は成り行きを劇的に表現し、社会構造が四分五裂し、過去の社会的妥協が見直されるのを目のあたりにするなかで社会的結合が縮小していると考える傾向にある。これらの妥協をつくり出した政党や労働組合、その他の職業組織、そして教会がそれらを維持する意思と能力を失ってしまったのは何故かと問うとき、そしてこれらの公式的な結社に対する人々の無関心がその理由の一つとして指摘されるとき、人々は「社会関係資本の縮小」といったフレーズの中にその不安の適切な表明を見出すのである。

しかしながら、この不安を相対的に同質的な全ヨーロッパ規模、そして全世界規模の社会経済秩序へ向けた長い移行の生みの苦しみであると考え、したがってより肯定的な態度をとるもうひとつの見方が存在する。もし、我々が新たな結社の形に着目し、もしくは古い結社に新たな装いを与えることによって、いかに適応するかを学び、また、もし我々が連帯を再定義するための機会であるととらえるならば、市場経済の拡大を（それに伴う疎外とフェティシズムへの否定的な含意を伴った）世界の商品化の圧倒的なプロセスと見る代わりに、我々はそれを自由の秩序へ向けた一歩であり、それに伴う社会的結合のかたちであると考えることができるかもしれない。

そのような実際の適応の過程は国ごとに、そして固有の伝統のなかで発生している。例えば西ヨーロッパでは、過去百年にわたるリベラル（アングロ・サクソン）、社会民主主義（スカンジナビア）そしてキリスト教民主主義（大陸）のそれぞれの福祉システムの伝統のなかで起こっているのである。フリッツ・シャルプが示唆するように、様々な国の政策の遺産やローカルな制度的（そして文化的）制約によって、ヨーロッパの福祉システムを国際的な生産および資本市場（ときには労働市場を付け加えることができるかもしれない）に適合させるという問題には多様な解決の仕方がある。(2) しかしながら、同時に、それぞれの国は他の国の経験から学ぶことができ、他の国で成功したように見えたものを試してみたり、いくつかの伝統の要素を組み合わせてみたり、複合型の制度と起こるであろうことに対する複雑な正当化に終わることもあるであろう。したがって一度ある解決策がある国で見つけられると、文化的な拡散によって他の国に伝わり、ローカルな道徳言説に翻訳され、ローカルな状況に合わせて調整される。そのような多様性の結果は種類の収斂と両立するものであろう。(3)

この過程は、多様な形態の連帯と関連して、異なったタイプの社会関係資本を明確に区別する、そして現代社会における社会的統合という古典的な問題とのこの理論の関連をも検討する、社会関係資本の理論の発展と結びついている。このことが、市民的な社会関係資本と非市民的な社会関係資本との間の区別を強調すること、さらにその作業を市民社会の理論を参照しつつ行うことによって、この章で試みようとしていることである。

筆者はある社会がいくつかの歴史的ステージを経るなかで、各種の社会関係資本がその正反対のものへと変容していく過程に関心を抱いている。スペインは、とりわけ内戦時代から、権威主義体験ののち自由民主主義へといたっている。私はとりわけパットナムの規範と協力のネットワークと信頼感への着目がスペインの事例において有用であると感じている。しかし、私は社会関係資本（および狭義の意味での市民社会）に関する文献のなかでネットワークを公式的な結社の社会的組織に還元するような、またアンケートへの回答における（人間関係および組織間における）信頼もしくはその欠如の表明を社会関係資本の道徳的次元の評価とするような一般的傾向には不満を持っている。対照的に、ネットワークという語の幅広いコンセプトは筆者が呼ぶところのゆるやかな形の社会性（家族や家族を中心としたネットワーク、仲間集団、祝祭）を包括するものであろう。同様に、態度や価値観、規範などの潜在的な表現の具体化として実際の行動に筆者は関心を抱いている。同時に、いくつかのタイプの社会関係資本に付随する正当化の言説（道徳的理由づけや説明）を検討することが不可欠であると私は感じている。最後に、私はこの展開に経済や政治が果たす役割が注目されるべきであると考えている[4]。

1　市民的／非市民的社会関係資本

社会関係資本を構成するネットワークやルール、感情などは多様な形で存在するようになっている。そしてその影響は我々が言及するような社会関係資本のタイプによって異なってくる。一般的な語としては、何らかの社会関係資本や信頼による結びつき、協力のルールのない社会的グループを想定することは不可能である。ミクロな社会（家族）やマクロな社会（国家）もまた同様にこれらなしでやっていくことはできない。もちろん、マフィアや暴君に従う家父長制的家族、そして全体主義政党などでさえもある程度の社会関係資本を持っている。重要なのはそれがどのようなタイプの社会関係資本であるかである。

多くの人にとって、この問題は社会の規範的な統合という一般的な問題と関わってきたし、関わっている。その解決法は常に、それが「伝統的」な社会や「現代的」な社会、そして一方から他方への移行へと適用されるにつれて変化する、社会的統合の特徴に敏感であり続けてきた。この章では社会的統合の問題に市民社会の観点から取り組むことにしよう。

広義での市民社会の理念的な特徴は複合的なものであり、（マイケル・オークショットの用語に従えば）参加者が自身の目的を追求する一方で共通のルールに同意することに基づく「市民的結社」（civil association）、そして参加者の共通の目的の承認に基づいた「企業結社」（enterprise association）から構成されている（もしくはそれぞれ慣習的秩序〔nomocratic order〕、目的論的秩序〔teleocratic order〕と言い換えることができるかもしれない）。本章では市民的結社に重点を置いている[5]が、双方の秩序に適用される信頼と連帯の種類は異なったものなのである。

一方には、市場や自発結社、開かれた公共空間、法の支配に従う責任ある公的機関との関係、そして多元的な社会に典型的な信頼が存在する。それは自生的秩序の形成に必要な個人の行動や相互の信頼、相互関係のルールに従う自由な諸個人のコミュニティにふさわしい信頼である[6]。他方には、共通の目的を持った集合行為に参加する限りにおいて連帯する、そして公的機関がある行為を命令する限り、それに従う諸個人のコミュニティにふさわしい種類の信頼がある。

同様に、似た方法で主張しているフリードリッヒ・ハイエクは小さなグループや家族において特徴的な利他主義の感情や学習された伝統は拡張された秩序に典型的なそれとは異なっていると主張している。したがって小さなグループのなかでの連帯はグループの目的やそれを達成する手段などに関して、そのメンバーの間での比較的広範囲にわたる合意を前提とする。この連帯は似たような習慣を持つ小グループの人々には根本的に重要である。しかし予期せざる状況が、全く異なった形態での、共通の目的（そのような状況ではそれらの目的は複雑な社会を危機

的状況下においてのみ結束させる）ではなくルールに基づく拡張された秩序の社会的協調を必要とさせる。(7)

利他主義の種類はグループの大きさや特徴によってもまた異なってくる。小さなグループでは、個人的に知っている人の可視的なニーズの世話をするという共有化された目的に対応している。しかし「市場の道徳が我々に他者に利益を与えるに至らせるのは、我々がそれを意図的にやっているからではなく、我々の行動の影響がそうなるように道徳が私たちを誘導しているからであり」、したがって「拡張された秩序は我々の努力をその効果において利他的なものとしているのである」（したがって我々の一人ひとりにその効果を意図させる可能性を与えているのである）(8)。

この二つの種類の感情と道徳を結合させるということになったとき、ハイエクはおそらく用心深く、だがたしかにかなり曖昧な助言にとどまっている。彼は小宇宙のルールを大宇宙に適用しようとすれば拡張された秩序を破壊することになると警告している。しかし、もし逆が行われれば小宇宙を消してしまうことになるであろうとも警告している。そして彼は両方の世界に同時に住む術を身につけるべきであると提案するのである。

筆者は、この提案は額面どおりに受け取るべきものというよりも、社会関係資本の議論の核となる問題に導いてくれるものであると感じている。すなわち、ここで議論されている二つの道徳を結びつけることは本当に必要なことなのであろうか。もしそうであるならばそれはどのようになされるのであろうか。一方では、ルールによって結びついた市民的結社にとって都合のよい偏りのおかげで、市民社会に広がっている道徳や感情、そして社会的関係のネットワークが存在する。そこは（契約の履行における信頼と相互に利益をもたらすような互恵関係という道徳を強調した）経済市場と知的かつ科学的な議論の市場の道徳が属しているような世界である。他方ではいくつかの「企業としての結社」（associations as enterprise）、換言すれば小グループや（広義の意味での）「小集団的な」（tribal）グループの道徳が存在する。後者の中では家族的な道徳、自発的結社（例えば労働組合や商店など）に典型的な道徳、ローカルな（地方、地域の）もしくは宗教的あるいは民族的連帯に典型的な道徳感情、そしてそれが民族的なものであろうと多元的なものであろうと「集団としての」社会の国民的な道徳観がある。(9)

これらの「小集団的な」道徳は市民社会と両立することもあればしないこともある。というのも、開かれたそして抽象的な社会の道徳は市民的な意味での社会関係資本を含意しているのに対して、小集団的な道徳（そしてそれに対応するような協力のネットワークや信頼の感情）はその点においてより曖昧な含意を含んでいるからである。

この点は、エミール・デュルケームの分節化された（そして「伝統的な」）社会に典型的な機械的連帯（mechanical solidarity, それは共有化された体験や価値に基づいて結ばれたコミュニティの状態をさす）と現代社会に典型的な有機的連帯（organic solidarity, それは役割の特化によって生み出された相互依存の状態を指す）に関する理論、およびそれに関するパーソンズのコメントに遡ることによってさらに検討することができる[10]。パーソンズはデュルケームの考えのなかでは、そして彼自身が身を置くデュルケーム思想の伝統のなかでは有機的連帯は単純に道具的連帯に相反するものではないと考えている。デュルケームを修正、もしくは発展させるなかで、交換が通常、市場（もしくは拡張された秩序）での交換の形をとるようになった高度に多様化した社会にふさわしい有機的連帯は、機械的連帯によって補強される必要があるとパーソンズは続けている。パーソンズにとって、これらの交換を強調する規範は（制裁や強制などのメカニズムを含む形で）制度化され内部化されるべきなのである。強制の中にはコミュニティとしての社会の境界（およびその構成員のルール）の何らかの定義、何らかの共通の目標、その世話をし、もし必要であれば暴力を行使することによって規範の実現を保障する政府が含まれる。逆に規範の内部化には社会化の過程と共通の文化すなわち社会の構成員によって共有される信念や感情が含まれる。

筆者の考えでは、パーソンズは二つの（関連する）前提に依拠しながらその議論をかなり先に進めている。第一に彼はコミュニティとしての社会はその構成員が望む理想の社会の概念、それによって「よき社会」が構成されるものの共通の定義を必要とすると考えている[11]。パーソンズの立場は「よき社会」に関する多様な考えを持った人々が相互の考えを比較対照し、お互いに寛容でいられるような、望ましい多元社会にとっては行きすぎであり、不適切である。同様にそれは、その主な役割が理想社会のおそらくは共有化された（そして一致している）はずのヴィジョンと一貫した共通の目的に向けて社会を操縦することにある頑強な国家および政府を含意している。第二にパーソンズはこれらの感情や信念、そして至高の価値（supreme value）が社会の様々なセクターや（より狭い範囲での）多様なコミュニティ、そして（パーソンズが指摘するようにその社会的役割における）諸個人に適用される規範に関係していると理解していた。なぜなら、規範は至高の価値に体系的に従うべきだからである。この見解が含意している解釈は、あまりに厳格であり、開かれた社会の社会的統合という観点から望まれる、そしてとりわけ望まれるべきものに、十分にふさわしいものではない。

もちろん、もし集合体が相互に両立不可能な「よき人生」の定義に固執し、それに伴って、自らの見解を相手方に強制しようとするならば、スペインの事例が示すように内戦に至ることがありうる。しかしながらそのことは非常に多様で対極的でもある世界観や、現代の複雑な社会において「よき社会」が何を意味するのかについての様々な見解の存在を排除するものではない。重要なのはそれらが共存しうるかであり、そのために必要なのは共通の実質的な価値ではなく単なる手続き的なルールなのである。

以上のことを述べることによって、二つの種類の連帯の和解の必要を主張し、拡張された秩序の社会統合に関する機械的連帯のありうる肯定的な効果の利益を表明するという双方においてパーソンズが正しかったということが認識されるはずである。このことは、現代社会における（機械的な）連帯の表明と強調に関して、すべての人が共有できる価値への人々の義務の劇化という儀式の重要性の強調へと彼を導いていった。

付け加えなければならないのは、儀式の重要性に対するこの言及が、我々に拡張された秩序（そして有機的連帯）に関する連帯の感情と（パーソンズの言葉では）集合体、もしくは小さなグループ（ハイエクの言葉では一群や広義における小集団）に関する連帯の感情ではその強さにおいて違いがあるという、興味深い現象へのヒントを与えてくれるということである。一般的には、特定の対象があって初めて感情は強いものになると、経験は示唆している。機械的連帯の感情は家族や小集団、民族（ethnos）、教会やさらには国民といった集合体に特徴的なものであるが、それらはみな、巨大な家族にも等しいものと、好意的に見なされるものである。このことが意味するのはそれらの構成員は（家父長制的拡大家族、家母長制的拡大家族、兄弟愛といった）擬似家族的な繋がりを感じうるということである。この擬似家族的繋がりは厳密な意味での家族集団からより幅広いグループへの（道具的）連帯の感情の伝染を刺激する。したがって、地中海世界の古典的説明では、あるコミュニティに交易のため部外者として訪れた商船隊員は、彼の客であるか取引相手であるか家族の一員であるかの選択に基づいて、彼の保護者やパトロン、保証人がコミュニティにとって誰であろうと受け入れられるのである。そしてこのほとんど家族同様の親切さによって、部外者はコミュニティにおいて代替的な一員としての地位を得るのである。[12]

したがって、最も通常の感情は最も近しいものに対する愛情（もしくは憎悪）であるように思われる。そしてそれは元の家族の性質をいくらか保持した形での一連の拡張によって徐々に拡大されていく。仮説的には、巨大な普遍宗教の描写における「ひとつの巨大な家族」のように、この感情は全人種を包摂しうるものである。実際、メディアは例えば第三世界の人々の苦しみへの連帯を訴える最善の方法は外的なものを内部的なものに見せることであると知っている。このことはテレビにおけるクローズアップの即時性によって実現されている。それによってニュースの主人公は家のお茶の間になだれ込み、テーブルに着き、あるいはリビングの肘掛け椅子に腰を下ろし、しばらくの間、家族コミュニティの一部分（一員）になるのである。その裏返しとして、拡張された秩序にとって何よりも必要とされる連帯は、おそらく、強すぎる感情を排除するのである。それはあらゆる方向への情報の流動化を認めかつ進展させ、そしてすべての人々の間の接触を促進する「弱い繋がり」である必要があるのである。[13]

このことは最終的に宗教生活の多様な形態が現代社会における社会的統合に果たす複雑で潜在的に相反する役割へと我々を導く。パーソンズとデュルケームが、社会が個別に限定的なコミュニティである限りでの（宗教的その他の）儀式と社会の道具的連帯の繋がりを強調していたのに対し、ハイエクは拡張された秩序の部分であるような社会における普遍的な宗教と社会の関係により関心を持っていた。双方のアプローチは宗教が持ちうる、そしてしばしば実際に持っている負の効果を過小評価する傾向にあると言える。それは、拡張された秩序に対する小集団的意識の強化と、それが宗教的熱狂の犠牲になったときの社会的連帯の破壊となる。

言い換えれば、諸国民は市民的にも攻撃的にも行動しうるし、宗教は寛容にも非寛容にもなるのである。したがって有機的連帯と道具的連帯の峻別に終わるのではなく、後者を市民社会と両立可能なものとそうではないものとに区別する必要があるのである。

2 第一幕：スペイン内戦と勝者の世界もしくは非市民的な社会関係資本（一九三〇～五〇年代）

以下ではスペインにおける六〇年以上にわたるいくつかのタイプの社会関係資本の発展と変容を分析する。スペインの歴史における その他（政治、経済そして社会構造）の次元との繋がりを示すことによって、その過程に光を当てていきたい。より具体的には、政治的事象や決定、そして長期的な国家の行動の社会関係資本の変化と蓄積への影響を検討することを意図している。

この全期間は三幕のドラマもしくは三つの歴史的時期区分として見ることができる。出発点、もしくは第一幕は「無連帯」（zero solidarity）の時期、換言すれば非市民的社会関係資本の完璧な例の時期である。この時期は一九三〇年代のスペイン内戦の時期であり、それは、市民社会とは正反対のものとして理解されている事象である。しかしながら、内戦の後に生まれた社会、勝者の世界（それは少なくとも四〇～五〇年代初頭までの政治的弾圧、経済的自給、社会的孤立の時期である）にはびこっていた社会関係資本は内戦期そのものに近い性質のものであったと考えている。第二幕は、五〇年代半ば～七〇年代半ばにかけての急速な経済成長と激しい社会文化的な変容、そして部分的な自由化の時期である。この時期にはより市民的な社会関係資本に向けた変化に伴って、もつれていたものが解け、戦争から受け継いだものと共生しつつ、最後の時期に民主主義への移行を引き出すような蓄えが積み重ねられていった。したがって第三幕ではスペインは西側の社会の通常の道のりを歩み、相対的に発展した市場経済と自由民主主義の諸制度を兼ね備えるようになった。

西側社会の社会変化に関するほとんどの分析は、第二次世界大戦をその後遺症ともども軽視して一九五〇年代から始められる傾向がある。これらの分析はしたがって、六〇年代後半の政治的動乱（とりわけベトナム戦争への反対と一九六八年五月の出来事〈いわゆるフランスの五月革命〉）と七〇年代初頭の経済危機によって特に際立っている二つの時期に集中している。それらは市場経済と自由民主主義の政体の下で相対的にうまく統合されている国民コミュニティを構成している社会に当てはまる。最終的にそれらは対外（もしくは対内）戦争への参加や権威主義体制の支配下にあった、それらの社会がそこから生まれた、時期を見過ごしているのである。

　個人的に、筆者は戦後の資本主義と民主主義の社会をその出発点、すなわち第二次世界大戦や内戦、権威主義体制もしくは階級間協定、を無視して理解できるかどうか疑いを持っている。言い換えれば、この時期に発展しそれに続く時代に明らかになっていった社会関係資本の特定のタイプの起源を考慮しない限り、それらの社会を理解することはできない[14]。スペインの事例では、この論文の最初の部分で言及した、二つの全く異なる社会関係資本が問題となっていたそれ以前の時期を見過ごすことはできない。

内　戦

　同胞相争う体験であったスペイン内戦は、不信とコミュニティの崩壊、そしてその結果としての社会的連帯の破壊の完璧な例であった。同時に、それは二つの陣営の内部での小集団的連帯の完璧な表現であった。二つの社会関係資本のうち、道具的連帯が花開き繁栄する一方で、有機的連帯は消えてなくなったのである。

　内戦は、後の時代に科学的な観察者の視点から振り返って見られるように、単なる社会関係資本の蓄積に向けた出発点であったと記憶されるべきではない。それは社会関係資本の蓄積過程のあらゆる時期に関わった人々の集団的想像物にとって重要な参照点であった。彼らの政治的物語、制度、そして社会的実践はすべて、多様な規範的感情や主張の混合物と同様、内戦の記憶に影響されているのである。内戦は出発点であるばかりでなく、いくつかの世代の重要な成長期の体験であった。それは彼らが社会関係資本を形成し、その社会関係資本を市民参加の形成過程へと反映させる方法と、その理由に関係しているのである。例えば、一九七〇年代半ばの権威主義的統治から民主主義への移行期のリーダーたち（その多くは一九三〇～五〇年にかけて生まれている）にとって、その意思決定において内戦は明らかに基本的に負の意味を持つものとして言及されるようになっていた。それは乗り越え、避けられるべき反例であった。それこそが彼らが基本的にコンセンサスと和解、そして国家とその制度を「共に建設する」ことを誓った理由である。

　内戦には二つの相互に強く憎み合う陣営が関わっていたが、それぞれは重要な社会関係資本を持っていた。（先行した何年間かにわたる社会政治的、文化的な紛争の激化の時期の後で）内戦が始まったときまでには両陣営のどちらからも市民社会型の社会関係資本は広がりを失っていた。ただし、それぞれの陣営における微妙な差異に注意する必要がある。

　自らをナショナリストと呼ぶ人たちの側ではいくつかの種類の連帯、主には道具的タイプのそれが、この時期に強固なものとなっていった。その例として挙げられるのは、教会、陸軍、ファランヘ党（運動）、北部でフランコ軍を支持していた小農大衆の共同村落（corporate village）（およびカトリック系の農業組合）の連帯である。ビジネス界でも、介入主義や保護主義的な国家に理解を示し、対外競争や労働者の要求に反発する傾向にある人々の連帯があった。これらすべての勢力はともに国家コーポラティズム的な、いくつかの異なった歴史的構成の特徴を組み合わせた社会デザインを支持する広範な連合を、明白もしくは暗黙のうちに支持していた。それは国民的連帯への強調を基礎とし、カトリックの教義と権威とヒエラルキーの強い繋がりに依存していた。しかしそれは同時に（対等な隣人、軍隊内の同胞、党員、神秘主義団体の構成員などの間での）平等、同胞愛、同志愛に基づいてもいた。これは目的論的な秩序のデザインであり、そこでは教会と同盟関係にある国家の指導者たちの下で、少なくとも文化の領域（すなわち信念や感情、道徳）において、共通善に従った活動がなされていると考えられていた。この秩序の下では自由民主主義の余地はなく、少なくとも原則的には（実践的には部分的であったとしても）市場経済は権威主義国家の共通善に従うべきものであった。

共和国の側では、いくつかの小集団（もしくは小集団の連合）がより複雑でカラフルな背景によって区別される。それらの間の緊張は非常に高く、時には（一九三七年五月のバルセロナや三九年三月のマドリードのように）内戦の中の内戦が勃発することさえあった。これらの小集団のうちの一つがアナルコ・サンジカリストであった。彼らにおける連帯は国家を伴わない（もしくは非常に小規模な国家の中で）労働組合、産業や地域のグループが諸個人にその権威を押しつける（そのことは個人主義的なアナーキストの亜集団を絶望へと追いやった）秩序であった。もうひとつの集団は（フランシスコ・ラルゴ・カバレロと、後にはファン・ネグリンによって率いられた）共産主義者と社会主義者の陣営との不安定な連合であった。彼らの連帯の発想は、確固とした党を核として、国家権力を掌握し社会秩序の変容を志向し、新しい集団主義的な秩序を目指す、社会運動のイメージを基礎に置いていた[15]。これらの二つの勢力は共和国側の内部で相互に争っていたとはいえ、ともに彼らが呼ぶところの社会革命、すなわち戦略的少数派、アナルコ・サンジカリストの場合は労働全国連合—イベリア・アナーキスト連合（CNT-FAI）、もしくは共産党、あるいは革命的社会主義者の指導の下で集団的社会秩序への移行を促そうとしていた。

良い、望ましい社会のデザインと連帯という語の意味において内戦に関わった双方の陣営は共通の基盤の上に立っていた。しかしながらナショナリストもしくは右派は「反乱軍」という、共和国側もしくは左派は「赤」という烙印を押されていた。しかし、彼らのよき社会のビジョンにはいくつかの共通の要素が含まれていた。

双方の陣営は自由民主主義が危機的状態にある政治システムであると考えていた。それは、双方の指導者の中心人物によって、過去のものであり、何か別のものに置き換えられるべきものであると見られ、軽蔑されていた。彼らは資本主義、あるいは市場経済についても同じように考えていた。それは（左派の視点から見れば）抑制されるべきものであり、（右派の視点から見れば）共通善に従属し、国家の監督に従うべきものであった。

法治国家《レヒツシュタート》（*Rechtsstaat*）は、それがそれぞれの論者が考えるスペインの変容という大事業（救済、再生、革命）に適う限り許容され保持されるべきものであった。明らかに双方の党派は連帯や利他主義、コミュニティのための犠牲（ポスト個人主義とでも呼べるような）などの道徳的義務を雄弁にアピールしていた。

内戦の最中、非常な量の社会関係資本が両陣営の内部を循環していた。双方への市民の参加はこれ以上にないというほど高いものであった。共和国派の内部について記したような内部での緊張を完全に抑制することはできなかったにせよ、それぞれの党派内での連帯の感情は強力なものであった。そこで使用されていた多様な道徳的規則の大部分は連帯や市民参加の規範から得られたものであり、社会的協力のネットワークは緊密に繋がれていた。最もひどくとも、それは限界まで押し出された非市民的社会関係資本であった。

社会的、政治的組織への加入状況の程度がこの過剰な社会関係資本を証明している。内戦が始まる間際には、二つの主要なアナーキストと社会主義者の労働組合であるＣＮＴとＵＧＴ（労働総同盟）の組合員数は二〇〇万人程度であったと推計されており、小さな労働組合を合わせれば、組合員数は二五〇万人程度に達した（労働力に含まれない人口が八五〇万人程度、賃金稼得者の総数が五五〇万～六〇〇万人と推計されている）[16]。カトリック教会は、カトリック行動団、聖母マリア崇拝のための教団、カトリックのサークル、協同組合、労働組合、貯蓄銀行などの諸結社のネットワークの中心となっており、社会集団のほとんどを包摂していた。（保守派、社会主義者、共和派といった）主要な政党は多数の熱狂的支持者と非常に活発な党員を従えた大衆政党であった。これらに加えて共産党やファランヘ党など内戦直前に大きく勢力を伸ばした小政党がその影響力を拡大させていた。

スペイン内戦は、したがって、それまでの社会規範を喪失した国家によって生み出された、何百万という孤立した諸個人の間の衝突だったのではなく、たとえそれが非市民的なものであっても（後に示すように、ある程度までは）強い内部的な連帯を持った二つのブロックの間の戦いであった。この内部的な連帯は数多くの対立者の殺害とその残りの部分の征服へと繋がっていった。双方が（一九三六年七月～三九年三月の）三年間にわたって殺し合いに関与し一八〇〇万人の人口のうち五〇万人と推測される死者を出した。特記しておかなければならないのは、前線と後方という二種類の異なった死が存在したという点である。後者としては共和国側地域に少なくとも二万人の死者が、ナショナリスト側の地域にはそれ以上の死者がいたと推測されている[17]。

後方での死者の大半は当時「散歩」（paseos）と呼ばれたものの結果であった。戦線が前進すると、その日の戦いの勝者は敗北した側の党派の支持者、家においてはその家族を捜し求めた。武装した（ファランヘ党や共産党、アナーキストなどの）市民兵、もしくは軍隊はある家に着くと、ドアをノックし、問題となっている人物を訪ね、彼を連れ去った。その際に彼の妻や子どもにはただ散歩に行くと告げていたのである。しばしば、彼は町外れの壁（例えば好都合であったために共同墓地の壁際など）に向かって、あるいは公的な見せしめとしてにぎやかな公開の場所で撃たれた。この散歩の対象となる人物の選定の基礎となったのは、右派もしくは左派を支援していると推測される団体（労働組合や職能団体、宗教団体など）への加入、政党の党員資格、政治活動への参加、もしくは過去の公職履歴などであった。

換言すれば、双方の側での連帯の表現はテロの経験と表裏一体のものであった。そしてそのテロは双方の側の少数派にとどまらず、住民の大部分を対象とした広範な現象となっていた。実際には、共和国期の選挙結果は内戦の勃発後二次的な役割しか果たさなかった党派の顕著な得票を示していた。それは右派ではカトリック保守派であり、左派では共和主義者と穏健な社会主義者であった。その指導者たちは内戦の主唱者たちを黙認したが、傍観者的な役割にとどまっていた。この行動の典型的な、どちらかというと哀れな例が共和派のリーダーであったマヌエル・アサーニャであった。一九三六年春の重要な時期に、彼は国家元首になることによって状況の責任をとるふりをした。〔ところが〕実際には、今後の展開と明らかになりつつある現状に対して、彼は責任を制限されていたものの、象徴的に傑出した存在となった。

したがって、内戦が二つの陣営間の対立として理解されるとしても、濃密なネットワークを持ったそれぞれの内部は、強力な教条化に従い、臨時の（*ad intra*）（道具的）連帯の道徳を共有していた。この解釈が理解されるべき文脈は、政治的理想や共感がどこにあろうとも、相対的には政治的に無関心であった大多数の人々が、おそらくは内戦へと引きずられていった（もしくはそうなることを認めていった）社会であった。それぞれの陣営の中核からすれば、したがって大多数は観察され脅迫されるべきものであった。そしてその脅迫の役割を果たしたのが散歩（paseo）だったのである。

結果として、社会は内戦の体験を解釈上三つのプリズムを通して見ていた。第一の、両陣営の中核から見たものは相対的に単純明快である。しかし住民の大部分は、残りの二つの間で揺れていたのである。

両陣営の中心は、内戦に対してマニ教的、二元論的な解釈をしていた。ナショナリストの側から見れば、それはスペインを分離主義、階級闘争、無神論者の「邪悪な勢力」から「救済」するものであった。左派にとって見れば、反乱軍、反動的聖職者そして資本主義的独裁者からなる「邪悪な勢力」から自由と正義、法を守るものであった。双方に対してあまり熱狂を感じていなかった国民の大部分にとって、内戦は冷酷な打撃であり、以下の二つのどちらかによって理解しようとするしかなかった。すなわち、二つのスペインが一世紀にも及ぶ憎しみの後に不可避的に衝突したギリシア悲劇のようにとらえるか、一九三〇年代の紛争の激化に絶対的な責任がある政治アクターが異なった行動をとっていれば避けられたはずのドラマとしてとらえるかである。最初の内戦解釈はフランコ時代の最後の時期に広まり、民主主義への移行期の政治階級および社会にうまく当てはまるものであった[18]。

三年間の内戦の後、両陣営の中核は、社会的協力の濃密なネットワークを形づくり、高尚な（道具的）連帯によって教化しようとして、社会を引きずり回しているように見られた。しかし、社会はますます疲弊していった。内戦の終了時にナショナリスト側の軍隊がマドリードやバルセロナに到着したときの、共和国側の町の相対的な熱狂と「解放」感はこのことによって説明できよう[19]。

勝者のスペイン、敗者のスペイン

一九四〇年代のスペインでは、二つの並行的な、しかし正反対の物語がひとつは表舞台で、もう一方は舞台裏で展開された。表舞台では勝者の勝利のシーンが上演された。国民的な偉業と統合（連帯）、経済的な国家コーポラティズムそしてカトリック信仰の防衛という目的に向けて目的論的に社会が組織化された。公的な権威が、内戦の最中に彼らを支持した社会政治的、社会文化的勢力と並んで社会秩序の中心に位置していた。

国家は、敗者を抑圧するために必要とされた非常決定にあわせるために、法制度を再設計した。それは「規範《ノルム》（norms）の国家」というより「（政治的）手段（measures）の国家」であった[20]。（一九三九、四〇、四一年の）一連の法律が政党と自由な組合を禁止する法的基礎となった。少なくとも四一年までは確かな手続き的保障はなかったのである。政府は地域間の旅行を規制し、四七年まで内戦時に近い状態を維持した。内戦は三九年の四月に終結したが、その年の一二月には二七万人の人々が刑務所内にいると記録されており、その数字は四〇年には八万四〇〇〇人、四五年でも三万五〇〇〇人であった[21]。この数字は一九五〇年には一万六〇〇〇人にまで落ちている[22]。したがって、恐怖の時代は一〇〜一五年にわたって続いたことになる。それは長きにわたり、政治と、反対意見に対する人々の態度に爪跡を残した。それは人々の心を恨みで満たし、彼らに急進的な政治は危険だという苦い教訓を教えた。そして、これは敗者の一つの世代から次の世代へと受け継がれていった。

同時に国家の補助者として教会とファランヘ党の双方が、社会を巻き込む努力をしていた。それは一方では司祭や修道士、修道女、神学生であり、他方では社会的な活動家であった。若者もそうでない者も、勇敢さと御都合主義を正しく兼ね備えたものは隊列に加わることが推奨された。この時期は、ファランヘ党系の結社（女性セクションと教育と休息）にとってと同様、カトリック系結社（カトリック行動団とマリア会）にとっても大きな可能性のあった時期であった[23]。

同時に、舞台裏では全く異なるそしてより複雑なシーンが上演されていた。そこには筆者の主張に意味を持つ三つの脇筋があった。第一に経済生活は混合体制の中で実際に機能していた。国家は頻繁に介入や規制を行っていた。物価や給料は統制され、労働者の解雇には厳格な規則が適用された。新規の産業投資や輸出入には国家の許可が必要であった。しかしコーポラティズムの構造が国家と市場の間で成り立っており、公務員と民間経営者の間の部門ごとの調整のネットワークが存在した。この枠組みの中では、少数の大銀行グループが鍵となる主要な役割を果たしていた。高度に規制された資本主義システムの下で、資本は特権を持つ人々の間での信用の経路を循環した。農産物や穀物といった重要な産業部門は国家小麦局によってその需要側を独占されていた。ほとんどの経済部門においてパトロン―クライアント関係が発達していた。これらすべては、一九四〇年代の擬似自給体制の中でのあまりスムーズではない経済運営に直結していた。第二に教会は組織の管理および独自のメッセージの立案にあたって、かなり自律的であった。もっとも、四〇年代には教会とフランコ体制との間の距離と両者の間の緊張は公然のものとなっていた。

最後に、当時のスペインは農業が有力であり、労働力人口の五〇％以上が農業に従事していた。この人口の大半（おそらくすべてではないが）は共同村落と開放耕地のいくぶん伝統的な構造のなかで生活していた。共同村落は前世紀の後半のそれとよく似た状態のままであり、一度、旧体制の共同村落がコミュニティと境界の土地の売却に順応してしまうと、領主の権利と一〇分の一税が終わり、鉄道が敷かれた(24)。この社会構造は筆者の主張と関連がある。なぜなら、第一に有機的連帯の側面と分節化された社会に特有の機械的連帯のそれが組み合わされている。村での生活は家族的で地域志向であるが、人々は名誉と思いやりの倫理に従っていた。これはエドワード・バンフィールドが同じ時期の南イタリアで観察したものとは明らかに違う(25)。第二に、教会と国家が支配する社会に十分に包摂されていなかった。第三に、その主要生産物である穀物の生産および分配システムが国家管理の経済システムに取り込まれているにもかかわらず、地域および全国レベルでの相対的に開かれた農業市場との伝統的な繋がりが維持されていた。

3　第二幕：巨大な変容と市民的連帯の出現
（一九五〇～七〇年代）

フランコのスペインは、一つの時代だったのではなく、歴史上二つの時期に区分される。（一九四〇年代から五〇年代前半にかけての）明らかな停滞と欠乏の時代の後に、（五〇年代後半以後の）不安と成長の時代が続いた。これは政治的な要素と同様、様々な社会経済的文化的要素の結果であった。なぜなら、経済や社会生活におけるルールを変更し、また外部からの影響に対して国を開くことを許容するような重要な決定が当時なされたからである。

この時期、スペインの政治、経済そして文化は重要な変化を経験しつつあった。フランコ体制の側の新しい基本戦略、変容する公共空間、そして新しい政治アクターが存在した。スペイン経済は工業およびサービス部門に基礎を置くようになった（一九六〇年には四七〇万人が農業部門で雇用されていたが、七五年には三〇〇万人になり九五年にはわずか一一〇万人となった）。そしてそれはより広く世界市場へと開放された[26]。激しい住民移動が起こり、多くの人が都市部へと流入した（一九五〇年には全人口の四〇％が都市部に居住していたが、七〇年には五五％となり九一年には六五％に達した）[27]。農村部および都市部双方における生活は、新たな社会慣習と新たな形態の信仰生活によって完全に変容した。

この一連の変容は二種類の社会関係資本の蓄積と関係している。一つは拡張された秩序、より規制のゆるい市場、より大きな社会的流動性そして文化的変容の果たした役割と関係している（これらはすべて、社会の自律能力、公的権威の限界そして市民の間の意見の相違の余地の増大を意味していた）。そしてもう一つは、公的空間における市民活動に従事していた諸結社や社会運動のネットワークに繋がっていた。この（両方の）社会関係資本の蓄積が七〇年代における勝者も敗者も生み出さない形での民主主義への移行を可能にしたのである。それは内戦のちょうど逆イメージとなるものであった。

社会関係資本の発展は、いくつかの要素によるものであった。そのなかで主要なものは、国家—社会関係の制度枠組みと経済と文化に変容をもたらした、一連の政治的な動きであった。一九五〇年代のフランコ体制は生き残りのために国際環境に順応していかねばならなかった。四〇年代以来の外交的孤立から脱し、体制の安全保障をより確かなものとしたフランコ体制は国内における抑圧を後退させるようになった。既に述べたように、一九四〇年に八万四〇〇〇人、四五年には三万五〇〇〇人もの人々が投獄されていたが、この数字は一九五五～七〇年に四〇〇〇～一万一〇〇〇人にまで減少した[28]。内戦期にあったとされる犯罪による最後の刑の執行は一九六三年であった。国は完全な法治国家となるために、その政治体制を正常化（もしくは制度化）しようと試みた。このため、とりわけ五〇年代半ば以降、国の行動は予測しやすいものとなり、いくつかの社会的活動や市民の間の不同意（dissidence）に対しても余地が開かれるようになっていった。この頃までに行政改革が進行し行政の自由裁量権が削減され、企業家と労働者の間の（限界はあったが）直接の賃金交渉を許可する（一九五八年の）団体交渉に関する法律、そしてストライキを合法化する刑法の改定が行われた[29]。

これらの立法行為はスペインを自由化し、ヨーロッパ経済（ECとの間での提携の合意が一九七〇年に調印されている）と統合される道のりを歩ませる、経済政策における急進的な変化と結びついていた。この経済政策の転換は一九六二～七四年の年率七％にものぼる経済成長へと繋がった。実質賃金、利潤そして私的消費が増大し、資源は福祉国家へと配分されていった。公立病院間のネットワークが形成され、大学生の数は四倍へと跳ね上がった。

この政治的制度化と経済的自由化という二重の戦略は私的および公的な福祉の増大と相俟ってフランコ体制が考える正統性の基盤にも変容をもたらした。それまで、国家の正統性はフランコの内戦での勝利と、（教会とともに）国家は（ヒエラルキー的、権威主義的な）目的論的秩序における道徳的中心であるべき、とする主張にのみ立脚していたが、今や新たな正統性が付け加えられることになった。法と秩序の必要性を認識しつつ、経済の結果に満足している新しい中間層と労働者の利害と感情にアピールするようになったのである。国家は今や経済および法システムが正しく機能する保証者であった。同時に国は限定的な政治的自由化を始めていった。組合選挙（二〇人以上の従業員がいる企業における労働委員会〔jurados de empresa〕への選挙）への独立系候補の立候補が認められ、別の法律（一九六六年の国家組織法）はフランコ体制下のコルテス（議会）の五分の一を選出する方法を明らかにした。信仰の自由を認める法律は六七年に成立し、新たな法律（出版法）によって検閲が廃止された。

政府は反対意見の余地に対処できると考えてこの道を選択した。なぜなら、外的および内的な圧力に対応しなければならず、また、この戦略は自らのイデオロギー的な前提とも共通していたからである。「有機的民主主義」（もしくは自由、および個人主義的な民主主義に対立するものとしての共同民主主義）のイデオロギーは、国に議会の一部や（大学の）学生自治会、そして労働委員会（jurados de empresa）での自由選挙に反対することを困難にしていた。カトリック国であるため、教会やカトリック団体の自立性を許容せざるをえず、私的空間においてであれば市民的事柄に関する自由な議論の許可へと傾いていった。一九五四年に、フランコ体制の情報大臣であったガブリエル・アリアス＝サルハードはそれを以下のように表現した。「個人的に自立した領域における表現の自由と、同じ意見を公益の領域で暴露する自由を区別する必要がある。後者の領域ではそれは国家の管理下に従属されねばならない[30]」。

国が（西側寄りの）外交政策への傾斜の決定とブルボン家のファン・カルロスを国家元首の後継者として選択したことは、全般的な戦略と合致するものであった。これらの動きは、いささか曖昧ではあったものの、国家自身の重大な変容を示唆する長期的なシナリオを示したものであった。フランコ体制の直裁の目的は、その現在の権力基盤を再強化しその正統性を実質的に拡大させるところにあった。これらの目的は達成されなかった。一般的な言葉を使えば、スペインはトクヴィルが示したとは逆の反応を示したのである。国家が自らを改革すればするほど、社会は新しい改革への圧力を強めたのである。二〇年にわたって、様々なグループが市民的試みに参加し、その枠組みに圧力をかけ、新しい制度的枠組みの利益を受けてきたのである。

この時期を通じて、拡張された秩序と「市民的」結社というお互いに強化し合う二種類の社会関係資本の増加が見られる。その結果、社会関係資本が増加するにしたがってフランコ体制を守勢に回らせる好循環ができたのである。スペインはともに国民的和解の極致と理解される新憲法と民主主義への移行へと至る道を選択したのである。

拡張された秩序の機能と結びついた融合した形の社会関係資

本、信頼の蓄積の増加があった。経済成長（一人あたりの国民所得は一九六〇～七五年の間に倍増した）は経済への国家介入が減少していくなかで起こった[31]。一九六四～七四年の間に輸出量は二・六倍となり、輸入量は三・一倍に増加した[32]。労働人口（ほとんどが男性）の完全雇用が達成され、団体交渉が継続され膨大な比率に達した。人口の移動が続き国外では一〇〇万人のスペイン人労働者がヨーロッパへ移住し、国内では二〇〇万人がその住所を別の州へと変更した。あらゆる理由でスペイン人はより頻繁に海外へと出かけるようになり、一九五九年には一〇〇万人であった海外渡航者は六六年には四〇〇万人、七三年には七〇〇万人へと増加した。多くの世帯が自宅を所有するようになった（持ち家の所有率は六〇年には全世帯の六〇％だったものが七〇年には六三％となり、八一年には七三％に達した）。多くの人が車を買うようになり、六〇年に六万七〇〇〇台であった自動車台数は一九七〇年には四九万二〇〇〇台に達した。個人間の通信や取引も増加した。投函された手紙や小包の数は五〇年の一一〇万通から、六〇年には二〇〇万通、七〇年には四〇〇万通と増加した。電話台数も増加し、五〇年には六〇万台だったが、六〇年には一七〇万台、七〇年には四六〇万台へと増加した[33]。

教育やマスメディアへのアクセスも増加した。一九六四～七四年の間に、小学校および中等学校の生徒数は一・四倍に、職業学校は一・九倍、大学は四・三倍に増加した。新しい出版法により、新しい種類の出版物が発行されるようになった。社会および政治報道に力を入れていた独立誌『カンビオ16』の売り上げは七二年に二万部だったものが七七年には三四万七〇〇〇部へと増加した[34]。海外メディアの購読者数も増加した。調査によると六五年までにマドリードの大卒者の三分の一が海外メディアを通してニュースを追うようになっていた[35]。また六〇年代はテレビがスペインの一般家庭に浸透し始めた時代でもあった。

市場志向の流動性の高い社会への動きから生まれた、このすさまじい社会の開放は人々の社会参加においても劇的な変化をもたらした。社会的相互作用はより頻繁に、より自由に行われるようになり、ますます、開かれた社会における諸個人の行動のルールによって形づくられるようになっていった。

これらの変化を受け、多くのスペイン人の行動は法システムの影響を部分的に受けた道徳理解によって形成されたように思われる。彼らは、民法、商法、行政法、労働法などを含むほとんどの非政治的な事柄における司法の通常の役割にわずかばかりの信頼を持つようになった（例えば労働法は解雇に関する条項で労働者側に非常に有利なものとなっていた）。また、人々は様々な起源を持つ互恵倫理にも影響されていた（キリスト教倫理や共同村落においては伝統的倫理などもその起源であった。当時のいくつかの地域研究参照）[36]。同時にこれらの規則は家族友人の広大なネットワークの働きとも一致するものであった。これが公的な問題を議論するフォーラムとしての多くの準公共的空間の使用へと繋がっていった（一九五〇年代終わりにニューヨークタイムズの特派員であったハーバート・マシューズによって示唆されている)[37]。

伝統的に、(ティーンエイジャーに限らず) 多くの若者は常に非常に社交的であり、パンディラス (pandillas) と呼ばれる仲間集団をつくってバーや踊り、祭りなどに出かけていた。しかしながら、彼らの行動と自立の範囲はこの時期の変化の結果、大幅に拡大した。道徳がより寛大になるに連れて、世代間そして家族内の関係はより平等なものへと代わって言った。親たちは若者の行動に対して持っていた管理権を失い、若者たちはそれを利用して、より開放的な感情と性的関係の市場へと参入していった。とりわけ観光産業の影響を受けたところでそれは顕著であった。ますます広がっていく道徳からの自由はフランコ体制の保守派の目には全く好ましいものではなかった。そこには、多様な政治的信念を持った社会活動家、市民活動家が快楽主義や消費社会を批判して参加するようになっていった。

この時期は、様々な結社への参加という形をとった社会関係資本の増大が観察された。政党や労働組合、系列の擬似政治的もしくは市民的な次元を伴った宗教団体などである。これらの結社への参加の最終的な結果は民主主義への移行という次の時代を準備する非常に重要なものであった。同時にこの結果はあまり意図されないものであった。事実、結社に加入したり、市民参加をしたりした人々の腹蔵のない意図は混乱したものであった。彼らはフランコの権威主義的政治体制からの自由を望んでいた。しかし同時に集団的な哲学によって動機づけられていた。それは、例えばマルクス主義者の場合でも、多くの点において個人の自由からなる秩序とは矛盾するものであった。しかし重要なのは、その目的がいかに混乱したものであろうとも、その実際の活動は絶対的に (オークショット的な意味での) 法治主義的秩序、自由の秩序に好都合なものであった。そのため、彼らがその市民的、社会的事業を通じて蓄積した社会関係資本が、その意図ではないにしても効果によって、拡張された秩序の働きへと繋がる社会関係資本の拡大を後押ししたのである。

一般的に言って、一九五〇年代、六〇年代および七〇年代の初頭に教会や社会から (そして不満を持ったファランへ党員のようにフランコ体制の内部からさえも) 出現した新しい社会運動は政治的不満と社会批判を繋ぎ合わせたある種の市民参加を志向していた。彼らは資本主義や (彼らの見解では) 非道徳的もしくは反道徳的な消費主義が生み出した社会モデルを厳しく批判していた。これは例えば、フランコ陣営の側から出てきた、二つの不満を持ったグループ、すなわち聖職者とファランへ主義者の例などがある。

ナショナリスト陣営の内戦における勝利は、象徴的および道徳的に、秘蹟の執行と修辞的な説教を通じた信心深い人たちに対する支配という、聖職者の伝統的な性質を再強化した。この頃まで、彼らは宗教的権威における擬似的な独占状態 (および国家による庇護) を享受し、秘蹟 (洗礼、聖餐式、結婚式、塗油、もしくは最低でも宗教的埋葬など) の普及に成功していた。しかしながら修辞的な説教は別問題であった。

一九五〇年代半ば～六〇年代にかけての社会的な変化と個人自由の増大という条件の中で、聖職者のメッセージは、社会の様々なグループのニーズに応えていかねばならなかった。そのメッセージは、イデオロギー的、世代的な内部の緊張も反映していた。年配の聖職者はトレント会議の後の好戦的な宗教性を描き、十字軍の精神に満ち、内戦の記憶に根を持ち、フランコ体制を支持していた。中年、および若い聖職者は現代世界により適応している他のヨーロッパ諸国の教会に目を向けていた。キリスト教民主主義政党を支持する聖職者も現れ、進歩的な聖職者グループも現れ始めた。

この過程のなかで、選挙への親近感と試行錯誤のメカニズムが機能していた。若い聖職者は（中年や年配のまだフランコ体制を支持している世代に反発して）進歩的になる傾向があった。彼らは、進歩的であることによって、労働者や学生、被用者農民などの、彼らの実際の、もしくは潜在的信徒の中の若い世代により大きな影響を与えることができるということに気づいたのである。聖職者たちは、可能な限り、アドバイザーや精神的指導者の役割を引き受け、彼らの結社を助け、その運動に参加した。これらの結社は自らをより公正な（すなわち、より平等な）社会秩序を目指して、システムと闘う闘士であると位置づけ、部分的に道具的な、また（自己決定権の表明として）部分的に実質的な自由の主張の理論的正当化を押し進めた。しかし、一部は聖職者によってなされ、複合的で混乱したものであったこれらの理論的正当化よりも重要であったのは、これらの運動に関わった聖職者と一般の人々の双方が個人の自由を効果的に行使し、それに慣れることによって、その行使に向けた機運が高まり、その習慣が政治的および宗教的権威への反抗や大衆の支持を求めた諸結社間の競争（何らかのゲームのルールに則った競争）へと繋がっていったことである。

聖職者に関するこれらの観察は、ファランヘ党内の反対派にもあてはまる。四〇年代において、ファランヘ党はフランコ新体制の鍵となる要素であったが、その当時でさえ、彼らには従属的な立場しか与えられなかった。彼らが経済を担当する省を掌握することは決してなかったし、教育や文化担当の省に対する権限もすぐに失い、未発達な福祉国家行政担当へと降格させられた。そのうえ、第二次大戦の勝者であった民主主義諸国への適合の必要からフランコはファランヘ党のシンボルを隠すようになった。

五〇年代後半には、その反資本主義的な起源が見直されファランヘ党の復活が見られた。この復活劇の主役となったのは、一方では福祉国家機構の一部を掌握することで、フランコ体制内の他の政治勢力と競っていたファランヘ党員であり、他方では、反抗的な社会運動を開始した若いファランヘ党員であった。両者の関係は曖昧なものであった。国家の内部にいた者は台頭する組合運動を部分的に支持し、一九五〇年代終わりに新しい経済政策を実施していた他の体制内の政治勢力（若いファランヘ党員からは保守的であると見られていた）と対抗する際の同盟者（もしくは道具）としようとしていた。したがってファランへ党内では組合の領域や、福祉国家の拡大の結果生まれた部分での、ある程度の不満を許容しようという雰囲気が生まれた。公立病院と、とりわけ高等教育システムは一九六〇年代に急速な拡大を経験し、そのなかで重要な学生運動が発達した。これらが台頭しつつあった反体制政治階級に訓練の場を提供したのである。

高等教育の分野では（病院の医者や都市部の結社その他と同様に）、既に分析されたのと同様のコースをたどった。学生運動の中核を形づくったのは、熱狂的で反フランコ体制的、反資本主義的なイデオロギーを持った人々であり、彼らは現実の急進的な変革と、公正で平等な「連帯的な」（分節化された社会に特徴的なある種の連帯）社会の建設を目指すのにふさわしい英雄的で高潔な人格の持ち主であった。しかしながら反体制グループの中での寛容と多元性、彼らが動員しようとする対象であった、大衆を形成していた、グループ外の、より穏健な人々との妥協を調整する必要から、反資本主義的なイデオロギーの穏健化が要求され、その集団主義的なイデオロギーを後景に引かせるような気質と措置が推奨された。

同様の事は労働組合運動でも起こっており、そのなかには組合構造、集団行動、そして市民参加の重要な要素が含まれていた。経済成長によって、伝統的な経済は、発達した産業を持つそれへと変容を遂げた（例えば一九六〇年に二六〇万人であった工業労働者は七五年には三四〇万人となった）[38]。この発展は都市化の進行と並行して起こっていた。都市内部、および周辺への移住者や工業および建設、サービスセクターへの労働者の集中は諸団体や集団行動に生産的な基盤を提供した。また、それらは国の側の抑圧の減少や、既に述べた法的枠組みの変容によっても助長された。法的な変化は工場における組合代表選挙や団体交渉、経済上のストライキを許容していた。労使協議会（jura-dos de empresa）が六〇年代初頭からしばしば選出されるようになった。その委員の多くは非合法の、しかしほぼ許容されていた労働組合に所属していた。そのなかで主要なものとしてはカトリック、ファランヘ党、そして共産党の活動家によって結成された労働者委員会（Comisiones Obreras）があった。団体協約はやがて毎年四〇〇万〜五〇〇〇万人もの労働者に適用されるまでになった。一九六七〜七三年のストライキの年間件数は三五〇〜一〇〇〇件の範囲で変動した（一九七〇年に一六〇〇件に達しピークを迎えている）。これらは年間のべ二五〇万〜一一〇〇万時間もの労働時間の損失を引き起こした[39]。

スペイン社会において、産業関係や宗教、政治的反対者といった様々な領域において、結社の構造が豊かになっていったことは、既に述べたように、外国の文化的影響、すなわちより開かれた寛容な道徳性にさらされることが多くなったことと関係している。したがって社会文化的な変化と政治・経済の自由化という同時的な過程は、来たるべき民主主義への移行に貢献する、非市民的な社会関係資本から多様な形態の市民タイプの蓄積への転換のステージをつくり上げたのである。

4　第三幕：自由民主主義、ゆるやかな形の社会性、そして構造的緊張の管理（一九七〇年代半ば～九〇年代後半）

民主主義の時代は一九七七年の最初の自由選挙から（もしくは七五年のフランコ将軍の死の数カ月後から）現在に至るまで続いている。民主主義はスペイン人の生活における制度枠組みに非常に大きな変化をもたらし、結果として社会関係資本蓄積の条件にも変化をもたらした（我々が信頼に足る統計的証拠を使用できるようになるのはこの時期、もしくはいくつかの事例では、それに遡る数年前からである）。

民主主義の出現は内戦を戦った両陣営の間の国民的和解の機会であり、ある程度までは、スペインコミュニティの再生の機会であった。人々は和解を成し遂げるための妥協の難しさを認識していた。過去二〇年にわたるフランコ時代の社会経済的、そして社会文化的変容にもかかわらず、内戦の記憶は未だに社会を苦しめており、内戦へと戻ってしまうような対立を避ける努力が必要とされた。したがって、一九八一年二月のクーデターの試みが斥けられ、民主主義が「町で唯一のゲーム」となったことが明白となると、一九七七～八二年にかけての移行期は骨太のコンセンサスによって特徴づけられ、いくつかの政治的、社会的協定に反映されていった。

移行期における、一連の実践や象徴、言説はコンセンサスの表現であった。憲法は和解した社会の基礎として理解された。国王はフランコ体制から自由な体制への平和的で合意による移行に備えた和解の象徴となった。内戦への責任を一部認め、謝罪した教会は、無神論者に対する十字軍であったとする初期の内戦に対する叙述とは際立った対照を成し、今や交渉に参加する様々な政党の間の仲裁者として明確な役割を果たしていた。（アドロフォ・ソアレスに率いられた）新しい中道右派政党は、最初の自由選挙の後、政権に就き、移行の成功とその穏健化や和解といった言説に部分的に助けられ、その後六年間スペインを統治した。実際には、政治階級全体がこれらの言葉を使っており、スペイン人は選挙の毎にあえて対決的な言葉を使った人々を罰してきた。労働運動においても同様の事が起こっていた。その後の労働委員会選挙では階級闘争を強調した、より急進的な組合が周辺化されていった。

憲法や地域、社会での協定は三〇年代の争いのなかで異なる陣営に属していた人たちの後継者の間の妥協の結果であった。右翼と左翼、企業主と労働組合、教会と世俗の知識人、中央と周辺、軍隊と市民勢力の間である。公式結社（政党、労働組合、職能団体など）はその社会基盤と世論の幅広い支持を得てこれらの妥協の成立に決定的な役割を果たした。

協定の主な内容は、共通のプロジェクトを基盤とするのではなく、異なった考えや利益を持つ人々の間での妥協が必要であるとの認識に基づいた国民的連帯の再建であった。人々は自由の秩序の制度的枠組みの中でともに生きていかねばならなかった。左右の妥協の結果、（左右の間での平和的な政権交代が期待される）自由民主主義が確立され、（権力と憲法裁判所を分割した）

法の支配が承認される憲法が誕生した。市民勢力と軍との間の妥協の結果、後者は、前者および憲法秩序へ従属し、同時に市民勢力が国家の統一を誓った。宗教的妥協の結果、信仰の自由と多様性が公式に認められ、政教分離が定められた。中央と地方（周辺）の妥協の結果、複雑な設計の「自治コミュニティからなる国家」、すなわち権力を地方当局へと大幅に分散させた分権的システムがつくり上げられた。（憲法といくつかの社会合意における）社会経済的妥協は市場経済の経済活動の基本的枠組みとしての承認と労働組合運動の正式な承認へと至った。

この歴史を出発点として、社会関係資本という観点から過去二〇年にわたりスペイン人がたどってきた道を追っていく。私はスペイン人による市民的な妥協とその社会関係資本、すなわち諸結社もしくは家族を含む協同のネットワークとの間の関係を分析する。私はこれらの社会的妥協の結果を肯定的にとらえており、重要な社会関係資本の指標であると考えている。それらは集団の問題を解決する手段であるだけでなく、構造的な緊張、あるいは未解決の集団の問題があっても、市民の間での争いなしに済ますことを学習する能力の表れである。

諸結社とゆるやかな形の社会性

一九五〇〜七〇年代にかけての政治的、社会的、そして経済的変化はそれ以後に起こった市民的なタイプの社会関係資本の蓄積過程を準備した。諸結社の活動は活発化し、労働組合運動や政治活動への限定されたものとはいえ、重要な参加が増加した。かなり強固な家族が増加し、非公式な社会活動が目に見えて活発化した。自由な秩序を危険にさらしかねない、政治的、経済的危機（高い失業率、財界や政界のスキャンダル）への対処に参加する意欲を持つ人々が増加した。これらの体験が社会の雰囲気を、有機的連帯もしくは市民化された道具的連帯の特徴に近づけたのである。

スペインには、経済成長や社会的一体性、文化的創造性そして自由な政体を促進させる社会構造が十分ではないということは、研究者の間での共通認識となっている[40]。この判断の証拠となるのは、通常二種類のデータを寄せ集めたものである。ひとつは結合的なネットワークの弱さを示唆するものとして解釈される公式の諸結社への登録者数であり、もうひとつは社会的不信の広がりを示唆するものとして解釈される世論調査への回答である。後者については、後に住民の道徳感情問題として触れるので、まずは仲間的な繋がりについての利用可能な証拠に焦点を当ててみたい。

一般的には、スペイン人は公式の組織よりも非公式なネットワークに参加する傾向にあり、したがって、市民の参加が通常、より限定的で標準化されているような大きな組織よりも、親密でよりゆるやかな種類の社会的結合を好むと論じられている。強い伝統を持ち、通常の活動では相互に推薦し合う強力な指導者がいる、（政党や労働組合、教会といった）大衆組織に目を向けている社会学者や政治学者は、スペイン社会を個人主義的で社会規範を喪失した社会であると描き出し、スペイン社会の結合的な基盤を見落としているのである。さらに、強固な指導部を持った巨大団体への人々の関心の欠如（政党や組合、教会などにその例が見られるが）は別の種類の結社、例えば様々な種類のスポーツや娯楽、文化、教育結社を含む社会結社への参加を好む傾向と関係していると論じることができよう。

近年の研究では、スペインの非営利（第三）セクターは、絶対的にも相対的にも、むしろ強固な部門であることが示唆されている。ジョンズ・ホプキンス大学の非営利セクター比較プロジェクト（The Johns Hopkins Comparative Nonprofit Sector Project）はスペインの非営利セクターの一九九五年の総収入（自発的な寄附を除く）は、国内総生産（ＧＤＰ）五五九〇億ドルに対して、二五七億ドルであったと推計している。[41] この数字は、ＧＤＰ一・五兆ドルに対し非営利セクターの収入が五七三億ドルであったフランスや、ＧＤＰ二・四兆ドルに対し、収入が九四四億ドルであったドイツを凌ぐものである。これら三国全体では、非営利セクターの収入がＧＤＰの四％を占めている。さらに、私的な寄附の収入に占める割合では、スペイン（三二・一％）はフランス（七・五％）、ドイツ（三・四％）よりもかなり高い数字となっている。対照的に公的セクターからの交付金は、スペインでは収入の三二・一％、フランスでは五七・八％、ドイツでは六四・三％となっている。報酬や経費の割合では、スペインは四九・〇％、フランスでは三四・六％、ドイツでは三二・三％となっている。[42]

スペインの第三セクターは四七万五〇〇〇人の専従労働者を雇っており、これは農業を除くスペインの全労働者の四・五％に相当する。また、非営利組織の活動に参加する成人人口（専従労働者、二五万三〇〇〇人分に相当する）の九・八％に相当する。[43] 雇用条件に関して言えば、スペインの数字（農業を除く全労働人口の四・五％）はドイツやフランス（四・九％）やオーストリア（四・五％）とほぼ同じであり、オランダ（一二・六％）や米国（七・八％）そして英国（六・二％）よりは低いが、日本（三・五％）やフィンランド（三・〇％）そしてラテンアメリカ諸国や中・東欧諸国よりも高くなっている。[44]

信頼の置ける統計やデータになかなかめぐり合うことができない研究分野であるとはいえ、ジョンズ・ホプキンス大学のプロジェクトはスペインにおいて非国家、非営利団体が既に強固なものとなっていることを示唆し、様々な社会的結社が一九九〇年代に成長しているという一般的な印象を補強している。[45]

事実、スペインでは過去三〇年間に新たな結社の数が驚異的に増加している。民主主義への移行の前、一九七〇年代前半には新団体の数は平均して年に一〇〇〇件ほどであったのが、七〇年代半ば～八〇年代半ばには五〇〇〇件ほどに増加している。その後、年毎の数はさらに増え、九〇年代には一万一〇〇〇～一万三〇〇〇件の間で推移している。[46]

このような背景から、スペインにおける政党や組合の加入者の少なさは政治や社会問題に対する参加の程度の低さを示す指標というよりも、民主主義への移行や完全な労働組合や経済団体の出現が起こった歴史的状況に影響されたものであると考えられる。そのような歴史的状況とは、長期にわたるフランコ体制、そして移行期そのものの間に政党が限定的な役割しか果たさなかったことや、現代スペインにおいて地方における労働組合の相対的な弱さなどが挙げられる[47]。

実際、政党の党員数は非常に少ない。一九八〇年の調査では、成人人口のうちの党員の割合は六%であったが、八五～九三年に行われたいくつかの調査では、この数字は二・〇～三・四%にまで落ち込んでいる[48]。しかしながら、おそらくは失業および政界、財界のスキャンダルという二つの争点をめぐる政党間競争の激化の結果、九〇年代を通じて主要政党の党員数はいくらか増加しているように思われる[49]。いずれにせよ、スペイン人は、政党が主要な役割を果たし続け、決定的な影響力とかなり忠実な選挙民を保持している政治システムと深く結びついている。

労働組合の組合員数もまた、わずかしかいない。一九七七年に全賃金稼得者の二七・四%であった組織率は、九〇年には一一・〇%にまで低下している。しかしながら、二つの主要な労働組合（労働者委員会と労働総同盟）は八〇年代初頭以降の労働委員会選挙で四分の三程度の票を獲得してきており、毎年の中央および部門ごとの団体交渉では指導的役割を果たしている。そしてしばしばゼネストを呼びかけ（一九八八年のように目覚しい成功を収めることもある）ている。したがって、労働者は労働組合への加入を拒否しつつも、複雑な立場をとっていると言える。彼らは組合を支持しつつも、その支持は限定的なものであり、組合との関わりの大部分は手段としてのものにとどまっている[50]。

対照的に、スペインの社会関係資本は家族のネットワークと非公式の協力のネットワークに、より強い基盤を置いている。これはゆるやかとでも呼びうる形の社会性であり、その繋がりの弱さによって特徴づけられる。これは、（スペインの田舎の伝統的特徴を多くの点において保持している）共同村落や擬似的な共同村落から、準都会的、都会的な近所づきあい、都市の分譲マンションにおける家所有者（住民）団体にまで至る様々な種類の住民コミュニティが含まれている。また、そこには地域の祝祭のために明らかに一時的につくられたコミュニティ（これも、伝統的な特徴と現代的な特徴を繋ぎ合わせたものである）や、友人のネットワーク、雑談のコミュニティ（tertulias）、通りを歩き回ったり、パブやその他の公共スペースに集まったりする若者たちの集まり（pandillas）、そして家族（拡大家族）や家族のネットワークが含まれる。

仲間集団（pandillas）に関する統計は存在しないが、統計学者がその存在に気づかなくても、観察者が仲間集団を偶然に見る（聞く）ことは非常に簡単である。しかしながら、彼らがスポーツやスポーツ団体、祝祭活動などにおいて指導的役割を果たしており、スポーツを楽しむ人や祝祭の数は非常に増加しているのである。スポーツを楽しむ人の割合は一九六八年には一二%であったものが九〇年には三五%になり[51]、スポーツ団体の数は同じ時期に四・五倍となっているのである。

一九八〇～九〇年代にかけて、若者が中心となる地方の祝祭は、参加者や活動数、振興の華やかさ、そしてもちろん支出面も含めて、その重要性が大きくなってきている。筆者は、バレンシアのラス・ファリャス（Fallas）やセビリアの聖週間、パンプローナの牛追い祭り（San Fermines）、エル・ロシオの巡礼などの大きなイベントだけでなく、そのほかの大都市や中規模の都市、小さな村落などでの祝祭にも注目している（ナバラの牛追いの風習は急速に広まり、動物愛護者を絶望させた）。夕方から夜にかけて、バーからバーへ、ディスコからディスコへと渡り歩くモヴィダ（movida）と言われるグループの増大も見られている。これはあらゆる町で週末（大まかに言うと、週末はしばしば木曜の夕方に始まる）に見られる。事実、スペインは少なくともヨーロッパで人口一人あたりのバーの数が最も多く一〇万人あたり九〇〇〇軒にも達する[52]。

既に述べたように、家族とそのネットワークはスペインの社会統合システムの鍵となる制度であり、社会関係資本の主要な要素である。家族は失業の影響を緩和し、その一員と福祉国家の間の関係を取り次ぎ、管理し、世代、性の間の妥協の場を提供している。家族がスペイン福祉国家の柱の一つを構成していると、論じられまた、詳細に記録されてきた[53]。

スペインの家族は、割合に高い年齢になっても子どもを家にとどめ、また、年配の家族に対しても世話をする。子どもが成人後も家族とともに生活するというケースは非常によくあることである。一九九四年には一六〜二四歳の子どものうち、男性で九五％、女性で八八％が両親とともに生活していた（同様に二五〜三四歳のうち男性四一％、女性二九％がそうであった）。この傾向は、過去二〇年間に明らかに増加している。一九六〇年以前に生まれた人々のうち二〇歳の誕生日までに両親の家を離れた者は一一〜一五％であったが、七〇年以降に生まれた者では四・五％にとどまっている[54]。結婚も遅くなっており、男性の平均では七五年に二六・五歳だったものが、九三年には二八・三歳となり、女性では二三・九歳から二六・二歳となっている。六五歳以上人口のうち、一人で生活している者はわずか一九％であり（うち五％は老人ホームで生活している）、残りの人々は親戚と生活している[55]。家族の大きさは近年縮小しているが、他のヨーロッパ諸国と比較すれば依然として大きいと言える。一九九一年には、スペインの家族の人数は平均して三・三人であったが、イタリアは二・八人、フランスは二・六人、ドイツは二・五人、デンマークは二・二人となっている。スペインでは自分の家族の家の周辺に住まいを構える割合も、他のヨーロッパ諸国より高くなっており、スペイン八一％に対し、イタリアとフランスが七〇％、ドイツとデンマークが五九％となっている[56]。

スペイン人は、他の広い意味での家族と親しく連絡を取り合っている。一九九三年には成人人口の六四％が毎日、もしくは少なくとも週に一回は親戚と何らかの連絡を取り合っているとし、同時に近所の人や（七四％）、会社の同僚ではない友人（七五％）とも連絡を取っていると答えた人も多くなっている。結果として、スペイン社会は、孤立感や孤独感がほとんどない交際好きで高い社交性を持った社会であると結論づけることができよう。七一年の調査では成人の七九％が、そのような感情を抱いたことがないと答え、この数字は二〇年後の別の調査でも繰り返されている[57]。

いくつかの種類の結社や家族、そして社会的ネットワークはすべて、非常に密集した社会構造を示唆している。スペインの（社会関係資本の古典的指標である）自殺率が世界で最も低い水準にあるという事実がこのことを補強している。一九八九〜九三年にかけての自殺率は一〇万人に四人である（デンマークは一〇万人に一五人、フランスは一一人、スウェーデンは一〇人、ドイツは九人）。殺人の比率も非常に低く、住民一〇万人に一・二人である（スウェーデンは一・七人、イタリアは三・六人、米国は一三・三人、ブラジルは二九・四人）[58]。

観念的内容——規範的な紛争の市民化

スペインの諸結社はその使命を変え、目標を追求することをやめ、寛容な態度を示し、その基準をゆるめている。家族は女性や若者にとって抑圧的な環境ではなくなった。カトリック教会はその信徒たちの信仰や習慣、私生活を管理しようとはしなくなった。左右の政党は、そのイデオロギーを穏健化させ、党員の政治参加への期待を後退させた。国民そのものもゆるやかな、もしくは共通の標準となり（バスクやカタルーニャなど）いくつかの地域における多元的な民族アイデンティティを許容するようになった[59]。

経済的理由が、子どもがその両親の家で生活し続ける理由となっていることは明らかであるが、家族内の構造や規範、家事が比較的平等で非権威的なものになっているという点も重要である。一九六六〜八〇年の間に以下のような領域における家族の意思決定は夫婦の共同で行われるという明らかな〔増加〕傾向があった。親戚や友人の訪問（三五％→八〇％）、高価な買い物（二一％→七五％）、病気の際に医者を呼ぶこと（二六％→七〇％）、休日に行われる活動（二六％→八〇％）、食料品への支出（六％→三八％。ちなみに八〇年の「妻のみで決定」は五四％）などである[60]。宗教や道徳、政治などの分野における、両親と子どもの間の規範的なコンセンサスは増加し、家族生活における抑圧的な特徴は減少した[61]。家事の主な負担や病気の者に対する世話は妻や母の負担であるとはいえ、スペインの家族は多くの点で平等的になったと言える。

民主化による国家と教会の関係の急進的な変化は公的領域における聖職者の存在感と影響力を縮小させた。世俗化の進行は、家庭においても同様に教会の影響力を後退させた（とりわけ、出生率の極端な低さが示すように避妊の問題において）。したがって、スペイン人の公的、私的な道徳に対する宗教の影響はかなり縮小したが、その教えの内容も変化した。教会は政治から距離を置くようになり、より寛容な道徳へと傾斜するようになった[62]。

政党への参加も多くを要求されなくなり、生命のリスクをさらす極端な状態から、単に一票を投じるまでになった。今日の左右の政党のスタンスは穏健化と中道への収斂の長い旅の結果であった。共産党は一九六〇年代にレーニン主義からユーロ・コミュニズムへと進化し、社会党はマルクス主義からある種の社会民主主義へと七〇年代には移行した。フランコ体制の中のごく少数の人物が中道右派的な立場へと発展する政党を設立した。急進的な競争は主要な中道右派政党と中道左派政党の間の観念的な差異を将来においてさらにぼやけさせると期待された。

今日では国民的アイデンティティですら、人々の関心はゆるやかになっている。スペインの国民的象徴である国旗や賛歌、(フランコ派のスローガンであった「スペイン、ひとつの、偉大な、そして自由の〔España, una, grande y libre〕」)は民主主義への移行の間に変化し、その日常生活における出現度は急速に減少した。一九七八年憲法は分権的で擬似連邦的な行政の長期的な構築と、バスクやカタルーニャなどで著しい勢いを集め始めた周辺部での民族的伝統の再構築(もしくは全く新しい構築であった事例もあったが)の出発点となった。この過程は、かなりの程度のスペイン市民に地域的、国民的、そして時にはヨーロッパ的な感情を結びつけた多元的なアイデンティティを主張することを認めるものであった。

信頼の感情

様々な社会的、政治的諸制度、指導者と国民双方に対する、信頼に対する口頭の意見表明に関する(スペインおよびその他の国の)広範な文献が存在する。(垂直的および水平的な信頼に関する)これらの証拠を基に、信頼やその欠如に関する一般的な態度が推測され、それによって国々が比較され、その態度の進化が時間軸に沿ってたどられている。これらのデータの潜在的価値を認めつつも、私は、これらの世論調査データを額面どおりには受け取らないようにしようと思う。なぜなら私の考えでは、その意義はこれらの口頭での発言の背後にある二つの異なる要素を処理する能力にかかっているからである。

一方では、これらの発言は回答者が所属するサークルやコミュニティでのそのときの決まり文句やありふれた言い草、固定観念の繰り返しである。回答者たちは自身が関連する準拠集団に正しく所属していることを示そうとして、適当な(道徳的、政治的に正しい)発言を繰り返しているのかもしれない。もし、そうであれば世論調査はその時代の主要な道徳的もしくは政治的言説を反映しているであろう。文化的エリートの中に、ともに不公正さを指摘する、伝統的なカトリック文化と極端な左派の残滓の奇妙な組み合わせを見出しうるスペインのような国では、主要な言説は現存する世界の道徳性への不信の感情によって満たされているであろうと推測できる。信頼やその欠如の表明はしたがって、単なる意見でありうる。他方では、これらの意見は(多少は)深い態度の表明であるかもしれない。しかし、この場合には実際の行動で示された明らかな選好と、回答者が抱いている価値観や尊重しているルールと一致していると見なすであろう。もちろんこの二つの要素を処理するひとつの方法は世論調査と実際の行動の観察を組み合わせ、人々が口頭の発言と実際の行動を一致させようとする正当化の言説を分析することである。しかし、それがない中では、問題点と研究の必要を指摘できるだけであり、それまでの間、データを選択的に使用し、文脈に当てはめることができるだけである。

実際には、前節で述べたような市民的社会的結合の経験は、スペイン人の自信や帰属意識、義務感に影響を与えている。それらは近年の世論調査によれば広がっているように思われる。一九九六年四月に行われた調査では成人人口の八八%が「守るべき基本的なルールがある」と考え、九一%が「長い目で見れば正直でいるほうがよい」と考えている。八七%が「努力すれば友人を見つけることができる」と考え、七〇%が「他の人とうまくやっていくためには装う必要がある」との考えに反対している。六三%が「将来について悲観」していないと述べ、同じく六三%が「誰でも本当に努力すれば生活水準を改善することができる」と考えている[63]。

これらの信頼の感情と市民生活における基本的なルールへの言及は、民族的コミュニティと宗教的コミュニティへの帰属意識によって補強されている。しかしながら、両方の場合で、これらの感情は極端なものではなく、強い攻撃性を含意するものではない。近年の内戦の記憶とスペインの有名な暴力への歴史的傾倒（実際、一九世紀には、いくつかの地方では内戦が慢性化しており、軍事的宣言（pronuncimientos）〔がなされること〕はしばしばであった）にもかかわらず、これらの愛着の感情は統合され平和なように見える社会の安定に貢献しているであろう[64]。

調査によると、スペイン人であることに誇りを感じている人の比率は比較的高く、一九八一年と九〇年にそれぞれ八三%、八五%となっている。ヨーロッパの平均はそれぞれ七六%と七七%であり、これは他のヨーロッパ諸国民と比べてもやや高い。しかしながらスペイン人の国民的なアイデンティティは、強い地方および地域的アイデンティティと共存している。とりわけバスクやカタルーニャではその過半数が自らのアイデンティティを多元的もしくは分割されたものであると答えている[65]。さらに、一方ではスペイン人のアイデンティティは強いヨーロッパ人意識と両立しており、他方では、それはフランコ体制との繋がりのなかで包括的にその権威を失墜させた、国民意識の高揚の言説やそのほかの強烈な、攻撃的なナショナリズムとの繋がりは強くない。防衛的なナショナリズムでさえ欠如しており、その証拠に義務的な徴兵制は一般的に受け入れられず、制度の廃止へといたった。

宗教の点ではスペイン人の大半が過去二〇年以上にわたり自らをカトリック信者であるとしている。このことは宗教的感情の一般的特徴である永続性について何事かを物語っている。しかしながら戒律を守る努力や礼拝への参加、教会の組織機構は劇的に低下している。一九七〇年には成人のスペイン人のうち六四%が実践的なカトリック信者、三二%が実践的ではないカトリック信者、そして三%が宗教的に無関心もしくは無神論者と答え、わずか一%がその他の宗教の信者であった。興味深いことに、この最後のグループの割合はその後二〇年間にわたり変わらず、九三年においても一%のままであった。しかし、その年に実践的なカトリック教徒は三一%に達したにすぎず、非実践的なカトリック教徒は五四%、宗教的に無関心である、あるいは無神論者は一四%に達した。最も重要な変化は七〇年代後半の民主主義への移行の時期までに起こっており、九三年の数字は七八年のそれと似たものであった[66]。

一九六〇年代および七〇年代の社会経済的、文化的、そして政治的変化はカトリック信者の教会に対する態度を再定義させ、戒律遵守の低下だけでなく、聖職を選ぶ人の数を実質的に減少させた。一九九二年に聖職に就いている人の数（二一万一〇〇〇人）は六二年のそれ（二二万六〇〇〇人）と大きく変わらない。しかしながら、新たに任じられた聖職者の数は六二年の八二五人から九二年には二二〇人と低下し、神学校の生徒数も六二年の七九七二人から九二年には一九四七人と減少している[67]。ここでも主要な低下は七〇年代に起きている。

社会的結合の行動的テスト――三つの社会的緊張の管理

乏しく、断片的ではあるが、これらの証拠を繋ぎ合わせると、スペイン人は、幅広く、しばしば多元的な輝かしい将来を持ったコミュニティへの帰属意識を持っているという全般的な印象を受ける。彼らは、時とともにあまり多くを要求しなくなった組織的な目標を忠実に支持しており、公式な組織よりも非公式の社会的結合や社会参加を好んでいる。後者に所属している際には、道具的な関係を構築している。結果として、私たちは、特別なタイプの社会関係資本を取り扱っていることになる。それは通常、社会関係資本を生み出すと考えられている諸団体（環境団体やサッカークラブ、教会、労働組合、PTA、同友会）とは異なる社会団体に埋め込まれている。さらに言えば、それはデュルケームが近代的有機的社会の柱となると予想したもの、企業とも異なっている[68]。

有機的連帯は社会を団結させるために、「古いコーポラティズム」もしくは「ネオ・コーポラティズム」のような強い公式な組織を必要とするとのデュルケームの仮説とは対照的に、スペインでの二〇世紀後半のこの種の社会関係資本の蓄積は、そのような組織的な柱なしに、世紀の終わりにはいくつかの厳しい構造的緊張に比較的うまく対処できるまでになった。失業、民主主義の働き、そして政治的スキャンダルへの対処は、過去三〇年の間にスペイン社会が直面した三つの重要な問題であった[69]。これらの問題への解決策を見つけること、もしくはそのなかで生きることを学習することは、前述したようなゆるやかな形の社会性や公式な団体自身が表している市民的なタイプの社会関係資本が、比較的多く背後に存在していることの兆候であると考えられる。

失　業

深刻な経済危機と、開放的でより競争的な市場環境への適応を目指した一貫性のない経済政策の結果、一九八〇～九〇年代後半にかけてのスペインの失業率は他のヨーロッパ諸国よりも高い水準にとどまり、国の社会的安定を脅かした。六〇年代の成長の時代とは対照的に、民主主義への移行は一九七三年に始まった経済危機のなかで起こった。景気後退は八〇年代半ばまで続き、九一～九四年にはさらに深刻になったが、九四年のスペインの実質GDPは七五年のそれよりも六〇％高くなっている。その間、雇用の水準は若干低下し、七五年には一三一〇万人が職に就いていたが、九四年には一二六〇万人となっている。[70]この二〇年間の経済政策は、スペインの、より競争的な世界経済への統合に伴う、新たな条件への段階的な適合の政策として特徴づけられる。インフレの抑制を中心とした政策的伝統が結果的に展開し、一九七〇年代に初めて実施された際にはあまり熱心には展開されていなかったが、八〇年代初頭からは、より精力的に展開されるようになった（年毎の消費者物価指数の上昇で見たインフレ率は、一九七七年には二四％であったが、今日では三％を下回っている）。政府支出はより一貫性を欠き、九〇年代初頭まで公的支出は一貫して増加したが（一九九三年には対GDP比で四九・七％を占めるまでになった）、その後抑制されている（一九九五年にはGDPの四六・九％）[71]。

一般的な経済政策は、中道右派政権、中道左派政権の双方で、労働組合との対立を避ける相当な努力が払われたものの、この領域における主要な国際機関による、広く浸透した哲学に従ったものであった。海外投資の大規模な流入により、政策担当者は正しい道を歩んでいると納得するようになった（しかしながら実際には、この投資の大部分は、労働組合をなだめる政府の戦略により発生した赤字による公債の資金となった）。この経済政策の伝統の中に、過去五、六年の間の（左右両政権による）多くの国営企業の民営化や経済（資本とほとんどの製品市場、そしてより及び腰ではあったが労働市場および不動産市場）の自由化が位置づけられる。

この経済政策は選挙民によって幾度となく支持されてきたが、失業率の目を見張るような上昇という予期せぬそして望まれない結果をもたらした。フランコ時代にはほとんど存在せず、民主化が始まったときには労働力人口の四％を下回っていたが、一九八五年には二一％に達し、九一年には一六％と低下したものの、九四年には二三％と再び上昇している。[72]失業率は若者や女性の間で特に高く（九四年にはそれぞれ四五％と三一％）なっている。[73]これらのデータはスペインでも議論の的となっているが、多くの西側諸国と同様の対処法がとられている。これらの数字は、地下経済を考慮に入れれば三～四％減少するであろう。[74]

大きな問題が残っている。一〇～一五年間にもわたって、このような高い失業率の下で社会構造の深刻な破壊もなく、社会が生き残ることはどのようにして可能になったのだろうか。この疑問に対する答えは、利用可能な社会関係資本の量と質の問題に光を当てるであろう。筆者の考えでは、その答えは三つの要素を含んでいる。一つ目は福祉国家に関連するものであり、二つ目は労働組合の果たした役割に関連しており、三つ目は（そして最も根本的には）家族制度と関連している。[75]

第一に、かなりの規模の福祉国家の拡大が補償もしくは予防の機能を果たしてきた。失業保険（登録された失業者のうちの約半分をカバーした）、学校教育（若者の労働市場への参入を遅らせた。例えば大学生の数は一九七五年から三倍となっている）、失業者の家族への財政的な支援（老齢および傷病者年金は受給者の数および一人あたりの受給額の双方において増加している）などが挙げられる。

第二に、（主に安定した正規雇用の労働者の利益を主に代表している）労働組合は、労働市場の柔軟化を図り、賃金を通じた労働力の需要やコストの調整に通じるような政策に効果的に抵抗してきた。さらに言えば、労働組合はこの種の調整を目的とする若者にふさわしい戦略を表明し、正当化するような言説の正統性を否認することに成功してきた。彼らはちょうど、連帯の価値に訴えることによって、そのような言説の正当化を阻止したのである。若者の気を散らし、混乱させるこの戦略はいまだにかなりの成功を見ている。

第三に前記のメカニズム（福祉国家と労働組合の戦略）の相対的な成功は、家族の戦略との融和性に依拠していた。世代間、そして両性間の連帯に依拠した暗黙の妥協が家族の中で発達した。そのために、女性は男性と比べて悪条件にある労働市場に、ゆっくりと段階的参入を受け入れた。一九九〇～九四年に一六～六五歳の女性の雇用率は四一～四五％程度にとどまっていた（男性では七五％程度）。また期限付きの雇用契約で働いている女性は三八％であった[76]（男性は三一％）。若者は失業（二五歳以下の労働力の四五％程度）期限付き雇用契約（一九八四年以降の契約の九〇％以上）の組み合わさった体験を経験することを受け入れた。その代わりに、女性と若者は、各種の家族の収入（賃金、年金、失業保険）、家族の家、そして男性の（通常は職に就いている）家長そしてその他の家族との一体感を共有した。家族は資源を（ほとんどの）構成員から集めそしてそれを明らかに個々人の必要に応じて再配分してきた。したがって、それは世代間、および両性の間での紛争を減少させ、少なくとも先送りさせることに貢献してきたのである。

民主主義の機能

多数のスペイン人が政治に関心を持っていないと主張し、政治的階級に対してある程度の反抗心を持っていると主張しているにもかかわらず、事実、高い投票率や二度の政権交代の後も比較的安定している政党システム、永続的な民主主義と政党システムへの支持は政治システムが強固である証左である。

選挙への参加は、とりわけ、選挙の頻度や投票が義務ではないという点を考慮に入れると、かなり高い水準を保っていると言える。総選挙での棄権者は平均して全選挙民の二六％程度であり、一九九〇年代の激しい選挙戦の最中よりも八〇年代後半に高い数字となっている。地方選挙での棄権はかなり変化がある。例えばカタルーニャでは、最も低い数字が三六％、最高で四六％となっている（選挙が行われたのは一九八〇年、八四年、八八年、九二年、九五年）。現在までの五回の地方選挙における棄権率は低くて三〇％から高くて四〇％であり、三回のヨーロッパ議会選挙では三二～四五％であった（フランスやオランダより低く、ドイツのそれに近い）[77]。

スペイン国民の政党支持はかなり安定している。その注目すべき例外は一九七〇年代から八〇年代初頭にかけて指導的な中道政党であった中道民主同盟（UCD）の後退である。スペインの政党システムは不完全な二党制である。主要な中道左派政党である社会主義労働者党（PSOE）と中道右派の主要政党、そのほかに左翼政党（共産党。現在統一左翼を率いている）といくつかのナショナリスト政党（その中でもカタルーニャの集中と統一CiU、バスクのバスク国民党PNV）が存在する。全般的には、左派政党全体への投票とナショナリスト諸政党へのそれは安定している。八〇年代初めのUCDの深刻な危機と消滅は、党指導部の強い派閥争いに対する支持層の失望の反映であった。中道右派空間の後継者、国民同盟は後に国民党（PP）となり、一九八二年に二六％、九六年には三九％を得票した。

民主主義や政党システムへの国民の支持は堅固なままである。民主主義を、正統な政治システムであり、他の政治システムより好ましいとして、支持する割合は通常、高い（成人に対する聞き取り調査で八〇％程度）。多くのスペイン人は現在の民主主義の機能に満足しており、八〇年代初頭には四〇～四五％の人が、九〇年代初頭には五〇～七〇％の人がそう答えている。その低い加入率にもかかわらず、人々は政党が民主主義に不可欠であると考えている。調査によって形態は異なるが（例えば「政党なしに民主主義は成り立たない」、「政党のおかげで人々は政治活動に参加することができる」もしくは「政党は（社会における）様々なグループの利益を守るために必要である」など）、一九八〇年から九二年の間、この判断は回答者の六〇～七〇％の水準で安定している[78]。

政治問題に詳しいと答えた成人の割合は、一九八〇～八九年に二四～三一％の間で推移している。このことは市民としての能力が向上しているとのスペイン人の自信を表していると言える。政治の問題を理解している（もしくは「政治はあまりに難しいので私のような人間には理解できない」との意見に不賛成な）人は同じ時期に二二％から三六％に増加し、九六年には成人人口の三七％が「国内での最も重要な政治的イシューをよく」理解しているとしている[79]。しかしながら、（市民自身の）政治的影響力の自覚が並行して増加することはなかった。九六年でも、平均的な市民が政治活動に多くの影響力を持っていると考える人はわずか二四％であった[80]。

影響力の欠如の感覚は政党や政治的階級に対する矛盾した感情と一貫したものである。一方では人々は政治家に投票し、彼らを不可欠なものであると考えている（前述）。他方で、人々は政治家が市民に対して敏感ではない、「政治家は人々が（もしくはインタビューを受けている人が）考えていることに関心を払っていない」（一九八九年にはこの意見に六五％の人が賛成している）、そして公約代表者が「選挙キャンペーン中の公約を実行する努力を怠っている」（一九九六年に六〇％が賛成）と考えている[81]。

政治家は耳を傾けてくれないという感情を考慮に入れれば、人々は当然政治に対して関心を抱かなくなる。政治について「頻繁に話す」という人々の数は一九八一〜九〇年の間に一五％から九％へと減少した[82]。政治に「多くの」もしくは「かなり多くの」関心を抱いている人の割合は一九八八〜九六年の間、二二〜二四％にとどまっている。政治に対して明らかに肯定的な感情を抱いている人は成人人口の二五〜二九％、否定的な人は四％程度であり、五五〜六四％は無関心であると言える[83]。若者に焦点を当てると、民主主義が定着した後の八〇年代には（一九八二年と八九年の調査で一一％と一八％）民主主義が出現する以前の六〇年代（一九六〇年と六五年の調査で二一％と一九％）と比べて関心を示す人は少なかったが、決定的な移行の時期（一九七五〜七七年）には非常に高く、政治に関心があると答えた人の割合は三〇〜四五％に達している[84]。

政治スキャンダル

一九九〇年代には政治と金に関するスキャンダルが公的な空間の中心を占めた。その中に含まれるのは国家テロ、政党財政における不正、インサイダー取引、その他の汚職などである。第一に国家機構の幹部に含まれる著名な人々が、一九八三〜八七年の間に起きた二八人のテロ容疑者の暗殺に、深く関わっていたように思われた。彼らは暗殺を計画、もしくはそれに青信号を出し、公的基金を使えるようにしたうえ、その後にはそのことを擁護した。第二に、いくつかの政党が組織的に、その活動への違法な支出に関わっていたという証拠が提出された。おそらくそれは移行の初期から始まっており、そのような行為を禁止した（彼ら自身が作成した）法律を意図的に破るものであった。また第三に、インサイダー取引や脱税、虚偽の会計報告、公共事業の審査の中での大量の贈収賄などが（一九八二年以来の）社会党の長期政権の下で常態化していたことが明らかとなった[85]。四年間にわたるスキャンダルの続出の後（部分的にはその結果）、政権交代が起こり、多くの訴訟手続きが開始された。

スキャンダルの性質が異なるとはいえ、それらは皆、エリートの説明責任に影響する、ゲームのルールの定義と履行に関係している。それは法律の問題以前に、政治家の選挙民に対する、企業家の株主に対する説明責任に影響しているのである。そういった観点から、これらのスキャンダルは三つの重要な洞察を提供している。

第一に、それは不明確な支配層の中で働いていたパトロン―クライアント関係のネットワークの暗黙のルールに光を当てるものであった。それらは財界や、広範な政治勢力、とりわけ（一九八二〜九六年に政権についていた）中道左派、国家の政府および警察機構の大部分、数多くの中小の企業家を包含していたが、それは数え切れないほどの汚職や個人による福祉システムの搾取などに繋がっていた。これは八〇年代の新たな財政的、政治的条件（金融市場の浮揚と政権党の免責という感覚）の下での伝統的なパターンの異常な発展として解釈できよう。国家テロリズムを例外とすれば、この過程はフランス、イタリア、ドイツもしくは日本において（様々な政党の下で）観察されたことと似通っている。

第二に、これらの慣行は政党によっても、その他の団体（例えば労働組合や教会）によってもチェックされず、（イタリアの「きれいな手」《マーニ・プリーテ》（mani pulite）の精神に基づいた）幾人かの判事とジャーナリストによる連携した行動によって明るみに出たのである。

第三に、判事やジャーナリストは世論を動員することができた。その理由として、二つの要素が挙げられる。一つは既に述べたように、人々は、政治的階級に対して両義的な姿勢を示しており、そのため政治的説明責任の問題に敏感であったこと。もう一つは、人々がより一般的な問題としての法と秩序の問題にますます敏感になってきていたことである。既に一九八〇年代には、八二～八七年に次のような意見に賛成する人の割合は増加している。すなわち、「たとえそれが自らの利益に反するものであっても、法には従うべきである」（六一％→六五％）、「個人的環境は、法を犯してもよいという言い訳にはならない」（五三％→五八％）、「結果にかかわらず、判事には真実を話すべきである」（六五％→七〇％）、「ほとんどの犯罪者が罰せられることなく逃げおおせている」（五三％→六六％）[86]。人々のこういった感情の展開は不安感の増加を背景としている。七八～九六年に、犯罪被害者となった人の数は一一％から四六％へと上昇している[87]。

蔓延する失業の下の生活、新たな民主主義体制の建設、汚職や犯罪の習慣の一掃、これらはスペイン社会が近年直面した三つの困難な試練であり、わずかな辛抱をもってかなりの成功を収めた。私はこれらの試練の根底に存在した規範的な紛争を意図的に無視したが、これらの構造的緊張に対応する能力は、社会の様々なレベルでの社会関係資本の水準と市民的な質を示すものであると考えている。

5　結論——市民的／非市民的変容の皮肉

スペインの事例は、社会関係資本の論題の複雑性を示している。私たちは社会関係資本一般だけでなく、多くの、かなり様々な種類のものを取り上げてきた。我々は、拡張された秩序の連帯（デュルケームが言うところの「有機的連帯」）と調和した、市民的な社会関係資本を有している。しかし我々は、市民的な社会関係資本が、その観念的な内容がその内的なルールと同様に市民社会と両立しうる限り、〔社会的〕ルールやネットワーク、（オークショットの用語における）「企業〔的〕結社」といった考え方（これはデュルケームの「機械的連帯」という市民のあり方に符合する）と繋がるということをも見出しうるであろう。したがって、あらゆる種類の組織（教会や労働組合、政党、社会団体、社会運動、企業を含むその他の組織）は市民的にも、非市民的にもなりうる。それらにはさまざまな「市民性の段階」があるかもしれない[88]。市民的な形態から非市民的な形態へと変容することもありうるし、その逆もまたありうる。例えば、スペイン内戦において活動していた教会や政党そして労働組合はどちらかと言えば非市民的であった。しかしそのほとんどは民主主義への移行が始まるまでに、市民的な態度で行動し、基本的な市民的特徴を示し始めたのである。

言い換えれば、諸団体、そして国全体は非市民的な社会関係資本で溢れた状況から市民的な種類の社会関係資本が有力となる状況にまで動くのである。ノーベルト・エリアスの言葉を借りれば、それは「市民化の過程」(civilizing process)と呼ぶことができよう(89)。逆もまた起こりうる(ちょうどスペインの一九〇〇～三〇年、とりわけ一九一〇年代以降のように)。しかし、スペインの事例が示唆しているのは非市民的なものから市民的なものへの道のりはいびつで意図しないものであるという点である。フランコ時代の第二期はその実例として見ることができよう。フランコ体制のエリートと反フランコの反体制派の双方は、ある程度まで、長期にわたるスペインの伝統を受け継いだ兄弟―敵の関係であった。このことによって私が意味しているのは、彼らの認識上の、道徳上の、そして感情的な志向は、「よき社会」とはどんなものであるべきかについての自らの見解を強く権威的に主張することを必要としているという点で、そんなに異なってはいないということである。ある意味では、彼らは、右翼であろうと、左翼であろうと、本当に信心深かろうと、半分は世俗主義者で半分は千年信仰の信者であろうと、その様々な概観にもかかわらず、権威的な説教に親しみ、それを享受してきた聖職者であり、聖職者を必要とする信者であった。そして彼らは強固で規律のとれた組織という形態の下に行動する傾向があった、もしくは行動しようとしたのである。

しかしながら、市場の機能、消費主義、経済成長、外的影響、世代交代その他のメカニズムを通じて、理性のずるがしこさは、それらを従順で、飼いならされ、「市民化された」、生かすことも殺すこともできる標本へと転換させた。これは人々が、一九五〇年代、六〇年代、七〇年代に加入し、スペイン人を穏健な道へと導いていった公式の諸結社の観念的な内容が、内省的に明白に変化したために起こったわけではなかった。なぜならこれらの結社のイデオロギーは穏健とは程遠いものだったからである。むしろ、その「市民化」は和解し、指導者の選出し、お互いにかつての敵対者とも交渉を行い、社会基盤を説得によって拡大しようとし、ビッグバン(フランコの死)が起こるのを待ちながら時を刻んできたという純粋な事実によるものであった。その間に、諸結社は前記の市場、経済成長、外的影響、そして世代交代といった諸要素の背景に馴染んでいった。言い換えればそれは、とりわけ、実践と(時には)寛容の慣習、生きそして他者を生かしめよという態度によって具体化された「暗黙の知恵」(マイケル・ポランニーの「暗黙知」のアナロジーで(90))であった。それはこの変化を可能にし、非市民的な社会関係資本を市民的な社会関係資本へと変容させたのである(91)。

自由民主主義がついに成立したときは市民的な種類の社会関係資本が蓄積されていた。これは一九七〇年代後半の政治的・

社会的指導者が民主主義への移行、および定着を成功させるために引き出しえた善意の蓄積であった。
同時に、スペインの事例は移行の後、二〇年にわたり、市民的な種類の社会関係資本でさえも、いくつかの形をとり、社会性と結社のいくつかのパターンを認めているということを示している。したがって、新たな結社の急増や、既存の組織の成長ではなく、家族や家族を中心としたネットワーク、仲間集団、一時的な結社などの周辺にゆるやかな形の社会性が今や見られる。この一時的な結社とは、位置づけが欠如した（あるいはほとんど欠如している）イベントを儀式的なショーや、コムニタス（communitas）の高揚の場へと変容させるために人々が集まって結成されたものである。このことは、この時期に、ますます多くの人が直接、（そして熱心に）参加するようになった地方の祝祭の頻度と重要性が驚異的に増したことが示している。[92]
市民的な社会関係資本から非市民的社会関係資本への変容（そしてその逆）と有機的連帯と機械的連帯との間の変化は伝統的な社会から近代社会への移行にあたってのほとんどの伝統的な知恵の見直しを示唆するものだったというのは皮肉である。ゆるやかな形の社会性、家族を中心としたネットワーク、そして祝祭の文化は前近代の共同村落の、より一般的に言えば、北地中海地方における互恵的な性質の親類関係の回復力を示唆するものであった。[93]それは家族単位にかなりの自律性を与えつつも、（市民的な種類の）社会関係資本の重要な蓄積を生み、二〇〇〇年にわたってこの地域の多くの地方で続いてきた地方レベルでのかなりの程度の社会的安定をもたらしてきた。さらに、少なくとも、カスティーリャのそれのような共同村落の事例では、その連帯は道具的なものに後退することはなかった。なぜなら、それらの村は重要な経済的、社会的、象徴的な市場に適応し、外の世界との複雑で精緻な繋がりを保持することができたからである。限界はあるにせよ、このような田舎での生活は多くの点において、イデオロギー政治や権威的な政党や労働組合、そして狂信的でよく組織された教会からなる近代的な都市世界に存在する生活よりは市民的であった。[94]
もちろん、市民的なものと非市民的なもの、様々な社会関係資本の混ざり方に対応して、どんな状況にも、どんな時代にも光と闇があり、潜在性と限界が存在する。一九九〇年代後半において、蓄積された社会関係資本は、その構成要素をすべて考慮に入れれば、かなりの社会的結合を提供している。ネットワークや結社からなる社会構造は、社会的信頼の感情と相俟って、過去の規範的な紛争を鎮めている。このことが、スペインに重要な社会的緊張から生じた挑戦を処理することを可能にしている。スペインは巨大な失業の問題に、ささやかな社会的一体性と希望的な雰囲気と明らかに矛盾なく耐えてきた（九〇年代後半に入って経済的繁栄の波のおかげで失業は大幅な減少の過程に入ったが）。少なくとも比較の観点からはスペインの民主的な制度は良好で活発である。そして、スペインはその政治階級に法の支配を適用することによって一つの危機を脱したように思われる（テロリズムによって課せられた多くの危機についてはいうまでもないが)。それは、うまく終わるか、他の西側諸国(例えば、フランスやドイツ、イタリア、ベルギーなど)がたどったような、あやしげな妥協、ゆるやかな進歩、そして一時的な非合法もしくは半合法的な政党への資金提供やその他の悪弊への後退の道をたどるか、半々の可能性があった。

もちろん、市民的/非市民的潜在性の混合物は今日のスペインに、歴史上のあらゆる場所と同様に存在している。市民的な社会は脆弱な制度的文化的構造物である。そしてその構造物を現実のものにしようと我々が参加すればするほど、その基盤が変わりやすい土台の上に立っているということが分かる。それは新たに社会化される、来たるべき世代と、深層にある権威主義、怨念、もしくは自由への恐れの間を揺れ動く土台である。後者は年長の(そして若い)世代の特徴であり、非市民的な道具的連帯の長期にわたる伝統の目撃者を生み出してきた、既成の習慣や制度にとって、少なくとも部分的に、好ましいものであった。

第7章　スウェーデン——社会民主主義国家における社会関係資本

ボー・ロートシュタイン

　西側諸国において、スウェーデンほど社会民主主義が政治的影響力を持った国はない。過去六九年間のうち六〇年間もの間政権の座にあったスウェーデンの党は、最も成功した社会民主主義政党であるばかりでなく、これまでの間に最も成功した民主主義政党の一つとなった。他にはない、政治的左派による政権の結果、スウェーデンは比較政治学が使用する多くの基準において、極端な存在となっている[1]。いくつかの例を挙げれば、スウェーデンは公的支出、税額、労働組合の組織率、そして投票率においてOECD諸国のトップに位置している。このような定量的な基準以外でも、スウェーデンにおける政治経済システムは、比較対象となる諸国との重要な質的相違によって特徴づけられている。一九五〇年代から九〇年代初頭にかけて、スウェーデン社会全般、より具体的にはその労使関係のシステムは、その観察者によって特別な名前、「スウェーデン・モデル」と呼ばれてきた[2]。このモデルのより重要な特徴の一つとして挙げられるのは、公共政策の実施と同様、その準備においても、国家と主要な利益団体との間で非常に緊密な連携が図られている点である。

　社会関係資本の「標準理論」と呼ばれている理論において主要な考え方は、公式なものであろうと非公式なものであろうと、社会的ネットワークが信頼と互恵の規範を生み出し、その規範が今度は、様々な公共財のような集合行為問題の解決を容易にするというものである。社会、もしくは集団のなかの社会関係資本の蓄積が少なければ、暗喩として「社会的罠」として知られているような事態が起こりうる[3]。社会的罠の論理は以下のようなものである。

(1)　もし、ほとんどすべての人が協力することを選択すれば、誰もが利益を得そうである。

(2)　しかし、もしある人が、他のほぼすべての人が協力しようとしているということを信頼できなければ、その人にとって協力することは何の意味も持たなくなる。なぜなら、もたらされようとしている財はほとんど普遍的な協力を必要としているからである。

(3)　その含意は、もし、他のほぼすべての人が協力するということが信頼できなければ協力しないことが合理的なものとなるということである。

(4)　したがって、他のほぼすべての人が協力することを選択すると信頼したときに初めて、共通の目標のための効果的な協力は可能となる。

(5)　この信頼がなければ、社会的罠がはびこることになる。もし協力すれば利益を得るということが分かっているにもかかわらず、そこに関わる人々はより悪い状態でいることになってしまう。

このような、社会的罠に直面した関係者は社会的ジレンマの状態にあると言われる。このような状況に陥ることは非常によくあることであり、ゴミの分別を決めることによって市の環境を守るか（否か）、公共財のために税金を払うか（あるいは脱税するか）、国内の民族集団の間のいさかいを避けるか（あるいはそのような紛争を煽るか）、など広範囲にわたっている。もし、他のほとんどの人がそうしないということが分かっているならば、ひとりでゴミを分別したり、税金を払ったり、民族差別を避けたりすることは意味のない行為である。なぜなら、生み出されるはずの財は現実のものとはならないからである。

社会的罠の状況の興味深い部分は、合理性に関する標準的な理論が役に立たないという点である。そのような理論では、関係者はその効用を最大化するように選好を整理した後に選択をする。しかし、社会的ジレンマの中での合理的選択は関係者の選好に全面的に依拠しているわけではない(4)。その代わりに、他の人が何をしようとしているかに関する予想が、協力するかしないかの選択に決定的なものとなる。したがって、社会的罠を避けるための重要な変数はその集団、もしくは社会における信頼のレベルであり、それは、社会関係資本理論に従えば、社会的相互作用の種類と量に依拠している。そのような相互作用から、関係者は信頼すべき人や協力関係を結ぶべき人が誰かを（そして誰が信頼すべきでない人で、協力を避けるべき人かを）学習するのである。

社会関係資本理論にとって、スウェーデンがとりわけ有益な事例研究を提供しているのにはいくつかの理由がある。

第一には、一方での高水準の公的支出と野心的な福祉国家プログラム、他方での健全な市民社会との間の関係がある。スウェーデンの数多くの包括的な福祉プログラムが任意団体だけでなく、様々な形の非公式の社会関係を不必要なものにし、それによって社会的孤立や疎外感《アノミー》を助長してきたのではないだろうか。社会プログラムが増えれば増えるほど市民社会が後退し、したがって社会関係資本が減少するという「切り取り」効果が働いてはいないだろうか(5)。

第二に、政府と主要な全国的利益団体との間の緊密な連携は、諸団体の活力にどのような影響を与えてきたのだろうか。一九七〇年代に、何人かの政治学者が、この（多元主義と対照的な）ネオ・コーポラティズムが、これらの団体の活動を自発的結社の領域から引き離してしまうと主張した。なぜなら、それらの集団はその資金と仕事の大半を政府から得ており、したがって、市民社会の一部というよりも政府機関のようになってしまうと彼らは主張したのである(6)。ネオ・コーポラティズム研究における標準的な仮説は、利益団体に対する政府の支持と連携は、団体のエリートを職業化させ、その団体員に対する責任を稀薄にさせる。そのことが今度は団体員の活動の低下に繋がるというものである。[7]他方では、政府からの支持が、利益団体がその潜在的な構成員を組織化する能力を強めるであろうということも示されている。[8]スウェーデンはしたがって、ネオ・コーポラティズムが社会関係資本を創り出すのか、それとも破壊するのかという問題に対する答えを提供するであろう。

第三に、社会民主主義国家における社会関係資本の長期的傾向はどのようなものなのであろうか。ロバート・パットナムやその他の論者は、合衆国における、過去二〇年の間の、ほぼすべての主要な形態の社会関係資本が驚くほど急激に減少していることを伝えている。[9]大きさや人口だけでなく政治経済の多くの側面における相違はスウェーデンと合衆国との間の比較を意味深いものとしている。それは比較の方法論において「最も異なるデザイン」アプローチと呼ばれるものである。主要な政党のイデオロギーや多くの公共政策の間の相違は際立っている。[10]このことが意味するのは、もし合衆国とスウェーデンにおける社会関係資本の変化が同様のものであれば、国家レベルの政治はこの減少を説明するのにほとんど意味がなく、その代わりに世界的なイデオロギー志向の変化などの仮説を検討するべきだということである。しかしながら、両国の間の社会関係資本の形態と傾向に大きな違いが見つかるならば、社会関係資本が政治を説明するのと同様、政治が社会関係資本を説明するということが十分にありうるであろう。

第四に、社会関係資本をめぐる議論のなかで、最も重要な主張の一つが、社会関係資本と良好に機能し安定した民主主義との間の建設的な関係の存在である。もし、私が以下で論じるように、スウェーデンの民主主義のいくつかの重要な側面の機能低下が見られるのだとすれば、社会関係資本も（どのような基準で測定されようとも）減少しているということが予想される。

1　模範的な民主主義から問題を抱えた民主主義へ

他のスカンジナビア諸国と同様、スウェーデンの社会民主党は一九三〇年代の危機の中で政権に就いた。厳しい社会的経済的危機に対する彼らのプログラムは幅広い支持を受け、社会民主党は四四年間にわたって途切れることなく、（一九三七〜七六年まで）政権党の座にあった。第二次世界大戦中と一九五一〜五七年は連立政権であったが、首相のポストは社会民主党が握り続けた。スウェーデンにおける社会民主党の覇権的な立場は、おそらく六〇年代終盤に最も強まった。一九六八年に、同党の議席が五〇％を少し超え、空前絶後の選挙での成功を収めただけでなく、この時期は「スウェーデン・モデル」が国際的に認知されるようになった時期でもあった。多くの観察者にとって、スウェーデンの社会民主主義は、現代資本主義が直面している最も頑固な問題に役立つ解決策を発見していたように思われたのである。[11]民主的な安定、国民の間での正統性、かなりの程度の経済成長、協調的な労使関係システム、普遍的で手厚い福祉国家、これらの組み合わせはこのモデルの中心的な部分であった。

スウェーデン・モデルの概念はスウェーデンの政治システムというよりは、より幅広い領域を含んだものであるが、スウェーデン型の民主主義は戦後におけるこのモデルの特有の政治形態を表したものと言って間違いはない。スウェーデン人の自己イメージはもとより、多くの外部の観察者によると、それは垂直的（市民とエリートの間）、および水平的（諸個人の間）な高い水準の信頼に特徴づけられた社会である。合意や連携、協力といった概念はこの時期のスウェーデン社会の重要なイデオロギー的指標であった。したがって、一九六〇～七〇年代にかけての「模範的な民主主義」のイメージは、市民が、大規模に、禁酒運動、自由な教会、農民団体、そして労働組合のような様々な全国的な大衆運動の中でお互いに協力し合うというものであった。労働市場の当事者は平和的な労使関係の組織化のために連携し、与党であった社会民主党は他の野党や主要な利益団体との合意の下で公共政策を形成しようとしていた[12]。

今日では、スウェーデンの民主主義の全般的な光景はかなり異なったものとなってきている。ほとんどのスウェーデン・モデルの要素が放棄されるか危機的な状況にある[13]。最も顕著なのは、一九八〇年代終盤の、労働市場の主要な利益団体と政府との間の信頼をもとにした連携の解消である[14]。政府委員会の公共政策の形成への利益団体の参加も重要なものではなくなってきており、その参加があったとしても、効果的な妥協に至ることは稀にしかない。

スウェーデンの民主主義の質が悪化してきているという主張にはどのような証拠があるのであろうか。スウェーデンの民主主義を検討しようという試みが、一九九五年に（筆者も含む）一団の政治学者によってなされた。一三の指標を測定したうえで、その報告は、結局のところ過去二〇年間にわたってスウェーデンの民主主義が機能してきた方法には質的な意味での悪化が見られると結論づけている。それはとりわけ政治的なアジェンダと経済資源に対する民主的なコントロールという点において顕著であった[15]。しかしながら以下では社会関係資本の概念と密接に関係し、スウェーデンの民主主義の質の悪化を示すような三種類のデータに限定して論じていきたい。

中央の政治制度への信頼

機能する民主主義システムの基本的な原理の一つは、政府とガバナンスに正統性を賦与することである[16]。セーレン・ホルムバーグが示しているように、スウェーデンは政治家への信頼が最も劇的に低下している国の一つである。一九六八年には、「政党は有権者の票だけに関心があるのであって、その意見には関心がない」との意見に賛成する回答者は三八％であった。一九九八年にはこの数字は七五％にまで上昇した。この結果は他の同様の調査によっても支持されている[17]。

このことは単に、一九六〇年代終盤以降の時代精神のなかで、とりわけメディアが政治を監視する方針として、あらゆる種類の権威に対して公衆がますます懐疑的な態度をとるようになってきたことの反映であると主張することもできよう。また、このような不信の増大は一連の政治スキャンダルや選挙民と政治化との間に乖離が生じていることの結果であると主張することもできよう。一九八六年以来実施されているSOM（Society-Opinion-Media）研究所の調査では、回答者はスウェーデン国会（Riksdag）と中央政府への信頼を問われている。八六年には四七%が国会を信頼していると回答していたが、九九年までにこの数字は二七%にまで低下している。政府への信頼について言えば、八六年に四四%、九九年には二二%であった[18]。

スウェーデン国民の中央の政治制度に対する信頼の低下を示す証拠は、西ヨーロッパ諸国における政府への信頼についての主要な国際比較研究から得られた知見と際立った対照を成している。一九八一～九〇年のデータでは、「公衆の信頼が広範に低下しているということは示されなかった[19]」。スウェーデンは北欧諸国の中でも唯一政治的信頼が低下している国であり、このことはスウェーデンの事例に特別な説明を探す必要があるということを示している。言い換えれば、スウェーデンにおける政治的信頼の低下には何か特別な理由があるのである[20]。

政治参加

人々が喜んで、確立された形態の政治活動にその時間とエネルギーを費やすかどうかというのは機能する民主主義にとって死活的な問題である。社会関係資本アプローチの中心的な知見の一つは、社会関係資本が政治参加を促すという点にある。年配の世代にとって、そのような参加は習慣や社会的な圧力の問題であるが、若者にとっては、参加はより慎重な行動であると考えられる。ここに二つの相反する傾向を見てとれる。一方ではいくつかの調査が政治への関心の高まりを示している。他方では、人々は政党や利益団体といった政治参加の伝統的な経路から目をそむけ、人々を（核廃棄物再処理工場の建設阻止であるとか、虐待を受けた女性の保護などといった）特定の理由で動員する一時的で単一争点的な組織に目を向けつつある[21]。結果として、政党の青年部に所属する人の数は、一九七二年の二二万人以上から九九年の五万人以下にまで、急激に低下している[22]。政党の党員数にも低下が見られる。八四年には二五～四四歳の人のうち一三%が政党の党員であったが、一〇年後にはこの数字は六%にまで低下している[23]。政治学者はこの傾向を分析して、政党がその特徴を大衆運動、党員政党から有権者の政党へと変化させたと主張している。ボランティアの仕事のほとんどは職業的なスタッフによって担われるようになった。職業的なキャンペーンやメディアでの活動が、党内的なイデオロギー論争、大衆動員、学習会などよりも重要になってきている。こういった研究は、過去二〇年間に政党の党員は少なくなり、高齢化し、活発ではなくなったと結論づけている[24]。したがって、これまでで最も多くの人が政治に関心を抱いているにもかかわらず、スウェーデンの政治は「見て楽しむスポーツ」になってきているのである[25]。

ここまで示されてきた主張は、スウェーデン民主主義の安定性が深刻な危機の状態にあるということではなく、中央の政治組織への信頼や政治参加の質的な悪化を示す明らかな兆しが存在すると主張には妥当なものである、ということである。もし、高水準の社会関係資本が良好に機能する民主主義のプロセスと政治システムへの信頼を示すのであれば、スウェーデンにおいて社会関係資本は衰退していると予測することができよう。

2　市民社会と大衆運動

調査データは現在の状況や、個人レベルにおいて信頼がその他の変数とどのように関連しているかについて多くを語ってくれるが、ある国や地域における社会関係資本の特質には、長期にわたる歴史的起源が存在する。したがって、スウェーデンにおける市民社会と国家との間の関係の独特な展開の歴史的な分析を示す必要があるのである。市民社会とは、時には市場や家族関係なども含む、幅広い概念である。ここでは、自発的結社やその他の国家の外にある公的、もしくは準公的なネットワーク、家族関係、および市場を基礎とする経済的な取引という、この概念のより限定した定義を用いる。社会関係資本アプローチにおいては、市民社会それ自体が、社会的信頼を生み出す場所として理解されている。

一九世紀スウェーデンに関するある重要な歴史研究プロジェクトは一九世紀後半を「諸結社の時代」と名づけている[26]。その結社のなかで、労働運動や農民運動、禁酒運動や自由教会といったいわゆる大衆運動（folkrörelser）は[27]一八六〇年代の初めに国家と市民の間の関係のなかで、きわめて特別で重要な役割を果たしていた[28]。このことを理解するためには、スカンジナビアでは大衆運動は、他の国で理解されているような自発的結社とはある程度異なっていた（そして今も異なっている）ということを認識することが重要である。第一に、大衆運動は、大衆の参加を確かなものとするために強い地方支部を有していたが、運動それ自体は全国的な統一体であって個人や地方支部と国家全体をつなぐ役割を果たしていた。第二に、歴史的に大衆運動は自らを官僚、聖職者、貴族、資本家といった世紀の転換期にスウェーデンを支配していたエリートに対する抗議運動であると見なしていた。運動の考えが示していたのは社会が変革されなければならず、下からの大衆組織がその受け皿となるというものであった。第三に、大衆運動は単一の組織ではなく、諸団体のネットワークであった。例えば労働運動に含まれていたのは（そして今も含まれているのは）、労働組合と社会民主党だけではなく、消費者団体や賃借人団体、労働者の教育団体、年金生活者団体、ボーイスカウト団体、労働者葬儀団体なども含まれていた[29]。第四に、抗議と自助の団体である大衆団体は、中・上層階級が支配的な慈善団体とは際立った対照を成していた。第五に、スウェーデンの公式の神話では、大衆運動は人々にとって民主主義や団体研修を学ぶ主要な学校であった[30]。

他のスカンジナビア諸国と同様、スウェーデンにおいて非常に独特であると思われるのは、国家と大衆運動の間の非常に緊密な連携が、後者の自律性を破壊することなく展開していったことである。[31]歴史的なパターンを説明するために、国家と労働運動の間の関係の一つの側面に焦点を当ててみたい。すなわち、一九一二年の社会問題委員会の設立である。この社会問題委員会を創設する法案を準備した委員会によると、この機関の仕事は、地方当局が担う機能であった貧困者の救済を第一にするのではなく、いわゆる労働問題そのものであった。準備委員会は、工業化の過程が急速に進行し、伝統的な地方のコミュニティやその他の社会的な繋がりから疎外された労働者大衆によって潜在的に政治的に危険な状況に至っている都市部で、問題が集中的に起こっていると指摘している。失業時の労働者の困窮、社会保障システムの欠如、多くの労働争議が主要な政治問題となっていた。準備委員会の言葉を借りれば、

労働者大衆の間で現れてきた連帯の感情は、それ自体は賞賛に値するものであるが、彼ら自身の間での限定的なものであり、彼らが責任を共有し、一部分をなしている社会全体へと広げていくことを彼らが望んでいるようには思われない。このことが国民的な危機を引き起こしており、その危機はすべての人の共通の利益となるように取り除かねばならない。したがって、政府のあらゆる箇所が、利害紛争を調停し、社会構造のなかに開きつつある亀裂を修復するという難しい仕事に直面している。[32]

社会問題委員会は、労働者の安全対策、職業紹介、社会的住宅供給などの改革を実施し、地方当局が管理している貧困者救済システムの監督を行うことによって、この問題に対処するために設立された。その権限は、労働問題を処理することであり、好まれた手法は、この新しい驚異的な社会階級の代表者を国家機構へと取り込むことであった。委員会の提案の結果、労働組合の全国組織（スウェーデン労働総同盟：LO）と経営者連盟（スウェーデン経営者連盟：SAF）の代表がこの機関の会議に参加することとなった。コーポラティズムの原理に従ってLOおよびSAFのそのほかの代表者もいくつかの小委員会に出席することとなった。この計画を支持した委員会の主張によると、組織の代表者は、

個別利益のみならずあらゆる人の、社会全体の利益の擁護者として振る舞うであろう。…公共の、そしてそれゆえに責任を持って機能するという原理によって組み立てられた代表組織は、新しい社会福祉行政に価値のある支持を与えるべきである。[33]

国家と諸団体の間の関係のこのような組織化は、中央集権的なエリートのプロジェクトではなかった。なぜなら、一九〇二年に公的な職業紹介が開始したときに、既に地方レベルで確立されていたからである。この地方レベルの委員会においても代表者の半分は労働運動から、半分は地域の経営者組織からという共通のパターンが生まれている。この会議は単に助言的な役割にとどまるのではなく市議会の下で職業紹介を運営する全責任を負っていた。スウェーデンにおいては公的、コーポラティズム的な職業紹介システムが急速に広まっていったが、これは

大陸ヨーロッパでは例外的であった。例えばドイツでは、職業紹介の管理は労働争議における主要な武器として使われた。経営者側はストライキを行った労働者のブラックリストを欲し、組合側は経営者の労働供給を妨げることを欲していたからである。職業紹介の問題がスウェーデンにおいて初めて公的に取り上げられたのは一八九五年、ストックホルムの市議会でのことであった。この事例において重要なのは、地方の調査委員会が職業紹介の管理が労使紛争の主要な出発点となっていた、ドイツでの展開に対して明白な警告を発している点である。さらに、ストックホルムの地方組合は、職業紹介を適正に機能させるためには、それが組織労働の側と同様、経営者によっても信頼されなければならないとし、そのためにコーポラティズム的な代表が必要であると主張していた[34]。

紹介事業の運営に関する一九一六年の政府への報告書の中で、「公的に運営されている職業紹介事業が準拠している組織原理に対しては、どの地区からも異論は出されなかった」と社会問題委員会は宣言している。逆に、委員会の主張によれば、このシステムが成長することを可能にし、経営者団体と労働組合の双方がその運営に満足しているという確信を強める重要な役割を果たしていたのが、他ならぬその原理であった。「ドイツでは職業紹介全体を部分的にゆがめてしまったような、社会闘争の武器として職業サービスを活用することが幸運にも避けられてきた」。委員会はまた、以下のような観察を述べている。

経営者と労働者陣営の間で、公的な活動のその他の領域では鋭い社会的、政治的紛争が生じていたにもかかわらず、職業紹介の会議に関しては、社会問題委員会の経験から、同じ人物が、公正な立場で真摯に協力を続けてきた[35]。

この種のコーポラティズム的な関係はスウェーデン国家の他の領域へと急速に広まり、スウェーデン・モデルの統合的な部分としてスウェーデンの政治文化において支配的なものとなっていった。労働組合が国家へ組織化されていっただけでなく、多くの自発的結社もまた統合されていった。例えば、禁酒運動は広範に広まったアルコールの濫用に対する政府の宣伝を実施する責任を付与された。農業者団体は農業への補助金を取り扱う責任を、中小企業団体は、中小企業への補助を実行する責任を、などである。質的な意味での飛躍は第二次世界大戦中に起こった。戦時行政のほぼ全域にわたって、それぞれの政策領域の主要な利益団体が行政機構へと統合されたのである[36]。繰り返し主張されているのは、このことが、問題が起こった時の政策の実施過程における、諸結社の会員や支持者の間での信頼を生み出したという点である[37]。

このことは、スウェーデンにおける自発的結社と国家との間の関係が、直接的な競争や公然の紛争ではなく、緊密な協力であったということを描き出している[38]。最も重要なのは、国家に対して国民が影響を与えるコーポラティズム的な経路が、大衆運動および政府エリートの双方によって、一九一七年の民主化の進展以前に受容されていたという点である。一九八〇年代まで、保守、自由、社会民主の各党はこの種の「民主的なコーポラティズム」が社会的、および経済的な問題の処理において最も効果的な方法であると考え、それが関係する政党間の信頼を醸成し、政策形成過程における有用な妥協と公共政策のスムーズな実施の双方を確実なものとしていると主張していた[39]。

二〇世紀の初頭以来、スカンジナビア諸国を特徴づけてきたこの種の民主主義において、大衆運動の重要性はいくら強調してもしすぎることはない[40]。第一に、「メンバーが議長の槌をいかに使い、多数派の決定にいかに順応するかを学ぶ」民主的な大衆動員の学校として、そして第二に仲介者および現代主義者として、彼らは古い階級秩序が崩壊し巨大な社会的政治的空白が生じた時代背景の中で、集団的アイデンティティを生み出し、国民国家と市民との間のギャップを埋めたのである[41]。もしスウェーデンに社会関係資本の「所有者」がいるとすれば、それは大衆運動である。

付け加えるべきなのは、現代スウェーデンが形成される重要な時期に、大衆運動の優位性は「キリスト友会」や慈善団体が、諸団体の間で支配的であったわけではないという点である。これは、これらの団体が存在しなかったというのではなく、ただ、そのような組織が果たした役割が重要なものではなかったということである。さらに付け加えなければならないのは、慈善団体の指導的な人物の多くが、「社会問題」に対処するために組織された政府機関、とりわけ社会問題委員会においてすぐに重要な立場に就いた点である[42]。慈善団体が限定的な役割しか果せなかったもう一つの理由は、彼らの「国家との友好的な立場」にあった。用心深く、自らの組織の社会問題に対処する権利を守る代わりに、公的機関が介入してくると彼らは肯定的な立場をとったのである。

国家と自発的結社との間の緊密な連携は、しばしば、見る者にスウェーデンには市民社会が存在しているのだろうかという疑問を抱かせる[43]。次の二つの節で論じるように、これは大部分、スウェーデンにおける国家—社会関係の特殊な形態に対する誤解に基づくものである。この誤解は、通常国家と自発的結社との間の連携を犠牲にして紛争や競争を強調するアプローチに基づいたものである。いずれにせよ、国家と緊密に連携している自発的団体が、政府との接触を避けている組織よりも、その会員の間での信頼を生み出しえないとは主張しづらいであろう。重要な問題は、会員の活動の種類と質、すなわちそれが自発的であるかないか、そして市民が「正しい」理由で活動しているかという点である。

3　組織団体の特徴：概観

他のほとんど国民と比べて、スウェーデン人は高度に組織化されていると言える。一九九二年に実施された、約六〇〇〇人に対する大規模な聞き取り調査のデータによると、スウェーデンの成人人口の九二％が、少なくとも一つの自発的結社に所属している。一人あたりの平均所属結社数は、基準によって異なるが、二・九から四・〇の間となる。人口の半分以上（五二

％）が自らを活動的であると考えており、二九％が自発的結社において代表者として選出されている。組織・団体に全く所属していないのは成人人口のわずか八％にすぎない。スウェーデンの組合組織率は資本主義経済の中で最も高く、労働力人口の八五％が組織化されている。これは成人人口の六二％に相当する。ほぼすべてのスポーツクラブを組織化しているスポーツ運動が三三％で労働組合に続く会員数となっている。さらに、消費者協同組合（三二％）、賃借人団体（二七％）、文化団体（一二％）と続いている。(44)

もちろん、自発的団体の会員やそこでの活動にはばらつきが存在する。もっとも成功しているのはスポーツ運動であり、スウェーデン人の五人に一人がその自発的団体で活動している。もちろん、「活動する」とは幅広い用語であり、団体の中である程度の責任を伴った公的な立場に就くことから、日常の団体の活動に参加することまで含まれる。その他の動員の程度が高い組織（全人口に占める活動的な会員の数から判断して）としては、労働組合（一〇・〇％）、文化団体（六・九％）、賃借人団体（五・九％）、娯楽団体（五・四％）などがある。一％を下回るのは、環境、女性、禁酒団体、そして自由教会である。近年まで、スウェーデンで生まれたすべての市民が、両親がそのほかの信仰を申し立てない限り、その会員となっていたスウェーデン国教会は一・八％である。

バーバラ・ミスタルは、「信頼は、あらゆる物事に私たちの心を開くことによって、コミュニケーションや対話を確かなものにする」と述べている。(45) もしこれが当たっているとすれば、社会関係資本の形成に特別な関心がある人々を組織化するスウェーデン特有の方法がある。これは、とりわけ大衆運動の間で普及している学習サークルと呼ばれるものである。学習サークルは小さな大人のグループであり、通常、半年間にわたって週に一度集まり、あるテーマについて勉強する。近年の報告によると、平均的な参加者数は八・六人、それぞれの学習サークルに費やされる時間は平均三五・六時間である。(46) 学習サークルは（ほとんどの大衆運動がその傘下に持っている）大衆教育のための結社によって組織され、そのテーマは外国語、料理からコンピュータ技能、EU問題、ロック・ミュージックに至るまで多岐にわたっている。もちろん、多くの人々がそのテーマに対する関心から参加しているが、(47) 四〇％の人が社会的理由から参加していると報じられている。近年の研究によると、成人人口の七五％が学習サークルに出席した経験があり、約一〇％が日常的に参加している。この種の活動の重要性は毎年成人人口の約四〇％の人が何らかの種類の学習サークルに参加しているという事実からも明らかである。(48)

予想されるように、学習サークルへの出席と自発的結社での活動、投票、市民的な姿勢全般との間には正の相関関係が存在する。(49) その他の形態の成人教育の多くと異なり、大衆教育のための結社は最小限の教育しか受けていない人々をその学習サークルへと呼び込むことができているように思われる。スウェーデンでは、この活動は活力ある民主主義の基礎と考えられており、その費用の半分は政府の基金から補助されている[50]。大衆教育のための結社は、また、公開講座や夜間の討論会、その他のいくつかの文化的活動を実施している。

要約として、近年の広範な定量的および定性的な研究に基づいた評価を引用したい。「これらのサークルは学習が進むこと、そして参加者たちがその社会的機能の価値について語る以上の重要な社会的機能を持っている。学習サークルが、あらゆる社会的境界を越えた市民的ネットワークを維持していることは、明らかである[51]」。したがって、学習サークルや教育協会への経済的な支援は、社会関係資本を上から形成する事例として考えることができよう。

社会階級や、性別、年齢などは組織活動とどのように関連しているのだろうか。大衆運動に関する最も大切にされてきた主張の一つに挙げられるのが、それが低層の社会階級の人々に、より豊かな市民が資源を集めているのに対して埋め合わせ的に働く団体の資産を提供しているというものである[52]。一九八六年以降のデータによる研究では、状況はより複雑であり、ある程度までは、確立された神話と矛盾するものであった。一方では、労働組合や消費者協同組合のような多くの巨大で政治的に強力な組織では労働者と中産階級の間に組織活動の違いはなかった。他方では、文化団体やスポーツ団体などのその他の強力な組織では重要な違いが存在した。中産階級の人々は、より多くの団体の会員だったのである（二・六に対して三・八）。分析された二五団体のうち中産階級より労働者階級の会員のほうが多かった団体は存在しなかった[53]。

会員数に関して言えば、性別による違いは一般的に小さい。男性は平均で三団体に所属しており、女性は二・八団体に所属している。男性は団体での活動に少々積極的である（五六％、女性は四六％）。この違いは、大部分世代効果によって生じていると考えられる。なぜなら若い男女（一六〜四四歳の年齢層）の間に大きな違いは存在しないからである。しかしながら参加したいと考える団体の種類については男性と女性の間に注目すべき違いが存在する。予想されるように、男性は例えば自動車団体や自発的な防衛組織においてより多く活動し、女性は教会や慈善団体などに多く参加している[54]。表7-1は一九九二年に実施された調査において報告された様々な種別のなかで、少なくとも複数の団体で活動していた人の割合を示したものである。

表7-1からも分かるように、社会階級および教育水準が異なる人々の間には重要な相違が存在する。教育水準が高い人々、およびより高い社会階層に属する人は団体での活動に積極的である。さらに、従来信じられてきたものとは異なり、スウェーデンの若者は平均よりも団体での活動に積極的である。実際この研究においては、すべての年齢層のなかで、一六〜二四歳までが、活動的な会員の割合が最も高いのである。ここでは、性別による違いも見てとることができる。若者の間での活動的な人の割合は、男性のほうが女性よりも一五％高くなっている。しかし、女性の中では若者が最も活動的な年齢層である。また、特記すべきは、スウェーデンでは専業主婦のうち活動的である

のはわずか四五％である点である。これに対し平均は五一％、職に就いている人では五五％になる。おそらく、付け加えるべきは、スウェーデンではこの社会集団は非常に少数であるという点である。この研究では、自身を専業主婦であるとした者はわずか二％（一二四人）にすぎない。

表7－1　1992年における異なる社会グループでの団体活動

（％）

区分	諸団体で活動している人の割合
全体（16～84歳）	51
労働者	41
賃金被用者/自営業	60
教育水準の低い人	42
中程度の教育水準	51
高等教育	64
若者（16～24歳）	58
専業主婦（Homemakers）	45
有給職	55

出典：Lars Häll, *Föreningslivet i Sverige*（Stockholm：Statistics sweden, 1994）, Table 3：4.

4　組織団体の特徴における変容

自発的結社や社会関係資本に関する議論の多くは、その絶対量ではなく通時的な変化についてのものである。ロバート・パットナムの研究は合衆国における組織の会員や活動の急激な低下を示し、社会関係資本における学問的および一般の議論の中で広範な注目を集めた[55]。大きな政治的相違にもかかわらず、スウェーデンは、合衆国からの文化的およびライフスタイルにおける傾向にすばやく適応するヨーロッパ諸国のうちの一国である。したがって、パットナムが論じているような合衆国における組織活動の低下がスウェーデンにおいても起こっていると考えるのには十分な理由があると言える。実際には、データは逆の傾向を示している。戦後期、任意団体はその大きさ、活動、財務資産において成長してきている[56]。もちろん、この成長は均等なものではない。女性団体、自由教会、そして禁酒運動はその会員数を減らしている。他方でスポーツ団体、退職者団体、労働組合、環境保護団体は成長している。スポーツに関する運動の成長は特に印象的である。一九三〇年代、約二〇万人だった会員数は九〇年代にはほぼ三〇〇万人にまで増加している。表7－2はスウェーデンの典型的な中規模都市カトリーネホルム（Katrineholm）において一九五〇年と一九八八年に実施された二つの研究のデータを示したものである。

一九五〇年から一九八八年までの間には、明確な変化が認め

表7-2　1950年および1988年におけるカトリーネホルムでの社会階級および性別による団体加入者の全人口に占める割合

（%）

団体数	労働者				賃金被用者			
	男性		女性		男性		女性	
	1950	1988	1950	1988	1950	1988	1950	1988
0	—	—	—	—	—	—	2	2
1～2	62	36	100	43	29	15	63	30
3～4	33	43	—	44	43	31	34	51
5＋	5	21	—	13	28	54	—	17
合計	100	100	100	100	100	100	100	100
(N)	337	258	39	191	68	79	41	18

出典：Marek Perlinski, "Livet itanför fabriksgrinden och kontorsdörren," in Rune Åberg, ed., *Industrisamhälle I omvandling* (Stockholm : Carlssons, 1990).

られる。第一に、より多くの人が多数（五つ以上）の団体の会員となっている。第二に、男性の方が多くの団体の会員となっているが、性別の間の差は縮まっている。このカトリーネホルムでの研究は、異なる種類の団体の間で会員数に大きな違いがないことを示している。例外はその会員のほとんどを失った禁酒運動であるが、その他の団体の成長はその減少分以上のものとなっている。[57] 団体に所属していないスウェーデン人はほとんどおらず、会員減少も一九五〇年代初頭以来起こっていないという全体的な状況に変化はない。一九八一年、九〇年、九六年に行われた世界価値観調査（World Value Studies）のスウェーデンについての部分では慈善団体やスポーツクラブ団体、環境保護団体などの会員数にかなりの増加が見られ、政党の党員数には減少は見られない（図7-1）。

公式な会員数や資源水準ではなく会員の活動の中にスウェーデンの自発的結社の弱さを見るものもいる。合衆国と同様、多くの伝統的な大衆運動は「ペーパー」会員がその多数を占めていると非難されている。[58] 労働組合などように、少なくとも一定程度は、会員数を増加させるための選択的な動機づけを行い、その会員資格を市民参加の手段というよりも経済的合理性の手段としている団体も存在する。[59] しかし、図7-2に示されているように、一九五〇～九〇年代にかけて自発的結社への参加意欲について一般的な低下は見られない。どちらかと言えば自発的結社での活動に関心を持っていると答えた人は一九九〇年代には四〇年前よりも多くなっている。主要な変化として見られ

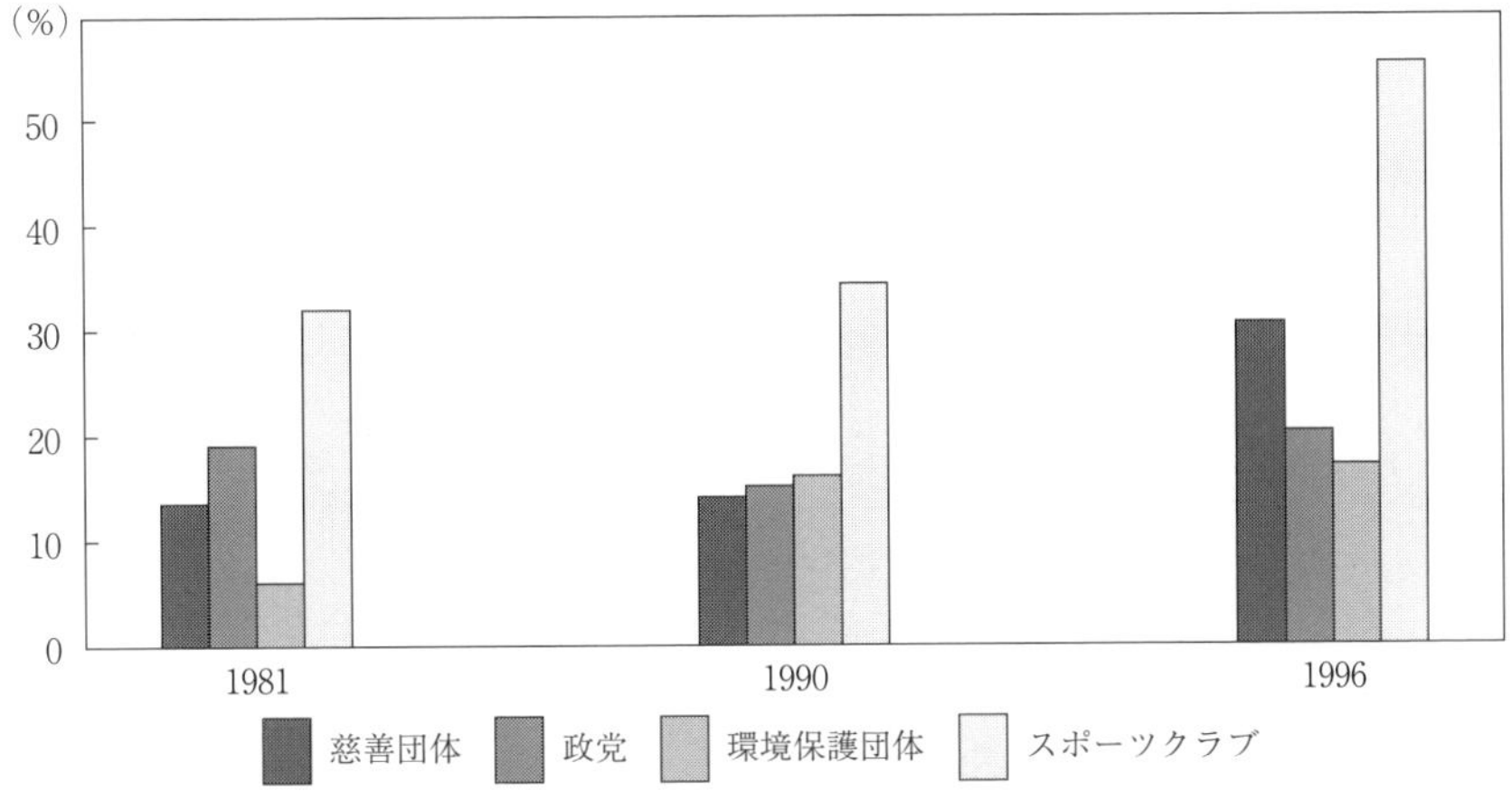

図7－1　団体への加入者数の変化（1981～96年）

出典：Swedish section of the World Value Studies

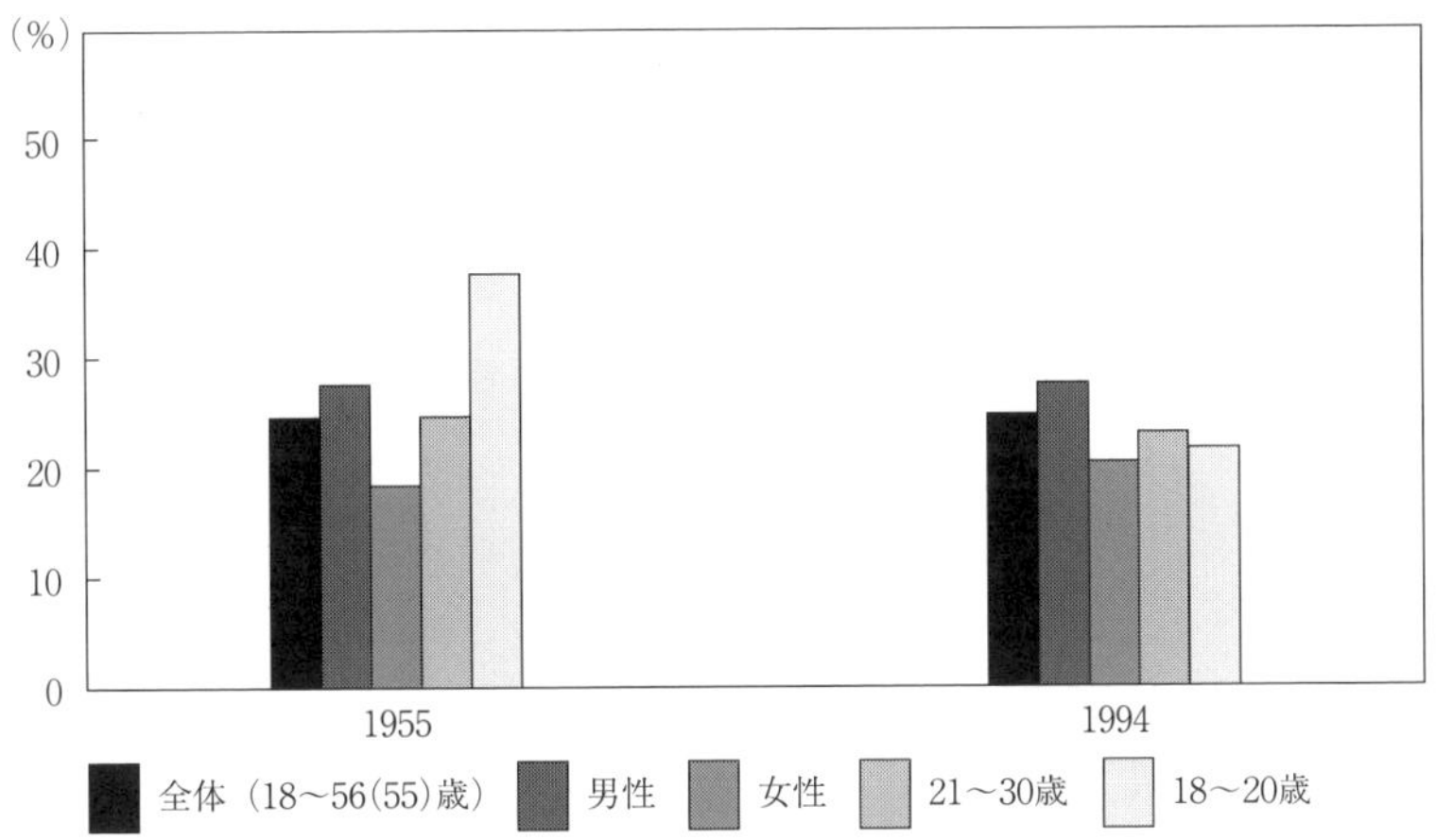

図7－2　自発的団体での活動への関心

出典：Data from Forskningsgruppen för samhälls-och informationsstudier (FSI), Stockholm, 1955 (N=2050) and 1994 (N=650).

るのは女性の自発的な活動への関心が高まり、きわめて若い人たち（一八〜二〇歳）の間で関心が低下している点である。

世界価値観調査のスウェーデンについての部分では自発的団体で無償労働をしたことがあるかという問いがある。一九八一年と九〇年に行われたこれらの調査では一六の異なる種類の団体が回答者に提示されている。図7-1に見られるように、一九八一〜九〇年に自発的結社の領域においてこの点での全般的な低下は見られない。逆に、人権団体や環境保護グループ、そしてとりわけスポーツ団体は九〇年には八一年よりも多くの人を自発的な活動にひきつけている。おそらく付け加えるべきなのは、八八〜九一年までの時期はスウェーデン経済が非常に繁栄していた時期であり、とりわけ、労働市場における供給不足を生じさせていた点である。これは、人々の無償労働への意欲の低下をもたらすはずであるが、世界価値観調査は逆の結果を示しており、全般的な低下は認められなかった。

この結果は、一九六八年、八一年、九一年に行われたスウェーデン生活標準調査でも支持されている。そこでは自発的結社にいかなる形でも関わっていないスウェーデン人の数が一九六八〜九一年までの間、増加していないことが示されていた[60]。学習サークルと同様、ここでもかなりの増加が見られる。それぞれの年に（自発的な活動に）参加した成人の数は六〇年の一五%から七五年には四〇%前後にまで増加しており、この水準は九〇年代半ばまで、かなり安定している[61]。しかしながら、同様の質問によって八七年と九二年に実施された二つの調査では、この期間にほとんどの自発的結社で会員数や活動のかなりの低下が見られた。動員の程度（成人人口のうち、諸団体で活動する人の割合）は、平均してこれらの調査で報告された二五団体のそれぞれで一%程度減少している。これらの団体の平均の動員の程度が一九八七年で三・七%であることを考え合わせれば、これはそのような短期間ではかなりの減少であるということができよう[62]。

これら二つの研究は、また、主要な団体や大衆運動において「親近感」（samhörighet）の弱体化が見られるとしている。表7-3は一九八七年と九二年に行われた二つの調査研究における、異なる団体や大衆運動にどの程度親近感を感じるかという質問への回答結果を示している。

ここで見られるように、すべての団体、もしくは運動体がこの期間に支持を失っており、もっとも明確なのは平和団体、女性団体、環境保護団体である。これらのグループのどこかに親近感を持っている人の平均値は三・九%から二・七%へと低下しており、この短期間ではかなりの変化であるということができよう。このことがどのように説明され、社会関係資本に関して、親近感がどのような尺度となるかは難しい問題である。この結果は、何人かの研究者によって、スウェーデンにおける自発的結社の重大な危機を示す明確な兆候として取り上げられている[63]。

団体への親近感については異なった解釈が可能であろうと、筆者は考えている。変化したのは、人々の自発的結社への参加

表7－3　様々な団体や運動に対する親近感

団体の種類	1987	1992	差
スポーツ団体	5.2	4.3	－0.9
環境保護団体	5.6	3.8	－1.8
国際的な支援や連帯のための団体	4.9	3.7	－1.2
平和運動	5.8	3.1	－2.7
大衆教育団体	3.6	2.7	－0.9
スウェーデン国教会	3.3	2.6	－0.7
消費者協同組合運動	3.3	2.3	－1.0
女性運動	3.7	2.0	－1.7
禁酒運動	2.6	1.6	－1.0
自由教会	1.3	1.0	－0.3
平　均	3.9	2.7	－1.2
N	2701	5902	

注：回答者は「スウェーデン社会には様々な種類の団体や運動が存在します。あなたは･･･にどの程度，親近感を抱きますか」と尋ねられる。回答は0から10までの段階で記録される。0が「全く親近感を感じない」を意味し，10が「非常に強い親近感を感じる」を意味する。

出典：Lars Häll, *Föreningslivet i Sverige*（Stockholm：Statistics Sweden, 1994）, 9.26.

意欲というよりも、一般的な集団的アイデンティティ意識や大衆運動の伝統的な特徴であった集団的な帰属意識であろう。この主張は、いくつかの異なる経験的研究の解釈に基づいている。第一にカトリーネホルムでの研究はブルーカラー労働者の間での興味深い変化を記録している。一九五〇年代には、労働者は自らを労働者階級、そして社会変革に携わる労働運動の一員であると考えていた。八〇年代終盤には、労働者は自らを共通の目的を持った労働運動ではなく、中産階級の一員であると考えるようになっていた。逆に、この研究は労働運動内部での大衆とエリートの間の亀裂を伝えている。第二に、一九九〇年に発表された重要な調査報告では、卓越した知識と資源を持った、新たなタイプの市民層が出現し、この市民層の教育水準が専門家の判断に疑問を投げかけることを可能にしていると主張されている。[64]この研究によると、スウェーデン市民の最も高い徳目は、他人の意見とは独立して自らの見解をまとめることができる能力である。[65]第三に、毎年のSOM調査では、労働組合やスポーツ団体、「その他の団体」への加入や活動について問われるが、一九八七年から九八年にかけて、会員数や活動における低下は見られていない。[66]この結果は、スウェーデンの民主主義の状況についての近年の政府による調査と連携して実施された、自発的結社での活動に関する別の研究でも確認されている。[67]

したがって、スウェーデン市民の間で個人の自律という概念が広まっていたと考えられる。利用可能な証拠は、そういった傾向を示唆している。自らに、当局の決定に訴えるような手紙を書く力があると考える市民の割合は、一九六八～八七年の間に四五・一％から六八・五％へと増加している。より大きなヨーロッパ全体での価値観についての研究の枠組みのなかで行われた、トアリーフ・ペターソンの研究では一九九〇年にはその一〇年前と比べてスウェーデン市民がより個人主義的になっており、課税や個人の表現の手段に対する規制を嫌うようになっているということが示されている。[68]

この価値観の傾向の変化は、教育水準の高い中間層に限定されたものであると考える人がいるかもしれない。事実、個人主義的な態度はこの社会集団において最も特徴的なものとなっている。しかしながら、興味深いことに一九八一～九〇年までの間に明白な変化が生じたのはブルーカラー労働者の間だけなのである。これとは対照的に上層および下層双方のホワイトカラーの被雇用者は早い段階に個人主義的な価値観を持つようになっており、大半はその状態を維持している。[69]したがって、個人主義的な価値観を持つ労働者の割合は全般的に八一年から九〇年にかけて三九％から五三％へと上昇し、その仕事上の活動に対して全般的に個人主義的な見解を表明する人々の割合は一七％から四三％へと上昇している。[70]

この新しい個人主義が集団的な活動の形態を（そして、普遍主義的な福祉国家への支持をも）蝕んでいくのではないかと想定する人がいるかもしれない。しかしながら、個人主義的な考えを持った市民は、必ずしも利己主義的な市民ではないのである。ペターソンとガイヤーは、新しい個人主義者たちは新自由主義者が考えるような価値観を持ってはいないと主張している。

そのうえ、個人主義的な傾向の少ない人と比較しても、彼らは今日の賃金格差の増大により強い関心を示してはいないし、貧しい人々に対して「自業自得である」というような姿勢をとる傾向があるわけでもない、友人に対する信頼や友情の精神が減少するような、より強い傾向が見られるわけでもない。彼らは新自由主義者が考えるような活力に溢れた企業家でもなければ、社会民主主義者が考えるようなわがままな利己主義者でもないのである。[71]

したがって、集団主義および個人主義、そして利他主義および利己主義は、スウェーデンの全住民の間での、別個のそして大部分独立した価値観の範囲を示しているように思われる。例えば、若くて教育水準の高い人々の多くは、より集団主義的なその兄弟姉妹たちよりも普遍的な福祉国家に対して批判的ではない。[72]この知見に対して考えられる解釈の一つは、利己的というよりも連帯主義的な個人主義が出現したということである。「連帯主義的な個人主義」というような概念は、その語のなかに矛盾を含んでいるようであるが、その意味するところは、連帯が常に集団主義を含意するわけではないということである。「連帯主義的な個人主義」という言葉で私が表そうとしているのは、他人に対する支援を進んで行うが、その人々が異なった価値観を持ち、異なった理由から参加するということを受け入れる諸個人である。しかしながら、この支援はその（支援を受ける）仲間の市民が（支援を行う）彼ら自身の異なるライフスタイルや組織的な努力に対して同様の支援を行うということが信頼できるという条件の下、与えられるのである。そのほかにも、個人の自律と社会的責任が両立するという経験的な証拠が存在する。その典拠の一つがヨーロッパ価値観研究（European Value Study）のグループの分析である。そこでは個人主義が増加する一方で「個人主義には他人との一体感や他人のためになるような活動が含まれているであろう」と主張されている。[73]

ひとつには、スウェーデン人の、ほとんどの運動や組織に対する親近感の減少は、自発的結社に対する関心の低下ではなく、ますます増大する個人的な自律への欲求と、古い大衆運動のような巨大な集合体から独立したライフスタイルや世界観を構築したいという意欲として理解することができよう。したがって、筆者の結論は、主要な結社や運動への親近感の低下は、必ずしも自発的結社への参加意欲の低下、すなわちスウェーデンにおける社会関係資本の量的な減少としてとらえるべきではないというものである。それよりも、それは古くからある確立された諸団体が、かつて存在したような集団的な忠誠心を創りだそうとする際に直面している問題を反映したものであろう。もし、社会関係資本の形成の危機が存在するとするならば、それはこの種の単なる態度の変容ではなく、活動様式の変容のなかで明らかになるはずである。

親近感の減少が、社会関係資本の後退とは必ずしも解釈できないという証拠は、一九七〇年代に生まれた人々に対する調査からも引き出すことができる。この調査では、この世代が、ある程度伝統的な階層的形態の団体活動からは目をそむけているにもかかわらず、一時的な形式の団体（チームや行動グループ、地方の音楽クラブなど）にはより多く参加する傾向にあるということが、示されている。[74] ペターソンの研究が示しているように、彼らはより個人主義的であっても、自発的結社への参加が少ないというわけではない。彼らが望んでいる（そしてつくり出した）組織の形態が変化したのである。団体への親近感の低下が、参加の低下、すなわち諸団体の危機を意味するものではないという結論には別の理由も存在する。それは、ブルーカラー労働者の間でも労働組合に対する親近感は〇から一〇の間で平均して三・五であり、若い女性の間でも女性運動への親近感は一・七となっているという点である。[75] つまり筆者は、親近感の問題を解釈する方法に何かおかしな点があり、それは自発的団体の中での、もしくはそれを支援する活動のあまり良い指標ではないのではないかと考えている。利用可能なデータが示しているのは、自由教会や禁酒運動といった古くからある確立した大衆運動がその会員数を低下させているとしても、それは全般的な自発的な参加の低下というよりも、スウェーデンにおける団体活動の構成の変容を反映したものであるという点である。

この新しい組織団体の状況はどのように描写されるべきであろうか。ノルウェーにおける自発的団体（スウェーデンと同様の傾向を示している）についての大規模な調査に基づいて、パー・セレとビャルネ・オイミュアは北欧諸国における自発的結社の領域の構成が一九四〇年代以来劇的に変化したと主張している。第一に諸団体はより階層的でなくなった。すなわち地方組織が全国組織からより独立した活動を行うようになった。これは組織論でいう「ゆるやかな結合」(loose coupling) である。第二に、宗教団体や禁酒団体、純粋な女性団体などから余暇団体や文化団体への変化がある一方で、経済的な団体（労働組合や生活協同組合など）は大部分、当初の高い水準を維持している。第三に、諸団体の状況における多様性と密度は上昇している。一九四〇年代と比べて、九〇年代にはますます多くの団体、より多様な種類の団体ができている。第四に、九〇年代は諸団体の間でのダイナミズムが増加した時期として特徴づけられる。すなわち、多くの団体が消滅し、より多くの団体が新たに創設されたのである。最後に、近年の傾向としてより多くの人が自身の個人的な利益を満たすために団体に加入する一方で、自由教会や禁酒運動、そしておそらくは労働運動のような集団的なイデオロギー運動は弱体化してきている。このような変容の描写として、スカンジナビア諸国は集団的な大衆運動から「組織化された個人主義」へと変化したということができよう。[76]この組織団体の状況の変化が先に述べたような個人主義の種類と繋がりがあると考える十分な理由がある。近年では、ある団体を選ぶことは、確立された組織のイデオロギー的共同体への支持よりも、個人の熟慮のうえでの固有のライフスタイルの創造と関わりがあるのである。

スウェーデンの労働組合：特別な事例

スウェーデンのすべての団体の中で、労働組合運動は最も多くの会員を有し、スポーツ運動に次いで二番目に多くの人がその活動に参加している。スウェーデンにおいて、大衆運動全般に危機が生じているとするならば、ここにおいても、それを発見することができるはずである。既に述べたように、スウェーデンにおける組合組織率は非常に高く八五％を越えている。実のところ、組合組織率の違いは、西側の資本主義諸国の間で、最も奇妙な相違のうちの一つである。それが奇妙なのには二つの理由がある。第一に、最低のフランスで一〇％以下から、最高のスウェーデンに至るまで、他の重要な政治的変数でこれほど違いのあるものはない。何らかの意味で組合に加入することが合理的であるとするならば、なぜ、スウェーデンにはフランスより八倍も多くの合理的な被用者がいるのであろうか。もしくは、集合行為の標準的な理論に従い、労働組合の組合員になることが個人的には非合理なことであるならば、なぜスウェーデン人がことさら非合理的な国民なのであろうか。第二に労働組合の組織率は戦後の全期間を通じて劇的に変化している。例えばスウェーデンと合衆国における組合組織率の差（スウェーデンは合衆国の五倍以上になっている）は一九五〇年代にはずっと小さかったのである。近年、しばしば議論される資本主義のグローバル化、国際化の影響は同時に起こっており、組合組織率の差は開き続けている。[77]

このパズルの答えは、大部分「選択的誘因」の存在にある。いくつかの国では、労働組合の組合員になることは個人にとって、より得なことなのである。別のところで示したように、このような選択的誘因のひとつが、この事例では特別重要であるように思われる。それは労働組合の失業保険制度に対する管理の程度である。一九八〇年代終盤以降のOECD一八カ国における数字は、組合組織率が最も高い五カ国（スウェーデン・デンマーク・フィンランド・アイスランド・ベルギー）は、すべて労働組合が失業保険を運営する失業（対策の）システムがあり、一方その他の国は政府機関が運営していることを示している。

重回帰分析の結果は、このことが組合組織率の違いの一八％を説明することを示している[78]。

失業保険制度の管理を労働組合に委ねるという考えは、スウェーデンにおける自発的結社と国家の間の関係の非常によい例である。一方では、労働組合は組合員を勧誘する助けとなる、非常に強力な選択的誘因を得ている。他方では労働組合は誰が本当に失業したと考えられるのか、すなわちどのような種類の職であれば受け入れねばならず、そうでなければ保険金を失うことになるかを決定するという非常に難しい問いに対処することになる。政府は、この非常に難しい決定の責任から解放され、そのことがおそらく制度の正当性を高めている。なぜなら、第一にこれらの決定を行うのが政府の官僚ではなく労働組合の職員であるため、第二におそらく労働組合の職員は労働市場のそれぞれの部分についてより多くのことを知っているために、その組合員が適切な職を見つけられる機会も多くなるためである[79]。

付け加えるべきなのは、これはスウェーデンの労働組合が政府から与えられた唯一の種類の選択的誘因ではないということである。数多くの産業法や規制が地方組合に過労条件や職場の安全基準の履行、職が不足した際に誰が第一に行くべきかなどについての決定権を与えている。つまり、これらのことが意味しているのは、ほとんどとは言わないまでも多くの被用者にとって、労働組合への加入は公的な意味でのみ自発的な決断なのである[80]。

他方では、このことは道具的な理由が労働組合への加入の唯一の理由だと意味しているわけではない。一九七〇年代後半以降からの、そしてより近年の調査の双方で、なぜ組合への加入を決めたのかを問われた際、労働組合の組合員の間では道具的および連帯的な動機が同じ程度に強いということが示されている[81]。もしそうであったとしても、組合加入の道具的な動機は次の段階で活動へと変わり、社会関係資本を生み出す。社会関係資本を生み出すという観点から言えば、団体活動において、道具的な理由と非道具的な理由を組み合わせるということは、本質的に悪いことではない。結局のところ、多くの人はコーラスグループに参加するのは、非常に道具的な、歌いたいという個人的な嗜好を満たすためであって、個人の間の信頼を生み出すため、とか民主主義を機能させるためではないのである。

そうであれば、過去二〇年の間に労働組合活動には何が起こったのであろうか。スウェーデンの労働組合は、組合を職業官僚によって管理された公的な保険会社のようなものと考えているような、受動的な書類上の組合員のみによって構成されているのだろうか。もしくは労働組合は組合員を個人間の信頼を生み出すような活動に参加させているのだろうか。この質問に答える前に、スウェーデンの労働組合運動の多様性を強調しておきたい。スウェーデン労働総同盟（LO）の下に全国的に組織されたブルーカラー労働者の労働組合は最も大きいが、賃金労働者の組合はスウェーデン俸給従業員中央労働組合連盟（TCO）に、高等教育を受けた専門職の組合はスウェーデン専門職員中央組合連盟（SACO）に組織され、同様に非常に高い組織率を誇っている。第二にスウェーデンの労働組合運動は他のＯＥＣＤ諸国と比べて、より中央集権化され、より分権化されている。中央組織は非常に強いが、多くの場合、それぞれの職場の地方組織も同様である。伝統的に、また労使関係を規制する法律によっても、スウェーデンの労働組合は職場でのより直接的な存在感を示している。地方の労働組合専従の権利を保障する法律と共同決定法がこの場合特に重要である。

　一九九三年の調査では、全被雇用者の三六％が過去一二カ月間に少なくとも一回は労働組合の会議に出席したことがあり、一九％が会議の中で発言している。八八年の同様の研究から見ると、この種の組合活動には若干の低下が見られる（四五％と二〇％）。この報告ではまた、ＬＯの全組合員の一四％が代表者として選出されており、この数字は他の二つの全国組合では若干高い。スウェーデンにおける非常に高い組合組織率を考えるならば、全人口のかなりの部分（一三％）が組合運動の中で活動するか代表者に選出されている[82]。

　一九九五年以降の調査データを持つスウェーデン生活状況報告も、同様の結果を示している。成人人口のうち、三六％が過去一二カ月間に組合の会議に出席しており、一一％が組合の役員として活動している。しかしながら、一九七六年と九五年の間の変化は有意に負（マイナス七・六％）であった[83]。この説明として考えられるのは、七〇年代半ばに共同決定法や労働安全法など地方活動を増加させるような多くの新しい重要な労使関係法が施行されたことがある。労働組合活動の低下を説明する別の要因としては九二年に失業率が急速に上昇したことが考えられる。

　スウェーデンの労働組合を、その多くの組合員が活発であるような活力に溢れた組織として描写するのは誤りである。しかし、同様に、成人人口の三六％が年に一度は組合の会議に出席し、一一％が年に四度は出席しているという事実を無視することも間違いであろう。活動的であるとされる人の割合は一九七〇年代終盤には低下したが、八〇年以来かなり安定（一〇～一二％）している[84]。

非公式な社会的ネットワーク

　スウェーデン社会の普及したイメージとして、その国民性もしくはその「ゆりかごから墓場まで」の福祉国家ゆえに、社会的繋がりがどちらかというと弱いのではないかというものがある[85]。国民性の問題は脇においておくとして、ここでは後者の問題に集中して取り組みたい。すなわち、普遍的な福祉国家は非公式の社会的ネットワークに何をもたらしているのであろうか。興味深いことに、左派右派の双方にこの二つの間には反比例の関係があるという主張が存在することである。政治的右派からの主張によると、利他主義と社会的な問題が政府によって支配されるようになってしまうと、人々はケアすることをやめてしまう。思いやりは税を払うことによってのみ示されるようになり、非公式な社会的ネットワークは弱体化することになる。（経営者連盟によって助成された）スウェーデン福祉国家に関する近年の主要な研究プロジェクトは、とりわけ「二〇世紀は市民社会にとって失われた世紀であった」と結論づけている[86]。

実のところ、左派の主張も非常によく似たものである。ユルゲン・ハーバーマスによると、福祉国家は市民社会を「植民地化」し、彼が呼ぶところの「自然な」形の連帯を侵蝕している。アラン・ヴォルフェはスカンジナビア型の福祉国家が「家族やコミュニティ、社会的ネットワークを圧迫している」と主張している[87]。さらにヴォルフェはここに歴史的な皮肉が存在すると主張している。社会的な義務が公的なものとなった時、親密な繋がりが弱まり、「人々の間に距離を生み、福祉国家が示してきた道徳的な強さそのものを侵蝕してしまうのである[88]」。これらの主張でいささか奇妙なのはこれらの主張が、経験的な証拠によって実証されていないということである。

普遍的な福祉国家が非公式の社会的関係にとって有害なものであるということが事実であれば一九五〇年代以降のスウェーデンにおいて、そのような関係の弱体化を見ることができるはずである。しかしながらデータは、この時期に非公式の社会的繋がりが強化されてきたということを示している。一九五〇〜八八年までのカトリーネホルムの研究は以下のように結論づけている。「カトリーネホルムの人々はより社会的に活動的になってきている。彼らはより多くの団体に加入し、より頻繁にその仕事仲間や隣人、友人たちと交際するようになってきている[89]」。スウェーデン統計局によって実施され、一九七五〜九五年にかけての約七〇〇〇人に対するインタビューのデータに基づいているスウェーデン生活状況報告も、同様の結果を得ている。この全時期にわたって、毎週友人と集まっていた人の割合は一二%も上昇している（四五・五%→五七・五%）。正の変化は〔ほぼ〕すべての年齢層において統計的に有意である。例外はわずか三%の増加しかなかった五五〜六四歳であるが、六五〜七四歳では一二%もの有意な増加を示している。最大の増加は二五歳〜三四歳である（二三・五%）。興味深いのは〔専業〕主婦の数字（五一%）が、女性全体の数字（五六%）および常勤の女性（五六%）よりも低くなっている点である。付け加えられるのは、親友がいないとする人の割合が、七九年の二六%から八五年の一九%へと低下していることである。この変化はすべての年齢層において統計的に有意である[90]。

この結果は図7-3に示されている別の研究のデータでも確認されている。この研究においてインタビューを受けた人の数は、前記のスウェーデン生活状況研究よりもずっと少ないが、期間は長くなっており一九五五年から九五年までとなっている。

図から分かるように、男性も女性も、若者もあまり若くない人も、九〇年代には五〇年代半ばと比べてより友人との交際に関心を持っている。九〇年代には友人との交際に関心がないとする人はほとんどいなくなっている。

しかしながら、前記の福祉国家批判の重要な部分は、人々が社交的でなくなるのではなく、困っているときに親しくなった人を助けなくなるという点にあると主張する人がいるかもしれない。その批判によれば、普遍的福祉国家に住む人々は困窮し

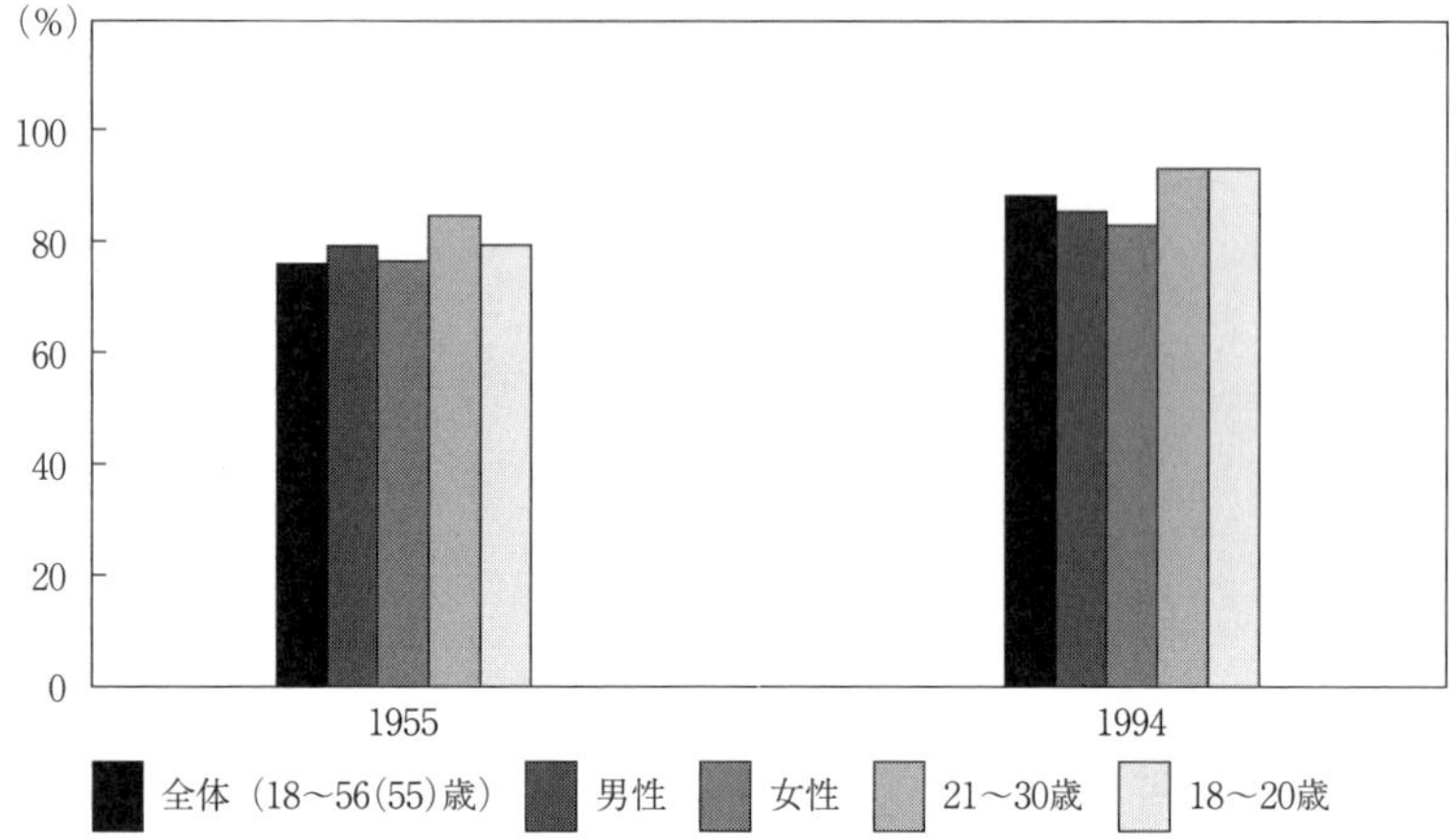

図7-3　友人との交際についての関心

出典：FSI surveys, 1955 (N=1509) and 1995 (N=1388).

ている他人から眼をそむけ、冷淡に福祉機関に照会する。(91) 高い税を支払うことによって彼らは道徳的に伝統的な社会的義務から解放されるのである。残念ながら、この仮説を検証する通時的なデータは存在しない。しかし、近年の研究でカリン・ブッシュ・ゼタバーグは、一九九四年に実施された二七四九人のスウェーデンの成人市民（一六～八九歳）に対する調査のなかで、成人の五人に一人以上（ほぼ二二%）が日常的に病人や障害者、老人のケアをボランティアで行っていると報告している。(92) この二二%の中で、五%は自身の家族のケアを行っており、一八%が家族以外の人のケアを行っている。驚くべきことに男女の間の差は非常に小さく、スウェーデン女性の二三%、男性の二〇%がボランティアによるケアを行っている。年齢による影響も非常に小さく、調査年齢層の二〇～二五%の間に収まっている。しかしながら、社会階級は違いを生み出しており、ケアを行っている人の三一%が上層階級の人であり、二〇%が労働者階級の人である。もちろん、ケアの種類は様々であるが、しばしば（身体の）持ち上げや個人的な衛生や治療など大変な仕事も含まれる。

「とはいえ、所詮、市民社会におけるより強い関係が、人々に抽象的な他人の運命に対する個人的な責任を感じさせる慣行をつくり出す保証はないし、ありえない」とアラン・ヴォルフェは書いている。(93) どうやらそのようであるが、スカンジナビアの福祉国家の強さがそのような道徳的な義務を破壊してしまうというヴォルフェの恐れは不当であると付け加えたい。もちろん、スウェーデンにおける自発的なケアの価値が高いか低いかはこの研究から述べることは難しいが、普遍的な福祉国家はこの種の活動を消滅させてはいないというのが適当な結論であるように思われる。

ヨーロッパ諸国のほとんどでは、飲酒施設がコミュニティのふれあいの場として機能している。しかしながら、スウェーデンには英国のパブやドイツのクナイペ（*kneipe*）、フランスのビストロに相当するようなものはない。歴史的にアルコール販売についての厳しい規制が、そのような隣人づきあいのための場所を非常に珍しいものにしてしまった。しかし、この点について過去三〇年間に注目すべき変化が生じている。一九六七年には完全認可のレストランの数はわずか一二四九軒であった（それはおよそ六四〇〇人に一軒の計算になる）[94]。三〇年後、この数字は七倍になり、一万軒近くの完全認可のレストランがスウェーデンには存在している（約九〇〇人に一軒）[95]。この増加はスウェーデン議会の立法による法的変化の結果生じたわけではない。この領域の専門家によると、それよりも、それは大部分文化的な変容を反映したものである（スウェーデン人がそのライフスタイルにおいてより大陸的になった）。そしてそれは、行政慣行の変化によるものであった[96]。さらに、この時期にアルコール消費の伸びは見られなかった。これは、完全認可のレストラン数の増加がアルコール需要の増加によるものではないということを意味している。それは、そうではなく社会的な習慣の変化を反映したと考えられる。すなわち、アルコール消費が私的なものから公的なものに変わったのである。調査データもまた、レストランに行くことがスウェーデンにおいて最も好まれる余暇活動の一つとなっていることを示している。事実、それは一九八二〜九五年に最も増加した余暇活動である。八二年にはスウェーデン人の二五％がその前年に五回以上レストランに行ったと回答している。九五年には四一％が同様の回答をしている（一方で宗教儀式に年五回以上参加したと答えた人はわずか九％であった）。レストランに最もよく出入りする顧客は若者であるが、増加はすべての年齢層で有意なものであり、四五〜五四歳の間で最も高く、倍以上の伸びを示している（一六％→三四％）[97]。

しかしながらこの種の活動の社会関係資本への影響は不明なままである。既に述べた禁酒運動の活動の低下とスウェーデン人の間における公的な場でのアルコール消費への関心の増加の間には長期にわたる強い繋がりがあるように思われる。この種の変化が、信頼や社会関係資本の醸成に良いものなのか悪いものなのかの判断は読者にお任せするが、それはたしかにスウェーデンにおける非公式な社会的関係の数的な増加を示す指標である。しかしながら、この研究のために集められたＳＯＭの調査データでは（がっかりしたことに、と告白するが）信頼の水準の高さと（完全に認可されていようとなかろうと）レストランを訪れる頻度の間には何の関係も見出せなかった。

非公式の社会的繋がりの指標として機能するもう一つのデータが、社会的孤立と人々の生活における活動水準に関する調査

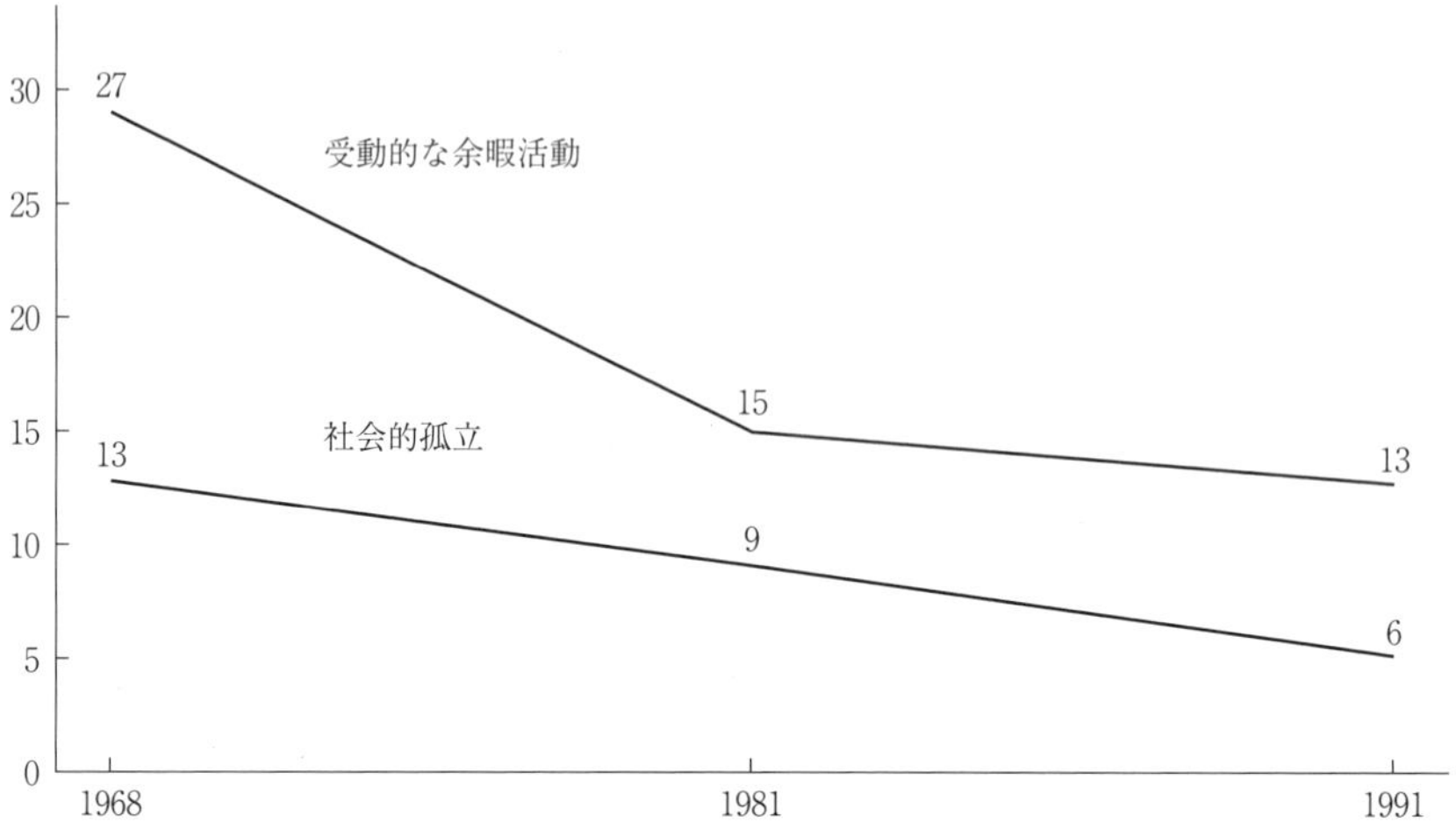

図7－4　社会的孤立と受動性

出典：Johan fritzell and Olle Lundberg, *Vardagens villkor* (Stockholm : Brombergs, 1994), p. 226

から引き出される。図7－4から明らかなように、一九六八～九一年に社会的孤立状態で生活している人や受動的な余暇活動の人の数はかなり減少している。

したがって、受動的な、そして社会的に孤立した市民を生み出しているという現代社会や福祉国家の拡大についての批判は、経験的な知見と相容れないように思われる[98]。しかし、このばら色の叙述は、暴力的な犯罪のかなりの増加によって色褪せたものとなると考えられる。スウェーデン生活状況調査によると、一九七八～九五年に何らかの形の物理的な暴力の被害にあったり、あるいはその脅威にさらされたりした人の数は三五％も増加している[99]。要するに高水準の社会的な相互作用が社会関係資本の蓄積を増やし、それが社会の犯罪の水準を引き下げるという仮説はスウェーデンのデータからは裏づけられないのである。

5　比較の観点から見たスウェーデン市民社会

これまで、スウェーデンにおいて長期にわたって、自発的結社の領域や非公式の社会的な関係に何が起きたのかを理解しようと試みてきた。その結論は、そこでは構成や方向性に変化があるものの、戦後期において会員数や活動に全般的な低下は見られないというものであった。しかし、この問題についての時系列的なデータは、比較に基づいたデータによって補強されるべきであろう。スウェーデンにおける自発的結社の領域は異なった、そして、あるいはより発達していない福祉国家とより多元的な政治システムを持つ他の国と比較してどのようになっているのであろうか。

非営利セクターやボランティアに関する異なる二つの比較プロジェクトのおかげで、この問題についてのデータを手に入れることができる。市民社会についての議論のなかで最も一般的な考えの一つが、包括的な福祉国家が任意組織での無償労働に対する人々の意欲を削ぐというものである。もしそうであれば、巨大な福祉国家を持つ国では、ボランティア活動の割合は非常に低いものとなるであろう。しかし、そのような仮説はヨーロッパ八カ国を比較した近年の研究では確認されていない(100)。オランダとスウェーデンという最も広範な福祉政策を持つ二カ国は同時に自発的結社での無償活動の量においても最も高い数値を示している(101)。「昨年、あなたの仕事と関係のない団体で、もしくは関係のない団体のために、そして自分や家族の利益のためではなく、何らかの無償労働、無償活動を行いましたか」という質問への回答では、ヨーロッパ諸国での平均が二七%なのに対して、スウェーデンの三六%が「はい」と答えている(102)。これは頻度についてのものであって、ボランティア活動の全体量についてのものではない。人々は毎年ボランティア活動を行っていても、その全体の量は少ないものかもしれない。しかしながら、この研究によると、スウェーデン人は毎月、他の七カ国の国民と同程度の時間をボランティア活動に費やしている。その活動が行われている団体の種類について考察すると、スウェーデン人はスポーツや娯楽、労働組合、職業団体、市民防衛、国際発展、人権や平和、などで比較的高い数値を出しており、予想されるように、健康や社会サービス、子どもの教育、そしてコミュニティの発展などでは低くなっている。筆者にとって驚きだったのは、スウェーデン人が宗教団体においてより活動的であった点である(103)。

社会関係資本の重要性についての一般的な理論を考慮すると、スウェーデン人は正しい（すなわち非道具的な）理由からボランティア活動にしているように思われる。ボランティア活動をしているスウェーデン人の中で、六二%が「人々に出会い、友人をつくるために」そうした活動を行っていると答え、一方、他のヨーロッパ諸国の平均は三六%である。また「社会的に認められたりコミュニティでの立場を得られたりするため」と答えたのは六%にすぎず、これに対し他のヨーロッパ諸国では一八%になっている(104)。同時に「もし政府が全責任を果たしていれば、人々が無償活動をする必要はない」という主張に賛成するスウェーデン人はわずか一一%であるのに対し、他のヨーロッパ諸国の平均は三七%にもなる。最後に、スウェーデンでは七四%の人が「無償活動に参加することは人々が民主的な社会の中で積極的な役割を果たす助けになる」と考えているのに対し、（他国の）平均は六二%である。この結果は、スウェーデンにおける一人あたりのボランティア活動の量がフランス、ドイツ、イタリアよりかなり高いことを示した別の近年の比較研究によっても確かめられている(105)。

この調査プロジェクトは自発的結社の資金調達手段について

のデータも提供してくれる。対GDP比支出で測定した一九九〇年における非営利セクターの大きさがスウェーデンでは四・一％であるが、この研究における八カ国の平均は三・六％である。この経済的指標ではスウェーデンの非営利セクターは合衆国や英国より小さく、ドイツ、フランス、イタリアよりは大きいということになる[106]。さらに驚くべきことに、収入に占める公的支出の割合が対象国の平均で四二％であるのに対し、スウェーデンの非営利セクターは政府基金からの収入がわずか二九％なのである[107]。したがって、スウェーデンの非営利団体はその収入の六二％を勤労所得から得ているのである。これは八カ国中で最も高い数値である（平均は四七％）。これはスウェーデン人がより利他的である（あるいはそうではない）かどうかということや、スウェーデンの非営利団体が自らの収入をよりうまくつくり出したということによっては説明されない。むしろ、ルンドストレムとヴィークストレムが指摘しているように、他国の非営利セクターが社会サービスや健康サービスや初等教育などの資金を得るために公的資金に依存しているのに対し、スウェーデンでは普遍的福祉国家のおかげでこれらが非営利セクターにとって関心の低い分野となっているためである。

　非公式な社会関係を考える際に、先に挙げたブッシュ・ゼタバーグが行った、困っている人を自発的に援助している人の数についての研究が英国との比較を可能なものとしている。一九九〇年からの調査に基づく英国での比較可能な研究の数字は、この種のボランティア活動がスウェーデンにおいて（二二％）英国よりも（一五％）高いことを示している。家族以外の人を援助している人の数を比較すると、スウェーデン一八％に対して英国一二％となる[108]。

　質問の表現が異なって理解される恐れがあるため、異なる国の調査の比較は常に難しい。かつ、今回の場合では調査ごとに四年間の間が空いている。他方で、この質問は態度ではなく実際の行動についての質問であり、方法論上の問題は少ない。さらに、英国の福祉システムはスウェーデンと比べてかなり普遍的ではなく、また、英国はその慈善団体の多さで有名である。したがって、英国の数字は高くなると予想されるにもかかわらず、結果は逆のものとなった。したがって、スウェーデンと英国の結果から、福祉国家がより広範で普遍的なものとなればなるほど、道徳的な義務感に基づいたボランティア活動は少なくなるとの主張は確認されなかったと結論づけて間違いないであろう。もちろん、そのほかの変数をコントロールできていないため、これはより普遍的な福祉国家のほうが、より多くのボランティアを生み出すということではない。ここで、どのように因果メカニズムが働いているかはより複雑な問題である[109]。

　要約すると、会員数、活動、資金調達の各面で、スウェーデンの自発的結社の領域は、他のほとんどの工業化した民主主義諸国と同等かそれ以上の大きさがある。そして、スウェーデンの政治参加は最も高い水準にある。さらにスウェーデンの非営利セクターは他の多くの比較可能な諸国よりも政府資金に依存しておらず、自前で資金を調達できる。他のスカンジナビア諸

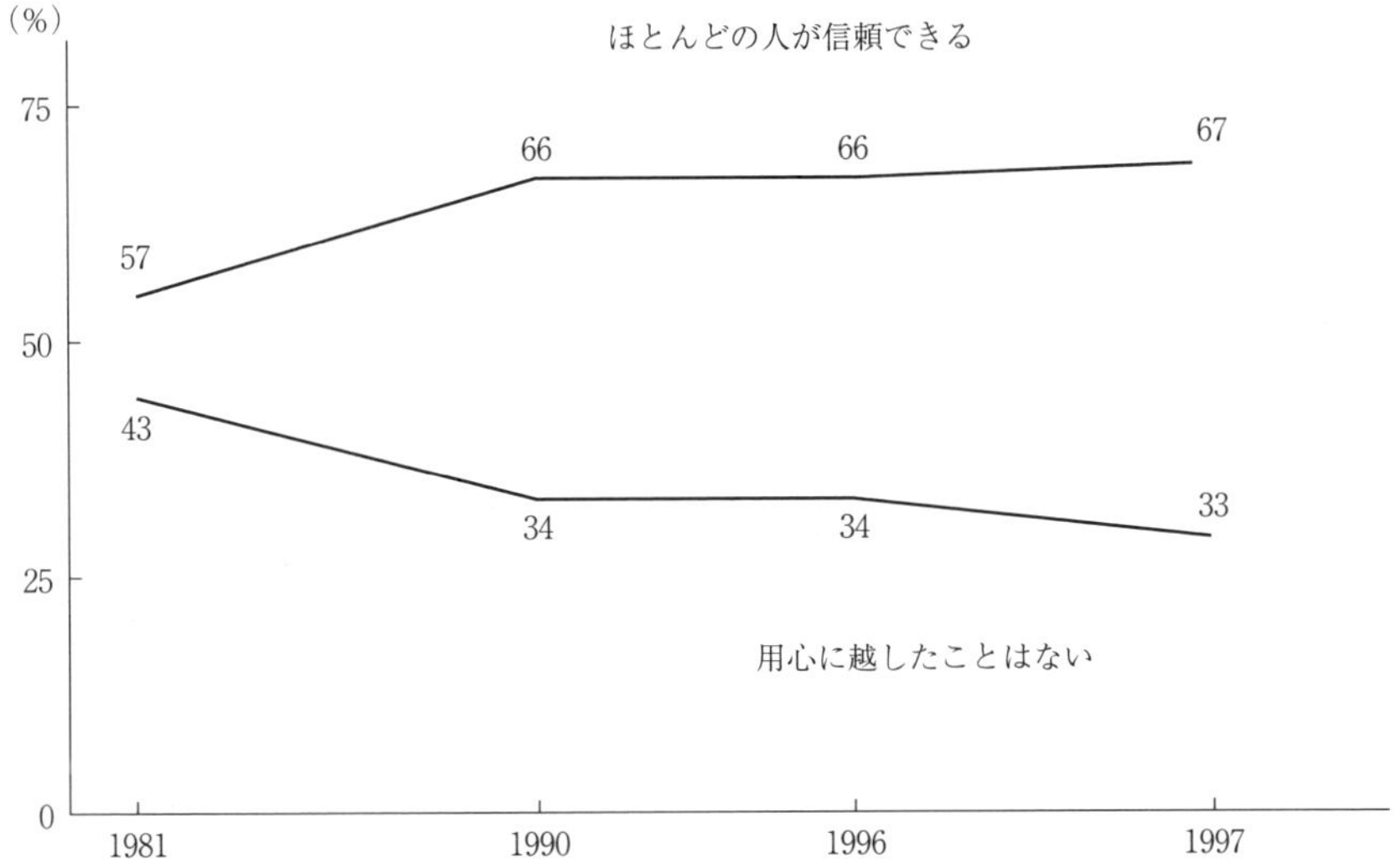

図7-5　他者への信頼についての世論（1981～97年）

出典：1981年と1990年のデータについてはSwedish sections of the World Value Studies（N=876 and 994）. 1996年にはこの質問についてスウェーデンで2つの異なる調査が実施された。3回目のWorld Value Study（N=957），および本報告のために行われたイエテボリ大学のSOM研究所によって行われたもの（N=1707）ここで示された数字は2つの数字の平均である。1997年のデータはForskningsgruppen för samhälls-och informationsstudierの調査（N=1640）のものである。

国と同様、スウェーデンの非営利セクターを特徴づけているのは、その構造である。歴史的、および政治的な要因が社会サービスや健康管理、初等教育などの領域の非営利セクターを弱いものにしているが、スポーツや娯楽、文化、成人教育、労働市場などにおいては強いものとなっている[110]。

6　信頼の場

社会関係資本の一般的な理論によると、自発的団体での活動的な会員となり、多くの非公式な社会的繋がりを持つことは、社会の信頼の水準を上げることに繋がる。一九八一年の最初の世界価値観研究から、スウェーデンや他のスカンジナビア諸国が高い信頼がある社会であることが分かる。他のどこよりも多くの人が「ほとんどの人が信頼できる」という意見に賛成し、「他人と関わる際は用心に越したことはない」という意見に反対している[111]。図7-5に示されているように、近年のスウェーデンの調査データにおいては、ほとんどの人が信頼できるかという点についての世論の低下は見られない。逆にこの方法で測定された一般的な信頼は一九八一～九七年の間に増加している[112]。

一九九六年から毎年実施されているこれまで計四回のSOM調査では既に述べたような二分法的な信頼についての質問だけでなく、回答者が、他人が信頼できるかどうかについて0～10の段階でその意見をマークする質問も実施されている。その結果は四回の調査のなかで非常に安定しており、質問の妥当性の高さを示している。近年の傾向では一二％が「他人への信頼の低い人」（0～3）と考えられ、二九％が「他人に中程度の信頼を持つ人」（4～6）、五五％が「他人への信頼の高い人」（7～10）と考えられる[113]。

一九九六年からのSOM調査を、他のどの変数が0～10の段階で測定された信頼の水準の違いを説明するかの分析にも使用してきた。これらの四つのデータ・セットからの統計分析の結果を要約すると、以下の変数が最も高い（すなわち正の）影響を個人の信頼に対して与えている。教育、所得、団体での活動、民主主義への満足度、移民の受け入れ、自身の生活への満足度である。これらの変数をすべてコントロールすると、司法システムや警察への信頼が有意に正の影響を個人の信頼に与えていることがわかった[114]。言い換えれば、他のほとんどの人を信頼しているという人は以下のような特徴を持つ。彼らは稼ぎが多く、教育水準が高く、その生活に満足している。移民に対して寛容であり、平均的な人々よりスウェーデンの民主主義の機能により肯定的な考えを持っている。これらの変数をすべてコントロールすると、彼らは警察や司法システムの働きに対しても信頼を持っている。この結果は合衆国の同様の調査に基づく研究と一致しており、個人的なレベルでの信頼がどのように説明されるかについて国を越えた重要な類似性が存在すると結論づけることができよう[115]。

もちろん、特に重要なのは信頼と人々が政治システムに対して抱いている考えの間の関係である。前記のように、信頼とスウェーデンの民主主義に対する満足度の間には有意な相関関係がある。高い信頼を示している（7～10）グループの中では、七二％が「スウェーデンの民主主義の機能に大変満足している」のに対し、四二％が「非常に不満」と述べている[116]。

四度のSOM調査は特定の政治制度への信頼についても尋ねている。質問は、多くの制度（国会、公的医療システム、公立学校、労働組合、大企業、裁判所、軍隊、銀行、スウェーデン国教会、政府、警察、王家、メディア、欧州委員会）についての信頼が、かなり高い、高い、中程度、低い、かなり低い、のいずれであるかである。個人の社会的信頼（すなわち他人に対する信頼）と制度への信頼の間の関係をとらえるために、各変数がどのように相関しているかを分析した。統計分析の結果はいくつかの点に要約することができる。

・六〇の相関関係のすべてが正の方向を示しており、ある人が他人を信頼してすればするほど、制度への信頼も深まっている。

・すべての相関が非常に弱く、かなりの数の人がこのことには含まれないということが含意されている。

・これら正の相関関係の存在は因果メカニズムがいかに機能しているかや、因果関係があるかどうかについて何かしら示しているわけではない。他者への信頼が制度への信頼を生み出しているかもしれないが、制度への信頼が他者への信頼を生み出しているかもしれない。もしくはこれらの変数は全く関係がなく、双方が何か別の変数によって引き起こされているかもしれない[117]。

注目すべき結果は、社会的信頼と法と秩序の制度、すなわち裁判所と警察に対する信頼の間でもっと強い相関が見られたという点である。他者への信頼とこれら二つの機関に対する信頼の間には因果メカニズムが存在する理由がないように思われる。可能性としては、因果の繋がりが逆向きになっていることが考えられる。すなわち、法と秩序を守る制度を信頼していると考えられる人は、他者をも信頼するのである。その論理は以下のようになる。先進社会では、法と秩序に関する制度（裁判所と警察）はある重要な任務を担っている。契約に違反したり、盗みや殺人を犯したり、その他の非協力的な行動をとり信頼されるべきではない「裏切り者」を見つけ出し罰することである。したがって、もしこれらの制度がそのなすべきことを公正かつ効果的な方法で行っていると考えられるのであれば、人々がこのような不誠実な行為を行う機会は非常に小さなものになると考える十分な理由になる[118]。もしそうであれば、人々は不誠実な行動を慎む理由があると考えられるから、ほとんどの人が信頼できると考えるようになるのである[119]。

他者への信頼が何によって生まれるかについての、このような明らかに推論にすぎない解釈が、実際には因果関係の繋がりについて通常考えられていること、すなわち、信頼が自発的団体の活発さやその他の種類の市民社会におけるネットワークなどの社会的な要因によって生み出されるということを変化させている。もし、前記の推論が正しければ、他者への信頼はこの種の政治的制度がいかに機能しているかと関わりがあることになる[120]。もし、不誠実な行動の取締りに関する制度が公正かつ効果的であると人々が考えれば、そしてもし他の人もこれらの制度について同様に考えていると彼らが考えれば、彼らは他人を信頼することになる。したがって、社会関係資本はその起源を社会的要因よりも政治的制度に持つことになる[121]。この何が信頼を生み出すかについての解釈は、社会関係資本についての国際比較調査データと様々な国の汚職や法律の有効性を水準についてのデータの相関関係を調べた研究によっても支持されている。その結果は、高い水準の社会関係資本は汚職の程度の低さや、法律の高い有効性と高い相関関係にある[122]。

SOMデータの回帰分析から得られたもう一つの結果は団体活動の有位な影響である。ボランティア団体や政治において活発に活動している人々は受け身の人よりも、信頼が高いのであろうか。信頼とボランティア団体への加入の関係についての一般的な仮説は、世界価値観調査のスウェーデンの部分においても確認されている。より多くの団体に加入している人ほど、他者を信頼している[123]。

ここまでを要約すると、スウェーデンの全体的な状況は活発で成長し、変化しつつある市民社会のそれである。多くの点で、社会関係資本の量は一九五〇年以来増加してきているように思われる。したがって、仮に、スウェーデンの民主主義に問題があったとしても、通常、概念化されるような社会関係資本の現象は起こりそうにないと結論づけることができよう。

7 普遍的な福祉国家と市民社会

そうであるならば、なぜ包括的な福祉国家は信頼や社会関係資本を破壊しないのであろうか。その理由の一つはスウェーデンの福祉国家システムがどのように制度化されているかという点にある。その主な設計者は、すべての市民（もしくはいくつかの場合では非常に裕福な人を除くすべての人）に、貧者の救済に関連したスティグマを受けることなく基本的な資源を供給するような「国民の保険」という考えに基づいた社会政策を探求した。彼らはミーンズテストに基づく救貧システムを避けただけでなく、階級を区別したビスマルク型の社会保障も遠ざけたのである。福祉国家の普遍的な特徴は、社会的信頼にとって二つの重要な含意を持つものであった。一つは政府から援助を受ける人を「他人」として考えられなくしたこと。第二に、ミーンズテストを伴うプログラムと比較して、普遍的なプロフラムは人々がシステムに不正をしているのではないかという疑いが生じる余地をかなり小さなものにした[124]。

言葉の問題がここにはあると私は考えている。「福祉国家」という言葉はスウェーデンの社会プログラムの描写として適当なものではない。「福祉」（*welfare*）という言葉は、少なくとも合衆国では、対象を絞ったミーンズテストを伴うプログラムを含意し、受給者のスティグマ化を意味している[125]。スウェーデンでは「社会保険国家」（social insurance state）という言葉がより適当であろう。

このことは、スウェーデンの福祉システムの一部に、社会関係資本にとって有害なものがあるということを否定するものではない。他の西側諸国と同様、どちらかというと家父長主義的な形をとった、強力な計画と管理上の楽観主義がとりわけ一九六〇年代後半の福祉政策を特徴づけていた。九〇年代前半の高い失業率は、ミーンズテストに基づく社会的補助に頼る人々の数を増加させた。しかしながら、大部分のプログラムは、普遍的な特徴であるために、市民社会に対して否定的な効果を持つものではないと私は主張する。事実、より綿密に見てみれば、市民社会の主要な理論家たちは福祉プログラム全般が市民社会にとって破壊的なものではないということに賛成している。例えばその市民社会の政治理論についての大著の中で、ジーン・L・コーエンとアンドリュー・アラートが（人目に付かない文末脚注の中で）書いている。

> ＡＦＤＣ（要扶養児童家族扶助）のようなプログラム（在宅男性ルールなど）の特定の運営が依存を生み出し、屈辱的なものであるとはいえ、社会保障や健康保険、失業者のための職業訓練プログラム、失業保険、そしてデイ・ケアや育児休暇などの家族の支援が、いかに自立よりも依存を生み出すかということを我々は見過ごしてきた。しかし、これらは経験的な問題である。このような問題の背後にある理論的な問題は、どの程度まで社会サービスや社会的支援が象徴的に「失敗者」のための福祉であり、あるいはコ

ミュニティのすべての人のためのものであるかというものである(126)。

したがって、それが文末脚注であるとはいえ、コーエンとアラートは一般的な社会政策とミーンズテストを伴う社会政策の間の、市民社会にとって基本的な区別を認識している。そのほかにも普遍的な福祉国家の負の（そして正の）影響があるかもしれない。しかし、それは自発的結社への参加や困っている人々への援助から遠ざけることはないのである。

8　組織された社会関係資本と終焉を迎えたスウェーデン・モデル

ここまで、我々のスウェーデンに関する研究は、社会関係資本についての従来の通念に反駁してきた。政治家や中央の政治制度に対する不信の増大というスウェーデンの民主主義における問題は、個人間の信頼の低下、自発的結社への参加の低下、もしくは非公式な社会的ネットワークに遡るものではなかった。したがって、問題となるのはスウェーデンの文脈によりふさわしい信頼や社会関係資本の重要性を理解する方法が別に存在するのかというどうかである。既に述べた主張を繰り返す代わりに、スウェーデンでは消えてしまった別の形の社会関係資本が存在したという非常に推論的な議論を展開したい。

筆者の主張は、主要な利益団体（労働組合、経営者団体、農民団体など）と国家との間で連携が中心的なテーマであるコーポラティズム的な政治文化の中では、市民と市民との間の信頼は、社会関係資本として理解されるようには研究されないというものである。コーポラティズム的な政治システムが機能するためには、もっと垂直な形の信頼に目を向けるべきである。この種の信頼は三つの異なる形で存在する。(1)組織の中の個人間の信頼、(2)組織の指導者の間の信頼、(3)これらの組織と国家の指導者たちの間の信頼である。コーポラティズムは組織を通じた権力を意味するのであり、したがってこの三種の垂直的な信頼を筆者は組織された社会関係資本と名づけた(127)。筆者の主張は、このような組織された社会関係資本の消滅こそが、スウェーデン・モデルを時代遅れなものにし、スウェーデンの民主主義に先に挙げたような問題を生じさせたというものである。

スウェーデンは常に妥協と交渉の国であったわけではない。一八九〇～一九三〇年代半ばにかけて、スウェーデン経済はあらゆる工業国に起こった労使紛争のために、ほとんどの労働日を失った(128)。とりわけ一九二〇年代には、スウェーデンは民主主義の不安定性と、労使紛争の水準の相対的な高さによって特徴づけられてきた。この状況を理解する一つの方法は、もちろん、資本主義的な生産関係が資本と労働との間の特有の階級闘争に繋がるという古典的なマルクス主義の視点である。しかし、異なる視点から見ると、労働市場は、誰もが協力すれば特をするということが分かっていながら、他者が協力するという信頼ができないために協力することが非合理になってしまう「共有地の悲劇」として理解されるものである。資本主義を社会主義に取って代えるということを除けば、工業生産における協力から、二つの利益が可能である。(1)協力して技術的な合理化を通じて生産性の上昇を達成すれば、労使の双方が利益を得るであろう。そして(2)生産を続け、高い品質を維持すれば、消費者の間の信頼に結びつく高い評判と競争相手に対する潜在的な競争優位を得ることができ、双方はともに利益を得ることができる。この利益を実現し、資本主義をゼロ・サム・ゲームからポジティブ・サム・ゲームへと変えるためには、資本もしくは経営側と労働者側の間の協力体制が確立されねばならない[129]。しかし、相互の間の信頼なしにはそのような努力は失敗し双方がともに損をする社会的罠へと至るであろう。

一九三〇年代後半の「歴史的妥協」に始まり、ブルーカラー労働組合の全国組織（LO）と全国経営者連盟（SAF）は、賃金（そして結果としてインフレ）と労使紛争を中央集権的な賃金交渉システムの確かな支配下に置くことによって、労働市場における重大な集合行為問題を解決してきた。数多くの労使紛争によってスウェーデン労働市場にとって暗黒の年となった一九二八年に、政府は、より平和的な労働市場を達成するために何ができるかについての協議の場にLOとSAFを招いた。問題と挫折に満ちた一〇年間に渡る会議や調査の末、協議はついに有名な一九三八年の基本合意へとたどり着いた。スウェーデンの政治文化の中ではこの合意は有名なものとなり、神話的な地位を与えられた。最終的な交渉と合意文書の調印が行われたストックホルム郊外のリゾート地にちなんで名づけられることとなった（サルチオバーデン協定）。

スウェーデン・モデルの基礎として、基本合意は何よりもまず、交渉および不平の平和的な解決の手続きを象徴的に規定するものとなった。しかしながら、この過程と合意の最も重要な結果は、新たな信頼の精神であり、そのなかで労働組合と経営者が平和的な労働市場関係の中に共通の利益を見出したのである。SAFの元代表が述べているように、「合意は労働市場の紛争を暴力の代わりに懸命な自己抑制に解決しようとする努力であった[130]」。

実のところ、基本合意の最も重要な特徴の多くは非公式なものであった[131]。例えば経営者側は非公式にスト破りを使わないことを合意し、労働組合を組織する権利を認め、労働市場における対等のパートナーとして認められた。LOは暗黙のうちに好戦的な（共産主義者と解釈される）地方組合をコントロールし、ストライキや封鎖などに対して中央の指令を行渡らせることに合意した。労働力の組合化の権利が制限されないことと引き換えに労働組合は経営者に組織の中での最終的な決定権と生産の指示を認めた。すなわち、彼らは合理化の過程を邪魔しないことに合意したのである[132]。この合意の象徴的な特徴と非公式な内容はその実施を完全に「サルチオバーデンの精神」として知られる組織された社会関係資本に依存することになった。SAFの元執行役員がその回顧録に書いているように、「サルチオバーデン交渉の重要性は強調しすぎることがない。反対者の悪意の誇張された意見はすぐに消え去った。…関係者が多くの利益を共有していることが発見されたのである[133]」。

基本合意を生み出し、保持する過程における多くの問題とそれが必要とした組織された社会関係資本は過小評価されるべきではない。双方の指導者たちは、相手側が合意を受け入れるということが信頼できるということをそのより好戦的なメンバーに確信させなければならなかった。階級間対立から階級間協調への移行は双方の側にとって簡単なものではなかったという十分な証拠がある。(134) 双方の指導者間、およびメンバー間に高度な信頼がなければ、それは不可能であったであろう。(135) 別のところで述べたように、前記の政府による多くのコーポラティズム的な準備によって、激しい労使紛争にもかかわらず労働市場の当事者が協力することを学習し、基本合意を可能とする信頼が生み出されたのである。(136)

一つの重要な促進要素となったのが、国家を労働市場から排除するという当事者間の合意である。経営者連盟（ＳＡＦ）が一九三八年に基本合意に参加した理由の一つが、ＬＯ指導部が、社会民主党政府がこの過程に参加することを望まないことを明らかにしたことであった。社会民主党の首相や社会問題相との間の公然の紛争にもかかわらず、当時、双方が労働市場は政治的手段によって規制される必要があると確信していた。決定的な局面で、ＬＯ指導部は労働市場に関わる団体が自らの手で問題に対処する解決策に傾いたのである。(137) このことがＳＡＦにＬＯはその政治的権力（すなわちその政府との緊密な関係）を行使して二対一でゲームを行うつもりがないという保証を与えることになった。労働市場の問題は、政治的介入を伴わずに解決されるという原理は基本合意のなかでも象徴的な重要項目となった。

実際のところ、合意が法的拘束力を持つというよりも象徴的なものであったために、それは団体の指導者間の個人的な信頼関係にその大部分を依存することになった。サルチオバーデン協定の最も重要な要素の多くは、この新しい政策は当事者双方が誠実に行動するという信頼があって初めて実施されるという相互理解に基づいていた。回顧録などの文献の中にこの種の信頼の重要性を明らかにしている多くの例が存在する。ＳＡＦの役員であったベルティル・クーゲルベルクがその回顧録の中で、その対抗者であったＬＯの代表アルネ・ゲイヤーについて述べている。

アルネとの最初の会合の後で既に、私はその言葉を信頼することができるしっかりとした英明な人物と出会ったことを確信していた。交渉の席や旅行など、会社での多くの年月がこの第一印象を疑うべきいかなる理由も私には与えなかった。彼は何をしたいかが分かっており、その発言ははっきりしており、約束を守る人であった。(138)

クーゲルベルクとゲイヤーは一九四〇年代後半～六六年まで労働市場の状況を取り仕切り、個人的な友人となった。クーゲルベルクの回顧録は、その他の人のものと同様、この種の個人的な信頼の証しと、海外からの経営者および労働組合の訪問者がこの状況をいかに奇妙なものと感じたかについての描写に溢れている。このエリート・レベルでの信頼を超えて、労働組合と経営者連盟の双方が、その末端の人々にこの協調が有利なものであると確信させるために、数多くの努力を行ったという多くの証拠が存在する。[139]

9 組織された社会関係資本の破綻

組織された社会関係資本の破綻の最初の兆候は一九七〇年初頭に現れた。ますます急進化する社会と数多くの山猫ストの圧力のもとで、LO指導部は（社会民主党の）政府を労使関係の規制に関わらせないという原則を放棄した。それどころか、彼らは、その経営者側に対する立場を強化することを意図して二〇の新しい労働法規を要求し（それを得）た。スウェーデン社会民主主義イデオロギー研究の第一人者のひとりであるティム・ティルトンはかつての原則の崩壊を強調している。

しかしながら、その改革は単に、実利的な中庸政治もしくは合意的な政治を示したものではなかった。一九七四年に労働法委員会が満場一致で報告を示すことができなかったので、社会民主党政府はその提案をLOとTCOの少数派の報告をもとにつくったのである。[140]

その結果、一九七六年にはサルチオバーデン協定は公式に非難されるようになった。この急進化の時期のLOから出された最も遠大な提案は労働者基金の設立であった。その当初の形では、それは、労働組合が株式購入のために使用する基金に、企業の利益の一部を拠出させることによって、スウェーデンのすべての主要な企業を社会化することを意図したものであった。[141]ティルトンによると、それは「しかしながら、単なる付加的な改革の一つとして提示されたのではなく、新たな、より際立った社会主義の時代の始まりとして歓迎された」。[142]七年間の非常に激しい政治闘争の後、この提案のかなり控えめなバージョンが一九八三年に採択された。しかしそれは、九二年に保守派が主導する政権によって破棄されるだけに終わった。

労働運動の戦略の変化は二つの影響をもたらした。第一に、労働者基金についての議論が長引けば長引くほど、この提案に対する支持は低下した。それはとりわけLOの組合員の間でそうであった。一九七六年にはLOの組合員の約半数がこの考えを支持していたが、八三年までにこの数字は約一七％にまで低下した。[143]第二に、そしてより重要なのはLOの新しい対立路線はSAFの戦略にも予想されるような変化を引き起こした。SAFは中央賃金交渉を放棄し、積極的にかなりうまくいった新自由主義的経済原理を支持するキャンペーンを始めた。そしてすべてのコーポラティズム的な会議や機関から手を引いたのである。今日、当事者間の状況は、良く言って特有の不信と表現できる。それには二つの明らかな兆しがある。[144]

第一に、一九七〇年代半ば～九〇年代半ばまで、賃金交渉システムは全く機能しなかった。LOは中央での交渉に戻ることを望んだが、SAFは個々の企業レベルにまで分権化することを望んだ。この膠着状態の理由は、SAFの代表によると「スウェーデンの労働市場において、信頼があまりに少ないためである。そして信頼がないところでは、不信が成長する」[145]。彼の状況の特徴づけは、地方での賃金設定に抵抗するLOの理由と一致する。彼らは無原則な妥協を恐れている。なぜなら、経営者が地方組合の弱さに乗じると考え経営者を信用していないからである。

この、賃金設定過程における協調の失敗の結果、インフレのスパイラルと一連の平価切下げが起こり、スウェーデン経済の国際的競争性を傷つけることとなった。その結果、スウェーデン経済は一九七〇年の一人あたりGNPのOECD比較において四位であったものが、九七年には一八位にまで低下した[146]。このスウェーデン経済のパフォーマンスの急激な低下こそ、政治制度や主要な政治家に対する信頼が低下したことを主に説明するものである。なぜなら、既に示したように社会関係資本は安定したままであるからである。

第二に、より柔軟な生産組織を求める新たな需要に労働法を適応させることについての妥協はまだ成立していない。何らかの合意を得ようとする社会民主党政府の長期にわたる努力にもかかわらず、委員会はそうすることに失敗してきた。さらに、これらの努力や労使関係や労働法、労働経済学（スウェーデンには多くの専門家がいる）など、利用可能なあらゆる専門知識を動員したにもかかわらず、委員会の出席者は問題に関する共通の理解にも達しなかったのである。結果として、政府は激しく批判される変化を成立させたが、LOからの公然の批判を呼び起こし、SAFからは全く不十分であると拒絶された[147]。

もちろん、スウェーデン・モデルの終焉に関しては、異なる説明もある。一つは労働市場における団体の状況の変容によるものであるとするものである。団体数が増えたために、すなわち、それがもはやLOとSAFの間のゲームではなく、数多くの公的セクターの経営者団体や公的セクターのホワイトカラー労働者を代表する多くの労働組合を含むものとなっているため、賃金や労使紛争の調整は非常に難しいものとなったのである[148]。おそらく、この説明にはある程度の真実があるように思われるが、筆者は二点、抗議をしたい。第一に、実のところ個別の賃金協約を結んだ労働組合は一九三〇年代のほうが多かった。第二に多くの労働市場に関係する団体を持つ他の諸国、ドイツやノルウェーなどは賃金設定における協調に成功しているのである。

別の説明は、生産や技術、国際的な貿易や金融の変化を指摘する。すなわち、「フォード主義的生産の終焉」、「柔軟な専門化」への要求、もしくは、「資本の国際化」がスウェーデン・モデルを侵蝕したというのである[149]。技術や経済における変化は明らかに重要である。しかしこの説明は、労働市場において妥協ではなく対立を生み出したものがこれらの個々の変化のうちの何であったのかを明らかにしていない。ノルウェーやデンマーク、オランダといった比較可能な諸国の労働組合や経営者は、スウェーデン・モデルが重要な領域で失敗した同じ時期に、賃金やインフレをコントロールすることに成功してきたのである。

スウェーデン・モデルの終焉に関して、明らかに推論の域を出ないが、異なる説明を提案する。それは、技術や国際的な経済の変化によって終焉を迎えたのではなく、それがよって立つところの組織された社会関係資本が消滅したために崩壊したのである。

スウェーデン・モデルの終焉とスウェーデンの民主主義が抱える問題点の関係は容易に気づかれるものではない。筆者の仮説は、スウェーデン・モデルの終焉とスウェーデンの民主主義が抱える問題点の間には間接的な因果関係が存在したというものである。その論理は以下のようなものである。スウェーデン・モデルは政府の役割を限定することに依拠してきた。それは労働市場の当事者に自らの手で問題を解決させた。この労働市場における政治分野の役割の限定は一九七〇年代に放棄された。LOと社会民主党は、福祉国家の拡大を通じた社会的平等の進展、労働者基金を通じた経済的民主主義の導入、新しい労働法システムを通じた産業民主主義の確立、積極的な労働市場政策とケインズ主義的経済による完全雇用の実現などを政治システムが可能にするという印象を選挙民に与えたのである。これらのそれぞれの領域での結果は後退か明らかな敗北であった。ヨナス・ポンタッソンが示しているように、改良主義には限界が存在したのである[150]。仮の結論としては、スウェーデンの政治システムが信頼を失ったのは、一九七〇年代のLOと社会民主党の政治的な思い上がりがスウェーデン・モデルを放棄させ、それがスウェーデンの経済パフォーマンスの著しい低下を招いたためである、と言えよう。

しかしながら、筆者の議論の目的はスウェーデンにおける社会関係資本の崩壊を招いたとして労働運動を責めることではない。下部からの激しい突き上げがあり、交渉過程の変化を経営者側が受け入れようとしなかったため、労働組合はその政治的同盟者を頼る以外になかったかもしれないのである。しかし、同様に言わねばならないのはLOと社会民主党が労働者基金を通じた経済的民主主義、もしくは社会主義と新たな労働立法による産業民主主義の双方を追求した両翼包囲戦略はスウェーデン以外の国では例がないことである。それは、あたかも経営者の側の（そしてその政治的同盟者の）戦略の劇的な変化であるように、労働運動にとっては驚きであったであろう。しかしジョン・エルスターが主張するように[151]、信頼やその他の社会的規範が、非道具的な行為として理解されるならば一九七〇年代のLOのマルクス主義と八〇年代のSAFの新自由主義は非常に近しい親類であった。双方のイデオロギーは同様の前提、すなわち利益は決して嘘をつかない、という前提に基づいていた。したがって、ゲーム理論の重要な教訓に従えば、もしすべてのアクターがそのような道具的合理性に基づいて行動するのであれば、「共有地の悲劇」にモデル化されるような問題を解決するために必要な社会関係資本が生み出されることはないであろう。

第8章　オーストラリア——幸運な国をつくる

イヴァ・コックス

本章では、社会関係資本が、オーストラリア独自の形態の民主主義を発展させることを通して、どのようにして、その多様な国民に協同する技術とインセンティブを与えてきたのかを考察する。データは、この能力が市民社会と国家のある特別な混合体、——すなわち公共部門と政治をよりよい国家づくりの試みの中心に据えたもの——に起因するかもしれないということを示唆している。

構造の混合したもの、労働組合と宗教組織の制度的役割、公式・非公式な地域社会の団体、これらはオーストラリアが建国された一九〇一年に新国家の社会的骨組みの役割を果たした。この社会的骨組みは外国との戦争、大恐慌、移民の押し寄せ、人種差別の波を経験した二〇世紀を通じて持ちこたえた。

オーストラリアは米国のように移民社会である。しかしオーストラリアは英国王によって無主の地、つまり所有されていない領地と宣言され、公式に先住民の土地所有権を否定してきた。一九〇一年の文民的なプロセスによって誕生した連邦は独立戦争や内戦になんらの負うところのものではない。政府の主な部分である連邦下院は地方の小選挙区制によって選出されるのに対して連邦上院は全国選挙区で選出され、米国の共和制モデルに倣っている[1]。州も多くは二院制であり、それはこの国の一九〇〇万の人々が過剰に統治されているということを示唆できよう。義務投票は有権者の政治への参加を確実にし、政府は有権者のために働くであろうという期待へと向かわせる。最近の世論調査によれば、七〇％の回答者が政府は人々のために存在しているという肯定的な見解を支持している[2]。

オーストラリアは英国と同様に、地方のサービスを提供する相互援助と集合的努力と、オーストラリア労働党に密接に関連した労働運動が発生した一九世紀という歴史を持っている。しかし、オーストラリアには英国のように世襲による貴族政治も、米国のように莫大な私有財産もなく、そのことは、移住と主要なインフラにかかる費用が広く公的にまかなわれざるをえないことを意味した。

オーストラリアの政治と制度は英国と米国の政治・制度よりも〔自らの連邦〕政府に依存してきた。一九〇七年に最低賃金と労働条件を設定したのは新しい連邦政府と裁判所であった[3]。老齢年金制度は〇一年に、女性の参政権は〇二年に、寡婦年金制度は二六年にそれぞれ確立された。政府は政党や地域社会、教会のグループなどに後押しされた改革のための道具と見られていた。

オーストラリアは一九三〇年代に大恐慌に見舞われた。経済は第二次世界大戦までは完全には回復しなかった。戦後の失業とその結果としての社会分断への恐怖心は一方で充実した国家福祉システムへと向かわせ、もう一方で国家再建は先進諸国の経済ブームによる分配をもたらした。国家の発展は避けられず、オーストラリアはこれまでに移住してきた人々や移民にとって望ましい土地になっているようであった。オーストラリアは「幸運な国」(lucky country) であった。その幸運に対する疑念は七〇年代になって初めて湧くことになる。

戦後のオーストラリアは自国を人口の少ない国だととらえ、人口増加に大いに影響を与える移民政策を立ち上げた。人口は一九四七~九九年の間に一一五〇万一四四二人増え、このうち七〇〇万人ほどは移民やその子・孫の増加によるものであると言える。人口増加の最初の波は戦争に打ちひしがれた英国とそのほかの北欧諸国からやってきた。九七年までにオーストラリア人の一六%が非英語圏の国で生まれており、先住民の人口は全人口の二%にすぎなくなっていた(4)。最初のヨーロッパからの移民の多くは発生しつつある手工業産業やインフラを整備するために必要であった。しかし、この部門の労働力の需要が落ち込むにつれて、移民を継続させるべきという進言には疑問が付されるようになってきた。

一九八〇年代から、オーストラリアは英国や米国に倣って公共支出の削減や市場自由化への傾向を採用した。しかしオーストラリアでは、その政策は八三~九六年に政権に就いていたオーストラリア労働党(ALP)によって主導された。ALPは常に労働運動と連携していたために、その政策を新古典学派の処方箋に基づいた政府による制御と支出の削減ととることは、政治と国家の役割について混乱を誘った。これは本章の後の部分で引用される世論調査で出てくる。データが労働組合や政党といった公式な制度への不信やそれらからの離脱の目に見える増加を示すのもこの時期である。逆説的に、同時に地域社会のグループからの圧力は人権に対するさらなる政府の行動へと向かわせ、社会的包括性や市民の責任性の新鮮なメッセージを送った。

一九九六年に国政選挙と政権交替があった。選挙の結果としての連立政府は社会的に保守的で新古典主義に基づく経済思想を持っており、国家・ビジネス、ボランティアの相対的な役割についての議論を一新させた。新たに認識されるようになった分断は、持つものと持たざるもの、都市のエリート層と地方の一般的な人々(地方の「一般庶民」(battler) であった。

最近三〇年の間にオーストラリアでは、新たな層の人々が迎え入れられ、オーストラリアの先住民とのより良き関係に向かってゆるやかな動きが見られる。同性愛のより広い受容やフェミニズムの推進は、公共政策と社会文化が相互に歩調を合わせているということを示唆している。しかしギャップが存在するのは明らかである。「幸福な国」というラベルは平等社会の一般的な語り口の一部であり、人々に対して平等の扱いを与えるものである。現在このタイプの楽観論の喪失、政治的不信の水準の増加が民主主義の過程に影響を与えているかどうかという問題がある。

1　公と私の契約

オーストラリアの市民社会の歴史を通じて、国家と地域社会あるいは公と私の間に明確な区切りは存在しなかった。わずか一九〇〇万の人口を持つ島大陸では、距離というよりも人口規模がオーストラリア人の国家性、地域社会性、政府と地域社会の制度の相互作用性を条件づけてきた。多くの国家制度が自発的集団と協力しながら、あるいはその代替物となりながら機能してきた。公式の政治構造と公共サービスは常に地域社会のサービスと擁護運動に浸透し密接に関連してきた。政治文化上、オーストラリア政府は、十分とは言えないながらも、オーストラリア特有の共和的な思想の枠内で、市民の意思を代表していると見なされる。

最近の一つの例として挙げられるのが、女性、先住民、移民といった特殊利益団体を代表する公共サービスの団体が一九七三〜九〇年にかけて設立されたことである[5]。これらの団体は本来内的な権利擁護プロセスを提供するために計画され、少数派の意見を代表させる重要な公式な方法と見られていた。これらの団体はそのシステムのなかで、地域社会と政府を結びつけ、人々が政府に多数派の意見を一枚岩として代表させるよりも、国内の多様なものを代表させることを期待しているということを示していた。

最近二五年間に、これらの特殊団体は多文化主義への公的な関わり、人種主義や性差主義に対抗するメカニズムを発展させ、HIV／AIDSについてのゲイのコミュニティとともに働くことに大いに責任を負うようになった。最近まで、オーストラリアは地域社会と国家の契約を通じてより真の市民社会へと前進していると見られていた。しかしこれらの団体は徐々に、これらの分野における国家による干渉が減少してくるにつれ影響力を失い、ここ二、三年で特殊利益団体が姿を消しつつある。「収入の範囲内でやりくりしている普通のオーストラリア人」からの明らかな反発に反応して廃止した団体もある。最近の州選挙における有権者の移ろいやすい行動は、特殊利益団体の拒否ととらえられ、主流派への再注目へと進んだ。増加する人種主義の兆候があり、この新たな非寛容は一体性に対する新たな不確実性を意味する[6]。

「進展を測定する」と題された一九九七年の学術会議では、オーストラリアにおける生活の質と現行の客観的な測定方法の信頼性に着目した[7]。良い教育、高収入、物質的なものの手に入りやすさは、居住者が自分たちの国とその将来を悪く思っているというたびたび耳にする報告とは相容れない。九七年六月のこの学術会議に委託された世論調査では、調査対象者に「オーストラリアにおける人々の全体的な生活の質を考慮すると、また、さらに社会・経済・環境条件や傾向を考慮に入れると、

表8-1　将来観（1997年）

（％）

グループ	良くなる	悪くなる	ほぼ同じ
全体	13	52	33
18～24歳	15	44	39
50～64歳	10	57	31
所得が30豪ドル未満	9	59	31
所得が50豪ドルより上	19	42	37

出典：R. Eckersley, “Perspectives on Progress,” in R.Eckersley, ed., Measuring Progress : Is Life Getting Better? (Collingwood, Victoria : CSIRO, 1998).

オーストラリアの生活は良くなっていますか、悪くなっていますか、あるいはほぼ同じ状態ですか」と質問した。半数以上が生活の質が悪くなっていると答え、一三％の回答者のみが良くなっていると答えた。表8-1のように、高額所得者と若者は楽観的であるのに、彼らのなかでも肯定的な見方よりも悪い見方をする人が二、三倍いる傾向にある。他の世論調査――そのいくつかはさらに本章で取り上げられるが――では将来について不安を示している人が増えていることが分かる。

本章のデータでは、最近の変化に対する抵抗や強まる漠然とした不安によって示されるような、全体にわたる社会関係資本の欠如が認められることを示唆している。政治的シニシズムは上昇傾向で、公式な形での市民参加や政治参加は先細りになっている。しかし、同時に他の形での社会的な行動は増加傾向にあるが、それらは継続的なコミットメントを求めないものである。人々は、自分たちの社会的関係や関わり合いをとらえる方法は変化したと考えている。我々は、オーストラリアの文脈においては、地域社会と国家との相互関係によって期待感と楽観主義の全般的な趨勢と信頼の集積が影響されるという前提から話を始める。

オーストラリアでは、政府の構造は信頼の形成と市民による健全な積極的な関わり合いにとって重要である。同じ英語圏社会である英国と米国とオーストラリアの社会を比較すると、社会関係資本の変動と全般的な社会関係資本の形成が、三カ国の社会の国家―地域社会関係の差に関係しているかどうかを分析する機会を得られる。

2　社会関係資本はオーストラリアで低下しているか

しかしどのように定義されようとも、社会関係資本は、それが社会のメンバーに団結して問題の解決に当たらせたり、共有財のために働かせることができる、という意味において、一般的に社会の機能に固有であることについて合意がある。社会的協力のネットワークは集合行為を促進する。よって異なった社会の構成を分析することは役に立つ。そしてそれは、柔軟な社会ネットワークの形、資源、成長率を見ることで可能である。

過去三〇年の間にオーストラリアにおいてどの程度市民からの積極的な関わりが変化したかを調査するにあたり、本章ではボランティア活動や地域社会のグループへの参加の水準の分布を見た。このデータは、可能な限り社会的・政治的活動への一定水準の関わり合いを含み、それには友人、隣人、地域社会全体の間での社交性に依存する非公式のネットワークも入れている。データによれば、組織への参加の機会を見つけようとする志向と技術を持ち合わせている傾向にある、多くの資源を持つ人々に依存して、社交性の水準が変化しているようである。これらのグループは社会関係資本として蓄積される信頼の水準を発展させたり維持したりすることができる傾向にある。不平等の拡大は、以前のより同質的な社会の広く配分された社会関係資本が、経済の変化と地域社会内の増加する多様性に対処するのに便利であるときに一気に激減したことを示唆する。そのセーフティー・ネットへの政府の役割の漸進的な縮小は現代の社会的分断についての多くの議論において注目されてきた。

参加と関与

政治的・共同体活動への参加や関与によって、市民はお互い親密に接することができ、これらは明らかに社会関係資本の集積に必須である。社会関係資本の最も明らかな指標はこれらである。能力の構築は、ある活動への参加者にそれを継続することを楽観的にさせるのに十分な信頼を生む習得であると定義できる。問題はどのような多様な形の積極的な参加が民主的過程を習得するための機会を与えるのかということである。本節のデータは、ボランティア活動、組織への所属、他の形での社会的参加をカバーしている。

(1)市民による関与

収集されたデータによれば、多くの自発的団体への参加が減っており、男性も女性もともに公式なボランティア活動に割く時間を減らしている。またそのデータでは、買い物、また礼拝でさえもいろいろな場所に行く人がいるという。特に若者は前の世代に比べて構造化された活動にあまり参加しなくなっている。短期のイベントと社会運動は集合行為の様々な経験を与えるが、伝承が可能な社会的技術の習得の機会をあまり提供しないかもしれない。短期的な関わり合いは記録されないかもしれないし、必ずしも地域社会の団体のボランティア活動について尋ねられても人々は答えられないかもしれないので、データは注意深く見るべきである。

(2)ボランティア活動の水準

公式なボランティア活動はまだ市民生活に大きな貢献をしている。「オーストラリア統計局ボランティア活動調査一九九五」はボランティア活動に関する最初の全国的な調査である。それによれば、男性の一七％と女性の二二％、全人口の一九％が一九九四年にボランティア活動に時間を割いたという。[8] しかし、

表8-2　ヴィクトリア州とクイーンズランド州における公式のボランティア活動の水準（1982-1995年）

（％）

	男性		女性	
	1982	1995	1982	1995
ヴィクトリア州	27	18	30	22
クイーンズランド州	26	18	31	24

出典：Australian Bureau of Statistics, *Voluntary Work Australia*, Cat. No. 4441.0 (Cenberra : 1995).

表8-3　就労形態・性別による公式のボランティア活動の水準（1995年）

（％）

就業形態	男性	女性	全体
正規雇用	18	17	18
パート・タイム	21	30	27
未就業	13	19	17
全　体	17	22	19

出典：Australian Bureau of Statistics, *Voluntary Work Australia*, Cat. No. 4441.0 (Cenberra : 1995).

八二年のクイーンズランド州およびヴィクトリア州、八八年の南オーストラリア州の州単位の調査は〔一九九五年時点までに〕変化が生じたことを示している。[9]

表8-2ではクイーンズランド、ヴィクトリア両州において、ボランティア活動に従事した人たちの数は一三年の間に三分の一へ落ち込んだことが分かるが、その落ち込みは徐々に起こったものか突然のものかは分からない。一九八八年の南オーストラリア州での調査によれば、ボランティア活動への参加率は、九五年の二〇％に対して二八％であった。[10] これらの数値は公式の団体への参加から得たもので、九二年の時間の利用に関する調査では、非公式のグループへの参加が全体の二三％にまで引きあがった。[11] どの研究も新しくそれほど公式ではないイベントへの参加にも、環境保護活動にも目を向けていない。

二〇〇〇年にさらに実施された調査では、比較可能ではないものの一九九五年から全国単位でのボランティア参加率は上昇を見せている。あるグループが特にボランティア活動に参加したということではなさそうなので、その要因を簡単に説明することはできないが、その傾向は明らかに逆転した。

公式なボランティア活動への参加の減少に対してよく与えられる理由の一つが、女性が外に出て働くことになったというものである。しかしこのデータによれば、ボランティア活動に参加する男性の数は、女性の労働市場への進出とともにその割合を減らしている。

表8-3を見ると、パートタイムの仕事をする女性が最もボランティア活動に参加している。未就学児や小学校低学年の子どもを持つ母親は子どもたちを通じてよりボランティア活動に関わることが多くなりそうなので、彼女達がパートタイムの仕事に就く率の高さはこれを説明できるかもしれない。扶養する子どもを持つ男性の二三％と扶養する子どもを持つ女性の三〇％が最もボランティア活動に参加することが分かった。

(3)ボランティア活動と不平等

職業の地位が上がるほど、人々は公式の組織へのボランティア活動に参加する傾向にある。専門職、ホワイトカラー労働者は小売業、未熟練労働、あるいは失業者に比べてよりボランティア活動に参加する。これはそれらの人々への要請を反映しているとも見ることもできるが、それはまたボランティア活動への自信とそれに関連する信頼の程度は平等には配分されないということを示唆している。

表8-4　職業別によるボランティア活動への参加（1995年）

（%）

職　業	男性	女性	全体
経営者／管理者／専門家	29	33	30
専門家補助	23	27	25
聖職者	20	23	22
販売員	17	17	17
小売業者	13	16	13
労働者／未熟練労働者	12	18	13
総　計	18	23	19
労働人口外	13	19	17

出典：Australian Bureau of Statistics, *Voluntary Work Australia*, Cat. No. 4441.0 (Cenberra : 1995).

ボランティア活動はまた識字率と相関している。一九九五年に実施された調査によれば、低い識字率の人々ほど公式のボランティア活動に参加しなくなる傾向になるという。最も識字が弱い人々が公式のボランティア活動や地域社会の組織に参加する割合は八・三％であり、識字水準2の人々で一四・七％に、識字水準4と5で一八・五％に上昇する[12]。

一九九八年の都市・地方の地域社会の調査では、地域社会の団体へのボランティア活動は人口密度と都市の社会経済的状態と関係していた[13]。一般的に、都市居住者は地方居住者に比べて地域社会のボランティア活動にあまり参加していないが、都市の社会経済的に高水準の地区に住む人々は高い率でボランティア活動に参加している。

同調査では、失業者と移民、特に非英語圏の国々から来た移民は公式のボランティア活動に参加する水準が最も低いことが分かる。この事実はアデレードでの別の調査や九五年にオーストラリア統計局が実施した研究によっても確認されている[14]。ヒューズによれば、これらの結果は社会に受け入れられる場所を持たない人々、個人的に脆弱で、社会に関わりを持つ能力や機会を持たない人々が低い水準の信頼――この水準は彼らのボランティア活動への参加に影響を与えるのであるが――を持っているかもしれないことを示す[15]。

まとめると、これらの数値はボランティア活動は社会的な地位と相関しており、このことはボランティア活動と社会関係資本の配分についての問題を提起する。本章では、ボランティア活動への参加の選択とどのように社会関係資本が差を橋渡しするかという問題と関連させて、市民の関与による、より伝統的な形式が、既存の構造とは別の代替的な構造をつくり上げるかもしれない周辺的なグループを排除しうるということを提起する。本章の後に出てくる、拡大する不平等についての数字は市民の活動の範囲をめぐって変化する参加率のいくらかを説明してくれるかもしれない。

様々な社会制度への関わりと参加

本節では市民の活動に人々を関与させる地域社会のグループ、社会運動、それらの役割を検討する。統計上のデータが不足しているために、本章では比較が難しい調査と報告に頼らざるをえなかった。しかし、パターンや認識について根拠ある推論を行うための十分な材料はある。

(1) 地域社会のグループと社会運動

参加者数は、多くの伝統的な地域社会のグループ、そして社会運動までもが足場を失いつつあることを示している。労働組合といった大規模の代表組織や、地方女性協会（Country Women's Association）といった伝統的な女性の組織や、ボーイスカウトやガール・ガイドといった伝統のある青年運動や、昔からの教会は過去四〇年の間にその参加人数に減少を見せている。

伝統的な社会運動は女性運動や環境団体といった最近進出している団体に人を取られていると論じている人もいる。しかしそれらの団体も会員数と大衆からの支持を失いつつある。公式のグループの会員数の傾向についての記録はあまりないので、本章では直接それらの団体からデータを集めた。エイペックス・クラブ（Apex Clubs）やライオンズ・クラブ（Lions Clubs）のようなサービス団体は一九五〇年代のピークからかなりの数の会員数の落ち込みを見せている。地方女性協会の会員数は五五年の一一万人から九七年には四万八〇〇〇人になった。ウィルダネス・ソサエティ（Wilderness Society）は八〇年代半ばの九〇〇〇人から今では二〇〇〇人へと減った。ゼネラリスト的なフェミニストの団体もまた活動的な会員数を減らしたが、記録に入っていない多くの小規模で特殊な団体がある。しかしその傾向において例外がある。例えば、ニュー・サウスウェールズ州では、七万人の消防隊のボランティア・メンバーがおり、それは一九九四年の山火事発生の際の広範なメディアの報道によって新入会員が非常に上昇したためである。

社会関係資本の面から見ると、社会と地域社会の組織への参加人数の減少は何十年にわたるオーストラリアの人口と生活様式の変化という背景を考慮に入れなければならない。国全体の民族集団の構成の明らかな変化は――特にそれは大都市においてであるが――低下気味の出生率と拡大する流動性と同様に、市民の活動とその内容のタイプに影響を与えた。

クリーン・アップ・オーストラリア（Clean Up Australia）、マラソン大会（fun runs）、ゲイ&レズビアン・マーディ・グラス（Gay and Lesbian Mardi Gras）、フェスティヴァル、ドラゴン・ボート・レース（dragon boat races）、食料市、これらはオーストラリアの穏やかな気候の下の屋外で催される。それらへの参加は必ずしも人間関係をもとにしたものではなく、公の社会的イベントへの広い参加を提案し、責任と信頼を生むかもしれない。これらのイベントはＨＩＶプログラムを支援するために売られるリボンを折る仕事のように、徹底した組織化と密接な協力を要求し、また伝統的な組織のように現行の人間関係を大事にするというよりも異なったタイプの人間の相互関係を提供する。

クリーン・アップ・オーストラリアのような活動は、会員制という構造をとらなくても参加することが可能であり、一日中見ず知らずの人々と働く多くの参加者を惹きつけるのである。地域社会の緑化プロジェクトは主に現行のボランティアによる手助けに頼っている。〔山火事で焼失した〕灌木の再生を組織する土地保護活動は、しばしば限られた期間であるが、地方の環境グループと農家を結びつけた。先住民と移民の人々との和解の試みは地方規模においてと全国規模において多くの公式・非公式の活動を伴った。これらには公的な会議や現行の研究グループ、あらゆる町で集められた色とりどりの二五万個の手形の展示という催しを含む。

これらの新たな多人数による活動は、それらのしばしば一時的な接触がどれほど市民への利得を提供するかという問題を提起する。それらの活動は地域社会を基礎とした活動にさらなる試みを伝える自信と動機を人々に与えるかもしれないという伝聞的な報告もあるが、これはまだ確かめられたことはない。これらの活動がどのように他者に対して共同性と善意を強めるのかはまだ解明されていないが、先住民との和解を唱えて開催された行進（Reconciliation march）といった大きな公のイベントともに、それらの広がりは新たな形の共同体政治が誕生しているのかもしれないということを示唆している。

これらのイベントの多くがメディアの露出を伴い、そのイベントの事前に公表され、終わったあとには誉めたてられる。それらは何千もの人々を有名な地方のイベントへと惹きつけるので、参加しているという広く介在された感覚を代表しているのかもしれない。それらはメディアに通じている人々に対して知名度と正統性を提供する。公に奨励されたイベントは正統性があると見られる。積極的参加は認識され賞賛され、人々は自分たちが良いことをしていると感じる。他の活動は共通の利益と資源を持った人々のみの参加だけかもしれない。これらのいくつかは、地域社会と国家との交流を提供する地域社会の芸術プログラムを通じた公共投資——人々が一緒に働くというよりも空間を共有するフェスティヴァルやその他の参加による楽しみに資金を提供するものであるが——によって成り立っている。どのような人間関係をこれらが創造するかについて推測することは興味深い。

一九九七年に筆者の研究室の学生によって実施された調査では、地域社会の組織の成員のパターンは人々の出入りによって動きがある。[16]地域社会の活動に参加した二〇〇人以上の人々を対象とした調査によれば、平均で一人あたり三つの組織に入っていた。しかし八〇％の人々が二つの組織の参加は一〇年以上も活動せず経過したと認識しており、利益が変化すれば人々は次の行動に移るということを示唆している。

オーストラリア非営利データ・プロジェクト（Australian Non-Profit Data Project）用に集められたデータは非営利団体の現在の活動について詳述している。[17]同データは一九九五〜九六年までをカバーし、従業員とボランティア活動員に賃金を支払ってきた三万団体の非営利組織について確認している。オーストラリアにはより多くの自発的非営利組織があるが、調査は「従業員やボランティア・メンバーを雇用している」非営利組織のカバーしている。というのもこの調査は組織の活動を記録する必要があり、その他の組織についてのデータがないからである。しかし、結果によれば、一九九五年には、三七万三〇〇〇時間と二〇億オーストラリア・ドルの現金がグループの調査に費やされた。これは小さな国にとっては巨額な支出である。

⑵宗教的な関与

オーストラリアには確固たる宗教はないが、宗教的組織は伝統的にアングロープロテスタントとアイルランドのカトリックであった。その両宗教の優位性は移民とともに増減している。現在仏教は最も急速に普及している宗教で、その次がイスラームである。しかし主たる宗教はいまだにキリスト教である。教会とその多くの福祉施設は、戸別健康サービス、教育、地域社会サービスを政府と密になって進めている。これらはすべて公的に資金援助されており、少なくともこれらのサービスはそうである。表8-5は、全体的な教会への出席の低下を示しているが、これはおそらく主に主要なキリスト教の宗派と関連している。

一九九六年に実施された全国教会生活調査によれば、ほとんどの宗教諸派で高年齢化が進んでおり、信者を減らしている。しかし、ペンテコステ派は若者を引き込んでいる。またその調査では、活発に教会に行く人々はより社交的であり、その教会の集会内で友人以外にも友好関係を持っていることが分かった。これらの人々はまた信仰グループ内の多様性に対して寛容的であり、他の組織の会員になっている傾向にある。[18]

表8-6の全国調査データでは、無宗教と回答した人々のかなりの程度の増加が見られる。地域社会における団体の多くが教会を基礎としたものであるので、この事実は、世俗化の進む地域社会と、多数派かつキリスト教に基づく組織の会員の減少との間にありうべき関係という問題を提起する。しかし、オーストラリアにおけるエスニック集団の構成の変化と世俗的な特徴の強化は、社会の一体性に対する宗教の貢献についての問題をも提起する。

最近実施された、異なった地域社会における社会的信頼の研究によれば、宗教的な信仰は全般においても地方においても信頼に影響を与えていないという。[19]実際に、公然と無神論者と主

表8-5　どれくらいの頻度で教会へ足を運んでいますか？

（％）

	1950～60年代	1970年代	1984年
毎週行っている	25	20	17
ほとんど／決して行かない	61	67	64

出典：Mariah Evans, "World Wide Attitudes," Australian National University, Canberra, March 1995.

表8-6　どのキリスト教の宗派を信仰していますか？（1947～91年）

（％）

	1947	1971	1991
英国国教会	38	29	23
バプティスト	1	1	2
カトリック	19	26	26
ペンテコステ	0.5	1	1
無宗教	0.5	6	12
全人口（万人）	840	1350	1750

注意：他の様々なプロテスタントの宗派の結合によりさらなる比較は困難である。
出典：Australian Bureau of Statistics, *The Census of Population and Housing* (1947, 1971, 1991).

張する人々は、神や高位なる力を信じていると公言する人々よりも、高い水準の信頼を持っていた。しかし異なった神学的な姿勢を見せる様々な宗教の人々の間には相当の差がある。「キリスト教徒」と「世俗の人々」との間に明確な違いを認める人々は、「キリスト教徒」ではない人々に対してあまり信頼を置かない傾向にある。

(3)労働組合への参加

労働組合への参加もまたここ一〇年の間に低下してきている。オーストラリア統計局の数字では、一九八四～二〇〇〇年の間における労働組合への参加数は全労働人口の四六％から二五％にまで落ち込んだ[20]。労組はその落ち込み方の割合はゆるやかになったが、この傾向は明らかになりつつあると見解を述べている。いまや、新法が賃金設定と労働争議の解決における労組の公式的な役割を減らすために、その労組の役割に変化がある。しかし、その落ち込みのほとんどが、労組が政府に対して重大な影響力を持つと考えられる労働党政権期に起こっていた。労働力における性別構造の変化や非正規雇用者の増加は参加率の低下傾向のそのほかの要因と見られているが、データによればそのほかの団体への参加率の低下傾向も示しており、それは少なくとも部分的な因果関係の重複があることを示している。

今や中央集権的な固定賃金制度は廃れ、企業別契約は個人単位の契約に取って代わられ、労組は交渉の席における単なるもう一つのプレイヤーにすぎないと再定義されている。しかし、労組への信頼がそこへの参加率の低下に伴って減少しているという証拠はない。低い数値から始まって、労組に対する態度は徐々に肯定的になっている。

労組への加入人数は公的部門と数少ない熟練ブルー・カラーの人々のなかで最も多い。労組と職場の構造の変化は、三〇年前に比べて職場において政治的・社会的行動が少なくなったということを意味する。

表 8－7　労働組合を信頼していますか？（1983～95年）

（%）

	1983	1995
大いに信頼している	5	3
かなり信頼している	20	22
あまり信頼していない	55	50
全く信頼していない	20	21

出典：Roy Morgan Research Centre, *World Values Study* (Melbourne : Roy Morgan Research Centre, 1983, 1995).

政治への参加

オーストラリアでは有権者登録と投票は義務化されており、よって投票率は政治への参加の信頼できる指標ではない。義務投票は大いに受け入れられている。一九九六年に実施されたオーストラリア選挙調査では、八六％の登録有権者は投票が義務化されていなくても投票する傾向にあることを示している。わずか三％の登録有権者が投票には行かないと返答した[21]。これはしばしば複雑だと言われる選好投票（preferential ballots）においてさえも九五％の有効投票となり、無効票がわずかしかないという事実にも裏打ちされる。

表 8－8　テレビで選挙状況を見ましたか？（1987～96年）

（%）

	1987	1990	1993	1996
多くの時間観た	51	42	41	31
あまり／まったく観ていない	16	21	20	31

出典：Australian National University, Social Science Data Archives, *Australian Election Survey* (Canberra : Australian National University, 1987, 1990, 1993, 1996).

一九八七～九八年に実施されたオーストラリア国立大学選挙調査を除いて、政治行動と政治的態度についての長期的なデータは欠如している。このオーストラリア国立大学の調査は五回の選挙について今まで経験したことのない変化の期間における政治過程について、有権者の見解を調査している。同調査用紙は選挙人名簿から無作為に抽出された数千人の有権者にメールで送られた。その結果で示されたのは、四回にわたる連邦選挙において、選挙キャンペーン中の低い（そして縮小している）水準の積極的な関わりと政党への加入であった。一九九三～九八年の新たなデータまで見ると、九六年に三・四％余から約一・七％への参加の落ち込みと、九八年の二％までのわずかな回復があった。しかし九六年のオーストラリア選挙調査では、一〇％が政党へ加入していることが分かる[22]。

(1) 政治ニュースを観る

政治ニュースを観ることは政治関心についての主要な指標で

表8-9　あなたは政治問題を話し合いますか？（1983〜95年）

（%）

	1983	1995
頻繁に話し合う	11	16
時々話し合う	54	54
まったく話し合わない	35	31

出典：Roy Morgan Research Centre, *World Values Study* (Melbourne : Roy Morgan Research Centre, 1983, 1995).

表8-10　年齢別の政治活動への参加（1995年）

（%）

	14〜17歳	18〜24歳	26〜34歳	35〜49歳	50歳以上
参加したことがある					
署名嘆願	57	74	80	84	78
ボイコット	9	17	24	31	15
デモ活動	5	16	17	27	13
公式には認められていないストライキ	5	5	9	11	6
参加したことがない					
署名嘆願	2	4	4	3	9
ボイコット	28	29	27	29	49
デモ活動	34	28	29	33	57
公式には認められていないストライキ	24	41	54	57	76

出典：Roy Morgan Research Centre, *World Values Study* (Melbourne : Roy Morgan Research Centre, 1983, 1995).

ある。多くの人々がテレビから政治ニュースを知るので、政治ニュースをほとんど観ない場合は政治への関与が薄いということを示唆している。オーストラリア国立大学選挙調査によれば一九八七〜九六年の間に、ニュースを観ることに大いに関心があるという人の割合に落ち込みが見られ、選挙に関心がないと答えた人の率が上昇した。表8-8の数字では、最近の他の選挙と比較してみても九六年の選挙では低水準のメディアイベントであったことが分かる。九八年の選挙では、関心は非常に低かった。政治的問題への関心は減退している。

選挙調査によれば、一九九三年と九六年の全国選挙キャンペーン中の党大会への参加者数は非常にわずかであり、九八年では二%を超えた程度であった。参加の低下は選挙キャンペーンの熟練化とダイレクト・メール、メディア操作にその要因の一端がある。公の場での集会や戸別訪問による選挙運動が少なくなり、それらは対象を絞ったダイレクト・メールに取って代わられている。

(2)過去と現在における積極的な参加

表8-9は一九八三年に実施されたモルガン世界価値観調査（the Morgan World Values Survey）のデータに基づいているが、それによれば政治への積極的な参

表8-11　自発的参加をする人としない人の権力の認識（1998年）

あなたは隣人の意思決定に影響を与えることができますか？　（%）

	強くそう思う	少しはそう思う	どちらとも言えない	あまりそう思わない	まったくそう思わない
ボランティアをする人（331人）	7	25	42	13	14
ボランティアをしない人（2093人）	3	17	41	19	20

あなたは人々は隣人に影響を与える意思決定に影響を与えることができると思いますか？

	強くそう思う	少しはそう思う	どちらとも言えない	あまりそう思わない	まったくそう思わない
ボランティアをする人（331人）	26	40	26	4	3
ボランティアをしない人（2093人）	18	36	34	7	5

出典：F. Baum et al., "Volunteering and Social Capital : An Adelaide Study,", *Volunteer Journal of Australia* 23, 3 (1998).

加が上昇している。これは、その参加が八〇年代後半に上昇しその後に低下したということでなければ前に提示したデータと相容れないことを示している。

表8-10によれば、特に若者を中心として、かなりの割合の人々が請願という段階を超えて抗議活動へと向かったことがなく、あるいは向かわないことが分かる。また若者ほど前の世代に比べて急進的になる傾向にはないことが分かる。

他のクロス表の一九九五年のデータは興味深い違いを見せる。緑の党や民主党といった小政党に投票する人々はより積極的になることを期待しているのである。ALPに票を投じた人々は保守連合に票を投じた人々よりも多少活動的であるが、かなり平均的に請願に対して肯定的である。これらの数字は大政党の専門化が政治への参加を減退させた可能性を支持する。[23]

(3)民主的過程の実践？

ボランティアへの積極的な参加の主な要因は、社会全体と政治システムにおける一種の有効性である。南オーストラリア州での調査（表8-11）では、一種の有効性と自発的な参加の間の明確な関連性が認められる。[24] その因果関係の方向は明らかではないが、他者およびシステムに対する信頼はある程度まで認識されうる有効性と関連していると想定することができる。これは次項にて詳述される政治家への不信という面から見た場合に重要である。

信頼と社会関係資本

前項では政治への積極的な参加からのいくらかの後退があることを示した。本項では社会の様々の分野における信頼の水準を見る。本項の射程は一般化された信頼、特殊な信頼、犯罪や見知らぬ人に対する恐怖、理想的な社会に我々が抱く期待、そしてどこに現行システムの欠陥があるかについての詳述である。これらはすべて我々が他者をどのように感じるかという指標であり、これらの感情が他者と関わり合い、共通の目標に向かって集合行為に参加するという見込みにどのような影響を与えるのかという問題を提起する。

一般化された信頼

表8-12はオーストラリア版の国際価値観調査（International Values Study）から抽出されたものである。一九八三～九五年の一二年間に大きな信頼の落ち込みがある。七％の落ち込みは深刻ではないものの、多くの地域における信頼の落ち込みとい

表8-12　他者の信頼（1983～95年）

（%）

	1983	1995
多くの人々は信頼されることができる	46	39
信頼しすぎることはない	52	59

出典：Roy Morgan Research Centre, *World Values Study* (Melbourne : Roy Morgan Research Centre, 1983, 1995).

表8-13　職業別の信頼性（1976～96年）

（%）

職　業	1976	1986	1996
会計士	—	51	46
銀行幹部	66	60	37
弁護士	43	39	29
企業幹部	22	23	17
連邦国会議員	19	16	13
州会議員	21	17	12
ジャーナリスト	12	12	7
教師	56	57	68
警察	52	56	55

出典：Roy Morgan Research Centre, Morgan Poll, no. 2893, 1996.

表8-14a　あなたは政府関係者を信頼しますか？（1983～95年）

（%）

	1983	1983
大変信頼している	9	2
非常に信頼している	47	24
あまり信頼していない	36	53
まったく信頼していない	8	20
わからない	0	2

出典：Roy Morgan Research Centre, *World Values Study* (Melbourne : Roy Morgan Research Centre, 1983, 1995).

表8-14b　あなたは政党と公共サービスを信頼しますか？（1983～95年）

（%）

	政党		公共サービス	
	1983	1995	1983	1995
大変信頼している	—	1	7	4
非常に信頼している	—	15	40	34
あまり信頼していない	—	64	45	50
まったく信頼していない	—	18	7	10
わからない	—	2	0	2

出典：Roy Morgan Research Centre, *World Values Study* (Melbourne : Roy Morgan Research Centre, 1983, 1995).

表8‐15　隣人として好ましくない人々はどのような人々ですか？（1983～97年）

（%）

	1983	1995	1997
薬物中毒者	—	74	65
同性愛者	34	24	17
エイズ感染者	—	15	11
移　民	6	5	2
異なった人種	6	5	3

出典：Roy Morgan Research Centre, Morgan Poll, 1997.

う背景のなかでこの数字は大きな問題の可能性を示唆している。

　表8‐13によれば、信頼が落ち込んだ地域は、政府、法律、財政制度に最も深く関わっていることが分かる。看護士、医者、教師、また公になったスキャンダルがあった警察を含めて、それらの人的サービスの専門家が高い信頼を維持していたので、すべての分野が変化したわけではない。

　表8‐14aと8‐14bはともに政府と政治家に対する信頼の落ち込みを示している。政治家に対する不安は選挙の際の世論調査で確認される。一九九六年の選挙時の調査では、たった四〇%の人々しか連邦政府は多くの場合に正しいことを実施したと答えず、それに対して六一%の人々が政治家の倫理的基準がここ最近低下したと答えた。九八年選挙の調査でも同様の結果を示し、政治家に対する低評価が確認された。[25]

(1)民主主義それ自体に対する信頼

　多くの人々はそれでも民主主義を欲する。好ましい政府のあり方についての調査では、八四%が民主主義に対して肯定的な回答をし、八二%が他の統治体制よりもより良いと考えていることが分かった。四九%が非常に良いと回答し、三五%がかなり良いと回答した。しかし民主主義に代わる形の政府もある程度の賛成を受けた。四一%が専門家に肯定的な評価をし、厄介なことに、二四%が議会も選挙も持たない強力な指導者を持つ政府に肯定的な評価をした。[26]

(2)見知らぬ人や他人に対する信頼

　見知らぬ人々や他者に対する信頼をどう測定するかについては、「私たちと同じだ」とは思わない人々に対して社会の能力が橋を架けることを含む。その証拠は混在している。人種主義が増加しているという広い認識と、移民、特にアジアからの移民に対する増加傾向の反対もある。

　それに対して、表8‐15が示すように、よそのグループに対する増加する不安という証拠は見られない。実際に、ここ最近でより受け入れられやすくなったグループもある。これらの数字が示すのは、特別に組み込まれた人種主義や偏見というのはなく、そのような態度は実際の行動と関係しているのではなく、一般化された不安の表現なのかもしれないということである。

(3)犯罪への恐怖

　一般化された信頼の欠如は記録的に多い犯罪への恐怖に主に起因するのであろう。犯罪は上昇しており世界は秩序を乱しているという考えは広がっている。そしてこれがますます法律と秩序を要求するのである。これは個人に対する暴行といったような犯罪が実際はオーストラリアにおいて減少しているという事実にもかかわらずである。調査によれば、人々は生活に不安に感じ公共の場所や夜に出歩くことを避けている。これは一連の州選挙において利用され、そこでは政党が法と秩序の問題について競合してきた。

「犯罪への認識と現実」（Crime Perception and Reality）という論文は広く人々が犯罪の犠牲者になるという恐怖について見ており、このデータを実際の地区別の犯罪率と関連づけている。[27]人々が抱く犯罪への不安は実際の犯罪の起こりやすさを非常に上回っており、犠牲者へのなりやすさにさえ関係していなかった。最も危険にさらされることが少ない年配の女性がしばしば最も不安を抱きやすい。その論文の筆者は、メディア、犯罪問題の政治的な利用、社会変化が、人々が抱く不安の水準に影響を与えていそうだと結論づけている。

子どもの安全に対する恐怖心も同じ現象の一部であろう。一九九二年に非常に平均的な郊外で実施された調査では、小学校に通う児童を持つ両親の五〇％と中学校低学年の生徒を持つ両親の一二％が、親の同伴なしに安心して子どもを学校に送れないと答えている。[28]子どもへの危害と誘拐への不安感が、混雑した道路を渡る危険性への不安感を上回ったということは、理性的な不安よりもむしろ一般化された不安があることを示唆している。誘拐は非常に稀であるが頻繁にニュースにのぼるために、約半数が誘拐を気にかけている。同じデータを用いた別の論文では、ヴィクトリア州の若者に対する危害は調査前よりも一〇年間で三五％減少している。[29]

危険な行動を回避しようとする態度も、筆者および筆者の研究室の学生が実施したデータから見てとれる。[30]筆者の感覚に着目した調査で明らかになった一貫したパターンは、女性の安全性へ女性は自らを危険にさらす状況を避けるということである。女性はますます夜に外出することを避け、公共の交通手段を用い、公共の場を歩く。これは家庭内での家族からの暴力の高い危険性にもかかわらず認められるパターンである。高年齢の人々においては、世代と性別を越えて簡単に共有される公共空間へのアクセスを失うことは信頼を減退させる。

(4) 他人への関心と社会の期待

次に示す指標は、人々が全市民に対する社会の基礎的責任について期待することである。これらは信頼の欠如に関わるために指標に投入されている。公正という概念は自身の感覚と他人の運命への感覚に関連している。

すべての人に「公正にする」ことがより平等な社会へと向かわせるという発想は伝統的にオーストラリアの将来についての全般的な楽観論の一部であった。世論調査によれば、「平等に対処する」という願望とこれを達成することが認識されている可能性のギャップは拡大している。一九八九年のＡＧＢマクネア（AGB McNair）世論調査では、回答者の八三％が「オーストラリアは不平等な社会に向かっており、貧富の差が拡大して

表8-16　収入と富は一般の労働者に対して再分配されるべきですか？（1987～96年）

（%）

	1987	1990	1993	1996	1998
賛成	45	41	51	47	47
反対	34	35	26	25	25

出典：Australian National University, Social Science Data Archives, *Australian Election Survey* (Canberra : Australian National University, 1987, 1990, 1993, 1996, 1998).

いる」と答えている[31]。数少ない時系列調査である、オーストラリア選挙調査によれば（表8-16）、調査時期を通じて賛成者の割合が比較的安定していることからすると、政府は平等を創出するのに大いに責任があると見られていることが分かる。ところが実際は、政府への反対は政府が再配分政策を緩和する意向を主張していたときに減った[32]。

所得分布は過去二〇年の間に変化した。市場での所得はより不平等になった。福祉への支出は増加したのに対して、それを受ける資格のある個人は少ない。それに対して、一家の稼ぎ手を含む所得受給者の比率が下がっている。一九七九年には二三%の家庭に稼ぎ手がいなかった。九五年にはこれが三五%にまで上昇した。後の調査では、平均的な稼ぎ手の四〇%が収入を下げ、それに対してトップ一〇%が収入を上げた[33]。九八年の国連人間開発報告書（United Nations Human Development Report）は収入の分布に基づいて、オーストラリアを米国の次に世界で二番目に不平等な国だと位置づけた[34]。平等主義への渇望と増大する不平等の間の撞着は、信頼について語るうえでありがちな要因である。

積極的な参加に影響を与える他の要因

前記のとおり、政治家と統治のその他の側面に対する信頼の低下、犯罪への恐怖は今日のオーストラリアの生活についての全体的な叙述の一部を形成する。次節ではこの一連の叙述に悪影響を与えうる日常生活の二つの側面を見る。それらはメディアとそれをどのように使いこなすかという問題と、我々が費やす時間、つまり社会活動のための時間とともに自由時間についてである。

(1) メディア

メディアは複雑な方法で最近何十年の間にその性質と範囲を変化させてきた。八〇年代初期、テレビ局はそのほとんどがニュースと現代情勢の報道を二倍に増し、それは放送時間の四分の一になった。新聞は反対の方向に進み、スポーツやエンターテイメントの報道量を増やし、二〇頁が三二頁まで増えた。ラジオ局の中にはすべての放送時間を音楽番組からトーク番組に切り替えたり、その逆にしたりするところもあった[35]。一九九二年のオーストラリア統計局の時間の利用に関する調査によれば、若者の間での新聞購読に落ち込みが見られ、六五歳以上の人々の四〇%が新聞を読むが、一五～二四歳では新聞を読むのは八%にすぎない[36]。有力紙はまだ部数を保っているが、タブロイド紙は部数を減らしている。

表8-17　報道やテレビを信頼していますか？（1987～96年）

（%）

	報道		テレビ	
	1983	1995	1983	1995
非常に信頼している	3	2	―	4
かなり信頼している	25	15	―	22
あまり信頼していない	59	61	―	59
まったく信頼していない	12	22	―	15
わからない	0	1	―	1

出典：Roy Morgan Research Centre, *World Values Study* (Melbourne: Roy Morgan Research Centre, 1983, 1995).

産業団体は他紙の廃刊に基づいて、一九八〇年代から約三〇％の読者を失ったと認識しており、全体的な構図は明らかではない[37]。しかしより高い教育を受け上流社会経済グループにいる個人は、そうでない人々と比べてまだ新聞を読んでいるというのは正しい。一つの商業目的の現代情勢の番組の終了とそのジャンルの視聴者の減少はテレビ報道もまた減っていることを示唆している。つまり、これは政治・社会の問題についての責任を持って報道をするニュースへのアクセスに不平等が拡大していることを示唆している。

(2)ニュースを信じる

表8-17によれば、メディアを信じている人々は少ない。これはテレビ番組が聴衆を失い、タブロイド紙が読者を失うことと結びついているのかもしれない。

世論調査によれば、メディアへの信頼は決して高くはなく落ち続けている。活字メディアへの信頼は一七％であり、テレビへの信頼は二六％である[38]。一九九六年に実施された職業についてのモルガン世論調査によれば、新聞のジャーナリストとテレビ・リポーターはその倫理観については高く評価されず、七％で、誠実さについては一二％であった[39]。

3　結論

社会関係資本の分配に影響を与えうる要因

多様な要因がオーストラリアにおける社会関係資本の増減を予測する指標となる。この章では公式、非公式を問わず多様なタイプの参加を調べ、どのように参加の過程が信頼と相互性の経験に影響を与えるかという問題を提起してきた。データによれば、機会と経験は他の社会的利得のように歪んでいるかもしれない。つまり、社会のなかのあるグループが多かれ少なかれ、おそらくある形の信頼を形成する過程への道を知っているためである。

一方、清掃日、ゲイ&レズビアン・マルディ・グラス、飢餓状態を体験する四〇時間キャンペーン（40-Hour Famine Campaign)、屋外宿泊（homelessness sleep-outs）といった資金集めと公共の場での主張活動のために開かれる参加型のイベントが多く現れている。

これらの変化は政府と、人々が信頼を上げ社会関係資本を集積する機会はある程度の慎重な企画が必要だととらえる団体にとって興味深い問題を提起する。もし社会がより不平等に、そして積極的な関わり合いと信頼の構築が正統性と信頼性の範囲以上になるならば、社会の一体性は、民主主義がそうであるように、脅かされる。本節ではより詳細にこれらの分野のいくつかを探ってみよう。

⑴不平等

拡大する不平等とその認識は物質的な満足さに対する全体的な上昇にもかかわらず、地域社会における信頼の水準の下落と公式な関わり合いの水準の低さ要因になっているのかもしれない。広い市場型の所得と財の配分の導入は、オーストラリアを含めた多くの先進諸国の不平等を促進させた。ナックとキーファーもまた相対的に平等な所得の配分は高い信頼と市民の規範に関連していると分析している[40]。

不平等はまた悪循環を生むであろう。というのも、認知された実際の経済格差が孤独感や社交性のなさも含む他の社会的な要素に関連するからである。地域社会のネットワークや家族の関係の変化は直接的な社会的なサークルの外側にいる人々との接触を減らすであろう。なぜなら財政的な面やその他のストレス要因のせいである。このあまり多くない社会的経験は今度は自信の欠如と社交性を身につける能力の低下へと向かわせるかもしれない。自発的な関わりは信頼を得る機会を提供するかもしれない。しかしそれはこの関わりを始めるために、ある水準の信頼を必要とする。関わり合いつつ、信頼するようになる機会は、小規模でしばしば隔離された現代の家庭という単位では欠如しているかもしれない。

⑵地域社会のグループの変化

関わり合いの問題はボランティア・グループの構造の変化によって悪化する。有名で非常に目立つ団体はしばしばボランティアを雇う側になり、熟練したサービスを提供するために相当な金額を拠出される。この「第三セクター」は主要なプレイヤーとなり、ライオンズと共同研究者たちによって確認されたように、全体のシステムの中で重要な経済的な要因である[41]。多くの非政府組織が専門化しているのは、それらの団体のサービスの要求と政府からの資金の必要性がそうさせるからである。これらの変化はボランティア活動を申し出る人々や専門的な技術を持たない人々の参加を促すことに障壁を設ける。多くの団体は政府と契約し、「利用者負担」の地域社会のサービスを提供する主要な組織になっている。

会員にサービスの提供よりもロビー活動をさせる団体は、政治過程の要求はある水準の専門化を必要とすると主張する。自分たちの組織の主張を宣伝するためにビジネス・政治団体に雇われた、専門的なロビー活動家やPR会社の出現は、一般的な団体が「素人」を用いるのを困難にさせる。政党や擁護団体もまた専門化し、その専門化によってそれら団体の幹部をボランティア活動をする人々から遠ざけ、結果としてあまり彼らに興味を示さなくなるのである。

これらの変化の全体的な効果は、公式な団体でともに働く経験はあまり技術を持たず信頼のない人々にとってますます遠くなるということであろう。PTAといった団体はあるものの、それらの団体はさらに、しばしばより信頼があり正統性のある職域になるであろう。増加傾向にあるように思われるあまり公式ではない団体は簡単には加入できないかもしれない。なぜなら、その非公式性ゆえである。よって、より多くに人々が孤独に、あるいは小規模集団のなかで生き、関わり合う機会があまりないのであれば、その人々は相当な市民の技術を習得できる社会経験の不平等に苦しむであろう。

(3)公共空間の共有

スポーツやその他の余暇、そして文化活動への積極的な参加はたびたび一種の社会の一体性に寄与しているととらえられる。空間、時間、好み、活動の共有は軽く親しみやすいものから積極的な参加のものまで、ある範囲の過程を提供する。多くのオーストラリア人は見知らぬ人々と一緒に公共空間で時を過ごすことに慣れている。しかし、経済的な問題もまた差異を生むであろう。つまり、美術館や多くの画廊が今や料金を徴収する。それはいくつかの公園、スポーツ施設、その他のかつて無料だった施設でも同様である。「利用者負担」サービスと公共の場所へ行くことができなくなることは、いかほどの我々の社会関係資本が公共空間——そこで我々は安全な場所で見知らぬ人々と喜びを共有し、他人が我々の好みと興味を共有していると見ることができるのであるが——で構築されるのかという興味深い問題を提起することができる。その経験はともに働くことよりも高い水準ではないかもしれないが、これらの空間がなくなることは他の形での人との接触を従来より難しくしてしまうかもしれない。

社会関係資本とは何かを叙述してみる

社会関係資本に付随する問題は、それが定義可能な何かではなく、人々の間での過程で見られる指標なのである。よって社会関係資本は、表出された行動、態度、グループの過程による結果と出力といった指標によってのみ確認ができる。全体的な叙述（overarching narrative）、そして適度な叙述（middling narrative）、そしてパーソナル・スクリプト（personal script）という概念は社会関係資本の全体を表出するための最も良い表現方法であろう。経験は解釈され習得の可能性をつくり上げ、そして今度はそれが肯定的、あるいは否定的な期待を創出する。その過程は、個人とグループにおいても社会関係資本の叙述という概念を通じて最もよく表される。この叙述は文化的価値やメディアのイメージによって介在され、社会システムのなかの自身とグループを位置づけるために用いられる。

本章で集められたような項目は多くの場合社会関係資本の証拠にはならないが、仮に社会関係資本というものを表現できるのであれば、それらの項目はグループの行動の可能性を示すことができる叙述へと結集する。もし人々自身の日常生活の叙述が騙され威圧されているという前提に基づくならば、その人々は全般的に一定のグループ内の他人を信用しない傾向になるであろう。生活の経験、気質、信念によって信頼の範囲を制限される人々は常に存在するが、もしこの種の見方の程度と分布が大きなグループに都合の良いようになるのであれば、社会全体と地域社会は社会の柔軟性の損失によって脅かされるであろう。

市民社会の問題とその過程に人々を関わらせるメディアの役割はパットナムやその他の研究者によって議論されてきた[42]。我々が今持っている少ないメディア資源しかない島国においては、全国的なメディアは公共の話題を発展させるのに重要な役割を果たす。メディアは公共の視点の統合的な形成者であり、解釈者であり、語る側である。もしある出来事がニュースにならなければ、多くの人々にとってそれは存在しないことになるのである。ニュースは人々の世界観をつくり上げるためのフィクションや空想によって曖昧にされる。

よき市民という概念はメディアの用語で「セクシー」と見られるものによって再定義されそうである。たしかに、メディアを通じて促進された組織と活動に参加する人々の数は伝統的組織よりも多そうである。

データは何を示しているのか

オーストラリアのデータによれば、社会関係資本が低下、安定、あるいは成長しているかについてのいくつかの矛盾した指標がある。本章で集められたデータは政治的過程と公式の地域社会の過程に対して不信と離脱が高まっていることを示す。最近一五年の間に、統治と財政部門に関係するものへの信頼の水準の悪化と伝統的なサービスを提供する団体への参加の減少が見られる。同時期は国家の積極的な役割についての事務的な言い方と削減についても特徴づけられる。

新興の第三党への投票を通じて地方と都市郊外の有権者が二大政党を拒否し、特に政府によるサービスの削減と市場自由化による多くの側面を拒否したという指標がある。逸話的な説明では、経済の変化が人々に被害を与えた地域における地方と地域の問題というものがある。犯罪への恐怖とリスクあるいは変化を排除する望みといった他の測定値は、社会の一体性にこれらの傾向がどのような影響をもたらすかという問題を提起する。データで確認された信頼の分布が、認識されるような社会の一体性の欠如の要因かあるいは結果かのどちらかという問題がある。家庭は一人住まいで孤独になっている傾向があり、それによって親密な関係にある仲間以外の人々との社交的な相互関係の選択肢が少なくなってしまう。

社会関係資本は、社会の変化によって利得を得る能力を持ち合わせている、幅広く経済的な選択が可能なグループのなかで最もよく機能しそうである。また人々が他者と切磋琢磨し、彼らからの善意を期待する傾向にあるという兆候もある。地域社会のフェスティヴァル、環境改善のためのイベント、その他の地域同士の活動への積極的な参加が増加している。これは、第二次世界大戦以来多くのオーストラリアの人々にとって生活の質を漸次的に改善してくれる方向へと作用していた、強い善意の残余と多様な人々の包括性の可能性を示している。

オーストラリアは過去三〇年の間に多くの新参者を統合し、徐々に先住民との良い関係に向かって進んでいる国になってい る。最近一〇年では、同性愛者の受け入れにも熱心になり、彼らとの調和に向かっており、このことは最近まで公共政策と社会文化がお互いに歩調をあわせてきたことを示唆する。しかし、他者の包括性を政治問題化することや主流の人々を再強調するということは、より幅広い政治空間が、都市エリート 対「一般庶民」(battler) と評されている者の間で姿を表してきている。政府がこれらの差異を解消することは――少数派の政治を「政治的是正」(political correctness) として斥けることとあわせて――地域社会と国家との間の契約に矛盾を生み出す。

データは、現代の技術・経済の変容によって引き起こされる変化に対処できる柔軟性を持ち合わせていない場合に危険性があることを示唆している。オーストラリアがしなければいけないことは、市場の過程における増加する不平等、国家による公平性と再分配の期待、民主的ではありつつも、変化した形の地域社会における参加、これらに対処できるかということである。

国家の役割は重要であり、地方の政治家は現在積極的に社会関係資本の生産を彼らの使命だと喧伝する。社会関係資本を促進するための政策を追求する政治家も中にはいる。そこから示唆されることは、社会関係資本は良いもので、その性質と結果についてかなりの混乱があるということである。政府は、社会関係資本育成のための主要なエージェントではないと自認しており、政府とは、減退気味の地域社会の伝統的な部分に圧力をかけ、社会関係資本を生じさせる役割を担っているとしばしばとらえている。

国家が市場に対する調整役であると認識せず、そして地域社会との協力関係を通じて考えれば、国家が市場に対する媒介役・歯止め役であると認識しない場合に、公共政策は失敗する。社会関係資本は主要な民主主義の成功のための秘訣であるが、民主主義を危機に陥れる決定的な水準の不信感を把握するためにさらなる指標の開発が必要である。

これらの傾向は、自発的に発生すると想定するよりも、どの程度の参加や積極的な関わり合いの機会が公式に必要とされるかという問題を提起する。オーストラリアの経験は、排除されたり、それによって自発的には参加しそうにない人々のために、国家が参加や関わり合いの機会にどう接するかについての枠組みと刺激を提供するはっきりとした必要性を示唆する。社会関係資本の構築は、繋がりとグループ間での一体性を許容するネットワークを構築する、正当で文化的に適当な機会を有するすべての人に依存している。

第9章　日本——社会関係資本の基盤拡充

猪口　孝

日本は、社会関係資本に恵まれた国としてしばしば引き合いに出される。日本ではごく短期間のうちに画期的な技術革新が次々に生み出され、人口動態に大きな変化が生じ、経済環境が激変し、社会的な地殻変動が発生したにもかかわらず、過去半世紀にわたって政治制度がきちんと機能してきたおかげで、日本は、こうした重大な変化にうまく対応するとともに、変化を乗り越えることができた。同様に、戦争とそれに続く敗戦を経て国土は荒廃し、国民の士気は地に堕ち、一人あたり国民所得はアジアで最低となったにもかかわらず、その後の半世紀にわたって経済システムがうまく機能したおかげで、日本は世界第二位の経済大国となり、一人あたり国民所得も世界でトップクラスの水準に到達した。五〇年間にわたるこうした民主的・経済的な成果のうち、社会関係資本によってもたらされたと考えてよい部分もあるのだろうか。個人が地域社会の様々な問題に関与し、相互に信頼し合い、日頃から親しくつきあう傾向があるからもたらされたと考えてよい部分が多少なりともあるのだろうか(1)。言い換えると、日本の民主主義体制と経済システムが突出した成果をもたらしたのは、この国に高水準の社会的信頼と市民参加があるからなのだろうか。

この章では、日本の民主主義制度の成熟と退化という問題を念頭に置きつつ、過去五〇年間の日本における市民参加ネットワークに焦点を合わせることによって、この国の社会関係資本が発展を遂げていった様子を検証していく。このリサーチを行うにあたっては、「社会関係資本の形態、質、量、分布状況はどのようになっているのか」「社会関係資本の変化の原因は何か」という二つの質問への解答となるような情報を提供していくつもりである。

日本は、欧米諸国を除くと、五〇年という長い期間にわたって民主政治を行ってきた数少ない国の一つだという点で、興味深い事例である。私がこの論文で扱いたいのは、民主主義への移行を促進し、民主主義制度を磐石なものとするうえで、実際に社会関係資本が重要な役割を果たすのかどうかという問題だ。具体的には、次の三段階に分けて考察を進めていく。最初に、過去五〇年間に日本の社会関係資本の構成にどのような変化が生じたのかを振り返り、その全体的な動向を評価する。次に、こうした動向が生じた理由を解き明かそうとするもっともらしい学説に検討を加える。最後に、日本の政治文化において新たに生まれつつある特徴を指摘するために、社会関係資本の性質と方向性についてじっくり考えてみたい。

この章で私が展開する主な議論は次の二つの側面を持つ。(1)過去五〇年間続いてきた民主主義体制下で、日本の社会関係資本が着実に増加してきたこと。(2)高度に工業化された民主主義国家では、人間関係が非常に複雑になり、交流の輪が広がる傾向があるため、過去数世紀にわたって主に個人がじかに向き合う環境や集団的な環境の中で蓄積されてきた日本の社会関係資本が、以前よりも個人主義的になると同時に拡大していったこと。

1　事業所センサスに見られる傾向

総務庁統計局は、一九五〇年以来、三年ないし五年ごとに事業所センサスを実施するとともに、その結果を発表してきた。調査結果には、非営利組織の数とその構成員数に関するマクロ統計学的な数値が含まれている。とはいえ、事業所センサスで取り上げられる組織は、製造業、サービス業など、各産業部門の事業所・企業が中心である。したがって、非営利組織に関しては、事業所センサスのデータを調べても、その基本的な概況を捉えることしかできない。一九九六年度の非営利組織の総数は六七〇万であった。そのうち、宗教団体、社会保険・社会福祉団体か、「他に分類されない団体」のいずれかに分類されるものは二〇万に満たなかった。

一九五一年以降の動向に注目すると、いくつかの特徴があることが分かる。宗教団体数は同年には一二万八四四〇を数えたが、五四年には九万に減り、その後は安定した水準で推移しながら今日に至っている。神道系宗教団体は漸減傾向にあり、一九五一年の五万五九三九から九六年には一万一三一二にまで減少した。仏教系宗教団体の数は、過去五〇年間、ほぼ安定しており、六万三〇〇〇程度で推移してきた。それに対して、キリスト教系宗教団体は着実に増えており、一九五一年には一九三三だったが、九六年には六二八〇を数えるまでになった。日本では様々な機会に様々な宗教の教えに従うのが習慣となっているため、各宗教の信者の総数を突きとめるのは困難である（例えば、結婚式は神道またはキリスト教の儀礼に従って執り行われ、葬儀や追悼式は仏教の儀礼に従って執り行われる）。主として神道および仏教の信者が大多数を占めているのに対して、キリスト教徒は総人口の一～二％を占めているにすぎない（キリスト教徒の割合は、キリスト教が西洋から伝えられた一六世紀半ば以来変わっていない）。

社会保険・福祉団体に関する統計数値は、一九六九年以降のものしか現存していない。このカテゴリーで最も大幅に増加したのは保育所で、九六年の総数は三万二七三であった。また、老人施設と、知的障害者や身体障害者向けの施設も目覚しい勢いで増えており、九六年には、それぞれ八九六一、四四三六を数えた（九一年に比べて、それぞれ四〇・一％、三三・五％の増加）。

他に分類されない団体の数にもいくつかの特徴が認められる。

経済団体の数は、着実な伸びを示しており、一九五一年の五四四八から九六年には一万四七二八に増えた。労働組合の伸びは比較的ゆるやかで、五一年が二二一八、九六年が五二四八だった。学術・文化団体は五一年の三四九から、九六年には九四二に増えた。政治団体は、五一年の二〇一から九六年には八四〇に増えた。全体的には、このカテゴリーに含められる団体は、五一年の二〇〇二から一九九六年の一万六二二四へと目覚ましい増加を示した。これらの団体は、様々な組織的利害に関係しているので「利益団体」と総称することができるかもしれない。

第一に、米国の数値と比べると、日本の市民団体の場合、経済団体と関係しているケースがとても多いようだ。米国の統計数値を見ると、米国には日本よりもはるかに多くの市民団体と社会団体があることが分かる。最近、日本では市民団体と社会福祉団体が急増しているのに対して、圧倒的大多数を占める経済団体の数は漸減しつつある。第二に、各種団体の総数は米国のほうが多いにもかかわらず、経済団体の絶対数では、日本が米国を凌駕している。米国では独占禁止法により経済団体の設立が規制されているのに対して、日本では官民の協調体制が確立されているため、経済団体が多数設立されたのである。

一方、日本の政治の歩みに目を転じると、この半世紀の間に、一九五一〜五七年、五七〜七二年、七二〜九六年という三つの特徴的な時期があったことが分かる。[2]第一期は、経済団体が減少する一方で、労組団体などが増えていった「階級闘争」の時代で、この時期には日本社会党の支持層が急激に勢力を拡大するとともに、集団による抗議行動が頻繁に行われるようになった。第二期の特徴は、経済団体が増加する一方で労組が減少したことと、与党の自由民主党（自民党）が優位に立っていたことである。第三期には、伝統的に企業社会と農業部門を重視してきた自民党がそれまでの姿勢を改め、選挙民の多くを占める、支持政党をもたない中間所得層にアピールすることに力を入れるようになり、支持基盤を広げた。[3]この時期には、経済団体の数は伸び悩んだ。その一方で、他に分類されない団体は増えた。このカテゴリーには、財団法人、市民団体、準政府機関などが含まれる。また、第三期には非政府組織（ＮＧＯ）も増加した。与党である自民党は、積極的にＮＧＯを自陣に取り込みつつあるようだ。

他に分類されない非営利組織の数と性質についてさらに検証してみたい。[4]こうした組織には、大きく分けて二種類ある。一つは民間部門の主導により設立された民間非営利組織（ＮＰＯ／ＰＳＩ）であり、もう一つは政府機関の外郭団体として設立された公共非営利組織（ＮＰＯ／ＳＧＯ）である。前者の総数は一万八〇〇〇、後者は七〇〇〇である。一九四五〜六四年までは多くの民間非営利組織が設立されたが、六五年以降、その総数は横這いとなった。一方、公共非営利組織は、一九四五年以降、着々とその数を増やしてきたが、増加傾向に最も拍車がかかったのは、前述の第三期（一九七二〜九六年）だった。これは、多くの地方自治体が公共施設の維持管理と各種行事の運営に関わる業務をこうした公共非営利組織に委託する方針を打ち出したことと直接関係している。言い換えると、公共非営利組織は、草の根レベルでの市民参加のための社会的スペースをつくり、維持するために設立されたのである。ここ二〇年ほど、地方自治体は、権限委譲政策の一環として、こうした目的のために非営利組織の設立を推進してきた。日本には、都道府県ならびに市区町村レベルの地方自治体が約三〇〇〇ある。

民間非営利組織も、第三期に生じた脱工業化に伴う沈滞という現象に対処しようとするなかで、組織改革を行ってきた。一九八〇年代末に、中道左派／左寄りの主要週刊誌である『朝日ジャーナル』が、社会改革運動に参加する約二〇〇の市民団体を選び、それらに関する記事を掲載した。この連載記事は、こうした市民団体の数と性格を簡潔にまとめており、資料としての価値が高い(5)。これらの市民団体の中には、環境・公害関連（一八団体）、原子力発電所関連（六団体）、核兵器関連（一二団体）のものがあった。交流・ネットワークづくりに関わっている市民団体は二七あり、完全に地方ベースで組織された団体が二〇あった。また、テクノロジー関連の団体が二、医療福祉関連の団体が一四、教育・子ども関連の団体が二一、女性問題関連の団体が一四、農業・食料関連の団体が一八あった。さらに、第三世界の問題と国際問題を手がける市民団体が一七あった。そのほか、広く社会全般の問題に取り組む市民団体の数は一四で、広い意味で文化団体と言えるものが八つあった。目的を同じくする海外の市民団体と国境を越えた繋がりを持つ市民団体はかなり多い。ここでこうした市民団体について詳述するわけにはいかないが、日本は政府組織と、政府とは無関係な個人とで構成されているという、しばしば耳にする見解は必ずしも正確なものではなく、日本には非政府組織が間違いなく存在しているし、活発に活動してもいるという我々の考えが『朝日ジャーナル』の連載記事によって裏づけられたと言えば十分だろう(6)。

2　生活時間調査に見られる傾向

国民の市民活動への参加状況の推移を知るうえでは、総務庁統計局が一九七六年以来五年ごとに実施してきた生活時間調査（それ以前は総理府統計局が担当）の結果が参考になる。この調査結果に見られる特筆すべき傾向は次のとおりである。第一に、近隣ならびに周辺地区での市民活動への参加は概ね一定しており、八一年には可処分時間の一九・六％、八八年には同一七・三％、九一年には同一九・八％が充てられていた。二番目に、この期間における社会福祉関連の市民活動への参加状況は、基本的に変わっておらず、可処分時間の三・〇～三・一％で推移していた。こうした活動に参加しているのは主として女性である。三番目に、子ども、高齢者、障害者のための市民活動が急増しており、一九七六年には可処分時間の一・七％だった充当時間が、九六年には五・五％に伸びた。この分野の市民活動で最も活躍が目立つのは、三十代と四十代の女性である。四番目に、過疎地と被災地における市民活動のこの間の伸びはゆるや

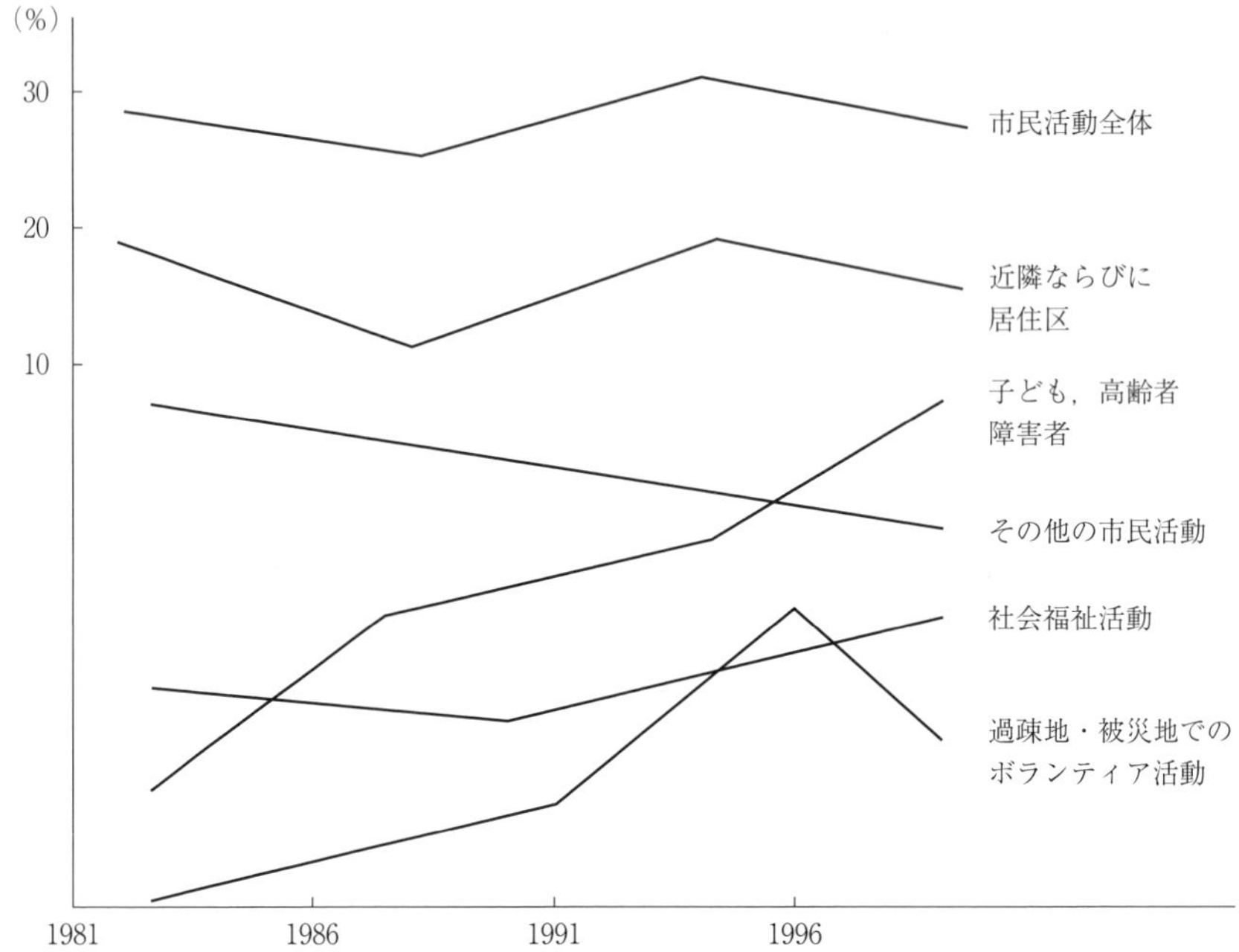

図 9 - 1　市民活動

出典：Management and Coordination Agency, *Shakai Seikatsu Kihon Tokei* (*Basic Statistics of Social Life*), 1981-1996.

かなもので、一九七六年が可処分時間の一・一%、九六年が二・一%だった。

市民活動参加者の割合は、一九八一年が総人口の二六・〇%、八六年が二五・二%、九一年が二七・七%、九六年が二五・三%と、ほぼ一定していた。過去五〇年間に日本で都市化と工業化が進行するとともに市場開放が進められたことによって、居住地区および地域社会での市民活動にマイナスの影響が及んだ様子は見受けられない。子ども、高齢者、障害者を対象とする市民活動は大幅に増加した。女性の参加が増えたこと、とりわけ三十代前半の女性の参加が目立って増えたことが、最近の市民活動の活発化に寄与している。男性の市民活動参加者では、四十代前半の層が最も厚い。大都市では、市民活動に参加する人は少ないが、参加者が活動に充てる時間はたいへん長い。それに対して、農村部や小都市では、市民活動参加者数は非常に多いのだが、一人あたりの活動時間は大都市圏に比べて短い傾向がある。

3　世論調査に見られる政治への信頼

文部省統計数理局が五年ごとに実施してきた国民性調査には、「信頼できる人がほとんどだと思いますか、それとも他人と接するときには用心するに越したことはないと思いますか」という、他者に寄せる信頼について単刀直入に訊く質問が含まれている。一九七八年、八三年、九三年の調査結果に注目すると、信頼できると答えた人の割合は、七八年の二六％というかなり低い水準から、八三年には三一％に、さらに九三年には三八％にまで上昇しており、社会的信頼が着実に向上したことが分かる。なお、この調査ではもう一つ、「自分が弱みを見せると、他人はそこにつけこもうとすると思いますか」という前述の質問と似たような趣旨の質問も含まれていた。この質問に「はい」と答えた人の割合は、一九七八年が三九％、八三年が二九％、九三年が二五％だったことから、やはり社会的信頼が増したことが分かる。(7) 社会的信頼は、過去二〇年間にかなりの低水準から着実に向上し続けてきたようだ。

政治への信頼に関しては、同じ国民性調査に「民主主義をどう思いますか」というさらに率直な質問が含まれていた。「よい」という回答を選んだ人の割合は、一九六三〜九三年までの三〇年間で大幅に増えた。具体的には、六八年の三八％から、七三年には四三％、九三年には五九％にまで上昇した。次に紹介する政治家がらみの質問への回答には、民主主義への信頼に関する誤解の余地のない傾向がはっきりと現れている。

「日本をよりよい国にするためには、国民が様々な問題について話し合うよりも、選挙に立候補した人たちの中からよい政治家を選び、彼らに問題の解決を一任したほうがよいと言われてきました。こうした考え方に賛成ですか」については、一九五三年には、全体の四三％がこの考え方に賛意を示した。その後の数値は、五八年が三五％、六八年が二九％、七三年が二三％、七八年が三二％、八三年が三三％、八八年が三〇％、九三年が二四％である。数値がこのように推移したことから、日本の国民が、アーモンドとヴァーバによって論じられた、いわゆる「臣従型政治文化」から脱却しつつあることは明らかである。(8)

同様に、政治制度への信頼も高い。綿貫譲治、蒲島郁夫らが実施したリサーチでは、国民が選挙、議会、政党に常に強い信頼を寄せているとの調査結果が報告されている(9)（表9-1）。だが、一九九六年以降、信頼度を示す数値はいずれも低下している。選挙の信頼度は、七六年が六七・三％、八三年が七七・九％、九三年と九五年が八二・三％だった。議会の信頼度は、七六年が五八・三％、八三年が六五・五％、一九九三年が六五・九％、一九九五年が七一・〇％、一九九六年が六四・一％だった。政党の信頼度は、七六年が五六・五％、八三年が七〇・一％、九三年が六八・二％、九五年が七一・三％、九六年が六六・一％だった。全体的に見て、こうした調査結果からは、日本の議会制民主主義は揺るぎない正当性を得ており、一九九六年までは民主主義制度に対する国民の信頼が概ね高かったとの印象を受ける。

「民主主義についてどう思いますか。自分の考えに一番近いものを選んでください」

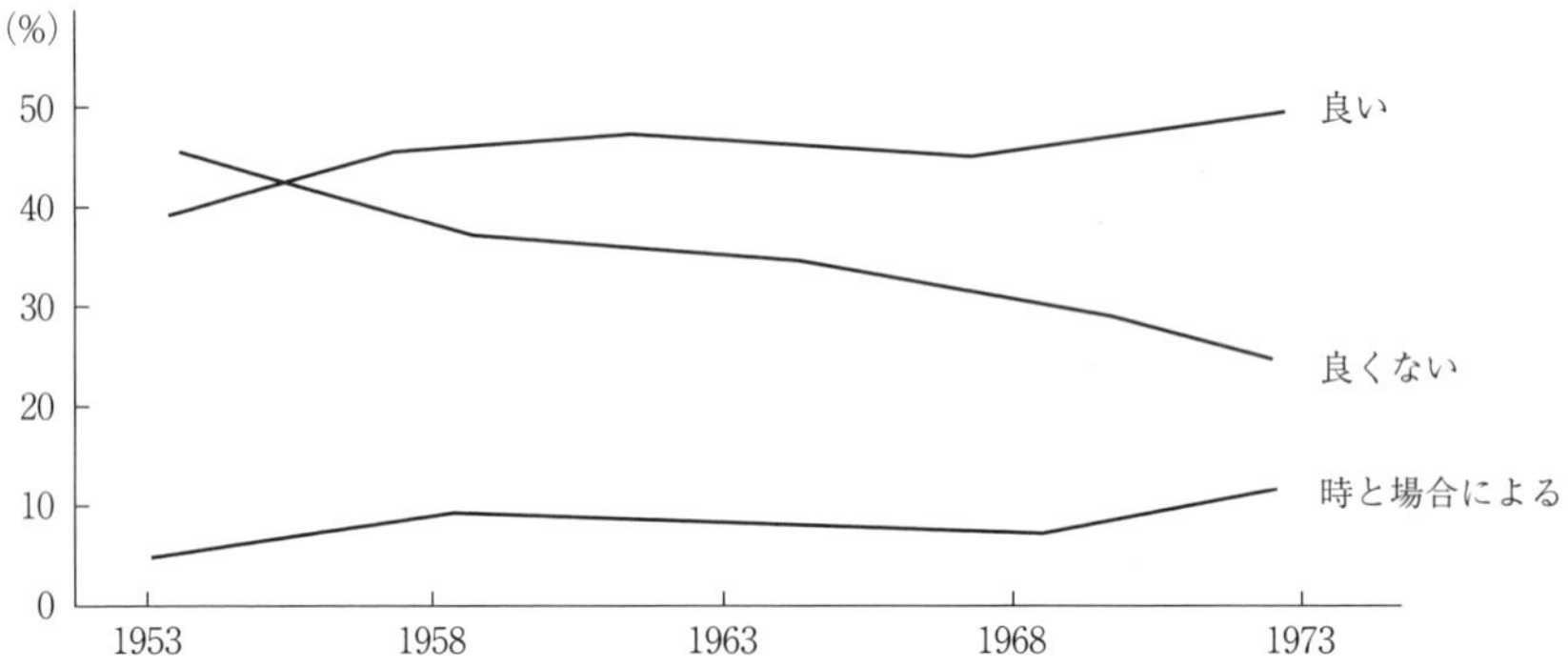

図 9 - 2a　民主主義への信頼

出典：文部省統計数理研究所「国民性の研究」(1963～1993年)。

「民主主義についてどう思いますか。自分の考えに一番近いものを選んでください」

(文部省，1963～93年)

図 9 - 2b　民主主義への信頼

出典：文部省統計数理研究所「国民性の研究」(1963～1993年)。

「日本をよりよい国にするためには，国民が様々な問題について話し合うよりも，選挙に立候補した人たちの中からよい政治家を選び，彼らに問題の解決を一任したほうがよいと言われてきました。こうした考え方に賛成ですか，それとも反対ですか」

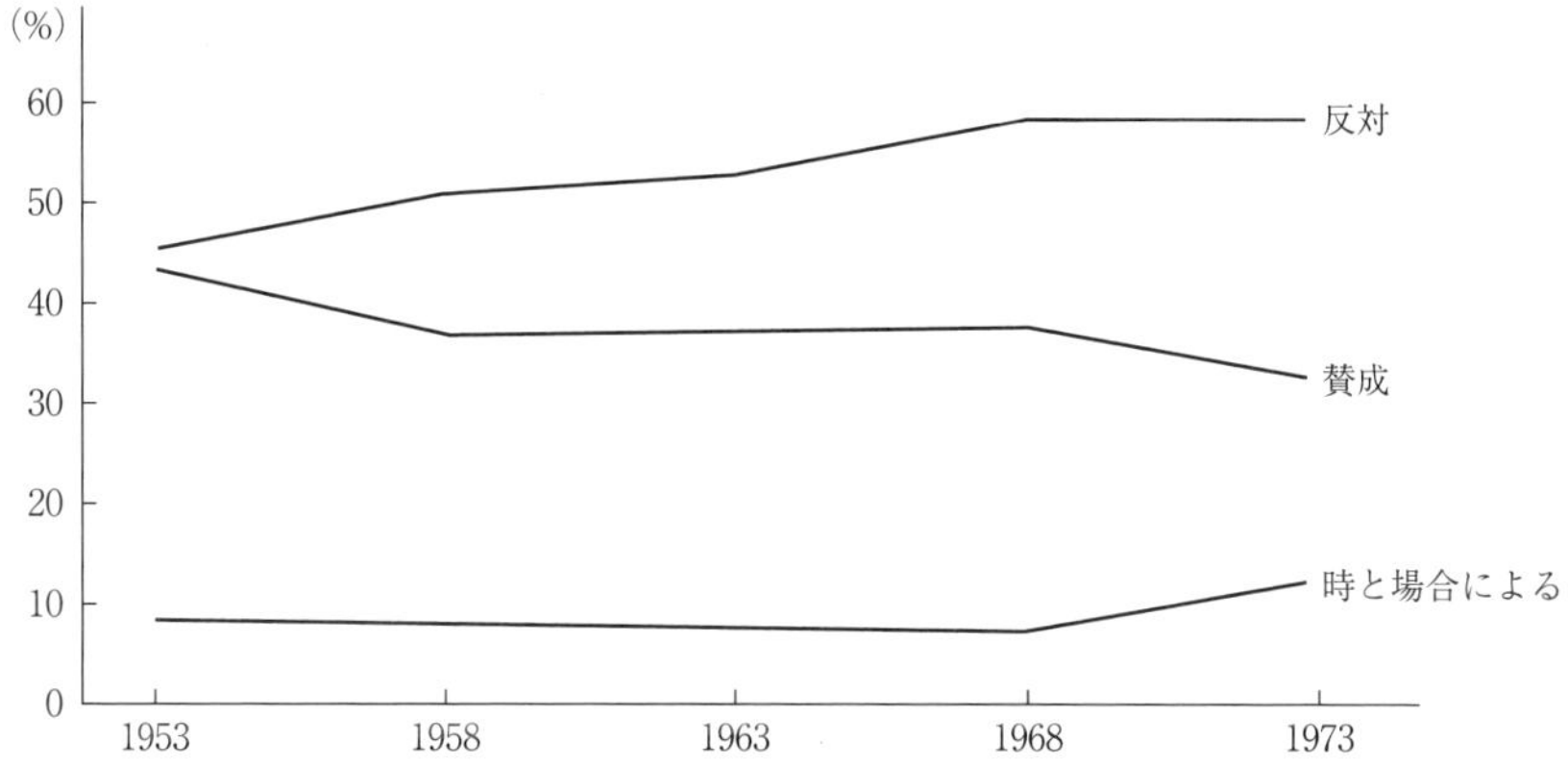

図 9 - 3a　参加型民主主義への信頼の向上

出典：文部省統計数理研究所「国民性の研究」(1953～1973年)。

「日本をよりよい国にするためには，国民が様々な問題について話し合うよりも，選挙に立候補した人たちの中からよい政治家を選び，彼らに問題の解決を一任したほうがよいと言われてきました。こうした考え方に賛成ですか，それとも反対ですか」　（文部省，1963～93年）

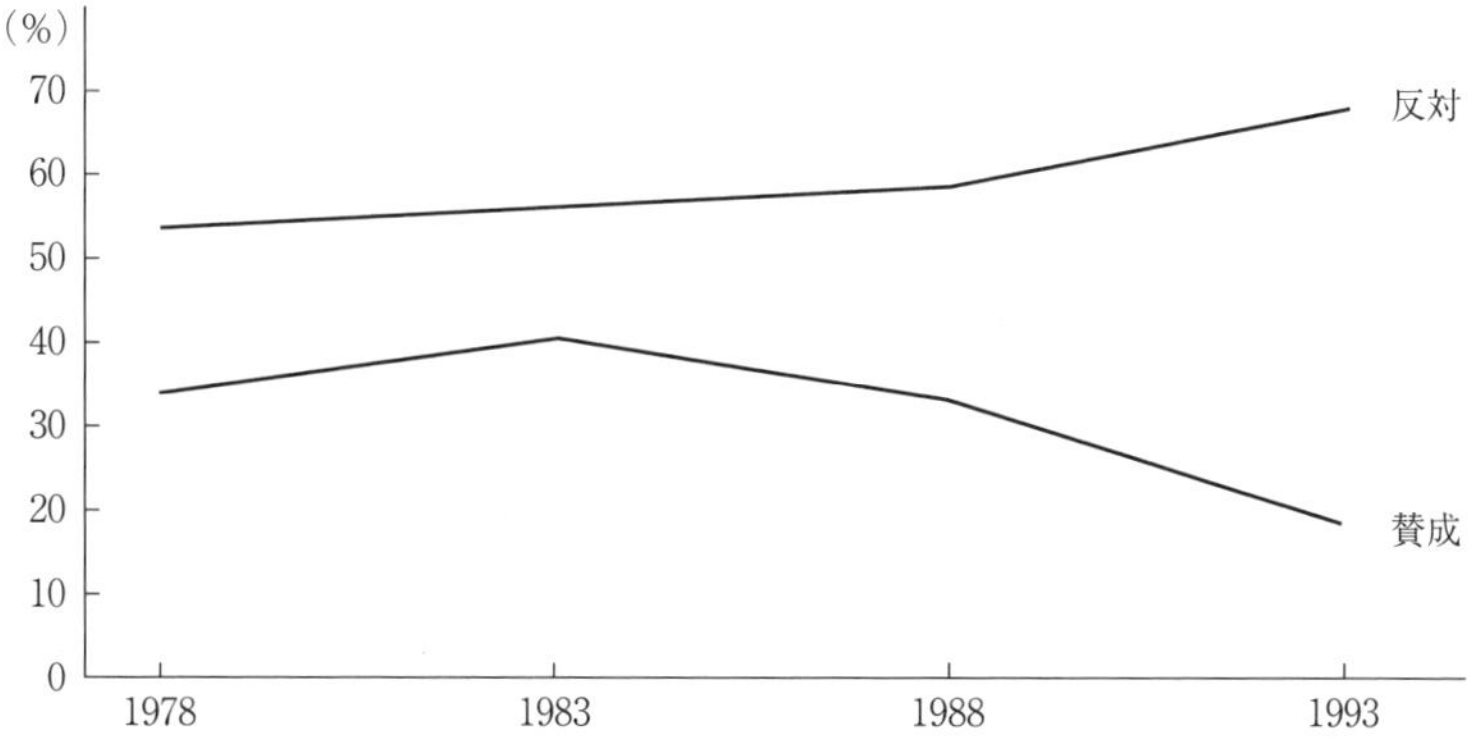

図 9 - 3b　参加型民主主義への信頼の向上

出典：文部省統計数理研究所「国民性の研究」(1963～1993年)。

表9-1　議会制民主主義に関連する制度の正当性

1．選挙により国民の声を政治に反映させることができる。　(%)

	そう思う	そうは思わない	わからない／無回答	全回答者数
1976年	67.3	10.4	22.3	1796
1983年	77.9	6.7	15.4	1750
1993年	82.3	8.2	9.5	2320
1995年	82.3	9.5	8.2	2076
1996年	76.5	13.4	10.2	2299

2．国会のおかげで国民の声を政治に反映させることができる。

	そう思う	そうは思わない	わからない／無回答
1976年	58.3	11.7	30.9
1983年	65.5	11.9	22.6
1993年	65.9	17.6	16.5
1995年	71.0	16.5	12.6
1996年	64.1	20.7	15.2

3．政党のおかげで国民の声を政治に反映させることができる。

	そう思う	そうは思わない	わからない／無回答
1976年	56.5	14.3	29.2
1983年	70.1	9.4	20.5
1993年	68.2	15.3	16.4
1995年	71.3	16.0	12.7
1996年	66.1	19.2	14.7

出典：綿貫譲治研究論文集『日本——政党組織の誕生から安定まで』A-67（上智大学国際関係研究所，1997年）。

表9－2　市民社会意識の源泉としての社会的・制度的成果

1．	市民意識	住居面での社会的／制度的成果	
	adj. R-squared＝0.11	パラメータ推定値＝0.37	t-value＝2.6
2．	市民意識	支出面での社会的／制度的成果	
	adj. R-squared＝0.46	パラメータ推定値＝－0.72	t-value＝6.4
3．	市民意識	労働面での社会的／制度的成果	
	adj. R-squared＝0.37	パラメータ推定値＝－0.82	t-value＝－5.3
4．	市民意識	子育ての面での社会的／制度的成果	
	adj. R-squared＝－0.02	パラメータ推定値＝－0.01	t-value＝0.1
5．	市民意識	保健医療面での社会的／制度的成果	
	adj. R-squared＝0.00	パラメータ推定値＝－0.17	t-value＝－1.1
6．	市民意識	遊びの面での社会的／制度的成果	
	adj. R-squared＝0.20	パラメータ推定値＝0.45	t-value＝3.5
7．	市民意識	学習面での社会的／制度的成果	
	adj. R-squared＝0.07	パラメータ推定値＝0.32	t-value＝2.1

出典：経済企画庁国民生活局『新国民生活指標』（1980～95年）。

4　社会関係資本と社会的／制度的成果

本節では、二種類の指標を使って日本の社会関係資本に見られる傾向を示していく。一つは筆者が市民社会指標と呼んでいるものである。もう一つは、社会的／制度的成果指標である。この分析に用いるデータは、経済企画庁国民生活局により毎年発表されている（一九八〇～九五年）。国民生活局がデータを取りまとめる際の枠組みを簡単に説明しておく。同局では、最初に、国民生活の様々な側面、すなわち、住む、費やす、働く、（子どもを）育てる、癒す、遊ぶ、学ぶ、交わる（社会活動）という八つの活動領域に焦点を合わせる。次に、各活動領域を重層的に捉えるため、自由、公正、安全／安心、快適という四つの生活評価軸を設定し、これらの評価軸に照らして国民生活の実態が指標化される。データは、一九八〇年から九五年までのもので、都道府県別に収集されている。その結果をまとめた表9-2を参照すると、社会的／制度的成果によって市民意識の高揚が促進されることが分かる[10]。

「費やす」と「働く」という活動領域のポイントが高い人たちは、市民意識のポイントが低くなる傾向がある。なお、市民意識は、市民団体の種別ごとに測定されている。「遊ぶ」、「住む」、「学ぶ」という活動領域のポイントが高い人たちは、市民意識も高くなる傾向がある。もっと具体的に言うと、住宅の面積が広いうえに、学習活動と余暇活動向けの施設整備に熱心で、そうした活動を奨励する工夫をしている県の方が、住民の市民意識が高くなる傾向が見られる。市民意識を高めるためには、地域社会は市民参加のための場所と機会を設ける必要がある。そこで、先ほど概要を説明した公共非営利組織の出番となる。施設の開設とその後の維持管理、特別な行事の計画ならびに運営といった面で地方自治体の業務を請け負う非営利組織は、市民意識の高揚を促すうえで大きな役割を果たしているようだ。

市民意識の涵養と維持という点に着目したこの分析から引き出すことのできる教訓は、我々が、市民意識の高揚を促すための物理的・社会的なスペースと心理的なインセンティブを設けることを目指して、革新的な先行型政策を推進すべきだということである。住民の労働時間が長く、支出額の多い県では、市民意識のポイントは高くない。

5　社会関係資本と参加

ここまでは、包括的な統計数値や集計された調査データに検討を加えてきた。本節では、社会関係資本を参加と関連づける個々のデータについて考察していく。クラウス・オッフェが行った概念化に従えば、社会関係資本は、関心、信頼、協同性からなっていると考えることができる[11]。筆者は、関心、信頼、組織への帰属の三つを参加と関連づけてみようと思う。社会関係資本理論の基本的な趣旨は、長年にわたって蓄積されてきたよき市民的伝統が、高い参加度と、不平等を是正するための高い資源再分配率の実現に役立つということだ。ここでは、社会関係資本と参加の関係に焦点を合わせていく。

筆者は、テレビのニュース番組の視聴頻度によって関心の度合いを測る。参加度に関するデータは、国、都道府県、市町村という三つのレベルに分けて見ていくことにする。ここで言う参加とは、例えば、市民活動への参加、地方自治体が主催する集団活動への参加、選挙で当選した政治家への苦情のもち込みや陳情といった形で行われる政治家との交流、政治集会への出席、政治運動への参加などのことだ。調査では、こうした各参加形式に関連する質問をした。次に、質問の回答を、国、都道府県、市区町村という三つのレベルでの政治の信頼度と関連づけた。〔具体的には〕一九八七年と九一年に明るい選挙推進協議会が実施した調査の結果をクロス集計したデータを用いた[12]。

どちらのデータでも、関心と参加の間にはかなり明瞭な相関関係が見られる。すべてのレベルで、そしてすべての地域で、テレビのニュース番組の視聴頻度が高い人たちの参加度が高くなる傾向がある。地域によっては、そしてレベルによっては、関心と参加の関係がいくぶん弱いケースもあるが、クロス集計されたデータから受ける全体的な印象は、関心が参加の大きな決定因になっているし、逆もまた同様だということだ。マスメディア、とりわけテレビの影響力の大きさがしばしば取り沙汰されるが、人々の参加に及ぼす影響という点でも、テレビの力は実際に大きいものと思われる。関心と組織への帰属の関係は、関心と参加の関係ほど強くない（地域の自治会、婦人会、青年団、

ＰＴＡ、農協、労組、経済団体、宗教団体、レジャー団体およびその他の団体の会員になっているとの回答があった場合に、その回答者が組織に帰属しているものと見なした)。これは、ひとつには、これらの団体とその上部組織が必ずしも政治運動と繋がりを持っていないからである。実際、多くの団体が普段は政治とほとんど関係していない。

信頼と参加の関係も、同様に明瞭なパターンを示している。一つまり、信頼度が高まれば高まるほど、参加度も向上する。一九八七年のデータと九一年のデータを比較してみると、国政レベルでは、信頼度は九一年のほうがはるかに低く、それと連動するように参加度も九一年のほうがずっと低かった。八七年当時の日本の首相は自民党の中曾根康弘だった。九一年には、同じく自民党が政権を握っていたとはいえ、党内の足並みは乱れていた。もうひとつはっきりしているのは、国政ではなく、都道府県や市町村レベルの政治に目を転じると、八七年から九一年にかけては、政治に対する信頼が変わることはなく、信頼度も参加度も一貫して高い水準にあったということだ。

信頼と帰属の関係が、信頼と参加の関係ほど明瞭でないのは、参加が実際の活動を伴うのに対して、帰属の場合は、団体の設立趣旨に積極的に賛同しているわけではなく、おつきあいで籍を置いているだけの幽霊会員も含まれている可能性が高いからである。

筆者は、クロス集計された大量のデータをもとに、社会関係資本という枠組みのなかで関心、信頼、帰属、参加を関連づけようと試みたわけだが、その結果、次のように述べることができそうだ。

第一に、関心度、信頼度、帰属度が高くなればなるほど、参加度も高くなることから、あらゆるレベルの市民意識が民主主義への参加実績にプラス効果をもたらすという社会関係資本理論の第一の仮説は、裏づけられるようだ。

第二に、国政よりは県政、県政よりは市区町村の政治というように、政治が住民にとってより身近な、草の根レベルに根ざしたものになるにつれて、信頼が深まり、国政レベルの変化にあまり影響されなくなるようだ。おそらく一九八七年の自民党は例外中の例外だろう。地方レベルでは、信頼度は一貫して高く、参加度と信頼度の間に国レベルよりもはるかに緊密な相関関係が見られる。

第三に、日本の〔政治〕システム全般の信頼度は高いものの、政治活動を行う特定の人物や、特定の政治制度の信頼度は必ずしも高くない。一般的に、地方レベルでの帰属率は高いが、国レベルでは必ずしも帰属率は高くない。国レベルでは、何らかの団体に帰属しているかどうかよりも、国政の舞台で起きる特定の出来事を強調するマスメディアによって、関心と信頼の度合いが左右されやすい。この点は、綿貫と三宅が一九八三年、八七年、九一年のデータを使って明らかにしている。[13]

6　社会学的な属性と参加

このセクションでは、参加を、所得、教育、地域、都市の規模、家族数、テレビの視聴といった社会学的な属性と関連づけてみたい。使用データは、前のセクションで挙げたものと同じである。筆者がこうした課題に取り組むことにしたのは、注目すべき例外も一部にあるかもしれないが、基本的にはこうした属性が参加度の決定因となっていると考えたからである。この仮説を検証するために、筆者は次の六項目に関してデータの分析を行った。

所得と参加：決して強い相関関係ではないが、一定水準以上の所得と政治への参加度の間には正の相関関係が認められた。

教育と参加：この点については、回答者を学歴に応じて四つのグループに分けて考察した。中間層では、政治への参加ならびに政治団体への帰属と教育水準との間に比較的強い正の相関関係が認められるようだ。言い換えると、中卒者と大卒者の参加度と帰属率は、高卒者および専門学校卒業者ほど高くはないようだ。大卒者は、例えば参加のオポチュニティ・コスト（機会費用）といった別の要因を考慮に入れているものと思われる。

地域と参加：参加度と帰属率が一貫して高かったのは、北陸地方（本州の中部、福井県から新潟県にかけて）だけだった。こうした調査事実をもとに、二つの仮説を立てることができそうだ。ひとつは政治文化に基づく説で、パットナムがイタリア中部の強固な市民的伝統を説明する際に用いたものと似ている[14]。北陸地方は、実用主義、倹約、勤勉、粘り強さ、誠実といった属性を持つことで知られている浄土真宗の信者が多いことで有名である。もうひとつの説は、北陸地方は都市化があまり進行しておらず、老人会をはじめとする各種の地域組織の数が他の地方に比べて多いことと関係している。こうしたことが意識的な政策決定を反映している可能性がある。

都市の規模と参加：都市が小さくなると政治への参加度と帰属率が高まるという点で、都市の規模と参加の間には相関関係が認められる。これは、都市の規模がある水準以下だと、緊密に組織されたコミュニティの成立が可能となるため、住民の間で信頼度と関心度が高まるからである。それと同時に、大都市圏でも参加度と帰属率が高めだが、これは、大都市圏のほうが双方向的な交流と様々な活動を機能的に組織するための空間に恵まれているからである。

家族数と参加：三世代同居の家族が、概して、最高の参加度と帰属率を示している。そのような家族は一つの地域に長期間居住しており、それゆえ、地方の活動や制度のネットワークに深く組み込まれているからである。

テレビの視聴と参加：テレビの視聴と参加の間には明白な正

の相関関係が認められる。

クロス集計された一連のデータを考察した結果、次のように述べることができそうだ。第一に、社会関係資本の蓄積には、国家全体の富裕度と知識レベルが重要な意味を持つ。日本人の識字率は、一七～一九世紀にかけての近代初期の時代において、既に世界トップクラスの水準にあったが、その後も着実に向上し続け、現在では約九八％に達している（この数値は、新聞の定期購読者の割合でもある）。富裕度に関して言えば、日本は過去二〇〇年にわたって着実に経済発展を遂げてきているし、とりわけここ五〇年間の経済成長は目覚しく、いまでは一人あたり国民所得が世界で最も高い国の一つとなっている。

第二に、国家全体の富裕度と知識レベルの点で前述のような好条件が揃っているにもかかわらず、これまでに蓄積されてきた社会関係資本の急激な劣化を防ぐためには、都市の規模と家庭の規模を最適の水準に保つことが必要かもしれない。日本では、自由、流動性、効率、経済規模が過度に重視されているため、社会的一体性が崩れ、共同体意識が薄れていく傾向がある。また、平等、安定、快適が過度に重視されているため、様々な負の社会的影響が生じがちでもある。例えば、巨額の財政赤字の発生や進取の精神の減退なども、そうした負の社会的影響の一つだが、こうしたものが都市や家庭の自己回復能力を維持するのに役立つとは思えない。北陸地方が住みやすさランキングで日本一になったことは、五、六世紀前から脈々と受け継がれてきた市民文化的伝統だけでなく、私がここで述べたこととも関係しているのかもしれない。

7　確認された動向についての妥当な説明

これまでに示した集計データと調査データから分かるように、日本の社会関係資本は、過去五〇年にわたって、すぐれた回復力を示してきた。民主主義制度の正当性に対する信頼もそれ相応に高いので、日本の社会関係資本が回復力に富んでいることは、パットナムが提唱する社会関係資本理論の裏づけとなるかもしれない[15]。

もっと具体的に言うと、日本では非営利組織が着実に増えており、とりわけ草の根レベルの市民団体と社会福祉団体の伸びが顕著である。生活時間調査の結果によれば、国民は一貫して近隣およびその周辺での市民活動に最も多くの時間を充ててきた。その一方で、子ども、高齢者、障害者のための市民活動に充当される時間が、ここ一〇年間で急増している。

社会学的には、日本国民の市民社会への参加状況についておおむね次のように述べることができる。市民活動への参加状況を男女別に見ると、女性は三十代後半、男性は四十代前半の人たちの参加度が高い。都市部では、市民活動への参加者は少ないが、一人あたりの活動時間は長いのに対して、農村部では参加者数は都会よりも多いが、一人あたりの活動時間は短い。

社会的信頼と民主主義への信頼に関する二つの質問の回答からは、社会的信頼、民主主義への信頼とも着実に高まっていることがうかがえる。逆に、政治家を権威者と見なす人は、長年にわたり少しずつ減ってきた。

同じ期間に、選挙、議会、政党の信頼度は着実に高まったが、民主主義の信頼度に比べて伸び率が若干低かった。政治および政治家の信頼度は、それよりもさらに低い。政治システムを支持する人の割合が高いのに対して、政治と政治家に対する不信が目立つケースが多々あり、こうした落差に注目する必要がある。とはいえ、政治制度への信頼と政治および政治家への信頼のギャップについては、既に多くの人たちが注目し、盛んに分析を行っているので、この論文では最初に三つの考え方を簡単に紹介したのちに、日本の社会関係資本と民主主義を理解するための手がかりとなる総合的な見解を提示するにとどめたい(16)。三つの概念とは、綿貫が提唱した「文化政治」、ファーが提唱した「テレビ政治《ビデオクラシー》」、私自身が唱えている「カラオケ民主主義」である。

文化政治

綿貫は、半世紀にわたって実施されてきた調査の結果をもとに、政党に対する支持と社会学的属性との間に不一致のパターンが見られるのは、文化的な要因のせいかもしれないと主張している(17)。綿貫は、政党と政党システムがまだ十分に育っていないことに注目している。典型的なヨーロッパの国家とは違って、日本では低所得層と左派政党支持層の間には必ずしも繫がりがあるわけではない。都市部の住民には選挙で棄権する人が多く、教育水準の高い人の棄権率はさらに高い。若者は必ずしも左翼政党を支持しているわけではない。米国とは違って、日本では、政党帰属意識は国民の投票行動の重要な決定因ではなく、脱物質主義的な投票パターンが特定の世代だけに重大な影響を及ぼしているわけでもない。選挙区では、個々の候補者の個人的な支援組織（後援会）が、依然として草の根レベルでの政治活動の場となっている。これらすべての要因が、政党の発育不全（ここで言う政党の発育不全とは、党本部に政策綱領を構築し、党に所属する各選挙区の立候補者をまとめる能力が相対的に不足しているという意味である）、ならびに政党システムの発育不全（ここで言う政党組織の発育不全とは、与党と野党が政策面で競い合うことがあまりないという意味である）と結びついている。政党および政党システムが十分に発達していないために、民主主義制度の信頼度は高いのに、政治家と政治の信頼度は低いという状況が生まれているのである。

支持政党と経済的裕福度の間には明瞭な相関関係は見られない。ヨーロッパでは、低所得層は左翼政党に投票し、富裕層は右翼政党に投票する傾向がある。日本では、長期にわたって政権を握っている自民党のもともとの支持基盤は農業従事者と中小企業の経営者である。だが、工業化と市場開放の第一段階の進行とともに農業従事者と中小企業経営者の数が減少したため、自民党は、社会的弱者を代表し、社会的弱者のために働く政党を演じるようになった。一九七〇年代と八〇年代にはこうした戦略が見事に奏功し、先進民主主義諸国のほとんどで一党支配が崩れていったにもかかわらず、自民党は政権をしっかりと掌握することができた[18]。日本では、都市部の住民のほうが農村部の住民よりも選挙で棄権しがちなのだが、おそらくこれは農村部の住民のほうが共同体意識を強く感じており、都市部の住民よりも投票と公共政策がもたらすメリットとを直接的に関連づけることができるからだろう[19]。高学歴層の投票率は一定していない。保守政党への投票が目立つのは、年配の有権者ではなく、むしろ若い有権者である。年配の有権者は、戦争の悲惨さを体験もしくは記憶しているため、安全保障問題をめぐる自民党の姿勢に警戒感を覚えるケースが多い。

米国では、有権者が支持政党を決定する際に、政党帰属意識が大きな役割を果たす。だが、日本では、おそらく日本共産党と公明党（仏教の在家信者の組織を支持基盤とする政党）を除けば、候補者の所属政党名よりも候補者個人の資質の方が、有権者の投票行動の決定因としては重要度がはるかに高い。また、日本では、脱物質主義的な投票パターン――所得や法と秩序に関わる問題よりも、自由、平等、環境に関わる問題を反映する投票パターン――が、しだいに優勢になりつつあり、あらゆる年齢層の有権者の間でそうした傾向が見られる。さらに、日本では、党組織とは無関係な候補者独自の支援組織が選挙結果を決定するうえで大きな役割を果たす[20]。所属政党と個々の候補者の双方を宣伝する巧妙かつ攻撃的なテレビ広告が選挙戦の行方に多大な影響を及ぼす米国とは、この点が大きく異なる。

テレビ政治

エリス・クラウスとスーザン・ファーは、過去二〇年間にマスメディアが日本の政治に及ぼしてきた影響に関する論文を書いた。その中で、彼らは、日本の政治ではテレビ報道が重要な役割を演じており、民主主義に寄せられる概して高い信頼と政治および政治家に対する根強い不信感というギャップの原因をこの点に求めることができると主張した[21]。準国営のテレビジョン・ネットワークである日本放送協会（ＮＨＫ）のニュース番組では、有力政治家と高級官僚が日本の政治を権威主義的な手法で動かしていく様子が放送される。ＮＨＫは、標準語の普及活動と、国家に対する忠誠心と国民間の連帯感の涵養を図る作業を通じて、一九二〇年代から国民建設のプロセスできわめて重要な役割を果たしてきた。ＮＨＫが果たした役割は、二〇世紀後半にベネディクト・アンダーソンが言うところの「仮想コミュニティ」をつくり出した際にインドネシアの国営ラジオ放送が果たした役割とあまり変わらない[22]。

だが、最近、テレビの政治番組に新たな手法が導入された[23]。日本では、現在、著名人をゲストに迎えたテレビ討論番組が増えつつあり、出演者はこうした機会を利用して自らの政治理念を語る。また、国会の本会議と各種の委員会の模様もテレビ放送されており、時おり政治家や官僚の不甲斐なさが露見することもある。例えば、委員会で閣僚が野党議員への答弁を渋り、質問の内容があまりに重要で、慎重な扱いを要するものであるため返答しかねると言って、同席している高級官僚を指名して答えさせることがある。これまで政治の現場が表面的にしかテレビ放映されない時代が長く続いてきただけに、現在のような形態のテレビ報道は日本の政界にとっては荷が重すぎると言えそうだ。[24]

カラオケ民主主義

「カラオケ民主主義」というのは、一九九四年に筆者自身がつくった用語で、日本の特徴である官僚主導型の政治に焦点を合わせた理論を構築しているときに思いついたものだ。[25] 日本では政策の立案と実施を官僚が牛耳っているが、これは日本の伝統で、その起源は少なくともいまから四世紀前まで遡ることができる。すなわち、当初は徳川時代（一六〇三〜一八六七年）に約三〇〇あった藩と呼ばれる地方自治体において、さらにその後は一八六八年にスタートした近代国家の中央政府においても、官僚が日本の政治を支配してきたのである。[26] 一九世紀末に議会が設置された際には、政党は実質的に野党の立場にあり、実際に政府を動かしていたのは中央省庁の官僚だった。その当時、政党と政治家があまり尊敬されていなかったのは、主として政府が中立的かつ進歩的な立場から国民全体の利害を代表するとともに、党利党略にとらわれることを潔しとしない姿勢を打ち出したからである。官僚が政治を支配するということは、国会議員が法案の作成、政策の実施、予算編成、行政指導に関わる情報提供と支援の面で、官僚に大きく依存するということでもあった。与党内で最も強大な権力を振るう五％の議員を除けば、ほとんどの議員が政策決定の最終段階ではたいした役割を果たしていない。その代わり、国会議員たちは、「利益誘導型の」公共事業を地元にもたらしたり、地元で開かれる集会や葬儀や結婚式に出席したり、選挙民の子どもたちの就職先を見つけたりすることによって、自分の支持者（実際に自分を支援してくれている人たちと、今後支援者となってくれそうな人たち）の感情に配慮するとともに、支持者から寄せられる苦情に応えて政策に微調整を加えるという形で、選挙区の有権者のために汗をかくのである。こうした「地元優先型の政治手法」によって議員活動を展開するために、彼らは東京にある国会議事堂や党本部ではなく、地元で非常に多くの時間を過ごさなければならない。[27]

閣僚や首相に就任したのちも、議員は、国会での演説や答弁の準備をする際に官僚からのブリーフィングに依存するという慣例に縛られることが多い。言い換えると、政治のメイン・メニューは官僚によって用意され、政治家はこのメニューのなかから、自分好みの政策を選ぶのである。この意味で、日本の政治は、好みの歌を探すための選曲リストが用意されているカラオケと似ている。カラオケでは、うろ覚えの歌であっても、スクリーン上に表示される歌詞を読みながら、スピーカーから流れてくるメロディラインに合わせて声を出せば、どうにか歌うことができる。この喩えを政治の世界に当てはめると、カラオケと同様なシステムが官僚の手で用意されているため、多くの人たちが自分も政治に参加できると感じているし、実際に誰が政治家になってもそこそこの実績を上げることができるのである。もちろん、ここまで言ってしまってはいささか誇張が過ぎるが、官僚が優位な立場を占めている日本の政治の実態をうまくとらえた喩えではある。

カラオケ民主主義は日本独特のものだが、こうした現象が生じた背景には、日本では過去半世紀にわたって常に平等主義と反権威主義が強かった——例えば米国や英国より一〇倍以上も強かった——という事情がある。[28] 日本では国民の大半が政治家を少々軽蔑しており、彼らの権威にあまり敬意を払っていない。つまり、政治家は他の人たちとさほど変わらないと考えられている。たしかに、彼らは権威ある地位に就いているが、それは彼らが俊英や傑物だからではない。政治家が権威ある地位に就いているのは、国民が彼らに国政の場で国民のために働いてもらいたいと考えているからなのだ。米国や英国で見られるような国民の尊敬を集める政治文化は、日本には根づいていないものと思われる。ことによると、二一世紀を迎え、グローバリゼーションの情け容赦ない波が世界の隅々にまで押し寄せていることをきっかけに、一五、一六世紀の日本で優勢だった個人主義がゆっくりと復活を遂げつつあるのかもしれない。

文化政治、テレビ政治、カラオケ民主主義という前記三つの考え方を比較するとき、筆者は、これら三者の類似性を指摘したくなる。これらはいずれも、民主主義の正当性と枠組みへの信頼は高いのに政治と政治家への不信が続いているという、この国の政治に見られる不協和を指摘している。こうした不協和の原因を説明する前記三つの考え方に加えて、私は西平重喜が提示した国際比較研究の調査データと、社会関係資本に関する異文化間比較研究の調査結果を取り上げた山岸俊夫の論文を紹介するつもりである。次に、この二つの研究成果を踏まえて、筆者独自の主張を展開していく。日本の社会関係資本は、過去数世紀にわたり、集団的な環境で人と人とが向き合う対面相互作用を基盤として蓄積されてきたが、日本が複雑できわめて個人主義的な民主国家へと移行していくにつれて、そうした基盤がこれまで以上に拡大しつつあると同時に、個人主義的なものにもなりつつあるというのが、その骨子である。

国際比較調査

西平重喜は、日本の政治文化の特徴を明らかにしようとして国際比較調査を実施した。[29] 米国、ドイツ、韓国、日本で行われた調査では、家庭生活、学校生活、職業生活、交友関係についての満足度で、一貫して日本が最低もしくは最低に近い水準にあることが分かった。こうした調査データからは、日本人が社会活動を回避する傾向があり、社会活動に対して概ね消極的であることがうかがえる。

調査結果によると、通りで道に迷っている人に出会ったときなどの特殊な状況下では、日本人が最も消極的な反応を示す傾向がある（表9-3を参照）。社会的制度への信頼度には独特のパターンが見られる（表9-4を参照）。裁判所、警察、教育機関、マスメディアを信頼できると答えた人は、それらに不信感を抱いている人たちよりも若干多く、その割合は五〇～六〇％

表 9－3　道に迷っていると思われる人を見かけたときの対応

道に迷っていると思われる人を見かけたときは，自分から声をかける。　(%)

米国	英国	ドイツ	韓国	フランス	日本
60	46	43	38	34	29

道に迷っていると思われる人を見かけたときは，相手が道を尋ねてきたときのみ応じる。(%)

米国	英国	ドイツ	韓国	フランス	日本
38	52	55	60	63	68

出典：西平重喜『世論から見た同時代史』(ブレーン出版，1987年)。

表 9－4　各国の社会的機関の信頼度

信頼度(%)	米国	英国	ドイツ	フランス	日本	イタリア
80〜90		警察 軍隊				
70〜80	軍隊 宗教団体 警察		警察			
60〜70	教育機関	司法機関 教育機関	司法機関	警察	司法機関 警察	警察 宗教団体
50〜60	行政機関 司法機関 立法機関		軍隊 立法機関	教育機関 司法機関 軍隊 宗教機関 行政機関	教育機関 マスメディア	軍隊 教育機関
40〜50	マスメディア 営利企業	宗教団体 営利企業	宗教団体 教育機関	立法機関 営利企業		立法機関
30〜40	労働組合		労働組合 行政機関 営利企業 マスメディア	労働組合 マスメディア	軍隊 行政機関 立法機関	マスメディア 営利企業 立法機関
20〜30		マスメディア 労働組合			労働組合 営利企業	行政機関 労働組合
10〜20					宗教団体	
平　均	39.7%	40.4%	44.3%	52.2%	55.6%	56.5%

出典：西平重喜『世論から見た同時代史』(ブレーン出版，1987年)。

である。自衛隊および行政・立法機関の信頼度は低く、これらの機関を信頼できると答えた人の割合は二〇～三九％にとどまっている。労働組合、企業、宗教団体などの非政府組織の信頼度は最も低く、その数値は一〇～二九％にすぎない。米国では、信頼度が最も高いのは軍隊、宗教団体、警察、教育機関であり、その数値は六〇～七九％に達している。それらに次ぐのが政治制度（行政機関、司法機関、立法機関）で、信頼度は五〇～五九％である。したがって、日本の場合、米国に比べて政治制度の信頼度がきわめて低い。ヨーロッパは、日本と米国の中間的なパターンを示している。

　二〇〇一年に実施されたアジア―ヨーロッパ調査のデータでは、政治制度の信頼度に関して西平の調査データとは少し違ったパターンが示されている（表9-5a、表9-5bを参照）。二〇〇一年には、ほとんどの政治制度の信頼度が低下していた。自民党は一九九三年に政権を失ってから三年間にわたって野党の立場にあったが、政治制度の信頼度の低落傾向にはその後も歯止めがかからなかったのである。とはいえ、八七年の調査で比較的信頼度が高かった警察と裁判所は、二〇〇一年にもまずまず高い信頼度を維持していた。自衛隊の信頼度も、同年に過去最高を記録した。また、省庁がらみのいくつかの汚職事件が大々的に報道されたにもかかわらず、同年の調査で政府官庁の信頼度が非常に高いことが判明した。たいへん興味深くもあり、また注目すべきでもある事実は、軍隊と政府官庁の信頼度が高いのは、調査が行われたアジアの八カ国でほぼ共通に見られる特徴だということである。アジア諸国と同様な傾向を示すようになったのだから、日本はもはやこの地域の例外的な国とは言えない。調査が実施されたヨーロッパの九カ国では、概して軍隊と警察の信頼度が高い。二〇〇一年の調査データで明らかになった日本の状況は、党派性のない制度（裁判所、警察、政府官庁、軍隊）が信頼されているのに対して、党派性の強い制度（議会、政党、政府、政治指導者、大企業、マスメディア）がそれほど信頼されていないという点で、近代日本の党人および非党人の伝統的イメージとよく合致している。一八九〇年に帝国議会が召集された折に、議員の大半は野党に所属していた。政府は自らを、公共心に富み、党派性のない組織、社会できちんと責任を果たす唯一の組織と見立てる一方で、政党に所属する議員を、金銭的な利益や名誉などの私利私欲に駆られた人間で、著しく党派性が強く、基本的に無責任な存在と見なしていた。

　軍隊、政府官庁、警察、裁判所の信頼度が高い一方で、議会、政党、指導者、政府の信頼度が低いというのは、アジアとヨーロッパに共通するパターンである[30]。国際比較調査のデータを見る限り、先進民主主義国では政治制度の信頼度がいくぶん低下したと言うことができそうだ[31]。日本の政治制度の信頼度にはヨーロッパとよく似たパターンが見られる。日本のパターンは、アジアの八カ国の中では韓国および台湾のパターンに比較的近く、シンガポールとマレーシアのパターンと最もかけ離れている。タイ、フィリピンとも共通点が多い。

表9-5a　社会的制度の信頼度（アジア）

信頼度（%）	日本	韓国	台湾	シンガポール	マレーシア	インドネシア	タイ	フィリピン
80〜90				警察 裁判所 省庁 軍隊 指導者			軍隊	
70〜80				議会 企業 政党 メディア		省庁		メディア
60〜70					政府 裁判所 軍隊 指導者 省庁	軍隊 メディア 政府 議会	企業 省庁 メディア	
50〜60		軍隊	省庁		警察 議会 メディア 企業 政党	警察	裁判所	軍隊 省庁 政府 裁判所
40〜50	軍隊 裁判所 警察 省庁	メディア	軍隊 指導者 政府 企業			指導者 政党	警察	議会 警察
30〜40		警察 裁判所 省庁	警察 メディア 裁判所			裁判所 企業	指導者 議会	指導者 企業 政党
20〜30	企業 メディア 議会	政府	政党				政府 政党	
10〜20	政府 政党 指導者	企業	議会					
0〜10		指導者 政党 議会						

表9-5b　社会的制度の信頼度（ヨーロッパ）

信頼度（%）	英国	アイルランド	フランス	ドイツ	スウェーデン	イタリア	スペイン	ポルトガル	ギリシャ
80～90									
70～80	軍隊		企業 省庁					軍隊	軍隊
60～70	警察	警察 軍隊	警察 軍隊	警察		警察 企業		メディア 省庁 企業 警察	
50～60		省庁 裁判所	メディア		警察 裁判所	軍隊	警察 議会		
40～50	裁判所 企業 省庁	メディア	裁判所 議会 政府	裁判所 軍隊	企業	メディア	軍隊 裁判所 政府 メディア 省庁	議会 政府 裁判所	警察 裁判所
30～40	議会	企業 政府 議会		議会 企業 指導者	軍隊 議会 省庁		政党 指導者 企業	指導者	政府 企業
20～30	メディア 政府	指導者 政党	指導者	政府 省庁 メディア	メディア 政府 指導者	省庁 裁判所 政府 議会		政党	メディア 議会 省庁
10～20	指導者 政党		政党	政党	政党	指導者 政党			指導者 政党

注：本調査は，1999～2003年に文部科学省の研究助成金により，猪口孝が責任者となって進めたアジアならびにヨーロッパにおける民主主義と政治文化に関するプロジェクトである（プロジェクト番号：11102000）。

出典：日本リサーチセンター，アジア―ヨーロッパ調査。

異文化間の実験データ

山岸俊夫は、実験データに基づいて、信頼度の異文化間比較研究の成果を包括的に説明している(32)。山岸の実験は、二人の囚人のうち一方が自分の利益を最大にするように行動すると、かえって両方の囚人にとって不利な結果を招くという、いわゆる囚人のジレンマの実験と似ている。言い換えると、彼が手がける実験では、被験者同士が協力もしくは連携することが、各人の正味の利益を最大にする唯一の方法なのである。

山岸の実験では、四人の被験者が実験に参加する報酬として一〇〇円を受け取る。そのうえで、各人は、もらったお金の一部を他の被験者に寄附するよう求められる。寄附金の額は、各人が相手をどの程度信頼しているかによって変わる。日本の被験者は、信頼度の高い相手には一〇〇円のうち平均五五円を渡す一方で、信頼度の低い相手には平均三〇円しか渡さなかった。米国の被験者は、相手を高く信頼している場合には、受け取った五〇セントのうち平均三五セントを渡し、相手をあまり信頼していない場合には平均二〇セントを渡した。日本でも米国でも、相手を高く信頼している人の方が高額の寄附をした。そこで、山岸は、高信頼は社会的協力を促進するという仮説を立てた。

次に山岸は、非協力的な実験参加者に制裁を加えるための枠組みを設定することによって、信頼と罰の関係を調査した。彼は、非協力的な被験者に罰を与えるための枠組みを設定する際に、被験者がどのように協力するかに興味を持ったのである。結果的に、制裁を伴わない実験のデータとは著しく異なるデータが得られた。こうした枠組みが設定されるときに、最も協力的だったのは低信頼の個人だった。言い換えると、ある人が他の人たちに寄せる信頼が低ければ低いほど、その人は、非協力的な参加者に制裁を加えるための枠組みを構築する際に協力的な姿勢を示したのである。

低信頼の個人が、実験で非協力的な被験者に制裁を加えるときに、他の被験者と協力することに熱心だった理由を説明するために、山岸は、内面的動機を調査した実験のデータを利用している(33)。内面的動機に関する実験では、幼稚園児にフェルトペンを与えて絵を描かせた。被験者となった幼稚園児の三分の一は、上手に絵が描けたらご褒美がもらえると告げられた。残りの三分の二には、そうした指示はなされなかった。ところが、指示を受けなかったグループの半分、すなわち全体の三分の一に相当する園児には、お絵かきの時間の終了時に褒美が手渡された。褒美について事前に知らされなかった残りの園児には、お絵かきの時間が終わっても褒美は配られなかった。それから数日後、園児たちがもう一度熱心に絵を描こうとするかどうかを確認するために、子どもたちに再度フェルトペンを配ったところ、劇的な調査結果が得られた。上手に絵が描けたらご褒美がもらえると事前に知らされていた子どもたちのうち、二度目も喜んで絵を描いた子どもの割合は四〇％だった。ところが、事前にそうした指示を与えられなかった子どもたちのうち、二度目も喜んで絵を描いた子どもの割合は八〇％に達したのである。言い換えると、二回目のお絵かきの時間には、褒美がもらえることを承知のうえで初回のお絵かきに参加した子どもたちは、褒美がもらえることを知らずに参加した子どもたちほど強い参加意欲を示さなかった。内面的動機がないと、信頼を育むのは難しい。協力することの意義を相手が明確に理解しない限り、報酬を約束したところで、必ずしも確実に協力してもらえるわけではない。この調査データからは、信頼形成にはオープンで自発的な枠組みのほうがうまく機能することがうかがえる。言い換えると、アメとムチを使って人々の協力を促すと、進んで協力しようとする個人の内面的動機が弱まるだけでなく、他の人たちが協力するのは協力を強いられるからにすぎないと各人が考え始めるのである。協力を促すためにアメとムチを利用すると、信頼は低下する。こうした枠組みをいったん設定した後に廃止すると、協力を得ることが一層難しくなるため、制度のさらなる厳格化が必要になることが多く、実際に厳格化された制度が実施される例も多い。

マイケル・テーラーは、さらに踏み込んで、こうした制度は麻薬のようなものだと主張している[34]。報酬と罰という麻薬を導入すれば、人々の協力が促されるが、そのためにかえって自発的に協力しようとする意志が弱まるし、同水準の協力を維持していくためには麻薬の投与量を増やさなければならなくなる。言い換えると、アメとムチ的な制度を導入すると、自発的な協力に必要な利他主義が後退するだけでなく、自発的な協力を育む「肥沃な大地」に相当する参加意欲も減退してしまうのだ。

政府をはじめとする各種の公的機関が発展を遂げた結果、個人の行動が公的機関の監視・規制を受けるようになったことで、家族の絆、血縁関係、地縁関係が断ち切られてしまうと、自発的な協力に代わって利己的な関心が優勢になりがちである。

西平の社会的信頼についての分析と、山岸の協力に関する理論には、三つの視点から批判を加えることが可能である。第一は、人為的でない手段の必要性という純粋に方法論的な視点である。第二は、信頼の表現方法の違いという社会文化的な視点である。第三は、規範による統制の衰退という、同じく社会文化的な視点である。

人為的でない手段の必要性

面談と実験は、不自然で具体性に欠けた人為的環境の中で行われるという点を思い起こすことが重要である。社会学者の浜口恵俊が言うように、日本では人々がじかに向き合う状況や集団を構成する状況での相互作用に基づいて社会的信頼が形成されるのだとしたら、面談や実験といった人為的で具体性を欠く手段によって得られたデータを額面どおり受け取ることはできないだろう[35]。

面談は、例えば、被験者に被験者自身が信頼している社会的集団や社会的制度に関する質問をするといった形で行われるが、その際に、〔被験者が実生活で置かれている〕具体的な状況や、〔被験者と社会的集団や社会的機関との間に〕確立されている一連の社会的関係への明確な方向性が示されることはいっさいない。

面談で被験者に質問をする際に、こうした個々の状況に応じた具体的な繋がりが示されない場合、日本の被験者の回答は不信に大きく傾いてしまいがちである。実験によって得られるデータも同様に人為的なものである。信頼の異文化間比較研究で利用された囚人のジレンマゲーム〔に似たゲーム〕には、日本人にとってきわめて不利な特徴がいくつかある。第一に、このゲームには、見知らぬ人との出会いが伴う。第二に、被験者同士がコミュニケーションすることが許されていない。第三に、ルールが基本的な人間信頼ではなく、純然たる実用性に基づいている。これらの理由により、囚人のジレンマゲームでは、日本人が他の国の被験者ほど他者に協力しない傾向がはっきりと認められる。日本人が社会的相互作用のコンテクストに合わせたルールに大きく依存することに慣れている点を考慮すれば、囚人のジレンマゲームが象徴していると思われる無秩序な状況のもとで日本人が他者に不信感を抱きながら行動しがちなのも当然かもしれない。被験者同士が知り合いではなく、被験者同士がコミュニケーションできないというルールがあるうえに、個別性と具体性が欠如している以上、人々が他人に寄せる信頼を測るための正確な尺度としてこうした実験を用いることはできない。社会的信頼を測定するには人為的でない手段が求められるということが、この調査研究から得られる教訓である。(36)

信頼の表現方法の違い

国際比較研究や異文化間比較研究では、信頼などの感情を表現する社会文化的要因を考慮に入れることが必要な場合がある。ここでは、アルバート・ハーシュマンが手がけた米国で暮らすユダヤ人とドイツで暮らすユダヤ人の比較研究を思い起こすことが役に立ちそうだ。(37) 長年の知り合いだったこの二人のユダヤ人は、ニューヨーク市で久しぶりに再会を果たした。ユダヤ系ドイツ人が「久しぶりだね。元気だった?」と尋ねると、ユダヤ系米国人は「とても楽しくやってますよ」と答えた。ただし、その答え方には、同じ言葉でも、異なる言語的・文化的伝統を受け継いでいる人が使えば用法も変わるということを象徴するようなニュアンスが込められていた。「とても楽しくやってますよ」という言葉の裏には「でも、ちょっとツキに見放されていてね」という気持ちが隠されていたのである。米国社会では、自由と機会に恵まれた約束の国として神がアメリカを賜ったと考えられていることもあって、自分の人生についてであれ、他人に寄せる信頼についてであれ、少なくとも公然の場では、肯定的な言葉を口にしなければならないようだ。米国人は、心に一点の曇りもあってはならないし、前向きでなければならないのである。見知らぬ人と出会ったときに、米国人は、少なくとも言葉や身ぶりの点では、最初から友好的に振る舞わなければならない。逆に言うと、相手に対する不信感を露わにして相手の機嫌を損ねてはならない。うっかり相手を怒らせるとわが身に危険がふりかかるおそれがあるので、彼らは相手を信頼しているように装いつつ、親しげに言葉をかけるのだ。

しかし、日本社会では、こうした肯定的な姿勢を示す必要は

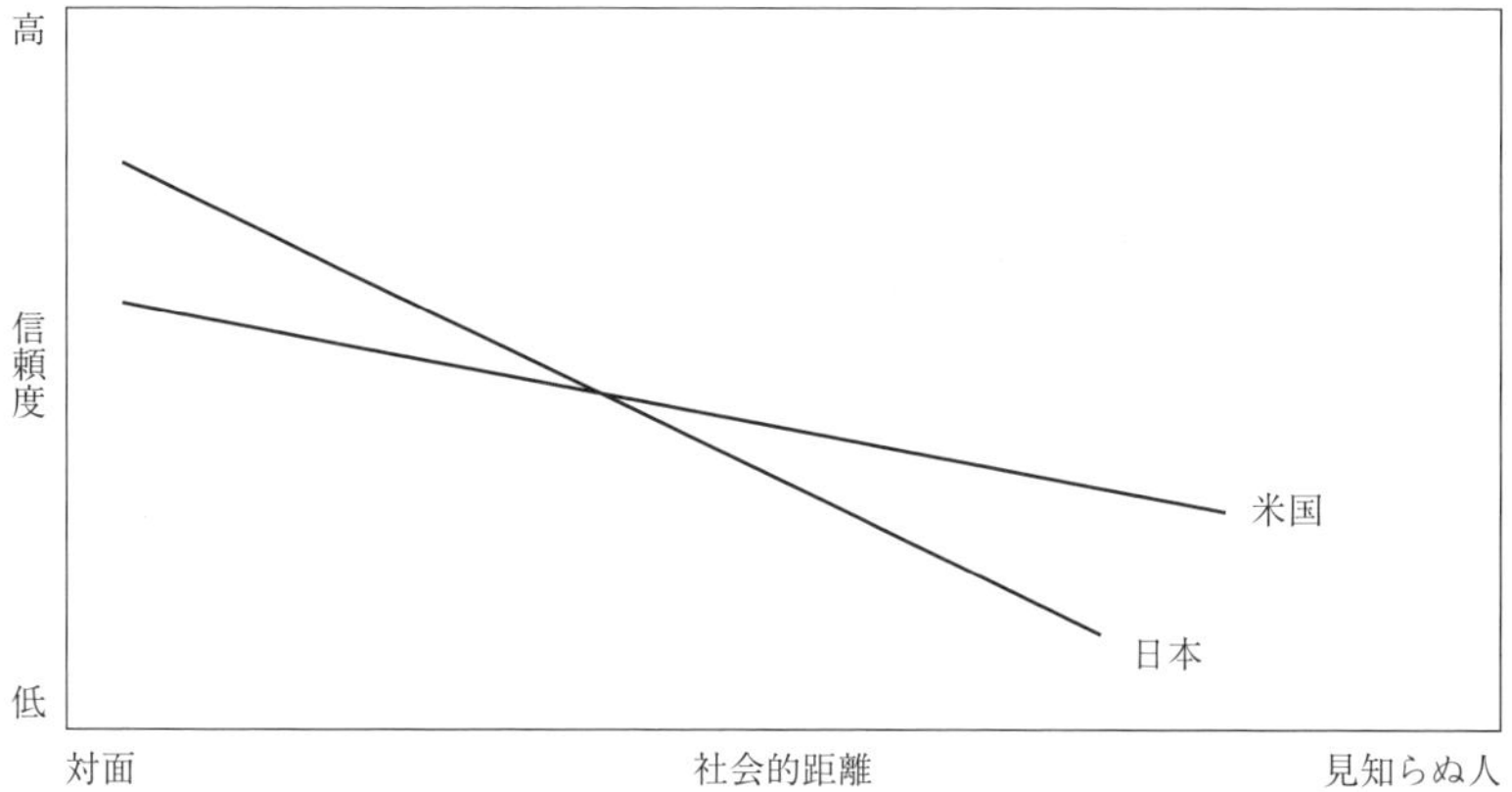

図9－4　信頼の表現方法の違い

出典：Robert Putnam, "Democracy in America at Century's End," in Axel Hadenius, ed., *Democracy's Victory and Crisis* (Cambridge : Cambridge University Press, 1997), 27-70.

ないようだ。日本には比較的同質な環境があるし、日本人の間では個々の状況に応じた具体的な二者関係や組織的な環境において簡単に信頼を形成できることもあって、日本人は、自分とは関係の薄い社会制度や初対面の人に対して、当初は慎重な態度やぎこちない態度、あるいは懐疑的な態度をとりがちである（初対面の人が、自分のよく知っている個人や集団や制度と繋がりを持っていることが分かった場合を除く）（図9－4）。

パットナムが手がけた日本人と米国人の反応に関する比較研究で見られたように、日本で高い信頼を得るのは、個々の状況に合わせた行動と個々の状況に合わせた言葉による応答である。[38] したがって、米国人が示す信頼の方が日本人のそれよりも幅広い対象に向けられるという点が、日米の違いである。

規範による社会統制の衰退

社会関係資本というのは、社会学的な概念であると同時に、政治科学的な概念でもある。本来、社会を組織化するための原理や社会を統制するための規範を半世紀という短い期間で変えることは難しい。したがって、そうしたものの変化の過程を真剣に調べたいと思うのであれば、観察期間を一〇倍の五〇〇年に引き延ばすべきである。我々は、二〇世紀後半の社会関係資本の動向を調べることはできるが、社会関係資本の動向を五世紀前まで遡って調査しようにも利用できるデータがない。だが、そうした事情があるにもかかわらず、やはり政治文化が長い期間を経るうちにどのように、そしてどういった方向に向かって変化していったのかを把握することが重要である。

日本の政治文化にアプローチする際に、私は日本が過去数世紀にわたって経験した歴史的変遷を重視したい。池上英子は、〔その著書である『名誉と順応——サムライ精神の歴史社会学』のなかで〕近代初期の日本社会で名誉型個人主義が名誉型集団主義へと変わっていった様子をたいへん見事に描いている(39)。彼女は、一六世紀と一七世紀の日本で、社会を組織化し、評価するための原理が変容していったことに分析を加えている。中世の日本において最も重要だったのは、武士の個人的な能力であった。そのため、戦《いくさ》を始める前には、リーダー格の武士が名乗りを上げ、自分の生国を告げ、自分の名誉のため戦いに身命を賭す旨を宣言したのである。当時は戦うことがすべてであり、戦闘の原動力となっていたのは個人的名誉の追求であった。

日本では絶対主義が確立されないままに一六世紀が終わったが、一七世紀に入ると、地方分権化されたきわめて官僚主義的な準封建体制、すなわち徳川家を盟主とする幕藩体制が成立した。この体制が求めたのは集団的名誉の追求である。武士の個人主義に代わって、武装を解き、武人から官僚に転じた人たちの集団主義が台頭した。官僚化した武士は、藩〔封建諸侯が治める国〕や御家〔藩主の家〕の構造や規範に由来する集団を重んじた。ヨーロッパの絶対主義体制とは異なり、幕藩体制下では、専制君主である将軍や大名が、〔実務面で〕その配下の官僚に取って代わられる傾向があり、実権を握った官僚は、〔御家という〕一種の拡大家族の精神を重んじながら領地を支配した。彼らは、忠誠、清廉、正直、勤勉、倹約を尊び、領民の幸福のために尽くすことと、集団としての大義を果たすために心身を鍛錬することを重んじた。こうした精神が近代初期（一七〜一九世紀半ば）に高揚し、その後の近代日本に引き継がれたのであり、近代日本の舵取り役を担った官僚たちは、こうした精神をさらに拡充して、一九世紀と二〇世紀の国家主義的・集団主義的な精神を形成していったのである。かくして、近代日本では名誉型集団主義が一層強化される結果となった。

名誉型集団主義を基盤とする体制が一七世紀および一八世紀に固まると、徳川幕府の将軍と各藩の領主である大名たちが次に直面した課題は、内部の結束と安定を図ることであった。ところが、一八五三年にコモドア・マシュー・ペリーを乗せた黒船が下田に出現した時点で、日本は、軍事、経済、制度など、分野を問わず、外部の脅威にどうやって対処するべきかという課題に直面することになった。明治政府の指導者たちにとって、これは従来にない、まったく新しい課題であった。彼らは、「富国強兵」を実現するための作業に根気よく取り組んだ(40)。そうした富国強兵政策の要となったのが、天皇を国家元首として国家主義を強力に推進することであり、全国から実力本位で募った人材をもとに国家の官僚組織を創設することだったのである。明治の官僚組織に登用されたのは、主として、明治政府が階級区分を廃止した後に身分と職を失った武士とその子弟であった。彼らは一般的に教育水準が高く、彼らのイデオロギーである名誉型集団主義は、明治国家のニーズに合致していた。

こうして近代初期の名誉型集団主義は、明治時代にさらなる発展を遂げることになったのである。

近代日本は、一九四一年にナショナリズムの爆発を起こしたことで、やがて奈落の底へと落ちた。だが、指導者たちの努力により、日本は富と平等の点では一九九五年までに欧米諸国に追いつくことができていた。ところが、（昭和天皇崩御後の一九八九年に始まる）平成の日本は、また新たな問題を抱えている。日本人が次第に名誉型集団主義の砦を壊しつつあるのだ。国家の指導的精神は、名誉型でもなければ集団主義的でもないものに向かって、ゆっくりと、だが着実に変化しつつあるようだ。言うまでもないことだが、この新たな指導的精神は、米国型の個人主義とは必ずしも似ていないように思われる。

しかし、日本が戦後の昭和期に欧米諸国に追いつくことができた時点で、（皮肉にも）国の勢いが減速し始めた。国民は、経済的な成果という甘い果実を味わったことにより、以前に比べてすっかり慎重になり、リスクを忌避するようになった。安全保障上の問題に関して言えば、国民は、何はともあれ紛争への関与を避けるということを大前提としている。直接投資の面では、企業が一〇年もかけて投資機会を精査しておきながら、それでもリスクを取ろうとしない場合がある。内政面では、指導者が真のリーダーシップを発揮することを嫌う。そんなことをすれば複雑に絡み合う既得権益にメスを入れざるを得ないため、安逸を貪る関係者を敵に回すことになるからだ。このように日本では、政府レベルでも社会レベルでも、かつての強固な意志が弛緩し始めたわけだが、こうした現象は、冷戦の終焉、地理の終焉、歴史の終焉という、三つの世界的動向の終焉と同時に起きたがゆえに一層目を引くものとなっている[41]。全世界的な安全保障制度という防壁が築かれる原因となっていた東西二極対立は終わった。マーケットは、ボーダーレス化とグローバル化の進行によってさらに力をつけ、いまや一人勝ちの状態である。国民国家を政治単位とするウェストファリア体制によって心ならずも封印された社会的勢力や多国籍勢力が解き放たれたのである。

手短に言えば、これらが日本の政治文化が経験してきた変化の三つの側面なのだが、近々四つ目が起こりそうだ。少なくとも、ドル高を是正するために主要先進五カ国が協力することを約束した一九八五年のプラザ合意以来、その実態がはっきり見えてきたグローバリゼーションの情け容赦ない力が働いているだけでなく、日本では一六世紀、一七世紀当時の個人主義がいまも名残をとどめているという事情もあるため、こうした変化のプロセスでは、個人主義がかなりの程度まで復活を遂げ、組織は、従来よりも柔軟で機能的適応性にすぐれたものとなるだろう。

以上、日本の政治文化の中身と方向性を簡単にまとめてきたが、これをもとに、日本の社会関係資本を調査し、評価するための、もっと広く深い、そしてもっと長期にわたる歴史的コンテクストを提示することが可能である。日本社会についての旧来のステレオタイプなイメージは、遠からず批判に耐えられなくなるだろう。

8　新千年紀へ向けて

新千年紀における日本の社会関係資本の性質を理解するための手がかりとなる指針は三つある。第一の指針は、過去二〇年間に社会団体と市民団体が激増するとともに、その活動が著しく活発になったことである。一つのよい例として、一九九五年一月一七日、数千名の死者を出すとともに、広い範囲に甚大な被害をもたらした阪神淡路大震災が発生した折に、多数のボランティアが神戸に駆けつけたことを挙げることができる。市民の間にこうした動きが生じたことは、それ自体、感動的だったが、中央政府の対応が遅れ、公的支援の中身が災害現場の状況にマッチしていなかったために、ボランティアの迅速かつ適切な支援活動が一層注目に値するものとなっている。

例えば、アジア医師連絡協議会（AMDA）は、新しいタイプのボランティア団体である。この団体は、大阪、神戸の西に位置する岡山の小さなカトリック教会に本部を置いており、アジア全域で一五〇〇名の医師および医療スタッフがメンバーに名を連ねている。AMDAは、過去一五年間に世界各地で一〇〇回以上にわたって人道支援活動と災害救助活動に参加してきており、その中には、神戸、カンボジア、イラク、フィリピン、エチオピア、バングラデッシュ、ネパール、ソマリア、インド、インドネシア、モザンビーク、ルワンダ、チェチェン、サハリン（ロシア）、旧ユーゴスラビア、ケニヤ、ザンビア、アンゴラ、メキシコなどでの活動が含まれる。こうしたボランティア団体は、日本社会には政府組織と、政府とは無関係の個人しかいないというイメージを少しずつ払拭するのに役立っている。

第二の指針は、秩序や経済ではなく、参加や自由といった、いわゆる脱物質主義的な価値観を支持する人が着実に増えていることである。イングルハートは、脱物質主義は世代と密接に関係しており、若い世代の方が脱物質主義的な価値観に影響されやすいのかもしれないと述べている(42)。大方の先進民主主義諸国における過去二〇年間の動向を見る限りでは、彼の主張は正しいようだ。だが、綿貫が二〇年間にわたって実施した重要なパネル調査で明らかになったように、日本では脱物質主義の支持者が着実に増えている（一九七二年には国民全体の三・六％だったが、八三年には七・六％、九三年には一四・五％となった）うえに、全世代を通じて伸び率がほぼ同じであった(43)。したがって、この点における日本の変化は非常に迅速かつ大幅なものであり、若い世代への脱物質主義の影響が明らかになるのを待つまでもない。

第三の指針は、秋祭り、冬季の防災パトロール、ゴミの収集管理、赤十字への寄附といった地域関連の市民活動と関係している。これらの活動はいずれもかなり活発に行われてきた。大都市の郊外では警察のパトロールへの地域住民による協力が以前に比べて難しくなったが、これは主として多くの住民が日中に不在だからである。こうした市民活動が行われる回数と活動に充当される時間が若干減ったことは明らかだが、市民意識はおおむね健在である。例えば、ゴミの収集管理は、担当区域が非常に広いうえに、毎日大量のゴミが出されるにもかかわらず、かなりうまく行われている。

このように、来たるべき千年紀における日本の社会関係資本の性質を理解するための長期的な指針が三つあるわけだが、それでもなお、我々は日本の社会関係資本の歴史的、相対的な複雑さにもっと注意を払う必要がある。そうした中で、特に留意すべき問題は次の三つである。その第一は、ともにかつては全体主義的／権威主義的な社会だった日本とドイツで起きた変化の主たる決定因を歴史的な観点から比較することである。第二は、フランシス・フクヤマと山岸俊夫の信頼という概念をめぐる見解と、中国人と日本人および日本人と米国人の比較を通じた信頼という概念の分析が見たところ一致していないことである。第三は、日本で進行する名誉型集団主義から協調型個人主義への移行に伴って一時的に困難な状況が生じることである。この章では、主として米国との比較を取り上げてきたが、それは、米国がこの論文で取り上げられている他の国々にとって重要な国であるうえに、筆者自身が一番精通している国だからでもある。日本とドイツは、全体主義／権威主義が破綻したのちの民主主義と市民社会の勝利を象徴しているという点で、他の国々とは区別される。

ここで当然、一つの疑問が生じる。現在、市民参加は活発化する傾向にあるわけだが、そうした傾向を引き起こした主たる要因は何なのだろうか。社会経済的近代化なのだろうか、政治なのだろうか、それともこの二つ以外の何かなのだろうか。市民社会の発展を促した社会経済的近代化、とりわけ一九世紀末以降の社会経済的近代化が、市民活動を活性化させた第一の要因らしいというのが、この問いに対する私の解答である。日本もドイツも、一九世紀の経済発展には乗り遅れたものの、その後、先行した国々に順調に追いついていった。二〇世紀当初の二、三〇年の間に、日独両国では政治的・社会的自由主義が目覚しい進歩を遂げた。経済成長と社会の近代化という基盤を抜きにして、これら両国で過去半世紀の間に市民社会が発展を遂げた理由をきちんと説明することはできないだろう。とはいえ、二〇世紀半ばに、市民社会の発展を促すうえで経済成長や社会の近代化に劣らず重要な要因となったのが、第二次世界大戦後の連合国軍による占領である。日独という二つの敗戦国を占領下に置いていた間に、連合国側のリーダー格であった米国は、政治制度と経済制度ならびに国民の思考様式の民主化と自由化を進めるうえで、強力な政治的影響力を行使した。大きな戦争の後で、敗戦国の支配体制が一新されるのは珍しいことではない。体制の権力基盤は、敗戦によって崩壊するのが通例であり、勝者、勝利を得た連合、国際社会で主流を占めている文化が優勢となり、敗戦国の国内制度の価値や基準に浸透していく。そのうえ、国民国家による統制、流行の組織原理（時代精神）、大量の資本投下と効率的かつ集中的な労働力の活用にうまく適合した生産システムの隆盛といった、市民社会の勃興を抑制する要因が後退したのに続いて、日独両国が一九世紀末以前の時代から受け継いできたもっとはるかに長い歴史を持つ遺産——すなわち、両国が地方分権化された政治体制を長らく保持していたこと——が、市民社会の発展を促す追い風となった。言い換えると、両国における市民社会の発展には、隔世遺伝が一定の役割を果たしているのである。

第二に、市民社会の力強い成長ぶりがはっきりと目に見える一方で、〔成長の阻害要因となる〕いくつかの制約も目につく。こうした制約は、日本でどのような社会関係資本が形成されてきたかということと大いに関係している。日本はどういったタイプの社会関係資本を形成することを得意としてきたのだろうか。我々は、フランシス・フクヤマが示した中国の信頼と日本の信頼の対比と、山岸俊夫が示した米国の社会関係資本と日本の社会関係資本の対比を組み合わせることによって、様々な種類の社会関係資本の特性を示すことができるかもしれない(44)。フクヤマは、一方では米国、日本、ドイツに、他方ではフランス、中国、ロシアに焦点を合わせることによって、彼が言うところの高信頼社会と低信頼社会を比較している。フクヤマによる対比をより鮮明にするために、私は、彼が提示している条件に従って、日本と中国を比較してみたい。フクヤマは、日本で養子に会社の経営と事業の拡大を任せるという慣行が目立つことからも分かるように、日本人は、とりわけビジネスでは家族との絆や血縁関係にとらわれないのに対して、中国人は、こうした関係を無視することができず、家族同士の結びつきや血の繋がりに強いこだわりを示すと述べている。フクヤマによれば、日本の信頼は中国の信頼よりもはるかに広い範囲に向けられる。だからこそ、日本人は、経営資源を中国人よりも大規模に流動化させて、ビジネスに内在するリスクを最小限に抑えることができるのだという。さらに現在の日本の繁栄は、テクノロジー、資本、労働力といった要因だけでは説明のつかないレベルに達しているが、こうした繁栄にも日本の信頼が中国のそれに比べて幅広い対象に向けられることが寄与しているとフクヤマは述べている。

山岸は、日本の信頼と米国の信頼を比較している。日本と米国は、どちらもフクヤマが言うところの高信頼社会だが、この両国の信頼は、次のように区別することができる。米国の信頼が開放的で広い範囲に向けられるのに対して、日本の信頼は米国のそれよりも閉鎖的で狭い範囲にしか向けられない。米国の信頼が一般化された互恵主義を基盤としている傾向があるのに対して、日本の信頼は、家族や親類縁者のみではないにしても、気心の知れた人たちからなる小集団だけに向けられるのが通例である。知り合いで構成されている小集団の中で日本の社会関係資本が果たしている重要な機能は、集団内で不確定要素とリスクを最小限に抑える一方で、信頼が集団の外に向けられたり、リスクテーキングが外部に及んだりしないようにすることである。米国の社会関係資本が果たしている重要な機能は、〔外部の組織やコミュニティとの間に〕協力的で生産的な互恵主義が生まれるように信頼を表現することである。前者のような社会関係資本を非橋渡し型と呼ぶことができるのに対して、後者のような社会関係資本を橋渡し型と呼ぶことができる。日本では、どのような社会的相互作用が生じるのかが不透明な場合、リスク評価とそれに続くリスクテーキングという作業が集団内で最小限度に抑えられるが、米国では、どのような社会的相互作用が生じようとも、必ずそうした作業が行われる。義務感に関して言えば、典型的な日本人は、社会的なつきあいのある知人というごく狭い範囲の人たちに対してのみ非常に強い義務感を覚えるが、米国人の義務感はもっと弱い代わりに対象が広く、「社会的なつきあいがなく、名前も知らない」人たちにも向けられる。前者のような社会関係資本を内部結束型と呼ぶことができるのに対して、後者のような社会関係資本を拡張型と呼ぶことができる。

こうした見方をすれば、フクヤマと山岸の社会関係資本をめぐる見解の相違を矛盾なく評価することができる。また、日本のデータを見て、ジャパン・ウォッチャーやアナリストたちが謎であるとして当初首をひねった問題も、こう考えればきちんと説明がつくものと思われる。

第三に、日本がいま直面している課題も同じように説明することができる。日本は、どちらかと言うと閉鎖的な社会関係資本から開放的な社会関係資本へ、安心指向型の社会関係資本から信頼醸成型の社会関係資本へ、内部結束型の社会関係資本から拡張型の社会関係資本へと移行する過渡期にあるのかもしれない。こうした移行は、池上英子が言う徳川～昭和期（一六〇〇年頃～一九八九年）の名誉型集団主義から、エミール・デュルケームが言う平成以降の協調型個人主義への移行とほぼ軌を一にするものである[45]。また、こうした移行は、大量の資本と労働力を集中的かつ組織的に動員することを基本とする生産様式から、創造的な技術革新と巧みな資本操作を基本とする生産様式への移行とも軌を一にしている[46]。グローバル化が進行する時代においては、日本が比較的閉鎖的な社会関係資本、安心指向型社会関係資本、内部結束型社会関係資本を基にして収めた成功そのものがマイナスに作用し始めた。名誉型集団主義と国家主導型の経済開発モデルが、日本のさらなる成功を阻む障害となったのである。そのため、日本では、ここしばらくの成功が足かせとなり、比較的閉鎖的な社会関係資本から比較的開放的な社会関係資本への移行が遅れるおそれがある。二〇世紀に同じような経験をした日本とドイツの違いも、こう考えると説明がつくかもしれない。日本では、二〇世紀の第二、第三4半期に、社会的集団主義と国家主導型の経済開発が徹底的に推進されたのに対して、ドイツでは、そのどちらも二〇世紀半ばには終焉を迎えた。ドイツでは、そうした状況は日本ほど長続きせず、国家主導型の経済開発が進められ、集団主義が主流を占めていたドイツ民主共和国は、領土が狭い範囲に限られていたうえに、一九八九年にはついに崩壊した。

日本で不良債権がどう処理されてきたか、そして一九九八年七月一二日と二〇〇一年七月二九日に実施された参議院選挙で有権者がどのような反応を示したかに注目すれば、安心指向型社会関係資本が日本社会にどの程度根づいているかを垣間見ることができる。[47] 一九九八年、巨額の不良債権を抱えた金融機関の経営破綻を未然に防ぐために、政府は金融機関に（税金を用いて）公的資金を注入した。こうした政府の救済策が安心指向型の社会関係資本に基づくものだったことは明らかである。その論理は、誰にでも間違いはあるものだし、預金者の資産を保全するためにも、経営危機に陥った金融機関を国が助けなければならないというものだった。一九九八年の参院選における日本の有権者の投票行動には、彼らが安心指向型の政策に強い不信感を抱いていることがはっきりと現れた。与党であった自民党は、野党、とりわけ結成されて一カ月しか経っていなかった民主党と、共産党および公明党に多くの議席を譲り渡し、参議院で単独過半数を割ってしまったのである。有権者は、景気後退が深刻化し、失業率がじわじわと上昇し、円安ドル高に歯止めがかからないという危機的な状況が続くなかで、政府の経済政策が惨憺たる失敗に終わったことに怒りを覚えていたし、社会保障制度は確実に破綻に向かいつつあるとの認識が社会全体に広まっていたため、高齢化社会の将来に不安を感じていた。ところが、興味深いことに、相変わらず日本経済が低迷していたにもかかわらず、二〇〇一年の参院選では、一九九八年とは打って変わって自民党が圧勝した。こうした結果が生じたのは、主として小泉純一郎首相が強力なリーダーシップを発揮し、安定志向型の政策を捨てる代わりに、短期的には痛みを伴う確率が高いけれども、構造改革を断行する必要があると有権者に説いたからである。一九九〇年代末に政府が打ち出した安定志向型の政策で大成功を収めたものは一つもなかった。企業の倒産とそれに伴う失業率の上昇に気を取られるあまり、政府は銀行、特殊法人、建設会社など、競争力のない部門に多額の公的資金をつぎ込んだが、景気を好転させることはできなかった。こうした政策では、巨額の不良債権を処理することはできず、マネー・サプライを増やすこともできなかったため、政府はなんら実効を上げることなく、巨額の赤字にあえぐ結果となった。小泉首相が望んでいるのは、有権者が従来の考え方を改め、安心ではなく、日本社会の再建に焦点を合わせた物の見方をするようになることのようだ。

日本の安定志向型社会関係資本を一夜にして解消することはできないと思われるが、その弱点が明らかにされたという事実は、二一世紀にこれまで以上に大きな変化が起きることと、それによって、日本社会が政治的・文化的変化の次なる段階へゆっくりと、だが着実に移行していくことをうかがわせるプラス指標である。新千年紀における社会関係資本の変化の多次元的かつ重層的な性質を解明することは、民主主義の回復力と寿命に興味を持つ人たちにとって大きな研究テーマの一つとなるだろう。[48]

終章　拡大する不平等

ロバート・D・パットナム

このキルトのような論文集を編むに際し、筆者は、各執筆者がそれぞれ担当した国について提供した記述における共通点と、彼らの理論的な視点における差異の両方を浮き彫りにしながら、各国についての分析を要約することから始める。

1　国別パターン

イギリス

ピーター・ホールは、英国における社会関係資本の様々な指標の動向について議論している。自発的結社への所属は、一九五〇年代からおおむね安定しており、六〇年代に増加し、それからわずかながら減少した、と彼は結論している。ここ数十年でいくつかのタイプの組織（伝統的な婦人組織、組合、教会、そして政党）は重要性を失ったが、他のもの（特に環境保護団体と慈善組織）は拡大し、英国における自発的結社は活気づいたままである。非公式の社交性もまた、おそらく六〇年代や七〇年代よりは若干は劣るとしても、五〇年代と同じくらいで、九〇年代でも強いようである。政治的関心と政治参加の率は比較的高いままである。しかも、ホールは英国の市民参加において今後数年間の実質的な変化（増加あるいは減少）の前兆となるかもしれない世代間の違いをなんら発見していない。他方で、彼はまた、社会への信頼の減少、特に若年層における減少を、政治的有効性感覚と政治への信頼の減少とともに、報告している。

ホールは英国における社会参加の全体的な安定性を、米国における減少と対比させ、大西洋間の違いの説明を試みている。彼は、次の三つの要素をとりわけ重要なものとして浮き彫りにする。(1)一九五〇年代から九〇年代にかけて、それ自体が市民参加、特に婦人の参加レベルを押し上げた、英国教育制度の大規模な拡張、(2)中産階級を拡大し、同時に英国における結社生活におけるその長年の優勢を高めた英国の階級構造の変化、そして(3)自発的結社の領域を活性化させ、同時に福祉国家を拡大した英国政府の政策である。他方で、ホールは社会への信頼の低下は英国の社会関係が集団主義から個人主義へ、特に、階級に基づいた団結から業績に基づいた機会主義へ、そして公的なことに関係する集団から私的なことに関係する集団へと、広範に変質したことを暗示しているといういくつかの証拠を発見した[1]。つまり、彼は「組織への所属の表面的な安定性の下に」集団生活や市民的関与の質の侵蝕が起きていたのではないかと主張する。

しかし、彼が言うには、より不穏なのは、英国がますます「総じて豊かな生活をしている、人間関係の多い、高度に活発な市民のグループと、社交的生活や政治への関与が非常に限定されている市民のグループに二分された国」になりつつある証拠である。後者、つまり人間関係の少ない人々は、労働者階級、あるいは若者に多く見られ、ホールによれば、年齢による差は一時的だとしても、階級間の差は大きくなる可能性が高い。かくして、ホールここ数十年間の英国の社会関係資本における均一的な低下に関する議論には与しないが、社会関係資本の社会的な分布の変化に不安を表明し、また、台頭しつつある市民的参加の形態は、それが取って代わろうとしている形態よりも、集合財の追求には不向きであるかもしれない可能性を憂慮している。

スウェーデン

ボー・ロートシュタインによるスウェーデンの社会関係資本の傾向の分析の背景にあるのは、社会民主主義の古典的な「スウェーデン・モデル」である。これは、社会民主党のヘゲモニーに基づいた野心的な福祉国家とネオ・コーポラティズム的取り決めのことを指している。一九六〇年代、このシステムは民主的安定、民衆からの正統性、経済成長、そして社会福祉という羨ましい組み合わせを生み出した。しかし、過去四半世紀、スウェーデンは「民主的不満」に関するヨーロッパの名簿のトップとなっている。[2] ロートシュタインはスウェーデン人の公的制度に対する積み重なる不満に関する証拠を、政治、特に政党や伝統的な利益集団への参加の減少と九〇年代における経済パフォーマンスの顕著な減退とともに要約している。彼は、この悪化を招いた政治的ダイナミクスにおける鍵となる構成要素は、彼が「組織化された社会関係資本」と呼ぶもの、すなわち主要な労働・ビジネス組織間と内部の信頼の崩壊であると論じる。そして、彼はこの崩壊の原因を、スウェーデン労働組合と社会民主党の七〇年代における「政治的自信過剰」にもとめる。これが、彼らにその漸進的・合意形成型のスウェーデン・モデルを放棄させたのである。

しかし、たとえこの特定の形態の組織化された社会関係資本が侵蝕されたとはいえ、スウェーデンの民主主義に対するダメージはないようである。市民的関与や社会的繋がりに関するほとんどの指標において、ロートシュタインは二〇世紀の後半における、安定と、さらには成長を示す感心すべき証拠を見つけている。グローバルな視点で見れば、スウェーデンは組織関与の点、政治参加（少なくとも投票で測ると）の点、そして社会への信頼という点でトップないしそれに近い位置を占めている。しかも、利用可能な証拠は、公式・非公式の社会組織が最近数十年でますます活力を高めていることを示唆している。同様に、米国や英国などとは異なり、スウェーデンにおける社会への信頼は、安定しており、むしろ増加しているようである。ロートシュタインは、若年世代が伝統的なヒエラルキー型に組織された社会活動の形態からそっぽを向くなかで、個人主義が増加している傾向を発見するが、彼らは社会的孤立ではなく、一時的な社会活動、おそらくロバート・ウスナウが別の文脈で「ゆるやかな結合」と呼んだような[3]、社会活動にシフトして関与を増加させているようだ。ロートシュタインは、スウェーデンでの若者に間で集団主義に取って代わったものは、利己主義的な個人主義ではなく、連帯的な個人主義であると論じる。

非スウェーデン人にとっておそらく最も興味深いのは、ロートシュタインの、広く見かけられる勉強サークルの存在についての説明である。この勉強サークルとは、教育的議論のために毎週集まる小規模のグループである。この習慣は増加しつつあるようで、驚くことに毎年、成人人口の四〇％が関与している（他の研究が、スウェーデン人やその他のスカンジナビア半島の人々が他の先進国の市民より、テレビを観て過ごす時間がはるかに少ないことを示しているのは、おそらく偶然ではない）[4]。社会関係資本の理論が示唆するように、勉強サークルへの参加は、より広い市民的関与と結びついているようだ。同様に興味深いのは、勉強サークルの費用の半分は政府の基金から提供されているという事実である。

実際、ロートシュタインが証明しているとおり、スウェーデンの事例研究のすべての側面は、福祉国家は必ず社会関係資本を掘り崩すという主張に対する、強力な反証を提供している。スウェーデンは（そのスカンジナビアの隣国とともに）、逆に、多くの社会関係資本の指標で世界をリードしているだけでなく、公的資金や税金という面でも世界をリードしている。しかも、ロートシュタインが力強く論じているように、過去数十年間における、スウェーデン人の間の社会参加とボランティアのレベルの安定性、さらにはその増加は、大きな政府は必ず、社会関係資本の敵となるという議論への強力な反論である。他方で、ロートシュタインはスウェーデンの福祉国家を特徴づけてきた、普遍的な（ターゲットを決めていない）社会供与は、高レベルの社会関係資本と完全に整合性を持つと論じている。

オーストラリア

オーストラリアは、米国と同じように、比較的新しい、移民の大陸社会であり、いくつかの点において、イヴァ・コックスが描いている、オーストラリアの社会関係資本の傾向のポートレイトは、筆者による米国の社会関係資本の傾向のポートレイトと似ている。歴史ある確立された多くの自発的集団はその構成員の減少を記録しており、公式に組織されたボランティア活動もまた、近年衰退してきた。組合参加率と教会出席率はどちらも一九六〇年代から九〇年代にかけて大きく落ち込んでおり、最近のデータは、他のデータは政治的抗議行動はより一般的になったことを暗示しているものの、政治への関与の減少を示唆している。社会への信頼と政治への信頼のどちらも、過去一〇年間ないし二〇年間で減少したようである[5]。オーストラリア人は、米国人と同様に、テレビを観て過ごす時間が社交的活動の時間より多いようだ。この論文集の対象に含まれる他の国の多くでもそうであるように、スポーツへの参加は上昇しているが、コックスはこの傾向が、チームスポーツよりも個人で行うフィットネスを反映していると示唆する。新しいフェミニストグループや環境保護団体さえ衰退している。もっとも、この傾向は、少なくとも部分的には、お祭りや「市民参加マラソン」などのコミュニティ・イベントの増加で相殺されているようである。他方で、公的空間を共有するこれらの新たな方法は、より公式で、より持続的な組織への参加がかつて果たしたのと同じ社会的・教育的効果は期待できないとコックスは論じる。

他の執筆者と同様に、コックスはオーストラリアにおける社会関係資本の不均等な分布を強調しており、彼女は特に私が架橋的社会関係資本と呼んだものがとりわけ減少していると憂慮している。彼女は、同性愛や非白人マイノリティへの寛容が高まっていることを報告しているが、不信と引きこもりの減少はオーストラリアの未来に対する強まる一般的不安と結びついているのではないか、という懸念で論考を締めくくっている。

日本

猪口孝は日本における、安定的でゆっくりと上昇している市民参加のレベルを発見している。特にそれはNGOのような通常の西洋の指標によって測った場合に著しい。近隣グループ——それは日本における市民参加のより一般的な形態であるのだが——五〇年前と同様に、一九九〇年代後半においても重要であり続けているようだ。そして子ども、老人、障害者を支援するための組織は、大幅に増加した（後者が上昇したのは、部分的には、より伝統的な日本の社会的セーフティー・ネットワークが弱体化したのを相殺するためだったと推測できるかもしれない）。政治領域においては、二〇世紀後半で、日本の有権者は徐々に敬意を表する「家来」傾向を捨て、より熱心な民主主義者になったが、その一方で政治的指導者の些細な欠点にはきわめて批判的であり続けていると猪口は報告している。

猪口は、一般化された社会への信頼の比較のために通常用いる尺度では、日本は信頼の低い社会であり、ちょっとした観察者がしばしば想定するような信頼の高い国ではない、という驚くべき事実を記している。山岸俊夫率いる他の研究者たちは、この事実は単に言葉上の問題ではないことを示している。なぜなら実験によれば（例えば赤の他人との囚人のジレンマゲーム）、日本の回答者は、同じ文脈では、米国人回答者よりも、大幅に協力しにくく裏切りやすいからである。猪口はまた、日本人は米国人やヨーロッパ人よりも道に迷った他人への手助けという意味でも、ボランティア精神に大幅に欠ける、ということを指摘している。しかし、我々は他の資料から、親密な関係では社会的な凝集性は日本のほうが、ヨーロッパよりも大幅に高い、ということを知っている。理論的にいって、この重要な例外は（山岸によれば）、日本における社会への信頼の範囲がより狭い可能性を示唆している。つまり、日本人は既知の間柄では信頼する（そして誠実に行動する）が、一般化された他人はあまり信頼しない（そしてあまり誠実にはふるまわない）。これが日本人の信頼において見られる意外性を正しく解釈しているのかは別として、猪口は日本においても一般化された対人信頼が徐々に上昇していることを報告しており、この次元でもまた、日本は西洋型の社会関係資本に収斂しつつある可能性を示唆する。

他の領域では、対照的に、猪口が描く日本の社会関係資本はこの本に収められた他の国々の様子ときわめて異なったままである。例えば、他のすべての国では、市民的関与や社会的な繋がりは、社会経済的な地位と密接に結びついており、そして実際、この社会関係資本の分布における不平等は拡大しつつあるようだ。これに対して、日本では、社会参加は実際に教育レベルの低い層でより高い、と報告している。

部分的には、体系的なデータが不足しているため、そしてまた他の部分では、この本の他の研究との比較可能性という理由により、猪口は社会的繋がりのより伝統的な日本の形態、すなわち親分子分（大雑把に言ってパトロン・クライエント）の繋がりや、友人や近所の人、そして同僚との非公式な繋がりにおける傾向についての証拠はあまり提供していない。かくして、ここでの証拠をもとに、我々は日本における社会関係資本が集計レベルにおいて、過去数十年で高くなったのか、そうではなくより伝統的な形態の市民関与からより西洋的な市民関与への段階的なシフトを目撃しているのか、確信を持って述べることはできない。

しかしながら、明らかであるのは、日本における社会関係資本のダイナミクスが、我々が調査した他の国々と同様に、グローバルな近代化の時計ではなく、国別の歴史の独自性によって多く規定されていることである。この事実は、中世の日本における個人主義から徳川時代そして明治時代の集団主義へと、日本の政治文化が過去五世紀にわたって変化してきた各段階を、猪口が簡潔かつ思慮深く論争的なかたちで描写したなかに、最も如実に表れている。猪口は、日本では、市民社会の活力と、参加と自由という脱物質主義的価値観の活力が劇的に増加し、より閉鎖された形態の社会関係資本から、ポストモダン的な国際的相互依存の経済における諸問題の解決にとってより効果的かもしれない、より開かれた形態の社会関係資本へと大きく変化していることから、日本の社会関係資本が変革の初期段階にいるのではないかと結論している。

フランス

ジャン＝ピエール・ウォルムは、二つの相互に関連した危機に直面しているフランスを描いている。社会からの排除の犠牲者であるとしてますます自暴自棄になるマイノリティ（完全にではないが、多くの郊外のスラムに偏在するイスラム系移民）が、「不安がる揺らいだマジョリティから分離していく」社会経済的不平等の危機と、古典的なフランス共和制国家の政治制度から国民がますます疎外される政治代表の危機である。市民社会の様々な部分のなかでは、非公式の、架橋的な社会関係資本の純減の証拠はほとんどない。主要な社会・政治的組織――特に組合、政党、そして教会――のいくつかは、会員数の減少を経験しているが、粗会員数は安定している。実際、他の現代福祉国家と同様に、社会サービスの公的供給は、実際に非営利社会サービス組織の明らかな拡張を下支えしている[6]。二〇世紀の最後の四半世紀には、二つの、やや異なる方向への不釣合いな増加が明らかに生じた。すなわち、初めはセクター別の、利己的利益集団の急速な成長、そして後により広い、利他的な目的を有した、組織の成長と、文化や余暇活動などの形態での個人的な発展である。第二次世界大戦後の英国のように、より大きな組織への関与の主要な原動力はフランスにおける教育が戦後に拡張した事実にあったようである。というのも教育レベルの高い層において、参加率の低下が見られるからである。皮肉なことに、この傾向により、社会関係資本とより一般的な社会的立場間で伝統的に存在してきた強い繋がりが弱まった。ウォルムがこのパターンについて要約しているように、「最も教育レベルの高い層は、最も教育レベルの低い層が組織に加盟するよりも速く組織から離脱している」。

　本書で調査されている他の国と同様に、フランスはグローバルな市民結社の不振傾向によってよりも、ある形態の結社的活動（特に伝統的な正式の組織）から他の形態の活動（特に非公式の、急速に変化している所属）への世代的シフト、言わば「ある種の社会関係資本形成の民営化」によって特徴づけられているようである。同様に、ますます周辺化されるフランスの下層階級の内部で、架橋的社会関係資本の重要な形態、しかしこれらのグループをより広く社会には統合する機能を持たない、形態の存続をウォルムは指摘している。その結果は、利己的傾向の、分裂した社会関係資本の増加と、制度的な、利他的な傾向の社会関係資本の減少という一般的なパターンであると、彼は結論する。かくして、社会関係資本一般のレベルの相対的な安定性にもかかわらず、ウォルムは私的な社交性をより広い公的な領域に結びつける制度化されたメカニズムの憂慮すべき欠如を診断する。この、私的な社会関係資本の豊かな領域とますます信用を失いつつある公的な制度の間の「失われたリンク」が、ウォルムの、相対的に健全な市民社会とフランス国家の病んでいる諸制度の間の不一致についての主要な説明となっている。

ドイツ

　社会的な繋がりのパターンに対するより大きな歴史的・政治的な力のインパクトは、オッフェとフュックスによって描かれているとおり、二〇世紀のドイツにおける特に大きな政治的断絶のために、ドイツの事例において特に顕著である。現代の連邦共和国における社会関係資本の描写の詳細の背景には、市民社会の構造に対するナチスと共産党の両体制、特にそれぞれの国家が組織した結社への強制参加政策の強烈なインパクトがある。広く言えば、西ドイツは一九四五年の「零時」に、その強力な連合主義の長年の伝統が機能不全を起こしていたなかから生まれた。今世紀の前半の闘争は、強烈な社会政治的な無私の文化を残した。

　このような抑圧されたレベルを考えれば、少なくとも一九九〇年代までは社会政治的参加の傾向は西ドイツにおいては特により若い世代において、そして特により非公式な形態の社会参加において、上向きであったことは驚くにあたらない。この傾向に対する重要な例外が次の二つである。(1)他の先進国と同様に過去数十年間における、組合、政党、教会というなじみの三組における参加の減少と、(2)九〇年代における若年層のドイツ人の政治・社会組織からの明らかな離脱である。これらのどちらかの例外、もしくはどちらの例外も、将来におけるより広い社会参加からの撤退に繋がるのか判断するのはまだ時期尚早である。しかし、少なくとも、二〇世紀の後半において、西ドイツにおける傾向は、社会関係資本の純減を示さなかったし、より確実に増加も示さなかった。ロートシュタインが描いたスウェーデンのように（そして他の文脈ではウスナウが描いた米国のように）オッフェとフュックスは公式の組織加盟からより暫定的で個人主義的な社会的結びつき（しかしいくつかの点では同様に貴重な結びつき）への変化の傾向の証拠を見つけている。[7]

旧東ドイツの場合、一九八九年以降のトラウマ的な一〇年間は、社会的な関与のたいていの指標に強い負の影響を与えた。それは部分的には、古い国家運営の組織が突然崩壊したためであり、それらが西ドイツからの移植された、そしておそらく擬似植民地的な結社構造によって取って代わられたためであり、また部分的には、深刻な失業がもたらした古典的な離脱効果のためである。[8] オッフェとフュックスは、旧東ドイツにおける結社生活の急速な正常化はありそうにないと結論している。再び、市民社会の輪郭に対する国家のレベルにおける大規模な出来事の影響は特に明白である。

オッフェとフュックスはまた、社会的関与の社会的な分布についての完全な説明を与えている。そしてすべての重要な点において、彼らの発見するパターンは、米国における社会参加と同様の特徴を有している。すなわち、より教育レベルが高く、より経済的に豊かで、職を有し、中年で、小さな町の住民で、そして男性（性差は時とともに縮小しつつあるが特により公的な活動形態において）であるほど、結社への関与（特に公式の関与）が多い。[9] オッフェとフュックスは、この本の他の執筆者と同様に、このような社会関係資本の分布の非平等主義的な含意に関する深刻な心配で論稿を閉じている。

スペイン

ヴィクトル・ペレス゠ディアスは、内戦から権威主義、そして多元的民主制へと移り変わっていったスペインにおける、社会関係資本のパターンの進化についての魅力的な物語を述べている。その歴史は、彼が市民的社会関係資本と非市民的社会関係資本とよぶもの（私が架橋的社会関係資本、結合的社会関係資本とそれぞれ呼んだもの）の重要な違いを際立たせている。一九三〇年代のスペイン内戦における両陣営は、内部的に強い絆で結合されていた。しかし、それ以前の数十年間で、両陣営の政治的アクターたちはイデオロギー的亀裂を架橋していた国の生まれたての市民的社会関係資本の蓄えを破壊した、とペレス゠ディアスは論じる。連帯、友愛および「散歩」（paseos）と称された殺人に例証される敵に対する非人道的な烙印によって構成される強力な内的結束のほとんど古典的な事例をペレス＝ディアスは描く。その結果が非常に野蛮で熾烈な内戦であった。

フランコ体制では、しかしながら、より市民的なタイプの社会関係資本が徐々に蓄積された。これは部分的には、内戦によって築かれたネガティブな基準点の、双方の若い指導者による意識的な認識を通して、また部分的には、経済近代化と国際化による軟化効果により、また、部分的には、亀裂の入った古い両陣営の新しい世代の行動、つまり新しい市民結社の創設の意図せざる結果としてである。「バロック調で意図せざるものだったが、このような（両方の種類の）社会関係資本の蓄積は、七〇年代に、勝者も敗者も創り出さないと認識されたある種の民主化を可能にした。それはまるで内戦の鏡像《ミラー・イメージ》だった」とペレス＝ディアスは結論する。

より市民的なタイプの公式の結社は民主化の成功にとって決定的だったが、ペレス＝ディアスはその後の四半世紀においてスペインの社会関係資本の蓄積の中で最も活気のあった部分は家族のネットワークとその他の非公式の協力ネットワークに具現化された「より柔らかな」社会関係資本であったと述べる。本書の他の執筆者と同じく、ペレス＝ディアスは政党、組合、教会への国民の関与の実質的な減少を指摘するが、彼はこの減少はより柔らかな形態の地中海的な社交性の存続ないし成長より、重要ではないと論じる。スペインが社会関係資本不足に直面していないことの証拠として、彼は若いスペインの民主制が大規模で長引く失業や、様々な汚職のような深刻な危機を乗り越えるうえでの成功を引き合いに出す。

他方で、ペレス＝ディアスの章は、社会関係資本のパターン（市民的＝架橋的、あるいは、非市民的＝結合的）が体制変動――未熟で不安定な自由民主主義から殺人的な内戦、そして権威主義的独裁と成熟した自由民主主義への奇跡的な回帰――の背景として演じた重要な役割を描く。他方で、スペインの事例の彼の説明は社会経済的変化（この場合、貧しく地方中心の社会から比較的豊かで現代的な社会への古典的な近代化）、世代的変化、そして政治的行動（しばしば意図的な、より多くの場合、非意図的な行動）が社会関係資本のダイナミクスに重要なインパクトを及ぼしえたことを描いている。より広い比較の観点――例えば我々の時代における同様に殺人的なバルカンの内戦の直後に関心のある人の観点――から、ペレス＝ディアスによるこの移行の説明は、読者にスペインの例外的な成功についてより多く学ぶ意欲を掻き立てる。

アメリカ合衆国

社会関係資本の傾向をめぐる今日の論争における米国の事例の重要性に鑑み、この本には二つの補完的な論文が収められている。一つはシーダ・スコッチポルによるもので、幅広い角度からの歴史的考察を提供している。もう一つはロバート・ウスナウによるものであり、特に二〇世紀の過去数十年間の傾向に焦点を当てている[10]。

スコッチポルはいかに米国が二〇世紀の中葉までに、地域に根ざした、しかし地域横断的で、かつ階級交差的なメンバーのいる組織が異常に顕著な役割を演じている、世界でも有数の、市民による参加が積極的な国になったのかという問題を扱っている。もちろんこの独特の市民社会の特徴は、彼女が書いているように大規模な産業化と都市化の以前、一八三〇年代のかの有名なトクヴィルによる訪問の時代から既に明らかである。宗教的熱意、政治的民主主義、そして連邦国家の制度は、重要な役割を担った。社交生活の発展は、南北戦争によって（少なくとも北部において、そして南部の黒人の間で）強く促進された。実際、南北戦争と第一次世界大戦によって囲まれた期間は、米国史で大衆組織参加の観点からすると、もっとも多産であった。これはまた、米国の産業革命の時期にあたるが、スコッチポルはいかなる単純な近代化論も、結社の成長の促進における戦争と集団闘争の重要性を見逃していると論じる[11]。しかも、彼女は、この時期における米国の市民結社の中心的な特徴は、根強い民族的あるいは階級的な亀裂を横断した共通の市民権の促進にあったと論じる。最後に、彼女は歴史的に言って、米国の市民的関与は政府の活動によって奨励されたのであって締め出されたのではないことの証拠を提示している。

この「古典的な市民的」米国は、一九六〇年代中葉までその活気を保持していたが、二〇世紀最後の三分の一で大衆に基盤を置いた、階級横断的な構成の結社は、より狭い使命とはるかに生気のない参加の、職業的に率いられた政治的な擁護団体によって徐々に取って代わられた、とスコッチポルは結論する。彼女はこの分水嶺のいくつかのありうる説明を暫定的に示唆する。すなわち、コミュニケーション媒体の変化、政治的主張に対する新しい財政的支援、教育を受けた男女のコミュニティ・リーダーとしての伝統的な役割からの退場、伝統的な諸制度の市民動員の弱化、である。市民的米国のより新しい構造は、より寡頭制的で専門家に支配され、そして異なる階級や地域を架橋する可能性は低い、と彼女は結論する。

ウスナウはこれらの最近の傾向に関して、いくつかの異なる方向を指し示す補完的な証拠を注意深く概観している。彼は、結社参加率、特に教育レベルの向上を加味した場合の穏やかな、しかしかなりの減少の証拠を見つける。この減少は特に組合と宗教団体で著しい。これらは、我々が既に述べたように、本書のなかに収録された事実上すべての国において弱体化している社会組織のうちの二つの形態である。社会への信頼は、明白に低下しており、しかし、より広い制度への信頼は、政治制度という重要な例外を除き、相対的に安定していると彼は論じる。ウスナウは証拠が決定的ではないとしているが、いくつかの証拠は同時に、減少しつつある市民的参加を指し示している。他方で、彼はまた、この時期におけるボランティア活動の増加と、聖書研究会、特殊利益集団、そして特に自助グループなどのような新しい社会生活の形態への参加の増加を報告している。彼は社会的な繋がりの傾向をより完全に説明するには、テレコミュニケーションの効果と、場所に縛られないその他の形態のコミュニティの効果を吟味しなければならないと付け加えている。関連するテーマについての最近の研究では、ウスナウは近年の米国のコミュニティ生活における最も重要なシフトは社会的な繋がりの消滅ではなく、安定的で長期的な関係からよりフレキシブルで「ゆるやかな結合」への変質であると論じている。(12)

ウスナウの最も特徴的な貢献は、米国における社会関係資本の最近の減少のほとんどが、周辺化されたグループに集中しているという彼の議論である。総じてそれは、そもそも社会関係資本が少ない集団である。彼の中心的な論旨は、「既存の社会的な配置が、体系的により排他的になり、一部の国民に歓迎されていない気分を持たせ、参加するのをやめさせ、あるいは市民的活動に従事するのに人々が必要とする資源を供給しなくしている」というものである。社会への信頼の減少は、あらゆる社会範疇に共通の現象であるが、国レベルの政治的指導力の失敗に帰せられるとウスナウは論じる。中心的争点は、社会関係資本の変化している分布と、特権階級と社会的に周辺化されている集団に架橋する社会関係資本の相対的な減少であると結論している。

2　共通のテーマ

過去数十年間における先進民主国の社会関係資本の動向について我々は何を知っているだろうか。数多くの重要な共通の特徴がOECDを構成する先進工業民主国についての非常に最近の調査から、明らかである。

投票率の低下

周知のとおり、米国の投票率は一九六〇年代に減少し始めた。この傾向は七〇年代に加速した。過去数十年間でこの傾向については学術的にも確かめられているが、ここ数年間、研究者たちは同じような傾向が他のOECD諸国でも観察できるのかについては合意を見ていない。しかしながら、最近、明らかな学術的コンセンサスが生まれつつある。すなわち、米国における投票率の減少からほぼ二〇年のタイムラグで、事実上すべてのその他の先進工業民主国における選挙参加は減少し始めた。(13) マーチン・ワッテンバーグが根拠について要約しているとおり、「一九カ国の（OECD）諸国のうち一七カ国において、最近の投票率は一九五〇年代初頭より低い。これほどまでに広く一般化できる傾向を発見することは比較政治学では稀である」。(14) 広い意味では、この減少とは五〇年代の約八〇％の投票率から九〇年代における約七〇％への減少であった。しかし米国とは異なって、これらの減少は八〇年代に始まり、九〇年代に加速した。

投票率のレベルは、ヨーロッパでは比較的高水準にとどまっているが、ピーター・メアが論じているとおり、「一九九〇年代におけるヨーロッパ平均の七五％以上という数字は、いかなる実質的な大衆の不参加という考えも否定するように見えるが、

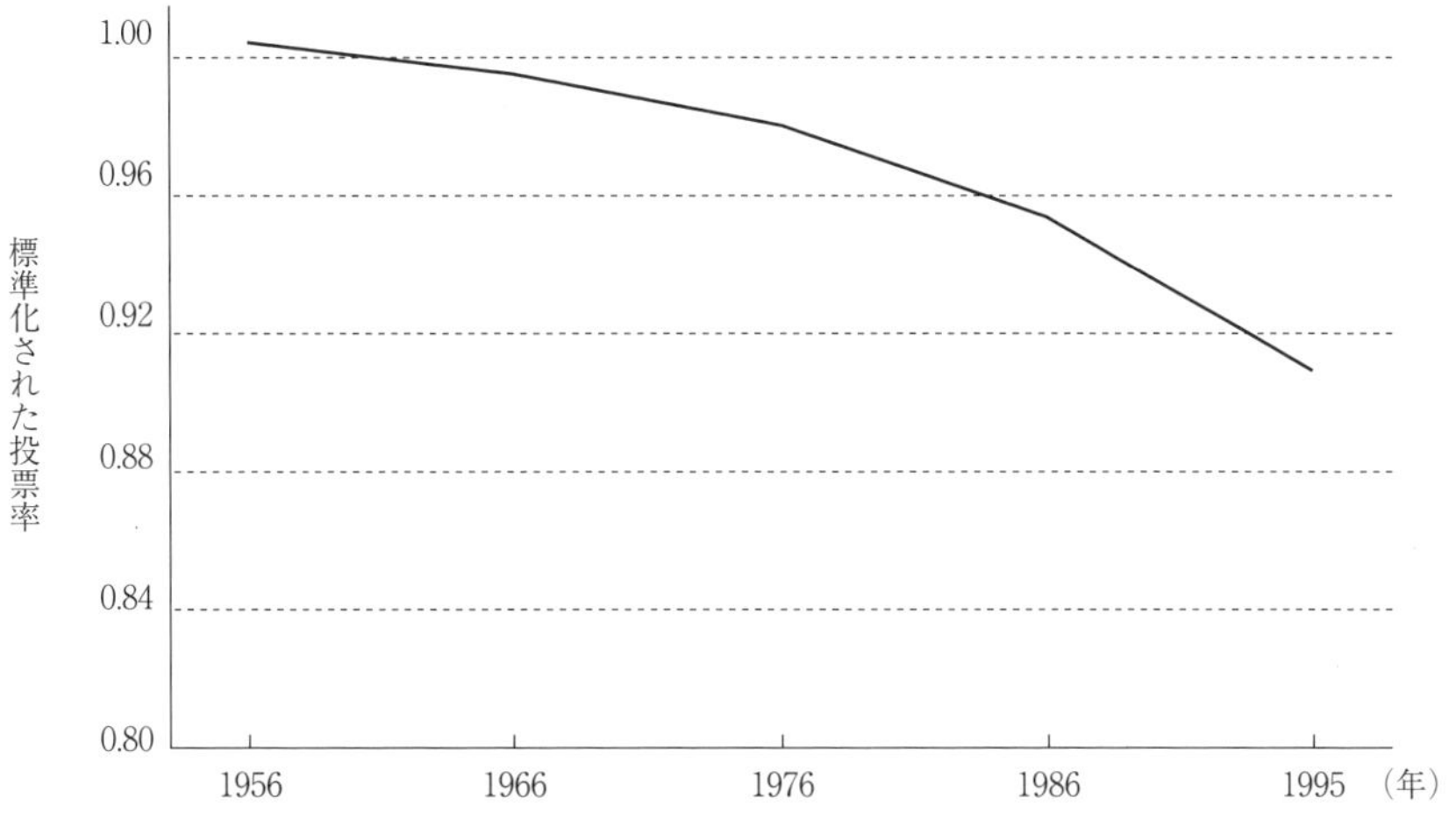

図10-1　OECD 加盟国（スカンジナビア諸国を除く）における投票率

注：グラフは標準化された投票率の３年間の移動平均を表す。1950年代の最初の２つの選挙の投票率平均が各国にとってのベースラインとなっている。

これらの新しい数字は、伝統的な政治への国民のコミットメントが徐々に侵蝕されているという考えを支持する傾向をもつ。この意味で、西ヨーロッパ中の政府と政治学者によって提起されている、参加の減少に関するますます募る不安は、場違いではないようだ[15]。同様の投票率のほぼ同じ規模の減少はまた、オーストラリア、ニュージーランド、そして日本でも生じた。ただしヨーロッパ内での投票率の減少はスカンジナビア諸国では、他の国々と比べて深刻ではなかったという事実は特筆に値する。ＯＥＣＤの確立された民主国における選挙参加の大まかな傾向は図10-1に要約される。

この、民主的政治参加の最も重要な形態におけるほとんど普遍的な減少は、急速に高まった教育レベルのさなかで生じたことであり、教育は事実上どこでも非常に強い政治参加の予測するものであるだけに驚きである。ワッテンバーグが指摘しているように、「一九五〇年代からの人口統計学的変化に基づくだけでは、選挙参加は一般的に増加することが見込まれるはずである」[16]。マーク・グレイとミキ・カウルはこれらの減少を弱まりつつある組合、大衆政党、そしておそらくその他の大衆組織と結びつける証拠について報じているが、いまだこの選挙参加における広範な減少に関しての広く受け入れられた説明は存在しない[17]。

政党における公衆の関与の減少

選挙参加の場合と同様に、弱まった党派への執着は、初め米国で一九六〇年代と七〇年代に確認され、それから他の先進工業民主国に八〇年代に広まり、九〇年代に加速した。実際、九〇年代までに弱まった党派アイデンティフィケーションは、事実上、オーストラリアとニュージーランドと日本を含め、OECD諸国で普遍的現象となった。概して、減少は若年層に集中しているようだ[18]。付随的傾向は党派選択における強まる揮発性であり、これは有権者の特定政党へのコミットメントの減退を示唆している[19]。

この変化は、スペインやポルトガル、そしてギリシャなどの新興民主国には一番最後に生じた。おそらくこれは民主化の最初の効果が、政党による活動の増加だったからである。同様に、ダルトンが述べているように、「ドイツにおける党派性の研究は戦後直後における政党への愛着の発展を強調したが、それからこれらの絆は脱再編過程によって蝕まれた」。一九九〇年代までに、政党への愛着の弱体化は進み、ドイツ政治用語に無党派を意味する新しい言葉、「政党嫌い」(Parteienverdrossenheit)が生まれるほどだった。

この、一般有権者の間での政党へのコミットメントにおける減退を越えたところで、数名の学者による最近の研究はまた、疎遠化が政党組織自体に影響を与えているということを明らかにしている。これらの研究は、OECDの事実上すべての確立された民主国において、党員数が劇的に減っており、特に一九九〇年代には加速している証拠を提示している。スーザン・スカロウは、ヨーロッパ、アジア、北米の先進工業民主国中からの広範な証拠を見ると、「一九九〇年代までに党員の減少というかなり一般化された図式が、絶対数で測ろうと標準化された値で測ろうと、得られ、政党自身による党員数減少の報告は世論調査での政党加入に関する回答から補強される」と報告している[20]。図10-2はこのことを端的に示している。

特にヨーロッパについての証拠を検討して、ピーター・メアは「既に一九八〇年代末に明らかであった傾向である、有権者に対する党員の割合のレベルが減少し続けているだけでなく、いまやヨーロッパの古参民主国すべてで党員数の絶対的減少を示す強力な証拠がある。長い歴史のある民主国のすべてで、政党は党員の『出血』がとまらない」[21]。マーチン・ワッテンバーグは、「正式の有給メンバーという慣習が存在しない米国でさえ、草の根組織は過去一世紀の間、政治の舞台で顕著であった。そのような組織はテレビ時代の始まりで急速にどこかへ消えてしまった」と付け加える[22]。

似たような、伝統的な政治への参加の減少のほぼ普遍的なパターンは、政治集会への参加、政党や候補者のための活動、あるいは単に知り合いに選挙について話すことなどのような、選挙活動への参加という指標に表れている。伝統的な政治参加の減少は、米国では既によく知られていた。しかしながら、ダルトンらが示すように、「選挙活動への関与の減少は、米国だけの現象ではない。政治集会や選挙集会への参加の傾向は、事実上すべての国で下降している。これはいかに選挙が、大衆基盤の参加から、代わりにテレビで選挙活動を視聴することにシフ

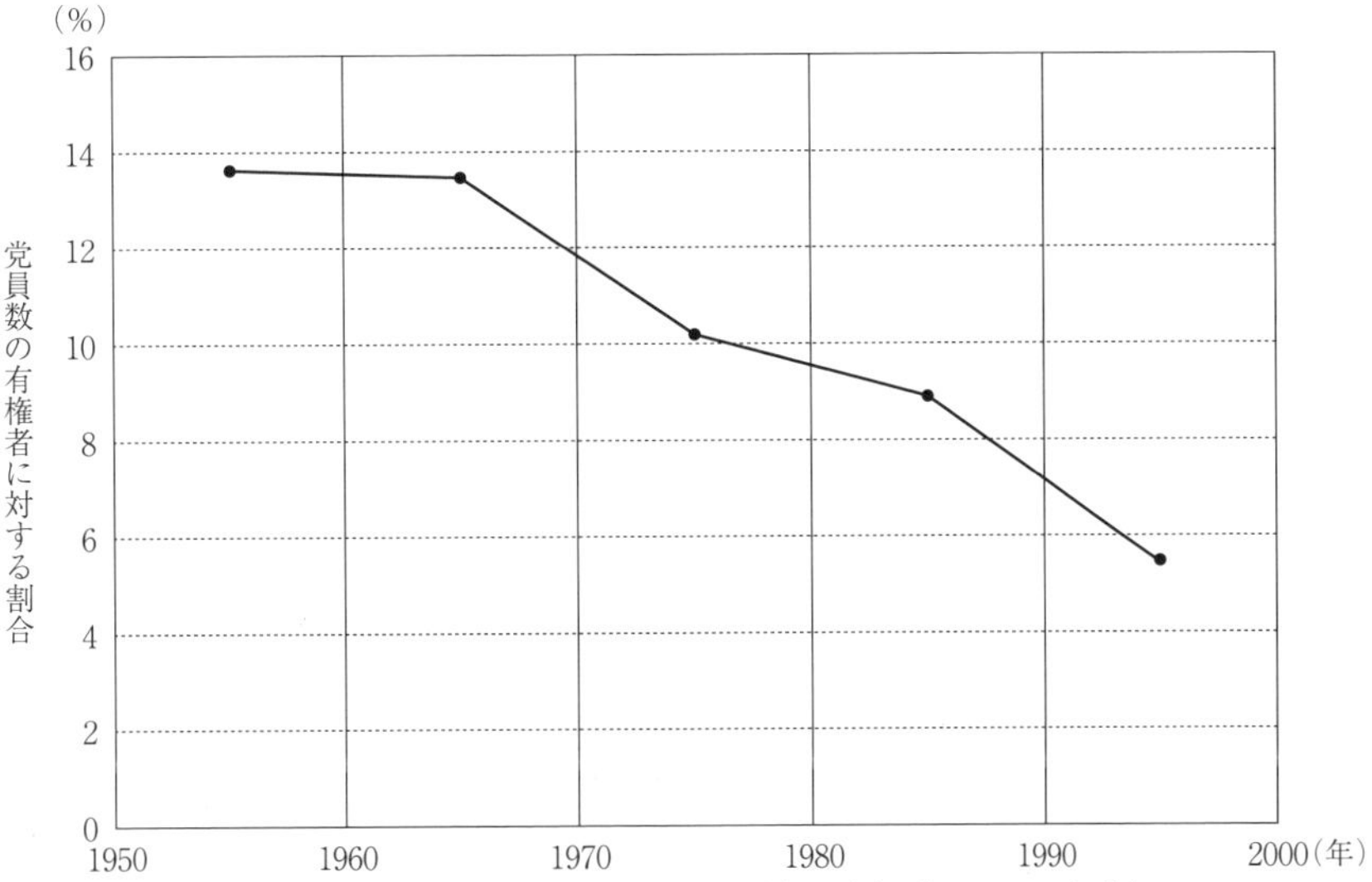

図10－2　OECD 諸国における党員数の減少（1970～90年代）

トしてきたか、をしめす明確な指標である」[23]。

ダルトンとワッテンバーグは、ＯＥＣＤ各国における政党政治への市民の関与の全体図を以下のように要約している。「今日、多くの証拠が、先進工業民主国の政治を形づくるうえでの政党の役割が減少してきていることを指し示している。多くの確立された政党は、その党員数の減少を知り、現代の公衆はますます党派政治への関心を失っている」[24]。

組合加入率の低下

最近の資料が社会関係資本の広範な低下パターンを明らかにしている他の領域は、労働者の組織化である。一九九〇年に既に、グリフィンらは、「一八カ国の政治的に安定した主要資本主義民主国のうち四分の三の国の組合は、一九七〇年代後半から八〇年代半ばにかけて、その組織の密度の持続的減少と停滞を経験した」[25]。政党政治の場合と同じく、これらの減少傾向は、米国で一九六〇年代に始まり、ＯＥＣＤ諸国中で九〇年以後に加速した。唯一の重要な例外は、スカンジナビア四カ国であり、そこでは労働組合を経由する失業保険が加盟を継続する強力な誘因として働いた。アジアの確立された工業民主国における傾向は、ヨーロッパの場合とは正反対である。図10‐3はこれを要約している。

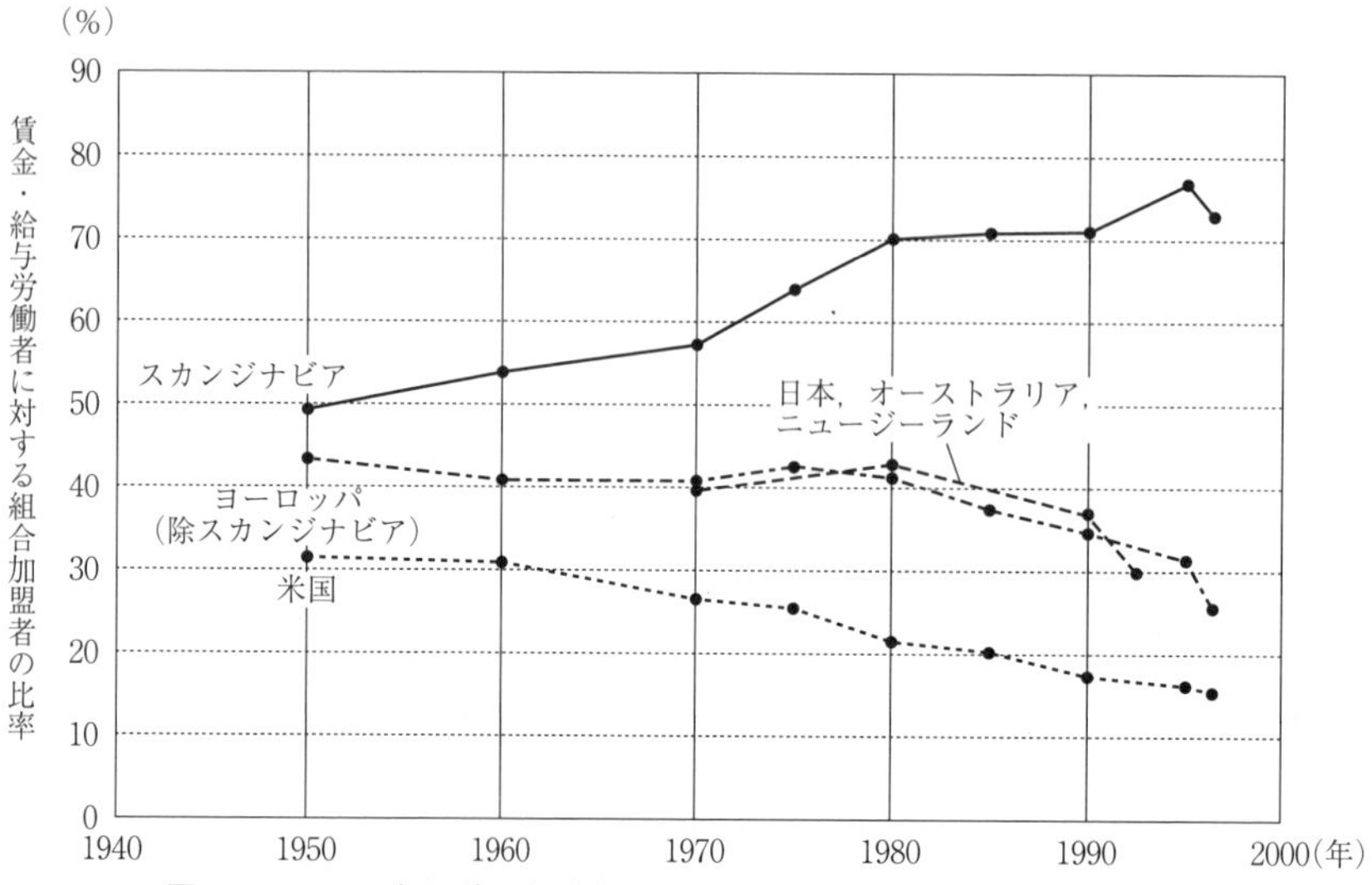

図10－3　1980年以後の組合加盟率の減少（スカンジナビアでは増加）

教会礼拝の減少（特に一九九〇年代における）

組織化された社会生活の第四の重要な領域は宗教である。ここでまた、関与の減少というパターンは我々が既に政治と労働市場で見たものと同じである。教会礼拝への出席は、米国において一九五〇年代と六〇年代にピークに達し、それから長く、ゆるやかな減少が始まり、現在まで四〇年間も続いている。同様に、七〇年代と九〇年代後半の間、教会出席率は事実上、すべてのヨーロッパ諸国で減少した。全体的に言って、近年のヨーロッパ人の教会出席における減少は、それが始まったのはおそらく米国より遅いが、米国におけるそれよりも急である（西ヨーロッパにおける教会出席についての体系的な調査データは一九七〇年以後しか利用可能ではない）。減少する宗教的関与については、図10-4にまとめられている。

これまで筆者が概観してきた、選挙、政党、組合、そして教会への大衆の参加についてのデータはコミュニティ生活における三つの主要な領域――すなわち、政治、労働、そして信仰――のための一義的社会制度を代表している。これらの確立された民主国における多くの市民にとって、教会、組合、そして政党はかつてはアイデンティティ、社会的支持、政治的てこ、コミュニティへの関与、そして友情の第一義的な源であった。つまり、社会関係資本の第一義的な貯蔵庫であった。これらの制度への関与の普遍的な減少は、先進民主国における社会関係資本のダイナミクスについての驚くべき事実である。

各ケースにおいて、米国の傾向は一般的に二〇年ほど早く現

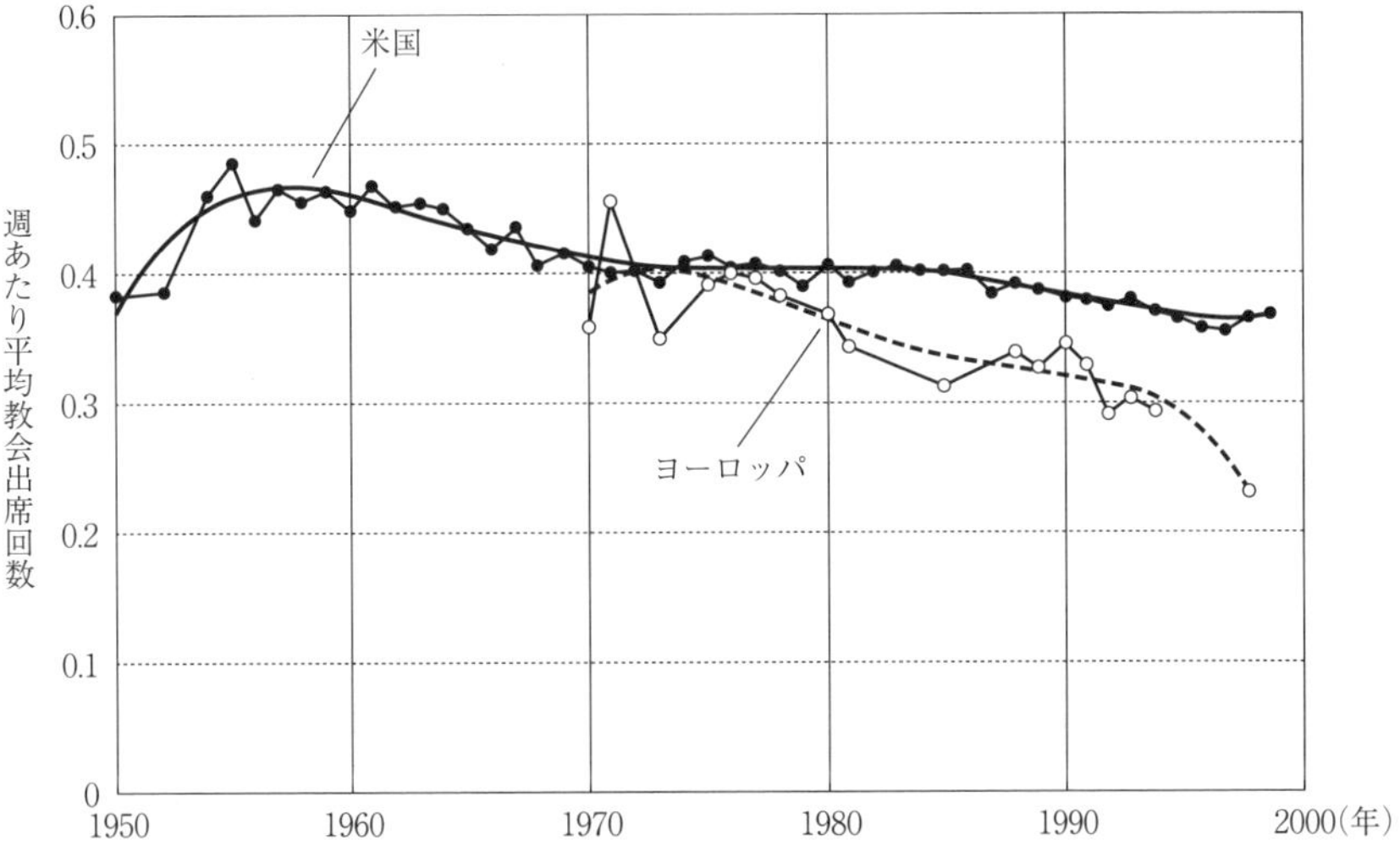

図10－4　ヨーロッパと米国における教会出席者の減少

れていたが、米国外の傾向は米国での傾向と並行していた。二〇年間のタイムラグは、おそらく米国の場合の社会関係資本の減少と関係している原因的要素、つまり商業テレビ、共稼ぎ夫婦、そして都市のドーナツ化現象がＯＥＣＤのその他の国々にも遅れてやってきたという事実と関係している。言い換えれば、ここに要約した根拠は、二〇世紀の最後の三分の一の間に生じた、米国における社会関係資本の減少は特別ではなく、むしろその始まりが単に他の先進民主国では遅かったのだという解釈と一貫性を持つ。

他方で、本書の事例研究は、社会関係資本のダイナミクスは単一のグローバルなメトロノームにしたがっているのではないということを明らかにしている。熟練した米国の政治家は、かつて次のように観察したことは有名である。「すべての政治はローカルである」。そして同様に、比較政治・比較社会の学徒は、あらゆる良い分析は、特定の社会の独特の特徴に基礎づけられていなければならないという意味で、究極的には地域重視であることを知っている。本書の各章はこの真実を豊かに表現している。

しかし我々はまた、現代民主国における社会関係資本のダイナミクスの理解のための何らかの共通のパターンも探している。そのような比較分析のための領域は一つの戦場であり、そこでは、地域の文脈とより広い理論的関心の両方について何がしかのことを言う心の洞察が勝ち取られる。この結論部分において筆者は、我々の研究で示唆された暫定的な一般化、つまり、暫定的仮説、しかしまだ確かめられていない真実を描くことを試みる。

最も一般的なレベルにおいて、我々の研究は、過去三〇年間を通して産業化・脱産業化社会の至るところで、社会関係資本が広く同時に減少したという事実は発見しなかった。単一のグローバルな時計が社会関係資本のダイナミクスの段階を記録することはない。事実上、我々が分析したすべての国において、一九四五年は重要な瞬間であった。そして我々の様々な考察の合理的な出発点であったが、米国かフランスかスペインかによってと同様、ドイツか日本かオーストラリアかによっても異なる意味を持つのである。一九三〇年代には社会関係資本の途絶が多くの国で生じた。しかし、スペインの三〇年代の意味は同じ時期のドイツや英国とはきわめて違っていた。かくして我々の様々な歴史の上でカーテンが上がる瞬間、各国のドラマはそれぞれ、きわめてばらばらのポイントにあるのである。

国の歴史は明らかにダイナミクスに影響する。かくして、ヨーロッパの市民社会についての我々の研究の出発点は、米国社会の研究のための出発点とは明らかに異なる。我々の地理的焦点をオーストラリアと日本に拡大することは、単にこの点を強めるだけである。多数の重複する利益集団という市民社会の単純な多元主義モデルは、歴史的に米国のより正確な描写である。ヨーロッパでは、政治社会が伝統的により大きな、より凝集性の高い、より包括的な、おおむね階級に基づいた、コーポラティスト的単位に組織化されており、国家が伝統的により明確な役割を社会組織において果たしてきた。教育を受けた中産階級の拡大、個人主義文化の台頭、そして大衆エレクトロニック娯楽の拡散、のような特定の傾向は、我々すべての国に共通かもしれない。しかし、各国で先行する制度的、結社的パターンは、不可避的に後の変化の可能性を条件づける。スウェーデンの市民社会は、その民族的・階級的連帯の遺産とともに、より多元主義的な米国の市民社会や、より国家主義的伝統のあるフランス市民社会と同じ道を辿る可能性は低い。そしてこれら三つは、まったく同じ地点に落ち着くとも思えない[26]。

社会経済的近代化は、スコッチポルが一九世紀の米国について、ペレス=ディアスが二〇世紀半ばのスペインについて描いているように、社会関係資本のパターンの変化の引き金を引くうえでひとつの役割を果たす。産業化はいくつかの形態の社会関係資本(例えば村)を破壊し、新しい形態(例えば労働組合)の機会を創り出す。テレコミュニケーションや情報革命が我々の国を席捲するなかで、類似したプロセスが現在も進行中なのかもしれない。しかし我々はまだそれを明確に認識するにはそのプロセスに近くにいすぎる。

しかしながら、少なくともそれらの経済的要素と同じくらい重要なのが、国家構造や国内・国家間戦争のような大規模な政治的要素である。ドイツにおけるナチスや共産党体制は連帯を強制し、それによって自発的な結社の信用を落とし、道徳観のない家族主義を誘発した。日本とドイツにおける民主化は、大部分海外から押しつけられ、より参加的な市民と社会関係資本の発展を促した。スペインでは民主化と（市民的あるいは架橋的）社会関係資本は、同時に進化したようである。かくして、幅の広い、外生的な体制変更は強力な影響を社会関係資本に及ぼす。我々の研究はまた、戦争がもたらした現代の社会関係資本のパターンに対する影響も明らかにした。シーダ・スコッチポルと筆者は、別々に、米国における主要な戦争の市民社会の進化に対する影響を強調した[27]。戦争は（少なくとも勝利した戦争は）、国家の団結を育んで強化し、しばしば世代的に定義された市民的習慣を創り出す。しかも、交戦中の国家は、しばしば、社会関係資本に永続的結果を残す形で、自国内の社会的配置に介入する。つまり、社会関係資本は政治発展を条件づけると同時にそれによって条件づけられる。

最近の数十年間の我々の国々の展開を直接見ると、我々はある共通のパターンに気づく。既に見たように、選挙、政党、組合、教会への参加の減退は、事実上普遍的なようである。これらの共通のパターンは、衰退する制度のある特徴のために、特に重要である。社会関係資本の形態は、教育レベルの低い、より貧しい部分の国民の権力拡張のために特に重要である。それらはまた、より広い社会的な目的――つまり、労働者階級の解放、魂の救済、あるいは、社会におけるプログラム的変化の達成――をその綱領の中だけでなく、ここの活動家の生活の中に体現している。これらの組織は、他者との連帯を説いた。かくして、それらの衰退は、組織への加盟それ自体は減少していないような、英国のような国でさえ現れている社会への信頼の低下と関係しているかもしれない。

これらの共通の減少はしかしながら、ロートシュタインが「連帯主義的個人主義」と呼び、ウスナウが「ゆるやかな結合」と呼んだ、非公式で流動的で、個人的な形態の社会的結合の相対的な重要性の増加によって、少なくとも部分的には相殺されているようだ。スポーツやその他の娯楽グループへの関与は一般的に成長しているようだ。また、我々が対象とした国のほとんどで起きている新しい社会運動は一九六〇年代、七〇年代、八〇年代において増大する大衆の関与を勝ち得た。九〇年代におけるそれらの運動の継続的成長あるいは停滞に関する証拠はせいぜいどっちつかずであるが。必然的に、非公式の社会的繋がりの成長に関する統計的証拠は、より確固としたものではない。なぜなら、そのような形態の参加は、公式記録（あるいは調査）により少ない形跡しか残さないからである。おそらく、非公式の社会関係資本で我々が最も豊富な時系列データを持っている米国において、仮説化された成長が証拠によって支持されないことは注目すべきである[28]。しかしながら、本書の執筆者のほとんどが、この方向の印象的な証拠を報告していることは驚くべきことである。後の研究によってこのパターンが確認されるならば、市民はどこでもますます「一人でボウリングしている」との単純な仮説に対する強力な反証となるであろう。

他方で、本書のほとんどの執筆者が、新しい個人主義的な形態の市民的関与は集合的目標の追求には資さないのではないかと恐れている。今や衰退しつつあるより古い形態は、個人の楽しみを集団の目的と結びつけ、そしてそれらはカトリックの組合や政党のスポーツリーグのように、複数の線から構成されていた。より新しい形態の社会参加は、狭く、架橋的でなく、集合的あるいは公共的目的にあまり焦点を当てていない。我々の初期的な調査から浮かび上がる重要な仮説は、より新しい形態は社会関係資本のある種の私化を示しており、より解放的かもしれないが、あまり連帯的でないというものである。

政治制度に対する積み重なった不満は、本編が対象とした国々のもう一つの共通の、しかし普遍的ではない特徴である[29]。本書のほとんどすべての執筆者が、市民の役割は参加者というより観客として定義されるようになってきていると信じている。我々の対象国のほとんどにおける政党と組合は、連帯した社会運動ではなく、市民と労働者の雇われのプロの代理人になる傾向がある。ほとんどの国で生じている社会関係資本の私化は、伝統的な形態の政治参加を明確に掘り崩し、多くのヨーロッパ人は米国式の選挙主義（とキルヒハイマーが包括政党と呼んだもの）が自分たちの大陸にも蔓延することを憂慮している。この傾向を描く一つの方法は、社会関係資本集約的な政治からメディア集約的で職業化された政治への変質である。一つの帰結は直接的な市民の熟慮と意見を異にする市民同士が顔を合わせる機会の減少かもしれない。

本書で取り上げられ、しかし答えられなかったもう一つの問題は、社会関係資本と市民的関与における世代的違いである。長年、脱産業化社会の共通の物語では、若い世代をヒーローとして描いてきた。すなわち、参加と解放と理想主義に傾倒した脱物質主義的価値観を追求する豊かさの子どもたち、である。「人間はパンのみに生きるにあらず、特に彼がパンをたくさん持っているならば」という言葉は、ロナルド・イングルハートによって要約されたこの幅広い論旨の要約である。イングルハートはこの現代社会に関する広い解釈を、力強さと説得力を持って推し進め、そして多くの研究がこれを支持する証拠を提示してきた。我々の研究では、対照的に、非常に異なる世代間のギャップに関する証拠を発見している。すなわち、若い世代は、単に政治に関心が弱く、政治家と一般化された他人の両方に対して不信感が強く、公的な物事に対してシニカルで、そして永続的な社会組織へ参加しない傾向がある。このような世代的変化の証拠は、米国と英国において最も強く、しかしドイツ、スウェーデン、日本そしてその他でも似たような傾向の若干の兆しはある[30]。

様々な国における傾向はたしかに同じではない。それは部分的には先行する国ごとの違いのためである。一九六〇年代、七〇年代に成年に達した米国の世代は、筆者が別の箇所で詳細に述べたように、それ以前の世代より明らかに参加的ではなかった。他方で、オッフェとフュックスは同じ期間に成人に達したドイツの世代は、それ以前の世代より明らかにより参加的であったことを示している。他にも、米国における第二次世界大戦世代は明確に市民的であったのに、ドイツにおける同時期の世代は、一九三〇～四〇年代にかけてまったく異なる社会化パターンを経験して、明らかに非市民的であったという明らかな事実を確認している[31]。米国の事例の考察はこの傾向が生まれるに際しては、商業的なテレビで放映される娯楽が重要な役割を演じたことを示唆している。そしてヨーロッパにおけるより最近のテレビの商業化は同じような結果を生むかもしれない。しかしながら、ヨーロッパにおける同様の傾向の出現は、若者の大量失業やその結果としての労働力と大人の生活への参入の遅れを含む、世代的変化の他の潜在的な説明も同様に加える。ペレス=ディアスが指摘するように、若者の失業と関連して家族は経済的困窮に対して重要なクッションの役割を担う。しかし、家族は仕事の完全な代替物ではない。

市民社会の傾向に関する最近の論争は、公共政策は民間の行動を締め出すので、福祉国家の成長が、社会関係資本を減少させたという見方をしばしば呼び物にしている[32]。本書の執筆者たちは、この説が説得力をもつような事例があることを認めている。例えば、米国において、公的な供与が民間の慈善活動を若干減らしている証拠がある[33]。しかしながら、大部分にとって、この本の証拠は、あるとすれば、反対の見方を支持しているようだ。すなわち、福祉国家は社会関係資本を侵蝕するというより維持するのに役立っている。例えば、ここで扱われた国の中で、米国（そこでは社会関係資本の減少に関する多くの証拠があがっているが）は、福祉国家的側面が弱いが、スウェーデン（そこでは社会関係資本が減少しているとする仮説はデータによって強く否定されている）は最大の福祉国家である。他の執筆者は、日本、フランス、英国において、米国やスウェーデンと同様に、政府による社会的な供与が、社会関係資本に対して、マイナスの影響だけでなく、プラスの効果もあったことを報告している。福祉国家と他の政策は象徴的にまた実際的に、連帯を奨励しうる。英国の社会的供与や米国の税金政策のような公共政策は、自発的組織を奨励するように設計されうる。スコッチポルは、米国の州が機会構造をつくり、社会関係資本の形成を直接促したと論じている（例えば、ファーム・ビュー・ロー連盟や地方の若者のための4Hクラブなど）。復員軍人援護法は第二次世界大戦後に米国復員軍人に無料の大学教育を提供したが、これは、高い教育レベルの比率を上げて下流中産階級と労働者階級の息子たちの間に社会参加を広めることで、また互恵性の規範を補強することによって、その世代の社会関係資本に強力な押し上げ効果をもたらした。最近の研究はこの政府のプログラムの受益者は実際に、彼らの後の人生において市民的活動を盛んにするようになって、「恩返し」をしたことを示している[34]。クラウディング・イン（政府による社会関係資本の増強）はクラウディング・アウト（締め出し）と同じくらい重要でありうる。

社会関係資本に関する、たいていの経験的研究はしたがって、第一に社会の絆に焦点を当てていた。しかし、社会関係資本の社会的分布は少なくとも全体の量の傾向と同じくらい問題がある。どの社会参加のレベルにおいても（例えば三〇％の国民が公的集会へ参加するとして）、その参加の社会的分布はきわめて異なる。集会に参加したその三〇％は、様々な所得レベル、人種、そして教育カテゴリから、多かれ少なかれ比例的に抽出されうるが、その場合は我々はその分布は平等主義的だと描くだろう。あるいはその三〇％が全面的により恵まれた社会の層、豊かで、教育レベルが高く、そして白人から抽出される場合もありえ、その場合には、参加の率は地元社会のヒエラルキーの異なるレベルでかなり違ってくるであろう。いくつかのコミュニティでは銀行頭取、銀行の出納係、そして銀行の用務員はすべてコミュニティ活動に参加するが、他のコミュニティでは頭取しか参加しないというように。

社会関係資本は一般に不平等に分布している。社会の暮らし向きの良い一部の人たちは、より信頼でき、より参加に積極的で、そり頻繁に投票に行くなどし、財政的・人間的資本へのアクセスに欠く市民たちは、また、社会関係資本へのアクセスも欠く（日本は例外かもしれない）。社会関係資本はそれを最も必要としていない人々のところに最も多く蓄積している。社会関係資本はひょっとすると、財政的あるいは人的な資本より、平等に分配されていないのかもしれない。

四〇の米国のコミュニティにおける社会関係資本に関する最近の非公開の調査は、社会関係資本へのアクセスの不平等性という問題は、社会的に異質性の高いコミュニティほど大きく悪化していることを示している。ロサンゼルスのような民族的に多様なところでは大学を卒業した人は高校を卒業していない住民と比べると政治的な関与の確率が五倍高い。ニューハンプシャーのようなより小さな、民族的により同質なコミュニティでは、同様の階級的な政治参加に関する差異はほとんど存在しない。市民的活動に関しては、ロサンゼルスのハイテク企業の役員とニューハンプシャーの同様の地位にある人との間では違いはないが、ロサンゼルスの労働者とニューハンプシャーの労働者では非常に大きな差が存在する。おそらく偶然の一致ではなく、所得の分配もまたニューハンプシャーではロサンゼルスより平等である。この研究はまだ不完全なので、この、社会関係資本の分布における顕著な違いの原因はまだいくぶん不明瞭である。しかしながら、民族的な異質性と高い移民率は物語の一部のようだ。もしそうであるならば、ほとんどのＯＥＣＤ諸国におけるここ数十年の急激な移民の増加は我々が考察した国々すべてにおいて社会関係資本の量と社会的分布の両方に対する重要な挑戦となるかもしれない。

伝統的に、組合、政党、そして教会による多くの組織的努力が社会関係資本の社会的分布における偏りを是正することを目指してきた。しかし、ここ数十年間で一律に衰退してきたのは、まさにこれらの組織である。本書の何人かの執筆者は、より恵まれていない人々に便益をはかり、社会・経済的亀裂に架橋するような形態の社会関係資本が不釣り合いなかたちで減少していることを報告している。組合、政党、教会、そして伝統的な婦人組織など労働者階級を組織した結社は色褪せた。スポーツクラブ、環境保護団体、新しい社会運動など、より新しい結社が若者や大学教育を受けた中産階級に偏ってアピールしている。スコッチポルは友愛団体や復員軍人団体など古い組織は、それに取って代わった機能的に特化したロビイスト・グループより、階級架橋的であったと論じている。つまり、社会関係資本の分布の不平等性が結社の領域内の傾向と、より広い人口統計学的傾向によって悪化することを恐れる十分な理由がある。

社会関係資本の分布における増大する不平等性は、さしあたり仮説にとどまり、確認された命題ではない。しかし、社会関係資本における階級間の増大するギャップを説明するものは何だろうか。第一に、より古い連帯が色褪せるなかで、教育と、教育が育む市民的技術と文化的資本が、社会参加の相対的により重要な決定要因になるかもしれない。もし、本書の多くの執筆者が信じるように、労働者階級にまでおよぶ社会関係資本が、特に最近の展開のなかで不利な状況に置かれているならば、それは特に平等という観点から由々しき事態であろう。社会関係資本におけるあからさまな階級の偏りの拡大は多くの先進国で報告されている所得格差の拡大、あるいは増大する民族間の断片化と関係しているのかもしれない。社会関係資本の領域における不平等に関する懸念、特に拡大している不平等は、本書の対象となった国々全体にとって、おそらく最も重要な共通の脅威である。研究者にとっても活動家にとっても、社会関係資本の社会的分布を理解することは、優先順位リストの上位に位置づけられねばならない。そのような規範的領域において、また社会科学研究の領域において、本書の執筆者たちは、進化する社会関係資本の争点を設定することに貢献することを望んでいる。

註

序章　社会関係資本とは何か

（1）以下を参照。Susan J. Pharr and Robert D. Putnam, eds., *Disaffected Democracies: What's Troubling the Trilateral Countries?* (Princeton: Princeton University Press, 2000)

（2）以下を参照。Robert D. Putnam, *Bowling Alone: Collapse and Revival of American Community* (New York: Simon and Schuster, 2000).

（3）L. J. Hanifan, *The Community Center* (Boston: Silver, Burdett, 1920), 9-10.

（4）L. J. Hanifan, "The Rural School Community Center," *Annals of the American Academy of Political and Social Science 67* (1916): 130-38, 130を引用。略歴についての情報は以下を参照のこと。John W. Kirk, *Progressive West Virginians*: 1923 (Wheeling, WV: Wheeling Intelligencer, 1923), 107. かつての実践的な改革者であるハニファンは、厳格な実業家や経済学者が社会資産の生産面での重要性を認識してしまうという点で、資本という用語の使用については意識をしていた。社会関係資本の概念を導入したあと、彼は次のように述べた。「若干の農村地域でそのような社会関係資本がかなり欠けているということを、この章では繰り返さない。現時点で重要な問いは、どのようにしてこれらの状況が改善されうるのか、である。この後は、ウエスト・ヴァージニアの農村地域社会が一年でどのように社会関係資本へと発展し、のちに、レクリエーションや知識、道徳、経済に関する状況を改善する際にどのようにこの資本を活用したのかを説明するという話になる」。彼の小論は地域社会を基盤とした活動家たちにとって、実践問題のリストを含んでいるものであったが、元々はウエスト・ヴァージニアの教師たちのために「農村の学校での地域社会の会合のためのハンドブック」として一九一三年に用意されたものであり、のちにハニファンの著作 *The Community Center* の中に組み込まれた。我々は「社会関係資本」という語の使用法を最初に見つけ出してくれたことに関して Brad Clarke に、ハニファンの個人的資料を見つけてくれたことに関して Anne Lee に、それぞれ感謝申し上げる。

（5）John R. Seeley, Alexander R. Sim, and Elizabeth W. Loosley, *Crestwood Heights: A Study of the Culture of Suburban Life* (New York: Basic Books, 1956), 296を引用。; Jane Jacobs, *The Death and Life of Great American Cities* (New York: Random House, 1961); Glenn Loury, "A Dynamic Theory of Racial Income Differences," in P. A. Wallace and A. LeMund, eds., *Women, Minorities, and Employment Discrimination* (Lexington, MA: Lexington Books, 1977), 153-88; Pierre Bourdieu, "Forms of Capital," in John G. Richardson, ed., *Handbook of Theory and Research for the Sociology of Education* (New York: Greenwood Press, 1983), 241-58; Ekkehart Schlicht, "Cognitive Dissonance in Economics," in *Normengeleitetes Verhalten in den Sozialwissenschaften* (Berlin: Duncker and Humblot, 1984), 61-81; James S. Coleman, "Social Capital in the Creation of Human Capital," *American Journal of Sociology* 94 (1988): S95-S120; and

James S. Coleman, *Foundation of Social Theory* (Cambridge : Harvard University Press, 1990). コールマンがルーリーの著作を簡潔に認識していたことを除いて、これらの理論家たちがそれ以前にこの用語の使用に注意を向けていた証拠を我々は見出しえない。社会関係資本の概念史に関する包括的な概説に関しては、マイケル・ウールコックの以下の論文を参照のこと。Michael Woolcock, "Social Capital and Economic Development : Toward a Theoretical Synthesis and Policy Framework," *Theory and Society* 27 (1998) : 151–208.

(6) Ian Winter, "Major Themes and Debates in the Social Capital Literature : The Australian Connection," in Ian Winter, ed., *Social Capital and Public Policy in Australia* (Melbourne : Australian Institute of Family Studies, 2000), 17.

(7) Anita Blanchard and Tom Horan, "Virtual Communities and Social Capital," *Social Science Computer Review* 17 (1998) : 293–307 ; Anthony Bebbington and Thomas Perreault, "Social Capital, Development, and Access to Resources in Highland Ecuador," *Economic Geography* 75 (1999) : 395–418 ; Marjorie K. McIntosh, "The Diversity of Social Capital in English Communities, 1300–1640 (with a Glance at Modern Nigeria)," *Journal of Interdisciplinary History* 29 (1999) : 459–90 ; Deepa Narayan and Lant Pritchett, "Cents and Sociability : Household Income and Social Capital in Rural Tanzania," *Journal of Economic Development and Cultural Change* 47 (1999) 871–97 ; John Helliwell and Robert D. Putnam, "Economic Growth and Social Capital in Italy, "*Eastern Economic Journal* 21 (1995) : 295–307 ; Robert D. Putnam (with Robert Leonardi and Raffaella Nanetti), *Making Democracy Work : Civic Traditions in Modern Italy* (Princeton : Princeton University Press, 199) ; Elinor Ostrom, *Governing the Commons : The Evolution of Institutions for Collective Action* (New York : Cambridge University Press, 1990) ; R. J. Sampsono and W. B. Groves, "Community Structure and Crime : Testing Social-Disorganization Theory," *American Journal of Sociology* 94 (1989) : 774–802 ; Robert J. Sampson, Stephen W. Raudenbush, and Felton Earls, "Crime : A Multilevel Study of Collective Efficacy," *Science* 277 (1997) : 918–24 ; James S. House, Karl R. Landis, and Debra Umberson, "Social Relationships nad Health," *Science* 241 (1988) : 540–45 ; Lisa F. Berkman, "The Role of Social Relations in Health Promotion," *Psychosomatic Medicine* 57 (1995) : 245–54 ; Teresa E. Seeman, "Social Ties and Health : The Benefits of Social Integration," *Annals of Epidemiology* 6 (1996) : 442–51 ; and more generally, Partha Dasgupta and Ismail Serageldin, eds., *Social Capital : A Multifaceted Perspective* (Washington, DC : World Bank, 2000).

(8) Michael Woolcock and Deepa Narayan, "Social Capital : Implications for Development Theory, Research, and Policy," *The World Bank Observer* 15 (2000) : 225–49, p. 226 より引用。

(9) Hanifan, *Community Center*.

(10) 社会関係資本と集合行為を結びつける論理は、それ自体、現在の活発な研究活動における一つのトピックである。例えば、以下を参照。Jacint Jordana, "Collective Action Theory and the Analysis of Social Capital," in Jan W. van Deth, Marco Maraffi, Kenneth Newton, and Paul F. Whiteley, eds., *Social Capital and European Democracy* (New York : Routledge, 1999) ; and Elinor Ostrom and T.K. Ahn, "A Social Science Perspective on Social Capital : Social Capital and Collective Action," report prepared for the Enquete Commission of the German Bundestag, 2001.

(11) Michael Argyle, *The Psychology of Happiness* (London : Methuen, 1987) ; Ed Diener, "Subjective Well-Being," *Psychological Bulletin* 95 (1984) : 542–75 ; Ed Diener, "Assessing Subjective Well-Being," *Social Indicators Research* 31 (1994) : 103–57 ; David G. Myers and Ed Diener, "Who Is Happy ?" *Psychological Sceince 6* (1995) : 10–19 ; Ruut Veenhoven, "Developments in Satisfaction-Research," *Social Indicators Research* 37 (1996) : 1–46, and works cited there.

(12) Jeffrey M. Berry, Kent E. Portney, and Ken and Ken Thomson, *The Rebirth of Urban Democracy* (Washington, DC : Brookings Institution Press, 1993).

(13) 社会心理学者たちは、あるサクラの「見知らぬ人」が廊下で被験者にちょっとでも話しかけるようにしていた場合、のちにこのサクラが発作で倒れたことをその被験者が「小耳に挟んだ」ときに、以前に何の接触もなかった場合より、すぐに力を貸すということを発見した。Bibb Latane and John M. Darley, *The Unresponsive Bystander : Why Doesn't He Help ?* (Englewood Cliffs, N.J.: Prentice-Hall, 1970), 107–9.

(14) Nan Lin, Mary W. Woelfel, and Stephen C. Light, "The Buffering Effect of Social Support Subsequent to an Important Life Event," *Journal of Health and Social Behavior* 26 (1985) : 247–63 ; Jeanne S. Hurlbert, Valerie A. Haines, and John J. Beggs, "Core Networks and Tie Activation : What Kinds of Routine Netwoks Allocate Resources in Nonroutine Situations," *American Sociological Review* 65 (2000) : 598–618.

(15) Ashutosh Varshney, *Ethnic Conflict and Civic Life : Hindus and Muslims in India* (New Haven : Yale University Press, 2001).

(16) Barry Wellman, "The Community Question Re-Evaluated," in Michael Peter Smith, ed., *Power, Community, and the City* (New Brunswick, NJ : Transaction, 1988), 81–107, 82–83 より引用。

(17) Pamela Paxton, "Is Social Capital Declining in the United States ? A Multiple Indictor Assessment," *American Journal of Sociology* 105 (1999) : 88–127, 88 より引用。

(18) 以下を参照。Alexis de Tocqueville, *Democracy in America*, vol.2, chapter IV.

(19) Francis Fukuyama, *The Great Disrutpion : Human Nature and the Reconstitution of Social Order* (New York : Free Press, 1999).

第1章　イギリス——政府の役割と社会関係資本の分配

この研究は、データ分析を行ってくれた Maurits van der Veen の技術的な支援の恩恵を大いに受けた。データ収集の援助に関しては、Anne Wren, Virginie Guiraudon,

Alvin Tillery, Bonnie Meguidに、私に自分の図書館と広い知識を共有させてくれたことに関しては、Justin Davis Smithに、社会関係資本の有益な議論に関しては、Tom Cusak, Dieter Fuchs, David Halpern, Joel Krieger, Ken Newton, Richard Rose, Rosemary C.R. Taylor, Perri 6, そして本書の各寄稿者に、それぞれ感謝する。本章のやや異なるバージョンは、*British Journal of Political Science*（July 1998）に寄稿された。

（1） Robert D. Putnam, "Bowling Alone : America's Declining Social Capital" *Journal of Democracy6*（1995）: 65-78, "Tuning In, Tuning Out : The Strange Disappearance of Social Capital in America," *PS : Political Science and Politics 28*（1995）: 664-83. しかし、この結果の有する意味を重視している見解については、本書のロバート・ウスナウ担当の章を参照。

（2） 私は本章では、"Bowling Alone," "Tuning In, Tuning Out," *Making Democracy Work*（Princeton : Princeton University Press, 1993）でパットナムによって、そしてジェームズ・コールマンの *Foundations of Social Theory*（Cambridge : Harvard University Press）の第12章で、それぞれ定義されたものとしての社会関係資本に焦点を当てている。しかし、この用語はここでは説明されていない社会組織に関する他の特徴について言及するために使用されうる。以下を参照。Peter A. Hall," Th" "The Political Economy of Europe in an Era of Interdependence," in Herbert Kitschelt et al., eds., *Continuity and Change in Contemporary Capitalism*（New York : Cambridge University Press, 1999）, and Pierre Bourdieu "The Forms of Capital" in John G. Richardson ed., *Handbook of Theory and Research for the Sociology of Education*（New York : Greenwood Press, 1983）. このように定義されることによって、社会的信頼は、制度における一般的な信頼や、相互作用に特有で、それらの相互作用を規定する制度的配置によって影響されるような信頼の諸形態とは区別される。以下を参照。Piotr Sztompka, "Trust and Emerging Democracy," *International Sociology* 11, 1（1996）: 37-62' and Richard Rose, "Social Capital : Definition, Measures, Implications," paper presented to a workshop of the World Bank, 1996.

（3） Frank Prochaska, *The Voluntary Impulse*（London : Faber, 1988）, 86.

（4） George Macaulay Trevelyan, *History of England*（London : Longman, Green, 1898）, 616-17 : 以下を参照。Derek Fraser, *The Evolution of the British Welfare State*（London : Macmillan, 1973）, and David Owen, *English Philanthropy 1660-1960*（Oxford : Oxford University Press, 1964）

（5） Gabriel A. Almond and Sidney Verba, *The Civic Culture : Political Attitudes and Democracy in Five Nations*（Princeton : Princeton University Press, 1963）; Mancur Olson, *The Rise And Decline of Nations*（New Haven : Yale University Press, 1982）.

（6） Coleman, *Foundations of Social Theory* ; Putnam, *Making Democracy Work*.

（7） 図1-1と図1-2は五一の個別の組織に関するデータを集計しており、それらの組織の多くは地方支部を持つ連邦的構造で編成されている。データは *Social Trend*（London : HMSO）から様々な問題について取り上げている。

(8) ナショナル・トラストの会員はこれらの図からは除かれている。なぜなら、会員間の集合的な相互交流に関わる環境保護団体はほとんどないと思われるからである。しかし、その会員数もまた、等しく増加している。

(9) National Council for Voluntary Organisations（全国ボランティア団体協議会） *The Voluntary Agencies Directory*（London : National Council for Voluntary Organizations.1996）以下を参照。National Council for Voluntary Organizations, *The NEST Directory of Environmental Networks*（London : National Council for Voluntary Organisations, 1993）.

(10) S. Hatch, *Outside the State*（London : Croom Halem, 1980）; B. Knight, *Voluntary Work*（London : Home Office, 1993）.

(11) Martin Knapp and S. Saxon-Harrold, “The British Voluntary Sector,” Discussion Paper 645, Personal Social Services Unit, University of Kent, Canterbury, 1989.

(12) Jeremy Kendall and Martin Knapp, “A Loose and Baggy Monster : Boundaries, Definitions and Typologies” in Justin Davis Smith et al., eds., *An Introduction to the Voluntary Sector*（London : Routledge, 1995）.

(13) パットナムの “Tuning In, Tuning Out” と同様に、表1-1の各セルは、回答者が属している様々な団体数について尋ねた質問に対する答えを示している。この研究で用いられた四つの調査におけるサンプルと質問の詳細に関しては、以下を参照。Almond and Verba, *The Civic Culture*; Alan Marsh, *Protest and Political Consciousness*（London : Sage, 1977）; Samuel Barnes and Max Kaase, eds, *Political Action : Mass Participation in Five Western Democracies*（Beverly Hills : Sage, 1979）; Ronald Inglehart, *Culture Shift in Advanced Industrial Society*（Princeton : Princeton University Press, 1990）.

(14) 一九五九年に一種類の団体に属している回答者の割合は三一％で、二つ以上は一七％であった。七三年での同じ数字はそれぞれ二九％、二五％、八一年には三一％、二一％、九〇年には二五％、二七％であった。ここで示された七三年における割合の増加は調査機関の人為的な影響による可能性があるが、というのも、この機関が可能性のある団体の長大なリストを回答者に示していたからである。

(15) 一九九〇年のデータで示した学歴の分布を使って一九五九年の結果を再計算してみると、サンプルにおける平均団体加入数は全体で〇・九四であり、一九九〇年のデータで報告された一・一二という数字よりは少ない。しかし、回答者に提示された団体の種類に関するリストは年ごとに幾分異なっているので、平均における些細な違いを重視することには注意を払わなければならないという人もいる。

(16) Geraint Parry et al., *Political Participation and Democracy in Britain*（Cambridge : Cambridge University Press 1992）, 90; Perri 6 and J. Fieldgrass, *Snapshots of the Voluntary Sector*（London : National Council for Voluntary Organisations, 1992）.

(17) Jeff Bishop and Paul Hoggett, *Organizing Around Enthusiasms : Patterns of Mutual Aid in Leisure*（London : Comedia Publishing Group, 1986）; Knight, *Voluntary Work.* 注目すべ

きは、この研究が労働組合、スポーツクラブ、職能組織、教会組織を除外したことである。以下を参照。Katherine Gaskin and Justin David Smith, *A New Civic Europe ? A Study of the Extent and Role of Volunteering* (London : Volunteer Center, 1995) ; Justin Davis Smith, "What We Know About Volunteering : Information from the Surveys" ; in Rodney Hedley and Justin Davis Smith, eds., *Volunteering and Society* (London : National Council for Voluntary Organisations, 1992) ; Mark Abrams et al., *Values and Social Change in Britain* (London : Macmillan, 1985) ; Hatch, *Outside the State* ; Julia Field and Barry Hedges, *A National Survey of Volunteering* (London : Social and Community Planning Research, 1987) ; Wolfenden Committee, *The Future of Voluntary Organisations* (London : Croom Helm, 1978).

(18) Charities Aid Founcation, *Dimensions of the Voluntary Sector* (London : Charities Aid Foundation, 1994).

(19) Wolenden Committee, *The Future of Voluntary Organisations, 35.*

(20) Eileen Goddard, *Voluntary Work* (London : HNSO, 1994)

(21) Gaskin and Davis Smith, *A New Civic Europe, 29*

(22) Goddard, *Voluntary Work.*

(23) Wolfenden Committee, *The Future of Voluntary Organisations, ch.3.*

(24) 英国における平均労働時間は、一九〇六年の二九〇〇時間から、四六年の二四四〇時間、八二年には二三四〇時間、八八年には一八〇〇時間へと減少している。*Demos Quarterly 5* (1995).

(25) 以下を参照。Ferdynand Zweig, *The Worker in an Affluent Society* (London : Heinemann, 1961) ; John Goldthorpe et al., *The Affluent Worker : Political Attitudes and Behaviour* (Cambridge : Cambridge University Press, 1969), 107 ; Howard Newby et al., "From Class Structure to Class Acton : British Working Class Politics in the 1980s," in B. Roberts et al., eds., *New Approaches to Economic Life* (Manchester : Manchester University Press, 1985) ; R. E. Pahl and C. D. Wallace, "Household Work Strategies in Economic Recession" in N.Redclift and E. Mingione, eds., *Beyond Employment* (Oxford : Blaciwell, 1985) ; R. E. Pahl and C. D. Wallace, "Neither Angels in Marble nor Rebels in Red : Privatization and Working-Class Consciousness", in David Rose, ed., *Social Stratification and Economic Change* (London : Hutchinson, 1988), 127-49. しかしながら、非労働時間の割合の増加が、すべての区分の人たちの育児時間に充てられていることに注意すべきである。以下を参照。Jonathan Gershuny and Sally Jones, "The Changing Work/Leisure Balance in Britain, 1961-1984," in John Horne et al., eds., *Sport Leisure and Social Relations* (London : Routledge and Kegan Paul, 1985), 9-50.

(26) T. Carter and J. S. Downham, *The Communication of Ideas : A Study of Contemporary Influences on Urban Life* (London : Chatto and Windus, , 1954), 96.

(27) George H. Gallup, ed., *The Gallup International Opinion Polls : Great Britain 1937-1975*, vol.1 (New York : Random House, 1976), 415.

(28) *Social Trends*, 1987.

(29) パブは、中産階級のあいだよりも、労働者階級のあいだの非公式の社交活動において、より重要な役割を担っているように見えることに注意すべきである。一九五三年には、中産階級の二一％に比して、労働者階級の三四％が最低週に一度はパブに通っていた（Carter and Downham, *The Communication of Ideas*）。また、パブで行われる社交の水準はここで測定されていないようなかたちで変化しているかもしれないということは念頭におかなければならない。以下を参照。Mass Observation, *The Pub and the People* (London: Hutchingson, 1987[1943]), and Daniel E. Vasey, *The Pub and English Socilal Change* (New York: AMS Press, 1990).

(30) Putnam, "Bowling Alone," "Tuning In, Tuning Out."

(31) ライフサイクル効果とは、年をとるにつれて消滅するような若者と老人の間の違いを示している。世代効果とは、時を経ても変化しない年齢コーホートの違いである。時代効果とは、すべての年齢コーホートに、特別な時代においてのみ影響を与える違いである。

(32) 大衆の教育水準が一定に保たれているとき、パットナムの"Tuning In, Tuning Out"の図表と同様に、参加率に関しては戦後世代に対して戦間期世代のほうが上昇しており、この印象全体を強める結果となっている。

(33) Putnam, "Tuning In, Tuning Out"; Parry et al., *Political Participation and Democracy in Britain*.

(34) この点についてのデータは、以下を参照。Peter A. Hall, "Social Capital in Britain," *British Journal of Political Science* 29(1998): 431.

(35) 社会的信頼を評価するために使用された調査の質問は、一九五九年では「ほとんどの人は信用できるという人もいます。人との応対では用心するに越したことはないという人もいます。それについてあなたはどう思いますか」と尋ねている。八一年と九〇年では、「一般的に、ほとんどの人は信用できるのと、人との応対では用心するに越したことはないのと、あなたはどちらだと思いますか」と尋ねている。これは簡単な問いではあるけれども、社会関係資本の水準を評価するために至るところで広く利用されている。そして、それに対する回答は以下の質問に関する回答と密接に相関している。その質問とは、人々は英国ではどれだけ信頼を有しているのか、友人にどれだけの重要性を置いているのか、どれだけ孤独を感じているのか、そして回答者は人々が他人を助け、協調し、お互いに気にかけ、お互い利用しあわない傾向にある（つまり一般的な社会的繋がりの感情の尺度すべて）と考えているのかどうか、である。

(36) 以下を参照。David O. Sears and Nicholas A. Valentino, "Politics Matters: Political Events as Catalysts for Preadult Socialization," *American Political Science Review* 91, 1 (1997): 45-65.

(37) Putnam, "Bowling Alone"を参照。

(38) 国内総生産における社会的支出の割合は、一九五一年の一四％から、八〇年には二一％へと上昇した（Peter Flora, ed., *Growth to Limits: The West European Welfare States Since World War II* [Berlin: de Gruyter, 1986]）。労働力における女性の割合は、一九五一年の三三％から、七一年の三五％、そして九四年には四四％へと上昇した（Department of Employment, *Labour Statistics* [London: HMSO, 1995]）。片親

の家庭の割合は、一九七一年の八%から、九四年には二三%へと上昇し、一人暮らしの割合は、七三年の九%から、九四年には一五%へと上昇した（Central Statistical Office, *Living in Britain* [London : HMSO, 1994]）。離婚が成立した数は、一九五一年の三万五〇〇件から、七一年の一一万七七〇件、そして九四年には一六万五〇一八件へと上昇した（Central Statistical Office, *Annual Abstract of Statistics* [London : HMSO, 1979, 1996]）。

（39） Putnam, "Tuning in, Tuning Out" 以下を参照。Pippa Norris, "Does Television Erode Social Capital? A Reply to Putnam," *PS : Political Science and Politics* 29, 3（1996）: 474-80.

（40） Nicholas Abercrombie and Alan Warde, *Contemporary British Society*（Oxford : Polity, 1994）, 421.

（41） Carter and Downham, *The Communication of Ideas* ; Zweig, *The Worker in an Affluent Society*, 116-17, 208-9.

（42） 以下を参照。Gershuny and Jones, "The Changing Work/Leisure Balance" ; Gaskin and Davis Smith, *A New Civic Europe?*

（43） Parry et al., *Political Participation and Democracy in Britain*, ch. 4 ; Sidney Verba, Kay Schlotzman, and Henry Brady, *Voice and Equality : Civic Volunteerism in American Politics*（Cambridge : Harvard University Press, 1995）; Putnam, "Tuning In, Tuning Out" ; Davis Smith, "What We Know About Volunteering," 76.

（44） 以下を参照。A. H. Halsey, British Social Trends Since 1990（London : Macmillan, 1988）, chs.6 and 7.

（45） ある分析家が述べた有名な言葉のように、一九六〇年代初頭、英国では、労働者階級の若者は大学に通うより、精神病院で時間を費やしがちであった（R. D. Laing, *The Politics of Experience* [London : Penguin, 1965]）。

（46） これらのサンプルに由来する数字は、非常に厳密に集計された数字を反映している。例えば一九八五年には、高等教育課程における全日制の学生数（六〇万人）は、五五年の五倍も高くなっていた（Michael Ball et al., *The Transformation of Britain* [London : Fontana, 1989], 293）。

（47） 注目すべきは、中等教育もしくは高等教育を受けた労働者階級出身者の絶対数は上昇しているが、このような変化はより高い教育へのアクセスにおける階級の不平等を取り除いてはいない。以下を参照。A. H. Halsey et al., *Origins and Destinations*（Oxford : Clarendon Press, 1980.

（48） この数字は、一九五九年に集められたサンプルにおける実際の平均団体会員数と、九〇年のサンプルにおける学歴の分布が五九年のデータで関連性のあるものに置きかえられる場合、それが示す水準とを比較することによって計算される。指摘したところ以外では、この節では地域社会の関与は平均団体会員数によって測定されている。

（49） これが述べていることは、一九五九年には、高等教育歴を有する回答者によって示された平均団体会員数は、中等教育歴を有する回答者によって示された数字よりも七六%も高かったということである。九〇年にそれに対応する数字は一一〇%であった。表1-1を参照。

（50） 表1-1は、女性の団体加入の増加のほとんどが一九七三年までに起こっていたが、それはすなわち女性の労働力参加が目に見えるかたちで増大する前のことであったということを示している。そして、表1-2は市民の義務と社会関係資本をもたらすその他の活動への参加率と、そこに費やす時間は、雇用者と非雇用者との間で概ね等しいということを指摘している。これらの観察結果は双方とも、高い女性の労働力参加率は、それが実質的に増大しなくても、社会関係資本の水準は低下しなかったということを示している。

（51） Anthony Heath et al., *Understanding Political Change: The British Voter, 1964-1987* (Oxford: Pergamon, 1991); Geoffrey Marshall et al., *Social Class in Modern Britain* (London: Hutchinson, 1988); R. Pahl, *Divisions of Labour* (Oxford: Blackwell, 1984); Martin Bulmer, ed., *Working Class Images of Society* (London: Routledge and Kegan Paul, 1975); Samuel Beer, *Modern British Politics* (London: Faber, 1968).

（52） John H. Goldthorpe, *Social Mobility and Class Structure in Modern Britain*, 1st ed. (Oxford: Claredon Press, 1980); Samuel Beer, *Britain Against Itself* (New York: Norton, 1982); Joel Krieger, *British Politics in the Global Age* (Oxford: Polity, 1999).

（53） 教育が制御されるとき、労働者階級から中産階級への動きは、ある人が属する平均団体数を約五〇％増大させ、最下層の階級の水準から最上層への動きはそこへの加入数をほぼ一五〇％増大させる。

（54） John H. Goldthorpe, *Social Mobility and Class Structure in Modern Britain*, 2nd ed. (Oxford: Clarendon Press, 1987)

（55） Davis Smith, "What We Know About Volunteering," 76; Peter Lynn and Justin Davis Smith, *The 1991 National Survey of Voluntary Activity in the UK* (London: The Volunteer Center, 1992).

（56） Goldthorpe, *Social Mobility and Class Structure*, 1st ed., ch.7.

（57） Ann Oakley and Lynda Rajan, "Social Class and Social Support: The Same or Different?" *Sociology* 25, 1 (1991): 31-59; Martin Bulmer, *Neighbours: The Work of Philip Abrams* (Cambridge: Cambridge University Press, 1986); Goldthorpe, *Social Mobility and Class Structure*, 2nd ed., ch.7; Graham Allan, , "Class Variation in Friendship Patterns," *British Journal of Sociology* 41 (1990): 389-92; M. Stacey et al., *Power, Persistence and Change* (London: Routledge and Kegan Paul, 1975); Goldthorpe et al., *The Affluent Worker in the Class Structure* (Cambridge: Cambridge University Press, 1969).

（58） Ian Procter, "The Privatisation of Working Class Life: A Dissenting View," *British Journal of Sociology* 41, 2 (1990): 157-80; Pahl and Wallace, "Neither Angels in Marble nor Rebels in Red."

（59） Geoffrey Evans, "The Decline of Class Division in Britain? Class and Ideological Preferences in the 1960s and 1980s," *British Journal of Sociology* 44, 3 (1993): 449-71; Heath et al., *Understanding Political Change*.

（60） Goldthorpe, *Social Mobility and Class Structure*, 1st ed., 194, 204, and *passim*.

（61） 他の国々でも同様に、政府の行為が社会関係資本にとって重要であるかもしれないということを示唆した議論として、以下を参照。Sidney Tarrow, "Making Social Science Work Across Space and Time : A Critical Reflection on Robert Putnam's *Making Democracy Work," American Political Science Review* 90, 2 (1996) : 389-97.

(62) R. H. S. Crossman, "The Role of Volunteer in the Modern Social Services," in A. H. Halsey, ed., *Traditions in Social Policy* (Oxford : Blackwell, 1976) ; Maria Brenton, *The Voluntary Sector in British Social Services* (London : Longman, 1985), 20-21.

(63) Breton, *The Voluntary Sector*, 17.

(64) Justin Davis Smith, "The Voluntary Tradition : Philanthropy and Self-Help in Britain, 1500-1945," in Davis Smith et al., eds., An *Introduction to the Voluntary Sector*, 25.

(65) Elizabeth Macadam, *The New Philanthropy* (London : Allen and Unwin, 1934).

(66) Brenton, *The Voluntary Sector*, 18.

(67) Asa Briggs and A. Macartney, *Toynbee Hall : The First Hundred Years* (London : Routledge and Kegan Paul, 1984), 35-36 ; Davis-Smith, "The Voluntary Tradition," 28 ; William Beveridge, *Voluntary Action : A Report on Methods of Social Advance* (London : Allen and Unwin, 1948).

(68) Breton, *The Voluntary Sector*, 26.

(69) Owen, *English Philanthropy*, 597.

(70) Davis-Smith, "The Voluntary Tradition," 1 ; Brenton, *The Voluntary Sector*.

(71) Breton, *The Voluntary Sector*, 38-45 ; Nicholas Deakin," "The Perils of Partnership : The Voluntary Sector and the State, 1945-1992," in Davis Smith et al., eds., *An Introduction to the Voluntary Sector*.

(72) Hedley and Davis Smith, eds., *Volunteering and Society*, Brian D. Jacobs, "Charities and Community Development in Britain," in Alan Ware, ed., *Charities and Government* (Manchester : Manchester University Press, 1989), 82-112 ; Knapp and Saxon-Harrold, "The British Voluntary Sector" ; Ralph Kramer, "Change and Continuity in British Voluntary Organisations, 1976-1988," *Voluntas* 1, 2 (1992) : 33-60.

(73) R. Pinker, "Social Policy and Social Care : Division of Responsibility," in A. Yoder et al., eds., *Support Networks in a Caring Community* (Dordrecht : Martinus Nijhoff, 1985), 106 ; Kramer, "Change and Continuity,"38 ; Margaret Bolton et al., *Shifting the Balance : The Changing Face of Local Authority Funding* (London : National Coucil for Voluntary Organisations, 1994), 2.

(74) D. Leat et al., *A Price Worth Paying ? A Study of the Effects of Governmental Grant Aid to Voluntary Organisations* (London : Policy Studies Institute, 1986) ; Hatch, Outside the State.

(75) 以下を参照。Beer, *Britain Against Itself* ; Peter Riddell, *The Thatcher Decade* (London : Martin Robertson, 1990). を参照のこと。

(76) Bruce Wood, "Urbanisation and Local Government," in A. H. Halsey, ed., *British Social Trends Since 1900* (London : Macmillan, 1988), 322-56.

(77) 出口調査は、有権者全体の四四％に比して、一八〜二九歳の投票者の五七％が労働党を支持していたことを示している（*The Sunday Times*, May 14, 1997, 16）。
(78) 最近の示唆的な研究については、以下を参照。Claus Offe, “How Can We Trust Our Fellow Citizens ?” in Mark Wallen, ed., *Democracy and Trust*（New York : Cambridge University Press, 1999）, 42-87 ; Eric Uslaner, “Democracy and Social Capital,” in Warren, *Democracy and Trust*, 121-50 ; and Perri 6 et al., *Handle with Care : Public Trust in Personal Information Handling by Major Organizations*（London : Demos, 1998）.
(79) これらの関係は、統計的に有意なχ^2検定の係数において、そして年齢、教育水準、社会階級を制御したプロビット分析において明らかになる。
(80) 以下も参照。Offe, “How Can We Trust Our Fellow Citizens ?”
(81) Mark Abrams and Richard Rose, *Must Labour Lose ?*（Harmondsworth : Penguin, 1960）; David Butler and Richard Rose, *The British Genral Election of 1959*（London : Macmillan, 1960）.
(82) *Gallup Political Index*, No.249（May 1981）, Tables 2 and 7 ; David Sanders, “Why the Conservative Part Won-Again,” in Anthony King et al., *Britain at the Polls 1992*（Chatham, NJ : Chatham House, 1993）, 178.
(83) 以下を参照。W. Runciman, *Relative Deprivation and Social Justice*（Harmondsworth : Penguin, 1966）.
(84) 筆者の議論に同意しないかもしれないが、この問題の様相を考慮すべきとの筆者の主張についてはリチャード・ローズに感謝したい。
(85) 膨大な文献がこのテーマを発展させている。いくつかの重要な例として、以下を参照。Eric Nordlinger, *The Working Class Tories*（London : MacGibbon and Kee, 1967）; David Lockwood, *Blackcoated Worker*（London : Allen and Unwin, 1958）; Samuel H. Beer, *British Politics in the Collectivisit Age*（London : Faber, 1969）; and Runciman, *Relative Deprivation and Social Justice*.
(86) 以下を参照。Beer, *Britain Against Itself*.
(87) 以下を参照。Bo Saarlvik and Ivor Crewe, *Decade of Dealignment*（Cambridge : Cambridge University Press, 1983）; James Alt, “Dealignment and the Dynamics of Partisanship in Britain,” in Russell J. Dalton, Steven Flanagan, and Paul Beck, eds., *Electoral Change in Advanced Industrial Democracies*（Princeton : Princeton University Press, 1984）; and Pippa Norris, *Electoral Change since 1945*（Oxford : Blackwell, 1997）.
(88) 以下を参照。John Goldthorpe et al., *The Affluent Worker in the Class Structure*（Cambridge : Cambridge University Press, 1969）.
(89) ここで用いられ（そして表1-6で示され）ている指標は、次の基準によって、可能性のある長大なリストから選ばれた。すべては、⑴一般の人々が自ら行う機会を持つかもしれない行動、⑵少なくとも間接的に、他人に対して人的ではなく物的な損害をもたらすと合理的に予期されうる行動、⑶性行動もしくは重犯罪に関わらない行動、である。よって、それらは、個人が自己利益と他人の利益の間の衝突に直面するような比較的、規範に関する行動に関係するが、この行動はハーディングと同僚たちが自己利益についての道徳判断と述べているものに近い。これらの指標と社会的信頼の間の関係は、年齢を含む一連の制御変数が利用された場合、強いままである。以下を参照。Harding et al., *Contrasting Values in Western Europe* (Basingstoke : Macmillan, 1986)

(90) 以下を参照。Sears and Valentino, "Politics Matters"; Stephen E. Bennett, "Why Young Americans Hate Politics and What We Should Do About It," *PS : Political Science and Politics* (1997) : 47-53 ; Helen Wilkinson and Geoff Mulgan, *Freedom's Children : Work, Relationships and Politics for 18-34-Year-Olds in Britain Today* (London : Demos, 1995).

(91) David Halpern, "Changes in Moral Concepts and Values : Can Values Explain Crime?" paper presented to the Causes of Crime Symposium, 1996.

(92) Inglehart, *Culture Shift in Advanced Industrial Society*, および Inglehart のその他多くの著書を参照のこと。

(93) もちろん、脱物質主義的価値は他のいくつかの国々ほど、英国では顕著ではないという証拠もいくつかある。以下を参照。Marsh, *Protest and Political Consciousness*.

(94) 以下参照。Putnam, *Making Democracy Work*.

(95) 本書第5章を参照。

(96) Ivor Crewe, Anthony Fox, and Neil Day, *The British Electorate, 1963-92* (Cambridge : Cambridge University Press, 1995), 122 ; David Butler and Gareth Butler, *British Political Facts, 1900-1994* (London : Macmillan, 1994), 518

(97) Peter Brierly, "Religion," in A. H. Halsey eds., *British Social Trends Since 1900* (London : Macmillan, 1988), ch. 13.

(98) Butler and Butler, *British Political Facts*, 370 ; Goldthorpe et al., *The Affluent Worker in the Class Structure*, chs. 5 and 6.

(99) Putnam, "Bowling Alone," "Tuning In, Tuning Out".

(100) Richard Topf, "Political Change and Political Culture in Britain, 1959-87," in John R. Gibbons, ed., *Contemporary Political Culture* (London : Sage, 1989), 88.

(101) Geraint Parry and George Moyser, "A Map of Political Participation in Britain," *Government and Opposition* 25, 2 (1990) : 147-69.

(102) Max Kaase and Kenneth Newton, *Beliefs in Government* (Oxford : Oxford University Press, 1995), 47.

(103) Crewe, Fox, and Day, *The British Electorate*, 153.

(104) 社会階級を制御すると、この関係は団体加入と、政治に付随する重要性、政治への関心、政治に関する議論の頻度、そして投票にとどまらない政治的行動主義との間で統計的に有意になる ($p < .05$)。

(105) Albert Mabileau et al., *Local Participation in Britain and France* (Cambridge : Cambridge University Press, 1989), 211 ; David Gerard, "Values and Voluntary Work," in Mark Abrams, et al., eds., *Values and Social Change in Britain* (London : Macmillan, 1985), 216 ; Parry et al., *Political Participation and Democracy in Britain*.

(106) 信頼について「かなり」と「相当程度」(反対は「それほどない」と「まったくない」)を表明した一九八一年を一〇〇%とした一九九〇年の回答者の割合は、議会に対しては四一%、行政事務に対しては四二%、法システムに対しては五五%であった。以下を参照。William L. Miller et al., *Political Culture in Contemporary Britain*（Oxford : Clarendon Press, 1996), 47-51.

(107) これらの言明に同意した割合は、一九八六年にはそれぞれ七〇%、六六%、五七%で、七四年にはそれぞれ六七%、六七%、六〇%である。以下を参照。Anthony Heath and Richard Topf, "Education Expansion and Political Change in Britain, 1964-1983," *European Journal of Political Research* 14 (1987) : 554 ; Topf, "Political Change and Political Culture in Britain, 1959-87," Marsh, *Protest and Political Consciousness.*

(108) 以下を参照。Marsh, *Protest and Political Consciousness* ; Dennis Kavanagh, "Political Culture in Great Britain : The Decline of the Civic Culture," in Gabriel Almond and Sidney Verba, eds., *The Civic Culture Revisited*（Boston : Little, Brown, 1980) ; Anthony Heath and Richard Topf, "Political Culture," in Roger Jowell et al., eds., *British Social Attitudes : The 1987 Report*（London : Gower, 1987), 51-70 ; Topf, "Political Change and Political Culture in Britain."

(109) The Civic Culture でのアーモンドとヴァーバによる英国に対する比較的肯定的な描写を批判する人々は、彼らの調査の回答者の八三%が「候補者は全員聞こえのよい演説をしているが、当選後に何をするのかについては決して語ることはできない」という考えに同意していたと指摘している。Heath and Topf, "Political Culture," 54.

(110) 政治的信頼は、回答者が議会、行政事務、そして法システムに関して表明した信頼の量によって、ここでは測定される。

(111) 政治的信頼の変動は社会的信頼を低下させるかもしれないという指摘に関しては、本書のロバート・ウスナウの小論を参照。

(112) 以下を参照。Kenneth Newton, "Social Capital and Democracy," *American Behavioral Scientist* 40 (1997) : 571-86.

(113) *The Civic Culture* でアーモンドとヴァーバは数年前、一定の水準の政治的懐疑主義はデモクラシーにとって健全であるが、高い水準の社会的・政治的不信は政治的取り組みの意欲を削ぐか、反システム政党・組織との関わりを深めると論じた。以下を参照。Seymour Martin Lipset, *Political Man : The Social Bases of Politics*, 2nd ed.（Garden City, NY : Doubleday, 1981).

(114) Bob Tyrell, "Time in Our Lives : Facts and Analysis on the 90s," *Demos Quarterly 5* (1995) : 24.

(115) さらに、労働者階級を起源として中産階級へと移行した「サラリーマン階級」の増大は、いまや存在しない公共部門の拡大によって大いに加速された。以下を参照。Goldthorpe, *Social Mobility and Class Structure*, 1st ed., 1980.

(116) 以下を参照。Putnam, *Making Democracy Work* ; Tarrow, "Making Social Science Work."

第2章　アメリカ合衆国——特権を持つ者と周辺化される者の橋渡し？

計量的データの分析における技術的助言に関しては Doug Mills と John Evans に、利用可能なデータセットの作成に関してはギャラップ社、インデペンデント・セクター、プリンストン社会科学レファレンスセンターに、研究補助に関してはNatalie Searlに、そしてコメントと示唆に関しては多くの友人と同僚に、そのうち特にClaude Fischer, Michael Moody, Edward Queen, Brad Wilcox, Brian Steensland, Angela Tsay, Sara Wuthnow, プリンストンの宗教・文化ワークショップのメンバーたち、プリンストンの市民社会読書会のメンバーたち、Robert Putnam、そしてベルテルスマンプロジェクトのその他のメンバーたちに、それぞれ感謝したい。

（1）米国における社会関係資本の衰退に対する一般的な見方は、ロバート・パットナムの*Bowling Alone: The Collapse and Revival of American Community*（New York: Simon and Schuster, 2000）において、最も強く、印象的な経験的証拠とともに、述べられている。本章は、パットナムの業績に深く恩恵を受けており、反論というよりはむしろ、彼の主張を部分的に修正することを意図している。

（2）Alex de Tocqueville, *Democracy in America*, 2 vols.（New York: Vintage, 1945[1835]）; on mediating groups, Peter L. Berger and Richard Neuhaus, *To Empower People*（Washington, DC: American Enterprise Institute, 1977）; and on social capital, James S. Coleman, *Foundations of Social Theory*（Cambridge, MA: Harvard University Press, 1990）, ch.12. 本章の草稿を早い段階で読んでくれた幾人かは社会関係資本の概念について留保を示したが、特に社会関係資本と見なされる規範とネットワークと、そう見なされない規範とネットワークとを特定する方法について、同様に、人間の行動に関する合理的選択の観点におけるその理論的基礎について留保を示した。その留保を私は共有する。しかし、本章はまた、近年の市民の関わりに関する関心という文脈の中に位置づけることによって、これらの関心とは無関係に読まれうるだろう。

（3）John Leo, "When Stability Was All the Rage," *U.S. News and World Report*, October 30, 1995, 27.

（4）Roger Mahony, "Faithful for Life: A Moral Reflection," *Los Angeles Times*, September 28, 1995, B9.

（5）David McCabe, "*Review of Democracy on Trial*," *Commonweal, February* 10, 1995, 18. エルシュタイン自身は米国の民主主義を「不安定」であると書いており、現在を「不信の文化」と特徴づけている。Jean Bethke Elshtain, *Democracy on Trial*（New York: Basic Books, 1995）, 第1章。

（6）Alan Ehrenhalt, "No Conservatives Need Apply," *New York Times*, November 19, 1995, 15

（7）Rolling Stone Survey（September 1987）は、ギャラップ社によって実施された。結果は、Lexis-Nexisを通じて、パブリック・オピニオン・オンライン（Public Opinion Online）で利用可能である。

（8）Robert Wuthnow, *God and Mammon in America*（New York: Free Press, 1994）, 173.

（9）この部分と本章を通じて、筆者は、一九九四年八月のスウェーデン・ウプサラにおける民主主義の勝利と危機に関するノーベルシンポジウムでのRobert Putnam, "Bowling Alone: Democracy in America at the End of the Twentieth Century,"（一九九五年三月の草稿）ならびに"Bowling Alone: America's Declining Social Capital," *Journal of Democracy* 6（1995）として世に出た、その幾分異なるバージョンと、一九九五年九月の米国政治学会のイシエル・デ・ソラ・プールの講演における、Robert Putnam, "Tuning In, Tuning Out: The Strange Disappearance of Social Capital in America," を広く引用している。親切にも、両論文ともパットナム氏からいただいた。

（10）家族については Arlene Skolnick, *Embattled Paradise: the American Family in an Age of Uncertainty*（New York: Basic Books, 1991）と Stephanie Coontz, *The Way We Never Were: American Families and the Nostalgia Trap*（New York: Basic Books, 1992）の中で、宗教については Andrew M. Greeley, *Unsecular Man: the Persistence of Religion*（New York: Schocken Books, 1985）の中で、この指摘がされている。

（11）Robert Putnam, *Making Democracy Work: Civic Traditions in Modern Italy*（Princeton, N.J.: Princeton University Press, 1993）. この本は、筆者の視点では少なくとも、約八世紀にわたって、イタリアにおける宗教間の社会関係資本の水準が一貫して異なっていることを指摘している。

（12）Sidney Verba, Kay Lehman Scholzman, and Henry E. Brady, *Voice and Equality: Civic Voluntarism in American Politics*（Cambridge, MA: Harvard University Press, 1995）, 80.

（13）Putnam, "Bowling Alone," Figure 14. 本書の他の章で報告された世界価値観調査のデータも参照。

（14）市民の関わりに関する様々な指標で米国は高位にランクされているが、本書の各章から導かれる重要な結論は、トクヴィルの解説のいくつかが行ってきたように、米国は独特であると考えられるべきではないというものだ。政治的伝統と構造の多様性にもかかわらず、他の先進産業社会、特に西欧の社会もまた、比較的高い水準の自発的結社の活動を維持しようとしている（第七章を参照）。

（15）例えば、自己本位的個人主義は多くのコミュニティの人々が共有する一つの規範であり、この規範によってコミュニティは（人々に自己責任をとらせ、隣人のプライバシーを尊重させることによって）集合問題を解決できるとする主張もある。しかし、社会関係資本の理論家たちは、この種の規範を考慮に入れていると述べたくないように見える。そして同様に、遠い距離を越えて、そして稀な接触を通じて人々を結びつけるゆるやかなネットワークは、社会関係資本の理論家のあいだで、永続的で広範囲な愛情の絆を形づくるような密接なネットワークほどには、その功績を認められることはないようである。さらなる議論に関しては、以下の自著を参照。Robert Wuthnow, *Loose Connections: Civic Involvement in Amarica's Fragmented Communties*（Cambridge, MA: Harvard University Press, 1998）.

（16）Jane Jacobs, *The Death and Life of Great American Cities*（New York: Random House, 1961）; Glenn Loury, "A Dynamic Theory of Racial Income Differences," in Phillis A. Wallace and Annette LaMond, eds., *Women, Minorities, and Employment Discrimination*（Lexington, MA: Lexington Books, 1977）, ch.8; and Glenn Loury, "Why Should We Care about Group Inequality?" *Social Philosophy and Policy* 5（1987）: 843-67.

（17）Coleman, *Foundations of Social Theory*, 300-21.

（18）Berger and Neuhaus, *To Empower People*; Elshtain,

Democracy on *Trial*, 5では、市民社会に関する彼女の定義の中に、これらの概念のほとんどが含まれている。「民主的文化の風景に点在する多様な形態のコミュニティと団体は、家族から、教会、近隣集団、労働組合、自助運動、ボランティア協会、そして貧困者にまで至る」。米国では、社会関係資本は一般的に、社会ネットワークに同じく焦点を当てるよりはむしろ、公式団体への参加も含めて概念化されており、ゆえに次の論文の使用法とは幾分異なっている。Pierre Bourdieu, "The Form of Capital," in John G. Richardson, ed., *Handbook of Theory and Research for the Sociology of Education* (New York : Greenwood Press, 1986), 第8章。しかし、資本の階層化に対するブルデューの強調は、ここでの文脈において重要である。

(19) しかし、ここで機能的に定義されたように、社会関係資本は市民社会ないし民主主義を理解するのに十分であると指摘するつもりはない。例えば、次を参照。Adam B. Seligman, *The Idea of Civil Society* (New York : Free Press, 1992) ; Jean L. Cohen and Andrew Arato, *Civil Society and Political Theory* (Cambridge, Mass.: MIT Press, 1992) ; John A. Hall, "Genealogies of Civility," paper presented at the annual meeting of the American Sociological Association, New York, 1996.

(20) プリンストン大学社会学部のマイケル・ムーディは、カリフォルニアの水管理問題に関する論文で、「テーブルに」代表を送ることの象徴的な面と実際的な面を説明している。象徴的な理由で、組織構造が出現するという考えを最も発展させた論文は以下。John W. Meyerand and Brian Rowan, "Institutionalized Organizations : Formal Structure as Myth and Ceremony," *American Journal of Sociology* 83 (1977) : 340-63. さらに以下も参照。Walter W. Powell and Paul J. DiMaggio, "Introduction," in Walter W. Powell and Paul J. DiMaggio, eds., *The New Institutionalism in Organizational Analysis* (Chicago : University of Chicago Press, 1991), 1-39.

(21) Adam B. Seligman, *The Problem of Trust* (Princeton : Princeton University Press, 1997) ; 出版前に私が利用できるように原稿を下書きしてくれたことと、信頼についていくつか有益な会話をしてくれたことに関して、アダム・セリグマンに感謝申し上げる。Francis Fukuyama, *Trust : the Social Virtues and the Creation of Prosperity* (New York : Free Press, 1995) もまた有益であるが、私の意見では、様々な種類の信頼を、そして信頼と社会関係資本の別の側面との間を、それぞれ区別できていない。

(22) この考えは、次の論文で展開されたように、「強い評価」のそれと類似している。Charles Taylor, "What Is Human Agency ?" in Charles Taylor, *Human Agency and Language* (Cambridge : Cambridge University Press, 1985).

(23) 米国人がどのようにして信頼の意味を構築するのかについての質的なインタビューの証拠に関しては、次を参照。Robert Wuthnow, "The Role of Trust in Civic Renewal," in Robert K. Fullinwider, ed., *Civil Society, Democracy, and Civic Renewal* (New York : Rowman & Littlefield, 1999)。信頼の社会的相関性に関しては、次を参照。Eric M. Uslaner, "Faith, Hope, and Charity : Social Capital, Trust, and Collective Action," Department of Government and Politics,

University of Maryland, 1996, and Andrew Kohut, *Trust and Citizen Engagement in Metropolitan Philadelphia : A Case Study* (Washington, DC : The Pew Research Center for the People and the Press, 1997).

(24) 特に以下を参照のこと。Sidney Verba and Norman Nie, *Participation in America : Political Democracy and Social Equality* (New York : Harper and Row, 1972) ; and Verba, Sholzman, and Brady, *Voice and Equality*, ch. 3.

(25) Brian O'Connell, *America's Voluntary Spirit* (New York : Foundation Center, 1983) ; Jon Van Til, *Mapping the Third Sector : Voluntarism in a Changing Social Economy* (New York : Foundation Center, 1986) ; and Paul G. Schervish, Virginia A. Hodgkinson, and Margaret Gates, eds., *Care and Community in Modern Society* (San Francisco : Jossey-Bass, 1995).

(26) U.S. Bureau of the Census, *Statistical Abstract of the United States : 1992*, 115th ed. (Washington, DC : U.S. Government Printing Office, 1995), 793. リストに挙げられた一六のカテゴリーすべてにおいて、協会数は一九八〇年より九四年のほうが多い。しかし、社会関係資本のいくばくかの衰退は、カテゴリーの半分の数が九〇年よりも九四年にわずかに低下しているという事実によって指摘されるかもしれない。

(27) Barry T. Hirsch and John T. Addison, *The Economic Analysis of Unions* (Boston : Allen and Unwin, 1986), Table 3. 1, 46-47 as reported in Putnam, "Bowling Alone," Figure 7

(28) Putnam, "Bowling Alone," Figure 8.

(29) Ibid., Figure 9.

(30) より大規模な団体に関するさらなる情報については、本書第3章を参照。

(31) この種のデータの概要に関しては、次を参照。Frank R. Baumgartner and Jack L. Walker, "Survey Research and Membership in Voluntary Associations," *American Journal of Political Science*, 32 (1988), 908-28.

(32) 一般社会調査は一九九五年には実施されず、九六年、九八年、二〇〇〇年の調査では団体加入に関する質問は含まれていなかった。全国世論調査センター（ＮＯＲＣ）のトム・スミスによれば、質問者は回答者に組織のリストを読み上げるよう指導されているとのことである。しかし、質問者が実際にこの指導に従っているかどうかは分からないし、質問者がこの指導に従う可能性に対して、次第に長引くインタビュースケジュールがどんな影響を与えるのかも分からない（これらの見解は、私が一般社会調査監督委員会（General Social Survey Board of Overseers）のメンバーとして参加した議論を基にしている）。

(33) 一九七四年と九一年の会員数を比較したが、それは九四年のデータが活用できる場合よりも、その期間にわたって明らかになっている幾分大規模な衰退を把握するためであった。パットナムにしたがって、あらゆる種類の団体の会員数に関する時期の違いについて正負の方向と有意性を測定するためにロジスティック回帰分析を使用した。モデルは唯一の独立変数として年度と、教育水準を制御した年度の効果について調査された（年度は一九七四年を0、一九九一年を1とするダミー変数として再コード化され、教育は1＝大学卒業以上、2＝高校卒業、3＝高校卒業以下とする「程度」を表す変数で再コード化された。一連のモデルは両方とも様々な理由で興味深い。年度だけ取り上げたモデルは、あらゆる種類の団体会員において衰退が実際に起こったかどうかを最もよく説明している。教育を制御したモデルは、パットナムが論じているように、教育水準の上昇が団体会員数の上昇をもたらしたという事実を考慮に入れながら、社会関係資本が別の理由で衰退しているかどうかを知りたい場合、興味深いものとなる)。あらゆる種類の集団に関して、「教育を制御した年度」と「年度だけ」それぞれのオッズ比(Exp(B))は、次のようになった。教会関連のグループは.658*と.694*、スポーツ関連のグループは.869と1.007、職業/学識は.955と1.308*、労働組合は.587*と.557*、奉仕クラブは.837と.998、学校の奉仕グループは.642*と.776*、友愛会のグループは.569*と.633*、青年グループは.740*と.816、趣味や庭の愛好会は.996と1.118、文学、芸術、討論は.793と.993、退役軍人グループは.771と.774、学校の男女友愛会は.761と1.019、政治クラブは.686と.836、農業団体は.700と.759、民族のグループは1.135と1.308であった(注:1以下の係数は低下を示している。*はWald統計量を使用した際、.05以下の水準で有意であることを示している)。

(34) 以下で挙げる図は、教育を制御した協会の会員数を示している。Putnam, "Bowling Alone," Figure 10, and Putnam, "Tuning In," Figure 1.

(35) これらの変化についての統計分析は、次の論文で見られる。Albert Bergesen and Mark Warr, "A Crises in the Moral Order: The Effects of Watergate Upon the Confidence in Social Institutions," in Robert Wuthnow ed. *The Religious Dimension: New Directions in Quantitative Research* (New Yoek: Academic Press, 1979), 277-97.

(36) 質問が同じでも、同じ年(特に一九七六年と九二年)で結果の違いが見られるので、二つの調査機関による結果を報告している。これらの相違は、各調査におけるそれまでの質問によってつくられた様々な関係枠の結果であるかもしれない。以下も参照。Putnam, "Bowling Alone," Figure 12; and Eric M. Uslaner, *The Decline of Comity in Congress* (Ann Arbor: University of Michigan Press, 1993), 79.

(37) これらの結果はコネチカット大学内にある世論調査センターであるローパーセンター(Roper Center)のパブリック・オピニオン・オンラインですべて手に入る。調査はすべてシカゴ大学の全国世論調査センターによって行われた。一九四八年と五二年の調査は選挙の事前調査であり、六四年の調査はチャールズ・グロックによる米国の反ユダヤ主義研究であり、そして八三年の調査は一般社会調査に含まれていた。全国世論調査センターの調査のさらなる分析は、以下の論文で見られる。Tom W. Smith, "Factors Relating to Misanthropy in Contemporary American Society," GSS Topical Report No. 29, National Opinion Research Center, Chicago, 1996.

(38) これらの結果は筆者が携わる市民関与調査からのものである。この調査は一九九七年初頭に、ギャラップ社によって行われた、回答者一五二八人の全国調査である。さらなる詳細については、以下。Wuthnow, *Loose Connections.*

(39) 非営利部門における宗教の議論、そして非営利部門と政府ならびに利益追求部門との関係変容の議論、それぞれに関しては、以下を参照。Walter W. Powell, ed., *The Nonprofit Sector : a Research Handbook* (New Haven : Yale University Press, 1986), and Robert Wuthnow, ed., *Between States and Markets : the Voluntary Sector in Comparative Perspective* (Princeton : Princeton University Press, 1991).

（40） From the Gallup Opinion Index (May 1973) ; *The Gallup Poll* (August 6, 1973) ; and *Newsweek* (June 14, 1982) ; 結果はすべて、パブリック・オピニオン・オンラインにある。

（41） これは、以下の質問に関する項目を組み合わせることによってつくられたガットマン尺度である。その質問とは、「ワシントンの政府をどれだけの期間、正しいことを行うと信じることができると考えるか」、「政府は、彼ら自らの面倒を見てくれるようなほとんど少数の巨大利益によって運営されている」、「政府にいる人々は我々の税金を浪費している」、「かなりの数（の政府を運営している人々）が、自分がしていることを知らないように見える」そして「政府を運営しているかなりの数の人々が不正直である」である。

（42） Stephen C. Craig, *The Malevolent Leaders : Popular Discontent in America* (Boulder, CO : Westview Press, 1993) もあわせて参照。

（43） 政党もしくは候補者への献金はしばしば国民選挙調査（National Election Survey）の政治参加の指標に含まれているが、この質問が各調査において尋ねられている内容が異なるので、ここでは除外した。

（44） Putnam, "Bowling Alone," Figure 2 ; and Steven J. Rosenstone and John Mark Hansen, *Mobilization, Participation, and Democracy in America* (New York : Macmillan, 1993). この結論もまた、これらのデータに関する私の分析に基づかれている。ロバート・パットナムによって、彼とヘンリー・ブレイディがローパーセンターで入手したローデータの提供を受けた。これらのデータからいくぶん異なった構図が示されているのが以下の論文である。Karyln H. Bowman, "Democracy in America," *Public Opinion and Demographic Report*, March-April 1994, 83.

（45） Verba, Scolzman, and Brady, *Voice and Equality*, 72. 政治クラブの会員であるという項目は、衰退を示していた。それらのデータはまた、投票率の低下を示している。

（46） 筆者の認識によれば、この質問は一九九一年のギャラップの調査で最後に尋ねられた。しかし、プリンストン調査研究協会（Princeton Survey Research Associates）によって行われた九五年の調査では、同様の質問は置かれていた。五四％が肯定的に答えたが、九一年のプリンストン調査研究協会の調査と比較して八ポイント上昇していた。

（47） 社会関係資本はまた、この観点では文化資本と似ている。文化資本の産出については、以下を参照。Richard A. Peterson, ed., *The Production of Culture* (Beverly Hills, CA.: Sage, 1976) ; and Robert Wuthnow., *Producing the Sacred* (Urbana : University of Illinois Press, 1994).

（48） Paul E. Johnson, *A Shopkeeper's Millennium : Society and Revivals in Rochester, New York, 1815-1837* (New York : Hill and Wang, 1978).

（49） Emile Durkheim, *Professional Ethics and Civic Morals* (London : Routledge, 1957) ; William Kornhauser, *The Politics of Mass Society* (New York : Free Press, 1959) ;

Robert Nisbet, *The Quest for Community* (New York: Oxford University Press, 1953).

(50) Robert N. Bellah, Richard Madsen, William M. Sullivan, Ann Swidler, and Steven M. Tipton, *Habits of the Heart: Individualism and Commitment in American Life* (Berkeley: University of California Press, 1985).

(51) この傾向を説明する可能性のある会員の構成の内的変化が存在するか否かは、考慮に値する。しかし、様々な技術を駆使してこの可能性を追い求めても、なんら重要な結論に至ることはなかった。例えば、一九七四年と九一年における一五種類の協会会員の因子分析では、項目間の相関関係も、因子構造における相関関係も異なる変化は見られなかった。もしある人が特定の協会の会員であった場合、複数の会員資格を持つ可能性について、項目ごとの分析を行っても、手がかりを生み出すことすらできなかった（ある一つの協会会員である人のほとんどは、少なくとももう一つの会員であったが、その割合は一九七四年から九一年に一様に低下した）。この文章の中で要約された分析で使用された協会会員の尺度は、表2-1で示した何らかの協会に属している人と、どこにも属していない人とを区分する二値変数である。

(52) Putnam, "Tuning in." パットナムの分析は、ここで使用された、より区切りの多い尺度よりもむしろ、協会の平均数に焦点を当てている。

(53) この調査で、週に五〇時間以上働いていた人の割合は、一七％から二四％に上昇しており、人々は仕事に多くの時間を費やしているとする、他の調査での主張を立証している。さらなる証拠に関しては以下を参照。Juliet B. Schor, *The Overworked American: the Unexpected Decline of Leisure* (New York: Basic Books, 1991), and Robert Wuthnow, *Poor Richard's Principle: Recovering the American Dream through the Moral Dimension of Work, Business, and Money* (Princeton: Princeton University Press, 1996).

(54) 最若年カテゴリー（一八～二四歳）は解釈するのが常に困難である。なぜなら、彼らのかなりの割合が大学におり、もし彼らが学生寮か別の共同生活を営む住居に住んでいるなら、一般的に調査で外されてしまうことになるからである。

(55) 地域の流動性／安定性は、一六歳当時に住んでいた地域に関する質問と現在の地域（全八地域を含む）についての質問とを比較することによってつくられたダミー変数であった。居住地は、全国世論調査センターが設定した、規模に関する変数であったが、これは大規模・中規模の都市に住んでいる人と、都市の郊外に住んでいる人、自治的・編入地域に住んでいる人、小都市・農村地域に住んでいる人とを比較するものである。郊外に住んでいる人の数は、このサンプルでは一九七四年の二三％から九一年には三二％に上昇した。地域の流動性の見込みに変化はなかった（両時期に各々二六％、二五％が居住地域を変更した）。

(56) 特に次を参照。Michele Lamont, *Money, Morals, and Manners: the Culture of the French and American Upper-Middle Class* (Chicago: University of Chicago Press, 1992). また、以下も参照。Pierre Bourdieu, *Distinction: A Social Critique of the Judgment of Taste* (Cambridge, MA: Harvard University Press, 1984); and Helmut K. Anheier, Jurgen Gerhards and Frank P. Romo, "Forms of Capital and Social

Structure in Cultural Fields: Examining Bourdieu's Social Topography," *American Journal of Sociology* 100（1995）: 859-903.

（57） Pamela A. Popielarz and J. Miller McPherson, "On the Edge or In Between: Niche Position, Niche Overlap, and the Duration of Voluntary Association Memberships," *American Journal of Sociology* 101（1995）: 698-720.

（58） Lamont, *Money, Morals, and Manners* は、米国の上流中産階級の人間はボランティア活動や自発的結社の活動を道徳的価値の現れや社会的地位の標識として認識しているとする定性的証拠を示している。いうまでもなく、団体における人種・宗教による排除の逸話は事欠かない。

（59） 収入、父親の教育、自身の教育、子どもの数の点で最も低い特権しかないグループそれぞれに関して、回答者は3点を与えられた。これらの変数それぞれで真ん中のグループは2点、高い特権を持つグループは1点とした。もし非白人なら3点で、白人なら0点とした。12～15点は「高」、10～11点は「中高」、7～9点は「中低」、4～6点は「低」とそれぞれコード化した。

（60） 多変量ロジスティック回帰分析で使用した変数は、ダミー変数の年度（一九九一年＝1）と性別（男性＝1）、三値変数の年齢（一八～二九歳、三〇～四九歳、五〇歳以上）、周辺化指標、周辺化指標と年度の交互作用項である。この係数から、協会会員数は一九七四年よりも九一年で低く、女性よりも男性の間で高く、年配者のほうが高く、周辺化されている人々の間で高かったという解釈が成り立つ。年度の効果は、性別と年齢が含まれるときと、周辺化指標が加えられるときに有意である。交互作用項が加えられるとき、年度の効果は有意にならない。交互作用項の係数が意味しているのは、周辺化が七四年よりも九一年において、協会への加入をより有意に抑制しているということである。ロジスティック回帰係数は次のとおりである。モデルAでは、年度が.714***、男性が1.356***、年齢が1.240***であった。モデルBでは、年度が.677***、男性が1.309**、年齢が1.356***、排斥が、.737***であった。モデルCでは、年度が.867、男性が1.307**、年齢が1.356**、排斥が、805**、排斥×年度が.834^であった。有意水準（Wald統計量）は、^<.09、*<.05、**<.01、***<.001である。N=2483。

（61） 貧困者と黒人の状況悪化の別の面に関しては、以下を参照。Jennifer L. Hochschild, *Facing Up to the American Dream: Race, Class, and the Soul of the Nation*（Princeton: Princeton University Press, 1995）, 特に10章。

（62） "Union Membership," *Forbes*, September 14, 1992, 302. 一九五五～九〇年に、民間部門における労働組合の組合員数は三五％から一二％に下落したが、他方、公共部門における労働組合の組合員数は一二％から三七％に上昇した。製造業とサービス業に関しては以下を参照。Daniel Bell, *The Coming of Post-Industrial Society: A Venture in Social Forecasting*（New York: Basic Books, 1976）, 142; より詳細な分析に関しては、以下を参照。Hirsch and Addison, *The Economic Analysis of Unions*.

（63） 事例数が少なく、変化が乏しいため、協会のガンマ測定はこの論文で報告された関係の統計的強さの単純な検証をもたらしているだけである。周辺化指標で高い値を示した人々の間で、年度の効果のガンマは.304であった。低い値の場合は.157であった。

(64) 周辺化指標の効果が見られないということは、宗教グループのほうが非宗教グループよりも平等的であるということを示している。この結論は、以下の論文で明らかになっている。Verba, Scolzman, and Brady, *Voice and Equality*, 226.

(65) この論文で要約された変数（全部で17）の分析は、各変数の各サブカテゴリー（例えば、プロテスタントとカトリック、既婚者と離婚者）に関して、一九七四年と九一年の教会関連グループのメンバーの割合の比較によって行われるが、それは特別なサブカテゴリーがほかより低下していたかどうか、もしくは最初から低く、のちにも低いままであるが、サンプル全体の割合として増大したかどうかを見るためである。この分析からは、低下はカトリックよりもプロテスタントで幾分大きかったこと以外、興味深い差異は見出されなかったが、プロテスタントの低下が大きかったことは、この論文で議論されている基本的な背景に関する発見によって説明されるかもしれない。

(66) 一般社会調査では、これはＦＵＮＤ16の変数であるが、この変数は、南部のバプテストや小規模の保守的なセクトのような宗派と、他の宗派とを区別するために、そして、リベラルの側では、長老派と聖公会とを区別するために、全国世論調査センターのスタッフによってつくられたものである。

(67) 年度、性別、年齢を含んだ、このロジスティック回帰モデルは統計的に有意な係数を示したが、ＦＵＮＤ16とＹＥＡＲを掛け合わせた変数がこのモデルに加えられたときには有意でなくなった。

(68) Dean Hoge, Donald Luidens, and Benton Johnson, *Vanishing Boundaries: the Religion of Mainline Protestant Baby Boomers* (Louisville: Westminster/John Knox Press, 1994); and Wade Clark Roof, *A Generation of Seekers* (San Francisco: Harper San Francisco, 1993): 宗教的背景に関するデータの筆者の分析からも参照。

(69) 「あなたは教会関連のグループのメンバーであると述べました。そのグループないし組織は教会（シナゴーグ）それ自体ですか、それとも教会に関連する別のグループですか」と尋ねられたとき、五二%が教会それ自体と答え、四五%が教会に関連するグループであると述べた。Verba, Scolzman, and Brady, *Voice and Equality*, 61, では、教会グループを別々に考慮することに賛成であった。また以下も参照。David Horton Smith, "Voluntary Action and Voluntary Groups," *Annual Review of Sociology* 1 (1975): 249, and Aida K. Tomeh, "Formal Voluntary Organizations: Participation, Correlates, and Interrelationships," *Sociological Inquiry* 43 (1973): 96.

(70) 一般社会調査では、一九七四年、九一年ともに、三六%がほぼ毎週ないし、かなり頻繁に礼拝に通っていた。

(71) Michael Hout and Andrew M. Greeley "The Center Doesn't Hold: Church Attendance in the United States, 1940-1984," *American Sociological Review* 52 (1987): 325-45

(72) Robert Wuthnow, *The Restructuring of American Religion* (Princeton: Princeton University Press, 1988).

(73) 私は以下の自著で、より詳細に宗教の動向について議論している。Robert Wuthnow, *Christianity and Civil Society: the*

Contemporary Debate（Philadelphia：Trinity Press International, 1997).

（74）人々の信頼に関する質問は、一九七四年の一般社会調査には含まれていなかった。九一年のデータをもとに構築したモデルでは、周辺化の効果は、（このモデルでの排斥は含まずに）団体加入の効果として団体加入を制御した場合でさえ、およそ二倍の強さを有していた。

（75）他人の信頼における広範囲の低下はまた、大衆の政府不信の拡大からもたらされた波及効果であるかもしれない。この結論を証拠立てているのが、一九六八年と九二年の全国選挙調査のデータのロジスティック回帰分析である。年度、教育、人種、年齢を含んだモデルでは、年度が信頼に対して強い負の効果を有している（信頼が六八年と九一年で低下したことを示している）。しかし、前記の変数と、年度と政府への信頼に関する交互作用項を含んだモデルでは、年度の効果は有意にならず、交互作用項が有意となった。一般社会調査のデータのより詳細な分析では、ジョン・ブレームとウェンディ・ラーンもまた、個人間の信頼は制度的信頼の影響を受けることを示している。John Brehm and Wendy Rahn, "Individual-Level Evidence for the Causes and Consequences of Social Capital," *American Journal of Political Science* 41 (1997)：999-1024；次も参照。Margaret Levi, "Social and Unsocial Capital：A Review Essay of Robert Putnam's Making Democracy Work," *Politics and Society* 24 (1996)：45-55.

（76）二五〜四四歳の大卒の米国人に関して、登録有権者の投票率は一九六四年の八七%から、九二年には七九%に低下したが、高卒では七六%から五〇%に、高卒未満では六〇%から二七%に低下した。以下を参照。Bureau of Census, "VOter-in and Registration in the Election of November ...," *Current Population Reports*, Series P-20, Nos. 143, 293, 322, 383, 440, 453, 466, and PPL-25. これらの報告の要約に関して、ロバート・パットナムに感謝申し上げる。

（77）Sidney Verba, Kay Lehman Schlozman, and Henry E. Brady, "The Big Tilt：Participatory Inequality in America," *American Prospect*, May-June 1997, 74-80；Peter F. Nardulli, Jon K. Dalager, and Donald E. Greco, "Voter Turnout in U.S. Presidential Elections：An Historical View and Some Speculation," *P. S.：Political Science and Politics* 29 (1996)：480-90. 以下もあわせて参照。William Julius Wilson, *When Work Disappears：The World of the New Urban Poor* (New York：Knopf, 1996).

（78）Virginia A. Hodgkinson and Murray Weitzman, *Giving and Volunteering, 1994* (Washington, DC：Independent Sector, 1994), Table 1. 10, 41.

（79）Ibid., Figures 1. 20 and 1. 21, 34.

（80）一九九三年データのロジスティック回帰分析（N=1509）は、ボランティア組織の会員のオッズ比（Exp(B)）係数は、教育水準、人種、性別が制御されたとき、4.77から3.89に減少した。非宗教組織への所属率は、高卒の四〇%、大学生の四三%、大卒の六五%に比べて、高卒以下の人々の間ではほんの一六%しかなかった。白人と黒人の割合はそれぞれ、四〇%と一七%であった。

（81）本書第3章を参照。

(82) 慈善協会に関しては以下を参照。Richard Lee Rogers, "A Testimony to the Whole World : Evangelicalism and Millennialism in the Northeastern United States, 1790–1850," Ph.D. dissertation, Department of Sociology, Princeton University, 1996；隣保館やコロニーに関しては、次を参照。Diane Winston, "Boozers, Brass Bands, and Hallelujah Lassies : A History of the Salvation Army," Ph.D. dissertation, Department of Religion, Princeton University, 1996；また以下も参照のこと。Robert H. Wiebe, *The Search for Order, 1877–1920* (New York : Hill and Wang, 1967), and Robert H. Bremner, *American Philanthropy*, 2nd ed. (Chicago : University of Chicago Press, 1960).

(83) Roger Finke and Rodney Stark, *The Churching of America, 1776–1990* : Winners and Losers in Our Religious Economy (New Brunswick, NJ : Rutgers University Press, 1992)；Robert C Liebman, John Sutton, and Robert Wuthnow, "Exploring the Social Sources of Denominationalism : Schisms in American Protestant Denominations, 1890–1980," *American Sociological Review 53* (1988) : 343–52.

(84) イリノイ大学シカゴ校のR・ステファン・ワーナーは新たな移民の集会の進展について調査している。

(85) *American at the Crossroads : A National Energy Strategy Poll* (Washington, DC : Alliance to Save Energy and Union of Concerned Scientists, 1990), a survey of 1200 registered voters.

(86) Ronald Inglehart, *Culture Shift in Advanced Industrial Society* (Princeton : Princeton University Press, 1990).

(87) "World Values Surveys, 1981, 1990；詳細はパブリック・オピニオン・オンライン（Public Opinion Online）にて入手可能。

(88) 以下はパブリック・オピニオン・オンラインが出典。"Woman's Voices," A National Study conducted for the MS Foundation for Women and the Center for Policy Alternatives by Greenberg-Lake Analysis Group (June 1992).

(89) Purnam, "Bowling Alone", Figure 8

(90) Third PTA National Educational Survey, June 1993；Public Opinion Online.

(91) Purnam, "Bowling Alone", Figure 9.

(92) Gallup Poll (March 7, 1960)；Public Opinion Online (April 7, 1989). 回答者一四一七人の全国調査は、交流海外開発協会（Interaction and the Overseas Development Council）によって行われた。

(93) Public Opinion Online (April 6, 1989).

(94) Putnam, "Tuning In," Footnote 8.

(95) Jack L. Walker, "The Origins and Maintenance of Interest Groups in America," *American Political Science Review 77* (1983) : 390–406；and Kay Lehman Schlozman and John T. Tierney, *Organized Interests and American Democracy* (New York : Harper and Row, 1986).

(96) Wuthnow, *The Restructuring of American Religion*, 112.

(97) Ibid., 140.

(98) 人々は実際、集会に出席するか否か、もしくは表2−1で挙げられた協会のただの会員にすぎないのか否かもまた質問される。同様のリストについては、Verba, Scolzman, and

Brady, *Voice and Equality*, 226. ここでは、集会には出席すると論じている会員はおよそ六五％にのぼるということが示されている。これらの数字は退役軍人組織の一六％から、文学・芸術グループの七二％まで広がっている。

(99) Mary Beth Regan and Richard S. Dunham, "Gimme That Old-Time Marketing," *Business week*, November 6, 1995, 76-78.

(100) Paul DiMaggio, John Evans, and Bethany Bryson, "Have Americans' Social Attitudes Become More Polarized?" working paper, Department of Sociology, Princeton University, 1995; Robert Wuthnow, "The Restructuring of American Religion: Further Evidence," working paper, Department of Sociology, Princeton University, 1994; and on the decline of biblical literalism, Wuthnow, *Christianity and Civil Society*.

(101) Robert Wuthnow, " The Political Rebirth of American Evangelicals," in Robert C. Liebman and Robert Wuthnow, eds., *The New Christian Right* (New York: Aldin, 1983), 167-85.

(102) Kurt W. Back, *Beyond Words: The Story of Sensitivity Training and the Encounter Movement*, 2nd ed. (New Brunswick, NJ: Transaction Books 1987).

(103) Mary C. Dufour and Kathryn G. Ingle, "Twenty-five Years of Alcohol Epidemiology," *Alcohol Health and Research World* 19 (1995): 77-78; Bill Marvel, "Religion of Sobriety," *Dallas Morning News*, June 10, 1995, 1C.

(104) Katy Butler, "Adult Children of Alcoholics," *San Francisco Chronicle*, February 20, 1990, D7; Sara Wuthnow, "Working the ACOA Program," in Robert Wuthnow, ed., *"I Come Away Stronger": How Small Groups Are Shaping American Religion* (Grand Rapids, MI: Eerdmans, 1994), 179-204.

(105) "News Summary," *New York Times*, July 16, 1988, 1.

(106) Robert Wuthnow, *"Sharing the Journey* (New York: Free Press, 1994), ch. 3.

(107) 一九八二年のデータは、ギャラップ社による「もしあるならば、これらのうち、いずれにあなたは関わっていますか？…聖書勉強会ですか？」という質問に対して一四八三人が回答した調査で集められた。九四年の研究は、プリンストン調査研究協会（Princeton Survey Research Associates）により、タイムズミラーのために三八〇〇の回答者のサンプルで行われた。そこでは「あなたが個人的に行っている活動は、もしあるならば次のうちどれか教えてください。あなたは…聖書勉強会もしくは祈禱集会に出席しますか？」という質問がなされた。両方の質問は、パブリック・オピニオン・オンラインに含まれている。最近の数字はおそらく、初期の調査よりもいくぶん広い回答を含んでいる。しかし、小集団での筆者の調査では、自分の所属を聖書勉強会として述べる人の九〇％以上はまた、同じく自分の所属を祈禱グループとして述べることが示されている。

(108) Putnam, "Bowling Alone," Figure 9.

(109) Public Relations Office, Naitonal Headquarters, Salvation Army.

(110) Christopher Oleson, "Homesteading and Neighborhood Restoration Act," FDCH Congressional Hearings Summaries, May 25, 1995. 一九九五年において、ハビタット・フォー・

ヒュマニティーは一一四八都市に地方支部を有し、毎月八～一五の支部が加わっていると言われていた。

(111) F. M. Newmann and R. A. Rutter, "A Profile of High School Community Service Programs," *Educational Leadership*, December 1985, 65-71 ; Virginia A. Hodgkinson and Murray S. Weitzman, *Volunteering and Giving Among American Teenagers 12 to 17 Years Of Age : Findings from a National Survey, 1992* (Washington, DC : Independent Sector, 1992), 71 ; 以下もあわせて参照。National Center for Educational Statistics, "Community Service Performed by High School Seniors," *Education Policy Issues*, October 1995, NCES-94-743. 高校の最上級生の一五％がいまや地域奉仕を行うことが必須であると報告しているということを、この調査は示している。インデペンデント・セクターの報告には、一年間で奉仕作業に取り組む米国の十代の若者たちの割合は、一九八九年の五八％から、九一年には六一％に上昇したことが示されている。

(112) 時系列すべてに関しては以下を参照。Putnam, "Bowling Alone," Figure 11.

(113) 一般社会調査ではまた、親類とともに夜を過ごす可能性に変化はなかったことを示している。一九七四年と九一年で一年に少なくとも一度はそれを行ったのがいずれも八九％で、一カ月に少なくとも一度はそれを行っていたのが、それぞれ七三％と七二％であった。

(114) 以下もあわせて参照。Claude S. Fischer, *To Dwell Among Friends : Personal Networks in Town and City* (Chicago : University of Chicago Press, 1982).

(115) Public Opinion Online, October 2, 1992

(116) Claude S. Fischer, *America Calling : A Social History of the Telephone to 1940* (Berkley : University of California Press, 1992).

(117) 一九八七年実施のローパー調査。パブリック・オピニオン・オンラインより。

(118) Technology and Online Use Survey, Princeton Survey Research Associates, October 16, 1995 ; N = 3, 603.

(119) Ibid.

(120) Putnam, "Tuning In."

(121) 一九六四年の研究は、チャールズ・グロックによる米国の反ユダヤ主義研究のために全国世論調査センターによって実施され、より最近の調査はギャラップ社によって実施された。すべてパブリック・オピニオン・オンラインにある。七〇年代に一般社会調査の一部として実施されたいくつかの調査は、テレビ視聴率の高さを示していたが、これはおそらく回答カテゴリーの違いのためである。それにもかかわらず、一般社会調査はまた、テレビ視聴の水準が上昇していることを示すことができなかった。その証拠となるのが、七四年に一日四時間以上テレビを観る人が三四％で、九一年には三二％になっていたという事実である。

(122) Technology and Online Use Survey. パソコン市場はもちろん、近年拡大しつつある。パソコンを所有する人の三五％が、ここ二年以内にパソコンを自分のものにした。

(123) Ibid. この研究はまた、すべてのインターネット使用者のうち、四五％が「ネット上のフォーラム、議論リストを通じて他人と、もしくはチャットグループと、コミュニケーションをとって」おり、インターネットに接続する理由は、ほんの一九%のみがゲームをするため、四四%が趣味やエンターテイメント、コミュニティ活動についての情報を得るため、一〇%が政治に関する議論に参加するためであるということを示した。さらに、インターネット利用者のうち、電子メールの使用頻度は、二三%が毎日、一五%が週に三~五日、一二%が数週間ごと、七%がたまに、一八%が使わない、となっている。電子メールを友人や親類とコミュニケーションをとるために使用していると述べている割合は八三%にのぼる。電子メールの利用者のうち、電子メールがなかった当時より今のほうが頻繁に友人や親類と連絡を取り合っていると考えている人の割合は、五九%にのぼる。インターネット利用者全員のうち、じかに会ったことのないネット上の友人・仲間をつくったと答えた人の割合は二三%であった。

(124) *A Measure of Commitment* (Washington, DC: Points of Light Foundation, 1995) 一九九四年に実施された全国調査に基づいて、この簡潔な報告が示していることは、すべてのボランティア活動の八五%が深刻な社会問題に向けられており、そのうち老人、子ども、障害者に対する援助が最大のカテゴリーとなっているということである。最近、深刻な社会問題に対して行われるボランティア作業に従事している高卒未満の回答者は二四%だが、それに対して大卒の割合は五七%であった。

(125) Putnam, "Boling Alone".

(126) Colleen M. McBride, Susan J. Curry, Allen Cheadle, Carolyn Anderman, Edward H. Wagner, and Bruce Psaty, "School-Level Application of a Social Bonding Model to Adolescent Risk-Taking Behavior," *Journal of School Health 65* (1995): 63-75.

(127) 筆者が一九九一年に実施した十代の全国調査。この調査については次の自著で述べられている。Robert Wuthnow, *Learning to Care: Elementary Kindness in an Age of Indifference* (New York: Oxford University Press, 1995).

(128) 例えば、一九九一年の一般社会調査において、九八年の大統領選挙で投票を行った女性のうち、団体加入数ごとで見た割合は以下のとおりである。どこにも所属していない人が四九%、一つに所属している人が七一%、二つに所属している人が七七%、三つに所属している人が八五%、四つ以上に所属している人が八〇%であった。男性については、それぞれ五三%、六五%、七七%、八〇%、八六%であった。

(129) これらの問題の概要に関しては、James M. Pethokoukis, "Will Internet Change Politics?" *Investor's Business Daily*, November 15, 1995, A1.

(130) Wuthnow, *Sharing the Journey*, ch. 11.

(131) この種の自己評価に関わる質問は、完全に満足するものにはならず、ここで関連する比較はある種の小集団の全員の中にあり、この質問群に同様に答えうることになろう。

(132) この類型で日曜学校のカテゴリーに含まれるのは、もしある人が（日曜学校のクラスは伝統やスタイルの点で他のどんな組織ともまったく異なるという見地に基づいて）このレッテルを受け入れるという場合に限る。それから、この類型では、残余グループの会員はまず、（聖書の勉強が一般的には、このレッテルの元となるような、ある集団の主要な目的であるという見地に基づいて）聖書の勉強会のカテゴリーに置かれ、次に自立グループに置かれ、そしてその残余を特別目的のグループとした。この類型は *Sharing the Journey* で詳細に論じている。ここではさらなる比較と検証が示されている。

(133) もちろん、顕著な例外もある。匿名グループにおける他の会員の援助がボランティア作業を構成しているような人の間で特にそうである。例えば、そのような人々の一部は以下の *Acts of Compassions* で取り上げた。

(134) 一九九二年に筆者が行った小集団の調査の分析。アフリカ系米国人のドロップアウト率は、白人の三七％に比して、五〇％であった。

(135) 一九九三年のインデペンデント・セクターの「施し・ボランティア調査」(Independent Sector Giving and Volunteering Survey)。これは筆者が行った分析である。

(136) Verba, Scholzman, and Brady, *Voice and Equality*, 319

(137) この結論は次と同じである。Verba, Sholzman, and Brady, *Voice and Equality*, 214. 彼らは「恵まれない人々から離れた参加のインプットの様々な傾き」について書いている。

第3章　アメリカ合衆国——会員組織から提唱集団へ

(1) Arthur M. Schlesinger Sr., "Biography of a Nation of Joiners," *American Historical Review* 50 (1944): 1-25.

(2) Alexis de Tocqueville, *Democracy in America*, ed. J. P. Mayer, trans. George Lawrence (Garden City, NY: Doubleday Anchor, 1969[1835-40]), 513.

(3) Paul Kleppner, *Who Voted? The Dynamics of Electoral Turnout, 1870-1980* (New York: Praeger, 1982).

(4) John H. Aldrich, *Why Parties? The Origin and Transformation of Political Parties in America* (Chicago: University of Chicago Press, 1995). part3.

(5) Gabriel A. Almond and Sidney Verba, *The Civic Culture: Political Attitudes and Democracy in Five Nations* (Princeton: Princeton University Press, 1963), 特に Part II chapter 11を参照。

(6) Ibid., 318-19.

(7) Richard D. Brown, "The Emergence of Urban Society in Rural Massachusetts, 1760-1820," *Journal of American History* 61, 1 (1974): 29-51; Richard D. Brown, "The Emergence of Voluntary Associations in Massachusetts, 1760-1830," *Journal of Voluntary Action Research* 2, 2 (1973): 64-73.

(8) Gerald Gamm and Robert D. Putnam, "Association-Building in America, 1840-1940," *Journal of Interdisciplinary History* 29, 4 (1999).

(9) ガムとパットナムは、米国が近代化するなか、結社の形成は主に都市部の現象であり、都市部以外の町や村（人口二五〇〇人以下）では比較できるほどの結社は生まれなかったと主張している。この主張はリチャード・ブラウンの経験的発見と緊張関係にあり、都市の結社がしばしば、市外の周辺地域から会員を補充していたことを考慮できていない。もっと重要なことは、ガムとパットナムの主張が偏りのある不完全なデータに依拠していたということである。彼らは、国家全体に対して、二六都市の人口一〇〇〇人あたりのフリーメーソンの支部や聖公会を数え上げている。しかし、それらの集団は、数百にのぼる階級横断的結社のうち最もエリート的で都市中心的であった。フリーメーソンの支部や聖公会は普通、都市に集中していると考えるものだろう。ガムとパットナムが（メソジスト教会やインデペンデント・オーダー・オブ・グッド・テンプラーズ（Independent Order of Good Templars）のような）より巨大でより大衆的な結社について見たならば、その構図はまったく異なったものになっていただろう。国内の町や村に対して、小都市の結社を一覧化したメイン州の地域要覧（directories）を使って筆者が発見したときのように。

(10) これらの結社のほとんどは、結成から十数年のうちに非常に大きくなったが、（全米教育協会や全米ライフル協会のような）いくつかの結社は設立後一世紀以上経ってやっと一％を越えた。

(11) 以下を参照。Theda Skocpol, Marshall Ganz, and Ziad Munson, !A National Organizers : The Institutional Origins of Civic Voluntarism in the United States," *American Political Science Review* 94, 3(2000) : Tables 3 and 4.

(12) Brown, "Emergence of Urban Society."

(13) Ibid., 47.

(14) Ibid., page38.

(15) Anne Firor Scott, *Natural Allies : Women's Associations in American History* (Urbana and Chicago : University of Illinois Press, 1991), chapter 1 ; and Carroll Smith-Rosenberg, *Disorderly Conduct : Visions of Gender in Victorian America* (New York : Knopf, 1985), 120.

(16) ホルブルックの計画書は以下で見られる。Annals of American Education (Boston) 6 (1836) : 474-76 and 7 (1837) : 183-84. また以下も参照。John A. Monroe, "The Lyceum in America Before the Civil War," *Delaware Notes : Bulletin of the University of Delaware* 37, 3 (1942) : 65-75. 一八三〇年代、ホルブルックの組織的な計画は国民リセアム運動の下、簡潔に具体化された。その後、最高レベルのものは消滅したが、地方単位では南北戦争後も巡回講師のスポンサーとして機能し続けた。

(17) この段落では、次の論文で示されたデータを扱っている。Brown, "Emergence of Urban Society," Table 1, 40-41.

(18) Ibid., 31.

(19) Ibid., 32.

(20) Ibid., 43.

(21) Ibid., 32.

(22) Bode, *The American Lyceum*, section 2 ; David Mead, *Yankee Eloquence in the Middle West : The Ohio Lyceum, 1850-1870* (East Lansing : Michigan State College Press, 1951).

(23) 筆者が禁酒運動と禁酒協会について特徴づけることができたのは、市民参画プロジェクト（Civic Engagement Project）で集められたデータと、ハーヴァード大学社会学の大学院生であるベイリス・キャンプのメモと未発表論文のおかげであった。

(24) Samuel W. Hodges, "Sons of Temperance-Historical Record of the Order," in *Centennial Temperance Volume ; A Memorial of the Internatioal Temperance Conference Held in Philadelphia, June, 1876* (New York : National Temperance Society and Publications House, 1877), 572.

(25) William W. Turnbull, *The Good Templars : A History of the Rise and Progress of the Independent Order of Good Templars* (n.p., 1901), 38.

(26) Kathleen Smith Kutolowski, "Freemasonry and Community in the Early Republic: The Case for Antimasonic Anxieties," *American Quarterly* 34 (1982) : 543-61 ; Lorman Ratner, Anitimasonry : The Crusade and the Party (Englewood Cliffs, NJ : Prentice-Hall, 1969).

(27) 特定の巨大集団に関するこれらすべての議論については、市民参画プロジェクトのデータから引き出している。初期のメーソンに関しては、以下を参照。Dorothy Ann Lipson, *Freemasonry in Federalist Connecticut* (Princeton : Princeton University Press, 1977).

(28) 米国友愛主義の階級横断的状態については、以下の著作の議論と総合されたデータを参照。Mary Ann Clawson, *Constructing Brotherhood : Class, Gender, and Fraternalism* (Princeton : Princeton University Press, 1989), chapter 3.

(29) この過程は以下の著書で詳述されている。Theodore A. Ross, *Odd Fellowship : Its History and Manual* (New York : M. W. Hazen, 1888), chapter 1-3.

(30) Ibid., 36 and chapter14.

(31) Paschal Donaldson, *The Odd-Fellows' Text-Book*, 6th ed. (Philadelphia : Moss and Brother, 1852), 9. この著作の一四頁で、ドナルドソンはオッド・フェロウズのような「道徳的」結社の価値に賛成して、アレクシス・ド・トクヴィルを引用している。そこでは、米国人はかなり初期からフランス人に夢中になっていたことが証明されている。

(32) Lynn Dumenil, *Freemasonry and American Culture, 1880-1930* (Princeton : Princeton University Press, 1984), 10-13 ; Clawson, *Constructing Brotherhood*, 129-33. カトリック教徒はメーソンやオッド・フェロウズへの加入を禁じられてはいなかったが、教会はそこへの参加に強く反対していた。その後、南欧・東欧から移民がやってきた一九世紀には、土着のプロテスタント中心の友愛組織は異民族のメンバーや支部を歓迎しなくなった。

(33) Charles H. Lichtman, ed., *Official History of the Improved Order of Red Men*, rev. ed. (Boston, MA : Fraternity Publishing Co., 1901), 314-15.

(34) John T. Ridge, *Erin's Sons in America : The Ancient Order of Hibernians* (New York : AOH Publications, 1986)

(35) Albert C. Stevens, *The Cyclopaedia of Fraternities* (New York : Hamilton Printing and Publishing Company, 1899), 234-35, 282-84.

(36) Ibid., 262.

(37) William Alan Muraskin, *Middle-Class Blacks in a White Society : Prince Hall Freemasonry in America* (Berkeley : University of California Press, 1975).

(38) Edward Nelson Palmer, "Negro Secret Societies," *Social Forces* 23, 2 (1944) : 208. パーマーはさらに、「南北戦争の終結から三年後」、奴隷が解放されたあと、「南部全州で黒人のメーソン会員の加入が見られた」と述べた。

(39) Stevens, *Cyclopedia of Fraternities*, 236-37.

(40) Charles S. Green III "The Emergence and Growth of American National Voluntary Associations, 1790-1970," 一九

八〇年三月、ノックスビルでの南部社会学会の年次大会に提出された論文。

（41） Brown, "Emergence of Urban Society," 48, は、この点を強調している。

（42） Ibid., 43.

（43） Roger Finke and Rodney Stark, *The Churching of America, 1776–1990* (New Brunswick, NJ: Rutgers University Press, 1992).

（44） Donald G. Mathews, "The Second Great Awakening as an Organizing Process, 1780-1830: An Hypothesis," *American Quarterly* 21, 1 (1969): 23-43.

（45） これは以下の著作で見事に論じられ、実証されている。Finke and Stark, *The Churching of America*.

（46） Brown, "Emergence of Urban Society," 518.

（47） Richard R. John, *Spreading the News: The American Postal System from Franklin to Morse* (Cambridge, MA: Harvard University Press, 1995), 31.

（48） Ibid., 5.

（49） Ibid., 3.

（50） Ibid., chapters 6-7; Jed Dannenbaum, *Drink and Disorder: Temperance Reform from the Washington Revival to the WCTU* (Urbana: University of Illinois Press, 1984).

（51） Robert H. Wiebe, *The Search for Order, 1877–1920* (New York: Hill and Wang, 1967).

（52） 「メイン・レジスター州年鑑・議会便覧」は、一八七〇年以来ほぼ同じ形式で毎年出版されている。ここには、一八七〇～一九二〇年代の国家規模の結社のデータ、また地方グループのデータも含まれている。

（53） Jeffrey A. Charles, *Service Clubs in American Society: Rotary, Kiwanis, and Lions* (Urbana: University of Illinois Press, 1993).

（54） Charles, *Service Clubs in American Society*; Clifford Putney, "Service Over Secrecy: How Lodge-Style Fraternalism Yielded Popularity to Men's Service Clubs," *Journal of Popular Culture* 27 (1993): 179-90.

（55） Dumenil, *Freemasonry and American Society*, は近代メーソンの「儀式からサービスへ」の動きについて議論している。

（56） Gamm and Putnam, "Voluntary Associations in America".

（57） Murray Hausknecht, *The Joiners* (New York: Bedminster Press, 1962), 18-19.

（58） メーソンの人々は南北戦争の部隊内にいる間、定期的に接触していた。また、以下の著書の中で、南軍の戦争捕虜でありながら、南部のメーソンたちから援助を受けたメイン出身の北軍軍人についての多くの話が詳述されている。W. Ralph J. Pollard, *Freemasonry in Maine, 1762–1945* (Portland, ME: Grand Lodge of Maine, 1945), 77-79. ここで彼は次のように述べている。「メーソンの組織の寛大な応対がどのように戦争の厳しさを和らげたのかについて、無数の物語が語られている」。

（59） Ross, *Odd Fellowship*, 158-79.

（60） これは「市民参画」（Civic Engagement）のマスターリストに挙げられた多数の会員を有するグループの創設地についての情報と、そしてまた、以下の著作の中で挙げられた友愛組織に関するキャメロン・シェルドンの分析に基づいている。

Alvin J. Schmidt, *Fraternal Organizations* (Westport, CT: Greenwood Press, 1980). この本の中に、米国の友愛組織として挙げられた五二八団体のうち三三〇について、創設地が記載されている。

(61) Jno. van Valkenburg, *The Knights of Pythias Complete Manual and Textbook*, rev. ed. (Canton, OH: Memento Publishing Co., 1886), xvi, 17, 381-84.

(62) D. Sven Nordin, *Rich Harvest: A History of the Grange, 1867-1900* (Jackson: University of Mississippi Press, 1974), 4.

(63) Charles Hurd, *The Compact History of the Red Cross* (New York: Hawthorne Books, 1959), chapters 3-4.

(64) Ruth Bordin, *Woman and Temperance: The Quest for Power and Liberty, 1873-1900* (Philadelphia: Temple University Press, 1981).

(65) 「インデペンデント・オーダー・オブ・グッド・テンプラーズ」(IOGT) の「ライト・ウォーシー・グランド・テンプラー」(Right Worthy Grand Templars) について明確に述べている著作については以下を参照。Turnbull, *The Good Templars*, 88.

(66) Ruth Bordin, *Frances Willard: A Biography* (Chapel Hill: University of North Carolina Press, 1986), chapter 8.

(67) 一八九〇年、一九〇〇年、一九一〇年の市民名簿からガムとパットナムが記録をとっている友愛組織の波の多くは、そのような短命な保険組織の試みによって生まれたのかもしれない。私は次の著作にあるデータの予備分析そして市民名簿の熟読に基づいて、このことを示唆しよう。Stevens, *The Cyclopaedia of Fraternities*, and Schmidt, *Fraternal Organizations*. ここで、一人あたりのグループ加入数の急増を市民の活力を示す尺度として扱うというやり方に関して、問題が生じる。拡大しながら存続しているグループは、短命のうちに消えた多くのグループよりもおそらく重要であろう。

(68) Seymour Martin Lipset and Earl Raab, *The Politics of Unreason: Right-Wing Extremism in America, 1790-1970* (New York: Harper and Row, 1970), 81-104.

(69) これは、以下の著作で挙げられた様々な種類の友愛組織が創立された日の分析に基づいている。

(70) Stephen Thernstorm, ed., *Harvard Encyclopedia of American Ethnic Groups* (Cambridge, MA: Harvard University Press, 1980), 422-23 (in the essay "Germans").

(71) Christopher J. Kaufman, *Faith and Fraternalism: The History of the Knights of Columbus, 1882-1982* (New York: Harper and Row, 1982), chapter 8.

(72) インプルーヴド・オーダー・オブ・レッド・メン、米国保護協会 (American Protective Association)、ジュニア・オーダー・オブ・ユナイテッド・アメリカン・メカニックス (Junior Order of United American Mechanics)、ドイツ系米国人連合 (German-American Alliance)、そして第二次クー・クラックス・クランもここには含まれていた。

(73) 本章の証拠とかなり食い違う、この議論の草稿に関しては、次を参照。Michael S. Joyce and William A. Schambra, "A New Civic Life," in Michael Novak, ed., *To Empower People: From State to Civil Society*, 2nd ed. -- (Washington, DC: AEI Press, 1996).

(74) Stuart McConnell, *Glorious Contentment: The Grand Army of the Republic, 1865–1900* (Chapel Hill: University of North Carolina Press, 1992).

(75) Nordin, *Rich Harvest*; John Mark Hansen, *Gaining Access: Congress and the Farm Lobby, 1919–1981* (Chicago: University of Chicago Press, 1991).

(76) Theda Skocpol, *Protecting Soldiers and Mothers: The Political Origins of Social Policy in the United States* (Cambridge, MA: Belknap Press, 1992), part 3.

(77) Henry J. Pratt, *The Gray Lobby* (Chicago: University of Chicago Press, 1976).

(78) William Pencak, *For God and Country: The American Legion, 1919–1941* (Boston: Notheastern University press, 1989); Richard Seelye Jones, *A History of the American Legion* (Indianapolis and New York: Bobbs-Merrill, 1946); Theda Skocpol, "The G.I. Bill and U.S. Social Policy, Past and Future," *Social Philosophy and Policy* 14, 2 (1997): 105–9.

(79) Jeffrey M. Berry, *The Interest Group Society*, 3rd ed. (New York: Longman, 1997), Figure 2.4, page 27.

(80) Frank R. Baumgartner and Beth L. Leech, *Basic Interests* (Princeton: Princeton University Press, 1998), 103. 一九九〇年代にほとんど純変化はなかったと結論づけるために、一九九九年におけるこれらの総数を更新してある。

(81) Charles Morris, *The AARP* (New York: Times Books, 1996).

(82) Berry, *The Interest Group Society*, chapter2.

(83) Debra C. Minkoff, *Organizing for Equality: The Evolution of Women's and Racial-Ethnic Organizations in America, 1955–1985* (New Brunswick, NJ: Rutgers University Press, 1995), chapter 3, especially Figure3.1 and 3.2, page 62.

(84) Jeffrey M. Berry, *Lobbying for the People: The Political Behavior of Public Interest Groups* (Princeton: Princeton University Press, 1977).

(85) Berry, *The Interest Group Society*, 34–37.

(86) Robert Cameron Mitchell, Angela G. Mertig, and Riley E. Dunlap, "Twenty Years of Environmental Mobilization: Trends Among National Environmental Organizations," in Riley E. Dunlap and Angela G. Mertig, eds., *American Environmentalism: The U. S. Environmental Movement, 1970–1990* (New York: Taylor and Francis, 1992), 11–88.

(87) 例えば、アンドリュー・マクファーランドによれば、「当初から、コモン・コーズの購読者たちは、どちらかというと上流中産階級の白人である。彼らは教養があり、中年で、経済的に安定し、東海岸から太平洋岸に偏っている」。Andrew S. McFarland, *Common Cause: Lobbying in the Public Interest* (Chatham, NJ: Chatham House Publishers, 1984), 8.

(88) Berry, *The Interest Group Society*, 19–29.

(89) Ibid., 80–85; Jack L. Walker Jr., *Mobilizing Interest Groups in America: Patrons, Professions, and Social Movements* (Ann Arbor: University of Michigan Press, 1991); Michael T. Hayers, "The New Group Universe," in Allan J. Cigler and Burdett A. Loomis, eds., *Interest Group Politics*, 2nd ed. (Washington, DC: CQ Press, 1986), 133–45.

(90) Data from Robert D. Putnam.

(91) Steven Brint, *In an Age of Experts: The Changing Role of Experts in Professional Life* (Princeton: Princeton University Press, 1994).

(92) Steven J. Rosenstone and John Mark Hansen, *Mobilization, Participation, and Democracy in America* (New York: Macmillan, 1993); Sidney Verba, Kay Lehman Schlozman, and Henry E. Brady, "The Big Tilt: Participatory Inequality in America," *The American Prospect 32* (1997): 74-40.

第4章　フランス——新旧の市民的・社会的結束

特に、本章に関連する大量のデータを収集し、分析してくれたNicholas Mariotteに感謝申し上げる。彼との議論はいつも最高の刺激となった。

(1) 社会保障のコストに関するデータは一九九三年のもので、出典は国際労働機関（ＩＬＯ）である。社会的保護の支出と収益に関するデータは九一年のもので、出典は欧州共同体統計局（Eurostat）である。引用は次の著作からである。Lester M. Salamon and Helmut K. Anheier, *The Emerging Nonprofit Sector: an Overview* (Baltimore: Institute for Policy Studies, Johns Hopkins University, 1994).

(2) 引用された数字はすべて、次の著作からである。Edith Archambault, *Le Secteur Sans But Lucratif* (Paris: Economica, 1996). この本はジョンズ・ホプキンス大学の非営利セクター比較研究プロジェクト（the Johns Hopkins comparative nonprofit sector project）に対するフランス側の貢献の結果である。このジョンズ・ホプキンスでの研究で引用された他の数字は、同じく印象的である。例えば、フランスの結社部門は、米国を唯一の例外として、全研究対象国の雇用全体のうち最も高い割合であった。他の例では、一九八一～九一年にフランスにおける結社部門の雇用は四〇％増大したが、フランス全体の雇用はそれよりもゆっくり増大していた。言い換えれば、八〇年代、結社は経済における残りの部分よりも、三・七六倍も新たな職を創出することに成功していたのである。これに比して、ドイツでは二・九倍であり、米国では一・八七倍であった。フランスの結社の動きに関するさらなる情報については、以下を参照のこと。Bénédicte Halba and Michel le Net, *Bénévolat et Volontariat* (Paris: Documentation française, 1997); CNVA, *Bilan de la Vie associative en 1994-1995* (Paris: La documentation Française, 1996); Marie-Thérèse Chéroutre, *Exercice et Développement de la Vie Associative* (Paris: Conseil Economique et Social, 1993).

(3) INSEE Premiere 542 (September 1997); *Consommation et Modes de Vie* (CREDOC) 78 (June-July 1993). 毎年新しい結社が急増していることと、そこに関わるフランスの成人の割合が相対的に安定していることの間の対照は、容易に説明される。フランスの全成人人口は、戦後三〇年にわたるベビーブームの結果として、一九六〇年以来かなり伸びており、移民の大規模な流入を必要とした異例の経済成長の数年間とほぼ一致する（フランスの人口は一九四五年には四〇〇〇万人で、五〇年後には六〇〇〇万人になった）。したがって、結社に加わる成人の同じ割合は実際に、数のうえで激増を示しているのである。会員総数のこうした増大は、古参の結社というよりはむしろ、新しい結社に吸収された。二つの量的な変化はまた、説明の一部をなしている。つまり、複数の結社への所属の進展（例えば、一つ以上の結社への所属）と結社間の流動性である。

（4）結社を通じて提供されるハンディキャップを負った人に対するサービスの割合は、印象的である。ハンディキャップを負った子どもに関しては八八%、ハンディキャップを負った大人に関しては九〇%、困難を抱えた子ども・青年に関しては三三%、ホームレスに関しては八六・五%であった。このデータの出所は、一九九七年一一月にパリで行われた社会経済に関する文書の発展のための協会（ＡＤＤＥＳ）の第一三回年次大会におけるマリー＝テレーズ・シェルトルによる報告である。

（5）ミシェル・フォルセが利用した二〇のカテゴリーは、スポーツ、宗教、私立学校、政治、社会教育、遺産保護、職業訓練・調査、芸術、同窓、保護者、雇用・経済発展、社会的紐帯、娯楽、社会サービス、年配者、環境、所有者・借地者、市民権・社会権、専門職、結社経営の非商業的独立ラジオ局、である。Michel Forsé, "Les Créations d' associations : un indicateur de changement social, observations et diagnostics économiques," *Revue de l'OFCE* 6（1984). 次の著作からの引用。Halba and Net, *Bénévolat et Volontariat.*

（6）Jean-François Canto, "Les créations d'associations," in CNVA, *Bilan de la vie associative en 1982–1992*（Paris : La documentation Francaise, 1993), and CNVA, *Bilan de la vie associative en 1994–1995*（Paris : La documentation Française, 1996).

（7）社会問題省調査局がそれらの多くを支援した。この点でもっとも関連性があるものは、次の論文で要約されている。"Nouvelles Dynamiques Habitantes et Enjeux de Citoyeneté," Migrations Etudes working paper, Paris, June 1996.

（8）特に以下を参照。"Les grands courants d'opinions et de perceptions en France de la fin des années 70 au début des années 90," Rapport CREDOC no.116, March 1992 ; "L'évolution des différences d'opinion entre groupes socio-démographiques," Cahier de Recherche CREDOC no. 41, February 1993 ; "Un tour d'horizon des aspirations et valeurs des Français telles qu'elles résultent des enquêtes extérieures au CREDOC," Département conditions de vie et aspirations, CREDOC, May 1996.

（9）この調査プロジェクトの結果は、社会科学者のグループ（P. Bréchon, L. Chauvel, O. Galland, Y. Lambert, Y. Lemel, E. Millan-Game, H. Riffault, L. Roussel, and J.-F. Tchernia）による注目すべき二つの出版物で分析されている。Hélène Riffault, dir., *Les valeurs des Français*（Paris : Presses Universitaires de France, 1994), and "Les valeurs des Européens," *Revue Futuribles 200*（1995).

（10）Michèle Tribalat, *Faire France*（Paris : La Découverte, 1995).

（11）Commission Nationale Consultative des Droits de l'Homme, 1996. *La lutte contre le racisme et la xénophobie*（Paris : La documentation Française, 1997).

（12）この節の数字は、以下に挙げる様々な出典からとられている。統計に関しては、国立統計経済研究所（ＩＮＳＥＥ）、経済協力開発機構（ＯＥＣＤ）、労働雇用省。世論調査に関

急進的改革の支持

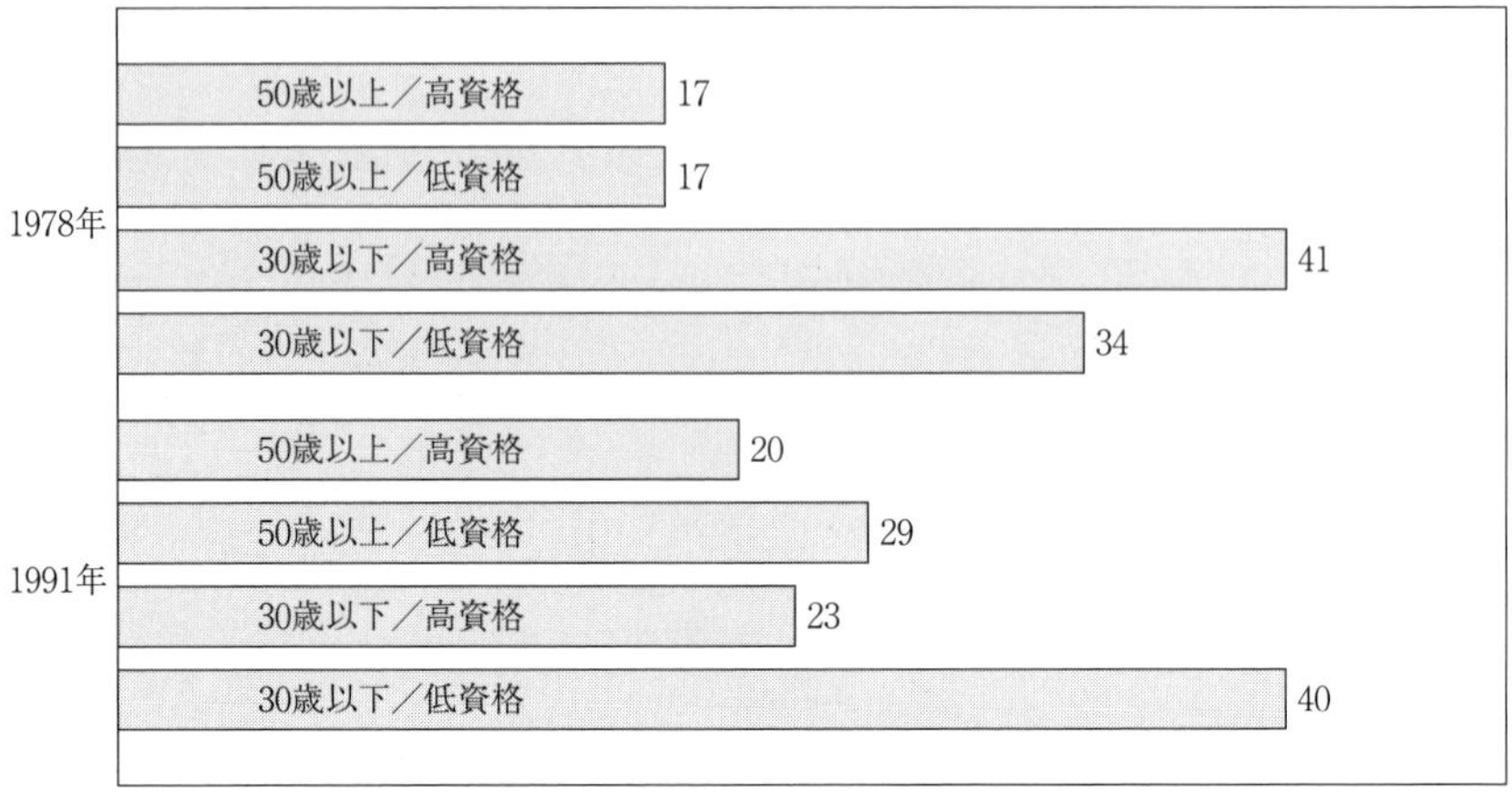

出典：CREDOC, *Cahier de Recherche* no. 41.

しては、生活条件調査研究センター（CREDOC）、ヨーロッパ価値観調査。計量分析に関しては、*L'Etat de la France 96-97* (Paris : La Découverte, 1997) と、*Alternatives Economiques* の各号。

(13) この節の数字は、以下に挙げる様々な出典からとられている。*Population et société*：国立統計経済研究所と生活条件調査研究センターの出版物：ヨーロッパ価値観調査：フランスで最も著名な家族社会学者のアグネス・ピトルーの著作。

(14) これは生活条件調査研究センターの研究のうち、もっとも重要な結果の一つである。上のグラフは全体の話を表している。

(15) ヨーロッパ価値観調査によれば、友人は家族と仕事に次いで、人生で三番目に評価された要素であり、それらの間の重要性は一九八一年と一九九〇年の間で拡大した。家族と他人全般における信頼のレベルを比較してみると、家族に対する非常に高いレベルの信頼と他人全般に対する不信とが、次の表で明確に示されている。不信は他人が同胞として特定される場合は、かなり減少している。

信頼全般（%）

ほとんどの人は信頼できる	21
他人に対するとき用心するに越したことはない	72
分からない	7
合　計	100

家族とフランス人全般に対する信頼（%）

	家　族	フランス人全般
全面的信頼	57	6
ある程度の信頼	36	51
どちらでもない	2	20
あまり信頼しない	3	17
まったく信頼しない	1	4
分からない	1	2
合　計	100	100

出典：*European Value Surveys* (French results, 1990).

第5章　ドイツ――社会関係資本の衰退？

(1) Robert D. Putnam, *Makin Democracy Work* (Princeton, 1993).

(2) 他方、集合行為の自発的形態が望ましいと十分確信しているものの、同時に参加へと衝き動かしてくれる「薄い」種類の信頼を欠いている人がいるかもしれない。この場合、行動反応は結社に加わることではなく、寄附を通じてその動機を導くこと、もしくは政党の場合には、そこへ投票することになるだろう。中間カテゴリーは名義上の会員であり、その会員は参加を会費の支払いに限定されているが、より積極的な形態の関与を避けている。この静かな関与は、その会員か選択的誘因の別の形態のために、結社が行うサービスによって動機づけられるかもしれない。以下を参照。Mancur Olson, *The Logic of Collective Action: Public Goods and the Theory of Groups* (Cambridge, MA, 1965).

(3) 以下を参照。Albert O. Hirschmann, *Shifting Involvements: Private Interest and Public Action* (Oxford, 1982).

(4) 宗教結社の包摂は問題を引き起こす可能性がある。その理由は次の二つである。第一に、ほとんどの社会で、ほとんどの人は最初に、家族内の一次的社会化を通じて自らが認める宗教を獲得する。第二に、少なくともキリスト教においては、人はみな「神の子」であり、それゆえ「人類という家族」を構成していると考えられている。

(5) 家族の比喩が関連する別の事例はフェミニズムにおける「シスターフッド」や労働組合における「ブラザーフッド」を含み、両方とも、その侵害は裏切りに至るという意味で、何らかの同一性や連帯の絆の重要性と不可避性をほのめかしている。

(6) たとえその目的が変化したとしても、彼らはその目的を変えるための資格を公式に有する人（それは取締役会の場合もあれば、党大会の代議員の場合もある）のイニシアチブで行い、概して会員であることはない。

(7) このように二つの結社のパターンが一致しないという事態は、教育機関で典型的に起こる。それらは、一方でカリキュラム体制の実施によって指導される目的を持つ公式組織である。他方、それらは学生仲間の非公式結社の実践を生み出す。

(8) 市民的結社が戦略的目的を追求する公式組織の中に「入れ子状」になりうるだけでなく、市民のアマチュア結社が公式業務や専門的業務へと進展しうるということは注目に値する。後者の事例は運動の活動家自身が企業家もしくは政党活動家へと変わる事例である。John Case and Rosemary C.R. Taylor, ed. *Co-ops, Communes and Collectives: Experiments in Social Change in the 1960s and 1970s* (New York: Pantheon Books, 1979).

(9) 我々は、公式に登録され、容易に眼に触れうる結社でないものが何であろうと、それが共同性を示したものだとまったく見なさないという錯覚を避けるため、非公式結社のほうにもかなり広く網を打つことを意図している。

(10) 以下を参照。Robert D. Putnam, "Tuning In, Tuning Out: The Strange Disappearance of Social Capital in America," *Political Science and Politics*, December 1995, 666.

(11) *Statistisches Bundesamt 1994. Datenereport* (Bonn), 553.

(12) Ibid.

(13) 政党の党員はまた、ほんの少しだが、旧西ドイツで減少しつつある。一九八〇年、成人人口の四・三%が政党党員であったが、九六年には四・一%が政党党員であることを公表した。労働組合もまた、組合員を失いつつある。八〇年には全従業員の一八・六%が労働組合員だと自認していたが、九六年にはこの数字は一六・〇%に落ちている。(Sigurd Agricola, *Vereinsuesen in Deutschland. Eine Expertise des Bundesministeriums für Familie, Senioren, Fraruen und Jugend* [Stuttgart, Berlin, and Köln, 1997], 33).

(14) Erich Reigrotzki, *Soziale Verflechtungen in der Bundesrepublik. Elemente der sozialen Teilnahme in Kirche, Politik, Organisationen und Freizeit* (Tübingen, 1956), 164.

(15) Erwin K. Scheuch, "Vereine als Teil der Privatgesellschaft," in Heinrich Best, ed. *Vereine in Deutschland. Vom Geheimbund zur freien gesellschaftlichen Organisation* (Bonn, 1993), 167.

(16) Agricola, *Vereinsuesen in Deutschland*, 32.

(17) それほど公式ではない共同活動における過少申告の多さは、登録された結社とそれらによって報告された会員数にのみ焦点を当てる研究から生じている。いずれにせよ、それほど公式的でない活動の程度を測るには、よりきめ細かくコストのかかるデータ収集方法が必要とされるかもしれない。

(18) 以下を参照。M. Rainer Lepsius, *Demokratie in Deutschland* (Göttingen, 1993), 25-94, and Ulrich Herbert, "Arbeiterschaft unter NS-Diktatur," in Lutz Niethammer et al., *Bürgerliche Gesellschaft in Deutschland* (Frankfurt am Main, 1990), 447-71.

(19) 以下を参照。Helmut Schelsky, *Der Mensch in der wissenschaftlichen Zivilisation* (Koln, 1961), and Daniel Bell, *The End of Ideology: On the Exhaustion of Political Ideas in the Fifties* (Glencoe, IL, 1960) を参照のこと。

(20) Manfred Ehling "Ehrenamtliches Engagement. Erfassung in der Zeitbudgeterhebung des Statistischen Bundesamtes und Möglichkeiten der Weiterentwicklung," paper presented at the INIFES Workshop: Messkonzepte der Kräfte zivilgesellschaftlichen Zusammenhalts, BMBF, Bonn, December 4-5, 1997.

(21) *Süddeutsche Zeitung*, December 27, 1997.

(22) Joachim Braun, "Selbsthilfepotentiale in den alten und

neuen Bundesländern und ihre Aktivierung durch Selbsthilfekontaktstellen," in Joachim Braun and Ulrich Kettler, eds., *Selbsthilfe 2000 : Perspektiven der Selbsthilfe und ihrer infrastrukturellen Förderung*（Köln, 1996）, 54.

（23）しかし、支援を行う動機的基礎は、旧東西ドイツ間で異なっているように見える。旧東ドイツでは、旧来型の一般的な義務やコミュニティへの集団主義的関与が、比較的、より強力に（いまなお）守られているように見える。他方、必要性の具体的証拠に基づいた、そして個人的状況による、援助のより個別的なパターンはあまり浸透していない。以下を参照。（Michael Vester et al., *Soziale Milieus im gesellschaftlichen Strukturwandel. Zwischen Integration und Ausgrenzung* [Köln, 1993] for data on West Germany, and Michael Vester, Michael Hofmann, and Irene Zierke, eds., *Soziale Milieus in Ostdeutschland. Gesellschaftliche Strukturen zwischen Zerfall und Neubildung* [Koln, 1995] for data on East Germany）. 旧東ドイツでは、支援活動への参加は、将来において少なくともしばらくの間、コミュニティに対するある種の義務によって続けて動機づけられることになるだろう。

（24）Scheuch, "Vereine als Teil der Privatgesellschaft," 171.

（25）Joachim Braun and Peter Röhrig, *Praxis der Selbsthilfeförderung*（Frankfurt am Main, 1987）, 63f.

（26）以下を参照。Joachim Winkler, *Das Ehrenamt*（Schorndorf, 1988）, 95.

（27）Norbert Schwarz, "Ehrenamtliches Engagement in Deutschland. Ergebnisse der Zeitbundgeterhebung 1991/92," in *Wirtschaft und Statistik 4*（1996）: 264.

（28）Klaus Berg and Marie-Luise Kiefer, *Massenkommunikation IV*（Baden-Baden, 1992）, 168.

（29）Ibid., 341f.

（30）Braun and Röhrig, *Praxis der Selbsthilfeförderung* 63 ; 以下もあわせて参照。Deutsche Bischofskonferenz, *Frauen und Kirche. Eine Repräsentativbefragung von Katholikinnen*（Bonn, 1993）, 164, 170, 174.

（31）Scheuch, "Vereine als Teil der Privatgesellschaft," 169

（32）Heiner Meulemann, *Werte und Wetewandel*（Weinheim and München, 1996）, 431.

（33）Ibid., 145.

（34）*Statistisches Bundesamt 1995. Datenreport*（Bonn）. 54

（35）Scheuch, "Vereine als Teil der Privatgesellschaft," 170 ; *Reigrotzki, Soziale Verflechtungen in der Bundesrepublik, 174.*

（36）Helmut K. Anheier and Eckhard Priller, *Der Nonprofit-Sektor in Deutschland. Eine sozialökonomische Strukturbeschreibung*（Berlin, 1995）, Tab. 25 ; 以下も参照のこと。Schawarz, "Ehrenamtliches Engagement in Deutschland," 264, and Winkler, *Das Ehrenamt*, 100.

（37）Eckhard Priller, "Veränderungen in der politischen und sozialen Beteiligung in Ostdeutschland," in Wolfgang Zapf and Roland Habich, eds., *Wohlfahrtsentwicklung im vereinten Deutshland*（Berlin, 1996）, 298.

（38）Katholische Frauengemeinschaft Deutschland, ed., *kfd Mitglieder-Umfrage 1991* Köln, 1992）, 48.

(39) IPOS (Institut für praxisorientierte Sozialforschung), Einstellungen zu aktuellen Fragen der Innenpolitik 1995 (Mannheim, 1995), 60f.
(40) *Statistisches Burdesamt 1995. Datenreport* (Bonn), 618.
(41) ある世代の特定のプロフィールは、機会構造と自己同一性という二つの条件のいずれか、もしくは両方によって形成されうる。前者は経済、軍隊、教育、家族関連、メディア関連、人口、そして、あるコーホートが青年期・成人期に入るような同様の文脈に結びついている。後者はある世代の「集合的自己」の明白な文化的もしくは政治的概念化と、(「六八年世代」のように)前の世代との対立やそこへの恭順から生じる。文脈と、ある世代の会員がこれらの文脈に関わるような象徴化されたアイデンティティの両方は、統計的結果に対する解釈の手がかりを与えてくれるはずである。
(42) Scheuch, "Vereine als Teil der Privatgesellschaft," 170.
(43) Deutscher Sportbund, *Bestandserheburg 1995* (Frankfurt am Main, 1995), 3.
(44) Schwarz, "Ehrenamtliches Engagement in Deutschland," 262.
(45) Ibid.
(46) Katholische Frauengemeinschaft Deutschland, *kfd Mitglieder-Umfrage 1991*, 87; 以下もあわせて参照。Bundesministerium für Familie, Senioren, Frauen und Jugend, *Bedeutung ehrenamtlicher Tätigkeit für unsere Gesellschaft. Antwort der Bundesregierung auf die Grosse Anfrage der Fraktionen der CDU/CSU und der F. D. P.* (Bonn, 1996), 111
(47) Helmut Schneider, "Politische Partizipation- zwischen Krise und Wandel," in Ursula Hoffmann-Lange, ed., *Jugend und Demokratie in Deutschland* (Opladen, 1995), 299f.; 以下もあわせて参照。Wolfgang Kühnel, "Orientierungen im politischen Handlungsraum," in Deutsche Shell, *Jugend '92* (Hamburg, 1992), 2: 69, and Deutsche Shell, *Jugend '97* (Hamburg, 1997), 4: 79, 137f., 200.
(48) Schneider, "Politische Partizipation," 298.
(49) Ibid., 287.
(50) Ibid., 289.
(51) Ibid., 295f.
(52) Ibid., 269f. 以下もあわせて参照。Wolfgang Melzer, *Jugend und Politik in Deutschland* (Opladen, 1992), 133.
(53) Schneider, "Politische Partizipation," 297f.
(54) Ibid., 296f. 東ドイツの若者に見られたネオファシスト的姿勢の存在を否定していたにもかかわらず、スキンヘッドと反ユダヤ的行為は共通の現象であった。一九八八年に東ドイツの青年の二%がスキンヘッド集団のメンバーであると自認していた。そして四%がスキンヘッドに共感していると報告された。以下を参照。Wolfgang Brück, "Jugend als soziales Problem," in Water Friedrich and Hartmut Griese eds., *Jugend und Jugendforschung in der DDR. Gesellschaftspolitische Sozialisation und Mentalitätsentwicklung in den achtziger Jahre* (Opladen, 1991), 199.
(55) Schneider, "Politische Partizipation," 299f.
(56) ifep GmbH, *IBM Jugendstudie '95. Tabellenband* (Köln, 1996), Tab.21b.
(57) Deutsche Shell, *Jugend '97* (Hamburg, 1997), 357.

（58） Ibid.: Jürgen Zinnecker, *Jugendkultur 1940–1985* (Opladen, 1987).
（59） Zinnecker, *Jugendkultur 1940–1985*, 254.
（60） Ibid., 255.
（61） Ibid.
（62） Melzer, *Jugend und Politik in Deutschland*, 48f.; 以下もあわせて参照。Bundesministerium für Familie, Senioren, Frauren und Jugend, *Jugendliche und junge Erwachsene in Deutschland* (Bonn, 1995), 7 : 68–70.
（63） Peter Bischoff and Cornelia Lang, "Ostdeutsche Jugendliche und ihr Verhältnis zur Politik in den ersten fünf Jahren nach der Wende," in Sozialwissenschaftliches Forschungszentrum, Deutsches Jugendinsntiut, and Hans Böckler Stiftung, *Jugendliche in den neuen Bundesländern. Sozialreport 1995.* Sonderheft 2(1995), 20-25.
（64） Ibid., 20f.
（65） 一九七三年の数字の出典は以下の論文である。Thomas Ellwin, "Die grossen Interessenverbände und ihr Einfluss," *Aus Politik und Zeitgeschichte* B 48/73 (1973) 22. 他方、九七年の数字の出典は以下の著作である。Agricola, *Vereinswesen in Deutschland*, 30.
（66） Priller, "Veränderungen in der politischen und sozialen Beteiligung in Ostdeutschland."
（67） Ibid., 287.
（68） Ibid., Horst Poldrack, *Soziales Engagement im Umbrush. Zur Situation in den neuen Bundesländern* (Köln, Leipzig, 1993), 33.
（69） Priller, "Veränderungen in der politischen und sozialen Beteiligung in Ostdeutschland," 289.
（70） Ibid., 289f.
（71） Ibid., 290f.
（72） Poldrack, *Soziales Engagement im Umbruch*, 31.
（73） Ibid., 11. 以下もあわせて参照。Martin Diewald, " 'Kollektiv,' 'Vitamin B,' 'oder 'Nische'? Persönliche Netzwerke in der DDR," in Johannes Huinink et al., *Kollektiv und Eigensinn. Lebensverläufe in der DDR und danach* (Berlin, 1995), 223-60.
（74） Detler Pollck, "Sozialethisch engagierte Gruppen in der DDR. Eine religionssoziologische Untersuchung," in Detlef Pollack, ed., *Die Legitimität der Freiheit. Politisch alternative Gruppen in der DDR unter dem Dach der Kirche* (Frankfurt am Main, Bern, New York, and Paris, 1990), 145.
（75） *Statistsches Bundesamt* 1995, 560.
（76） Ibid.
（77） Ibid., 559.
（78） Priller, "Veränderungen in der politischen und sozialen Beteiligung in Ostdeutschland," 299.
（79） Anheier and Priller, *Der Nonprofit-Sektor in Deutschland*, Tab.25.
（80） Schwarz, "Ehrenamtliches Engagement in Deutschland," 262.
（81） 就業人数は一九八九年から九六年にかけて、東ドイツ＝新州では九〇〇万人から六〇〇万人以下に低下した。
（82） Ingo Becker and Ulrich Kettler, "Zwischen Euphorie und

Ernüchterung: Die Selbsthilfelandschaft in den neuen Bundesländern fünf Jahre nach der Wende," *Selbsthilfegruppe Nachrichten 1996*: 66.

(83) Berg and Kiefer, *Massenkommunikation IV*, 346.

(84) *Statistisches Bundesamt 1992*. Datenreport (Bonne), 635.

(85) Ibid.

(86) *Statistisches Bundesamt 1995*.

(87) Ibid.

(88) Schwarz, "Ehrenamtliches Engagement in Deutschland," 262.

(89) Heinz Sahner, "Vereine und Verbände in der modernen Gesellschaft," in Heinrich Best, ed., *Vereine in Deutschland. Vom Geheimbund zur freien gesellschaftlichen Organisation* (Bonn, 1933), 72.

(90) Joachim Braun and Michael Opielka, *Selbsthilfeförderung durch Kontaktstellen* (Stuttgart, Berlin, and Köln, 1992), 11f.

(91) 以下を参照。Ibid.; Joachim Braun and Ulrich Kettler, *Selbsthilfe 2000: Perspektiven der Selbsthilfe und ihrer infrastrukturellen Förderung* (Köln, 1996); Jörg Ueltzhöffer and Carsten Ascheberg, *Engagement in der Bürgergesellschaft. Die Geislingen-Studie* (Stuttgart, 1995); Jörg Ueltzhöffer and Carsten Ascheberg, *Bürgerschaftliches Engagement in Baden-Württemberg. Landesstudie 1997* (Stuttgart, 1997); Thomas Klie et al., *Bürgerschaftliches Engagement in Baden-Württemberg. 1. Wissenschaftlicher Jahresbericht 1996/1997* (Stuttgart, 1997).

(92) サービスの協調的な自己供給のために共同活動を行うというこのパターンは、東ドイツではあまり普及してこなかったが、その理由は、母親を正規の労働力として参加させるために、国家当局と企業によって惜しみなく保育やその他のサービスは提供されてきたからである。

(93) Schwarz, "Ehrenamtliches Engagement in Deutschland," 263.

(94) Martin Diewald, Soziale Beziehungen. *Verlust oder Liberalisierung?* (Berlin, 1991), 181f.

(95) Karl H. Bönner, "Gleichaltrige: Die Bedeutung der Peergroup in verschiedenen Entwicklungsalterstufen," in Rainer Ningel and Wilma Funke, *Soziale Netze in der Praxis* (Gottingen, 1995), 68.

(96) Christoph Sachsse, *Mütterlichkeit als Beruf* (Opladen, 1986); Gisela Jakob, *Zwischen Dienst und Selbstbezug* (Oplanden, 1993).

(97) 教会関連の結社に関しては以下を参照。Caritas, *Dokumentation zur Auswertung des Tätigkeitsberichtes 1991* (Freiberg, 1991), and Caritas, *Auswertung des Tätigkeitsberichtes 1994* (Freiberg, 1994).

(98) Verena Mayr-Kleffel, *Frauen und ihre sozialen Netzwerke. Auf der Suchenach einer verlorenen Ressource* (Opladen, 1991), 114.

(99) Ibid., 124; Ursula Rabe-Kleberg, "Wenn der Beruf zum Ehrenamt wird. Auf dem Weg zu neuartigen Arbeitsverhaltnissen in sozialen Berufen," in Siegfried Müller and Thomas Rauschenbach, eds., *Das soziale Ehrenamt* (Weinheim and Munchen, 1988), 96; Heide Frunk, "Weibliches Ehrenamt im

Patriarchat," in Siegfried Müller and Thomas Rauschenbach, eds., *Das soziale Ehrenamt* (Weinheim and Munchen, 1988), 120 ; Sigrid Reihs, *Im Schatten von Freiheit und Erfüllung. Ehrenamtliche Arbeit in Bayern* (Bochum, 1995), 135–37.

（100） 以下を参照。Scheuch, "Vereine als Teil der Privatgesellschaft," 169 ; *Statistisches Bundesamt 1995*, 560 ; Mayr-Kleffel, *Frauen und ihre sozialen Netzwerke*, 114f. ; Elisabeth Noelle-Neumann and Edgar Piel, *Eine Generation spätter. Bundesrepublik 1953–1979* (Allensbach, 1981), Tab. 41 ; Sahner, "Vereine und Verbände in der modernen Geselschaft," 66f.; Anette Zimmer, Andrea Burgari, and Gertraud Krötz, "Vereinslandschaften im Vergleich- Kassel, München, Zürich," in Anette Zimmer, ed., *Vereine heute-zwischen Tradition und Innovation* (Basel, Boston, and Berlin, 1992), 180f.

（101） Schwarz, "Ehrenamtliches Engagement in Deutschland," 262.

（102） 一九五三年のデータの出典は以下を参照。Reigrotzki, Soziale Verflechtungen in der Bundesrepublik, 169. 七九年のデータは以下を参照。Noelle-Neumann and Piel, *Eine Generation spätter*, Tab. 42. 九三年のデータは以下を参照。*Statistiches Bundesamt* 1995, 560.

（103） Scheuch, "Vereine als Teil der Privatgesellschaft," 169.

（104） Mayr- Kleffel, *Frauen und ihre sozialen Netzwerke*, 124f ; 以下もあわせて参照。Diewald, "'Kollektiv,' Vitamin B' oder 'Nische' ? Persönliche Netzwerke in der DDR," 253.

（105） 以下を参照。Samuel H. Barnes et al., *Political Action : Mass Participation in Five Western European Democracies* (Beverly Hills, 1979) ; Ute Molitor, *Wählen Frauen anders* ? (Baden- Baden, 1992) ; Beate Hoecker, *Politische Partizipation von Frauen* (Opladen, 1995).

（106） Molitor, *Wählen Frauen anders*, 157f.

（107） Christiane Ochs, "Frauendiskriminierung in Ost und West-oder : die relativenErfolge der Frauenforderung. Eine Bestandsaufnahme in den beiden ehemaligen deutschen Staaten," in Karin Hansen and Gertraude Krell, eds., *Frauenerwerbsarbeit* (München and Mering, 1993), 48.

（108） Priller, "Veränderungen in der politischen und sozialen Beteiligung in Ostdeutschland," 286f.

（109） 以下を参照。Molitor, *Wählen Frauen anders* ; Regina Berger- Schmitt, "Arbeitsteilung und subjektives Wohlbefinden von Ehepartnern," in Wolfgang Glatzer and Regina Berger- Schmitt, eds., *Haushaltsproduktion und Netzwerkhilfe* (Frankfurt am Main, 1986) ; Maryl- Kleffel, Frauen und ihre sozialen Netzwerke, 121.

（110） 以下を参照。Rolf G. Heinze and Thomas Olk, "Die Wohlfahrtsverbände im System sozialer Dienstleistungsproduktion," *Kölner Zeitschrift für Soziologie und Sozialpolitik* 33, 1 (1981), S94– 114 ; Rolf G. Heinze and Thomas Olk, "Sozialpolitische Steuerung : Von der Subsidarität zum Korporatismus," in M. Glagow, ed., *Gesellschaftssteuerung zwischen Korporatismus und Subsidarität* (Bielefeld, 1984) ; Rudolph Bauer, *Wohlfahrtsverbände in der Bundesrepublik* (Weinheim, 1978).

(111) Eberhard Goll, *Die freie Wohlfahrtspflege als eigener Wirtschaftsfaktor. Theorie und Empirie iher Verbände und Einrichtungen* (Baden-Baden, 1991).

(112) Thomas Olk, Thomas Rauschenbach, and Christoph Sachsse, "Von der Wertgemeinschaft zum Dienstleistungsunternehmen. Oder : über die Schwierigkeit, Solidarität zu üben. Ein einführende Skizze," in Thomas Rauchenbach, Christoph Sachsse, and Thomas Olk, eds., *Von der Wergemeinschaft zum Dienstleistungsunternehmen* (Frankfurt am Main, 1995), 13.

(113) Holger Backhaus- Maul, "Vom Sozialstaat zur Wohlfahrtsgesellschaft ? Uber organisiertes Engagement, Verbände und Sozialstaat," *epd-Doku- mentation* 52/96 (1996) : 9.

(114) Thomas Olk, "Zwischen Hausarbeit und Beruf. Ehrenamtliches Engagement in der aktuellen sozialpolitischen Diskussion," in Siegfried Müller and Thomas Rauschenbach, eds., *Das soziale Ehrenanmt* (Weinheim and München, 1988), 25.

(115) Deutsche Shell, Jugend '97 ; Martina Gille et al., "Das Verhältnis Jugendlicher und junger Erwachsener zur Politik : Normalisierung oder Krisenentwicklung ?" *Aus Politik und Zeitgeschichte*, B 19/96, 3 (1996) : 12 ; Christa Perabo and Hessisches Ministerium für Umwelt, Energie, Jugend, Familie und Gesundheit, "Freiwilliges soziales Engagement in Hessen," positionspapier, Wiesbaden, 1996 ; Rainer Zoll et al., *Nicht so wie unsere Eltern !* (Opladen, 1989) ; Rainer Zoll, ed., *Ein neues kulturelles Modell* (Opladen, 1992) ; Thomas Ziehe, *Zeitvergleiche. Jugend in kulturellen Modernisierungen* (Weinheim and München, 1991) ; for the former GDR, see Lindner 1991.

(116) Claus Offe and Rolf G. Heinze, "Am Arbeitsmarkt vorbei. Überlegungen zur Neubestimmung 'haushaltilicher' Wohlfahrtsprouduktion in ihrem Verhältnis in ihrem Verhaltnis zu Markt und Staat," *Leviathan* 14, 4 (1986), 483f.

(117) 以下を参照。Aktion fur Gemeinsinn, e. V., *Was bedeutet Gemeinsinn heute* ? (Bonn, 1995) ; Joachim Braun, Ulrich Kettler, and Ingo Becker, *Selbsthilfe und Selbsthilfeunterstützung in der Bundesrepublik Deutschland* (Köln, 1996) ; Braun and Kettler, *Selbsthilfe 2000* ; Braun and Opielka, *Selbsthilfeförderung durch Kontaktstellen* ; Warnfried Dettling, *Politik und Lebenswelt* (Gütersloh, 1995) ; Rolf G. Heinze and Matthias Bucksteeg, "Freiwilliges soziales Engagement in NRW : Potentiale und Förderungsmoglichkeiten," in Ministerium fur Arbeit, Gesundheit und Soziales des Landes Nordrhein-West-falen, *Zukunft des Sozialstaates. Freiwilliges soziales Engagement und Selbsthilfe* (Düsseldorf, 1996) ; Hessisches Ministerium für Umwelt, Energie, Jugend, Familie, und Gesundheit, *Expertengespräch : Freiwilliges soziales Engamement* (Wiesbaden, 1996) ; Karl Otto Hondrich and Claudia KochArzberger, *Solidarität in der modernen Gesellschaft* (Frankfurt am Main, 1992) ; Ministerium für Arbeit, Gesundheit und Soziales des Landes Nordrhein-Westfalen, Zukunft des Sozialstaates. *Frewilliges soziales Engagement und Selbsthilfe* (Düsseldorf, 1996) ; Perabo and Hessisches Ministerium, "Freiwilliges soziales Engagement

in Hessen"; Ueltzhöffer and Ascheberg, Engagement in der Bürgergesellschaft; ueltzhöffer and Ascheberg, *Bürgerschaftliches Engagement in Baden-Württemberg.*

(118) Eckrat Pankoke, "Subsidäre Solidarität und freies Engagement. Zur 'anderen' Modernität der Wohlfahrtsverbände," in Thomas Rauschenbach, Christoph Sachsse, and Thomas Olk, eds., *Von der Wertgemeinshaft zum Dienstleistungsunternehmen. Jugend- und Wohlfahrtsverbände im Umbruch* (Frankfurt am Main, 1995), 75.

(119) Braun and Opielka, *Selbsthilfeförderung durch Kontaktstellen*, 236; Braun, Kettler, and Becker, *Selbsthilfe und Selbsthilfeunterstützung in der Bundesrepublik Deutschland*, 77.

(120) Konrad Hummel, ed., *Bürgerengagement. Seniorengenossenschaften, Bürgerbüros und Gemeinschaftsinitiven* (Freiburg, 1995); Klie et al., *Bürgerschaftliches Engagement in Baden-Württemberg*; Ueltzhöffer and Ascheberg, *Engagement in der Bürgergesellschaft*; Ueltzhöffer and Ascheberg, *Bürgerschaftliches Engagement in Baden-Württemberg.*

(121) Thomas R. Cusack, "Social Capital, Institutional Structures, and Democratic Performance: A Comparative Study of German Local Governments," paper presented at the Conference on Social Capital and European Democracy, Milan, October 3-6, 1996, 40; Putnam, *Making Democracy Work*, 76-82, 176, 182.

(122) William Kornhauser, *The Politics of Mass Society* (Glencoe, IL, 1959).

(123) Thomas R. Cusack and Bernhard Wessels, "Problemreich und konflikgeladen: Lokale Demokratie in Deutschland fünf Jahre nach der Vereinigung," *Institutionen und sozialer Wandel*, FS III (1996): 96-203.

(124) Putnam, *Making Democracy Work*, 153.

(125) Ibid., 171.

(126) 経済の不確実性と周縁性によって共同性がもたらされるとする議論のさらなるバージョンが述べられなければならない。すなわち、新州における経済衰退と高水準の（若者の）失業が、ここで「否定的」社会関係資本と呼ぶものの明確な事例である、ネオファシストの一団とその動きを説明する重要な要因である。

(127) Meinhard Miegel, *Wirtschafts- und arbeitskulturelle Unterschiede in Deutschland* (Gütersloh, 1991).

(128) Ibid., 56.

(129) Günter Temple, "Regionale Kulturen in Deutschland-Ergebnisse einer Sekundärauswertung von Umfragedaten," Universität Bremen, ZWE Arbeit und Region, Arbeitspapier Nr.11, 1993.

(130) Ibid., 35.

(131) Heinz-Herbert Noll, "Arbeitsplatzsuche und Stellenfindung," in Helmut Knepel and Reinhard Hujer, eds., *Mobilitätsprozesse auf dem Arbeitsmarkt* (Frankfurt am Main, New York, 1985), 286.

(132) Heinz-Herbert Noll, "Arbeitsmarktressourcen und berufliche Plazierung," *Mannheimer Berichte 22* (1983): 638f; 以下もあわせて参照。Mark Granovetter, "The Strength of

Weak Ties," American Journal of Sociology 78 (1973) : 1360-80 ; Mark Granovetter, *Getting a job : A Study on Contacts and Careers* (Cambridge, MA, 1974).

(133) Klaus Gröhnke et al., "Soziale Netzwerke bei Langzeitarbeitslosen. Duisburger Beiträge zur soziologischen Forschung," Gerhard-Mercator Universität, Gesamthochschule Duisburg no.2/1996, 1996.

(134) A. Goldsmith, J. R. Veum, and W. Darity Jr., "The Psychological Impact of Unemployment and Joblessness," *Journal of Socio-Economics 25* (1996) : 333-58.

(135) Ibid., 49.

(136) 以下を参照。Dettling, *Politik und Lebenswelt.*

(137) 以下を参照。Mayr-Kleffel, *Frauen und ihre sozialen Netzwerke*, 124f. ; Molitor, *Wählen Frauen anders*, 175.

(138) 以下を参照。Deutsche Shell, *Jugend '97*, 324f.

第6章　スペイン――内戦から市民社会へ

(1) James Coleman, *Foundation of Social Theory* (Cambridge, MA : Harvard University press, 1990). "Bowling Alone : America's Declining Social Capital" (*Journal of Democracy* 6, 1 [1995] : 65-78 ここでは、彼はこの概念を合衆国について議論している。彼は以前この概念をイタリアに適用している。それについては Robert Putnam, Robert Leonardi, and Raffaelle Naneti, *Making Democracy Work : Civic Traditions in Modern Italy* [Princeton : Princeton University Press, 1993] を参照）における彼の貢献は経済と社会の間の相互作用を取り扱った文献が増加しているという文脈で見られるべきである。例えば Richard Swedberg, *Economics and Sociology* (Princeton : Princeton University Press, 1990) における、ケネス・アロウ（Kenneth Arrow）による契約が履行されるための信頼の必要性や、彼が呼ぶところの「ビジネス道徳（business morality）」の重要性についての理由づけを参照。

(2) Fritz Scharpf, "The Viability of Advanced Welfare State in the International Economy : Vulnerabilities and Options," Max-Planck-Institut fur Gesellschaftsforschung Working Paper 99/9, September 1999.

(3) 福祉システムの四つの柱（家族、国家、営利団体、非営利組織）の認識の周辺、およびリベラルとコミュニタリアンの主張の混合物の周辺における限定的な収斂を示唆したものとして Víctor Péres-Díaz, Elisa Chuliá, and Berta Álvares-Miranda, Familia y sistema de bienestar : La experiencia españora con el paro, las pensiones, lasanidad y la educación (Madrid : Fundación Argentaria/Visor, 1988).

(4) 政治の役割についての評価は、バランスと経験的研究の問題である。したがって、パットナムは社会関係資本が市民参加の伝統（および都市の問題への参加）と関連していると示唆している。そして彼は社会関係資本に基づいたそのような伝統を、南部とは対照的な北イタリアの都市における市民的なヒューマニズムのなかに見出したと考えている。ここはイタリアの事例を扱う場ではないが、いくつかの批判に対するパットナムの擁護を行うことは適切であろう。パットナムが中世と現代、およびそれらの間の繋がりについての推論に飛びつき、社会関係資本の形成における国家（および政治階級）や経済の影響に十分な注意を払わなかったのは、コーン

（Cohn）などに続いてシドニー・タロウ（Sydney Tarrow）が示唆しているとおりであろう（Sydney Tarrow, "Making Social Science Work Across Space and time: A Critical Reflevtion on Robert Putnam's "Making Democracy Work," *American Political Science Review* 90, 2 [1996]: 389-97）。いずれにせよ、イタリアの事例の様な複雑な現象を説明しようとするには、政治的、経済的な要素についての慎重な考慮が必要であることは明らかである。しかしながら、市民参加の伝統を説明するということに関して言えば、そのような批判はパットナムの主な理論的関心である社会関係資本の果たす役割にはほとんど無関係である。さらに、社会的な構造や文化（ネットワークや規範、感情など）が政治的、経済的要素の単なる副産物に解消され、したがって社会的統合の問題に関する社会学的議論の伝統の大部分にとって無関係なものとされてしまうとすれば、私たちはこの批判によって誤導されているとさえ言えるであろう。

（5） Michail Oakeshott, *On Human Conduct*（Oxford: Clarendon Press, 1990）（野田裕久訳『市民状態とは何か』木鐸社、一九三三年）。市民社会の幅広い概念の区別（当初のスコットランドの概観として Ernest Gellner, *Conditions of Liberty*, New York: Allen Lane, 1994 も参照）、そしてこの言葉のより狭い、限定的な使用（非国家、非営利団体である「第三セクター」に近い、あるいはそれと同等のもの）として Victor Péres-Díaz, "The Responsibility of Civil Society: Traditions, Character and Challenges," in John Hall, ed., *Civil Society: Theory, History, Comparison*（Cambridge: Polity Press, 1995）, 56-79, および Péres-Díaz, "The Public Sphere and a European Civil Society," in Jeffrey Alexander, ed., *Real Civil Societies: Dilemmas of Institutionalization*（London: Sage, 1998）: 211-38 を参照。

（6） Friedrich von Hayek, *Law, Legislation, and Liberty,*: Vol.2（London: Routledge and Kegan Paul, 1976）.

（7） Friedrich von Hayek, *The Fatal Conceit*（Chicago: University of Chicago Press, 1989）, 19.

（8） Ibid., 81.

（9） Talcott Parsons, *Sociological Theory and Modern Society*（New York: Free Press, 1967）.

（10） Emile Durkheim, *De la division du travail social*（Paris: Presses Unibersitaires de France, 1967 [1893]）; Parsons, *Sociological Theory and Modern Society*.

（11） Parsons, *Sociological Theory and Modern Society*, 8.

（12） Julian Pitt-Rivers, *The Fate of Schechem, or the Politics of Sex: essays in the Anthropology of the Mediterranean*（Cambridge: Cambridge University Press, 1977）, 94ff.

（13） Mark Granovetter, "The Strength of Weak Ties: A Network Theory Revisited," Sociological Theory 1（1983）: 201-33.

（14） 例えば、米国における第二次世界大戦の世代の社会関係資本について、Michael Schudson, "What if Civic life Didn't Die?" The American Prospect, March-April 1996, 17-20 を参照。

（15） ここで、この点についてのみ、穏健な社会主義者および左派共和主義者であったインダレシオ・プリエト（Indalecio Prieto）およびマヌエル・アサーニャ（Manuel Azana）に率いられた政治セクターについては筆者は無視する。内戦が始まってからは比較的小さな役割しか果たさなかったが、その証言は内戦へと至る規範的な争いの理解に決定的な重要性を持っている。

(16) Juan J. Linz, "La realidad asociativa de los españoles" in Fondo para la Investigacion Economyca y Social de la Confederación Española de Cajas de Ahorro ed., Sociología española de los años setenta (Madrid : CECA, 1971).

(17) Gabriel Jackson, *The Spanish Republic and the Civil War, 1931-1939* (Princeton : Princeton University Press, 1965) ; Richard Herr, *An Historical Essay on Modern Spain* (Berkeley : University of California Press, 1974).

(18) Víctor Péres-Díaz, *The Return of Civil Society : The Emergence of Democratic Spain* (Cambridge, MA Harvard University Press, 1993) ; *Palo, a Aguilar, Memoria y olvido de la Guerra civil española* (Madrid : Aloanza, 1996).

(19) Elisa Chulia, "La evolucin silenciosa de las dictaduras : El regímen de Franco ante la prensa y el periodismo," Ph.D. thesis, Universidad Complutense de Madrid, 1997, 219 においてジョセプ・タラデラス（Josep Tarradellas）によって裏づけられたカタルーニャ派証人の証言を参照。

(20) *Massnahrenstaat versus Noemenstaat* ibid., 174.

(21) Amparo Almarcha et al., *Estadíscas básicas de España 1900-1970* (Madrid : CECA, 1975), 446.

(22) 国内でも地域によって多少が存在し、多くの場合では一九六〇年代後半まで続いた。Ronald Fraser, In Hiding : *The Life of Manuel Cortés* (New York : New American Library, 1972) を参照。

(23) Linz, "La realidad asociativa de los españoles."

(24) Victor Péres-Díaz, *Structure and Change in Castilian Peasant Communities : A Sociological Enquiry into Rural Castile, 1550-1990* (New York and London : Garland, 1991).

(25) Edward Banfield, *The Moral Basis of a backward Society* (Glencoe, IL : Free Press, 1958).

(26) CECS, *España 1995. Una interpretación de su realodad social* (CECS/Fundación encuentro, 1996), 196-97.

(27) CECS, *España 1994. Una interpretación de su realodad social* (CECS/Fundación encuentro, 1995), 687.

(28) Almarcha et al., *Estadíscas básicas.*

(29) Chulía, "La evolucin silenciosa de las dictaduras."

(30) Ibid., 330.

(31) Enrique Fuentes Quintana, "El modelo de Economía abierta y el Modelo Castizo de desarrollo económico de la España de los 90," in Julio Alcaide et al., *Problemas económicos españoles de la década de los 90* (Bercelona : Círculo de Lectores, 1995), 123.

(32) Juan Velarde, "Evolución del comercio exterior español : del macionalismo económico a la Unión Europea," in Julio Alcaide et al., *Problemas económicos españoles de la década de los 90* (Bercelona : Círculo de Lectores, 1995), 392.

(33) Almarcha et al., *Estadíscas básicas.*

(34) Chulía, "La evolucin silenciosa de las dictaduras," 443.

(35) Ibid., 445.

(36) Susan Tax Freeman, *Neighbors : The Social Contract in a*

Castilian Hamlet（Chicago : University of Chicago Press, 1970）; *Stanley Brandes, Migration, Kinship and Community*（New York : Academic Press, 1976）; Víctor Péres-Díaz, *Estructura social del campo y éxodo rural. Estudio de un pueblo de Castilla*（Madrid : Tecnos, 1972）; Michael Kenny, *A Spanish Tapestry : Town and Country in Castile*（London : Coehn, West, 1961）; M. Weisser, *The peasants of the Montes*（Chicago : University of Chicago Press, 1972）.

(37) Quoted from Chulía, "La evolucin silenciosa de las dictaduras," 329.

(38) CECS, *España 1995*, 196.

(39) Juan Muñoz et al., La Economía Española 1974（Madrid : Cuadernos para el Diálogo, 1975）.

(40) 例えば Jonan Subriats, ed., *¿Existe sociedad civil en España ? Responsabilidades colectivas y valores públicos*（Madrid : Fundación Encuentro, 1999）ジョアン・スブルアーツ（Joan Subriats）の序論を参照。別の見解については Víctor Péres-Díaz, *Spain at the Cross Roads : Civil Society, Politics and the Rule of Law*（Cambridge, MA : Harvard University Press, 1990）, 46ff を参照。

(41) Lester Salamon et al., eds., *Global Civil Society : Dimensions of the Nonprofit Sector*（Baltimore : The Jons Hopkins Center for Civil Society Studies, 1990）, 480.

(42) Ibid.

(43) José Ignacio Ruiz Olabuénaga et al., "Spain" in Lester Salamon et al., eds., *Global Civil Society : Dimensions of the Nonprofit Sector*（Baltimore : The Jons Hopkins Center for Civil Society Studies, 1990）, 163ff.

(44) Salamon et al., *Global Civil Society*, 478.

(45) ジョンズ・ホプキンス大学のプロジェクトにおけるスペインの章に含まれる統計値の作者たちはその出典や方法について曖昧で全般的な典拠のみを示している（Salamon et al., *Global Civil Society*, 490）。その元々の出典（内務省その他の記録）の質が非常に悪いためその統計値の基礎そのものには議論の余地がある。その研究はさらなる研究によって裏づけられ（もしくは反証され）ねばならないであろう。Fabiola Mota, "La realidad asociativa en España," in Jonan Subriats, ed., *¿Existe sociedad civil en España ? Responsabilidades colectivas y valores públicos*（Madrid : Fundación Encuentro, 1999）も参照。いくつかの下位セクターについては、Gregoria Rodríguez Cabrero and Julia Montserrat, eds., Las entidades voluntarias en España（Madrid : Ministerio de Asuntos Sociales, 1996）、および、Luis Cortés Alcalá, María José Hermán, and Óscar López Maderuelo, Las organizaciones de voluntariado enEspaña（Madrid : Plataforma para la Promocíon del Voluntariado en España, 1999）を参照。赤十字と社会問題省の支援の下で社会サービス団体の区分を体系的に行おうという作業が近年進行している。社会的な団体への関心の増大は一九九〇年代半ばの調査データによって裏づけられている。Francisco Andrés Orizo, *Sistemas de valores en la España de los 90*（Madrid : CIS, 1996）を参照。

(46) Víctor Péres-Díaz, "Sociadad civil, esfera pública y esfera privada : tejido social y asociaciones en España en el quicio entre dos milenios," ASP Research Paper 39（a）/2000, 2000.

(47) 詳細については Péres-Díaz, *Spain at the Cross Roads*, 16–33 を参照。

(48) 調査値によって異なる。Richard Gunther and José Ramón Montero, "Los anclajes del partidismo : Un análisis comparado del comporatimiento electoral en cuatro democracias del sur de Europa," in Pilar del Castillo, ed., *Comportamiento político y electoral* (Madrid : CIS, 467–548)、および、Rafael Prieto-Lacaci, "Asociaciones voluntarias," in Salsutiano del Campo, ed., *Tendencias sociales en España*, vol.1 (Madrid : Fundación BBV, 1993) を参照。

(49) Péres-Díaz, *Spain at the Cross Roads*, 137.

(50) Péres-Díaz, *The Return of Civil Society*.

(51) Manuel García Fernando, *Aspectos sociales del deporte. Una reflexión sociológica* (Madrid: Alianza, 1990), 183; INE, *España. Anuario estadístico 1969* (Madrid : INE, 1970), 363 ; *INE, Panorámica social de España* (Madrid : INE, 1994), 748 ; INE, España Anuario estadístico 1995 (Madrid : INE, 1996), 325.

(52) Mario Gaviria, *La séptima potencia : España en el mundo* (Barcelona : Ediciones B Gaviria, 1996), 170 (source : UNESCO, *Statistical Yearbook* [Paris : UNESCO, 1991]).

(53) Pérez-Díaz, Chuliá, and Álvarez-Miranda, *Familia y sistema de biebestar* ; Víctor Pérez-Díaz, Elisa Chuliá, and Celia Vakiente, *La familia española en el año 2000 : Innovación y respuesta de las familias a sus condiciones económicas, políticas y culturales* (Madrid : Fundación Argentaria-Visor, 2001).

(54) INE, *Panorámica social de España*, 136–38.

(55) In'es Arberdi, ed., *Informe sobre la situacíon de la familia en España* (Madrid : Ministerio de Asuntos Sociales, 1995), 313.

(56) EUROSTAT, *Demographic Statistics 1996* (Luxembourg : Office for Official Publications of the European Communities, 1996), 215ff.

(57) CIRES, La realidad social en España (Bilbao : Fundación BBV, Bilbao- Bizkaia- Kutxa y Caja de Madrid, 1992).

(58) Gaviria, *La séptima potencia*, 159, 387.

(59) 過去六〇年にわたる、スペインにおける宗教と教会、左右の対立、民族と法の支配（とりわけバスク・ナショナリズム）といったテーマ規範的な紛争の「市民化」に関する議論の詳細は、Víctor Pérez-Díaz, "Iglesia, economía, ley y nacíon : la cívilización de los conflictos normativos en la Españoa actual," in Peter berger, ed., Los límites de la cohesión social : Conflictos y mediación en las sociedades pluralistas (Barcelona : Galaxia Gutenberg-Círculo de lectores, 1999), 547–628 (English version : "The Church, the Economy, the Law and the Nation : The Civilization of Normative Conflicts in Present-day Spain," ASP Research Papers 32(b)/1999, 1999) を参照。

(60) Alicia Garido, "Autoridad," in Salsutiano del Campo, ed., Tendenciassociales en España (1960– 1990) (Bilbao : Fundación BBV, 1993), 2 : 98.

(61) Javier Elzo et al., Jóvenes españoles 94 (Madrid : Fundación Santa María, 1994).

(62) Péres-Díaz, *The Return of Civil Society*, 140–83.
(63) CIS, "Demanda de segiridad ciudadana. Estudio CIS 2200, diciembre 1995-enero1996," *Boletín del Centro de Investigaciones Sociológicas* 4 (1996) : 2–4.
(64) バスク・テロリズムの問題を除けば、一九九〇年代においても平和運動の印象的な発展が見られる。Víctor Pérez-Díaz, "Iglesia, economía, ley y nacíon," を参照。
(65) Francisco Andrés Orizo, *Los nuevos valores de los españoles : España en la Encuesta Europea de Valores* (Madrid : Fundación Santa María, 1991), and Orizo, *Sistemas de valores en la España de los 90*. Péres-Díaz, *Spain at the Cross Roads* も参照。
(66) José Ramon Montero, "Las dimensiones de la secularización : Religiosidad y preferecias políticas en España," in Rafael Díaz-Salazar and Salvador Giber, eds., Religión y sociadad en España (Madrid : CIS, 1993), 180.
(67) INE *España. Anuario estadístico 1969* ; INE, *España. Anuario estadístico 1995*.
(68) *De la division du travail social* においてデュルケームはある程度の不安を持って、有機的連帯によって結合された、より分節的でより相互に依存した社会の出現を描写している。彼はこの新しい種類の連帯を、現代の市場に適合したナショナルな、もしくは国際的な職業団体の中に制度化されることを望んでいる。相互依存の進んだ経済活動を基盤にした社会では、公然の利益紛争や社会の崩壊を防ぐために、職能利益団体が社会と国家の間のコミュニケーションの経路と同様に、道徳的な規律を提供することが期待される。
(69) バスク問題を除いて。Péres-Díaz, *Spain at the Cross Roads*, および、"Iglesia, economía, ley y nacíon," を参照。
(70) BBV, *Informe economício 1995* (Bilbao : BBV, 1996), 238.
(71) Ibid., 274.
(72) European Commission, *Employment in Europe 1995* (Luxembourg : Office for Official Publications of the European Communities, 1996), 192. 一九九七年には失業率は二一〜二二%である。
(73) 例えば Gaviria, *La séptima potencia* を参照。
(74) *The Economist*, May 3, 1997 も参照。
(75) Péres-Díaz, *Spain at the Cross Roads*, 103–21.
(76) European Commission, *Employment in Europe 1995*, 92, 192.
(77) Pilar del Castillo, "El comportamiento electoral español en las elecciones al Parlamento Europeo de 1989," in Pilar del Castillo, ed., *Comportamiento político y electoral* (Madrid : CIS, 1994), 389ff.; Manuel Justel, "Composición y dinámica de la abstención electoral en España," in Pilar del Castillo, ed., *Comportamiento político y electoral* (Madrid : CIS, 1994), 90 ; and the newspaper *Anuarios El País, several years*.
(78) Manuel Justel, "Edad y cultura política," *Revista Española de Investigaciones Sociológicas* 58 (1992) : 83.
(79) Ibid. ; CIS, "Los ciudadanos y el estado. Estudio CIS2206, enero 1996," *Bolryín del Centro de Investigaciones Sociológicas*, 4 (1996) : 6.
(80) CIS, "Los ciudadanos y el estado," 6.
(81) CIS, "Los españoles ante la Constitución y las instituciones

democráticas : 11 años de Constitución (1978-1989)," *Estudios y encuestas* 23 (1990) ; CIS, "Demanda de seguridad ciudadana."

(82) Orizo, *Los nuevos valores de los españoles*, 150.

(83) Ibid.

(84) Manuel Navarro, "Juventud," in Salsutiano del Campo, ed., *Tendenciassociales en España (1960–1990)* (Bilbao : Fundación BBV, 1993), 1 : 125.

(85) この種の行動に参加した公職者の中にはスペイン銀行の総裁と軍警察(guardia civil)長官が含まれていた。

(86) CIS, "Los españoles ante la administración de justicia," Estudios y encuestas 13 (1988).

(87) CIS, "Informe sobre la ecuesta de victimización (julio de 1978)," *Revista Española de Investigaciones Sociológicas* 4 (1978) : 223-78, CIS "Demanda de seguridad ciudadana."

(88) 企業の「市民性(Civility)」に関する議論の詳細は Víctor Pérez-Díaz, "Legitimidady eficacia : Tendencias de combio en el gobierno de las empresas," ASP Research Papers 28 (a) /1999, 1999.

(89) Norbert Elias, *The Court Society*, trans. Edmund Jephcott (Oxford : Basil Blackwell, 1983 [1969]), 339-44.

(90) Michael Polanyi, The Tacit Dimension (London : Routledge and Kegan Paul, 1967)(高橋勇夫訳『暗黙知の次元』[筑摩書房二〇〇三年])。

(91) カトリック教会の観念的な内容や実際の活動における総合的な変化の詳細な分析については Péres-Díaz, *The Return of Civil Society*, 108-83 を参照。

(92) Victor Turner, Dramas, Fields and Metaphars (Ithaca : Cornell University Press, 1974).

(93) Pitt-Rivers, *The Fate of Schechem*, 72ff.

(94) Péres-Díaz, *Structure and Change in Castilian Peasant Communities* を参照。

第7章 スウェーデン――社会民主主義国家における社会関係資本

このプロジェクトを通じてイルヴァ・ノーレン(Tlva Norén)は非常に役立つ、能力あるリサーチ・アシスタントであった。イエテボリ大学政治学部の同僚たち、とりわけミカエル・ギルヤム(Mikael Gilljam)、セーレン・ホルムベルク(Sören Holmberg)そしてマリア・オスカーソン(Maria Oskarson)からは有益なコメントをいただいた。トアリーフ・ペターション(Thorleif Pettersson)は寛大にも世界価値観調査のスウェーデンの部分のデータを私が利用することを許可していただいた。トーステン・エスターマン(Torsten Österman)にはFSI調査のデータを提供していただいた。深く感謝したい。ニルス・エルヴァンデル(Nils Elvander)、ラウリ・カルヴォネン(Lauri Karvonen)、ミケーレ・ミケレッティ(Michele Micheletti)、ロバート・パットナム(Robert Putnam)、ヨナス・ポントソン(Jonas Pontusson)、ディートリンド・ストーレ(Dietlind Stolle)、そしてフィリップ・ヴィークストレム(Filip Wijkström)の各氏から本報告の初期段階の原稿に建設的なコメントをいただいた。

(1) 例えば、Wallace Clement and Rianne Mahon, eds., *Swedish Social Democracy* (Toronto : Canadian Scholars' Press,

1994)；Tim Tilton, *The Political Theory of Swedish Social Democracy* (Oxford：Clarendon Press, 1990)；and Jan-Erik Lane, ed., *Understanding the Swedish Model* (London：Frank Cass, 1991) を参照。

(2) 例えば、Andrew Schonfield, *Modern Capitalism* (Oxford：Oxford University Press, 1965), and Peter J. Katzenstein, *Small States in World Markets：Industrial Policy in Europe* (Ithaca：Cornell University Press, 1984) を参照。

(3) John Platt, "Social Traps," *American Psychologist* 28 (1973)：641-51. この種の問題には社会科学では他にも多くの名前がある。ゲーム理論では社会的罠は「n人の囚人のジレンマ (n-persons prisoner's dilemma)」もしくは「安心ゲーム (assurance game)」として知られている。そのほかの用語としては「社会的ジレンマ (social dilemma)」、「共有地の悲劇 (tragedy of the commons)」、「集合行為問題 (the problem of collective action)」そして「公共財問題 (the public goods problem)」がある。Elinor Ostrom, "A Behavioral Approach to the Rational Choice Theory of the Collective Action," American Political Science Review 92 (1998)：1-23も参照。

(4) もちろん、他のすべての人が税金を払いゴミを分別することを望みながら、自らはただ、生み出される公共財から利益を得ようとするフリー・ライダーでありたいと思う人は常に存在する。しかしながら経験的な研究の多くは、多くの人がこの種の「経済人 (homo economicus)」ではないことを示している。David Sally "Conversation and Cooperation in Social Dilemmas：A Meta-Analysis of Experiments, 1952-1992," *Rationality and Society* 7 (1995)：58-92, and Ostrom, "A Behavioral Approach to the Rational Choice Theory of the Collective Action," を参照。

(5) 議論の見事な（そして短い）概観として、E. J. Dionne Jr., "Why Civil Society？Why Now？" *The Brookings Review* 15 (1997)：4-8を参照。近年のスウェーデン福祉国家に関する大規模なプロジェクトによると、スウェーデンの二〇世紀は、福祉国家が市民社会を植民地化してしまったために、市民社会にとって失われた世紀であった。Hans Zetterberg and Carl-Johan Ljungberg, *Vårt Land -den svenska socialstaten* (Stockholm：City University Press, 1997), 253を参照。しかしながらこのプロジェクトはこの仮説を支持するいかなるデータも提示していない。

(6) 例えば、Jean L. Cohen and Andrew Arato, *Civil Society and Political Theory* (Cambridge, MA：MIT Press, 1993) を参照。

(7) 例えば、Michele Micheletti, *Civil Society and Social Relations In Sweden* (Aldershot：Avebury, 1995) を参照。

(8) Bo Rothstein, The Social Democractic State：The Swedish Model and the Bureaucratic problems of Social Reforms (Pittsburgh：University of Pittsburgh Press, 1996).

(9) Robert D. Putnam, "Bowling Alone：America's Declining Social Capital," *Journal of Democracy* 6 (1995)：65-78；and Robert D. Putnam, *Bowling Alone：The Collapse and Revival of American Community* (New York：Simon and Schuster, 2000).

(10) Donald Granberg and Sören Holmberg, The Political

System Matters (Cambridge : Cambridge University Press, 1988) 5-7.

(11) Schonfield, *Modern Capitalism* ; and Katzenstein, *Small States in World Markets.*

(12) 非常に優れた事例研究として、Steven Kelman, *Regulating America, Regulating Sweden* (Cambridge, MA : MIT Press, 1981) を参照。Jörgen Hermansson, *Politik som intressekamp* (Stockholm : Nordstedts, 1993) を参照。

(13) *Demokrati och makt I Sverige* (Stockholm : Allmänna förlaget, 1990).

(14) Leif Lewin, "The Rise and Decline of Corporatism," *European Journal of Political Research* 26 (1992) : 59-79.

(15) Bo Rothstein et al., *Demokrati som dialog* (Stockholm : SNSFörlag, 1995) ; Olof Petersson et al., *Democracy and Leadership* (Stockholm : SNS Förlag, 1997).

(16) Pippa Norris, ed., *Critical Citizens : Global Support for Democratic Governance* (Oxford : Oxford University Press, 1999).

(17) Sören Holmberg, *Välja parti* (Stockholm : Norstedts, 2000), 34 ; Sören Holmberg, "Down and Down We Go : Political Trust in Sweden," in Pippa Norris, ed., *Critical Citizens : Global Support for Democratic Governance* (Oxford : Oxford University Press, 1999).

(18) Sören Holmberg and Lennart Weibull, *Det nya samhallet.* SOM-report 24. (Göteborg : Göteborgs Universitet, 2000).

(19) Ola Listhaug and Matti Wiberg, "Confidence in Political and Private Institutions," in Hans- Dieter Klingemann and Dieter Fuchs, eds., Citizens and the State (Oxford : Oxford University Press, 1996), 320.

(20) Holmberg, "Down and Down We Go."

(21) 例えば、*Demokrati och makt I Sverige*, and Ake E.Åndersson et al., *70- talister om värderingar förr, nu och i Fremtiden* (Stockholm : Natur och Luktur, 1993) を参照。

(22) Source : Data received from Statens Ungdomsstyrelse (National Board for Youth), Stockholm.

(23) Source : SCB, *Politiska resurser och aktiviteter 1978-1994* (Stockholm : Statistics Sweden, 1995), 66. 言及されるべきなのは、世界価値観調査 (World Value Studies) のスウェーデン部分からのデータは一九八一～九六年に政党の党員数の減少を示してはいないという点である。ただし、サンプル数は非常に少ない。

(24) Mikael Gilljam and Tommy Möller, "Från medlemspartier til våljarpartier," in *På medborgarnas villkor : en demokratisk infrastruktur* (Stockholm : Tritzes, 1996).

(25) Rothstein et al., *Democrati som dialog.*

(26) Lars Pettersson, "In Search of Respectability : Popular Movements in Scandinavian Democracy," in Lars Rudebeck and Olle Törnqvist, eds., *Democratization and the Third World* (Uppsala : Uppsala University, Seminar for Development Studies, 1995).

(27) 「自由教会 (Free Churches)」は、国教会であるスウェーデン国教会に対抗して組織された。

(28) Micheletti, *Civil Society and State Relations in Sweden* を参照。

(29) Gunnar Olofsson, *Mellan klass och stat* (Lund Arkiv, 1979).

(30) Tommy Lundström and Filip Wijkström, *The Nonprofit Sector in Sweden* (Manchester: Manchester University Press, 1997); Michele Micheletti, "Organisationer och svesk demokrati," in *På medborgernas villkor: en demokratisk infrastruktur* (Stockholm: Fritzes, 1996).

(31) Kurt Klaudi Klaussen and Per Selle, "The Third sector in Scandinavia," Voluntas 7 (1996): 90–122; Bo Rothstein, "State Structure and Variations in Corporatism: The Swedish Case," *Scandinavian Political Studies* 14 (1991): 149–71. このことは、国家との緊密な連携が団体にとって問題を生じさせないということではない。Per-Ola Öberg, *Särintresse och allmänintresse. Korporatismens ansikten* (Uppsala: Almqvist and Wiksell International, 1994) 参照。

(32) Rothstein, "State Structure and Variations in Corporatism," 162. より引用。Rothstein, *Den korporativa staten*, 89. も参照。

(33) Rothstein, "State Structure and Variations in Corporatism," 164. より引用。

(34) Rothstein, *Den korporativa staten*; Öberg, *Särintresse och allmänintresse* も参照。

(35) Rothstein, "State Structure and Variations in Corporatism," 163–65. より引用。

(36) Gunnar Hechscher, *Staten och organisationerna* (Stockholm: KF Förlag, 1946).

(37) Rothstein, *Den korporativa staten*.

(38) Per Selle, "The Transformation of the Voluntary Sector in Norway: A Decline of Social Capital?" in Jan Van Deth et al. eds., Social Capital and European Democracy (London Routledge, 1998); Öberg, *Särintresse och allmänintresse* 参照。

(39) Lewin, "The Rise and Decline of Corporatism,"; Rothstein, *Den korporativa staten*.

(40) Per Selle and Bjarne Øymyr, *Frivillig organisering og demokrati* (Oslo: Samlaget, 1995); Selle 1998 参照。

(41) Pettersson, "In Search of Respectability".

(42) Lennart L, 37undquist, *Fattigvårdsfolket. Ett nätverk i den sociala frågen 1900–1920* (Lund: Lund University Press, 1997), 137–94; Tommy Lundström, "The State and Voluntary Social Work in Sweden," *Voluntas* 7 (1996): 123–46.

(43) John Boli, "Sweden: Is There a Viable Third Sector?" in Robert Wuthnow, ed., Between States and markets: *The Voluntary Sector in a Comparative Perspective* (Princeton: Princeton University Press, 1991).

(44) SCB: *Välfärd och ojämlikhet I 20-årsperspektiv 1975–1995* (Srockholm: Statistics Sweden, 1997), 327–29.

(45) Barbar A. Misztal, *Trust in Modern Societies* (Cambridge: Polity Press, 1996), 95.

(46) *Folkbildningen- en utvärdering* (SOU 1996: 159) (Stockholm: Fritzes, 1996), 18. 数値は一九九四年から。

(47) Ibid., 35.

(48) Rothstein et al., *Demokrati som dialog*, 59.

(49) *Folkbildningen- en utvärdering*, 37, 123.

(50) Ibid., 19.

(51) Ibid., 134.

(52) Olof Petersson et al., *Medborgarnas makt* (Stockholm

Carlssons, 1987), 216.
(53) Ibid., 251.
(54) Lars Häll, *Föreningslivet I Sverige* (Stockholm : Statistics Sweden, 1994), 11.
(55) Michael Woolcook, “The Place of Social Capital in Understanding Social and Economic Outcomes,” *ISUMA : Canadian Journal of Policy Research* 2 (2001).
(56) ノルウェー (Selle and Øymyr, *Frivillig organisering og demokrati*, 173) およびデンマーク (Jorgen Goul Andersen, Lars Torpe, and Johannes Andersen *Hvad folket Magter* [Copenhagen : JoF Förlag, 2001]) でも同様である。
(57) この研究は回答者に労働組合、政治団体、スポーツ団体、禁酒団体、宗教団体そして「その他」の団体の会員であるかを尋ねるものである。Marek Perlinski, “Livet utantör fabriksgrinden och kontorsdörren,” in Rune Åberg, ed., *Industisamhället i omvandling* (Stockholm : Carlssons, 1990), 228.
(58) Olof Pettersson, *Politikens möjligheter* (Stockholm : SNS Förlag, 1996), and Micheletti, “Organisationer och svensk demokrati,” 参照。
(59) Rothstein, “Labor Market Institutions and Working-Class Strength,” in Sven Steinmo et al., eds., *Structuring Politics : Historical Institutionalism in a Comparative Perspective* (New York : Cambridge University Press, 1992).
(60) Johan Fritzell and Olle Lundberg, *Vardagens villkor. Levnadsförhånllanden i Sverige under tre decennier* (Stockholm : Brombergs, 1994).
(61) Rothstein te al., *Demokrati som dialog*, 59.
(62) Häll, *Förningslivet i Sverige*, 63. 要するに、このことは全人口に対するこれらの団体による動員の程度が二〇％程度低下したことを意味している。しかしながら、これら二つの研究の比較から結論を引き出すには慎重になるべき理由が存在する。質問は一致するものの、これら二つの調査は異なる種類の調査である。一九八七年の調査は権力と民主主義についてのものであり、九二年の調査は生活水準についてのものである。この文脈の違いのために、ボランティア団体での活動が前者では過剰に報告されているかもしれない。Häll, *Förningslivet i Sverige*, 27, 参照。
(63) Micheletti, “Organizsationer och svensk demokrati,” 205, and Petersson, *Politikens möjligheter*, 57–59.
(64) *Demokrati och makt i Sverige*, ch. 11.
(65) Olof Petersson et al., Medborgarnas makt (Stockholm : Carlssons, 1989), 262.
(66) イエテボリ大学のＳＯＭ研究所では毎年、社会 (society)、世論 (opinion)、そしてメディア (media) をテーマにした全国的な調査を実施している (ＳＯＭという名前はここから来ている)。この研究所の管理にはイエテボリ大学の政治学部も参加している。このプロジェクトの中で、信頼についての質問は一九九六～二〇〇〇年に行われた五回の調査で加えられた。サンプリングや回答率などの情報については www.som.gu.se にアクセスするか、som@jmg.gu.se に連絡されたい。
(67) Bo Rothstein, “Förtroende för andra och förtroende for politiska institutioner,” in Sören Holmberg and Lennart Weibull, eds., *Ljusnande framtid* (Göteborg : Göteborg

University, 1999)；Eva Jappson Grassman and Lars Svedberg, "Medborgarskapets gestaltningar och utanför föreningslivet," in *Civilsamhället* (Stockholm：Allmänna förlaget, 1999).

(68) Thorleif Pettersson, "Välfärd, värderingsförändringer och folkrörelseengagemang," in Sigbert Axelsson and Thorleif Pettersson, eds., *Mot denna framtid* (Stockholm：Carlssons förlag, 1992), 51.

(69) Thorleif Pettersson and Kalle Geyer, *Värderingsförändringer I Sverige. Den Svenska modellen, individualismen och rättvisan* (Stockholm：Brevskolan, 1992), 13. この調査では以下の四つの特徴のうち少なくとも三つ以上の特徴を持つ人を、一般に個人主義的な態度と定義している。(1)経済的平等よりも個人の自由を推奨する、(2)断固として譲らず、他者を説得させようとする傾向がある、(3)個人的な発展をより強く強調することを望む、(4)権威に対して敬意を払わない。

(70) Ibid. 仕事上の活動に対して個人主義的な見解を持つとは、以下の四つの特徴のうち、少なくとも三つを持つ人のことをいう。(1)より有能な秘書がより多く稼ぐことは公正なことである、(2)被雇用者が監督者の指示に従うのは、自身の考えと一致したときだけでよい、(3)仕事において、個人的に主導権をとれることが重要である、(4)仕事の責任を引き受けられることが重要である。

(71) Ibid., 28-31. 最後の一文への強調は取り除いた。スカンジナビアの市民にとり、これら二つが異なる次元であることを示したものとして、Jörgen Goul Andersen, "Samfundsind og egennytte," Politica 25 (1993).

(72) Pettersson and Geyer, *Värderingsförändringer I Sverige*, 28-30. これはフィンランドの研究によっても支持されている。Helena Blomberg and Christian Kroll, "Välfärdsvärderingar i olika generationer-från kollektivism mot en ökad individualism ?" *Sosiologia* 32 (1995)：106-21.

(73) D. G. Barker et al., *The European Value Study, 1981-1990* (Tilburg：Gordon cook Foundation of European Value Group, 1992), 5.

(74) Andersson et al., *70- talister om värderingar förr*, 144-46.

(75) Häll, *Förningslivet i Sverige*, Table 2：10.

(76) Selle and Øymyr, *Frivillig organisering og demokrati*, 241.

(77) Rothstein, "Labor Market Institutions and Working- Class Strength."

(78) Ibid.

(79) Rothstein, *Den korporativa staten*.

(80) Ibid.

(81) Rothstein, "Labor Market Institutions and Working- Class Strength."

(82) Sven Nelander and Viveka Lindgren, *Röster om facket och jobbet. Facklig aktivitet och facklig arbete* (Stockholm：LO, 1994).

(83) SCB：*Välfärd och ojämlikhet I 20-årsperspektiv 1975-1995*, 335-39.

(84) Ibid.

(85) Boli, "Sweden：Is There a Viable Third Sector ?"

(86) Zetterberg and Ljungberg, *Vårt Land -den svenska socialstaten*, 266.

(87) Alan Wolfe, *Whose Keeper? Social Science and Moral Obligation* (Berkeley: University of California Press, 1989), 22.
(88) Ibid., 142.
(89) Perlinski, "Livet utantor," 231-33.
(90) SCB: *Välfärd och ojämlikhet I 20-årsperspektiv 1975-1995*, 287-301.（有意水準は .05である）。
(91) 例えばZetterberg and Ljungberg, *Vårt Land -den svenska socialstaten.* を参照。Wolfe, *Whose Keeper?* も参照。
(92) Karin Busch Zetterberg, *Det civila samhället och välfärdsstaten* (Stockholm: City University Press, 1996).
(93) Wolfe, *Whose Keeper*, 258.
(94) Kontrollstyrelsen, *Alkoholstatistik* (Stockholm: SCB, 1968).
(95) Socialstyrelsen, *Alkoholstatistik* (Stockholm: SCB, 1997). 一九九七年以降の数字については九八年一月八日の全国アルコール会議におけるアンダース・エディン（Anders Edin）との個人的な会話によった。
(96) 一九九八年一月八日の全国アルコール会議におけるアンダース・エディン（Anders Edin）との個人的な会話により。
(97) SCB: *Välfärd och ojämlikhet I 20-årsperspektiv 1975-1995*, 119.
(98) Fritzell and Lundberg, *Vardagens villkor*.
(99) SCB: *Välfärd och ojämlikhet I 20-årsperspektiv 1975-1995*, 303.
(100) Katherine Gaskin and Justin Davis Smith, *A New Civic Europe? A Study of the Extent and Role of Volunteering* (London: The Volunteer Center, 1995), 28.
(101) その他の国は、ベルギー、ブルガリア、ドイツ、アイルランド、オランダ、スロヴァキア、英国であった。
(102) インタビュアーは質問に対して「ノー」と答えた人に対しては無償労働のリストを示し、そのなかのどれかを行っていないかをチェックしてもらい答えを促した。この促すことをしないで答えた人の割合はスウェーデンでは三二%であり、その他の諸国の平均は一三%であった。
(103) Gaskin and Smith, *A New Civic Europe*, 35.
(104) Ibid., 50.
(105) Lundström and Wijkström, *The Nonprofit Sector in Sweden*; Lester salamon et al., *The Emerging Sector: A Statistical Supplement* (Baltimore: Johns Hopkins Institute for Policy Studies, 1996) も参照。
(106) Lester Salamon and Helmut Anheier, *The Emerging Sector: An Overview* (Baltimore: Johns Hopkins Institute for Policy Studies, 1994), 35.
(107) Lundström and Wijkström, *The Nonprofit Sector in Sweden*. この研究には、フランス、イタリア、日本、ハンガリー、スウェーデン、米国、英国、ドイツが含まれている。この研究において非営利セクターは以下の領域における公式の、私的な、自律した、自発的な団体であると規定されている。その領域とは文化、娯楽、教育、健康、社会サービス、環境、成長と住宅、市民および提唱、慈善、ビジネス、専門職、そして「その他」である。宗教の信徒団、政党、協同組合、相互貯蓄銀行、相互保険会社、政府系機関は除外されている。Salamon and Anheier 1994, 13-6を参照。この研究の経済的な計測の一つの問題は労働組合が含まれていることである。スウェーデンでは政府が労働組合にレイオフの際に誰が職を失うかなどの、被雇用者の労働条件に関する幅広い決定権を与えている。実際には、地方の組合はこの力を組合員であるかどうかによって行使している。多くの場合、このことが組合への加入の自発性を形式的なものにしている。スウェーデンにおける自発的結社の領域の経済的規模に占める労働組合の割合は、この研究によると一七・六％であり、スウェーデンの数字は誇張されているのかもしれない。しかし、労働組合の数字が外されてもなお、スウェーデンの非営利セクターの相対的な経済的規模は、例えばフランス、ドイツ、イタリアなどと同程度以上である。

(108) 英国のデータについては、Office of Population Census and Surveys, Monitor 17, *General Household survey : Careers in 1990* (London : The Government Statistical Service, 1992), ここでは Zetterberg, *Det civila samhället och välfärdsstaten*, 197 より引用。

(109) Bo Rothstein, "The Universal Welfare State as a Social Dilemma," *Rationality and Society* 13 (2001) : 213-33 を参照。

(110) Stein Kuhnle and Per Selle, *Government and Voluntary Organizations* (Avesbury : Aldershot, 1992) ; Lundström and Wijkström, *The Nonprofit Sector in Sweden* も参照。

(111) Ronald Inglehart, *Modernization and Postmodernization : Cltural, Economic and Political Change in 43 Countries* (Princeton : Princeton University Press, 1997), 172-75.

(112) デンマークでも同様である。Goul Andersen, Torpe, and Andersen 2001.

(113) Bo Rothstein, "På spaning efter det sociala capital som flytt," in Sören Holmberg and Lennart Weibull, eds., *Det nya samhället ?* (Göteborg : Göteborg University, 2000).

(114) 重回帰モデルは以下に示されている。Bo Rothstein, "Social Capital and Institutional Legitimacy," working paper presented at the annual meeting of the American Political Science Association, Washington, DC, Aug. 28- Sept.. 2, 2000.

(115) Eric Uslaner, *The Moral Foundations of Trust* (New York : Cambridge University Press, forthcoming).

(116) 一九九六年のＳＯＭ調査のデータ。

(117) 統計分析は以下に示されている。Rothstein, "Social Capital and Institutional Legitimacy."

(118) ゲーム理論では通常「機会主義的行動 (opportunistic behavior)」と呼ばれる。これは、私はあまりに良すぎる言葉であると考える。

(119) Sidney Tarrow, "Making Social Science Work Across Space and Time : A Critical Reflection on Robert Putnam's *Making Democracy Work*," *American Political Science Review* 90 (1996) : 380-97, and Margaret Levi, "Social and Unsocial Capital," *Politics and Society* 24 (1996) : 45-55 を参照。

(120) Bo Rothstein, *Just Institutions Matter : The Moral and political Logic of the Universal Welfare State* (Cambridge : Cambridge University Press, 1998). Inglehart, *Modernization and Postmodernization* も参照。

(121) John Brehm and Wendy Rahn, "Individual-Level Evidence for the Causes and Consequences of Social Capital," *American*

Journal of Political Science 41（1997）: 999–1023 参照。ディートリンド・ストーレ（Dietlind Stolle）はミクロレベルで、（スウェーデンにおける）自発的諸団体への参加が信頼一般を増加させているという長期的な証拠が存在しないことを示している。Dietlind Stolle, "Clubs and Congregations: The Benefits of Joining Associations," in Karen S. Cook ed., *Trust in Society*（New York: Russel Sage Foundation, 2001）を参照。

(122) Rafael LaPorta et al., "Trust in Large Organizations," American Economic Review 87（1997）: 333-38. Ronald Inglehart, "Trust Well-being and Democracy," in Mark E. Warren, ed., Democracy and Trust（New York: Cambridge University Press, 1999）.

(123) World Value Studies, 1981 and 1990.

(124) このテーマは Rothstein, *Just Institutions Matter* において詳しく述べている。

(125) Theda Scocpol, "America's Incomplete Welfare State: The limits of New Deal Reforms and the Origins of the Present Crisis," in Martin Rein et al., eds., *Stagnation and Renewal in Social Policy*（Armonk, NY: M.E.Sharpe, 1987）.

(126) Cohen and Arato, *Civil Society and Political Theory*, 664. ＡＦＤＣは扶養児童を持つ家庭への援助（Aid to Families with Dependent Children）の略称であり、合衆国において主要なミーンズテストつきの社会補助プログラムである。「在宅男性ルール（the-man-in-house rule）」とはこのプログラムにおいて、健康な成長した男性が（夫、もしくは同棲相手として）家庭で生活している場合には、その家庭には補助が与えられないという規定である。このプログラムの批判者によれば、このルールは男性が家庭を放棄する動機となり社会的に不利な立場におかれている人々の間での家庭崩壊の急速な増加を助長してきた。

(127) Johan P. Olsen, *Organized Democracy: Political Institutions in a Welfare state-The Case of Norway*（Oslo: Universitetsförlaget, 1992）.

(128) Klas Åmark, "Social Democracy and the trade union Movement: Solidarity and the Politics of Self Interst," in Klas Misgeld et al., eds., *Creating Social Democracy: A Century of the Social Democratic lobor party in Sweden*（University Park: Pennsylvania State University Press, 1992）73.

(129) Gary D. Miller, *Managerial Dilemmas*（Cambridge: Cambridge University Press, 1992）; Adam Przeworski and Michael Wallerstein, "The Structure of Class Conflict in Democratic Capitalist Societies," *American Political Science Review* 76（1992）: 215-18.

(130) Bertil Kugelberg, *Från en central utsiktpunkt*（Stockholm: Norstedt, 1986）.

(131) これを協定への「秘密の追加」と呼ぶ歴史家もいる。例えば、Klas Åmark, *Facklig makt och fackligt medlemskap*（Lund: Arkiv, 1989）.

(132) Åmark, "Social Democracy and the trade union Movement."

(133) Kugelberg, *Från en central utsiktpunkt*, 52.

(134) Goren Therborn, "Socialdemokratin trader fram," *Arkiv för studier I arbetarrörelsens historia* 41（1988）: 1-46; Åmark,

“Social Democracy and the trade union Movement,” and Sven-Anders Söderpalm, *Arbetsgivarna och Saltsjöbadpolitiken* (Stockholm: Swedish Employers' Federation, 1981); Bertil Kugelberg, *Upp i vind* (Stockholm: Norstedt, 1985), 301-4 も参照。

(135) 例えば、Kugelberg, *Upp i vind*, 302-4.

(136) Rothstein, *Den Korporativa staten*. ドイツとスウェーデンの非常に有益な比較として以下を参照。Sheri Berman, “Path Dependency and political Action: Re-examining Responses to the Depression,” *Comparative Politics* Forthcoming.

(137) 活動家や、共産党員、労働組合によって引き起こされた九カ月にわたる建設産業における紛争のために一九三三年の社会民主党と農民党との間の失業を抑制しようとした有名な危機パッケージが実施できなかったことが、このような確信の理由の一つとなった。Åmark, “Social Democracy and the trade union Movement,” and Anders J. Johansson, *Tillväxt och klassamarbete* (Stockholm: Tiden 1989) 参照。

(138) Kugelberg, *Från en central utsiktpunkt*, 112.

(139) 彼らが、一九四五年に行われた共産党が主導する金属労働者組合が中心的役割を果たし、組合側の敗北に終わった紛争によって大きく助けられたということは付け加えられるべきであろう。オロフソン (Olofsson) が *Mellan klass och stat* で指摘しているように労働組合運動内の改良主義的な戦略は、共産党の好戦的な戦略が敗北し、彼ら自身の協調戦略のみが成功するということを見届けたのである。

(140) Tilton, *The Political Theory of Swedish Social Democracy*, 224. Nils Elvander, *Den Svenska Modellen* (Stockholm: Publica, 1988) も参照。TCUはホワイトカラー組合の連合体である。

(141) Rudolf Meidner, *Employee Investment Funds* (London: George Allen and Unwin, 1978).

(142) Tilton, *The Political Theory of Swedish Social Democracy*, p. 229.

(143) Mikael Gilljam, *Svenska folket och löntagarfonderna* (Lund: studentlitteratur, 1988), 176.

(144) Bo Stråth, *The Organization of Labour Markets: Modernity, Culture and Governance in Germany, Sweden Britain and Japan* (London: Routledge, 1996), 99-106.

(145) Bert-Olof Svanholm, interviewed in *Svenska Dagbladet*, October 23, 1994.

(146) Assar Lindbeck, *The Swedish Experiment* (Stockholm: SNS Förlag, 1999).

(147) *Svenska Dagbladet*, May 6, 1996.

(148) Elvander, *Den Svenska Modellen*; Lewin, “The Rise and Decline of Corporatism,” も参照。

(149) Jonas Pontusson and Peter Swensson, “Labour Markets, Production Strategies and Wage Bargaining Institutions,” *Comparative Political Studies* 29 (1996): 223-50.

(150) Jonas Pontusson, *The Limits of Reformism: Investment Politics in Sweden* (Ithaca: Cornell University Press, 1993).

(151) Jon Elster, “Rationality and Social Norms,” *Archives Européennes de Sociologie* 31 (1991): 233-56.

筆者が最初に本章の草稿を書き上げたとき、オーストラリアのシドニーでは二〇〇〇年のオリンピックとパラリンピックが開催されていた。九月の四週間の間に、五万人のボランティアのガイド、試合への関心の集中、試合会場への無料の公共交通機関は、災害や戦争のときにより身近になる見知らぬ人々同士の間に寛大さをもたらした。

大会はうまくいった。なぜなら、大会は我々に我々の歴史の良い側面を思い起こさせたからである。政府と野党が目に見えるかたちで政党の枠を越えて支援したという事実と、開会式および閉会式で有名になった多様性、そして外部からの参加者に対する自発的な寛大さが組み合わさることにより、善意の共有という精神が築かれた。この見方は本章の叙述と一致する。つまり、オーストラリアにおける社会関係資本は政府と非政府組織の交差という特殊な混合体の正統的な賜物である。

しかし、前回のアトランタオリンピックからの報告にはなんらの市民性、あるいは善意の増加について書かれておらず、よってその効果はオーストラリア人に特別な何かだったに違いない。不幸なことに、市民性の新たな時代の称賛やボランティア精神の継続の要求する政府の美辞麗句にもかかわらず、同じ政治的議論、地方と都市の住民の諍い、先住民との和解についての同じ論争、これらを残したまま、その効果は消えた。そうだとしても、二〇〇〇年一一月に、一〇〇万人近い人々が、先住民との和解を支持し行進して橋を渡るイベントに参加した。

(1) オーストラリアでは、「選挙区」という用語は一人の代表者を選出する地理的な地区である。

(2) Australian National University, Social Science Data Archives, Referendum Study no. 1018, 1999. 政府は本質的に社会の一般的利益を促進する最も好ましい手段であるか、あるいは人々の権利を脅かし信用してはならないかと質問したとき、七〇・五%の回答者が前者を選んだ。

(3) F. G. Castles, *The Working Class and Welfare* (Wellington: Allen and Unwin, 1985).

(4) Australian Bureau of Statistics, *Australian Social Trends* (Canberra: Australian Bureau of Statistics, 1998), 2.

(5) H. Eisenstein, *Inside Agitators* (Sydney: Allen and Unwin, 1996).

(6) P. Adams, ed., *The Retreat from Tolerance: A Snapshot of Australian Society* (Sydney: ABC Books, 1997).

(7) R. Eckersley, "Perspectives on Progress," in R. Eckersley, ed., *Measuring Progress: Is Life Getting Better?* (Collingwood, Victoria: CSIRO, 1998), 4-9.

(8) Australian Bureau of Statistics, *Voluntary Work Australia*, Cat. No. 4441.0 (Canberra: Australian Bureau of Statistics, 1995), 1.

(9) Australian Bureau of Statistics, *How Australians Use Their Time*, Cat. No. 4153.0 (Canberra: Australian Bureau of Statistics, 1992).

(10) Australian Bureau of Statistics, *South Australian Community and Voluntary Work Survey* (Canberra: Australian Bureau of Statistics, 1988).

(11) Australian Bureau of Statistics, *How Australians Use Their*

Time.

（12） Australian Bureau of Statistics, *Aspects of Literacy*, Cat. No. 4228.0（Canberra : Australian Bureau of Statistics, 1996）.

（13） P. Hughes and J. Bellamy, "The Distribution of Social Capital," unpublished paper, 1998.

（14） F. Baum et al.," Volunteering and Social Capital: An Adelaide Study," *Volunteer Journal of Australia* 23, 3（1998）.

（15） Hughes and Bellamy, "The Distribution of Social Capital."

（16） 未刊行の学生による調査，シドニー工科大学，一九九八。

（17） M. Lyons and S. Hocking, *Australia's Non-Profit Sector : Some Preliminary Data*（Sydney : Centre for Community Management, University of Technology, 1998）.

（18） P. Kaldor et al., *Winds of Change : The Experience of Church in a Changing Australia*（Lancer : The National Church Life Survey, 1994）.

（19） Hughes and Bellamy, "The Distribution of Social Capital."

（20） Australian Bureau of Statistics, *Australian Social Trends*, 1994, 109.

（21） Australian National University, *Australian Election Survey*（Canberra : Australian National University, 1996）.

（22） Ibid.

（23） Ibid.

（24） Baum et al., "Volunteering and Social Capital."

（25） Australian National University, *Australian Social Trends*, 1994, 109.

（26） Roy Morgan Research Centre, Morgan Poll No. 2892, April 1996.

（27） D. Weatherburn, E. Matke, and B. Lind, "Crime Perception and Reality," *Crime and Justice Bulletin*（NSW Bureau of Crime Statistics and Research）2（1996）.

（28） H. Brownlee and P. McDonald, "A Safe Place for Children," *Family Matters* 33（1992）: 22-26.

（29） D. de Vaus and S. Wise, "The Fear of Attack," *Family Matters* 43（1996）: 34-38.

（30） 未刊行の学生による調査，シドニー工科大学，一九九八。

（31） AGB McNair Pty. Ltd., Australian National University, Social Science Data Archives, 1989.

（32） Australian National Univesity, *Australian Election Survey*.

（33） National Centre for Social and Economic Modelling, University of Canberra, *Income Distribution Report*, May 1996.

（34） United Nations Development Programme, *Human Development Report*（London : Oxford University Press, 1998）.

（35） Davis and Associates, "News Ltd Submission to Media Ownership Inquiry," *The Australian, business section*, Dec. 3, 1996.

（36） Australian Bureau of Statistics, *How Australians Use Their Time.*

（37） Davis and Associates, "News Ltd Submission to Media Ownership Inquiry."

（38） Roy Morgan Research Centre, *World Values Study*（Melbourne : Roy Morgan Research Centre, 1983, 1995）.

（39） Roy Morgan Research Centre, Morgan Poll No. 2877, 1996.

（40） S. Knack and P. Keefer, "Does Social Capital Have an

Economic Payoff ?" *Harvard Journal of Economics*, December 1997, 1253–88.

(41) Lyons and Hocking, *Australia's Non-Profit Sector*.

(42) R. D. Putnam, *Making Democracy Work* (New Haven : Yale University Press, 1993).

第9章　日本——社会関係資本の基盤拡充

この研究は、Shiro Harada, Emiko Iwasaki, Yoko Matsuba によるデータ分析の手助けに、多大な恩恵を受けた。彼らに最大の感謝を申し上げる。蒲島郁夫、高橋伸夫、田中愛治、辻中豊にも、選挙、組織、ネットワークに関する彼らの啓発的な研究に対してもまた感謝している。総務庁と経済企画庁からの助言もまた最も有益なものであった。表9-4の出典は、東・東南アジアと西欧の一八カ国で二〇〇〇年秋に（日本リサーチセンターが主導し）ギャラップ社によって行われたアジアヨーロッパ調査のデータであるということも記しておきたい。この調査は民主主義と政治文化プロジェクトによって企図され、日本の文部省（文部科学省）から一九九九〜二〇〇三年に、財政的支援を受けた（プロジェクト #11102001主任研究者　猪口孝）。何にもまして、本論文の初期の草稿に対して批判的で建設的な議論をしてくれた、このプロジェクトへの参加者に最も感謝をしている。非常に有益なコメントを下さった、ロバート・パットナムとテン・フォルカーに感謝の意を示したい。

(1) Robert Putnam, "Bowling Alone : America's Declining Social Capital," *Journal of Democracy* 6, 1 (1995), 65–78 ; Robert Putnam, "Tuning In, Tuning Out : The Strange Disapperance of Social Capital in America," *PS : Political Science and Politics*, December 1995, 664–83 ; Robert Putnam, "Democracy in America at Century's End," in Axel Hadenius, ed., *Democracy's Victory and Crisis* (Cambridge : Cambridge University Press, 1997), 27–70.

(2) Yutaka Tsujinaka, "Interest Group Structure and Change in Japan," University of Maryland, College Park/University of Tsukuba Papers on U.S.-Japan Relations, November 1996.

(3) Yasusuke Murakami, *An Anti-Classical Political-Economic Analysis* (Stanford : Stanford University Press, 1996) ; Takashi Inoguchi, *Gendai Nihon seiji keizai no kozu* [Contemporary Japanese political economy], (Tokyo : Toyo Keizai Shimposha, 1983) ; Takashi Inoguchi, "The Political Economy of Conservative Resurgence Under Recession : Public Policies and Political Support in Japan, 1977-1983," in T. J. Pempel, ed., *Uncommon Democracies : The One-Party Dominant Regimes* (Ithaca : Cornell University Press, 1990), 189–225.

(4) Chikio Hayashi and Akira Iriyama, *Koeki hojin no jitujo* [The reality of nonprofit organizations] (Tokyo : Diamond Sha, 1997).

(5) "Jidai ni tachimukau shimin undo no suimyaku-networking keisai dantai zen list" [Currents of civic action groups confronting the times : organizations described in the feature articles], *Asahi Journal*, December 9 and 12, 1988.

(6) Takashi Inoguchi, Nihon : *Keizai taikoku no seiji un'ei* [The

governing of an economic superpower 1974–1993]. Tokyo: University of Tokyo Press, 1993 (English edition forthcoming).

(7) Ministry of Education, Institute of Statistics and Mathematics, *Kokuminsei no kenkyu* [Studies of national character] (Tokyo: Government of Japan, Ministry of Education, 1953–96).

(8) Gabriel Almond and Sidney Verba, *The Civic Culture* (Princeton: Princeton University Press, 1963).

(9) Joji Watanuki, "Japan: From Emerging to Stable Party System?" Research Papers Series no. A–67, Institute of International Relations, Sophia University, 1997.

(10) Takashi Inoguchi, "Social Capital in Japan," *Japanese Journal of Political Science* 1, 1 (2000), 73–112.

(11) Claus Offe, "Social Capital: Concepts and Hypotheses," Humbolt University, July 1997.

(12) Association for the Promotion of Clean Elections, *Dai sanjuhachi-kai Shugiin sosenkyo no jittai* [The 38th general election for the House of Representatives] and *Dai sanjukyu-kai Shugiin sosenkyo no jittai* [The 39th general election for the House of Representatives] (Tokyo: Association for the Promotion of Clean Elections, 1987 and 1991).

(13) Joji Wananuki and Ichiro Miyake, *Kankyo henka to tohyo kodo* [Political environment and voting behavior] (Tokyo: Bokutakusha, 1997).

(14) Robert Putnam, *Making Democracy Work: Civic Traditions in Modern Italy* (Princeton: Princeton University Press, 1993).

(15) Ibid.

(16) この相違については以下を参照。Susan Pharr, "Japanese Videocracy," *Press/Politics*, 2, 2 (1997); Susan Pharr, "Public Trust and Democracy in Japan," in Joseph S. Nye, Jr., Philip D. Zelikow, and David C. King, eds., *Why People Don't Trust Government* (Cambridge, MA: Harvard University Press, 1997), 232–57.

(17) Joji Watanuki, "Japan," in Seymour Martin Lipset and Sten Rokkan, eds., *Party System and Voter Alignments: Cross-National Perspectives* (New York: Free Press, 1967); Joji Watanuki, "Political Generations in Post-World War?? Japan: With Some Comparisons to the Case of Germany," Research Papers Series A–64, Institute of Internaitonal Relations, Sophia University, 1995; Watanuki, "Japan: From Emerging to Stable Party System?"

(18) Inoguchi, *Gendai Nihon seiji keizai no kozu*; Inoguchi, "The Political Economy of Conservative Resurgence Under Recession."

(19) Takashi Inoguchi and Tomoaki Iwai, *Zoku-giin no kenkyu* [A study of "legislative tribes"] (Tokyo: Nihon Keizai Shimbunsha, 1987).

(20) Ibid.

(21) Ellis Krauss, "Portraying the State: NHK Television News and Politics," in Susan Pharr and Ellis Krauss, eds., *Media and Politics in Japan* (Honolulu: University of Hawaii Press, 1995); Susan Pharr, "Media and Politics in Japan," in Susan

Pharr and Ellis Krauss, eds., *Media and Politics in Japan* (Honolulu: University of Hawaii Press, 1995).

(22) Benedict Anderson, *Imagined Communities* (London: Verso, 1972).

(23) Pharr, "Public Trust and Democracy in Japan."

(24) しかし、新たに行政に関する法が施行された二〇〇一年一月以降、特に、以前よりも、閣僚が直接、フロアからの質問に対して前向きに答えるようになっていることに留意しなければならない。

(25) Takashi Inoguchi, *Sekai hendo no mikata* [Global chage] (Tokyo: Chikuma Shobo, 1994) (English edition, *Global change: A Japanese Perspective* [New York: Palgrave, 2001]).

(26) Takashi Inoguchi, "The Pragmatic Evolution of Japanese Democracy," in Michelle Schmiegelow, ed., *Democracy in Asia* (Frankfurt: Campus Verlag and New York: St. Martin's Press, 1997), 217-32; Takashi Inoguchi, "The Japanese Political System in Historical Perspective: Political Representation and Economic Competitiveness," *Asian Journal of Political Science* 4, 2 (1997): 58-72.

(27) Richard Fenno Jr., *Home Style: House Members in Their Districts* (Boston: Little, Brown, 1979); Inoguchi and Iwai, *Zoku-giin no kenkyu*.

(28) Shigeki Nishihira, *Yoron kara mita dojidaishi* [Contemporary history as seen from opinion polls] (Tokyo: Brain Shuppan, 1987).

(29) Nishihira, *Yoron kara mita dojidaishi*.

(30) Joseph S. Nye Jr., Philip D. Zelikow, and David C. King, eds., *Why People Don't Trust Government* (Cambridge: Harvard University Press, 1997).

(31) Susan Pharr and Robert Putnam, eds., *Disaffected Democracies* (Princeton: Princeton University Press, 1999).

(32) Toshio Yamagishi, *Shakaiteki jiremma no kenkyu* [A study of social dilemma] (Tokyo: Science Sha, 1990).

(33) Ibid.

(34) Michael Taylor, *Anarchy and Cooperation* (New York: Wiley, 1979); Michael Taylor, *Community, Anarchy, and Liberty* (New York: Cambridge University Press, 1982).

(35) Eshum Hamaguchi, *Kanjinshugi no shakai; Nihon* [Japan as a society of relationism] (Tokyo: Tokyo Keizai Shimposha, 1992).

(36) D. T. Campbell and J. C. Stanley, *Experimental and Quasi-Experimental Designs for Research* (Chicago: Rand McNally, 1963).

(37) Albert O. Hirschmann, *Exit, Voice and Loyalty* (Cambridge, Mass: Harvard University Press, 1970).

(38) 一九九七年一〇月における、本章の草稿についてのロバート・パットナムのコメント。

(39) Eiko Ikegami, *The Taming of the Samurai: Honorific Individualism and the Making of Modern Japan* (Cambridge: Harvard University Press, 1995).

(40) Richard Samuels, *Rich Nation, Strong Army* (Ithaca: Cornell University Press, 1991).

(41) Inoguchi, *Global Change*; Takashi Inoguchi, "Dialectics of

World Order: A View from Pacific Asia," in Hans-Henrik Holm and Georg Sorensen, eds., *Whose World Order?: Uneven Globalization and the End of the Cold War* (Boulder: Westview Press, 1995), 119-36.

(42) Ronald Inglehart, *The Silent Revolution* (Princeton: Princeton University Press, 1971); Ronald Inglehart, *Culture Shift in Advanced Industrial Society* (Princeton: Princeton University Press, 1990).

(43) Watanuki, "Political Generations in Post-World War?? Japan."

(44) Francis Fukuyama, *Trust: Social Virtues and the Creation of Prosperity* (New York: Simon and Schuster, 1995); Toshio Yamagishi, "The Provision of a Sanctioning System in the United States and Japan," *Social Psychological Quarterly* 51, 3 (1988): 265-71.

(45) Ikegami, *The Taming of the Samurai*; Emile Durkheim, (Anthony Giddeas, ed.) Selected Writings (Cambridge: Cambridge University Press, 1985).

(46) Paul Krugman, "The Myth of Asia's Miracle," *Foreign Affairs* 73, 6 (1993): 62-78; Robert Reich, *The Work of Nations* (New York: Knopf, 1995).

(47) Takashi Inoguchi, "The Political Economy of Japan's Upper House Election of July 12, 1998," presentation at Public Seminar, Australian National University, August 12, 1998. 以下もあわせて参照。Takashi Inoguchi, "The Japanese General Election of 25 June 2000," *Government and Opposition*, 35:4 (Autumn 2000) 484-498. 二〇〇一年参議院選挙について、最も説得力を持ってこの種の解釈をしているのは、猪口邦子である。Kuniko Inoguchi, "Kaikaku, Shimin Sankaku Unagase," (Promote Civic Participation for Reform), *Yomiuri Shinbun* July 31 (evening edition).

(48) Takashi Inoguchi, Edward Newman, and John Keane, eds., *The Changing Nature of Democracy* (Tokyo and New York: United Nations University Press, 1998). Ian Marsh, Jean Blondel and Takashi Inoguchi, eds., *Democracy, Governance and Economic Performance: East and Southeast Asia* (Tokyo and New York: United Nations University Press, 2000).

終章　拡大する不平等

(1) 彼はまた、経済条件の悪化が社会への信頼の減少に作用したのではないかと仮説を立てている。

(2) Susan J. Pharr and Robert D. Putnam, Disaffected Democracies: What's Troubling the Trilateral Countries? (Princeton: Princeton University Press, 2000).

(3) Robert Wuthnow, Loose Connection (Cambridge, MA: Harvard University Press, 1999).

(4) Eurodata TV, One Television Year in the World: Audience Report, April 1999.

(5) このような信頼の減少を確認するさらなる証拠としては次を参照。Ian Winter, "Major Themes and Debates in the Social Capital Literature: The Australian Connection," in Ian Winter, ed., Social Capital and Public Policy in Australia (Melbourne: Australian Institute of Family Studies, 2000).

37.

（6）　結社に関する、利用可能なフランスのデータの特殊性により、我々は組織の「新設率（出生率）」について確信を持つことができる。しかし、我々は「消滅率（死亡率）」についていかなる情報も持っていない。結果として、組織の母数のサイズの純増減の推定に関しては、一定の不確定性がつきまとう。

（7）　執筆者全員が、利用可能なデータは、公式の組織加入での傾向よりもより非公式の社会的ネットワークの傾向に関するほうがより劣悪であると強調している。かくして、厳密に言って、非公式のネットワークの増加は公式のネットワークの悪化を相殺しているという仮説は、検証されないままである。

（8）　皮肉にも最初の重要な研究はこの効果についての一九三〇年代初期のドイツで行われたが、この効果は米国を含み他の西洋諸国においてよく知られている。Marie Jahoda, Paul Lazarsfeld, and Hans Zeisel, *Marienthal*（Chicago : Aldine-Atherton, 1971 [1933]）.

（9）　これらの傾向の米国における確認については次を参照。Robert D. Putnam, *Bowling Alone : Collapse and Revival of American Community*（New York : Simon and Schuster, 2000）.

（10）　米国における社会関係資本の傾向についての追加的な証拠は、完全にではないが、概ね、本書の各章と一致している。Putnam, *Bowling Alone.*

（11）　この議論のその後の展開に関しては次を参照。Theda Skocpol, Ziad Munson, Bayliss Camp, and Andrew Karch, “Partnerships : Why Great Wars Nourished American Civic Voluntarism,” in Ira Katznelson and Martin Shefter, eds., Shaped by War and Trade : International Influences on American Political Development（Princeton : Princeton University Press, 2002）.

（12）　Wuthnow, *Loose Connections.*

（13）　Mark Gray and Miki Caul, “Declining Voter Turnout in Advanced Industrial Democracies, 1950 to 1997 : The Effects of Declining Group Mobilization,” Comparative Political Studies 33（2000）: 1091–122 ; Martin P. Wattenberg, “The Decline of Party Mobilization,” in Russell J. Dalton and Martin P. Wattenberg, eds., Parties Without Partisans : Political Change in Advanced Industrial Democracies（New York : Oxford University Press, 2000）, 64–76 ; Peter Mair, “In the Aggregate : Mass Electoral Behavior in Western Europe, 1950–2000,” in Hans Keman, ed., Comparative Democracy（London : Sage, 2001）; Hazen Ghobarah, “The Decline in Voter Turnout Across the Advanced（Post-）Industrial Democracies, 1980-1998,” paper presented at the annual meeting of the American Political Science Association, Boston, September 1998.

（14）　Wattenberg, “The Decline of Party Mobilization,” 71.

（15）　Mair, “In the Aggregate.”

（16）　Wattenberg, “The Decline of Party Mobilization,” 69.

（17）　Gray and Caul, “Declining Voter Turnout.”

（18）　Russell J. Dalton, “The Decline of Party Identifications,” in Russell J. Dalton and Martin P. Wattenberg, eds., Parties

Without Partisans: Political Change in Advanced Industrial Democracies (New York: Oxford University Press, 2000), 19-36.

(19) Mair, "In the Aggregate"; Dalton, "Decline of Party Identification."

(20) Susan E. Scarrow, "Parties Without Members? Party Organization in a Changing Electoral Environment," in Russell J. Dalton and Martin P. Wattenberg, eds., Parties Without Partisans: Political Change in Advanced Industrial Democracies (New York: Oxford University Press, 2000), 88.

(21) Peter Mair and Ingrid van Biezen, "Party Membership in Twenty European Democracies, 1980-2000," Party Politics 7 (2001).

(22) Wattenberg, "The Decline of Party Mobilization," 66.

(23) Russell J. Dalton, Ian McAllister, and Martin P. Wattenberg, "The Consequences of Partisan Dealignment," in Russell J. Dalton and Martin P. Wattenberg, eds., Parties Without Partisans: Political Change in Advanced Industrial Deocracies (New York: Oxford Univerty Press, 2000), 58. 次も参照。Putnam, Bowling Alone.

(24) Russell Ja. Dalton and Martin P. Wattenberg, "Unthingaboke Democracy: Political Change in Advance Industial Democracies," in Russel J. Dalton and Martin P. Wattenberg, eds., Parties Without Partisans: Political Change in Advanced Industrial Democracies (New York: Oxford University Press, 2000), 3.

(25) L.Griffin, H.McCammon, and C.Botsko, "The Unmaking of a Movement? The Crisis of U.S. Trade Unions in Comparative Perspective," in Maureen T. Hallinan, Davivd M. Klein, and Jennifer Class, eds., Changes in Societal Institutions (New York: Plenum, 1990), 172. 次も参照。Bernhard Ebbinghaus and Jelle Visser, Trade Unions in Western Europe Since 1945 (London: Macmillan Reference, 2000).

(26) 歴史の役割に関する我々の共通の視点の形成に際し、ピーター・ホールとシーダ・スコッチポルに謝意を表明したい。

(27) Putnam, *Bowling Alone*, ch.14; Skocpol, Munson, Camp, and Karch, "Patriotic Partnerships."

(28) Putnam, *Bowling Alone*, ch.6.

(29) Pharr and Putnam, *Disaffected Democracies*.

(30) 日本については、次を参照。Jun'ichi Kawata, "Socialization for Citizenship: Civic Education and Political Attitudes in Japan," in Ofer Feldman, ed., Political Psychology in Japan (Commack, NY: Nova Science Publishers, 1999), 41. 彼は「脱政治化と冷笑主義は特に一九七〇年代半ば以降の日本で、若者に多く見られる。日本の若者が政治的行事に積極的に参加する程度は、また、他のほとんどの現代国家と比べて、最近、おどろくほど低くなってきている」と結論している。

(31) 次の二つの文献を比較せよ。Putnam, Bowling Alone, ch. 14. Frederick D. Weil, "Cohorts, Regimes, and the Legitimation of Democracy: West Germany Since 1945," *American Sociological Review* 52 (1987): 308-24.

(32) この説は、米国での論争で広く論じられている。例えば次を参照。Francis Fukuyama, Trust (New York: Free Press,

1995).

(33) 政府のプログラムが慈善活動やボランティアを締め出し、社会関係資本を侵蝕しているかという米国での論争に関しては次を参照。Paul L. Menchik and Burton A. Weisbrod, "Volunteer Labor Supply," *Journal of Public Economics* 32 (1987) : 159-83 ; Susan Chambre, "Kindling Points of Light : Volunteering as Public Policy," *Nonprofit and Voluntary Studies Quarterly* 18 (1989) : 249-68 ; Richard Stenberg, "The Theory of Crowding Out : Donations, Local Government Spending, and the 'New Federalism,'" in Richard magat, ed., *Philanthropic Giving* (New York : Oxford University Press, 1989), 143-56 ; Marvin Olasky, The Tragedy of American Compassion (Washington, D. C.: Regnery Gateway, 1992) ; Peter Dobkin Hall, *Inventing the Nonprofit Sector* (Baltimore : Johns Hopkins University Press, 1991), 1-83 ; Robert Moffitt, "Incentive Effects of the U. S. Welfare System : A Review," *Journal of Economic Literature* 30 (1992) : 1-61.

(34) Suzanne Mettler, "Bringing the State Back In to Civic Engagement : Policy Feedback Effects of the G. I. Bill for World War II Veterans," manuscript, Syracuse University, 2001.

訳者あとがき——社会関係資本から見た民主主義の変容

1　民主主義の変容

民主主義という政治体制は不思議な存在である。ケンブリッジ大学のジョン・ダン教授のように、民主主義は古代ギリシャに誕生してしばらくしてから約二〇〇〇年間にわたって、政治から全く消えうせたかのように説かれている[1]。過去二〇〇年あまり、民主主義が次第に語られ、あちらこちらに実践されたのである。しかも、一九世紀にはきわめて限られた国でしか民主主義はみられず、二〇世紀でも最後の四半世紀に至るまで、その数は三〇余りでしかなかった。ところが、二一世紀になるまでに、その数は一二〇余りとなったのである。このような劇的な展開をしているのだから、民主主義が変容したという認識は多くの人に共有されているのではないだろうか。ここで民主主義とは、自由で秘密の投票を軸に、複数の政党が競争して権力を担う政治の仕組みと定義しよう。どのように変容したのかというと議論は大きく分かれる。

第一に、政治参加が拡大したことを最も重要な変容とする議論がある。参加する人の数が増加したのみならず、その多様性が拡大し、そうでなくとも仕組みとして複雑なものがいっそう錯綜したものにしたという議論である。アリストテレスの『国家』に出てくる政治体制の種類のなかでも王政や貴族政はその特徴を規定しやすいがそうでない政治体制はその特徴を摑みにくいとし、ポリテイアというカテゴリーの中に民主政を入れたことはよく知られている[2]。第二に、民主主義がエリート民主主義ではなく、参加を奨励する民主主義になったとする。草の根の参加を容易にする技術の発達やポピュリズムと呼ばれる政治家の大衆迎合主義の誕生が力、利益、正義といった伝統的に政治で問題にされる基準というよりは、ムード、空気、風、波長などが重要視されるようになったからであるとする[3]。第三に、民主主義が欧米の限られた先進工業国だけでなく、地球全体に波及したことを最も重要な変容とする議論もある。伝統的に存在したとされ、その上に民主主義が発達する時間を与えられ、国家による暴力の独占、安定した法の支配、そして社会全体に社会関係資本と時に呼ばれるものの蓄積などが新興民主主義国には必ずしも存在していないことが重要なりとの議論である[4]。さらに第四に、民主主義の変容は人口学や地理学では捉えにくい正統性と政策実効性の伝統的に重要とされる二次元で捉えるのではなく、むしろ透明性と説明可能性、参加と熟慮・議論を前面に出す手続き・過程として捉えるところが変容の最も重要なところとする議論もある[5]。第五に、グローバル化の深化が国境や国家主権の比重を弱め、利益団体や地域ブロックの重さを相対化させ、国内の選挙人と被選挙人だけから結果を決める民主主義の仕組みそのものも、その比重を弱めたという議論もある。グローバル化が民主主義を終焉させるという議論もこの類である。(6)

本書は、民主主義の変容の大きな原因の一つとして社会関係資本を摘出するのがどこまで妥当性があるかどうかを検討したものである。それも先進工業国八カ国に限っている。民主主義という謎に立ち向かうとき、社会関係資本からみてどこまで納得いくかが本書の主題なので、ことに社会関係資本の意味するところを少し説明しよう。

2 社会関係資本

民主主義の変容を説明する時に、社会関係資本が有力な概念としてどのように浮上したのか。英語ではソーシャル・キャピタルである。(7)この言葉は道路網や電話網、飛行場設備や港湾設備など社会インフラストラクチャーを意味することも少なくない。このような意味でのソーシャル・キャピタルから本書で使うようなソーシャル・キャピタルを区別するために、日本語では社会関係資本と訳すことが多い。ここでも社会関係資本と訳す。

社会関係資本とは人間が共同して何かを行う場合に必要なものので、いわば人間関係の構築である。まったく縁もゆかりもない時でも、ある程度信頼していなければならない。まったく信用できない人とは一緒に行動はとれないのが普通である。コロンビア大学のチャールズ・ティリー教授が民主主義の最低要件の一つとして統治エリート間で最低限の信頼感がある人を挙げているのは、そのことである。(8)ある程度共同行動がもたらすだろう効用がなければならない。共同行動自体が喜びをもたらすという効用を含めて、なにか効用がないと共同行動はなかなか発生しにくい。利他行動を一方だけがとり続けることは長続きしない。自分だけ雑巾がけするのでは、大きなことに発展させようとするインセンティブが減退する。共同行動が所与の体制から極端に逸脱してはいけない。共同行動自体が所与の体制の基本的な規範や価値基準とまるきり波長が合わなければ共同行動自体が不可能になるか、非生産的になる。所与の体制と波長が合うかどうかは、憲法、法律、慣行、判決などからおのずから枠が決まってくるし、経済変動や政治変動の波にも規定されることになる。

民主主義が世界的に普及し、同時に変容するなかで、社会関係資本が説明するために役に立つと考える人が増えたことがこの概念の浮上を可能にした。ここでは、民主主義の変容についての五個の説明に対応した説明を試みることにする。

第一に、民主主義の担い手の人口拡大は不可避的に社会関係資本の重要性を増大させる。なぜならば、砂のような人々の集まりのなかで、中核となる緊密な集団をもつことなしには共同行動を企てにくい。共同行動や集団行動は常にただのりが沢山発生するので、確実に一蓮托生のコミットメントを欲しがる。(9)

社会関係資本は空白を埋めてくれるはずである。しかし、社会関係資本は短い時間で構築しにくい。長年の蓄積がものを言う。第二に、ポピュリズムが横行する時に、風、空気、ムード、波長などで操作される余地が大きくなるが、操作の主体のはずがいつの間にか操作の客体にもなりうる、いいかえると猿回しのつもりがいつの間にか猿自体になる。社会関係資本は無関心が渦巻き、竜巻が突如発生しやすいなかで、構築がむつかしい。社会関係資本のなかでも、内向きに守勢に出る「紐帯資本（bonding capital）」（仲間内の忠誠や結束を固める）と外向きに攻勢に出る「橋架資本（bridging capital）」（仲間を増やそうと、外縁とも関係を作ろうとする）とがあるが、橋架資本がより有効にみえるが、竜巻の去った後には橋架資本もともに飛ばされてしまいかねない[10]。第三に、社会のエリートが長い時間をかけて構築した統治の仕組みの土台は旧植民地にはない。統治の仕組みの土台の一つとして、エリート間の幾許かの信頼関係がある。エリートと大衆の間の信頼関係もまったくないわけではない。ところが植民地ではエリート間ではともかく、エリートと大衆の間の信頼関係は極度に低い。このようなエリートと大衆の間の信頼関係が弱い状態が独立後でも継承されていることが多いために、民主主義の実質化（正統性や政策実効性を問題にできるような民主主義の機能がある状態）は難しい。社会関係資本がどこまで、プラスに働くか。むつかしいところが多い。第四に、実質的な民主主義（substantive democracy）から手続的な民主主義（procedural democracy）へと民主主義が変容している時、社会関係資本はどこまで有効でありうるか。手続的な担保（いつでも自分が取った行動を説明できるようにしっかりと記録した書類を残すとか、規約遵守の委員会に案件がかけられ、討議と熟慮が十分なりと判断される証拠を記録として残すなど）が厳格に守られるにつれて、社会関係資本の入る余地が少なくなるようにもみえる。第五に、民主主義の仕組み自体が相対化され、政治自体の真剣さが低下しているようにみえる時に、社会関係資本はむしろその重要性を増していくかにもみえる。社会関係資本でも二種類あり、伝統的な相手が特定され、内輪では親切丁寧の限りを尽しても外者に対しては竹で鼻を括るような態度に出るのが一つ（特殊主義的信頼）。もう一つは、相手に対する時に、一般化された態度を取る（一般化された信頼）。すなわち、初めて会った時には微笑と握手と適切な言葉があるが、その後についてはすべてが相手をどう観察したか、相手についての噂をどのように総合したか、濃密鑑定による。ロナルド・レーガン大統領の名文句“Trust but Verify”（信頼せよ、しかししっかりと鑑定せよ）がここでもあてはまる。後者に慣れていないと、はじめはひどく友好的そうだったのに、二回目の遭遇では一顧だにしてもらえないことも起こる。民主主義自体が相対化されるにつれ、後者のような一般化された相互性が増えるようである[11]。

かくして社会関係資本が民主主義の変容に対して万能薬のようでいてそうでもなさそうなことを、本書のタイトル『流動化する民主主義』（*Democracies in Flux*）は暗示している。本書は民主主義の衰退に対して社会関係資本が鍵となるかのような議論をパットナム教授は一九九三年の『哲学する民主主義』や二〇〇〇年の『孤独なボウリング』で最も印象深く展開した(12)。パットナム教授の学問が高く評価され、名声が一気に高まったと同時に、批判も激化した。批判を受け止め、先進民主主義国では民主主義はどのような変容をみせているか、そのことに対して社会関係資本はどのような関連を示しているのかを上記の書物でみせたような民主主義と社会関係資本の間の因果関係についての統一された、強い議論なしで展示したものといってもよいだろう。展示というのはすこし奇異な言葉であるが、パットナム教授自身がすべてを担当するのではなく、それぞれの国の代表に任せつつ、批判者になかば論駁する構成になっている。米国はシーダ・スコッチポル教授、ロバート・ウスナウ教授、英国はピーター・A・ホール教授、フランスはジャン=ピエール・ウォルム教授、ドイツはクラウス・オッフェ教授、スペインはヴィクトル・ペレス=ディアス教授、スウェーデンはボー・ロートシュタイン教授、豪州はイヴァ・コックス教授、そして日本は猪口孝である。

3　日本の場合

日本の場合を扱うからといっても、本書のなかで展開したことを繰り返すのではなく、むしろ執筆当時（一九九五〜九七年）から二〇年近くも経過した二〇一三年六月現在で、さらに広がった考えの一端を開陳したい(13)。日本の社会関係資本に関連する世論調査データは一九九〇年代中葉の時点では意外にも乏しかった。第二次世界大戦後についても文部省統計数理研究所の「国民性の研究」がその貴重なデータを提供していた。しかし、質問自体が世界でよく使われているものとはかなり異なり、比べにくかった(14)。にもかかわらず、比較を念頭に自分の考えをまとめたが、執筆過程でそして現在に至るまで日本人の対人信頼と集団主義については世の中に流布しているものとはかなり違った考えを私が展開していることに気付いた。

まず対人信頼について。日本人の対人信頼は欧米人に比べると不信感が強く出ている。ケネス・ニュートン教授の表をみると、欧米人は性善説に溢れている(15)。日本人は性悪説の人もかなりいて、両者が拮抗しているかの印象を与える。東アジアでも韓国人や中国人は日本人と比べてはるかに性善説が多い(16)。なぜ日本人は性悪説を性善説と併置しているのか。パットナム教授の理論化では、狭い心から広い心に、特殊主義社会関係資本（よそものに対しては不信と警戒を重視）から一般化社会関係資本（すべての相手に公平に、ただしアクションになる前には相手を濃密鑑定）に、民主化が深まるにつれ進展しがちである(17)。エルサレム大学のアイゼンシュタット教授の卓見は「一般化された特殊主義的信頼」（generalized particularistic trust）(18)という概念を、日本人の信頼のパターンの一大特徴としている。日本の場合も第二次世界大戦後の半世紀以上について同じことがいえるようである。しかし、欧米人や韓国人や中国人に比べても、まずまごうことなき不信感で日本人が他人に接するというわけではないのに、なぜにこのような世論調査の結果が出るのだろうか。実験的にアンケートで調査したわけではないが、次のような図式で私は説明している。日本人の応答者の多くは、信頼の対象が世論調査では特定されていないので、応答に戸惑う人が多いようである。戸惑う人の幾分かが、分からないとか答えられない、という答えを選択するのである。[19]その結果、性善説と性悪説が拮抗し、しかも分からないという応答が他の国に比べて多いのである。それでは欧米人はどうなのだろうか。韓国人や中国人はどうなのだろうか。私の推測では、宗教の強さがかなり重要な変数になっている。ブリティッシュ・コロンビア大学のアレグザンダー・ウッドサイド教授の最近著では、儒教を浸透させた書院の数は人口比でみると、韓国が圧倒的、中国、ベトナムの順で、日本は正式の制度ではなく寺子屋みたいなものに依存していた。[20]欧米でいえばキリスト教、韓国・中国でいえば、儒教の教えが日本に比べて浸透度が高いのではなかろうか。キリスト教では「汝の敵を愛せ」のように誰に対しても愛を説く。儒教では「仁」を説き、寛容、愛情、同情などがまざったものを至上の価値とする。どちらにおいても、社会でよしとするものが、質問されると自然に正の応答を生みやすいということなのだろう。これに対して日本では一つの宗教が他を圧倒することもなく、大乗仏教、神道、儒教などが混交しているだけでなく、宗教の位置づけが強烈ではないのだろう。「大体、人は信頼できるものである」といわれれば、そうだと答え、「人は用心しすぎることはない」といわれれば、そうだと答える、しかし同時に、誰を信頼するのかが分からなければ、そんな質問は困ってしまうよと戸惑い顔をする、そんな平均的日本人応答者のプロファイルがみえるようだ。その意味で日本人の応答者のかなりの部分は本音と建前を峻別するというよりはどちらもまぜて使うというのではなかろうか。逆に宗教がたとえ形骸化され、化石化されていようがかなり浸透している社会ではすべて建前で通そうとすることが多いのではないだろうか。それが世論調査でも同じである。

日本人の集団主義というのも日本人論では当然のこととされているが、私はかなり疑問に思う。個人主義も強いと思う。[21]過去五〇〇年を見渡し、一休、近松、漱石、春樹という戦国、近世、近代、ポスト近代の代表的な芸術家と読んでもよいだろうが、全部が集団主義者といったら笑いものである。一休は禅宗の僧侶であるが、作品はほとんど尼僧との恋愛についてである。自由奔放な愛である。個人主義で貫かれている。集団主義と間違ってもいえない。近松は近世に入り、個人の情愛を貫こうにも世間の義理が近世の階層化（士農工商の区別など）に伴って強く妨げる、そういう人情と義理の板挟みで二重心中という結末をもたらした。個人主義が次第に抑制され、集団主義が延び始めたころの話である。漱石となると、近代国家が個人を統制下に置く。漱石は国家の秩序のなかで自分の考えを関連づけることに非常な困難を覚える。最後には「則天去私」の悟りに到達し、私の感情、私の論理が後退した。私の頭のなかの世界だけに専念しようとした。漱石は鬱病に悩まされ続けた。春樹は平成のポスト近代の個人主義者である。春樹は親しい仲間とのなんということもない会話のなかの世界、自分の記憶や想像のなかの世界を楽しむ。個人主義であることは間違いない。しかも脳神経科学の一九九〇年代からの急速な進歩を春樹は先取りしている著作にあふれている。人間が実験をやっているところを見た猿は実験を想起させられると自らが実験と同じ行動を行うという"Monkey-See, Monkey-Do"という理論をリゾラッティ博士などが一九九〇年代中葉に刊行するずっと前に、春樹の小説ではそれとまったく同じメカニズムが人間の脳に働いていることを書いているのである。[22]脳の記憶にある誰かの行動はその次に起こった行動や反応を記憶のなかだけで引き出すのである。近松は集団主義の着実な浸透に怯える徳川時代の普通の日本人の世界をよく伝える。漱石は明治国家の抑圧的プレゼンスを感じ取り、悩みに悩むインテリの反応である。しかし、近松や漱石が日本人の集団主義を代表し、それが日本人の重要な傾向だといったら間違いであろう。日本人の多くは個人主義も集団主義もまぜあわせて具現しているのである。

五〇〇年位の短い間にこれほどまでに振動するのであるから、日本人は集団主義だと決めつけても困るのである。実際、二一世紀に入ると、個人主義の世界が多くの日本人の心のなかで、大きく開花している。山岸俊男や高野信太郎の研究はこのような時代の変化に伴う日本人の集団主義からの離反の特徴を心理学的実験という方法によってではあるが、的確に把握している。日本の小学校の先生の教え方には集団主義と個人主義、協調と競争を共存させながら、人格形成を行っているところがみてとれる。[23]自動車のアセンブリー工場では各チームはチームのメンバーに迷惑をかけないにように努力すると同時に、他のチームと競争している。[24]

4 国際比較世論調査について

世論調査は実証的社会科学にとっていまや不可欠ではあるが、その限界について、そして限界をある程度克服する方法について知ることは非常に重要である。世論調査は多くの限界があることは疑いない。しかし、同時に証拠として体系的に集められたデータとしては貴重なものであることが少なくない。[25]世論調査自体の起源は第二次世界大戦中米国連邦軍が将兵の士気や忠誠を測定する必要から生まれた。[26]軍隊規律が強いために、しかも主題自体が多くの説明を要しないために、世論調査の信頼性や妥当性に疑義を挟む人は当時も多くはなかった。第二次世界大戦後の米国社会科学では、実証主義的な精神の高揚とともに、世論調査が高い頻度で使われるようになった。いうまでもなく、学術的なものというよりも、市場需要調査とか政府・政党支持率調査が圧倒的に多かった。

ところが、学術的な世論調査では被面接者が想像もしえないような事柄を問うことも増えたために、方法としての疑義もかなり高まった。世論調査と並んで実験でデータを集めることも激増した。これについてはここでは詳細は論じないが、人工的な状況設定をしないとできないために、この方法の使用について異議申し立てはつきない。

世論調査に戻ると、どのように質問するかによって大きなバラツキがでやすい上に、被面接者の自己報告に頼るので、どこまで信頼できるかについて、問われる主題によっては疑問に思う人が少なくない。にもかかわらず、世論調査は貴重なものである。本書のように市民がどのように民主主義を社会関係資本と結合させているかを知りたい時に、(1)既存の知見から合成、(2)個人深層面談から分析、(3)傍観者ないし参加者としての観察、(4)体系的世論調査、(5)実験、(6)シミュレーションなどが可能である。はじめの三個の方法については科学性についてなかなか満足させる要素が少ない。後者三個については人工性が不満足の源泉になる。にもかかわらず、共通の質問で比較できる、一般化できるところが三個の後者の強みである。世論調査は、言葉の使い方について厳格であればあるほど、問題性はある程度抑制できる[27]。

少し特定の質問について例をとってみよう。アイデンティティについての質問は国家・民族と同一視するかという直接形だけでなく、国歌を誦じられるか、国家の誇り、国家の屈辱などのようにより具体性、より文脈性が強い質問も加えることができる。対人信頼や制度信任についても、質問している対象をできるだけ特定し、文脈性を具備させるように工夫をすべきである。政府に対する期待や政府の政策実効性についても分野を特定しながら、具体性や状況性の点でこたえやすいように工夫をすべきである。いうまでもなく、質問は共通のものであるから、この国ではあの国ではと質問を変更していくわけにはいかない。質問が同じでないと、比較できなくなるからである。伝統的な方法で分析したものの代表としてルシアン・パイ教授の『アジアの権力と政治』を、世論調査を駆使したものとして猪口孝・ジャン・ブロンデル『市民と国家』を比較してみてわかるのだが[28]、後者がやはり鋭く、強い結果が出ている。前者は既存の知見を合成総合するわけであるが、例えば、日本人の国民性を特徴づける時に、ルース・ベネディクト教授、中根千枝教授等の代表的で圧倒的な著作に頼るわけであるが、世論調査のデータに比べると、国内のバラツキは出にくい。しかも外国との比較が明快で分かりやすいものの、零と壱を対比するように過度に単体化しがちで、いささか図式的になりやすい。

5　おわりに

人間の思考や行動はわかりにくい。しかし、それが社会科学の主題である限り、いろいろな方法を使うことによって、現実に肉薄していかなければならない。本書は民主主義の双柱を成す市民論と国家論について世論調査を工夫して使う限り、かなりの程度まで肉薄できることを実証できたと思う。その程度についての評価は読者に任せたい。そしてそれは本書の編者、ロバート・パットナム教授にとっても同じであろう。

ロバート・パットナム教授の編になる本書は思い出が多い。

国際連合大学の上級副学長に任命されたばかりの一九九五年の春、パットナム教授の本書に繋がる研究プロジェクト参加を要請された。新しい職場の仕事と責任について心配することも少なく、受託すべきかどうか少し迷ったことを覚えている。

今から考えると、二〇〇〇年に刊行された *Bowling Alone: The Collapse and Revival of American Community*, Simon and Schuster のための研究がかなり進展していたころである。ボウリングは一九五〇年代、六〇年代、著者自身が家族などと一緒に楽しむものだった。一九九〇年代になると、ひとりでボウリングというのも稀ではなくなったという著者の認識から始まって、米国社会においてあれほど重要だった地域共同体が消滅し、それがいろいろな米国社会の問題の元凶になっているという主張を押し出した書物であった。

すでに一九九三年に著者は、*Making Democracy Work: Civic Traditions in Modern Italy*, Princeton University Press を刊行している。この書物も地域共同体での信頼が鍵となる概念となっている。イタリアでは中部、北部での信頼が高く、南部ではそうでもないことは認識されてはいたが、社会科学的に地域共同体がどのような公共政策をもって運営され、どのような効果をもたらしているかについて初めての綿密な科学的な研究と称賛されたものである。

このような著者の問題意識からすると、他の先進民主主義社会ではどうなっているだろうかという著者の好奇心を満たす研究プロジェクトが進展していったことを想像するのは容易である。米国社会ではどうかという好奇心は *Bowling Alone* に繋がるのである。米国、英国、ドイツ、フランス、スペイン、オーストラリア、日本が選択された。米国はロバート・パットナム、英国はピーター・ホール、ドイツはクラウス・オッフェ、スウェーデンはボー・ロートシュタインによるもので、世論調査データが多くあること、先行研究が多数あることなどから、よく議論された章になっている。フランス、スペイン、オーストラリア、そして日本の章は少し違う。前二者は社会学者によるもので、第二次世界大戦以後のフランス社会、イタリア社会の展開の分析といったトーンが強く出ている。オーストラリアも日本の章も世論調査の少なさや章担当者の特異性もあって米英独を扱う章とは少しトーンが違っている。

私は国連大学上級副学長という激務のなかで苦闘しながら執筆した。パットナム教授は二つの点で私が常日頃から描く米国人に合っている。第一、初めて会う人に対しても、友好的で建設的である。第二、多様性について寛容である。苦闘中に助けの手を差しのべてくれたのは何をおいてもパットナム教授である。共同体主義や信頼の実験からの知見だとか、米国や英国での先行研究などについても、親切に教示して頂いた。忘れられないのは蒲島郁夫教授である。本務で猫の手も借りたい時に、蒲島教授は助手に匹敵する手助けの使用を可能にしてくれた。英語版である本書より少し早く独語版がこの研究プロジェクトを支えたベルテルスマン財団から刊行された（Robert Putnam ed., *Gesellschaft und Gemeinsinn: Sozialkapital in International*

Vergleich, Veriag Bertelsmann Stiftung, 2001)。ドイツ語の私の章、"Sozialkapital in Japan"を昔取った杵柄で校正したのが懐かしい。

日本語版を刊行するに当たっては、ミネルヴァ書房編集部の田引勝二氏に近頃の厳しい刊行事情のなかで無理を押して可能にしていただいた。これまで何回かミネルヴァ書房にお世話になる切っ掛けは、村田晃嗣同志社大学学長による紹介であった。この機会に感謝を記したい。東京大学、国連大学、中央大学、そして新潟県立大学と職場を変えるたびに大量迅速集中執筆を持続的に続けられるのも、手助けをしてもらったスタッフのおかげである。満腔の謝意をここに表わす。

二〇一三年五月二七日　小石川にて

猪口　孝

注

（1）John Dunn, *Democracy : the Unfinished Journey, 508B. C. to Ad1993*, Oxford : Oxford University Press, 1994. シドニー大学のジョン・キーン教授（John Keane）は最近著、*The Life and Death of Democracy*（London : Simon and Schuster, 2009）、でジョン・ダン教授の欧米では拒絶的な考えを徹底的に粉砕している。それによれば、古代ギリシャから続く民主主義のほとんどは存在したけれども知られず、あるいは萌芽的な民主主義として忘れ去られていたものが無数であったという。しかも民主主義といっても、古代ギリシャの直接民主主義、近代欧州の代表民主主義に限られない多種多様であることを論説している。二一世紀に入ってからは、「監視的民主主義」（monitory democracy）が急速に強まっていると議論している。なお、日本語版は森本醇訳・猪口孝解説、ジョン・キーン『デモクラシーの生と死』（みすず書房、二〇一三年）が準備されている。

（2）Takashi Inoguchi, Edward Newman, and John Keane, eds., *The Changing Nature of Democracy*, New York : United Nations University Press, 1998.

（3）Daron Acemoglu and James A. Robinson, *Economic Origins of Democracy and Dictatorship*, Cambridge : MIT Press, 2004.

（4）Richard Rose, Doh Chull Shin, "Democratization Backwards : The Problem of Third-Wave Democracies," *British Journal of Political Science* Vol. 31, Pt. 2, 2001, pp. 331-335.

（5）Seymour Martin Lipset, *Political Man : The Social Bases of*

Politics, Baltimore : Johns Hopkins University Press, 1981.

（6） Jean Marie Guehenno, *La Fin dela Democratie*, Paris : Flammarion, 1995.

（7） James Coleman, *Foundations of Social Theory*, Cambridge : Belknap Press of Harvard University Press, 1994, Nan Lin, Karen Cook, Ronald Burt, *Social Capital : Theory and Research*, Aldine : De Gruyter, 2001. Viva One Bartkus and James H Dans, eds., *Social Capital : Reaching Out, Reaching in*, Cheltenhan, UK : Edward Elgar Pub, 2009.

（8） Charles Tilly, *Democracy*, Cambridge : Cambridge University Press, 2007.

（9） Mancur Olson, *Logic of Collective Action*, Cambridge : Harvard University Press, 1971.

（10） ロバート・パットナム編著『流動化する民主主義』ミネルヴァ書房、二〇一三年。

（11） Takashi Inoguchi, "Broadening the Basis of Social Capital in Japan," Robert Putnam ed, *in Democracies in Flux*, New York : Oxford University Press, 2002, pp. 359-392.

（12） Robert Putnam, *Making Democracy Work : Civic Traditions in Modern Italy*, Princeton : Princeton University Press, 1994（河田潤一訳『哲学する民主主義』NTT出版、二〇〇一年）、Robert Putnam, *Bowling Alone : The Collapse and Revival of American Community*, New York : Simon & Schuster, 2001.（柴内康文訳『孤独なボウリング』柏書房、二〇〇六年）

（13） 執筆当時、私は国連大学上級副学長であったため、思い入れは強い。民主主義国が非常な勢いで展開しているのを現場で実感した。

（14） 統計数理研究所『国民性の研究』は一九五三年から今日まで展開している。

（15） Kenneth Newton, *Political Data Handbook : OECD Countries*（Comparative European Politics）, Oxford University Press, 1997.

（16） 猪口孝他編『アジア・バロメーター　躍動するアジアの価値観：アジア世論調査（二〇〇四）の分析と資料』明石書店、二〇〇七年。

（17） 注(11)の文献参照。

（18） S. N. Eisenstadt, "Trust and Institutional Power in Japan : The Construction of Generalised Particularistic Trust", *Japanese Journal of Political Science*, Vol. 1, Part1,（May 2000）, pp. 53-72, 2000.

（19） 信頼を測定する難しさについては次を参照。Russell Hardin, *Trust and Trustworthiness*, New York : Russel Sage Foundation, 2002.

（20） Alexander Woodside, *Lost Modernities : China, Korea, Vietnam and the Hazard of World History*, Cambridge : Harvard University Press, 2006.（秦玲子・古田元夫監訳『ロスト・モダニティーズ――中国・ベトナム・朝鮮の科挙官僚制と現代世界』）（猪口孝・猪口邦子編「世界認識の最前線」の一巻、NTT出版、二〇一三年）

（21） Takashi Inoguchi, "Political Culture," in Yoshio Sugimoto, ed., *The Cambridge Companion toModern Japanese Culture*, Cambridge : Cambridge University Press, 2009, pp. 166-181.（山岸俊男『信頼の構造』東京大学出版会、一九九八年、高

野陽太郎『「集団主義」という錯覚』新曜社、二〇〇八年)

(22) Rizzolatti, Giacomo and N, A, Arbib, "Language within Our Grasp," Trends in Neurosciences, Vol. 21, pp. 188-194, 1998.

(23) Merry White, *The Material Child : Coming of Age in Japan and America*, Berkeley : University of California Press, 1994.

(24) 鎌田慧『自動車絶望工場——ある季節工の手記』講談社、一九八三年。

(25) 猪口孝『政治学の方法』ミネルヴァ書房、近刊。世論調査の方法の長所・短所については、「生活の質」を中軸に行ったアジア全域の世論調査、アジア・バロメーターを基にした刊行物で多く論じている。猪口孝編著『アジアの情報分析大事典——幸福・信頼・医療・政治・国際関係・統計』西村書店、二〇一三年。Takashi Inoguchi, "AsiaBarometer's Achievement, Underutilized Areas of the Survey Materials, and Future Prospects, "Staffan I. Lindberg and Benjamin Smith, eds., 'Special issue of the Barometers,' *American Political Science Association's Comparative Democratization Section Newsletter*, vol. 10, no. 3 (2012), pp. 2, 13-15.

(26) Samuel A. Stouffer, *The American Soldier : Adjustment During Army Life : Combat and Its Aftermath* [*two volume set*], Princeton : Princeton University Press, 1950.

(27) 注(25)の『アジアの情報分析大事典』第1章、第2章を参照。

(28) Lucian W. Pye, *Asian Power and Politics*, Cambridge : Harvard University Press, 1988 ; Takashi Inoguchi and Jean Blondel, *Citizens and the State*, London : Routledge, 2009.

人名索引

あ 行

か 行

さ 行

た　行

な　行

は　行

ま・や行

ら　行

わ　行

事項索引

あ 行

か 行

さ 行

た　行

ら・わ行

欧　文

ボー・ロートシュタイン（Bo Rothstein）　**第7章**

1954年生まれ。スウェーデンのゲテボルグ大学政治学教授（アウグスト・レース）。1986年，ルンド大学で博士号取得。1986年から95年までウプサラ大学政治学部で助教。92年から94年まで准教授。1994年から95年まで，ストックホルムでスウェーデン労働生活研究所で労働市場政策に関し，教授として参加。1994年から96年まではベルゲン大学で准教授。ラッセル・セイジ基金，コーネル大学，ハーバード大学，LSE，ワシントン大学などで客員研究員を務める。英語での著作には，*The Social Democratic State : The Swedish Model and the Bureaucratic Problems of Social Reforms*（1996），*Just Institutions Matter : The Moral and Political Logic of the Universal Welfare State*（1998）。その他，*Comparative Politics, Governance, European Journal of Political Research, Scandinavian Political Studies, Comparative Political Studies, Politics & Society* などへの掲載論文がある。スウェーデンにおける，政治，福祉国家，労働市場政策に関する公的な討論のレギュラー参加者である。

イヴァ・コックス（Eva Cox）　**第8章**

1938年生まれ。シドニーの工科大学人間社会科学部上級講師。現在の主な研究領域は，社会をより市民的にするものの一部としての社会関係資本と社会的倫理に関係する。他の研究には幼児保護，老齢退職，税金，職場，コミュニティなどの政策争点，そして研究の変化のための道具としての活用などである。Body Shop（オーストラリア）との共同作業，社会的・倫理的会計監査という概念の導入，コミュニティ組織のための社会的会計指標の開発を含む，一連の関連プロジェクトに関わっており，また婦人選挙ロビーの初代メンバーの一人であり，より公正な社会を創出するための方法としてのフェミニズムに強い関心を持ち続けている。著書には *Leading Women*（1996）がある。

猪口　孝（Takashi Inoguchi）　**第9章，訳者あとがき**

1944年生まれ。東京大学名誉教授。マサチューセッツ工科大学で政治学博士号取得後，東京の上智大学，東京大学，中央大学で教鞭を執る。そのほかにも世界中の多くの大学で客員教授を務め，1995年から97年は国連大学本部で上級副学長として勤務する傍ら，国連事務次長補を務める。2009年より新潟県立大学学長。*The Changing Nature of Democracy*（1998），*American Democracy Promotion*（2000），*Political Cultures in Asia and Europe*（2006），*Citizens and the State*（2008）ほか，英語および日本語による150冊以上の著作と多くの論文がある。日本国際政治学会理事長，*Japanese Journal of Political Science*（Cambridge University Press），*International Relations of the Asia-Pacific*（Oxford University Press），*Asian Journal of Public Opinion Research*（open access），*Asian Journal of Comparative Politics*（Sage Publications）の創立編集者。

ジャン=ピエール・ウォルム（Jean-Pierre Worms）　**第4章**

1934年生まれ。組織社会学研究所教授兼研究員。研究関心は，地方の発展，地方政治システム，分権化。これまでにいくつかの地方，地域，国家，ヨーロッパレベルで，政治的助言を与える地位についており，同様に様々なレベルの様々なボランティア組織で責任者を務めている。これらの活動を通して，地方の発達と，国家，民間セクター，その中間との間の協力を促進してきた。これまでに国家，政治，市民社会およびその代表性，社会的凝集性のフランス・モデル，国際法での少数派の権利の保護についての著作を発表している。

クラウス・オッフェ（Claus Offe）　**第5章**

1940年生まれ。ベルリン・フンボルト大学政治学教授。フランクフルト，コンスタンツ，ウィーン，ビーレフィールド，ボストン，バークレーで教鞭を執る。著作には *Industry and Inequality*（1976），*Contradictions of the Welfare State*（1984），*Disorganized Capitalism*（1985），*Modernity and the State : East, West*（1996）などがある。

ズザンネ・フュックス（Susanne Fuchs）　**第5章**

1967年生まれ。ドイツ，ベルリンの社会科学センター研究員。博士論文はゲオルグ・ジンメルと社会統合の研究。著作には“Niklas Luhmanns Aufklärung der Soziologie und andere Wege der Erleuchtung,” in *Berliner Debatte Initial*（1996）; “Wie schöpferish ist die Zerstörung ?”（with Claus Offe), in *Blätter für deutsche und internationale Politik*（1998), “Germany”（with Ronald Schettkat) in Gøsta Esping-Anderson and Mario Regini, eds., *Why Deregulate Labor Markets ?* (2000), and “Tristesse banale,” in *Simmel Studies* (2001).

ヴィクトル・ペレス=ディアス（Víctor Pérez-Díaz）　**第6章**

1938年生まれ。博士（ハーバード大学）。マドリード・コンプルテンセ大学社会学教授。ASP リサーチセンター（マドリード）所長。ハーバード大学，MIT，サンディエゴ・カリフォルニア大学，パリ政治学院，社会調査新学校，ニューヨーク大学で客員教授を務める。著作には，*The Return of Civil Society*（1993), *Spain at the Crossroads*（1999）などがある。

《執筆者紹介》

ロバート・D・パットナム（Robert D. Putnam）**序章，終章**

1941年生まれ。ハーバード大学公共政策教授（ペーター＆イザベル・マルキン）。市民的関与のサグアロ・セミナーの創設者。著書には *Bowling Alone* があり，これは「強力な」（『ウォール・ストリート・ジャーナル』），「顕著な業績」（『ロサンジェルス・タイムス』），「広範で聡明で気取らず，しばしば面白い」（『エコノミスト』）と評されている。

ピーター・A・ホール（Peter A. Hall）**第1章**

ハーバード大学政治学教授（フランク・G・トムソン）兼ミンダ・デ・グンツブルグ・ヨーロッパ研究所長。著作には *Governing the Economy*（1986），*The Political Power of Economic Ideas*（1989），*Varieties of Capitalism*（with D. Soskice, 2001）邦訳「資本主義の多様性――比較優位の制度的基礎」遠山弘徳ほか訳，ナカニシヤ出版，2007。その他，ヨーロッパ政治，政治経済，政策に関する論文多数。

ロバート・ウスナウ（Robert Wuthnow）**第2章**

1946年生まれ。プリンストン大学社会学教授（ゲハルト・R・アンドリガー52）兼宗教研究所所長。米国の宗教，文化，市民社会に関する著書・論文は多数にのぼり，著作には，*Loose Connections : Joining Together in America's Fragmented Communities*（1998），*After Heaven : Spirituality in America Since the 1950s*（1998），*Creative Spirituality : The Way of the Artist*（2001）などがある。

シーダ・スコッチポル（Theda Skocpol）**第3章**

1947年生まれ。ハーバード大学政治社会学教授（ヴィクター・S・トーマス）兼米国政治研究所長。多数の論文および著書があり，*States and Social Revolutions : A Comparative Analysis of France, Russia, and China*（1979）（2つのメジャーな学術賞を受賞），*Bringing the States Back In*（1985），*Protecting Soldiers and Mothers : The Political Origins of Social Policy in the United States*（1992）（5つのメジャーな学術賞を受賞），*Civic Engagement in American Democracy*（1999）などがある。スコッチポルは米国学術科学アカデミー会員であり，1996年に社会科学歴史学会会長を務め，2003年には米国政治学会会長を務めた。現在の研究は19世紀から現在までの米国におけるボランティア組織と社会運動。

流動化する民主主義
——先進８ヵ国におけるソーシャル・キャピタル——

2013年７月10日　初版第１刷発行
2015年９月10日　初版第３刷発行
〈検印省略〉

定価はカバーに
表示しています

訳　者　猪口　孝
発行者　杉田啓三
印刷者　林　初彦

発行所　株式会社　ミネルヴァ書房
607-8494　京都市山科区日ノ岡堤谷町１
電話代表　(075)581-5191
振替口座　01020-0-8076

太洋社・兼文堂

ISBN978-4-623-05301-8
Printed in Japan